THE RULE OF LAW
IN ACTION
IN DEMOCRATIC ATHENS

古雅典
的
民主与法治

[英] 爱德华·M.哈里斯（Edward M. Harris）·著

陈 锐　尹亚军　钟文财·译

ZHEJIANG UNIVERSITY PRESS
浙江大学出版社
·杭州·

图书在版编目（CIP）数据

古雅典的民主与法治 /（英）爱德华·M. 哈里斯 (Edward M. Harris) 著；陈锐，尹亚军，钟文财译. 杭州：浙江大学出版社，2024.10. -- ISBN 978-7-308-25451-9

Ⅰ. D082；D033

中国国家版本馆 CIP 数据核字第 2024AS3708 号

浙江省版权局著作权合同登记图字：11-2019-371 号

Copyright Notice © Oxford University Press 2013
The Rule of Law in Action in Democratic Athens was originally published in English in 2013. This translation is published by arrangement with Oxford University Press. Zhejiang University Press Co., Ltd. is solely responsible for this translation from the original work and Oxford University Press shall have no liability for any errors, omissions or inaccuracies or ambiguities in such translation or for any losses caused by reliance thereon.

《古雅典的民主与法治》英文版最初出版于 2013 年。本译本由浙江大学出版社有限责任公司和牛津大学出版社合作出版。浙江大学出版社有限责任公司对该原著译本负全部责任，牛津大学出版社对该译本中的任何错误、遗漏、不准确、含糊之处或因依赖该译本而造成的任何损失不承担任何责任。

古雅典的民主与法治

[英]爱德华·M.哈里斯　著
陈　锐　尹亚军　钟文财　译

责任编辑	钱济平
责任校对	罗人智
封面设计	雷建军
出版发行	浙江大学出版社
	（杭州市天目山路 148 号　邮政编码 310007）
	（网址：http://www.zjupress.com）
排　　版	杭州青翊图文设计有限公司
印　　刷	杭州钱江彩色印刷有限公司
开　　本	700mm×1000mm　1/16
印　　张	37
字　　数	480 千
版 印 次	2024 年 10 月第 1 版　2024 年 10 月第 1 次印刷
书　　号	ISBN 978-7-308-25451-9
定　　价	108.00 元

版权所有　翻印必究　　印装差错　负责调换

浙江大学出版社市场运营中心联系方式：0571-88925591；http://zjdxcbs.tmall.com

序

本书的缘起大约可追溯到我在20年前发表的一篇论文，谈论的是法律与修辞问题。自那时起，我陆续发表了几篇有关古雅典司法制度的论文，其中一些论文或修正或发展了我在法律与修辞那篇论文中的某些观点。几年前，我突然想到，若能对这些论文加以修订，结集出版，肯定是一件美事，因为所有这些文章皆考察古雅典的法治状况，能为我们研究古雅典的法律提供一种全新的视角。本书第一章是对发表于2007年的《古雅典的法律由谁实施？》一文进行全面修订的产物。第二章吸收了2005年发表的《是该任由长期复仇，还是运用法治？——古雅典诉讼的性质：法社会学随笔》一文中的一些材料。第三章将2006年发表的《雅典民主制中的法治：对司法誓言的反思》与即将发表的《古雅典的法庭是如何严格适用法律的？——论公平的作用》两篇论文结合了起来。第四章不过是对发表于2009年的《雅典法律的内容与程序》一文的简单复制，只有少许改动。第五章和第六章从2000年的《雅典法律的开放性结构》与2004年的《再论雅典法律的开放性结构》两篇文章中抽取了一些材料。第七章是对2007年发表的《雅典的法庭是否真的意图实现一致性？——古雅典司法制度中的口述传统与书面记录》一文的全面修订，只增加了一些新论点。第八章重述了《雅典法律中的起诉书与法律程序》一文。第九章包含了《如何在雅典的公民大会上发言？》中的一些材料。

有些论文曾在几个不同国家的讲座中宣读过。第二章的早期版本发表在2001年伊利诺伊州埃文斯顿举办的一次论坛上，第一章的早期版本提交于2005年在意大利萨勒诺举办的学术研讨会上。我要感谢这些会议的组织者罗伯特·华莱士（Robert Wallace）、迈克尔·加加林（Michael Gagarin）以及伊娃·坎特雷拉（Eva Cantarella）的发言邀请。其他章节的早期版本也先后在一些研讨会上发表过，包括纽约大学、伦敦大学古典研究所，巴黎第二大学罗马法研究所，杜伦大学古典学与古代史学系，利物浦大学考古学系、古典学及埃及学学院，诺丁汉大学古典学系，以及伦敦皇家霍洛威学院古典学系举办的法律史研讨会，杜伦大学（2011年）、米兰大学法律系召开的古典学会年会，希腊埃伊纳举办的"'眼中钉'——埃伊纳岛"（The Eyesore of Aegina）学术会议，以及在意大利得里雅斯特大学、雅典大学法律系举办的法律文书研讨会。最后一章的早期版本于2007年5月在杜伦大学以就职演说的形式发表。我要感谢邀请我做会议发言的所有机构，感谢他们的慷慨和好意（尤其是他们提供的免费餐饮）。

本书的大部分手稿在2012年初即已完成。在2012年之前，我曾向出版社咨询过相关作品出版事宜。但我相信，仍有一些问题没能考虑周全。

衷心感谢卡洛·佩雷索（Carlo Pelloso）与米尔科·卡内瓦罗（Mirko Canevaro），他们阅读了全部手稿，并提供了许多有价值的建议与鼓励。还要感谢大卫·刘易斯（David Lewis），他对整个手稿进行了校对，并审核了全部参考文献。感谢瓦西亚·普西拉卡库（Vasia Psilakakou）对第一章和第九章以及参考书目进行的校对。彼得·罗德(Peter Rhodes)、弗雷德·奈登(Fred Naiden),以及大卫·怀特海(David Whitehead)仔细阅读了各章草稿,并提出了很多有益的建议。牛津大学出版社的一位审读员帮我纠正了一些小错误,并就如何在各章之间建立联系,提出了很好的建议。还要感谢牛津大学出版社的优秀团队〔包括史蒂凡·瓦兰卡(Stefan Vranka),萨拉·佩罗维茨(Sarah Pirovitz)和英迪·格雷(India Gray)〕,他们为手稿的出版提供了专业上的支持。

有些人可能不赞成我的做法,即将其他学者的名字排在正文之外(附录中除外),只在脚注中提及他们。这样做的原因有二:首先,我认为,在认真考察其他学者的观点时,应尽量避免对他人进行人身攻击;其次,我认为,作为一个学者,应聚精会神于自己对学术研究的积极贡献,而非致力于对他人进行批判,那会让普通读者觉得单调、乏味。

一些希腊术语该如何翻译,始终是一个难以解决的问题。我一般使用基于"洛布译法"(the Loeb translations)的希腊术语,但难以做到始终如一。

我要特别感谢我的妻子赛琳娜·普索马斯(Selene Psomas)。在过去几年里,在编写本书的最后阶段,她一直带着满满的爱意支持我。她的耐心和鼓励对我而言意义重大。我们的爱犬布拉希达斯也一直是我忠实的伙伴。

我还要把本书献给我的岳父埃利亚斯·普索马斯(Elias Psomas),以示对他的纪念。非常遗憾的是,他在世时未能目睹本书的最终出版。普索马斯将军年轻时即加入希腊的武装部队,是希腊空军的飞行员。他是一位才华横溢的领导人,在20世纪80年代,曾担任希腊武装部队参谋长。普索马斯将军是民主和法治的坚定信徒。在1967年至1974年希腊帕帕多普洛斯的"上校团"实行独裁统治期间,尽管经常面对监禁和拷打的危险,但他仍秉持"法治"的信念。赛琳娜和我至今仍非常怀念他。

目　录

引　言 …………………………………………………… 1

第一部分　古雅典法治的政治与社会背景

第一章　古雅典法治的政治背景 ………………………… 23
第二章　古雅典法治的社会背景 ………………………… 68

第二部分　古雅典的法治实践

第三章　古雅典的司法誓言 …………………………… 121
第四章　古雅典法律中的实体与程序 ………………… 164
第五章　法律的开放性结构：当事人视角 …………… 208
第六章　法律的开放性结构：法庭的应对 …………… 255
第七章　先例与保持法律的一致性 …………………… 294
第八章　"公平"理念在古雅典法庭上的应用 ……… 327

第三部分　古雅典法治的崩溃

第九章　克里昂与雅典战败 …………………………… 363

结　语 ……………………………………………………… 413

参考文献 …………………………………………………… 416

附录一　亨特论"公民依靠自身实施法律" …………………… 446
附录二　公元前5世纪行政官员实施法律和法令的相关记载 … 449
附录三　《阿提卡演说家》中直接引用或间接提到的司法誓言 … 453
附录四　《戈提那法典》的结构——摘自加加林(1982)131 … 459
附录五　《阿提卡演说家》中的法律 …………………………… 461
附录六　《帕卓克雷德斯法令》列出的褫夺公民权的情形 … 491
附录七　《阿提卡演说家》中的议题 …………………………… 492
附录八　《阿提卡演说家》提及的公共服务情况 ……………… 502
附录九　《德摩斯梯尼文集》中的演说真实性问题 …………… 521

索　引 ……………………………………………………… 524
本书引用的古希腊原典索引 ……………………………… 554

译后记 ……………………………………………………… 581

引　言

> 蔑视法治的体制令人恐惧！大家对这一切非常熟悉：午夜的撞门声，神秘失踪，示众，对囚犯强行进行基因实验，刑讯逼供，劳改营、集中营及毒气室，种族灭绝或种族清洗运动，发动侵略战争，等等，这一列表可能无穷无尽。
>
> ——汤姆·宾汉：《论法治》

法治是雅典式民主制度最重要的文化遗产之一。公元前322年，在为殁于拉米亚（Lamia）的雅典将士举行葬礼时，希波雷德斯[①]（*Epitaphios* 25）高呼：

> 为了人民的康乐，必须以法律之名而非某个人的威胁进行治理。自由人绝不能仅仅因为一鳞半爪的有罪证据而受到控告的威胁；我们公民的安全绝不能系于那些只知一味逢迎主人、中伤公民的人身上，而应建立在对法律的信任的基础上。（库珀译）

---

① 译者注：希波雷德斯（Hyperides，希腊文为Ὑπερείδης，公元前390—前322年），雅典编年史学家，阿提卡演说家之一。

在另一场葬礼演说中（这一演说可能未发表），吕西亚斯①(Lysias,2.19)高度颂扬了雅典人的祖先，因为"他们认为，野生动物的典型特征是通过暴力手段在彼此间形成权力—服从关系，但人应通过法律界定彼此的权利，运用理性方式相互说服，并通过服从法治这一原则，在理性指导下，实现上述两个目标"②。

修昔底德(2.37)③认为，伯利克里④(Pericles)在公元前430年的葬礼演说中表达了类似的观点："在公共生活中，我们不得违反法律，因为我们随时准备服从执政的那些人及其法律，尤其是那些为扶助蒙冤者而制定的法律。"

在雅典青年每年宣誓时使用的"埃菲比誓言"⑤中，每个即将成年者都承诺遵守既定的法律，服从发布审慎命令的行政官员的领导，以及这些官员未来审慎制定的任何法律。⑥

在古希腊悲剧中，我们也能依稀发现法治的影子。当克瑞翁⑦(Creon)率军队入侵雅典领土并企图抓获俄狄浦斯⑧(Oedipus)时，提修斯⑨(Theseus)保护了那些寻求庇护者，且提醒

---

① 译者注：吕西亚斯(Lysias，希腊文为 Λυσίας，约公元前450年—前380年)，雅典著名演说家，阿提卡演说家之一。

② 除特别注明的以外，本书所有的希腊文本都是作者自己翻译的。对于希腊作者的姓名与著作名称，作者使用了缩写，参考的是 H. G. Liddel and R. Scott, *A Greek-English Lexicon*(Oxford 1996)。唯一的例外是亚里士多德的《雅典政制》(*Athenaion Politeia*)，作者将其名称缩写为 Ath. Pol。

③ 译者注：修昔底德(Thucydides，希腊文为 Θουκυδίδης，公元前460年—前395年)，雅典历史学家、政治哲学家与将军。

④ 译者注：伯利克里(Pericles，希腊文为 Περικλῆς，约公元前495年—前429年)，古希腊著名政治家之一。

⑤ 译者注：埃菲比誓言(*The Ephebic Oath*)，古雅典年轻人进入埃菲比学院(the Ephebic College)宣誓的誓言，他们从该学院毕业即获得公民身份。阿提卡演说家吕库古在"诉列奥克拉底"这一演说的第75节曾提及这一誓言。

⑥ Rhodes and Osborne (2003) note 88，第12-14行。

⑦ 译者注：克瑞翁(Creon，希腊文为 Κρέων)，古希腊神话中底比斯的国王，俄狄浦斯的继任者。

⑧ 译者注：俄狄浦斯(Oedipus，希腊文为 Οἰδίπους)，古希腊神话中的悲剧英雄，底比斯国王。

⑨ 译者注：提修斯(Theseus，希腊文为 Θησεύς)，阿提卡英雄。

克瑞翁,他来到了一个践行正义的城邦,如果不依法办事,就什么都不能做(k'aneu nomou)(S. OC 913-914)。①

雅典人发现,法治与"主权在民"(popular sovereignty)思想并不矛盾。实际上,他们甚至认为,这两种理念并行不悖。埃斯基涅斯②(3.6)断言,只要雅典人仍遵守法律,民主制度就依然安全。他还提出,若法庭容许自己被无关的指控分心时,法律就会被忽视,民主制度也会随之受到破坏(Aeschin. 1. 179. 参见 3.23; D. 24.75-76)。在《诉提摩克拉底》(Against Timocrates)这一演说中,德摩斯梯尼(24.215-216)③甚至宣称,雅典城邦的力量源于公民对法律的服从:

> 尽管您应对那些炮制可耻而邪恶的法律者感到愤怒,但您更应对那些破坏法律者感到愤怒,无论这些法律是使我们的城邦变得虚弱,还是变得强大。并且,无论这些法律是什么,它们都是惩罚不法者、给践行正义者带来荣耀的东西。如果每个人都渴望做对社会有益之事,雄心勃勃地期待因而获得荣耀与奖赏;并且,如果所有人都出于对可能施加于自身的损害和刑罚的恐惧而避免犯罪,那么,什么能阻碍我们的城邦变得更好?难道雅典没有比希腊其他城邦更多的三列桨战舰、更多的重装步兵、更多的骑兵、更多的收入、更多的财产、更多的港口吗?什么能保护和维持所有这些东西?法律。当城邦服从法律时,所有这些资源都会为共同的利益服务。

---

① 福克斯豪与刘易斯宣称:"对于古希腊而言,法律不过是一个工具,而非主宰。"参见 Foxhall and Lewis (1996b) 7。这一观点与希罗多德《历史》(Hdt. 7.104.4)中的话相矛盾。

② 译者注:埃斯基涅斯(Aeschines,希腊文为 Αἰσχίνης,公元前389年—前314年),古雅典政治家,阿提卡演说家之一。

③ 译者注:德摩斯梯尼(Demosthenes,希腊文 Δημοσθένης,公元前384年—前322年),古希腊雄辩家,雅典城邦的军事将领,活跃于伯罗奔尼撒战争期间,屡建战功。

伊索克拉底①(15.79)曾自信满满地说,雅典的法律不仅为他们自己的城邦服务,而且为全人类带来了众多益处。

但雅典人对"法治"的理解是否与我们今天的理解一模一样?或者说,我们能否将"法治"这一标签贴在雅典人身上?我们能否使一种现代理念穿越时空并强加到古代的东西之上?要回答这一问题,唯一的方法是确定现代学者所说的法治的基本特征是什么,并探寻民主制度下的雅典法律体系是否意图实现这些特征。②

尽管法律理论家和政治学家在法治的某些方面存在分歧,但论述法治的现代观点大多具有"法治"的某些基本特征。③ 我们可以将那些试图定义"法治"这一术语的现代尝试区分为"弱的定义"(thin definitions)和"强的定义"(thick definitions)。"弱的定义"将"法治"的含义限定为:要求人们在司法和行政活动中,在适用已确定的规则时,保持前后一致;要求法律面前人人平等,建立官员问责制。"强的定义"要求更多,包括要求承认基本人权,等等。如今,大多数学者都采纳"强的定义",尽管他们对哪一种人权应包含在这一定义中尚有不同的看法。

大多数学者都赞成的"法治"的**首要特征**是:**法律应平等地适用于所有人**。在有关法治基本原则的清单中,宾汉将这一原则纳入进来。他说:"除非我们能证明,由于(人与人之间)在客观方面存在巨大差异,因此,区别对待是正当的;否则,世间的法律应平等地适用于所有人。"④

按照戴雪(Dicey)的观点,"法治"原则要求:"没有人能凌驾于

---

① 译者注:伊索克拉底(Isocrates,希腊文为Ἰσοκράτης),古希腊修辞学家,阿提卡演说家之一。

② 希利断言:"雅典人获得了比民主更有价值、更基本的东西,他们实现了法治。"参见 Sealey (1982) 302。但遗憾的是,他从来没有定义其所说的"法治"是什么意思,也没有考察过现代人对于这一短语的讨论,更没有对现代与古代的法治观念进行比较。

③ 柯亨过度地夸大了现代学者在法治问题上的分歧,忽略了一致性的方面,参见 Cohen (1995) 35。

④ Bingham (2010) 55-59。

法律之上,无论人们的社会、经济或政治地位如何,他们在法律面前都是平等的。"①这一原则被吸纳进了1789年的法国《人权宣言》(Déclaration des droits de l'homme)条款中(即,在权利方面,人人生而自由平等,Les hommes naissent et demeurent libres et égaux en droits)。

毫无疑问,雅典人相信这一原则,并在其法律中贯彻了这一原则。根据德摩斯梯尼(21.188)的说法,雅典人是通过法律而享有平等权的(参见 D.21.67)。公元前403年颁布的法律明确地规定了这一原则:"除非同样的法律适用于所有雅典人,否则不允许将该法律适用于某个人。"②尽管在公元前403年之前,这一原则并没有被人们明确地表达出来,但它隐含在雅典的法律中。

作为雅典最古老的几部法律之一,调整杀人罪的《德拉古法》(Draco Law)③是以"如果任何人……"这样的表述开头的,并且,它没有在不同阶层的人之间作出区分(D.23.24、38、45、60;参见 IGi³ 104,第10、27行)。一部可追溯到公元前485年或前484年的法律同样包含了几条以"如果任何人……"这一短语开头的条款(IGi³ 4.1,第6-8、11-13、15-16行)。自公元前5世纪以来,还出现了许多其他的例子,可以作为公元前4世纪出现的众多例子的补充。④

这一原则不仅隐含在雅典的法律中,而且为当时的文学作品

---

① Dicey(1885)。
② 登载在 And.1.87 中的一条法律提到,该规则可能存在一个例外,即"如果6000人投票同意",但这一记录是伪造的。具体可参见 Canevaro and Harris(2012)117-118。汉森(Hansen,1979)试图找到指向个人的法律,但该企图失败了,对此,可参见 Rhodes(1984)。有关汉森(Hansen,1985)对罗德的答复,可参见 Canevaro and Harris(2012)119。
③ 译者注:德拉古是古雅典政治家,曾主持公元前621年或前620年的政治改革,史称"德拉古改革"。但这场改革的真实性为后世学者所质疑。他曾专门就杀人案件进行过立法,史称《德拉古法》(Draco Law)。史学家认为,该立法是真实的。
④ 公元前5世纪的一些例子可参见 IG i³ 10,19-22;19,第7-9行;34,第31-35行;41,第70-72行;58,第14-16行;63,第1-5行;78a,第7-8、34-36、57-59行;114,第12-13行。公元前4世纪的例子可参见 Harris(2006A)46-47。

和演说词所认可。公元前 5 世纪早期的一首著名饮酒歌,记载了哈莫迪斯(Harmodius)与亚里士多盖顿(Aristogeiton)①杀死暴君的故事,人们讴歌他们的义举,称颂其使雅典人在法律面前保持了平等。② 在《葬礼演说》中,伯利克里夸耀:"依据雅典的法律,在与个人有关的争端中,所有人均享有平等权。"[Th. 2. 37. 1;参见(Arist.)*Rhet. ad Alex*. 2. 21. 1424b15-16]

在欧里庇得斯(Euripdes)《乞援的妇女》(*Suppliant Women*,433-434、437;亦可参见 D. 51.11)中,雅典的统治者提修斯告诉来自底比斯的使者:"一旦法律被制定了出来,无论是无权者,还是富人,都享有平等的正义,处于正义一方、地位较低的人将战胜有权有势者。""法律面前人人平等"明显是一种雅典式理想,它不仅及于所有雅典公民,而且还延伸到了所有客籍与外邦人。③ 在现实生活中,客籍和外邦人可能一直处在不利地位上,但在理论上,他们享有同等受法庭保护的机会。④

法治的第二个关键特征是所有官员都是可问责的。⑤ 古典时期的雅典确实如此:所有雅典官员必须无一例外地提交账目,其行为必须经得起司法审查(Aeschin. 3. 12-27)。每个官员都需要将账目提交给被称作公共会计师(*logistai*)的官员,由其核查账目,接受是否贪污、贿赂的审查。任何人都可以向那些被称为审计官(*euthynoi*)的官员检举、揭发(Arist. *Ath. Pol.* 48. 4-5)。米尔

---

① 哈莫迪斯(Harmodius,希腊文为Ἁρμόδιος)与亚里士多盖顿(Aristogeiton,希腊文为Ἀριστογείτων)都死于公元前 514 年,因杀死佩西斯特拉提德(Peisistratid)的僭主希帕尔库斯(Hipparchus)而著名。

② Ath. 15. 695a-b.

③ 在雅典,客籍也可以到法庭打官司,参见 Whitehead (1977)。有关外邦人在雅典法庭的权利可参见 Gauthier (1972)。

④ 帕特森认为,由于外邦人在雅典没有家族网络与朋友,因此,他们在打官司时处于不利的地位,参见 Patterson (2000)。

⑤ 例如,《世界正义计划》(*The World Justice Project*)在对"法治"进行定义时说道:"政府及其官员、代理机构应当是可依法问责的。"具体可参见 http://www.worldjustice project. org。

提阿德(Miltiades)[①]在马拉松战役开始前和战后的短暂时间里曾两次受到审判,并在第二次审判时,被处以高额罚金。[②] 在伯罗奔尼撒战争初期,伯利克里虽拥有很大的权力和影响,但仍被罢免,且被判处了罚金(Th. 2.65)。正如我们在第九章将看到的,在接下来的一些年里,更多的将军和政治家受到了审判。在公元前4世纪时,将军和政治家被起诉、定罪的比例非常惊人。[③] 早在古风时代(the Archaic period),雅典人及其他希腊人就认识到,所有行政官员都应当可归责。早在公元前6世纪和前5世纪,希腊城邦的许多法律都包含了对那些不履行法律职责的官员进行处罚的内容。[④]

法治的第三个基本特征是法律应当易于为所有人获取与理解。正如宾汉所言,"法律必须易于获取,且应尽可能地易于理解、清晰和可预测"[⑤]。这包括几方面内容,其中的一个重要方面是:所有法规都应易于阅读和理解,且易于获得。[⑥] 古代的雅典人当然拥护这一原则。德摩斯梯尼(20.93)在《诉勒珀提尼斯》这一演说中说道,立法程序的目的是确保"相互冲突的法律被废止,以便在每个主题上都只有一部法律。这可以为那些不担任官职者消除困惑。与那些熟悉法律的人相比,后者明显处在不利地位。这一做法的目的是使法律条文对所有阅读者来说都具有相同的

---

① 译者注:米尔提阿德(Miltiades,希腊文为 Μιλτιάδης,公元前550年—前489年),著名的奥林匹克战车选手,雅典望族费莱德斯家族的成员,因在马拉松战役中的突出表现而著名。

② 我们没有理由相信,战神山法庭控制了审计程序,并在这一时期对行政官员实行了全面的监督。希罗多德提到的这三次审判明显发生在公民大会或法庭之上。参见 Hdt. 6.21.2;104.4(dikasterion);136.1。作者计划在别处考察这一主题。

③ 参见 Hansen (1975) 60。

④ 参见 Harris (2006A) 18-21。有关公元前5世纪及随后一些时期里,希腊城邦的官员归责情况可参见 Fröhlich (2004)。

⑤ 参见 Fuller (1964)。富勒说,缺乏法治的两个重要特征是:法律不公布或不让人知晓法律规则;法律规定含糊、不清晰,以致人们不可能理解其内容。

⑥ 这一段讨论得自西克林格的重要文章,可参见 Sickinger (2004),它否定了托德的观点,参见 Todd (1993) 55-58。

含义,且简单明了"。①

为使法律文本易于获取与理解,雅典人付出了诸多努力。德拉古和梭伦(Solon)的法律都写在转板(*axones*)与三角板(*kyrbeis*)上,它们可能由木头制成。直到公元前5世纪晚期,上述法律仍位居雅典人协商解决问题之要津。② 与特定领域有关的法律放置在管辖该领域的行政官员办公室旁边。即使这些官员分散在不同的办公室,人们也不难发现这些法律。在公元前4世纪,所有法律的副本都保存在自然女神庙(Metroon),任何人都可以随时查阅它们。③

在公元前403年之后,人们制定了新的立法程序,其中的一项要求是:所有提议制定新法律的提案副本都必须陈列在阿哥拉(广场)的英雄纪念碑(the Eponymous Heroes)前(D. 20.94;24.18)。④ 一旦颁布,许多法律都会以公开的形式展示出来。在雅典的法律与法令中,经常包含一些有关如何公布法律的规定,比如,指示官员们将其刻在大的石柱上,放在每个人都能看见的显眼位置。⑤ 例如,《尼高芬法》(*The Law of Nicophon*,公元前375年或前374年颁布)命令人们,将其刻在石柱上,其副本放在阿哥拉(广场)与比雷埃夫斯(Piraeus)银行业者的案头,以及波塞冬石柱的前面(SEG 26:72,第44-47行)。另一部法律指示公民大会的秘书将

---

① 关于这一点,雅典人似乎已经预先料想到了《世界正义计划》中的要求:"颁布、实施以及执行法律的程序必须是可行的、公正的以及有效率的。"参见 http://www.worldjusticeproject.org。

② 有关 *axones* 与 *kyrbeis*,可参见 Andrewes (1974a)与 Stroud (1979),以及带有批判意味的 Rhodes (1981) 131-135。阿里斯托芬在《鸟》(*Birds*)(1353—1357)中提到过三角板(*kyrbeis*)。戴维斯(Davis,2011)认为,雅典的法律最先是写在三角板上,从公元前410年开始,在法律修正时期,这些法律又被刻在转板(*axones*)上。

③ 参见 Lycurg. *Leocr*. 68;亦可参见 Sickinger (1999) 149-152。

④ 关于英雄纪念碑,可参见 Shear (1970)。

⑤ 有关这些规定,可参见 Liddel (2003)。将文本嵌入 And. 1.84 的《忒萨摩努斯法令》(*Teisamenus Decree*)要求将法律刻在一堵墙上,但这一法令是伪造的,参见 Canevaro and Harris (2012) 110-116。

其铭刻在石柱上,安放在雅典市中心的自然女神庙前。① 我们没有理由认为,这些石柱只是象征性的纪念碑,仅仅是为了纪念某一法律的颁布,而非供人们阅读,以便人们知晓其内容。② 由留存下来的几段法庭演说残篇可以看出,诉讼当事人在准备应诉时,经常援引这些法律。③

我们在第三章考察司法誓言时会发现,雅典人试图确保"国家提供的审判程序是公正的"。④ 为此,原告不仅需要将起诉书提交给被告,而且需要将准备提交法庭的所有证据都转给被告。法官需宣誓不受个人恩怨的影响,对诉讼当事人保持善意。原告和被告都将获得相等的发言时间。法庭由随机选出的法官组成,以确保公正。⑤ 实际上,在一个即将于第六章考察的臭名昭著的案件中,被告没有获得足够的时间去应对针对他的指控,导致了雅典历史上最严重的司法不公(miscarriages of justice),雅典人不久就后悔犯了这样一个错误。正如我们即将在第九章看到的,雅典的法律制度存在某些不足,这些不足主要表现为:那些旨在确保审判公正的措施带来了不可预见的后果。

现代法治观念的另一个原则是:如果某行为没有为法律所禁止,就不应受到惩罚。例如,《欧盟条约》(*The Treaty on European Union*)第 7 条规定:"若按照国内法或国际法,某个行为在实施时不构成犯罪,则任何人不得因这样的行为(包括作为或不作为)而被认定为犯罪。"⑥1789 年的《人权宣言》第 7 条规定:"除法律规定的情况外,任何人不得被指控、逮捕或拘留。"第 8 条规定:"除非根

---

① 参见再版的《德拉古法》有关杀人的规定,*IG* i³ 104,第 4-10 行。
② 参见 Thomas (1989) 45-83。对于托马斯尚古主义方法的最佳批判可参见 Pébarthe (2006)。
③ [D.]47.71;[D.]58.5-6。
④ Bingham (2010) 90-109。
⑤ 选举法官的办法可参见 Arist. *Ath. Pol.* 63-69 与 Rhodes (1981) 697-735。
⑥ 引自 Bingham (2010) 73,亦可参见 Raz (1977) 198-199。

据犯罪行为实施前已颁布且实施的或已合法适用的法律,否则任何人都不应受到处罚。""**法律不溯及既往**"原则为雅典的法律所**承认**(D. 24.43)。实际上,雅典的许多法律都载有这样一个条款,它指明,该法律只在"将来"(*to loi pon*)或在某个日期之后才生效(D. 24.43)。① 在雅典的法律中,还有这样一项规定:**官员们不得使用不成文的法律**(And. 1.87)。这意味着,官员们不得因某人实施了法律未规定的不当行为而处罚他,此处的"法律"指由议事会(在公元前 5 世纪时)或议事会和立法专门小组(在公元前 4 世纪时)通过,且记录在公开文件中的法律。除非某人能明确地指出他人违反了雅典人民颁布的特定法律,否则不能控告他人(请参阅第三章)。毫无疑问,雅典人试图贯彻今人所理解的法治基本精神。②

另一方面,我们也不应夸大古代法治观念与现代法治观念的相似性。现代法治观念通常建立在普遍人权基础上,可适用于所有种族与所有社会阶层,并同等地适用于男性和女性。对雅典人而言,**法治主要是为雅典公民提供保障**。例如,"反对仅针对某个人而制定法律"这一规则要求:法律的颁布是为保障全体雅典人的利益(D. 23.86)。**雅典的法律还保护妇女的权利**。例如,禁止重伤他人(*hybris*)的法律明确将妇女纳入其规定之中(Aeschin. 1.15)。一位演说家曾回忆起这样一个案子:一男子因实施了针对某一妇女的犯罪而被法庭判处死刑(Din. 1.23)。但总的来说,在雅典,妇女是无法到法庭提起诉讼或启动诉讼程序的,她们需要由丈夫或男性亲属代表其提起诉讼。若某位丈夫休妻,且拒绝归还妻子的嫁妆,或不愿意支付妻子的生活费,

---

① 关于雅典法中的"*to loi pon*"这一短语,可参见 Harris (2006A) 425-430。
② 参见 Cohen (1997) 33。在 Raz (1977) 199 中,拉兹补充了这一要求:"法律应当相对稳定。"关于雅典法中的这一理想,可参见 D. 24.139-143。为了保障法律的稳定性,人们颁布了一些刚性条款,参见 Harris (2006a)23-25。

只有该女子的男性亲属才可提起诉讼。雅典的法律还严厉惩处那些试图奴役他人者,从而保障雅典公民和外邦人的自由(Arist. *Ath. Pol.* 52.1),但这些保护措施并不能扩展到战俘身上。在希腊人中间,普遍流行这样的规则:基于征服权,战斗中被俘虏之人归胜利者所有(Pl. *R.* 5.468a-b; Arist. *Pol.* 1.6.1255a6-7; X. *Cyr.* 7.5.73)。

雅典的法治观念与现代法治观念存在明显差异的另一个领域是酷刑的使用。几个世纪以来,世界上很多国家开始废除"以酷刑获取证据或作为惩罚"的做法。法国于1789年废除酷刑;同年,美国宪法第八修正案取缔了包括酷刑在内的"残忍和不人道的惩罚手段"。根据《欧洲公约》(*The European Convention*)第3条的规定,"任何人不得遭受酷刑,或受到非人的、有辱人格的对待或处罚"。在所有这些情况下,保护人们免受酷刑的措施不仅适用于公民,而且适用于所有人①;但相比之下,在民主的雅典,只有公民才可以受到免于酷刑的保护(And. 1.43),奴隶和外邦人仍可能受到酷刑的惩罚。②

一些学者声称,雅典人对法律持一种"修辞性"态度,因为雅典的法官是借助诉讼当事人来理解法律的,后者可能会用差异巨大的方式解释法律。③ 这一观点遭到了一些异议,首先,(雅典的)法律和法令是在所有公民都参加的公民大会上通过的。如前所述,新法律的副本被放在英雄纪念碑前,供所有人阅读。一些诉讼当事人告诉法官,他们最了解法律,因为法律是由他们制定的(D.42.18)。其次,即使诉讼当事人可以引用或解释法律,但在法

---

① 有关拷问的问题,可参见 Bingham(2010)14-17。
② 有关用酷刑对待奴隶的问题,可参见 Thür(1977),Gagarin(1996)以及 Mirhady(2000);有关用酷刑对待非公民的问题,可参见 D.18.132 与 Harris(1995)172。在杀人案件的侦查过程中,拷打非公民的问题,可参见 Bushala(1968)。
③ 参见 Johnstone(1999),Wohl(2010)2-4 以及 passim。总之,沃尔(Wohl)主要是对修辞学感兴趣,而很少关注法律程序。对于本书的批判可参见 Maffi(2009,2010)332-337。

庭上，通常都是由书记员而非诉讼当事人宣读法律和法令文本的。法官从书记员那里听到的是真实的法律文本，而非其解释。[①] 再次，(古雅典的)法官不像现代陪审员那样，一生只审理一两个案子。每一年，雅典都会选出 6000 名法官，任期 12 个月。在此期间，他们将审理数十个案子。与只能任职 1 年的雅典其他机构不同，雅典的法律并未禁止某个人连续多年担任法官。可以肯定，当时并没有对法官进行正式培训，因此，连续在法庭任职，将为他们提供有用的法律知识。这意味着，普通法官并不依靠诉讼当事人来了解法律。[②] 最后，如果当事人对法律的含义存在很多异议，他们会希望对法律的含义进行广泛的讨论。但现存的演说词记载的大多数案件主要涉及一些事实问题，这表明，在大多数案件中，原告和被告都默认赞同据以起诉的法律之含义。[③] 因此，我们没有理由认为，雅典人对法治的理解在很大程度上是"修辞性的"，并与现代的法治观念存在根本性差异。

本书的目的是研究雅典人如何将法治的理想付诸实践，并了解民主制语境下诉讼的特点。最近，几本有关雅典法庭的著作〔例如，艾伦(Allen)、柯亨(Cohen)、克里斯特(Christ)和赫尔曼(Herman)的著作〕集中讨论了雅典的社会价值问题，但多少也留意了"法治"这一政治理想，以及雅典人为实现这一理想所遵循的程序问题。本研究将超越修辞学和意识形态范畴，意欲考察法律如何在整个(雅典)社会和法庭实践中发挥作用。关键的主题之一是：我们将密切关注法律程序的确切特征，以了解诉讼当事人在日常生活中是如何打官司的，以及是如何在法庭上进行论证的。

---

① 参见 Humphreys (2007) 156。汉弗莱斯(Humphreys)认为，"诉讼当事人经常选择性地、不全面地引用法律"，"除非与另一方引用的法律相冲突，否则，几乎不受任何限制"，这两种说法都有浮夸之嫌，且与其自身的另一说法相冲突，即他在第 152 页说道，"由于陪审系统的存在，人们对阿提卡的法律都非常熟悉"。
② 有关古雅典法官拥有哪些知识的问题，参见 Harris (2010) 1-3。
③ 参见附录七。

我的方法受到了近期新制度主义著作的启发。这些著作强调规则和政治秩序对塑造社会中的个人行为具有一定作用。在写作于 1989 年、对前 40 年政治科学著作进行总结的研究中，马赫（March）和奥尔森（Olsen）发现："从行为的角度看，按正规方式建构起来的政治机构已被人们过于简单地描绘成了一个竞技场。在该竞技场中，政治行为是由一些更根本的因素驱动的。"(1) 马赫和奥尔森呼吁人们采取一种侧重强调制度分析的方法："由于承认政治学的社会背景和单个行为者的动机均很重要，因此，制度分析为政治制度提供了一种更独立的角色。"(17) 他们指出："经验观察似乎表明，内嵌于政治制度之中的发展秩序——尽管其可能是由外部事件触发的——会影响历史的走向"，并且"政治制度确定了政治活动得以开展的框架"(18)。最近人们对雅典法庭进行的研究将雅典法庭看成政治精英间展开社会斗争的竞技场，以及精英与大众进行谈判的场所。与这些研究不同，本书将考察雅典人为推行其政治理想与正义理念而创制的法律规则和程序。

本书还将展示，这些规则和程序的精确轮廓是如何影响法庭内外个人的行为与言辞的。一方面，本书力求避免过于简单的功能主义做法。尽管雅典人基于特定目的创制了这些规则和程序，并试图通过这些程序实现我们最后一章的那些研究目标。[1] 另一方面，几本有关雅典法律的手册[例如，利普修斯（Lipsius）、哈里森（Harrison）、麦道维尔（MacDowell）以及托德（Todd）的作品]以静态的方式介绍了一些与雅典法律有关的基本事实，而没有过多地关注它们在实践中是如何发挥作用的。本研究试图分析雅典的法律程序在日常生活中是如何发挥作用的（但在

---

[1] 关于功能主义方法，可参见 Ober (1989)；对于功能主义的批判，可参见 March and Olsen (1989) 7-9。

有些情况下,它并不发挥作用)。

尽管本书的主要目的是增进我们对古雅典社会中法治作用的理解,但它也对北美和英国的学术研究中有关雅典法律的许多基本观点提出了质疑。这些观点包括:(1)雅典的法律主要涉及程序问题,例如,汉森(Hansen)、加加林(Gagarin)、奥斯本(Osborne)、托德(Todd)、奥伯(Ober)和柯亨(Cohen)等人就持这种观点;(2)实施法律这一重要任务掌握在普通公民手中,例如,奥斯本、奥伯、柯亨、亨特(Hunter)和克里斯特(Christ)等人就是这样认为的;(3)雅典人利用法庭的目的不是树立法律权威,而是解决个人之间的世仇,例如,柯亨如是说;(4)雅典的法庭喜欢作出一些临时性判决,不太关注法律条文的字面含义,例如,克里斯特、艾伦和拉尼(Lanni)持这种观点。正如我们即将看到的,这些观点没有一个能得到仔细考察后的证据支持。

本书第一章将雅典的司法制度置于广阔的政治背景中。在分析古雅典的法律制度时,人们必须先退后一步,提出这样的问题:雅典的社会是怎样的? 古雅典是否确立了国家制度,会使答案产生很大的不同。一些学者声称,古雅典是一个"尚未进入国家状态的社会"(stateless society),例如,卡特里奇(Cartledge)、奥斯本和贝伦特(Berent)持这种观点。他们认为,古雅典的社会规范是由普通公民通过自助的方式实施的,那使得社会控制常常采取长期复仇(feuding)的形式,例如,柯亨、菲利普斯(Phillips)持这种观点。

在第一章中,我将揭示,在古雅典,大多数维持秩序的工作都掌握在行政官员手中,他们按照法律和公民大会的指令行事。例如,对现存的自公元前5世纪以来由公民大会颁布的所有法令进行的研究表明,雅典人将实施法律、法规的工作托付给了官员。公元前4世纪的一些文学作品也展现了类似的图景。由500人组成的议事会(Council)和战神山法庭(Areopagus)在实施法律和侦查犯罪方面发挥了重要作用。另外,对普通公民(*idiotai*)使用武力有严格的限制,仅有少数例外。是什么使雅典的法律实施变得非常民主的?原因并不在于普通公民广泛使用私力救济手段,而在于官员对武力的运用施加了一些限制,并且,如果官员滥用职权,公民可通过一系列程序寻求救济。对古雅典人尝试让一位三列桨舰长(trierarch)执行议事会的命令这一制度进行的仔细研究,可以很好地说明,民主的问责制如何对官员履行职责的方式产生重大影响。

第二章将采用一种社会学研究方法,考察个人运用诉讼手段的方式。像许多其他希腊城邦一样,雅典允许普通公民对他人提起公诉。[①] 但公民们是如何看待这一权利的?他们是否将其视为一种公共职责,旨在通过实施法律的方式为社会利益服务?或者说,他们认为这是解决长期争斗的手段吗?雅典人的社会态度是否说明,他们不鼓励激进的行为,而主张利用法庭来解决仇杀行为,或者说,人们不过是将法庭视为社会竞争的另一舞台?根据一些学者(尤其是柯亨)的说法,雅典社会是一个好斗的社会,它鼓励带有男人气概的侵略行为,鼓励人们仅仅因为私人间的仇恨(*echthra*)就发起诉讼。因此,(在古雅典)法律制度的目的不是实施法律,而是将人们的争端引入一个竞技场,在那里,冲突可以得到规制(但不一定得到解决)。该章还将对一些有关雅典社会价值观的最新成果(尤其是赫尔曼的作品)进行分析,那将表明,雅典人非常重视合作,谴责激进的行为。快意恩仇被人们视为对公共秩序的一种威胁。在这一章,我还将超越该领域现有的一些著作,显示雅典人为阻止无聊的诉讼,颁布了哪些法律,创制了哪些程序,以及他们如何将这一价值观付诸实践。最重要的是要记住,雅典人确立法律制度,目的是消解长期的仇恨(世仇)。

[①] 关于古希腊其他城邦中的公诉志愿者的问题,可参见 Rubinstein (2003)。

第二章的最后一节将揭示这些规则和程序影响个人运用法律制度的方式。通过对发生在雅典公民间的数次争论进行细致的分析,发现没有证据表明,雅典人经常利用法庭解决世仇——一种持续很长时间、发生在由亲缘关系、邻里关系或委托关系组成的群体间的仇恨,人们能从中世纪的冰岛和北欧史诗中看到非常典型的世仇社会,这种社会不同于古代的雅典社会。古雅典的诉讼当事人常常表现得不愿意出庭,并声称自己试图避免长期争端。我们拥有的关于世仇的唯一证据来自公元前6世纪的雅典,发生在强大的中央集权体制出现之前,在凭借亲属和依附者的网络而形成的强大家族权力瓦解之前。在公元前6世纪后期的"克里斯提尼改革"(the Reforms of Cleisthenes)之后,古雅典的城邦制度已足够强大,可以防止和阻止这种世代复仇行为。

本书的第二部分将考察雅典人如何在法庭上运用法律。第三章考察了司法誓言,它为(雅典的)法官如何看待自己的工作提供了最佳证据。司法誓言由四个基本承诺(pledge)组成:(1)按照雅典人民的法律和法令进行投票;(2)平等地听取双方的意见;(3)按照最公正的判断投票;(4)仅针对起诉书中的指控进行表决。第三个承诺引起了一些争论。一些学者声称,该条款赋予了法官无视法律、根据自己的良心投票的权利[Lanni(2006),Christ(1998a)],但该观点并不能得到对流传下来的法庭演说所做分析的支持。该条款在法庭演说中很少被提及,仅在法律未能提供充分指导时才适用。本章接下来的部分还将考察司法誓言中的第四个承诺,它很少受到学者们的关注。要理解该承诺,有必要分析原告(*engklema*)及其在诉讼中的作用,如今的著作大多忽略了这一点。每个希望提起诉讼的原告必须提交包含以下基本信息的起诉书,例如,自己的全名、被告的姓名及其提起诉讼的名称。最重要的是,原告应指出被告如何违反了法律,在描述被告的违法行为时,必须引用相关法律条款。"只针对原告的指控进行表决"这一承诺意味着,法官只能考查被告是否违反了原告所说的法律。因此,该承诺要求法官忽略无关的问题,例如,被告在公共服务中的表现和品行,等等,除非这些东西对原告的法律指控有影响。这对诉讼当事人在法庭上如何使用论证以及法官如何判决案件有重大影响。由于诉讼当事人也需要宣誓保证"紧扣主题",即只解决原告控告的问题,因此,他们会倾向于不提及公共服务及其他社会背景问题,除非这些问题与法律上的指控相关。因此,司法誓言和起诉书在保持所有雅典人在法律面前一律平等方面发挥了重要作用。在审判中,唯一允许人们强调公共服务的场景是在公诉案件(*graphe*)的量刑(*timesis*)阶段。一些学者声称,古雅典的审判是一场社会斗争,诉讼当事人在诉讼中,通常都会宣扬自己拥有强力领导人的品格[例如,Ober(1989),Cohen(1995),Christ(1998)]。司法誓言和起诉书则可以确保庭审时忽略政治问题,将精力集中在法律的实施上。从这一意义上讲,司法誓言有助于促进法律面前人人平等,因而是民主的法律方法。

第四章将考察古雅典法律的结构,证明其更关注实体性问题,而非程序性问题。北美和英国的许多学者认为,古雅典的法律大部分与程序有关,但对《阿提卡演说家》中提及的所有法律及保存在碑刻中的法律所进行的分析,揭示了相反的情况。唯一比较强调程序的是与杀人罪有关的法律。在所有其他领域(例如公法、继承法、商业关系和宗教法),雅典人对实体性事务(例如规定了人们在日常生活中的权利和义务)给予了同等(或更多)的重视。因此,雅典人并没有仅将法律用于指导法庭辩论,其立法目的是发布法律命令,规定人们在日常生活中该如何行事,及制定如何在法庭上解决争端的规则。亦即法律的目的是形塑社会中每个人的行为。

第五章和第六章考察诉讼当事人（第五章）和法庭（第六章）处理法律"开放性结构"的方法。诉讼当事人不可能不重视法律，他们会尝试着拓展法规中语词的含义，将之应用到那些通常不被视为该法调整范围内的案件中。这些论证揭示了诉讼当事人密切关注法规精确的字面含义，并期待法庭也是如此。另外，当两个诉讼当事人对法规的含义有不同解释时，或者当原告试图以一种全新的、不寻常的方式解释法律时，古雅典的法律制度没有授权那些收到起诉书的官员无视这一案件，除非该起诉书不符合法律规定。民主的司法要求法庭——至少有数百名法官——拥有如何解释法律的权力。这意味着，雅典的审判员（*dikastes*）充当着现代法院中法官与陪审员的角色（或法官审案中的法官角色），并对那些法律和事实问题作出判决。然而，尽管诉讼当事人可能试图扩大法律的含义，但法官更青睐那些坚持法律传统（或字面）含义的诉讼当事人。法官们既没有将自己当作立法者，即可以通过自己的决定创制法律的人，也不认为自己的判决只是针对个案的特殊判决。他们认为，自己的任务是守护雅典人民在公民大会上通过的法律。这是民主的法律理念。

第七章探究雅典人解决法律"开放性结构"（即法规有潜在歧义）的方法：诉讼当事人经常运用先例或诉诸立法者意图，为自己的法律解释辩护。一些学者[Todd（1993），Lanni（2006）]声称，雅典的法庭对一致性不感兴趣，他们喜欢依据一些临时性理由裁决案件。没错！诉讼当事人并不经常在法庭演说中引用以前的案件，那是因为大多数审判都只与事实问题有关。一方面，一旦出现了法律解释问题，诉讼当事人诉诸判例或立法者意图，支持其法律论证，并不少见。在受普通法管辖的现代法院中，先例是法官创制法律的一种方式。另一方面，在古雅典，诉讼当事人会援用先例，证明他们对法律的解释属传统解释的范畴，并为其他公民所接受。在雅典的民主制度中，制定法律的权力属于公民大会。

第八章探讨在判决案件时,雅典的法庭会在多大程度上将其他因素纳入考虑范围之内。一些学者声称,雅典人将一种严格的司法(stricti iuris)方法应用于法律,根本不考虑一些情有可原的情形[Meyer-Laurin(1965),Lanni(2006)]。在第八章,我们首先将参考布伦瑞克(J. Brunschwig)的重要论文,对亚里士多德在《尼各马可伦理学》与《修辞术》中提到的"公平"(epieikeia)概念进行认真分析。"公平"(fairness)不是一种试图破坏法律权威,使城邦的法律与不成文法或人类的共同法相矛盾的概念。"公平"概念的运用不仅没有将非法律因素引入裁决之中,而且相反,"公平"概念解决了特定成文法所包含一般规则的例外问题。本章其余部分说明,诉讼当事人如何将自己的论证建立在"公平"概念基础之上,以及法庭有时如何将情有可原的情形纳入考虑之中。本章还将深入研究亚里士多德的《修辞术》与雅典法律实践的关系,并强调司法誓言的意义。当法官们发誓要根据雅典的法律作出裁决时,他们不仅要考虑原告引入诉讼中的法律,而且还要考虑暗含在整个雅典法律中的一般正义原则。只有这样,才可以避免严格的实证主义法律方法。

第九章,也是本书的最后一章,将探讨伯罗奔尼撒战争期间法治的崩溃及对古雅典军事的影响。这一章是从修昔底德对伯利克里死后雅典政治变化的评论开始的。根据修昔底德的说法,公元前429年后上台的领导人与另一派争夺权力,置城邦利益于不顾。他们的策略之一是诬告(diabole),即利用法庭对政治对手进行虚假的指控。这是雅典政治中危险的创新。为了说明克里昂(Cleon)与之前的雅典政治家的区别,本章将考察公元前431年之前即实行民主制之前,雅典政治权力的来源(军事领导、公众的慷慨、与外国的联系,以及家族的支持)。令人惊讶的是,在公元前431年之前,重要的政治人物很少(如果有的话)利用法庭攻击其政敌,他们倾向于采用"陶片驱逐法"(ostracism)将敌人流放。这一做法在公元前 420 年发生了变化。当时,克里昂采取了新策略,即通过在法庭上起诉其政敌,从而打破了旧的禁忌。克里昂利用法庭在公诉案件中的弱点,威吓将军们及其他一些反对者。当克里昂于公元前 422 年去世后,其他人纷纷仿效这一激进做法,将诸如阿尔喀比亚德之辈才华横溢的将军们统统流放。这些政治人物对将军们的攻击最终导致公元前 406 年在阿吉纽西(Arginousai)对将军们进行审判,后者直接导致了公元前 405 年羊河战役(Aegospotamoi)惨败,致使雅典不得不于公元前 404 年投降。尽管雅典人试图实现法治的目标,但由于他们在紧张、危急时刻未能确保个人的权利不受多数人意志的霸凌,并无法保护将军们免受政客的无端攻击,最终导致民主制被击败、推翻。本章有助于我们理解雅典民主制最终失败的原因。它还将揭示由雅典法律程序所具有的某些特征带来的意外后果,其中就包含那些唯在紧急时期才会显露的弱点。公元前 4 世纪的一些作家认为,民主制的缺陷是雅典问题的根源所在。如该章所示,正是雅典法律体系固有的缺陷对雅典武装力量产生了负面影响,加剧了民主制的失败。

I

第一部分　　古雅典法治的政治与社会背景

THE RULE OF LAW
IN ACTION
IN DEMOCRATIC ATHENS

第一章　古雅典法治的政治背景

　　古雅典是什么样的社会？古雅典人称自己的社会为"城邦"（*polis*），一些现代学者将之译为"city-state"。这一译法暗指雅典人的社会属现代意义上的"国家"。该译法合理吗？按照最近的政治理论，一个社会只有具备三个基本特征才能被称为国家。[1]首先，一个国家必须具有明确标记的地理边界。其次，一个国家必须拥有一定数量的公民，即一大批有权参与国家决策的成员，这些成员享有某些非成员（例如，外邦人、客籍等）不具备的权利。最后，在普通公民和代表国家利益的官员之间，必须有所区分，用马克斯·韦伯（Max Weber）的话说："在法律规定的界限内，形成了合法运用暴力的垄断。"[2]因此，国家必须有一大批官员，被授权使用武力，维护法律秩序。

　　毫无疑问，雅典城邦拥有雅典人和外邦人共同认可的边界。公元前431年，当斯巴达国王阿奇达穆斯（Archidamus）率领伯罗奔尼撒联军与雅典开战时，他和士兵们都意识到，他们已进入

---

[1] 关于这三个特征，可参见 Hansen (1998) 37—40，以及最近的政治理论著作。
[2] Weber (1972) 822.

雅典领土。在进入阿提卡之前,国王派遣名叫梅勒西普斯(Melesippus)的信使询问雅典人,是否愿意满足斯巴达人的要求。雅典人回答说,只要斯巴达军队仍处于其领土之内,就不会接纳任何信使,并告诉他,必须在当天滚出边界。雅典人进一步表示,只有斯巴达人返回自己的领土之内,雅典人才会接受信使。① 由此可见,尽管双方是敌人,在许多问题上存在意见分歧,但雅典人和斯巴达人对雅典领土的起点和终点并没有分歧。雅典人还明确地区分了公民(politai)和非公民,并将非公民进一步区分为客籍(metics)和外邦人(xenoi)。② 雅典的法律还规定,只有年满18岁的公民才可以录入德莫登记册(deme registers),才有权参加议事会和公民大会,担任法庭法官或各类政治职务,并在阿提卡获得自己的土地。③ 那些客籍和外邦人无权享受这些特权。

但是,代表雅典城邦的那些人是否垄断了合法使用武力的权力?近年来,一些人声称,古代的城邦(一般)与雅典(特殊)并不是国家,而是一种尚未进入国家阶段的社群,因为它们不符合国家的标准。④ 有一位学者甚至宣称,在古雅典,"没有可与国家当局等量齐观的东西,也没有试图垄断武力的使用"。⑤ 另一些人则相信,"在雅典,在国家与公民社会之间,尚未形成如此明确的区分……甚至没有形成与公民社会不同的国家概念。因此,并无所谓的雅典国和阿提卡国,只有雅典人"。⑥ 由于雅典实际上尚未进入国家阶段,因此,人们认为,"他们经常在没有当局干

---

① 参见 Th. 2. 12. 1-2。同时,Th. 2. 12. 3 也提到了边界问题。关于古希腊的边界,参见 Rousset (1994)。
② 关于外邦人在雅典城邦的地位问题,可参见 Whitehead (1977)。
③ 关于公民的登记注册问题,参见 Arist. Ath. Pol. 42. 1-2 以及 Feyel (2009)。
④ 例如,曼维尔说:"城邦不是一个现代意义上的国家,而是一种相当独特的社会政治组织。"参见 Manville (1994) 23。但他所用的"国家"这一术语的含义是什么,我们不清楚。
⑤ Osborneb (1985a) 7,Lintottb (1982) 26 持类似的观点。
⑥ Wood (1996) 128。

预的情况下解决争端,使用暴力,逮捕异端人士"。① 特别地,"逮捕罪犯和其他不法之徒之类的事情……一般……都交由那些已抓获罪犯或知道罪犯所在之人自由处置。由此,逮捕人成了一种典型私力救济的例子,因为那需要使用武力"。② 这引出了这样的结论,"维持雅典秩序的大部分工作——从调查犯罪到起诉——都是由公民自己完成的"③,"维持秩序的工作是通过私力救济与自我防卫的方式(即在朋友、邻居以及家族的帮助下)实现的"④。其结果是,在古雅典,根本没有与现代警察制度相对应的东西。⑤ 因此,我们不能将这样的社会说成是"法治"社会,因为在雅典人中,根本没有执行法律的官员。私人将自己的争端提交法庭,是为了与敌人了结私仇,而不是为了维持公共秩序。的确,当时的法庭与适用实体法及惩罚违法犯罪者并没有多大的关系,其存在仅仅是为了分配荣誉和地位:"我们可以将法庭视为一种公开的非暴力机构,可用来确定各方当事人的社会地位。"⑥

　　本章将挑战这种有关雅典社会的尚古主义观点。我将证明,就垄断武力的使用这一点而言,我们可以将雅典城邦视为一种现代意义上的国家。⑦ 首先,我将说明,雅典人在公共领域与私人领

---

① Hunter(1994)120.
② Hunter(1994)134.
③ Hunter(1994)149. Cf. Hunter(2000)21.
④ 参见 Berent(2000)261。贝伦特的立场得到了卡特里奇的支持,参见 Cartledge(1999)。试比较托德的这一观点:"在雅典,对犯罪进行侦查与起诉仍然是私人的责任。"参见 Todd(1993)79。
⑤ 例如 Badian(1970)851;Finley(1983)18-20;Ober(1989)300;Christ(1998b)521;Fisher(1998)77;Berent(2000)260-261;Lanni(2006)31。托德说:"西塞亚弓箭手履行类似现代警察的一些职能。"同时他又(没有任何证据地)断定说:"弓箭手在实施正义过程中的作用是非常小的。"参见 Todd(1993)79。
⑥ 参见 Osborne(2000)76。奥斯本还说:"古雅典的法律主要是调整公民关系的,而不是为了控制人们的行为。"参见 Osborne(2000)85-86。
⑦ 本章的研究部分证明了汉森的分析,参见 Hansen(1998)与 Hansen(2002),但这些研究并未考察此处提出的一些证据。

域、官员（*archontes*）与普通公民（*idiotai*）之间做了明确的区分，官员主要负责维护公共秩序。官员的职责是依法行事，即实施雅典城邦审议机构——议事会与公民大会——制定的规则。其次，本章将证明，在雅典公民大会通过的法律和法令中，实施法律的主要责任是由公职人员而非私人承担的。再次，本章将研究战神山法庭和议事会在调查犯罪和逮捕罪犯方面发挥的作用。最后，本章将分析一些私人使用武力的法律，并揭示该情形仅发生在少数例外情况下，这一点与现代社会类似。本章还关注（雅典）如何使用武力，如何向被逮捕者处以罚金、强迫他们服从法律，以及如何执行司法判决，等等。下一章将考察普通公民在提起公诉、惩罚犯罪方面的作用。正如我们即将看到的，尽管雅典的法律授予了私人在法庭上控告罪犯的权利，但除某些严格限定的情况外，是不允许普通公民采用武力手段实施法律的。当然，官员们可以根据普通公民提供的信息，像现代国家的警察那样，采取行动，但日常的、保障雅典秩序的责任主要操于公共官员之手。

一、公领域与私领域的初步区分

雅典人对公领域和私领域做了严格区分。① 在一次葬礼演说中，伯利克里对比了雅典人在私人生活和公共生活中的行为，（他发现）在私人生活中，雅典人随和而宽容，非常信任自己的邻居，并且在享受快乐时，不会突然生气，或用皱眉头的方式表达不快。在公共生活中，他们不会违反法律，因为害怕法律的惩罚，他们惯

---

① 有关公私的区分及其含义，可参见 Hansen (1998) 86-91。

于服从执政者及其法律。① 但私人利益和公共福祉未必总能保持一致。在公元前 430 年的瘟疫期间，在向雅典人发表演说时，伯利克里再一次对比了这两个领域。他描述了个人如何在社会被摧毁时享受暂时的好运，以及个人生活在繁荣城邦中的幸运。② 德摩斯梯尼(20.57)告诉法庭，公共生活和私人生活有不同的标准。城邦以不同于私人的方式判定一个人的价值："在私人生活中，我们每个人都可以决定，谁将成为自己的女婿，或形成一些其他的社会关系，并且，这些问题是由某些法律和社会态度决定的。"但在公共生活中，人们判定谁对他们好、谁能保护他们的利益，不是看这些人的家族荣誉或声望如何，而是看他们的行动如何。每一个领域都有不同的原则。在私人生活领域，人们在作出与婚姻有关的决定时，需要考虑某个人的家族和社会地位如何，但这些因素并没有应用于公共生活中。在公共领域，为社会提供服务的情况是需要考察的唯一因素。③ 但根据埃斯基涅斯(1.30)的说法，(雅典的)立法者认为，一个连自己的家庭都管理不好的人必将无法管好公共事务。同一个人在私人生活中不诚实，在公共事务中变得很实在，是不可能的。④（故而雅典的）法律制度对私人行为和公共行为进行了严格区分：

> 雅典的大人们，所有城邦的法律都区分了两种范畴。一种范畴调节我们彼此的关系，管理我们商业交换的方式。我

---

① 参见 Th.2.37.2-3 与 Pericles (Th.2.37.1)。这两本书也比较了这类法律诉讼，这些诉讼主要涉及发生在个人之间、依据法律进行判决的争端（idia diaphora），同时还涉及一些行政官员，他们主要关心那些影响社会事务的行政官员之间关系的争论（koina）。本部分涉及两者比较的内容可参见 Harris (2006a) 29-40。

② 参见 Th.2.60.2-4，亦可参见 Th.2.44.3。在这本书中，伯利克里鼓励那些在战争中失去儿子的父母多生养孩子，在私人生活中，这些新生的孩子将有助于他们忘记失去的孩子，同时避免城邦失去维护城邦安全的人力资源。

③ 在《葬礼演说》中，修昔底德(2.37)颂扬了伯利克里，雅典人将荣誉赋予某个人，不是因为其成员身份，而是按照其贡献的大小来进行评价。

④ 可比较索福克勒斯的悲剧《安提戈涅》，参见 Antigone 661-662。

们发布了一些私人领域的行为规则,简言之,就是我们彼此如何相处的规则。另一种范畴指引我们每个人处理城邦公共事务的方式。如果有人希望从政,并宣称自己很关心城邦,他就需要遵守这些规则。前一种法律,即关于私人生活的法律,温和而慷慨,符合大多数人的利益;后一种法律则相反,因为这些法律涉及公共事务,故它们严厉、严格,目的是保护您的利益。①

这两个领域的区别也反映在对被告的处罚中。在有关私人事务的诉讼中,胜诉的原告获得损害赔偿;在涉及公共事务的诉讼中,(被告)须向城邦支付罚金(Isoc. 20. 2)。德摩斯梯尼(18. 210)在《论金冠》(*On the Crown*)这一演说中提醒法官,他们不能按相同的精神来裁决事涉私人事务和公共事务的案件:

> 法庭上的大人们,你们不能以相同的心智来处理私人事务和公共事务的案件。你们必须根据有关私人事务的法律和诉讼来解决日常生活中的法律问题,若事涉公共政策,就应按照源自你们祖先的荣耀进行判决。

为了实施社会的法律,雅典人任命了数百名行政官员,以区别于私人。② 官员和私人的区分不仅出现在一些文学作品中,而且出现在一些铭文中。吕库古(Lycurgus)(*Leocr.* 79)将雅典的政治架构分为三部分:官员、法官和普通公民。雅典人在色雷斯(Tharace)与那不勒斯城邦签订的条约(时间为公元前410年或前409年)中承诺,将保护所有那不勒斯公民不受官员或普通公民的

---

① 可比较雅典人与塞里姆伯利亚人于公元前408年签订的条约(*IG* i³ 118,第22-25行),该条约对三种法律争端进行区分,即普通公民针对普通公民提起的诉讼、普通公民对社群提起的诉讼、社群对普通公民提起的诉讼。

② 关于雅典的官员,可参见 Hansen (1980a) 与 Develin (1989)。关于官员与普通公民(*idiotai*)的区别,可参见 Rubinstein (1998)。

伤害。① 公元前378年,在《第二次雅典联盟宪章》(*The Charter of the Second Athenian League*)中,雅典人承诺放弃所有原属于雅典但处于盟友领土内的财产——不论是私人财产(*idia*),还是公共财产(*demosia*);并禁止任何雅典人获取或接受其盟友领土上作为担保的财产,也不论这一财产是私人财产,还是公共财产。该宪章还禁止人们提议、表决意图推翻该法令任何部分的提案;此禁令适用于所有雅典人,无论他是执政官(*archon*),还是普通公民。② 在古雅典,官员与私人之间存在科层关系:官员向私人下达命令,私人则要宣誓服从他们。在《葬礼演说》中,伯利克里赞扬了雅典人,因为他们服从执政当局及其法律(Th. 2. 37. 3)。每一年,即将成年的雅典青年人都要发誓,谨守那些审慎行使权力者的命令。③

一些不适用于私人的特殊规则将适用于官员。侮辱官员比侮辱私人的后果要严重得多。④ 如果有人诽谤私人,受害者只能提起私人性的请求损害赔偿之诉;如果诽谤的是九大执政官之一的司法执政官(*thesmothetes*),行为人可能会失去公民权。⑤ 造成这种差异的原因是,"(针对官员)实施这种犯罪的人既侮辱了法律,又侮辱了公共权力,败坏了城邦名声。因为司法执政官的头衔不属于任何个人,它属于城邦(D. 21. 32)"。若有人殴打执政官,刑罚同样严重;若殴打普通人,受害者只能提起私人性的诉

---

① *IG* i³ 101,第52-54行。
② *IG* ii² 43,第25-30,35-41,51-54行。
③ 参见 Rhodes and Osborne (2003) No. 88:11-12。然而,这一条款赋予公民权利,来不服从那些作出不合法行为的官员,参见 Harris (2006a) 59-60。
④ [Arist.] *Problems* 952b 28-32。
⑤ D. 21. 32。麦道维尔[MacDowell(1990)250]认为,这一法令只适用于九大执政官。还有另外的、侮辱现任官员的法律,对于辱骂现任官员,将被判处罚金(Lys. 9.6)。有关这两种法律关系的探究,可参见 Todd (2007) 592-593。

讼。① 只有官员才有权管理公共财产。② 当梅迪亚斯(Meidias)封锁并钉住狄奥尼索斯剧场(Theater of Dionysus)的舞台入口时，德摩斯梯尼(21.17)大声疾呼：私人以这种方式对待公共财产，实在令人发指。为了显示官员们的特殊地位，并将他们与普通公民区分开来，官员们通常都戴着冠冕(crowns)。③ 为了弄清楚哪些职位可视为临时任命的执政官，法律进行了详尽的解释，包括每一个要么通过公民大会选举的方式充任的职位，要么由忒修斯神庙(Theseum)中的司法执政官通过抽签方式确定的职位，以及那些承担30天以上公共事务或主持法庭工作的职位(Aeschin. 3. 13-14)，这些职位的任职资格都要受到官员们的特别审查，它不同于公民资格要求的最低条件。④ 拥有这些职位的人任期结束后，需向公共会计师提交账目；若有人控告他们，可将起诉书提交给审计官(euthynoi)。⑤

    每一个官员都有遵守法律的义务。每一年，议事会的新成员都会宣誓：要依法履行自己的职责(X. Mem. 1. 1. 18)。即将走上执政岗位的执政官也会进行类似的宣誓(Arist. Ath. Pol. 55. 5)。这些宣誓的重点在于强调维护法治，而非促进民主的意识形态。当官员因履行职责而获得荣誉时，他们会因"依法履行职责"而受到表彰。⑥ (雅典的)法律一方面授予了官员权力，另一方面也对

---

① 参见 D. 21. 32，以及 MacDowell (1990) 250。
② 有关雅典的公共财产，可参见 Lewis (1990)。
③ 参见 Aeschin. 1. 19；D. 21. 33 与 MacDowell (1990) 252。
④ 对于官员的审查问题，可参见 Aeschin. 3. 15 与 Arist. Ath. Pol. 55. 2-5，以及 Feyel (2009)。有关公民身份最低限度的资格条件，可参见 Arist. Ath. Pol. 42。
⑤ 关于审计(euthynai)程序，可参见 Aeschin. 3. 18-22；Arist. Ath. Pol. 48. 3-5。
⑥ 例如，有关议事会主席秘书的选任与宣誓情况，可参见 SEG 35：64 (= Schwenk [1985] 49)，第 14 行(337/6)；有关希帕克斯(Hipparchs)与菲拉克斯(Phylarchs)，可参见 IG ii^2 330. 445 (=Schwenk [1985] 18)，第 34-35 行(335/4)；有关司法执政官的情况，参见 Agora 16；87，第 6-7 行(c. 325)；关于监祭官(hieropoios)，参见 IG ii^2 1257, col. II. 3, 第 7 行(324/3)；有关公元前 4 世纪末议事会成员的情况，可参见 IG ii^2 514，第 7-8 行；有关德莫长的情况，参见 IG ii^2 1194，第 9-10 行 (c. 300)。

他们的行为设置了一定的限制,这些限制不能适用于普通公民。那些未提交账目的官员不允许离开城邦,不允许捐献财产、献祭,不允许被收养,或按自己的意志处置财产。① 如果官员不执行其必须遵守的法律,就可能受到严惩。普通公民的生活相对安全,但政治人物的生活要危险得多,因为他们需要随时面对那些不能针对私人提起的指控。② 普通公民有权向议事会告发不遵守法律的官员。如果有人向议事会举报该官员,此事将提交法庭审判。③ 公民大会在议事会的每个会期(Prytany)都会对官员的行为进行信任投票,即一年投 10 次票;如果官员不能赢得信任投票,就会被罢免并接受审判。④

雅典人对公共领域(包括影响雅典人集体利益的一切事务)和私人领域(涵盖与个人有关的事务)的区别有清晰的理解。⑤ 为了服务于公共利益,(雅典)社会产生了官员,他们代表城邦,并拥有特殊的权力,这些官员与普通公民有明显区别。现在,产生了这样的问题:官员与普通公民,哪一个群体对实施法律负主要责任?

二、设官分职行使公权力

确定由谁(负责)实施法律的最好方法是审查现行的、适用于所有雅典公民和阿提卡居民的法规与法令。人们不应仅从一

---

① Aeschin. 3. 21. 35.
② D. 10. 70.
③ 关于这种检举、弹劾(eisangelia)的形式,可参见 Arist. Ath. Pol. 45. 2;Antiphon 6. 35。
④ Arist. Ath. Pol. 43. 4;61. 2.
⑤ 当然存在一些调整私人生活的公共法规,但那不足以否定这种区分,参见 Hansen (1998) 90-91。

些演说披露的轶事就得出宽泛的结论。① 让我们从有关银币问题的《尼高芬法》开始讨论吧,该法律通过的时间约在公元前 375 年或前 374 年。② 负责实施该法律的主要官员是一名人称"检验员"(tester, *dokimastes*)的公共奴隶,他坐在桌子旁,即银行家们在阿哥拉(广场)开展业务的地方;如果有人交款给城邦,该人就坐在议事会旁边,坐地收钱(第 4-8 行)。法律命令检验员对提交检验的所有银币进行估价。待验完银币后,他会退回真币,留下假币,并将假币切成两半,然后将其交给众神之母(the Mother of the Gods,第 8-13 行)。若检验员不认真履责,民众召集人(*convenor*)会抽他 50 鞭(第 13-16 行)。若有人拒收检验员认可的银币,该人当天携带的所有商品将被没收,该类没收工作大概由官员实施(第 16-18 行)。

在粮食市场上,人们买卖所有商品均应缴纳手续费(*phaseis*),这些手续费将交给谷物监管员(*sitophylakes*)。在阿哥拉(广场)及城邦其他地区买卖所有商品都需交手续费,由民众召集人负责收取。在港口(*emporion*)买卖所有商品的手续费则由港口监管员(*overseer*)收取(第 18-23 行)。执政官有权处置价值在 10 德拉克马以下的案件;对于那些数额较大的案件,执政官必须将之移交至法庭(第 18-26 行)。如果违法者是奴隶,《尼高芬法》授权官员抽打该奴隶 50 鞭(第 30-32 行)。如果被指派执行法律的各类官员不履行职责,普通公民可以向议事会报告,议事会有权处以最高 500 德拉克马的罚金,并将该官员免职(第 32-36 行)。比雷埃夫斯港设 1 名检验员,他受到港口监管者(第 36-44 行)的监督。《尼高芬法》的最后条款指示议事会秘书,可废止任

---

① 亨特认为,在雅典,普通公民承担了维持秩序的多数事务,参见 Hunter (1994) 120-124,对于这一观测点的分析可参见附录一。

② 关于这一法律的文本与注释,可参见 Stroud (1974)。

何与之相抵触的法令(第55-56行)。①

由上可知,实施和执行法律的主要责任操于公共奴隶、检验员以及监督他们的召集人、谷物监管员、议事会秘书以及监督所有官员的议事会之手。私人可以向这些官员提供信息并获得奖励,但这些官员通过没收伪造的银币和不接受优质银币商人的商品等手段,保证法律得到实施。只有官员才有权罚款并鞭打奴隶。私人的主动权仅在向官员或议事会举报违法行为时才发挥作用,私人不得使用武力惩罚违法者。只有公职人员才能检验假币并执行法律所规定的制裁等大多数工作。

人们可能会提到 10 名城市法监(astynomoi)的职责,他们为整个雅典城邦维持秩序并执行法规(Arist. Ath. Pol. 50.2)。② 城市法监的职责之一是对女笛手、女竖琴手、女七弦琴手的工作进行监督,并保证她们收取的费用不超过 2 德拉克马。他们监视那些收集污物或垃圾之人,监督他们不在城邦附近倾倒垃圾。他们执行建筑法规,阻止人们建设侵占公共道路或影响排水的建筑。最后,他们还拥有一支由公共奴隶组成的队伍,负责收拾道路边发现的尸体,并将其运走埋葬。另一组官员名为市场法监(agoranomoi),他们对市场上的买卖行为行使广泛的管辖权(Arist. Ath. Pol. 51.1)。(在雅典)共有 10 名市场法监,5 人驻扎城邦,5 人驻扎比雷埃夫斯港。③ 他们的职责还可以扩张到管制商品的价格。④

---

① 注意,这一任务分配给了官员,而非普通公民(ho boulomenos),参见 IG ii² 43,第 31-35 行、第 39-40 行。在 IG ii² 98,第 9-12 行中有类似的条款,议事会成员的名字可能保存在那里。大家应当注意到,民主制下的雅典人很少指示官员毁掉法律与法令的文本,参见 Bolmarcich(2007)。

② 关于城市法监的一些证据及讨论,可参见 Rhodes(1981)573-574。雅典并非唯一依靠城市法监从事广泛的市政管理工作的城邦,参见 OGIS 483 与 Klaffenbach(1954)。

③ 关于市场法监的职责,参见 Rhodes(1981)575-576。

④ 参见 Bresson(2000)151-208。有关市场法监在其他城邦中的职责问题,可参见 Migeotte(2005)。

尽管亚里士多德的《雅典政制》(Constitution of the Athenians)列出了市场法监和城市法监的职责,但并未说明他们的履责方式。更详细的信息可以从一份包含了公元前 320 年公民大会通过的法令(IG ii² 380)的碑文中找到。该法令将城市法监的部分职责移交给了市场法监,并指示他们该如何履责。此处,我们可以对这两个委员会的官员如何执法作一些说明。公民大会命令市场法监保护宽阔的街道,因为举办祭祀救世主宙斯和狄奥尼索斯的游行时应保持街道的整洁(第 19-23 行)。市场法监有权力强制那些将垃圾倾倒在大街上的人按其命令的方式收拾烂摊子(第 25-28 行)。下一条款处理的是财物问题,接着是禁止人们将东西倾倒在街道上,尤其禁止倾倒排泄物。对奴隶的处罚是抽打 50 鞭,对自由人的惩罚则可能是罚款(碑文的这一部分不完整)。在该法令中,没有任何有关私人自主权的规定;唯一有权执行这些规定的人是官员。他们可以根据普通公民提供的信息采取行动,就像现代社会中的警察根据民众的举报或陈述付诸行动一样。但是,(值得强调的是)实施该法令的权力被授予官员,只有他们才有权对自由人施加罚款和对奴隶实行体罚。

为了监督度量衡的使用,雅典人在城邦中设置了 5 名度量衡法监(metronomoi),在比雷埃夫斯也有 5 名度量衡法监(Arist. Ath. Pol. 51.2)。① 亚里士多德的《雅典政制》并没有描述他们如何履行职责,但公元前 2 世纪末的碑文提供了实施标准度量衡的详细规定(IG ii² 1013)。这些法规不太可能随时间的流逝而发生很大变化。因此,纵使考虑到标准的修订问题,其中的很多规定也可能只有细微的改变。行政官员负责实施法律,他们会确定干、湿货物及砝码的样板,要求那些商人如法炮制(第 7-9 行)。该法律非常全面,适用于集市、作坊、零售商店、葡萄酒商店和仓库

---

① 他们可能一直得到被称为 prometretes 的官员协助,参见 Rhodes (1981) 577。

之类的售卖者(第 9 行)。行政官员不允许衡器大于或小于规定的标准(第 10-12 行)。若行政官员不遵守这一规定,就需要上交 1000 德拉克马给德墨忒耳(Demeter)和科瑞(Kore)(第 12-13 行)。普通公民有权举报那些执行罚款的官员私匿财产(第 13-14 行),但在保证官方的度量衡得到恰当适用方面似乎难以发挥公民的作用。检查并确保每个人都使用官方确定的度量衡,这一工作被授予官员(第 14-15 行),而议事会有义务确保没有人使用伪造的量器与衡器(第 16-18 行)。对于如何评估交易的不同物品(如坚果、豆类等)之价值,雅典的法律有详细规定(第 18-27 行)。如果有商人确实使用了小于法定尺寸的衡器,行政官员将以公开拍卖的方式出售其物品,并将价款存入公共银行,同时销毁该衡器(第 27-29 行)。

为保证官方的度量衡得到长久使用,法律指示一个名叫狄奥多鲁斯(Diodorus)的人——来自哈利厄乌斯(Halieus)德莫(古希腊基层政治组织)的西奥菲勒斯(Theophilus)之子,将法定的度量衡移交给驻扎在各地的 3 名公共奴隶。这些奴隶将为任何有需要的行政官员提供法定的度量衡(第 37-42 行)。这一法律的最后条款规定:那些在度量衡问题上犯罪的人将遭受专门针对"为非作歹者"(*kakourgoi*①)的法律惩罚(第 56-58 行)。我们无法辨识它是否就是演说家们提到的有关盗贼、奴役者和抢夺衣服者的法律,该法律赋予了普通公民逮捕这些罪犯的权利。重要的是,法律指示战神山法庭惩罚那些违反规定者(第 59-60 行)。关于法律实施问题的重要之点在于:法律几乎将所有的命令权都交给了行政官员。只有在行政官员不能履行职责且不能收取罚款时,私人自主权(private initiative)才能发挥作用。

---

① 译者注:*Kakourgoi*(希腊文为 κακοῦργοι),"为非作歹者"即古雅典一些特定的刑事法律所列的刑事违法者,包括夜盗者、抢夺衣服者、绑架者以及扒窃者。当这类人在实施犯罪时,任何人都可以通过私捕(*apagoge*)的手段将他们抓起来,押送到维护治安的人那里。

谷物监管员在调节市场活动方面发挥着重要作用（Arist. Ath. Pol. 51.3）。最初，通过抽签方式挑选出 10 人充任该职位，但由于该职位非常重要，雅典人增加了该职位的数量，雅典城邦有 20 位谷物监管员，比雷埃夫斯有 15 位。① 他们负责监督谷物和面包的价格（Arist. Ath. Pol. 51.3），其职责是确保谷物以公平的价格出售。他们会要求磨坊主不能将面粉的价格定得比谷物高太多，面包的价格也不能比面粉的价格高太多。在描述该职位的职责时，《雅典政制》并未提及私人自主权在该领域发挥了多大作用。

有人可能会反驳说，迄今为止，我们提供的大多数证据都与市场有关。在市场上，城邦出于促进贸易的目的，对维护市场秩序特别感兴趣。其实，在古雅典，人们将维护节日秩序的任务也交给了官员。由人民选出的 4 名监管员（*epimeletai*）和王者执政官（*basileus*，九大执政官之一）共同负责监督厄琉息斯秘仪（the Eleusinian Mysteries）上的活动（Arist. Ath. Pol. 57.1；Lys. 6.4）。他们有权对无法无天的行为（*akosmountas*）收取一定数额的罚款。② 若罚款的数额较大，则必须起诉到法庭。普通公民在维持秩序方面根本不起作用，但他们可以向王者执政官举报官员的不当行为，然后由后者将案件提交到法庭。③

雅典人将执行与公共神殿有关的任务分配给官员，而不是交给普通公民。公元前 5 世纪初的一份碑文列出了几条有关雅典卫城——雅典最主要的神殿（IG i³ 4B）的法规，例如，禁止放火（第 6 行）、不准动物随地大小便（第 11 行），以及不准私自建房或禁止生

---

① 关于增设谷物监管员的时间，可参见 Rhodes (1981) 577；关于 *sitophylakes*，参见 Gauthier (1981)。
② 参见 Clinton (2005) No.138，第 29-38 行与 Clinton (1980) 280-281。这一法律的时间是公元前 4 世纪。
③ 参见 Clinton (2005) No.138 与 Clinton (1980)。

火弄烟(第 13-15 行),等等。对于每一种违规行为,神殿的司库均有权予以罚款。对于前两种行为,可罚款 3 奥布尔(obols),最后一种行为可处以 100 德拉克马的罚款(第 6-8、11-13、15-16 行)。司库每月必须至少打开库房(*oikemata*①,可能是国库)的门 3 次(第 18-21 行)。如果不这样做,神殿的执事(*Prytanis*)将对其处以罚款(第 21-24 行)。有人可能会说,这是例外情况,因为这些神殿很重要。其实,维持雅典之外小神庙秩序的责任也被托付给了祭司和其他官员。② 在埃加里欧(Aigaleos)山脚下邻近欧庇瑞代(Eupyridai)的德莫发现了一份可追溯到公元前 4 世纪末的碑文,它禁止任何人带走神殿里的树枝、柴火和树叶(*IG* ii² 1362,第 5-7 行)。如果有人发现奴隶砍伐或带走这些禁忌物,神殿的祭司将抽他 50 鞭,并将该奴隶及其主人的名字报告给王者执政官和议事会(第 7-13 行)。如果被抓获的是自由人,祭司和德莫长将对他处以 50 德拉克马的罚款,并将他的名字报给王者执政官和议事会(第 14-17 行),然后按议事会和公民大会的法令行事(第 17-18 行)。对于普通公民能在此类事情上发挥多大作用,(古雅典的)法律未作规定。

我们发现,在家事领域也有官员在执行法律。例如,名年执政官负责照顾孤儿、继承人以及怀孕的寡妇(Arist. *Ath. Pol.* 56. 7)。他直接监督孤儿及其所继承遗产的租赁工作,并确保承租人能提供足够的担保。最终,他有权对那些虐待孤儿的人处以罚款,可以向那些不为被监护人提供食物的人索要食物。在这种情况下,保护弱势的妇女和儿童的权利并没有留给普通公民,而是交给了公职官员。执政官也许会根据普通公民提供的信息而行动,但他是唯一有权执行相关法规的人。

---

① 译者注:库房(Oikemata),古希腊的一种建筑,可以充当小型国库,还可能是商人或手艺人的工作场所,以及储藏图书的图书馆。

② 作为公共官员的祭司要受到官方的审计,参见 Aeschin. 3.18。

人们还可以将法律规定适用于埃斯基涅斯所列的一些学校（1.9-10）。这些规则非常详细，规定了男孩上学的时间、必须离开学校的时间、可以上学的学生人数，并规定了入学的年龄及入学资格。这些规则甚至扩展到了规定如何监督为学生服务的奴隶服务员（paidogogoi），如何组织两种节日活动，即学校该如何组织学生过"缪斯亚节"①（Mouseia），如何在体育场里开展"赫尔米亚节"②（Hermaia）的竞技运动，学生可以与哪些人交往以及周期性的合唱训练等问题。执行这些规则的任务并不是由私人主动承担的，而是交由官员负责。③

到目前为止，我们考察的大多是发生在雅典城市的生活状况，其实，还有许多官员在乡村维持秩序。维持城市外秩序的最佳证据也许是公元前 352 年或前 351 年颁布的《神圣的奥尔加斯法令》（the Sacred Orgas），奥尔加斯位于阿提卡和麦加拉的交界处，远离城市。④ 该法令涉及如何在奥尔加斯周围放置边界标记（第 7-10、69-73 行），以及奥尔加斯是否应开垦的问题（第 23-53 行）。该法令将奥尔加斯和其他神圣事务的管理权委托给一系列公共机构和官员：法律规定谁将负责管理奥尔加斯（第 18 行）、战神山（第 18-19 行），如何选举保护乡村的将军（第 19-20 行）、巡逻队队长（peripolarchs）（第 20-21 行）、德莫长（demarchs）⑤（第 21 行）以及 500 人组成的议事会（第 21-22 行）。在此清单的最后，几乎可以发现我们事后才会想到的，"以及雅典人希望出现的其他

---

① 译者注："缪斯亚节"（Mouseia），古希腊的节日，目的是向缪斯致敬。每 5 年举办一次，同时会开展一些体育竞技竞赛。

② 译者注："赫尔米亚节"（Hermaia，希腊文为Ἕρματα）是古希腊时期由青年人参加的旨在向赫尔墨斯致敬的节日。在该节日，当地会举办一些竞技体育竞赛。

③ 在这一点上，雅典并没有什么不同寻常之处。有关官员在执行体育馆规章方面的作用，可参见 Gauthier and Hatzopoulos (1993)。

④ 参见 IG ii² 204。相关的讨论也可参见 Rhodes and Osborne (2003) 276-281。

⑤ 译者注：德莫长（demarchs，希腊文为 δήμαρχος），在古雅典，特指从事民事管理事务的地方长官，由公民直接选举产生。

东西"(第22行)。

该法令展示了乡村执法的两个重要方面。首先,保护奥尔加斯和实施其他宗教事务的主要职责掌控在众多的公职人员手中,私人的自主行为只是对官员所实施的工作进行补充,只有在官员没有履行职责的特殊情况下,这种缺省性机制才是必要的。其次,它表明,有很多机构在维持乡村的秩序。尽管战神山法庭和议事会通常都在雅典城里召开会议,但在阿提卡的乡村和沿海的德莫仍有很多德莫长,管理乡村的巡逻队长和将军被分配到了城市以外的地区。①

巡逻队长负责指挥巡逻队,控制着整个阿提卡地区的军队,包括外国军队。② 该法令首次披露乡村设有将军。在公元前4世纪后期,将军有权向那些巡逻于乡间、正接受第二年训练的男青年下达命令。③ 尽管训练男青年的埃菲比计划在公元前320年发生了改变,但该训练一直延续到了几十年之后。参加巡逻队的埃斯基涅斯(2.167)表示,在公元前372年左右,他曾接受过男青年训练。④ 尽管男青年们经常因遵守法律或履行法律规定的职责而受到法令的嘉奖⑤,但这方面的义务从来没有明确规定。显然,男青年的时间大多花在军事训练和保护边疆不受外国攻击上。然而,我们没有理由排除受训的男青年和其他士兵在维护乡村治安方面的作用。⑥《神圣的奥尔加斯法令》表明,巡逻队长和将军的职责是保护乡村,且其职责不限于军事方面。在位于阿提卡东海岸的拉姆努斯(Rhamnous)发现的,标注为公元前268年或前267年的

---

① 关于这些德莫的具体位置,可参见 Traill (1975)。
② Th. 4.67.2;8.92.2;X. Poroi 4.47,52。
③ 关于乡村的将军命令青年人的问题,可参见 Reinmuth (1971) No.9.2:10-12;有关青年人在乡间巡逻的情况,参见 Arist. Ath. Pol. 42.4。
④ 埃斯基涅斯出生于公元前390年,参见 Harris (1988)。
⑤ 参见 Reinmuth (1971) note 2,第27-28行,56行;note 9.1,第6-9行;17.1,第5-6行。
⑥ 参见 Hunter (1994) 151-153。

法令曾表扬埃皮查雷斯（Epichares），在一开始时，他只是一名骑兵指挥官，后来被任命为海岸地区的将军，因为他在克里蒙德斯战争（Chremonidean War，公元前267年—前261年）期间表现优异，在防止海盗袭击时较好地保护了该地区。① 他的行动不仅针对敌人，而且指向与海盗合作的雅典居民。他将这些公民逮捕、审问并加以惩罚，由此很好地履行了维护治安的职责。发现于拉姆努斯的另两个法令——一个注明时间为公元前258年或前257年，另一个是公元前248年或前247年，赞扬那些被人们选出来在乡间巡逻的将军，因为他们曾向乡村和一些普通公民提供援助。这表明，他们的职权范围超出了军事领域。②

阿提卡有139个德莫③，每个德莫都有数名常设或临时任命的官员。④ 在德莫中，最重要的官员是德莫长，每年通过抽签的方式选任。⑤ 德莫长有权召集德莫会议，承担执行德莫会议决定的主要责任。⑥ 他的职责之一是追回亏欠德莫或神殿的债务。⑦ 一份发现于比雷埃夫斯的公元前350年前后的法令曾授权德莫长对违反瑟斯墨菲利亚⑧（Thesmophorion）规则的人罚款，并将他们送交法庭。⑨ 在该法令中，没有任何迹象表明，这一做法在某种程度上非同寻常，并且，我们没有理由怀疑，其他德莫中的德莫

---

① 参见 Petrakos (1999) note 3 (= SEG 24:154)。关于其背景知识，可参见 Knoepfler (1993)，也可参见 Couvenhes (1999)，后者更强调将军在乡下的军事功能，而非维持秩序的功能。
② 参见 Petrakos (1999) note 8:13-14;note 10:6-7。
③ 关于德莫的数量，参见 Whitehead (1986) 17-22。
④ 德莫中官员的名录，可参见 Whitehead (1986) 139-148。
⑤ 德莫中官员的任命方法，参见 Whitehead (1986) 115-116。
⑥ Whitehead (1986) 121-139。
⑦ D.57.63.
⑧ 译者注：瑟斯墨菲利亚（Thesmophorion，希腊文为 Θεσμοφόρια），一种古希腊宗教节日，目的是向古希腊掌管农业、谷物及丰收的女神德墨忒尔及其女儿冥后珀尔瑟福涅表达敬意。
⑨ 参见 IG ii² 1177，第12-17行。注意，从公元前4世纪晚期以来，德莫长协助阿波罗神庙的祭司从事罚款工作，参见 IG ii² 1362，第15行。

长拥有类似的维持秩序的权力。① 德莫长在追索私人债务方面也发挥一定作用。② 如果债权人需要扣押违约债务人的财产,必须由德莫长陪同。德莫长还要将没收和查抄的财产报告给雅典的官员。③ 因此,有权实施法律的官员并不限于雅典,整个阿提卡地区有数百名负责维持秩序的德莫长和其他官员。早在公元前6世纪末,萨拉米斯(德莫)就有一位官员负责向那些违反"禁止在岛上租赁财产"这一法令的定居者收取罚款。④

当雅典军队驻扎在乡村或战时留在阿提卡时,维持军队纪律的任务由将军负责(Arist. *Ath. Pol.* 61.2)。⑤ 他们有权监禁士兵⑥,可以"用宣告的方式驱逐士兵",这可能意味着军队可以开除士兵;并且,将军可以对不守纪律的士兵处以罚款。⑦ 吕西亚斯(Lysias)(13.65)曾提及这样一件事情:拉玛库斯(Lamachus)将军处决过一名士兵,该士兵是因在叙拉古(Syracuse)被围攻期间向敌人传送信息而被抓获的。在德摩斯梯尼的《诉科农》(*Against Conon*)这一演说(54.4-5)中,阿里斯顿(Ariston)讲述了科农的儿

---

① 参见 Haussoullier (1884) 103。有关德莫长的功能,可参见 Osborne (1985a) 74-79, Hansen (1980a) 154,173,以及 Whitehead (1986) 396。他们认为,德莫长并不是一种官方职位。但埃斯基涅斯列出了被德莫任命的、处理金钱问题的官员名单,其中就包括德莫长,参见 Aeschin. 3. 30。

② 参见 Ar. *Nub.* 37, scholion *ad loc.*, Harp. s. v. *demarchos*, *An. Bekk.* 242 16ff. 以及 Harrison (1971) 189。怀德海认为,德莫长的作用限于解决德莫内部的债务问题,由此衍生了这样的自然权利:他可以采取对拖欠德莫债务者不利的行动。但怀德海同时承认,他的这一观点仅仅是一种"尝试性的猜测",参见 Whitehead (1986) 126-132。亨特曾质疑豪苏里尔(Haussoullier, 1884. 104-106)的这一观点,即德莫长充当民事警察。亨特认为,在德摩斯梯尼描述的没收财产的两个例子中,德莫长都没有出现。并且,德莫长的异议是没有效力的。参见 Hunter (1994) 142。但亨特没有考察奥尔加斯的法令的含义。

③ 参见 *IG* i³ 425, col. II,第 23,26-27,30-31,41,44 行,以及 Walbank (1982)。

④ *IG* i³ 1 (c. 510-500 BCE)。

⑤ 关于将军在这一领域的权力,可参见 Couvenhes (2005) 440-454。值得注意的是,色诺芬指责士兵们将法律控制在自己的手里,参见 Xenophon (*An.* 5.7.24-30)。

⑥ 参见 [D.] 50.51。

⑦ 亚里士多德认为,将军们通常都没有罚款的权力,参见 Arist. *Ath. Pol.* 61.2。关于将军们在纪律方面的权力,可参见 Hamel (1998a) 59-63。

子们如何袭击他的奴隶,接着转向袭击他及其同伴。阿里斯顿没有诉诸私力救济,而是向将军告发了科农的儿子,将军批评了他们的行为。然而,将军的警告并没有消除他们的争吵,夜幕降临时,科农的儿子们发起了另一场斗殴。这一次,将军、小分队队长(taxiarch)和几名士兵进行了干预,平息了暴力争斗。① 由此可以看出,维持秩序的任务再一次掌握在官员手中。此外,三列桨舰长(trierarch)也有权逮捕和监禁开小差的舰员。②

迄今为止,大多数证据描述的是公元前4世纪的情形,因为在这一时期,文学作品和碑铭的资料较多。公元前5世纪的证据也没有改变上述图景。③ 当这一时期的法令明确地规定了谁将负责实施法律时,我们发现普通公民提起控诉的可能性很小。一般而言,法律和法令的执行权被分配给了官员。尤其值得注意的是,雅典法律甚至对外邦客人(proxenoi)加以保护,在授予该头衔的法令中,确保受尊敬的人不受伤害的责任需由议事会和其他一些官员(例如将军)承担(IG i³ 156,第1-9行;167,第12-17行;181,第7-9行)。一个与那不勒斯(Neapolis)有关的、时间注明为公元前410年或前409年的法令指示将军们,保护该社会的人民免受私人和公职人员的不公正对待(IG i³ 101,第52-53行)。

一些学者声称,雅典人从未有过一个类似于现代国家的警察组织④。由此,他们得出结论:社区官员缺乏强迫公民和外邦人服从命令的强制力。这是一种误解。首先,正如我们已看到的,雅典的官员有权征收罚款。那些不缴纳罚款的人将变成公共债务

---

① 关于对开小差者——包括逃亡与战时擅离岗位——提起公诉的问题,参见 Harris (2004b) 256-257。关于审判这类案件的法庭的构成问题,参见 Whitehead (2008)与 Rhodes (2008b)。

② D. 51.8-9.

③ 参见附录2。

④ 例如 Badian (1970) 851; Finley (1983) 18-20; Ober (1989) 300; Christ (1998b) 521; Fisher (1998) 77; Berent (2000) 260-261; Lanni (2006) 31。

人，会招致剥夺公民权（atimia）的惩罚，并因此丧失公民权。若有人违反剥夺公民权的条款，会招致非常严厉的处罚。德摩斯梯尼（21.182）告诉我们，当庇拉斯（Pyrrhus）——额特奥波塔德（Eteobutadae）家族的一位成员——在拖欠国库钱款的情况下还试图担任法官时，被人告到了执政官那里，因此受到了审判，并被处决。①

很多官员的手下都有公共奴隶，若有人拒绝服从官员的命令，官员们可召集奴隶执行命令。阿里斯托芬喜剧中的三段话表明，官员们维持秩序的职能只是其职责之一部分，他们可以让塞西亚弓箭手②去逮捕违反法律的公民。③ 在《阿卡奈人》④（Acharnians, 54-58）中，公民大会的宣导官（herald）命令弓箭手逮捕正在破坏公共事务的安菲特斯（Amphitheus）。在《吕西斯特拉》⑤（Lysistrata, 433-462）中，行政长官（proboulos）告诉弓箭手，让他们去抓吕西斯特拉和其他一些妇女。在《地母节妇女》⑥（Women at Thesmophoria）（930-934）中，按照议事会命令行事的议事会主席（prytanis）指示塞西亚弓箭手将欧里庇德斯

---

① 对公共债务者剥夺公民权的程序，可参见[D.] 58.48-49；And. 1.73，以及 Harrison (1971) 1721-1775. 此处，私人发起有一定作用，但如何处罚则由官员决定，官员可实施逮捕。汉森认为，在 endeixis 案件中，控告者可实施逮捕，但他的论证建立在对 D. 23.51 进行的非常成问题的解释基础上，参见 Hansen (1976a) 13-17. 值得注意的是，德摩斯梯尼（23.31）明确地说道，司法执政官承担着逮捕从国外返回的谋杀者的任务。但在他考察的段落中，没有哪一个段落说道，该由谁实施逮捕。而且，他的这一观点不可靠，因为若按照他的这一解释，则 endeixis（检举）与 apagoge（拘捕）就几乎没有区别。关于后一程序，可参见本章第三节。

② 译者注：Scythian Archer，即塞西亚弓箭手，雅典的治安奴隶，类似于现代的警察。

③ 关于塞西亚弓箭手，可参见 Couvenhes (2012)，它将这些弓箭手的引入追溯到公元前 458 年或前 457 年之后。亨特也讨论了这些公共奴隶，但他试图贬低其重要作用，参见 Hunter (1994) 145-149. Hall(1989) 说，普通的雅典人不喜欢被这些人推搡，参见 MacDowell (1995) 272-273.

④ 译者注：《阿卡奈人》(Acharnians)，古希腊剧作家阿里斯托芬留存于世的11部剧作之一。

⑤ 译者注：《吕西斯特拉》(Lysistrata)，阿里斯托芬的剧作之一。

⑥ 译者注：《地母节妇女》(Women at Thesmophoria)，阿里斯托芬的剧作之一。

(Euripides)的亲戚绑在厚木板上,并加以保护。若有人靠近,就用鞭子抽打。① 这些不只是喜剧中的幻象,德摩斯梯尼(21.179)揭示,执政官的顾问(*paredros*)拥有一支可执行命令的侍从(*hyperetai*)。城市法监掌控着一批公共奴隶,这些奴隶常伴其左右,执行命令(Arist. *Ath. Pol.* 50.2)。例如,一位试图从西奥菲莫斯(Theophemus)回收海军装备的三列桨舰长就曾带着行政官员派遣的一名奴隶([D.] 47.35)。② 在"十一人"③(the Eleven,即警务官)的帮助下,安德罗蒂安(Androtion)费力地收回了拖欠的"*eisphora* 税"④税款。⑤

最后,官员们甚至可能亲自介入,保护那些受到伤害威胁的私人,或实施法律。⑥ 德摩斯梯尼(21.36)提到,司法执政官在救助一名受醉酒者袭击的女竖笛手时,被人殴打了。德摩斯梯尼(23.31)在另一段话中提到,在公民大会召开期间,司法执政官逮捕了一名因谋杀罪被流放的人。在《阿卡奈人》(第723-726、824-825 行)中,阿里斯托芬曾暗示,市场法监挥鞭将被驱逐者排除在市场之外。在梅迪亚斯(Meidias)试图将没有缴纳关税的货

---

① 这一亲戚说,他就要死了,但在这一时期,议事会不能未经审判就施以刑罚,参见 Rhodes (1972) 179-207。

② 公共奴隶奥普斯格诺斯(Opsigonos)陪同迪卡奥格尼斯(Dicaeogenes)将军到造船厂,参见 *IG* ii² 1631,第 196-197、380-382 页。关于雅典的公共奴隶,参见 Jacob (1979)。

③ 译者注:The Eleven,直译"十一人",即警务官、刑事官。在古希腊,"十一人"是通过抽签形式选出的官员,他们主要负责带着公共奴隶,执行法庭的判决;此外,他们还要监管监狱中的犯人。

④ 译者注:*eisphora*,一种按照公民大会的命令而征收的特殊税种,修昔底德曾提到过该税种,但具体内容不详。

⑤ 参见 D. 22.49-55. Cf. D. 24.162, 197。德摩斯梯尼将安德罗蒂安的行为描述得非常可怕,但不能否认这样的事实:公民大会任命了 11 个人协助他,允许他对违约的债务人使用武力。

⑥ (121 Dilts)中的一个笺注说道,在古雅典,司法执政官需要在夜间巡逻,以防止诱拐事件发生。但麦道维尔[MacDowell (1990) 255]认为,这是"从上述笺注而来的一个虚假推论",麦道维尔的观点可能是正确的。

物进口到阿提卡时,"五百斗者"(pentakostologoi①)没收了其货物(D.21.133)。在对丑化神祇事件进行调查期间,议事会主席发布逮捕令,并进入一处民宅抓捕女奴隶。②

因此,说古代的城邦"从来没有发展出适当的警察制度"是一种误解。③ 更准确地说,在古雅典,公共行政和维持治安的职能并没有完全分开。古雅典虽划分了不同的机构,但上述职能是由同一官员在公共奴隶的协助下实施的。负责开展公共事务的官员可以像现代警察一样实施罚款,他们还拥有强制性力量可供驱策,能强迫人们服从命令;并且,他们自己也可以对罪犯使用武力。我们不应将古雅典的官员看成坐在桌子后面的现代官僚,整天围着桌子走来走去。这些古雅典的官员无须向警察发号施令,命令他们逮捕犯罪者,他们可自行维持治安。

尽管官员拥有罚款、逮捕和没收货物的权力,他们仍需谨慎地行使这一权力。名年执政官负责监督管理酒神节,他配有两名助手,协助维持秩序。④ 在公元前363年或前362年间,一位助手试图阻止一位观众坐下来,且跟他动了手。在节后举行的公民大会上,人们通过了一项谴责性提议,谴责该助手。⑤ 提出该提议者给出了一个非常有力的理由:"伙计,如果我坐下了,并且,如果我没有如你所愿地服从命令,即使你是执政官本人,法律究竟赋予你怎样的权力?法律只是授权你,可以命令助手阻止我坐下,而

---

① 译者注:Pentakostologoi,五百斗者。梭伦将雅典公民划分为四个等级:第一等级为"五百斗者"(Pentakostologoi),即其土地的产出超过500斗者,这一阶层属雅典的富裕阶层;第二等级为"骑士"(hippeis),即有能力提供1匹马者,战时要充当骑兵;第三等级为"双牛者"(zeugitai),即家里养有2头牛者,战时充当重装步兵;第四等级"日佣"(thetes),战时充当轻装步兵与桨手。

② 参见 And.1.64 与 And.1.111;议事会主席接到指示,要他将塞斐西乌斯带到议事会。这一命令可能会授权议事会主席使用武力,以迫使后者服从命令。And.1.13,34提到的逮捕可能是由议事会主席实施的。

③ 参见 Badian (1970)。

④ Arist. *Ath Pol*. 56.1 与 Rhodes (1981) 621-622。

⑤ 关于这一程序,可参见 Harris (2008) 79-81。

非殴打我。即使在这种情况下我没有服从你的命令,你可以罚我的款,可以做殴打我之外的任何事情。法律提供了很多救济手段,防止人们受到侮辱和虐待。"① 在这种情况下,该官员是不容许使用武力的。他能做的就是命令助手,阻止该观众进入剧场,或罚款。

41 　　"官员使用武力的权力是有限制的"的最好佐证是:一位官员在同盟者战争期间(the Social War,公元前357年—前356年),试图从西奥菲莫斯手里取回海军装备,没想到后来竟引发了一起攻击他的私人诉讼。一般地,三列桨舰长都是有钱人,任期只有一年。在任期内,他需要承担维修该舰船的义务。② 在战前,城邦会提供(作战)装备,每位三列桨舰长在每次战役后都必须归还这些装备。大约在公元前360年,雅典人命令舰队出航,要求几名三列桨舰长从未归还装备的人那里收回装备。③ 佩里安德④(Periander)的法律授权三列桨舰长,有权从前任那里索要这笔钱。议事会的一项法令则将违反规定的舰长财产分配给继任者。⑤ 一位舰长被告知,他需要从德摩卡里斯(Demochares)和西奥菲莫斯手里收回装备。⑥ 为此,他去面见二人,要求他们服从命令,但该二人拒绝服从命令。为此,继任者要求法庭传唤二人,并最终赢得了判决。⑦ 事后,德摩卡里斯归还了其所占的装备,但西

---

① D.21.179.

② 关于三列桨舰长的职责,可参见 Gabrielsen(1994)105-169。

③ 参见[D.]47.20. 罗德认为,这一法令授权没收那些拒绝交还海军装备或出卖私人设备的人的财产,但这一权力是法庭在西奥菲莫斯不服从法庭的判决后才根据议事会的法令授予的,参见 Rhodes(1972)155。

④ 佩里安德(Periander,希腊文为 Περίανδρος),一位科林斯僭主,死于公元前585年。

⑤ [D.]47.21. 造船厂的监督者可能已经记下了违约的三列桨舰长的名字,参见 Rhodes(1972)155。

⑥ [D.]47.22.

⑦ [D.]47.26-28. 这一审判发生在传票发出后的第二天。掌控这一程序的法律是在公元前5世纪后期颁布的,参见 Oliver(1935)15-19;Rhodes(1972)156-157。

奥菲莫斯没有这样做。① 继任的三列桨舰长只好向议事会投诉。议事会发布了一项命令,指示他可以采取任何可能的方式收回装备。② 若西奥菲莫斯还不服从法律,该命令似乎让继任的三列桨舰长拥有了扣押西奥菲莫斯财产的权力。③

后来,继任的舰长从优尔古斯(Euergus)那里打听到了其兄弟西奥菲莫斯居住的地方,径直赶到那里④,只带了一名公共奴隶随行。一个女奴为他们开了门,告诉他们,西奥菲莫斯不在家,舰长叫她去把西奥菲莫斯找回家。⑤ 西奥菲莫斯回家后,继任舰长再一次要求其返还装备,因为舰队即将出航,并向他出示了议事会的命令。这一要求再次被拒绝。⑥ 继任舰长只得告诉西奥菲莫斯,他有两种选择:要么随他一起去见负责派遣舰队的人和议事会,告诉他们,他不负责归还装备;要么赶快归还装备。继任舰长表示,若西奥菲莫斯拒绝该要求,他将没收西奥菲莫斯的财产,以偿还欠款。当西奥菲莫斯仍不服从命令时,继任舰长抓住了那个女奴,但西奥菲莫斯同时抓住了该女奴,防止她被拖走。⑦ 继任舰长和西奥菲莫斯对接下来发生的事情存在明显分歧。继任舰长声称,在他夺取财产时,西奥菲莫斯殴打了他。⑧ 西奥菲莫斯则辩称,是继任舰长打出了第一拳。我们很难判断谁在撒谎。继任舰长跑到议事会,露出被西奥菲莫斯殴打的伤痕。议事会敦促他提

---

① [D.] 47.28-29.
② [D.] 47.33. 以非雅典文铭刻的这一条款的例子可参见 Rubinstein (2010)。
③ Oliver (1935) 18-19。奥利弗认为,三列桨舰长可以采取类似私诉案件的做法,直接起诉西奥菲莫斯。罗德[Rhodes (1972) 157]附和了他的这一说法。奥利弗还校勘了 IG i³ 216 第 7-8 行中的这一短语"καθάπερ παρὰ τō ἰδ (ιοτεῖ ὀφέλουτος…)"。他认为,这一短语表明,三列桨舰长可以起诉某个普通公民,但他的这一校勘不太令人信服。三列桨舰长是一个公职官员(参见 Aeschin, 3.19),他需要服从议事会的命令。
④ [D.] 47.34-35.
⑤ [D.] 47.35.
⑥ [D.] 47.36.
⑦ [D.] 47.37-38.
⑧ [D.] 47.38.

起针对西奥菲莫斯的诉讼,最终,西奥菲莫斯被罚款 25 德拉克马。① 但在继任舰长退役后,西奥菲莫斯提起了针对他的私人诉讼,并赢了官司。②

这个故事值得详述,因为它显示,官员在执行议事会的命令时表现出了预期的克制。继任舰长的陈述虽只是故事的一个方面,但他对自己行为的描述符合法庭期待官员应遵循的规范。即使该官员是按法庭的指示行事,也应分步骤进行。首先,他应向对方提出请求,然后才提起诉讼。其次,他应再次索要装备,并在获得议事会的命令后才能去西奥菲莫斯的家。该命令授权他扣押西奥菲莫斯的财产。再次,当西奥菲莫斯反抗他抓走女奴隶时,他应放开该女奴,寻找其他财产予以扣押。③ 并且,为确保进入屋子时不会与西奥菲莫斯的妻子见面,该舰长还费了很大力气,查到西奥菲莫斯尚未结婚这一情况。④ 虽然该舰长有权执行议事会的命令,但这种权力是有限的;并且,纵使在西奥菲莫斯不服从命令时,也不允许对他使用武力。

继任舰长的克制揭示了雅典民主制的一条重要原则,德摩斯梯尼(22.55)对此进行了很好的表述。"确实,如果您想考察自由人与奴隶的区别,您会发现这一最大的区别:奴隶会因自己的所有犯罪行为而受体罚,但自由人即使身处最严重的灾难之中,也可以免于使自己的身体受伤害。总的来说,通过剥夺自由人的财

---

① [D.] 47.41-43. 在第 44 页中,三列桨舰长为自己的所有观点提供了证明。西奥菲莫斯最后似乎服从了他的意见,因为三列桨舰长是能够用自己的船航行的。在对事件的陈述中,三列桨舰长忽略了这一点,因为他一直试图强调西奥菲莫斯的不服从。参见 Rhodes (1972) 156。

② [D.] 47.39,45-48。

③ 关于抓违约债务人的奴隶问题,可参见[D.] 53.20。

④ 一个外人进入家中,并与无关的妇女迎面碰上,被认为是一件令人震惊的事。参见 Lys. 3.6;D. 21.79。

产来惩罚他们是自由人的权利。"①这就是德摩斯梯尼如此严厉地批评安德罗蒂安的原因。因为安德罗蒂安声称,他侵入了私人住宅,并在仅被授权没收财产时却将公民投入了监狱(D. 22. 51-53)。因此,不足为奇的是,只有在存在严重威胁公共安全的情况下,战神山法庭、议事会和公职官员才(会对公民)采取逮捕行动。如,战神山议事会之所以逮捕安提丰,是因为他涉嫌犯有背叛城邦罪。②司法执政官之所以在公民大会上抓捕了一个人,是因为该人被判犯有杀人罪,且在现身时威胁要将污物带进城邦(D. 23.31)。议事会在调查毁损赫尔墨斯神像和丑化神祇事件过程中,之所以下令逮捕人,是因为雅典人担心存在推翻民主制度的阴谋。③ 当某些舰长因为雇用军人替身而在公元前360年的海军失败中负有责任时,阿里斯托芬指控他们背叛城邦,并通过了一项法令,命令将他们逮捕起来,投入监狱(D. 51.8-9)。

三、议事会和战神山法庭的管辖权

在第二节,我们已揭示,实施法律的主要职责掌握在担任公职的官员手中,这些公职人员可以对他人处以罚款或逮捕违法者。但个别官员或个别委员会的委员行使的是一种有严格限制的管辖权,通常仅限于某一地区行使,如阿哥拉(广场)、港口、庙区或某个德莫。相比之下,五百人议事会和战神山法庭拥有更广泛的管辖权,并在更大范围内发挥作用。他们还负责监管重大犯罪,这超出了少数官员的能力范围。

---

① 关于在民主制度下,如何保护公民的身体免于暴力伤害,可比较埃斯基涅斯的观点,参见 Aeschin.1.5。对奴隶和自由人施加不同的惩罚,可参见 Hunter (1994) 155-162。
② 参见 D. 18.132-33。
③ 注意,由于拙劣地模仿神祇,阿尔喀比亚德被传唤,并接受审判,但逮捕他的授权非常勉强,参见 Th.6.61。

议事会在管理公职人员方面发挥着重要作用。举报官方不当行为的主要程序是向议事会弹劾(eisangelia①)。② 在公元前420年或前419年,一名普通公民通过弹劾的方式向议事会告发四名官员,即阿里斯提安(Aristion)、菲力努斯(Philinus)、安佩里努斯(Ampelinus)以及司法执政官的秘书(Antiphon 6.35)。议事会必须对该弹劾进行调查,并将案件提交给法庭。尽管被弹劾者试图阻止起诉,但该公民还是成功地证明所有被告都有罪(Antiphon 6.38)。

议事会还在财务事项上享有广泛的管辖权。它在监管公共债务人方面发挥着主要作用。为议事会工作的一名公共奴隶记录下所有拖欠城邦钱款者的名单,按到期的先后顺序进行排列。那些违约者的债务弄不好会翻倍。议事会有权收取这些拖欠的款项,并监禁那些拒绝服从者。③ 自公元前5世纪以来,公民大会的一项法令就开始任命监督员(epistatai),管理厄琉息斯神殿的财务,并要求他定期向议事会报告(财务事宜)(IG i³ 32,第14-17行)。议事会还会任命一个调查委员会,调查财政违规行为。当一位议事会主席在公元前419年发现几名官员正在犯罪时,他提议议事会对该事件进行调查(Antiphon 6.49)。

议事会还可以调查其他举报,并发出传票或逮捕令。当塞斐西乌斯(Cephisius)告诉议事会,安多基德斯正在参加其无权参加的宗教秘仪时,王者执政官立即将这一情况报告给了议事会主席,议事会主席立即向安多基德斯和塞斐西乌斯发出传票,命令他们到议事会开会。④ 公元前415年,议事会任命了一个委

---

① 译者注:eisangelia,(向议事会)检举、弹劾,属雅典法中一种独特的公诉程序。
② 有关这一有别于 eisangelia 标准程序的程序,可见 Hansen (1975) 25-28,112-120。
③ Arist. *Ath. Pol.* 48.1. 参见 And. 1.92-3。
④ And. 1.111. 有关王者执政官向议事会汇报违反该条规则的情形,可参见 IG i³ 78,第57-61行。

员会,负责调查毁损赫尔墨斯神像和丑化神祇的举报(And. 1. 14,36)。他们的调查报告导致很多人被捕。① 在公元前348年—前346年的某个时间,议事会还调查了阿里斯塔库斯(Aristarchus)谋杀尼科迪默斯(Nicodemus)的举报;德摩斯梯尼(21.116-117)说,梅迪亚斯参加了会议,并要求议事会派人去阿里斯塔库斯家逮捕他。②

在雅典帝国时期,议事会颁布了许多有关朝贡的规定。在《克莱尼阿斯法令》(*The Decree of Cleinias*)中,议事会指示与雅典结盟的城邦议事会及其官员以及监督员(*episkopoi*),要求他们监督各自城邦缴纳贡赋的情况。③ 每个城邦都应在密封的写字板上记下各自缴纳贡赋的数额,将其交到议事会。然后,在酒神节后,议事会主席会召集一次公民大会,向雅典人报告哪些城邦已缴纳贡赋,哪些城邦未缴纳。若任何结盟城邦中的公民或雅典人犯有与贡赋有关的罪行,都会被报告到议事会主席那里,然后由议事会主席将其报告给议事会,以便该案可以在法庭上审判。对于盟国需交纳的、用以献祭的母牛和甲胄,也有类似的规定。《标准法令》(*The Standards Decree*)还补充规定,议事会成员应宣誓,承诺执行有关度量衡与造币标准的新举措。④

战神山法庭对阿提卡的所有居民进行全面监督,并有权发起

---

① And.1.44-45。由于这些人已经被投到了监狱里,因此,十一人警务官一定会对之进行逮捕。

② 按照德摩斯梯尼(21.116)的观点,梅迪亚斯也坚持,议事会应判处阿利斯塔库斯死刑,但是,议事会并没有这一权力,参见 Rhodes (1972) 179-180(德摩斯梯尼将梅迪亚斯的行为描述为暴行)。

③ *IG* i³ 34。梅格斯与刘易斯[Meiggs and Lewis (1969) 119]根据这一法令中的文字格式,将其颁布的时间确定为公元前447年,但罗德认为,颁布的时间应为公元前425年或前424年,参见 Rhodes (2008a)。

④ 关于这一文本残篇,可参见 Schönhammer (1995)。

调查(zetein),撰写犯罪报告(apophaseis)。① 公民大会可以命令战神山法庭进行调查,也可以亲自调查。如果这些报告已提交给了公民大会,公民大会就要决定该如何行动。战神山法庭在审查背叛城邦案件中起着主要作用。狄那库斯(Dinarchus)(1.63)曾提到,由于战神山法庭的报告,卡里努斯(Charinus)因背叛城邦罪而被处以流刑。在另一起案件中(Din. 1.58-60),公民大会命令议事会调查塞丹提达家族(Cydantidae)的波利尤克图斯(Polyeuctus)。当战神山法庭发现他正与流亡者勾结时,公民大会选出了检察官,最终,波利尤克图斯在法庭上受到了审判。②

与战神山法庭有关的最著名案件是"哈尔帕鲁斯事件"(the Harpalus affair)。哈尔帕鲁斯是亚历山大大帝的司库。在听到亚历山大大帝从印度返回的消息后,哈尔帕鲁斯担心自己会受到惩罚,故在公元前 324 年初逃离巴比伦,同时带走了 5000 塔伦特白银和 6000 名雇佣兵(D. S. 17. 108. 6)。最终,他带着 30 艘战舰,越过爱琴海,抵达阿提卡(Curtius 10. 2. 1)。他请求准许他的人进入雅典,但德摩斯梯尼成功地说服公民大会,拒绝了其请求[(Plu.)Mor. 846a]。在将雇佣兵留在拉科尼亚的塔埃纳鲁姆之后,哈尔帕鲁斯带着一些钱再次来到雅典,恳求雅典人帮助他(D. S. 17. 108. 7)。③ 这一次,他的请求被雅典人接纳。④

---

① 关于对公民行为进行调查的权力,可参见 Din. 1.50。华莱士[Wallace (1989) 115-119]从这一基础上为 Din. 1.62-63 辩护:这一调查程序是借助德摩斯梯尼的法令而引入的,时间大约是在公元前 343 年早期。但布鲁恩[de Bruyn (1995) 117-118]认为,Din 的这段话与该调查程序的引入没有任何关系,他提到了德摩斯梯尼意图引入该程序的几个法令。布鲁恩的观点是建立在对 IG i³ 102,38-47 中的一些文本进行可疑的校勘基础上的,具体可参见 Harris (1997)。华莱士的观点遭到了罗德的否定,参见 Rhodes (1995) 312-313。我准备专门讨论战神山法庭的审判问题。

② 关于这些案例,可参见第三部分第八章的内容。

③ 有关议事会中祈求的程序,参见 Naiden (2006) 173-183。

④ 我看不出有任何理由追随沃辛顿[Worthington (1992) 43-44,315]的观点,认为哈尔帕鲁斯是通过告发费洛克雷努斯违反了以前的法令而进入雅典的。沃辛顿的观点是建立在 Din. 3.2 基础上的,但这一段话提到的可能是哈尔帕鲁斯此前曾带着自己的船和商品到过雅典。

之后不久，马其顿海军司令菲洛克斯努斯（Philoxenus）派遣的使节到达雅典，要求雅典人交出哈尔帕鲁斯。德摩斯梯尼说服公民大会，不移交哈尔帕鲁斯，但在同时，他也不希望触怒亚历山大大帝。因此，他建议将哈尔帕鲁斯拘留，并将他的钱存放在雅典卫城，以策安全（Hyp. D. 8-9, 12; Din. 1. 89）。① 据哈尔帕鲁斯报告，他所带的白银总数为 700 塔伦特，但经清点发现，其实只有 350 塔伦特［Hyp. D. 9-10;（Plu.）*Mor.* 846B］。② 后来，雅典人默许哈尔帕鲁斯逃亡（Hyp. D. 12），哈尔帕鲁斯慌忙集齐留在特纳洛角（Taenarum）的部队，逃往克里特岛。在那里，他被人谋杀（D. S. 17. 108. 7-8.）。后来，那些在该事件上涉嫌受贿的人落入了德摩斯梯尼和其他政客之手（D. S. 17. 108. 7-8.）。德摩斯梯尼首先宣称自己无罪，并提议由战神山法庭对此事进行调查（Hyp. D. 2; Din. 1. 61）。6 个月后，战神山法庭提交了调查报告（D. 1. 45），详细地列出了受贿者的姓名及数额（Hyp. d. 5-6）。德摩斯梯尼和阿里斯托盖顿赫然出现在这一名单中（D. 1. 53）。公民大会任命了 10 名检察官（Din. 2. 6），将被指控的人提交到法庭受审。此处需要强调的是，私人的自主权在侦查和起诉犯罪方面根本不发挥作用。这场调查是在政客德摩斯梯尼的建议下，由战神山法庭自行进行的。对向战神山法庭报告的、涉嫌受贿的那些人提起控告，是由选举出来的公诉人负责的，而不是由倡议调查的私人提起的。

战神山法庭不只参与侦查针对雅典社会的重大犯罪等活动，更多的常规性事务也在其管辖范围内。狄那库斯（1. 56）提到，战神山法庭曾记录两起较轻的违法事件。在一起案件中，战神山法庭对其中的一名成员处以罚款，该成员在付钱时欺骗渡

---

① 一些来自安提帕特与奥林匹亚斯的使节还要求哈尔帕鲁斯投降，参见 D. S. 17. 108. 7. 沃辛顿认为根本就不存此类使节，参见 Blackwell（1999）17-27。

② 有关价格问题，参见 Whitehead（2000）385。

轮人员,渡轮人员向公民大会告发了此事。在另一起案件中,战神山法庭发现科农欺诈性地要求政府支付相当于 5 德拉克马的款项,在当时,这算不上巨额财产。战神山法庭还可以刺探雅典人的私生活。当西奥戈尼斯(Theogenes)的妻子帕诺(Pano)参加安塞斯特里昂节①(Anthesteria)时,战神山法庭发现,她与丈夫结婚时既不是处女,又不是公民([D.] 59.79-81)。西奥戈尼斯试图说服议事会,辩称自己不知道妻子的真实身份,请求议事会宽恕自己的过错。但很显然,他被处以罚款([D.] 59.81-83)。② 阿忒那奥斯(Athenaeus)的轶事也证明战神山法庭拥有刺探公民私生活的权力(IV 168 a-b)。在哲学家梅内德姆斯(Menedemus)和阿斯克勒皮亚德斯(Asclepiades)年轻时,战神山法庭曾询问他们:"你们不去挣钱,整日与其他哲学家在一起厮混,为何仍过得很好?"还有,某两名青年建造了一个磨坊,他们向法庭报告说,他们每天都要在磨坊工作到很晚,如此才能挣到 2 德拉克马。战神山法庭为他们的行为所感动,奖给他们 200 德拉克马。此事一定发生在公元前 330 年—前 320 年。③ 虽然这个有趣的故事可能是编造出来的,但其细节应该是真实的。在当时的雅典,有一部反对懒惰的法律(D.57.32),付给这两个年轻人的工资与这一时期给予非熟练劳动力的工资大致相当。④ 如果战神山法庭可以调查西奥戈尼斯的婚姻状况,那么,我们就没有理由怀疑它有权刺探公民和外邦人私生活其他方面的情况。

也许安提丰的案子(D.18.132-133)可以很好地说明私诉的局限性和战神山法庭的作用。在公元前 346 年时,雅典人通过

---

① 译者注:安塞斯特里昂节(Anthesteria,希腊文为Ἀνθεστήρια),亦译作"花节",古雅典纪念酒神的四大节日之一,每年举行一次,持续三天。
② 关于这一事件,可参见 Kapparis (1999) 344-348。
③ 关于这一时间问题,可参见 de Bruyn (1995) 135。
④ 关于这一时期的报酬问题,参见 Loomis (1998),esp.104-120。

投票①（$diapsephisis$）程序，剥夺了安提丰的国籍。约莫几年之后，即公元前343年—前340年，德摩斯梯尼在安提丰"东躲西藏"时抓住了他，将他带到公民大会，指控他是马其顿国王腓力的间谍。② 在公民大会辩论期间，埃斯基涅斯反对这一逮捕，理由是：德摩斯梯尼在未得到任何命令的情况下擅闯私人住宅。③ 公民大会支持了埃斯基涅斯，下令释放安提丰。从公民大会作出支持埃斯基涅斯的决定可以看出，任何雅典人未经议事会或公民大会的命令而进入私人住宅是违法的，即使在抓捕叛徒的情况下，逮捕的权力也要受到严格限制。

安提丰的案子并没有到此为止。德摩斯梯尼的指控引起了战神山法庭的怀疑，战神山法庭随后发起了调查，并在不久后再次逮捕了安提丰。这一次，安提丰受到了酷刑拷问，且显然认罪了，因为他后来被判处死刑。当然，我们不能认为，既然安提丰认罪了，就证明德摩斯梯尼是正确的。众所周知，酷刑之下获得的口供是不可靠的。④ 该事件的确显示私诉在执法中的局限性，以及诸如战神山法庭之类的公共机构在执法活动中的关键作用。

尽管单个官员的权力受到了限制，但议事会和战神山法庭在维持整个阿提卡地区的治安和调查重大罪行方面负有广泛的责任。因为雅典人一般都可以放心大胆地确信，战神山法庭、议事会及许多官员在保护他和他的家人方面是尽职尽责的，因此，他们认为，没有必要随身携带武器（Th. 1.5.3-6.3）。其结果是：雅典人生活在和平与安全的气氛中，摆脱了恐惧（Th. 3.37.2）。与古希腊其他城邦不同，雅典并没有"禁止在公共场合携带武器"的法律。

---

① 译者注：投票（$diapsephisis$，希腊文为 διαψήφισις），古雅典的一种政治制度，旨在防止外邦人获得雅典的公民权。
② 关于这一日期的问题，参见 Harris (1995) 169-170。
③ 关于埃斯基涅斯提出异议的法律基础问题，参见 Harris (1995) 172。
④ 曼韦勒相信，由于被拷打而坦白证明了德摩斯梯尼是无辜的，参见 Harris (2005b) 216-217。

据色诺芬(Xenophon)(*HG* 5.1.22)披露,雅典人喜欢将武器藏在自己家中以备不时之需。① 如果维护秩序和实施法律的责任主要控制在私人手里,人们会认为,在四处走动时有必要携带武器。但是,国家官员提供的保护使得这一点变得不必要起来。

另外,我们不应夸大五百人议事会、战神山法庭以及众多的其他官员在监管雅典城市和阿提卡乡村工作上的效率。在吕西亚斯(3.5-9,11-19)的演说中,被告描述了两次斗殴情形,声称自己遭到了攻击。尽管这两起事件发生在雅典市中心,但被告并未提及在整个事件中有任何官员曾介入以制止暴力。在另一篇演说中([D.] 47.52-61),原告告诉法庭,他的对手西奥菲莫斯如何在未经同意的情况下进入其在乡下的住宅,并拿走了他的财产(西奥菲莫斯则声称,原告未履行法律判决)。原告的奴隶召唤邻居们来帮忙,但在附近,显然没有可召唤的官员来帮助他们。当科农及其儿子克特西亚(Ctesias)于夜间在雅典市中心的列奥克利安(Leokorion)附近袭击阿里斯顿时,似乎也没有任何官员出现在现场制止这一暴力行为(D.54.7-9)。然而,我们不应由这三件事就轻易地得出结论:根本找不到官员介入此类事件,或者说,在此类情况下,通常都由个人维持治安。相反,我们看到,明显有很多官员在维持公共秩序。但我们必须牢记,纵使在拥有了巡逻车、收音机、电话和现代技术等助益的情况下,当代国家的警察也不可能无处不在。阿提卡的官员更是如此。出于这一原因,雅典的法律不得不允许普通公民在某些情况下进行私力救济。

---

① 在公元前4世纪和前3世纪,将武器提供给公民的情况,可参见 Couvenhes (2007)。关于古希腊早期人们习惯携带武器与这一习惯在古典时期得到改变的情况,参见 van Wees (1998)。万维斯没有将这一习惯的变化与城邦的发展联系起来,而是将它与时尚的变化联系在一起。但 Th.1.5.3-6.1 将携带武器的习惯与不安全的环境联系了起来,这暗含着将携带武器习惯的衰落与环境变得比较安全联系起来了。

四、受到严格限制的私力救济权

(在雅典)对普通公民使用武力进行了严格限制。此处,我们有必要在"使用致命武力"和"使用武力逮捕或拘留某人"之间作出区分。关于使用致命武力的问题,存在这样一个一般性规则:无论公正与否,任何人都不得杀人。① 这意味着,即使某个公民抓获了某个触犯法律者,也无权将其处死,他需要向法庭提起法律诉讼。② 德摩斯梯尼(23.24-27)指出,在有关杀人罪的法律及其他法律中,总存在一个指向审判的程序,任何希望惩罚犯罪者的人都必须遵循该程序。处决犯罪者的权力掌握在执掌刑狱的"十一人"(警务官)手中(Arist. Ath. Pol. 52.1)。③ 即使有人被判犯有谋杀罪并逃到了国外,私人擅自杀害他,也是违法的(D. 23.44)。

仅在极少数情况下才允许公民使用致命的武力。④

第一,允许某人杀死当场抓获的与其妻子、母亲、姐妹、女儿通奸的人;或杀死当场抓获的与自己为生儿育女这一目的而蓄养的小妾通奸者(Arist. Ath. Pol. 57.3;D. 23.53;Lys. 1.30)。该法律没有区分诱奸妇女者与强暴妇女者,因此,它既适用于诱奸的场合,又适用于涉嫌暴力性侵的场合。⑤ 雅典的法律对这项权利的行使设置了严格的限制,即仅限于该妇女的丈夫和男性近亲属

---

① 参见 Antiphon 3.2.9;4.2.3。这是一个一般规则,同时,这一有关正当地杀人的法律也列出了一些法律许可的例外。

② 关于"没有人能不经过审判而被判处死刑"这一原则,可参见 Lys. 19.7 与 Carawan (1984),以及 Hansen (2002) 33。阿卡狄亚(Arcadia)存在类似的规则,参见 X. HG 7.4.38。

③ 参见 Arist. Ath. Pol. 52.1 与 Hansen (2002) 36-37. 关于执行死刑的方式,可参见 Todd (2000a);关于监狱问题,可参见 Hunter (1997)。雅典人不同寻常地将执行刑罚的权力排他性地控制在公共官员手里,参见 X. HG 7.3.6。

④ 在德尔菲尼翁审判的一些案件,可参见 MacDowell (1963) 70-81。

⑤ 参见 Harris (2006a) 283-296。汉森错误地认为(由于误译了 moichos 这一术语),仅仅只有奸夫才会受到法律的惩罚,参见 Hansen (2002) 32。

行使,并且,仅限于犯罪者正在偷情而被抓的场合。

因此,拥有杀人权的人在行使该权力时要冒相当大的风险。杀死强奸犯或诱奸者的男子必须证明他没有诱骗受害者的动机,且需要证明他实际地发现该人正与其妻偷欢。当欧菲勒图斯(Euphiletus)因杀死与其妻偷欢的埃拉托色尼(Eratosthenes)而受到审判时,他必须证明自己是在偶然间发现妻子奸情的(Lys. 1. 15-17-1)。他小心翼翼地强调,在杀死埃拉托色尼的那天晚上,自己没能预见该男子会来,并且,他事先未做任何准备(Lys. 1. 22-23、39-40)。结果是他不得不召集最后时刻的见证人。他必须确保,当他在自己的屋子里抓住受害者时,那几个人碰巧就在附近,可以作证,证明他有关杀人的陈述。① 他还需要证明,他与埃拉托色尼之前没有争吵过,以便消除这样的怀疑:他设计诱骗了埃拉托色尼(Lys. 1. 4,43-45)。如果他无法确定这些事实,埃拉托色尼的亲属就会说服法庭,欧菲勒图斯犯有故意杀人罪,这将使他被判死刑或永久流放。

第二,允许杀死伏击他人者。② 一般地,人们不能随意地杀死任何攻击他的人,只有在非常有限的情况下,他才能杀死攻击者。"伏击"必须符合三个主要特征。首先,伏击者应事先计划,并预见到意定的受害者会到来。其次,伏击者应隐藏起来。在从躲藏处钻出来之前,不能被人看见。伏击者意图使人猝不及防。最后,从伏击处进行袭击的人打算杀死或抓住目标受害者。该法律明显将杀人限定在这样的情况下:某人受到了突然袭击,无法撤退到安全地带,也无法寻求帮助。为防止自身受到严重伤害,被迫进行反击。法律不允许在其他情况下进行报复。德摩斯梯尼向我们讲述了尤艾昂(Euaeon)的故事。在一次聚会上,尤艾昂受

---

① 参见 Lys. 1. 23-24,41,46. Cf. 29。
② 参见 D. 23.53 与 Harpocration s. v. 所说的"ἐν ὁδῷ καθελών",哈里斯[Harris (2010) 132-133]曾探讨过这一短语的含义,麦道维尔[MacDowell (1963) 75-76]却没有如此做。

到了波奥图斯(Boeotus)的侮辱性攻击,他运用同等的武力进行了还击,杀死了波奥图斯。德摩斯梯尼(21.73)评述说,尤艾昂是自愿参加该聚会的,他本来可以更好地约束自己。在审判中,有一些法官对尤艾昂表示同情,但大多数法官投票反对尤艾昂,因为有关杀人罪的法律不允许在这种情况下使用致命的暴力。①

第三,(雅典的法律)允许杀死无正当理由抢夺他人财产者,条件是:唯有对方正在抢夺财产时才能这样做(eutheos)。② 这一实体性条款的措辞非常谨慎,仅涵括了无正当理由正抢夺他人财产者。换句话说,它不适用于运用致命的武力对抗正在扣押财产(该财产属实物担保物)的债权人,或对抗那些已在法庭上胜诉、依法获得该财产的人。(雅典的法律)还要求,杀人必须是立即进行的,即是在抢夺发生的过程中进行的。当然,"禁止使用致命的暴力"这一一般规则还存在一个例外,因为在受害者准备到法庭提起诉讼的过程中,抢夺者可能会带着财产逃跑,并离开阿提卡。若是抢夺者人赃俱在,受害者可以逮住他,但不能杀死他(稍后讨论)。

第四,若某人被判犯有杀人罪且被流放,后又回到阿提卡,受害方可以杀死他,且不受惩罚。③

第五,普通公民可以杀死暴君或意图实施僭政者。梭伦曾颁布过一部杀死暴君的法律,该法律似乎在公元前403年推翻"三十僭主"后不久就被德摩芬图斯(Demophantus)的另一项法令取代了④,并在公元前336年或前335年以稍微不同的方式予以恢复。⑤ 毋庸置疑,这一规定仅在很不寻常的情况下才适用,并且,

---

① 对于这一判决的分析,可参见 Harris (1992) 78 与 Harris (2010) 133, 136。
② D. 23.60; IG i³ 104, 第 37-38 行。
③ D. 23.28; IG i³ 104, 第 30-31 行(校勘后的)。
④ 有关梭伦的法律,可参见 And. 1.95。关于梭伦的法律与德摩芬图斯的法律的关系,可参见 Canevaro and Harris (2012) 119-125。
⑤ SEG 12:87 = Schwenk (1985) 198 note 6。

没有证据表明,在公元前 403 年恢复民主与公元前 322 年实行寡头统治之间的岁月里,有人曾杀死过任何被控意图实施暴政的人。实际上,当公元前 415 年有人指控阿尔喀比亚德和其他人试图建立僭政时,议事会调查了这一指控,并审问了嫌疑人。①

这五个案例表明,私人可以在少数情况下使用致命的武力,那只是"处死罪犯的权力被授予了公职人员"这一一般规则的例外情形。② 在每一种情况下,这项权利都受到了严格的限制。只有在其中的两种情况下,才允许私人使用武力,因为在这两种情况下,让人们寻求官员的保护是不现实的(或不可能的)。在这一方面,雅典的法律与现代国家的法律没有什么不同。在现代国家,公民使用暴力进行自卫或保卫财产是被允许的。③

(在雅典),私人只能运用武力逮捕(apagoge)三种罪犯:奴役(自由人)者(andrapodistai)、盗贼(kleptai)和一种奇怪的罪犯,即抢夺衣服者(lopodutai)。④ 后两者(盗贼和抢夺衣服者)的区别可能仅在于:一是偷偷地盗取他人财物,一是公开地抢夺财物。即使在这两种情况下,人们也不能不分青红皂白地逮捕罪犯。它要求罪犯的罪过必须是显而易见的(ep'autophoro),也就

---

① 有关意图实施独裁的指控,可参见 Th. 6.60;有关议事会调查,参见 And. 1.15, 64。

② Christ(1998b) 521 说道:"雅典人实施自救的水平将震撼大多数现代西方人。"汉森没有详细地考察私人使用致命暴力的证据,但得出了一个与我大致类似的结论:"在古代的城邦,私力救济被限定在很少的特定犯罪上,在另外的事情上,若实行私力救济,就受到惩罚,这一点与现代国家类似。"参见 Hansen(2002) 33。

③ 如果有人在战时因不知情而杀死了一个雅典人,或在竞技时杀死了他人(Arist. Ath. Pol. 57.3;D. 23.53-55),他不会被判谋杀罪。此处,法律并未授权人们使用致命的武力,而只是承认这两种理由有效。

④ 参见 Arist. Ath. Pol. 52.1 与 Harris(2006a) 373-390。这一程序还可以延伸应用到谋杀者身上,参见 Lys. 13.85-87 与 Antiphon 5. 8-10。托德[Todd(2007) 124]试图复活保利(Paoli)的这一建议[(Cohen, 1984 and 1991)也赞成这一建议],即按照 Aeschines 1.90-92 中的说法,对于奸夫,也适用武力逮捕程序,欧菲勒图斯在 Lys. 1.28 中曾引用该法律。但他们的说服性难以服人,第一,Aeschines 1.90-92 与武力逮捕程序根本没有关系,参见 Harris(2006a) 291-293,亦可参见 Fisher(2001) 223-226。第二,欧菲勒图斯需要引用的是授权他杀死奸夫的法律,而武力逮捕程序只能授权他逮捕奸夫,并将奸夫带到十一人警务官面前。

是说,逮捕者必须有充分的证据证明其指控。对于奴役(自由人)者,(人们若要运用武力逮捕他)必须在该罪犯正在奴役自由人时将他逮个正着。私人不能用武力逮捕曾在过去某个时刻将自由人变成奴隶的人。人们必须寻找那个正在将自由人作为奴隶而保留在财产之中的人。狄那库斯(1.23)间接地提到过两起雅典人因这一罪行而被判刑的案件,但他同时明确指出,在每一种情况下,都是由于罪犯正在将自由人当作奴隶而被抓个正着:"你们判处磨坊主梅农(Menon)死刑,是因为他在磨坊里奴役了一个来自培林尼(Pellene)的、拥有自由人身份的男孩……你们惩罚欧斯马库斯(Euthymachus),是因为他将一个来自奥林索斯(Olynthus)的小女孩送到了妓院。"两个被告都没有否认自己的罪行,因为下一点是毋庸置疑的:受害者是一个自由人,他将该人当作奴隶使用。第一个例子发生在磨坊里。人们认为,即使是奴隶,那一工作也太过繁重。第二个例子发生在妓院里。人们认为,除非受到胁迫,否则任何受人尊敬的、自由的妇女都不会从事那一工作。

在盗窃案件中,(私人运用武力逮捕人)需要注意两个特殊规则。首先,除非被盗物品的价值超过了50德拉克马,否则不能逮捕任何人;其次,如果盗窃发生在夜间,受害者在追捕过程中可以杀死或打伤窃贼(D.24.113)。若要逮捕窃贼或抢夺衣服者,人们必须在证据非常确凿的情况下才能抓捕他,即要么在盗窃过程中抓现行,要么在实施犯罪后不久、赃物仍在其手中时人赃俱获。对于抢夺衣服者,大概只能在实际抢夺过程中,或在刚刚夺走衣服后,立即将其抓获。据一份资料([D.]45.81)的记载,曾有一个逮捕窃贼的人将被盗物品绑在窃贼的背上,将他带到执政官面前。我们无法判断,这是不是一种法律上的要求,或者只是一种证明罪犯劣迹昭彰的手段。无论如何,私人(运用武力)抓捕别人,要受到严格的限制。并且,有资料显示,这种情形属例外,而非常态。

若有人并未抓住携带赃物的窃贼，只是怀疑其屋内藏有自己的被盗物品，该人不能仅仅因为自认为可以在屋内找到自己的失窃物品，而采取进一步的行动。若要入室搜查，必须依法进行。阿里斯托芬（Aristophanes）和伊萨乌斯（Isaeus）都提到了法律规定的搜查形式（*phorazo*），该形式要求：声称自己的财产藏在该屋内的人必须裸身进入。① 据阿里斯托芬的一个注疏，如此做的目的是防止有人以难以发现的方式从屋内拿走物品，或防止有人恶意栽赃，意图使房主受到盗窃罪的处罚。② 柏拉图（Plato）在他的《法律篇》（954a）中详细地列出了搜查他人的一些要求，他论述的这些规则可能建立在雅典的程序法基础之上，只不过做了一些小的补充。

如果有人希望搜查他人的房屋，他必须按以下方式进行：在第一次宣誓之后，赤裸着身体，或者仅穿着没有腰带的贴身衣服，进入房间，寻找符合法律规定的物品（即被盗物品）；让嫌疑人敞开待搜查的房屋，包括密封和未密封的房子。如果任何人拒绝将房屋敞开供人搜查，被拒绝者就需要估算他所寻物品的价值，提起私人诉讼；如果被告败诉，就要支付估算金额两倍的赔偿金。

此处，我们发现了严格的私人实施法律的程序性规定，作为防止个人报私仇的手段。

关于如何使用武力逮捕那些勾引女自由人（*moichoi*）者，有另外的规则。③ 若某人抓到了勾引者，可以将他扣押，直到他要么支付了赔偿金，要么同意赔款为止。④ 在此处，雅典人对武力的使用

---

① Ar. *Nub.* 498-499；*Ran.* 1362-63；Is. 6. 42.
② 这一程序与罗马法中搜获赃物的程序有一定相似性，具体可参见 Wyse（1904）528-530。
③ 一些学者将"*moichos*"这一术语翻译为"造假"，其实，这一术语也可应用于意指"勾引未婚妇女"，更详细的讨论可参见 Kapparis（1999）297。
④ 关于这一法律，可参见 Kapparis（1999）308-309。

同样进行了严格限制。在《诉尼奥拉》(*Against Neaera*)这一演说中,阿波洛多罗斯(Apollodorus)([D.]59.64-74)描述了其对手斯特凡努斯(Stephanus)如何试图针对埃佩内图斯(Epaenetus)运用这一程序,只是最终发现事与愿违,几乎使自己陷入了极大的麻烦之中。在受审期间,尼奥拉与一位名叫斯特凡努斯的雅典政治家住在一起。阿波洛多罗斯讲述了斯特凡努斯是如何发现埃佩内图斯与尼奥拉的女儿有暧昧关系的,并通过威胁手段,诱使埃佩内图斯承诺赔偿30米那的金钱。在埃佩内图斯提名两位受人尊敬的雅典人作为该费用的担保人后,斯特凡努斯释放了他([D.]59.65)。阿波洛多罗斯声称,整个事件都是由斯特凡努斯和尼奥拉阴谋策划的,但他无法提供任何证据证明他的这一说法。对此,我们有理由对他的说法持怀疑态度。埃佩内图斯一被释放,便向阿波洛多罗斯提起了非法监禁的指控([D.]59.66)。阿波洛多罗斯提醒法庭,如果有人声称,他被别人错误地当作诱拐者而拘禁了,则他可以对拘禁他的人提起诉讼,如果他能证明存在一个对他不利的阴谋,其担保人就可免于缴纳保证金。但是,若他不能说服法庭,被告就可以对他做任何事情,除了不能动刀子。① 该法令再次表明,人们已认识到,私力救济很容易被人们滥用,因此,人们有必要通过向受害者提供法律救济,以便对其加以保护。

当埃佩内图斯向司法执政官提起诉讼时,他承认自己与那个女孩有暧昧关系,但坚称自己不是诱拐者([D.]59.67)。他提出了两个理由支持自己的观点。第一个理由是:那个女孩并非斯特凡努斯的女儿,而是尼奥拉的女儿,尼奥拉知道他和那个女孩有暧昧关系。他还指出,自己在她们母女俩身上花了不少钱。只要他在雅典,都会照顾她们母女俩。他之所以这样陈述,可能是为

---

① 人们建议的有关这一限制的理由,可参见 Harris(2006a)39;Todd(2007)147-148。

了削弱斯特凡努斯宣称自己是那个女孩保护人(Kyrios)的说法。第二个理由是:法律规定,不得诱拐居住在妓院或在市场上公开卖身的妇女(即在街头卖淫的妇女)([D.] 59.67)。① 此时,斯特凡努斯变得惊慌起来,因为他担心自己会被当作妓院老板和勒索者。为此,他同意将争端提交仲裁,前提是埃佩内图斯撤回指控,并解除担保人的义务([D.]59.68)。② 埃佩内图斯同意了他的提议,双方达成了一纸解决方案,要求埃佩内图斯捐出1000德拉克马给尼奥拉的女儿,作为其嫁妆([D.]59.69-70)。整个事件表明,诉诸私力救济者会面临一定的风险。他必须确保自己拥有强大的后盾,可以向对手使用武力。纵使如此,其仍易遭受滥用权力的指控。在这一例子中,斯特凡努斯被迫放弃了要求对方赔偿30米那的主张,并接受了比原先的请求少得多的和解金。他还面临着非法监禁的指控,一旦定罪,可能遭受严厉的惩罚。

诚然,若被告不愿意付钱,私人诉讼中胜诉的原告可获得被告的财产,这是法庭判给他的。③ 但这一做法也要受到限制。首先,如果未经被告的允许,原告不能进入被告的房子。例如,法庭判决某被告赔偿原告西奥菲莫斯一定数额的金钱,但被告一直未履行该判决,为此,西奥菲莫斯带领两名同伴闯入被告的家里,在被告不在场的情况下,拿走了其部分财产。这一举动是严重违法的([D.] 47.52-61. CF. D. 37.45-46)。其次,若被告拒绝让他拿走财产,原告不能使用武力。当德摩斯梯尼在诉讼中战胜阿弗巴斯(Aphobus)之后,后者并未赔偿,德摩斯梯尼遂决定占有他的土地。当他到达地头时,奥内托(Onetor)却跑了出来,声称该财产归其所有,因为阿弗巴斯已将该块土地交给了他,作为其女儿

---

① 关于这一法律,可参见 Kapparis (1999) 311-313。
② 在这一阶段撤回一项公诉,根本没有什么不合法之处,参见 Harris (2006a) 405-422。
③ 一般地,有关这一话题,可参见 Weiss (1923) 455-594;若专门针对雅典,则需参见 Harrison (1971) 187-190。

嫁妆的抵押物。当阿弗巴斯与妻子离婚且没有归还她嫁妆时，奥内托获得了该财产。即使德摩斯梯尼声称，该嫁妆从未给过，离婚也未曾发生过，他也没有使用武力将奥内托从该土地上驱逐出去的权利，故而，他提起了收回不动产之诉（dike exoules），以获得该财产（D. 30.8）。虽然雅典的法律可能授予某人拥有获取他人财产的权利，但该法律不允许任何人在这种情况下对自由人使用暴力。① 这一一般规则的唯一例外是：在债务人没有资产偿付债权人并因此不得不通过为债权人工作这一方式偿还债务时，债权人才有权扣押债务人，将其变成债务奴隶。②

雅典的法律对私人使用武力施加了严格限制。少数几项允许私人使用武力的情形显然属以下一般规则的例外，即私人不得使用暴力，应将执法工作委托给宣誓遵守法律的公职人员。③此处，似乎没有一个高于一切的原则在起作用。只有在公共安全受到严重威胁（如，杀死暴君或被判流刑的杀人犯返回城邦）的情况下，才允许一些例外。其他的例外则包括：为保护私有财产（如杀死和逮捕窃贼），或维护家族的荣誉（如杀死诱奸者及暴

---

① 佩罗索未能区分"抢夺财产时使用私力救济"与"使用私力救济对抗自由人"。这使得他对哈里斯［Harris（2007b）］的质疑变得无效起来。佩罗索的 per litteras 告诉我，现在，他已赞成我对这一论证的修正。如维斯［Weiss（1923）461］注意到，德莫长的出现可能一直是债权人要求的，他们希望德莫长能收缴违约债务人的财产。他引用了 Ar. Nub. 37 的注疏。

② 有关负债担保（debt-bondage）的问题，可参见 Harris（2006a）249-270。德摩斯梯尼（21.175-176）使我们回想起，色萨皮埃的伊万德（Evander of Thespiai）赢了一个针对梅尼普斯（Menippus）的海事案件。梅尼普斯来自卡利亚（Caria），他欠了伊万德钱，被伊万德在秘仪期间抓获。伊万德受到了严厉谴责，因为他不该在节日期间实施这一违法行为，后来，他被梅尼普斯告上了法庭。法庭判决说，伊万德将失去对他有利的判决的权利，并赔偿梅尼普斯留在雅典打官司这一段时间里的花费。德摩斯梯尼只是简短地描述了这一案件，那不允许我们判定法庭是否因伊万德在节日期间对梅尼普斯使用暴力而受到惩罚。麦道维尔对这一事件的分析［MacDowell（1990）393-395］因误解了"预控"（probole）程序而受到了削弱，参见 Harris（2008）79。

③ 普通公民有权惩罚他们抓获的、偷盗其财物者的奴隶，具体可参见 Harris（2006a）275-276。但这并不涉及使用武力对抗自由人的问题，那仅仅只是在非常少的场合下是被允许的。

力性侵者的情形)。① 但在每种情形下,都要对权利进行细致的限制,并制定防止滥用权利的程序。这清楚地表明,雅典人非常不情愿允许普通公民实施法律。②

总之,对雅典人的实在法和法令进行的研究表明,诸如五百人议事会和战神山法庭之类的官员和机构在维持雅典的秩序方面发挥着主要作用。雅典的法律远没有赋予个人行使广泛的私力救济权,而是严格地限制个人使用武力的权利。正如德摩斯梯尼(21.221)所说的,每个雅典人都感到安全的原因是:"他打心底里了解并相信、信任我们的政体形式,相信在这种政体下,没有人会把他拖走、虐待或殴打。"虽然普通的雅典人有时会依靠家人、朋友或邻居来保护自己(Ar. Nub. 1322),但总的说来,正是城邦及官员才使雅典和阿提卡成了一个安全的居住地。③

这并不是说雅典人不担心官方的不当行为。但他们清楚地认为,最好将掌管正义的权力置于那些宣誓要不偏不倚地实施雅

---

① 关于勾引和暴力性侵法律的目的,可参见 Harris (2006a) 314-320。
② 参见 Christ (1998b)。
③ 佛斯迪克说,"与希腊其他城邦一样,雅典人同时加入了两个正义系统之中,一是官方的,一是大众的"。参见 Forsdyke (2008) 37。他还断言:"大众的正义不仅经常与更官方的惩罚形式同时使用,而且,希腊人使得各种社会控制手段的使用更灵活……"并且,"古雅典人在运用非正式的大众正义手段、惩罚特定的违法犯罪者时,一点都不犹豫"。参见 Forsdyke (2008) 6。古代资料中的一些证据并不支持他的论证。他的论证最严重的问题是:他没有明确地界定他使用的"大众正义"的含义。在一些地方,这一术语似乎指处于正式的法律体制之外的、较大数量的普通公民所掌控的、不包括公共事务的正义。在另一些地方,他用这一术语指称私力救济的案件,在这类案件中,个人实施一种刑事惩罚,而在另外的地方,又是由法庭施加惩罚的,违法犯罪者暴露于公众的嘲笑之下,参见 D. 24.114;[D.] 59.66。这三种情形各不相同,后两者构成了官方法律体系的一部分。只有第一种情形——由较大数量的普通公民而非官方机构掌控的正义——可以称为一种大众的正义。关于这种形式的正义,只有很少的材料可作为证据。例如,佛斯迪克认为,通过大众投石的方式处死罪犯是大众正义的一种形式,但这种例子非常罕见。在波斯战争期间,发生了投石处决利西达斯(Lycidas)的事件,其时,雅典人已经逃离了雅典,并且,那明显是一种例外(Hdt. 9.5.3)。然而,人们应当注意到,莱克格斯(Lycurgus)相信,这种惩罚是由一种正式的法令施加的,参见 Leocr. 122,因为投石是由官员施加的惩罚,参见 X. HG 1.2.13。另外,色诺芬指责说,用大众投石而非审判的方式处决罪犯是一种非正义,参见 An. 5.7.24-30。佛斯迪克忽略了这段话,因此极大地削弱了他的论证。我计划在别的地方更详尽地处理这一问题。

典人民通过的法律与法令的官员的掌控之下。① 这是因为雅典人清楚地意识到,若将实施法律的权力寄托在普通公民的奇思妙想之上,会存在很大的风险,因为私人可能会滥用法律程序,追求个人的利益,进而损害公共利益。雅典人用以防止公报私仇的措施,以及这些措施对公民行为产生的影响,将是下一章的主题。②

---

① 要求官员公正地履行职责、实施法律,这一要求可参见 Rhodes and Osborne (2003) note 58,第 8-10 行;D. 23.96-97。

② 本章稍早前的版本(Harris,2007b)得出的这一结论得到了富尔曼(Fuhrman,2012,24)的支持:"爱德华·哈里斯已经论证说,公共官员拥有的权力与正式法律具备的力量限缩了私力救济的范围,我发现,他对亨特观点的质疑很有说服力。"

古雅典法治的社会背景

　　雅典的法律为私人发挥主观能动性提供很大自由度的一个领域是提起公共诉讼（public action）。私人诉讼（private action）只能由遭到不公正对待的个人提起；公共诉讼则可以由任何雅典公民提起，在某些情况下，甚至可以由外邦人提起。[1] 现代法律制度通常将刑事案件的控告权交给公职人员，这些公职人员属国家雇员，国家之所以选任他们，是为了维护法律、保障公共利益。在这方面，雅典有很大的不同，(在雅典)私人可以向法庭提起公诉。这种差异对法律实施的特点有何影响？控告某人犯罪的私人如何看待自己的角色？雅典人是否有一种好斗的道德习惯，并相信自己国家的法律制度允许他们在法庭上将私敌绳之以法？雅典的法律制度是否放任那些希望利用法庭提高自己的威望、威吓对手的人，以致诉讼变成了一种类似于世代复仇的形式？抑或是说，雅典人是否认为他们的主要责任是维护法律和公共秩序？雅典人的价值观是否妨碍了公民利用法律制度解决争端？雅典的法律是否试图限制争讼？

---

[1] 参见 Harrison（1971）76-77。

在上一章,我们将雅典的法律制度置于其所处的政治背景之下,本章将考察其社会背景。本章共分三节。第一节考察雅典人对个人责任的态度,以及作为诉讼动机的愤怒和敌意。第二节揭示雅典人颁布了几部法律,试图阻止轻率的起诉,遏止人们为骚扰和恐吓对手这唯一的理由而打官司。第三节考察雅典公民之间的几次争论,展示社会态度和公共法规如何能有效地限制缠讼行为,并很好地解决争端。通过研究几起由个人发起的诉讼,我们将揭示雅典法律赖以存在的社会现实状况。

一、仇恨并非诉讼的主因

吕库古在公元前 331 年以背叛城邦这一理由控告列奥克拉底(Leocrates)时指出,有三个要素保护着雅典城邦的民主与繁荣:第一,法律制度;第二,法官的投票;第三,审判,它使犯罪处于雅典人的控制之下。法律的功能是告诉人们什么不能做,控告者(原告)的任务是谴责那些应受法律规定的刑罚处罚的人,法官的责任是惩罚那些被控告者(Lycurg. Leocr. 4)。

根据吕库古的说法,在公诉案件中,控告者的角色不是为了报世仇,而是为了维护法律的地位。

因此,公正的公民有义务不将私人间的争吵引入公共审判之中,因为对方并未做对不起城邦的事情;公正的公民应将那些违反法律者视为自己的敌人,并将那些影响社会的犯罪看成引起其敌意的公开理由(Lycurg. Leocr. 6)。

在其他案件中,控告者以类似的方式看待自己的角色。[①] 在

[①] 艾伦认为,吕库古有关控告者角色与作用的观点是一种创新,但以下引用的这些话表明,那是一种传统观点,参见 Allen(2000b),亦可参见 Liddel(2007) 256-258 中有关"作为一种公共义务的控告"的论述。

哈尔帕鲁斯案中,一位控告德摩斯梯尼的人说道,民主社会的政治家有义务通过演说或法令的形式,仇视那些伤害城邦者。他持续地批判德摩斯梯尼,因为后者未能起诉对雅典犯下滔天罪行的狄玛德斯(Demades)(Din. 1. 100-101)。希波雷德斯(Hyperides)在回忆自己对阿里斯托丰(Aristophon)、狄尔佩瑟斯(Diopeithes)以及菲洛克拉底(Philocrates)的控告时说,他之所以谴责这些人,是因为他们正在伤害城邦,而不是因为任何个人的仇恨(Hyp. *Eux*. 28-30)。尤塞克里斯(Euthycles)在谴责阿里斯托克拉底(Aristocrates)通过了一项非法的法令时,也曾断言,自己并非出于私下的仇恨才这样做(D. 23.1)。他之所以提起诉讼,是因为看到被告及其同伙正在损害城邦的利益(D. 23. 5. 参见190)。一名议事会成员在他的弹劾报告中谈到反对菲隆(Philon)的原因时宣称,自己不是为了泄私愤(才控告菲隆),菲隆对雅典社会的犯罪才是他挑战其任职资格的原因(Lys. 31.1-2)。在公元前382年或前381年列奥达马斯(Leodamas)被民众否决而不能继续担任执政官后,一个名为尤安多鲁斯(Euandrus)的人被选举出来接替他的位子。列奥达马斯的一位朋友在随后挑战尤安多鲁斯时向法庭保证,他不是因为列奥达马斯是自己的朋友而控告尤安多鲁斯,其唯一的动机是保护雅典的公民和城邦(Lys. 26. 15)。① 德摩斯梯尼在支持阿帕斯丰(Apsephion)控告《勒珀提尼斯律》(*Leptines' Law*)的发言中承认,他希望帮助卡波里亚斯(Chabrias)的儿子,因为该人受到了法律的不利影响。但同时强调,他发言的主要原因是坚信废除该法律将使城邦受益。狄奥多鲁斯在控告提摩克拉底通过了一个不明智的法令时,认为自己提起控告的理由:捍卫所有因提摩克拉底的法令获得通过而受到威

---

① 试比较 Lys. 22.2-4 中的说法(控告者说,他之所以控告谷物经销商,是为了维护法律,根本没有任何个人动机)。

胁的雅典人的权利（D. 24. 1-3）。①

与具有公共精神的控告者相反的是职业起诉人（sycophant）。② 良善的控告者是出于公民责任感而提起诉讼的，他们不指望从城邦那里得到任何奖赏。公共检察官的对立面是职业起诉人。优秀的检察官出于公民责任感而提起诉讼，并不期望国家给予任何奖励（D. 21. 28；24. 3；参见[D.]53. 2）。职业起诉人提起诉讼，目的是勒索被告钱财，因为被告常常会花钱息讼。③ 如果受害者不给钱，他们就将案件提交法庭审判（Hyp. Lycurg. 2）。对于职业起诉人来说，提起公共诉讼是一个牟利的机会（[D.]59. 43）。职业起诉人还可能因为有人雇请他骚扰对手而提起控诉（D. 21. 103；51. 16；[D.]59. 43；Aeschin. 1. 20）。诚实的控告者会对真实的罪行提起真实的指控；职业起诉人则可能提出虚假的指控（Lys. 25. 3；Aeschin. 2. 5，39，183；D. 18. 95）④，目的是中伤对手（Aeschin. 2. 145）。好公民仅将有罪的人推向审判，职业起诉人总是在法庭上骚扰无辜者（D. 36. 53-54；D. 38. 3；Din. 2. 12）。职业起诉人甚至为了挣钱而起诉他的生意伙伴（Ar. Av. 1422-1435）。因此，人们认为，职业起诉人的做法具有极大的危害性，以致雅典人将其行为界定为犯罪，并为职业起诉人设计了若干程序，诸如公开诉讼、弹劾（eisangelia）以及初诉（probole）等程序（Isoc. 15. 314）。

---

① 狄奥多鲁斯承认，他曾与安德罗蒂安争吵过，他声称已从法律规定中获益，但他同时提到，这一冲突仅仅是为了解释通常保持中立的他为什么要卷入诉讼之中，参见 D. 24. 6。

② 有关"职业起诉人"的一般论述可参见 Harvey（1990）。哈维批驳了奥斯本（Osborne, 1990）的这一论述：职业起诉人在维护民主制度方面起着积极作用。亦可参见 MacDowell（2009）304，note 40，其说道，哈维令人信服地驳斥了奥斯本的观点。

③ 可以参见 And. 1. 101，105；Antiphon 5. 79-80；D. 38. 20。托德曾说，此类勒索性的控告非常罕见，这些例子可能属于"少数例外"，参见 Todd（1993）93，note 18，但哈维列出了此种情形的 34 个例子表明，那一活动通常是与奸佞小人联系在一起的，参见 Harvey（1990）111，note 27。

④ 例外的段落可参见 Harvey（1990）112，note 33。

但近年来,有些学者声称,雅典人非常好讼,因为他们拥有好斗的气质,沉迷于追求名誉和地位,这一观点比较流行。其结果是:诉讼当事人经常利用法庭,目的不是实施法律,而是公报私仇,解决个人与敌人的仇恨,扩大自己的权力和提高自己的威望。惩罚违法者并非控告者的动机,他们之所以控告对手,目的是报私仇。亚里士多德的几段话似乎可以为这一观点提供支持:

> 与同敌人妥协相比,敢于向敌人复仇、绝不退让(显得更光荣);而且,报仇是正当的,凡正当的都是光荣的,不被敌人击败是勇者的象征。(Arist. Rh. 1.9.24. 1367a 24-25,肯尼迪译)

> 并且,复仇能产生快感,被人击败令人痛苦,成功则令人愉快。现在,那些心怀怨恨者若无法复仇,就会感到痛苦万分;复仇的希望会使他们感到快乐。(Arist. Rh. 1.11.13. 1370b 13,肯尼迪译)

> 人在生气时会感到痛苦,在复仇中能体会快乐。出于这些动机而战斗的人在战斗时虽表现得非常高效,但难称真正的勇敢,因为他们不是为善业而战,或在正确的方法指导下战斗,他们的战斗受情感(pathos)的驱使。(Arist. EN 3.8. 1117a 7,罗维译,有所改动)

> ……在被别人当成虐待的靶子时姑且忍耐,看到周边的人被他人以同样的方式对待时不闻不问,是一种奴性的表现。(Arist. EN 4.5.1126a 8-9,罗维译)

在这一好斗的社会里,在法庭上,仇恨(echthra)的作用比法律更大。按照一位学者的观点,"雅典的司法论述中充斥着仇恨"。仇恨已成了"一种社会状态,对个人、朋友和亲戚以及审理此案的法官都会造成特别严重的后果",并且,"在解释和判断激进的行为时,'仇恨'似乎成了一种需要考虑的至关重要的因素"。①

法庭仿佛不是在实施法律,而是充当竞技场的角色,人们可以在其中争名夺利。"在这个名义上平等的社会里,头衔和职务并不能确定一个人的等级,解决相对地位的手段一直悬而未决。"这造成了这样一种状况,"法庭成了此类斗争的天然舞台,仇恨、嫉妒、漫骂成了人们打交道的主要工具"②。如此就导致这样的结果:"演说者经常试图证明……对方是因为真正的仇恨而起诉别人的。"③诉讼当事人经常"将仇恨提升为相当体面的起诉动机",并且"始终将仇恨和报复描绘成一件荣耀的事情"。④ 因此,我们应知道,在实行民主制的雅典,诉讼的关键价值可表达为这一公理:"帮助你的朋友,伤害你的敌人。"⑤故雅典社会颂扬复仇:"报复敌人的企图被证明是合理的……成功的复仇是一件快乐的事情,复仇失败则是一件很恐怖的事情;一个人可能因复仇而受到尊重,也可能因没有胆量复仇而受到歧视。"⑥按另一学者的说法,"雅典人与其他种族的人一样,信奉这样一个基本观点:当某个人遭到别人的毒手时,应亲自复仇(timoria)。这不仅是为了一洗自己的冤屈,而且是为了捍卫自己的名誉"⑦。

这一观点遭到了一些异议。首先,来自亚里士多德的那些证据似乎并不直接。在《尼各马可伦理学》与《修辞术》中,亚里士多德只是描述了人性的一般方面,并未对雅典社会的价值观做详细

---

① Cohen (1995) 70.
② Cohen (1995) 82.
③ Cohen (1995) 72.类似的观点也出现在 Hansen (1991) 195。
④ Cohen (1995) 83.
⑤ 布伦德尔认为,"希腊大众中流行这样一种观点:人们应当帮助自己的朋友,伤害其敌人",参见 Blundell (1989) 24。
⑥ Dover (1974) 182.
⑦ 参见 Christ (1998a) 161,类似的观点亦可参见 Fisher (1998) 82-83。

说明。尽管亚里士多德提到,很多人都渴望复仇,但他同时评论道,人们发现,有报复心的人并不值得颂扬。在《修辞术》中,亚里士多德说,(人们友好地对待)那些乐于与人打交道且在一起度过美好时光的人;他们都脾气温和,不喜欢与人辩论或吵架;对于所有好斗且经常与人打斗的人来说,他们想要的东西明显相反(Arist. *Rh*. 2.4.12.1381b,肯尼迪译)。人们一般都不愿意与那些动不动就对侮辱作出过度反应的人打交道:"(人们友好地对待)那些不记旧账且易于和解的人。因为人们认为,凡对别人持这种态度的人,也会对我们持这种态度。而且,他们将友好地对待那些不说或不想了解邻居或朋友旧恶,一心只念朋友或邻居好处的人。"(Arist. *Rh*. 2.4.17-18.1381b,肯尼迪译)。

在《修辞术》的另一段话中,亚里士多德说:"记住一个人曾经做过的好事而不是坏事(是相当恰当或理性的),并且,若一个人在受了委屈时尚能容忍别人对自己的伤害,则是非常恰当或理性的。"(Arist. *Rh*. 1.13.18.1374b)。亚里士多德在《尼各马可伦理学》中称赞了一个非常理性的人,他从不坚持自己依法享有的全部权利(Arist. *EN* 5.10.1138a 1-3)。亚里士多德的这些作品从不认可暴力报复的伦理。

其次,雅典的诉讼当事人在法庭上发言时,并没有显示出非常痴迷于复仇。在吕西亚斯的《诉西蒙》(*Against Simon*)这一演说词中,被告描述了自己在遭到攻击时如何想方设法躲避攻击者,而非进行反击。被告和西蒙同时爱上了一个名叫西奥多图斯(Theodotus)的男孩。当西蒙发现西奥多图斯待在被告的屋里时,遂破门而入,侵入了女眷的住所(Lys. 3.5-7)。在被武力赶出房间后,西蒙找到了被告吃饭的地方,把他叫到大街上。被告出来后,西蒙开始殴打他。被告被迫自卫,西蒙只能边退却,边向被告投掷石块(Lys. 3.8)。甚至在遭到这次侮辱后,被告都没有选择报复,也没有提起针对西蒙的诉讼。为避免进一步的麻烦,被告选择跑到国外避风(Lys. 3.9-10)。一段时间后,被告回到了比雷埃夫斯。在被告抽空到西奥多图斯位于吕西马库斯(Lysimachus)的家中看望他时,又一次遭到了西蒙及其朋友的攻击,他们还试图拖走西奥多图斯(Lys. 3.11-12)。被告准备逃离以避开西蒙,但在试图让西蒙放开西奥多图斯时,与西蒙发生了拉扯(Lys. 3.13-18)。在再次遭到殴打后,被告仍未试图复仇。但在西蒙最后一次攻击他时,被告进行了还击,其目的不是复仇,而是让西蒙一伙放开西奥多图斯。[①] 被告的行为正是亚里士多德描述的理性人的行为,对别人施加于自身的不正义行为,他选择了忍耐,而非复仇。

一个名叫阿里斯顿的年轻人在受到科农之子克特西亚的袭击时采取了类似做法。这两个年轻人同时在阿提卡北部的帕纳克顿(Panactum)附近露营,克特西亚及其同伴侮辱阿里斯顿的奴隶,殴打他们,并朝他们身上泼粪便。阿里斯顿及其同伴没有选择反击与打斗,而是向当地的将军报告了上述诸人的所作所为,将军批评了上述诸人不检点的行为。但克特西亚及其同伴视将军的谴责为耳边风。当天晚上,他们又开始攻击阿里斯顿,好在将军和数名军官及时赶到,将阿里斯顿救出(D. 54.4-6)。返回雅典后,阿里斯顿并未寻机复仇,而是尽自己的最大努力,避开克特西亚及其朋友(D. 54.6)。但他的克制并未奏效。克特西亚及其父科农以及其他几个人仍借机殴打他,把他打得皮开肉绽、鼻青眼肿(D. 54.7-9)。像西蒙的敌人一样,阿里斯顿也深受酗酒者之害,但他认为,没必要进行报复或提起诉讼。对他而言,正确的选择是离克特西亚远点。

再次,我们根本没有理由相信,"帮助朋友,伤害敌人"这一格言是希腊道德中的黄金法则。正如 G. 赫尔曼评述的,"首先,此

---

① 我对这一事件的分析较多地借鉴了赫尔曼的观点,参见 Herman (2006) 165-167。哈里斯认为,被告实际上一直在为自己的逃避找借口,参见 W. V. Harris (1997)。

结论是危险的概括结果。它建立在一系列通过自利方式选择的证据基础之上,目的是排除许多同样值得推荐、与之完全相反的论述(有着同样宽泛的范围或来源的论述),主张以更平和、缓和的方式对待友人和敌人。"[1]例如,七圣之一的林多斯(Lindos)的克里鲍罗斯(Cleoboulos)曾提议:"我们不仅应帮助朋友,使他们与我们更亲近,而且应帮助敌人,以便使他们成为我们的朋友。"(D. L. 1. 91)在吕西亚斯(9. 13-4)的演说词中,一位演说者说,强权人物索斯特拉图斯(Sostratus)曾帮助过他,使他声名远播,但他并未利用与索斯特拉图斯的关系"报复敌人,或帮助朋友"。我认为,比较可靠的做法是,将该演说者的上述说辞看成是为讨好审理其案件的法官。还有,赫西俄德曾建议他的兄弟尽量避免在阿哥拉(广场)上与人争吵。一般地,食不果腹的人是无法享受争吵之乐的,唯有那些饱食终日者才可能沉迷于纠纷。但赫西俄德敦促自己的兄弟尽快解决纠纷,结束争吵(Hesiod WD 27-36)。

一些学者相信,古希腊人崇尚的价值观要求人们,用暴力手段报复所有的侮辱(无论是想象的,还是真实的)。他们还举出了几个发生在阿提卡悲剧中的情节,剧中的主要人物都进行了血腥复仇。[2] 例如,在索福克勒斯的戏剧中,当梅涅拉奥斯(Menelaus)和阿伽门农(Agamemnon)将阿喀琉斯(Achilles)的武器授予奥德修斯(Odysseus)时,阿贾克斯(Ajax)觉得自己受到了羞辱,试图杀死他们三人。但他最终被雅典娜(Athena)逼疯,只是屠杀了一些牛作为替代。这出戏并未颂扬复仇之乐。在开场白中,雅典娜就向奥德修斯揭示了被逼疯的阿贾克斯打算对他的敌人做些什么。当她问阿贾克斯将如何对待奥德修斯时,阿贾克斯回答说:他要将奥德修斯绑在一根柱子上,用鞭子抽打他,直到

---

[1] Herman (2000) 12.
[2] 这是伯内特作品的主题,参见 Burnett (1998)。

他的背上染满鲜血(104-110)。雅典娜劝阿贾克斯不要这样对待奥德修斯,但阿贾克斯坚持进行报复(111-113)。然而,当奥德修斯看到被女神逼疯了的敌人时,并未显示出高兴之情。他说道:"尽管他是我的敌人,但我非常同情这个可怜虫,因为他堕入了邪恶的灾难枷锁之中。"①(121-123)在剧本的结尾,奥德修斯发表了这样的谈话,向我们揭示了仇恨的局限性,并展示了更高的道德标准(1332-1345):

> 你不应如此受仇恨摆布,
> 以致不惜践踏正义。
> 我再一次找到了这个人,
> 从我赢得阿喀琉斯的盔甲时起,
> 他就成了我的仇人,
> 在所有同行的士兵中,他如此显眼。
> 不过,尽管存在仇恨,我还是不希望以怨报怨,
> 或拒绝承认他是阿喀琉斯之外,
> 参加特洛伊战争的最勇敢者。
> 由于伤害他是一种错误,
> 因此,你不能伤害他,
> 按照神法,伤害一个勇敢的人是一种犯罪,
> 尽管他是你的仇人。

最后,并非如某些学者声称的那样,在《阿提卡演说家》的法庭演说中,"仇恨"(echthra)占据着特别重要的地位。"echthra"一

---

① 克莱斯特认为,奥德修斯并没有如此强地排斥"伤害敌人"这一思想,而是将之限定为:当敌人不再是一种威胁时,即当他疯了或死了时,就不应当再试图伤害敌人。这为伤害那些仍神志清楚、活着的敌人留下了很大的空间,参见 Christ (2005) 144。克莱斯特似乎没有仔细读原剧,因为他忽略了这一事实:甚至在阿贾克斯死后,他的同父异母兄弟透克洛斯、妻子以及儿子欧律萨泽斯都仍然是"心智健全、活着的敌人"。尽管他们怀有仇恨,但奥德修斯提议结束冲突,并力排墨涅拉奥斯与阿伽门农的异议,后两者都希望该冲突能持续下去。

词确实出现在德摩斯梯尼的几篇法庭演说之中,但它并没有出现在《德摩斯梯尼全集》的以下演说,即 27、28、30、31、32、34、35、38、41、42、43、44、46、47、48、50、51、52、55、56 之中,或德摩斯梯尼发表的 42 篇演说词中的 20 篇之中。在第 23 篇演说词《诉阿里斯托克拉底》(*Against Aristocrates*)中,原告宣称,他不是由于仇恨而提起控诉的(23.1)。他还要求法官,不要基于"仇恨"而作出裁决(23.97)。在第 3 篇演说词《诉阿弗巴斯》(*Against Aphobus*)中,德摩斯梯尼曾提到一个可能敌视被告的目击证人(D. 29.22-24),但该证人并未使用"仇恨"一词来形容自己与被告的关系。在第 1 篇演说词《诉波奥图斯》(*Against Boeotus*)(D. 39.11)中,曼提瑟乌斯(Mantitheus)只是提到了未来敌对的可能性。在 D. 44.99 中,演说者说道,虚假宣誓者是所有人的敌人。在 D. 45.65,79 中,演说者谴责某些人是人类和众神的共同敌人,而非只是他自己的敌人。因此,在雅典法庭上发表的大多数演说中,诉讼当事人并没有将对手视为敌人。①

事实上,在《论金冠》这一演说词中,德摩斯梯尼还试图为克特西丰(Ctesiphon)辩护,并且,他同时批判埃斯基涅斯,因为后者是出于个人仇恨而非其他原因而提起控告的(D. 18.12,15)②,他将敌人对他的侮辱与法律对他的惩罚相提并论(D. 18.123)。由于埃斯基涅斯出于仇恨而提出控告,因此,他的指控苍白无力(D. 18.143)。根据德摩斯梯尼的说法,良善的公民不应受个人的仇

---

① 鲁宾斯坦发现,在留存下来的 28 篇起诉演说词中,只有 15 篇没有将个人对于被告的敌意作为起诉的动机,13 篇提到了以前发生的原告与被告的冲突。然而,在这 13 篇演说词中,只有 3 篇提到,他们对被告的敌意源自他们在政治领域外与被告的交往。在另 10 篇演说词中,8 篇明确地提到,他们与被告之前发生的冲突深深地扎根于政治领域(有些是被告提起的公诉引起的),尽管双方都不愿意详细地说明他们之间敌意的本质。参见 Rubinstein(2000)179-180。所有这些解构了菲利普斯[Phillips(2008)15-29]对于"仇恨"的分析。

② 关于仇恨作为诉讼的动机问题,可参见 Kurihara(2003)。其结论在某种程度上已经为哈里斯所预知,参见 Harris(1999a)[Harris(2006a)405-422]与 Harris(2005a)。这些文章提出的一些证据推翻了罗德[Rhodes(1998)]的论证。

恨或愤怒的驱使(D.18.278;亦可参见 D.23.190),但埃斯基涅斯追求的却是报自己的私仇,这是一种懦夫的表现(D.18.278-279)。如果埃斯基涅斯行为公正,就不会为报私仇而损害公共利益(D.18.293)。在《为士兵辩护》(For the Soldier)这一演说中,发言的士兵批判了克特西科里斯(Ctesicles)及与之同事的将军们,因为他们对他发动了仇杀:"对于我们任何公民来说,出于个人仇恨而将别人登记为公共债务人是不正当的。"(Lys.9.7,亦可参见15)演说者运用"仇恨是其动机"这一事实作为论证,表明针对他的指控是错误的。[①] 这些言论表明,雅典的人们高度质疑将仇恨作为诉讼动机的做法。[②]

甚至在一些控告人承认自己有提起公共诉讼的个人动机时,仍声称,他们的首要关切是公共利益。在梅迪亚斯试图破坏德摩斯梯尼合唱队的服装并在酒神节殴打他之后,德摩斯梯尼首先在公民大会上对梅迪亚斯提起了初诉(probole)[③],接着向法庭控告梅迪亚斯,要他承担对他人施暴的公共责任。在本章第三节,我们将详细地考察德摩斯梯尼与梅迪亚斯的争吵。尽管直接遭到了梅迪亚斯的虐待,但德摩斯梯尼仍声称,他之所以提起诉讼,目的是捍卫所有公民的权利,因为他有保护公民权利的义务(D.21.3)。他的目的不是报复梅迪亚斯,而是要保护其他雅典人免受其无礼伤害。"现在,我们需要辩论和确定的问题是:是否允许某人对他人施暴,并不受惩罚地对他遇到的任何人进行粗暴的对待?

[①] 请比较 And.(1.117-123),安多基德斯认为,卡里亚斯和他的争吵削弱了对他的指控,可参见 Antiphon 4.1.4 与 4.2.1 对仇恨与虚假的指控之间联系的分析。

[②] 演说中的公诉人很少公开承认,被告是你自己的敌人,但一般规则中似乎也存在例外,例如[D.]53.1-2。在这两个例子中(Lys.13;[D.]58),原告说,他是遵从父亲的意愿而提起诉讼的。尽管阿波洛多罗斯是因个人原因而控告尼奥拉的([D.]59.1-8),但他并未在自己的演说中提到这一点,他一直强调,尼奥拉对整个社会犯罪。

[③] 译者注:在古希腊法律中,"probole"指的是一种初步控告(preliminary accusation),由打算提起诉讼的原告直接向公民大会(而非法庭)提起告诉,公民大会的表决不能产生正式效果,也不能约束胜诉的原告继续向法庭起诉,但它能反映某种趋势。

因此,如果在你们中间,此前还有人认为,此次审判涉及的是某些私人间的争吵,那么,现在请你们记住,任何人都不允许犯下这类罪行,唯有如此,才符合公共利益。你们听仔细了,这些事情会影响整个社会。"(D.21.7-8)

我们没有理由相信,主宰雅典人生活的是好斗的价值观,发起法律诉讼的普遍动机是仇恨。实际上,雅典人以自己的谦逊和慷慨闻名于世。[①] 德摩斯梯尼赞美雅典人有绅士风度(21.184;亦可参见 Lys.6.34),并提醒人们,在民主制度下,一切都显得比较温和、温柔(D.22.5;Arist. Ath. Pol. 22.4)。在其他一些段落中,德摩斯梯尼说道,雅典人以温和著称(D.24.51,170;及参见 Hyp. D.25),并试图使自己的法律变得温和、适中(D.24.190)。[②] 伊索克拉底(10.37)将雅典人的这种品性归因于提修斯,因为提修斯一直合法而高尚地统治着国家,并在当代的制度中留下了温良的痕迹。根据伊索克拉底的记载(15.20),雅典人被公认为希腊人中最仁慈、最温和的人(Arist. Ath. Pol. 22.4)。梭伦和克里斯提尼建立了一套被世人赞誉为公正、温和的制度(Isoc.7.20)。伯利克里在葬礼演说中将雅典人的生活描述为"宽和而轻松"(Th.2.37.2)。克里昂说,雅典人通常过着无忧无虑的生活(Th.3.37.2)。雅典的法律和习俗以怜悯和宽恕而著称(D.22.57;并参见 24.171)。雅典人认为,怜悯是如此重要的品质,以至于他们在城市中心的阿哥拉(广场)建立了乞求怜悯的祭坛(Altar to Pity)。鲍萨尼亚(Pausania)(1.17.1)了解到,在古希腊,没有其他城市存在类似的乞求怜悯的祭坛。这可能有点夸张,但狄奥多鲁斯(13.22.7)报告说,雅典人是率先建

[①] 关于雅典人的品行问题,可参见 deRomilly (1979) 97-112。
[②] 关于这一主题,可参见 Whitehead (2000) 437-438。

立此类祭坛的人。①

雅典人的价值观并没有助长长期诉讼和侵略性行为,反而不鼓励人们利用法庭解决彼此之间的世仇。一位诉讼当事人(D. 41.1)曾说,最好接受不利的庭外和解,那远胜于到法庭打官司。阿里斯顿的《诉科农》(Against Conon)(D. 54.24)这一演说词中提到:"如果我们选择不根据规制暴力的法律提起诉讼,则可以合理地认为,那表明我们喜欢息事宁人(apragmon),并且很温和(metrios),而不只是显示我们美好的一面。"外邦人达雷乌斯(Dareius)曾针对迪奥尼索多鲁斯(Dionysodorus)提起诉讼,要求其偿还债务,但似乎又不想表现得很好讼(philodikos)(D. 56.14):"我们同意这样做,不是因为不了解合同中的权利,而是因为我们认为,接受不利的庭外和解,能不被人们认为是好讼的。"②

很多诉讼当事人以不通过吹嘘自己在法庭上的胜利而提高自己声望,相反,他们经常诉说自己从未打过官司,以便赢得法庭的好感。埃斯基涅斯(1.1)在《诉提马库斯》(Against Timarchus)中是以这样的方式开始自己的演说的:"以前,我从未对任何人提起过公诉,也从未在审计别人时为难别人。真的没有,我认为自己在这方面表现得很克制。"伊萨乌斯(Isaeus)(1.1)的一位客户在发言时首先这样强调:"我从未出过庭,甚至都没有旁听过审判。"伊索克拉底在他的《论交换财产》(antidosis)(15.38)中声称:"甚至没有人曾在集会场所看到过我,更不要说在听证会、法庭以及公共仲裁员面前见过我,与任何其他公民相比,我从来都是远离这些事情与场所的。"在吕西亚斯

---

① 汤普森(Thompson,1952)认为,乞求怜悯祭坛就是奥林匹亚十二大神祭坛,但加德伯里持相反看法,参见 Gadbery(1992)。最早提到这一祭坛的是阿波洛多罗斯发表于公元前146年左右的作品。关于怜悯在雅典社会如何重要,可参见 Sternberg(2006)。

② 参见 Lys.10.2:"如果他说了别的可控告我的事情,我也不会控告他,因为我认为,对于一个自由人来说,控告别人并不会带来任何益处。"

的《论阿里斯托芬的财产》(On the Property of Aristophanes)这一演说中,被告说(19.55),尽管自己住在阿哥拉(广场)附近,但在法庭周边根本看不到他。狄奥多鲁斯在控诉提摩克拉底时说,他自己卷入诉讼之中真的是迫不得已(D. 24.6)。埃斯基涅斯(3.194)曾回忆,在人们指控阿里斯托丰通过了非法的法令时,阿里斯托丰为自己曾赢得 75 次无罪释放而沾沾自喜,但人们发现,他的吹嘘有一定的误导性。在人们看来,更令人钦佩的是克法洛斯(Cephalus),因为他从未被人指控过这一罪名。因此,(在古雅典)原告和控告者通常都表现得不愿意提起诉讼,都会声称,是对手迫使他们诉诸法庭(参见 Is. 2.1)。正如 G. 赫尔曼正确评述的那样:

> 诉讼当事人提出的论证表明,他们一直希望证明自己更像温顺的公民,而非报复心强、崇尚暴力、一碰就炸的莽夫,以便争取到审判人员的支持。他们通常都会将睚眦必报的特性(因此,在演说中充斥着很多攻击性举动)安到对手身上,将温柔的特征(例如,自我约束,温和,对荣誉保持低调,完全没有任何侵略性或攻击性倾向)赋予自己,从而达到自己的目的。换句话说,他们试图尽最大可能避免别人产生这样的联想:他们的诉讼可能是由私仇、暴力或复仇等引起的,进而影响大众。这一定意味着,私仇、暴力和复仇是审判人员与雅典一般公民强烈反对的行为模式。①

---

① 参见 Herman(2000)18。克莱斯特(Christ,2005)认为,雅典社会是一个好斗的社会,但只是提供了一些竞赛清单来支持其论点。这一清单不能构成一个论证。随后,他在同一篇文章中又提出了自相矛盾的观点,因为他强调,雅典的法庭演说带有明显的"安静""合作"的优点,并且,"雅典的法庭……甚至奖励那些寻求降低而非激化冲突的人"。类似的观点可参见 Christ(1998a)160-192。按照克莱斯特的观点,如果雅典流行好斗的风气,为什么这种风气对法庭的判决只有很小的影响?

二、防止滥诉的一些措施

但是，所有这些陈述不过是一种修辞吗？当一个诉讼当事人表示不太愿意出庭时，他仅仅是为了赢得法庭的同情吗？还是说，雅典人试图通过制定和实施那些不鼓励人们进行无聊诉讼和滥用法律制度的措施，将这些诉讼当事人表达的价值观付诸实践？毫无疑问，雅典人不仅意识到了好讼的问题，而且还试图有所动作，解决这一问题。① 虽然整个社会对好讼持不赞成的态度不足以阻止诉讼当事人滥用法律制度，但雅典人试图通过制定一些反对轻率诉讼的实际措施，表达他们的态度。②

1. 雅典人承认"既判力原则"（res iudicata），即一旦法庭作出了判决，该判决就具有约束力，就不能更改或重新修正（D. 20. 147；D. 38. 16；D. 40. 39-43）。③ 如果允许诉讼当事人再次将同一问题提交到法庭，那么胜诉的诉讼当事人就不可能执行其判决，法庭也无法解决他们之间的争端。在公元前5世纪，当诉讼当事人将一个已判决的案件起诉至裁判官面前时，被告一方可以向裁判官提起所谓的"阻却性申辩"（diamartyria）程序，如果裁判官认为该异议成立，就不允许诉讼继续进行下去。④ 在公元前403年或前402年，阿基努斯（Archinus）引入了这样一项法律，它创设

---

① 赫尔曼（Herman, 2006）接着陈述，雅典人的价值观是不鼓励激进的行为，但他没有研究雅典的法律。雅典的法律不鼓励诉讼当事人借助法庭来报私仇。费希尔（Fisher, 1998）也没有认真地研究雅典的法律。

② 对于采取了哪些措施来防止滥用法律，克莱斯特的著作中有所说明，参见 Christ (1998a) 28-32，但这些说明并不可靠、准确。

③ 对于杀人案件，这一原则也成立。参见 Antiphon 5.87；6.3。

④ 参见 Isoc. 18. 11-12, Lys. 23. 13-14 以及 Harrison (1971) 124-125。

了一个被称为"抗辩"(*paragraphe*)的新程序。① 按照这一程序，若某案先前已由法庭裁定，当事人一方不服，再次起诉，被告的一方可以向裁判官提出异议，裁判官需要对被告的异议进行审查，以决定是否继续审判该案。在审查的过程中，被告首先发言，然后才是原告发言。② 如果法庭支持被告的异议，原告的诉讼请求就会被驳回；否则，案件继续进行。这项原则如此重要，以至于法律禁止被定罪的人为推翻法庭的判决向公民大会申诉(D.24.52-53)。③

2. 雅典的法律承认和解协议具有法律约束力，从而鼓励诉讼当事人庭外和解。④ 如果诉讼当事人对已通过私人仲裁或协议解决的问题再次提起诉讼，被告可运用"抗辩"程序，阻止案件继续进行下去。

3. 对于私人间的案件，还存在这样的限制：诉讼当事人必须在事件发生的五年内提起诉讼(D.36.25-27；38.17)。⑤

4. 法庭还要求原告和被告缴纳一定的费用(这一费用被称为 *prytaneia*)，防止人们在私人案件中因一些琐屑之事而打官司。若争议的金额超过了1000德拉克马，每一方诉讼当事人将缴纳30德拉克马的费用。若争议的金额少于1000德拉克马，但超过

---

① 斯坦因温特(Steinwenter,1925)与邦纳、史密斯(Bonner and Smith,1930-1938,2:78)相信，这一程序早在公元前403年或前402年就存在，相反的观点可参见Harrison(1971)107。

② 保利(Paoli,1933)认为，对案件的可采性问题也会在同一法庭讨论并作出决定，相反的观点可参见Wolff(1966)。两者争论的细节，可参见Harrison(1971)106-124,哈里森支持沃尔夫的观点。

③ 佩克利拉·隆哥(Pecorella Longo,2004)认为，公民大会无权推翻法庭的判决，因此，这种情况非常罕见。

④ 参见Isocr.18.11；D.36.25；37.1；38.1与Harrison(1971)120。D.21.94提到的仲裁法并不是真的，参见MacDowell(1990)317-318。

⑤ 有关这一限制的法规，可参见Charles(1938)。沃尔夫(Wolff,1963)与哈里森[Harrison(1971)116-120]认为，不同的程序有不同的规则调整，但D.36.25认为，有专门的法律处理这些事务。沃尔夫的观点是建立在D.33.47基础上的，但D.33.47并不是一部关于法律秩序的法律。例如，关于杀人案件，就没有相关的限制法规，参见Lys.13.83。

100德拉克马,每一方需缴纳3德拉克马。审判后,败诉方需偿还胜诉方的费用。① 若有人声称被拘禁为奴者实际上是自由人,却又无法证明自己所说的这一情况,他必须向该奴隶的所有人支付500德拉克马,同时还需要将同等数量的罚款交到国库([D.]58. 19-20)。在许多公共案件中,原告必须缴纳被称作"保证金"(*parastasis*)的费用,但数额不详。②

5. 尽管在大多数情况下,雅典的法律并不要求提起公诉的人向法庭缴纳费用,但对轻率的指控有严厉的惩罚。如果控告者没有得到1/5以上的选票支持,那么,他将失去未来提起任何公共诉讼的权利,并会被处以1000德拉克马的罚款。③

6. 那些在私人诉讼中败诉的当事人也会受到惩罚。④ 最早提到此种惩罚的是在公元前5世纪末伊索克拉底发表的一篇演说中(18.11-12)。⑤ 演说者认为,如果他的对手基于虚假的证言提起私人诉讼,并且未得到1/5以上的投票者支持,该人将被处以所控数额1/6的罚款(*epobolia*)。阿基努斯的一项法律(Isoc. 18.2-3)规定,对于因违反公元前403年的和解协议条款而提起诉讼且败诉的原告或被告,都将处以罚款。在几十年之后,德摩斯梯尼提起了一项针对其监护人的诉讼,宣称他们骗走了他10塔伦特的钱财。在他的《诉阿弗巴斯》这一演说中,德摩斯梯尼说,如果他输

---

① 关于"*prytaneia*",可参见 Pollux 8.38 与 Harrison(1971)92-94。
② 参见 Arist. Ath. Pol. 59.3 与 Rhodes(1981)661-663。
③ 关于这一处罚的讨论,可参见 Harris(1999)= Harris(2006a)405-421。华莱士(Wallace,2006)同意我的所有结论,但在细节上有差异。他认为,当起诉者没有将他的案件交到法庭时,他将只是被处以1000德拉克马的罚款,而不会被剥夺公民权。他的这一说法与《剑桥藏本辞书》(*Lexicon Cantabrigiense*)及 D. 21.103 相冲突,对于华莱士论证的详细反驳可参见 Harris(2006b)。麦道维尔(MacDowell,2009,295)歪曲了与这一惩罚有关的证据。
④ 波勒克斯(Pollux 8.47-48)认为,在公诉案件中败诉也会受到惩罚,但当代并没有人赞成他的观点。对于其观点的质疑,可参见 Whitehead(2002)90,note72。华莱士[Wallace(2008)98]认为,在我们从 D. 43.71 所载的法律文本中看到的与检举、揭发有关的案件中,肯定存在与罚款有关的规定,但没有哪一个条款是确信无疑的。
⑤ 麦道维尔(MacDowell,1971)认为这一演说的时间是公元前401年,而怀德海(Whitehead,2002)认为,时间应为公元前403年或前402年。

了,他将不得不向对手赔付 100 米那,即其所请求赔偿的 1/6,并会失去公民权(D. 27. 67)。① 德摩斯梯尼并没有说,只要不能获得 1/5 以上投票者的支持,他就需要支付这笔款项。当然,他可能夸大了自己面临的风险,以博取法庭的同情。② 至于公民权利的丧失,只会持续到他支付了罚款时为止。③

西奥菲莫斯曾提起一项私人诉讼,目的是对抗试图夺取其财产的三列桨舰长,他最终胜诉,三列桨舰长不得不支付 1100 德拉克马,弥补他的损失,并上缴了 183 德拉克马作为罚款(D. 47. 64)。在先前的案件中,都是未胜诉的原告支付罚款,但在此案中,被告却败诉了,因此,被告需要缴纳一笔罚款。阿波洛多罗斯承认,当他在这一案子中输给了佛尔米昂(Phormion)时,必须支付一笔罚款(D. 45. 6)。埃斯基涅斯(1. 163)也曾暗示,因未遵守合同条款而提起诉讼者,若败诉了,将不得不支付罚款。在一件商业争端中的两位诉讼当事人,一个是原告,另一个是被告,都抗辩说,若他们败诉了,不仅必须支付 1/6 的罚款,而且会被判处入狱(D. 56. 4)。这可能是一项特殊的规定,仅适用于商业案件,针对的是那些可能离开雅典而不支付罚款的商人。

这一证据似乎表明,存在一项一般性的法规,它对私人诉讼中的诉讼当事人——无论是原告还是被告——处以损害赔偿额 1/6 的罚款。④ 只要诉讼当事人未获得 1/5 以上的投票,都可能招

---

① Aeschin. 1. 163 的一个评注说,这一罚款将交到国库,但这一段话中包含有很多错误,因此,属于一种不可靠的资料,参见 MacDowell (2008) 89。

② 参见 Wallace (2008) 97,亦可参见 Carey and Reid (1985) 208("27. 67. D. 可能使用了夸张的语言")。注意,阿波洛多罗斯([D.]53.1)说,如果他不能赢得与尼科斯特图斯的官司,他将有丧失提起公共诉讼权利的风险,但他没有提到,只有在起诉者没有获得 1/5 的投票者支持的情况下,才能施加这一惩罚。参见 Harris (2006a) 408。

③ MacDowell (2008) 90-91。

④ 麦道维尔[MacDowell (2008) 94]认为,存在如此的一个一般性的法规,但华莱士[Wallace (2008) 97]断言,对于是否存在如此一般性的程序法,我们没有掌握大量的证据。但有一些词典可支持麦道维尔的观点,参见 An. Bekk. 255. 29f. ; Et. Mag. 368. 48ff. ; Sudas. v. epobo-lia。

致以上处罚。① 该处罚的目的显然是防止人们就琐碎的小事进行诉讼,以及出于骚扰无辜的人民这一目的而诉诸法庭。它既惩罚那些基于无中生有的损害而提起诉讼的原告,又惩罚那些存在明显过错却不愿意与原告在庭外达成和解的被告。② 同时,还使败诉者在支付罚款之前无法再提起另外的诉讼。

7. 防止人们因鸡毛蒜皮的小事而打官司,这一目的在公元前340年后的有关财务管理的《迈瑞诺乌斯法令》(Myrrhinous③ Decree)中表现得非常明显。④ 那些被任命掌管德莫财务工作的官员将受到一个由人们选举出来的十人委员会的审查,这些人将进行秘密投票。除非该委员会的大多数成员投票同意某人通过审计,否则,他无法通过审查。如果该委员会的大多数成员投票反对他,他有权向德莫的全体成员上诉。但是,如果有超过30名德莫成员出席,且投票反对他,他需要赔付十人委员会估算的1.5倍费用,此举极大地抑制了那些为鸡毛蒜皮的小事打官司的行为。⑤

8. 因输掉官司而遭受的最严厉惩罚是要求德莫对败诉者的公民身份进行审查,作出判处结论。若有人提出自己是以雅典公民代表的身份到某一德莫的,但却遭到了该德莫的拒绝,他有权将德莫的决定起诉到雅典的法庭。若他胜诉,德莫将被迫接纳该人为德莫成员,承认其雅典公民身份。但是,若他败诉了,他将被卖为奴隶。⑥ 这项刑罚如此严厉,以致一些学者认为,它仅适用于

---

① Harrison (1971) 185.
② 尽管两者的观点存在分歧,但麦道维尔(MacDowell, 2008)与华莱士(Wallace, 2008)都赞成,这一处罚的目的是不鼓励无聊的诉讼。亦可参见 Harrison (1971) 184。柯亨(Cohen, 1995)并未讨论这一处罚及其对我们理解雅典人对待诉讼态度的重要性。
③ 译者注:Myrrhinous,阿提卡的一个德莫。
④ 参见 IG ii² 1183,第 16-24 行与 Whitehead (1986) 119。
⑤ 值得注意的是,德克利安氏族(the phratry of the Deceleans)也不鼓励无聊的上诉。凡提议让那些已被剥夺成员资格的人担任代表者都将被罚100德拉克马。如果他提出上诉且败诉,则要支付1000德拉克马,参见 IG ii² 1237, lines 20-22, 38-40。
⑥ Arist. Ath. Pol. 42.1.

奴隶。但有关公民身份的另一些程序支持这样的观点：它适用于所有申请者，包括自由人与奴隶。① 在公元前346年或前345年，雅典人投票决定，德莫应核查公民名册。每个德莫都将对登记在册的公民身份进行投票表决。若有人被拒绝了，他有权向雅典的法庭提起上诉，若他败诉了，就会被卖为奴隶。② 正如一位学者注意到的，"雅典人试图以严厉的惩罚作为威胁手段，阻止人们就琐屑之事打官司"③。

三、世仇的法律解决

这些措施表明，雅典人很认真地劝阻诉讼当事人，告诫他们，不要试图通过提起毫无根据的诉讼，借法庭之手报自己的世仇。但是，这些法律对诉讼当事人的行为实际上产生了怎样的影响？他们是否成功地减少了诉讼的数量？或者说，诉讼当事人是否对公众的厌讼态度阳奉阴违，并企图藐视那些旨在阻止诉讼的法律？这些法律究竟是真的挫败了诉讼当事人借助法庭报私仇的企图，还是对他们的行为只有非常小的影响？我们能否得出以下结论：很多诉讼都应被视为报私仇的行为？④ 检验这一论断的最好方法是考察几个经常参与诉讼者的行为。

但在考察他们的行为之前，有必要考察"世仇"（feud）这一语词。一些历史学家和人类学家对该词进行了定义。华莱士—哈德里尔（Wallace-Hadrill）给出了一个非常广泛、包容性强的定

---

① 参见 Rhodes (1981) 501-502。
② 参见 Is. 12 *hyp*.[=D. H. *Isaeus* 16]；D. 57 *hyp*。麦道维尔[MacDowell (2009) 288]质疑有关 D. 57 假定中所载的利巴尼乌斯（Libanius）的信息的可靠性，但他似乎不知道 Is. 12 中的一些假定，以及 Arist. *Ath. Pol.* 42.1 提及的一些惩罚措施，后两者显示，其怀疑是无根据的。
③ Rhodes (1981) 502.
④ Cohen (1995) 87.

义:"我们首先可以称其为发生在不同亲族间的敌对行为或威胁,然后是他们之间的敌对状态,最后是以双方都可接受的条件弥合、解决分歧。威胁、敌对状态及敌对状态的解决构成了世仇。它不一定意味着流血冲突。"①霍伊斯勒(Heusler)提出了一个类似的定义,但他补充道:世仇可能涉及诉讼和仲裁,而不是暴力。② 在借鉴布莱克—米绍(Black-Michaud)和纳德尔(Nadel)的工作之后,米勒(W.I.Miller)草拟了一个最能说明世仇基本特征的列表③。

1. 世仇是发生在两组(群)人之间的敌对关系。

2. 与点对点的仇杀不同,世仇可以是某个人的事情,也可能涉及一群人,这群人通过许多不同的关系组织在一起,主要包括亲戚关系、邻居关系、家族关系,等等;委托关系也很常见。

3. 与战争不同,世仇不涉及在较大的范围内进行动员,人们只是出于有限的目的而偶然地聚集在一起。在复仇的过程中,暴力会受到一定的控制;在任何一次遭遇中,伤亡人数很少达到两位数。

4. 世代复仇涉及集体责任问题。人们复仇不一定是针对实际的不法行为者,实施复仇的人也不一定是最受冤屈的人。

5. "轮替"(exchange)的观念支配着复仇过程。世代复仇往往呈一种你来我往(my-turn/your-turn)的节奏,在每次对抗之后,攻击和被攻击的位置常常轮替。

6. 从上述各项特征可以得出这样一个推论:人们一直在持续地进行复仇。

7. 那些有世仇的人倾向于相信,荣辱是(亲族间)敌对行为的

---

① Wallace-Hadrill (1962) 122.
② Heusler (1911) 38.
③ 参见 Miller (1990) 180-181。尽管柯亨(Cohen,1995)借鉴了米勒和布莱克—米绍的观点,但非常令人费解的是,他没有提及上述诸人对"世仇"的定义。

主要诱因。从跨文化的角度看，在世仇与荣誉文化之间似乎存在某种关联。

8. 世仇将受到一些规范的约束，这些规范会确定对仇恨进行补偿的等级，并可判断双方的报复是否适当。例如，大多数复仇文化都承认"报复应大致相等"这一粗略的规则，"同态复仇"(lex talionis)就是其中的一个例子。

9. 存在一些文化上可接受的手段，可用来解决临时的或永久的敌对状态。

在《尼亚尔萨迦史诗》(Njáls Saga)(一部叙事诗，创作于13世纪晚期的冰岛，讲述了大约公元960年至1020年间的一些事件)中，人们可以看到一种"典型的"世仇。米勒进行了如下总结：

> 尼亚尔的妻子波格拉和甘纳尔的妻子哈尔格在宴会上相互辱骂对方。第二年夏天，当尼亚尔及其儿子与甘纳尔在阿尔廷(Allthing)相遇时，哈尔格派出一个名为科尔的奴隶去杀害尼亚尔的一个奴隶(波格拉称该奴隶为斯瓦尔特)。在经过一番教唆之后，科尔用斧头劈开了斯瓦尔特的脑袋。随后，哈尔格派遣一名使者到阿尔廷，将这一情况告知甘纳尔。后者反过来找到尼亚尔，提交了认赔书。尼亚尔接受了他的提议，立即获得了12盎司的银币。波格拉对这一和解方案不满意，她表示，将进行血腥的复仇。为此，她雇请了一个名叫阿特利的男人做仆人。在第二年夏天，同样在阿尔廷，波格拉派遣阿特利杀死了科尔，然后派遣一名使者到尼亚尔那里，向他通报杀人的情况。与上一年的事件类似，甘纳尔接受了尼亚尔的认赔书，并同样获得了12盎司银币。尼亚尔付给甘纳尔的钱与前一年甘纳尔付给他的钱一样多。这一传奇故事告诉我们，甘纳尔认可这笔钱。[①]

---

① Miller (1990) 183.

双方的复仇持续了好几年。哈尔格随后让她的一个亲戚布伦约夫杀死了自由人阿特利。波格拉的报复是请一个自由人的儿子索德杀死了布伦约夫。哈尔格然后又安排甘纳尔的一个近亲西格蒙德杀死了索德。最后,波格拉让自己的儿子斯卡费丁杀死了西格蒙德。在这一复仇活动中,双方都是通过亲属关系或依附关系而联系在一起的。因此,将复仇视为"与发生在两个人或两个群体之间的已制度化的敌对关系相关的任何冲突",将是一种严重的错误。① 这一描述如此广泛和模糊,以致可以用来刻画社会中的任何长期冲突。② 然而,就我们的目的而言,重要的是,在历史学家和社会科学家之间,已达成了这样一个普遍共识:世仇总是涉及两个群体之间的敌对情形。

在雅典演说家的演说中,我们可以找到研究这些冲突的主要证据。但是,人们必须非常谨慎地对待这些证据。③ 最重要的是,人们必须避免采取一种实证主义方法,并将诉讼当事人提出的、有关事实问题的每一陈述都视为可信的。④ 在古雅典的法庭中,诉讼当事人不受严格的证据规则约束,因此,他们可能使用谎言、诽谤来影射或攻击对手。在法官认为诉讼当事人逾越了"应相互尊重"这一界限时,虽然可以喝止诉讼当事人,但主审的裁判官一般不会阻止诉讼当事人作出无根据的诽谤。另外,还存在这样的局限:诉讼当事人可能会逃脱惩罚。一般地,在不损害自己信誉的前提下,诉讼当事人是无法歪曲最近发生的著名公共事件的。因此,人们可以相信诉讼当事人对刚过去不久的事件的陈述,而

---

① Cohen (1995) 88.
② 菲利普斯[Phillips (2008) 15]无反思地遵从柯亨(Cohen,1995)的观点,没有试图回应我(Harris,2005a)的质疑。
③ 人们应当区分诉讼当事人关于公众态度的陈述与对于事实问题的陈述。前者应当是可信的(参见 Dover,1974),后者应被放在一定的背景中进行仔细分析。
④ Cohen (1995),Ober (1989),MacDowell (1990),(2000),(2009)以及 Phillips (2008)都倾向于对这一方法采取一种实证主义的态度。

非对更久远之事的描述。此外,法庭希望诉讼当事人要么以证人证言的方式,要么以文件的形式证明其最重要的论点。① 说谎的证人会因虚假的证言而受到控告,诉讼当事人提供的文件通常是由法庭的职员而非当事人大声宣读。因此,在评估诉讼当事人提供的证据时,应密切注意其提供的证据是什么。

德摩斯梯尼与阿弗巴斯、梅迪亚斯的争吵

也许古典时期的雅典最著名的争端是德摩斯梯尼与其监护人阿弗巴斯及竞争对手梅迪亚斯之间的冲突。有一位学者断言,"德摩斯梯尼成年生活的重要部分是从事一系列复仇活动",这场"战争"持续了"很多年"。② 这些争吵真的持续了很长时间吗?

德摩斯梯尼与其监护人发生冲突的基本事实如下:大约在德摩斯梯尼8岁时,他的父亲去世了,他和姐姐成了孤儿,母亲成了寡妇。他的父亲在遗嘱中指派阿弗巴斯、西里庇德斯(Therippides)和德摩丰(Demophon)作为监护人,并将一些遗产授权他们管理(D. 27.13-15;29.45)。在德摩斯梯尼年满18周岁之前,这些人对遗产进行了长达10年的不当管理。以致到了后来,他们只能交出相当于原始价值一小部分的遗产,为此,德摩斯梯尼对阿弗巴斯提起了诉讼,要求收回本该得到的遗产。在这一案子开始审理之前,斯拉斯洛库斯(Thrasylochus)就"交换财产"(antidosis)向德摩斯梯尼提出了异议(D. 28.17)。德摩斯梯尼宣称,这是阿弗巴斯捏造的诡计,目的是迫使他与斯拉斯洛

---

① 托德(Todd,1990)相信,在雅典的法庭上,目击者的主要作用是支持诉讼当事人,而不是为了提供证明。但是,若目击证人提供的证据不重要,为什么在公元前380年之后,需要将书面的目击证据提交给法庭呢?按照汉弗莱斯(Humphreys,2007)的观点,证人的身份与地位比他们的事实陈述更重要,但这一理论由于这一事实而得到削弱,即诉讼当事人在介绍证人时几乎没有(或很少)介绍证人的身份与地位。对于托德与汉弗莱斯的批评,可参见 Rubinstein(2005)。

② Cohen (1995) 101.

库斯交换财产,并由此放弃对父亲财产的主张。但德摩斯梯尼识破了这一诡计。德摩斯梯尼由此赢得了阿弗巴斯给予的 10 塔伦特赔偿金。阿弗巴斯试图对德摩斯梯尼的一位证人提起"虚假证据之诉"(dike pseudomartyrion)①,从而推翻这一判决,但他败诉了(D.29)。德摩斯梯尼积极索赔,试图收回阿弗巴斯的一座房屋和一处不动产,但后者声称该财产属于其岳父奥内托。为此,阿弗巴斯编了这样一个故事:他已将该财产抵押,作为奥内托女儿嫁妆的抵押物;现在,他已与奥内托的女儿离婚,奥内托拿走了该抵押物,以补偿当初嫁妆的价值。德摩斯梯尼反驳说,奥内托从未给过女儿嫁妆,并且离婚是虚假的(D.30)。我们不知道这桩诉讼的具体结果,但推测,德摩斯梯尼收回了与其财产大致相当的东西,以致在接下来的几年里曾多次承办公益活动。②

人们一直宣称,因德摩斯梯尼试图追回其父亲的遗产,而激发了一场诉讼,该诉讼导致了多年的敌意和官司,吸引了许多其他人参与进来,并牵涉到很多与原案完全无关的事务。③ 客观地说,这多少有些夸张。德摩斯梯尼仅仅提起了一项针对阿弗巴斯的诉讼,及一项针对奥内托的诉讼。阿弗巴斯提起了一项针对德摩斯梯尼证人的诉讼,斯拉斯洛库斯向德摩斯梯尼提出了抗辩,但该抗辩根本没有送达法庭,因为德摩斯梯尼承担了公益服务。德摩斯梯尼(30.15-17)说他已经成年,而且在珀利泽鲁斯担任执政官时(公元前 367 年或前 366 年)曾请求获得一定比例的财产,并在提摩克拉底担任执政官时(公元前 364 年或前 363 年)提起了针对阿弗巴斯的诉讼。我们根本没有理由相信,在最初的诉讼提起之后的很长时

---

① 译者注:dike pseudomartyrion,一种古希腊的法律制度,指针对做假证的目击证人提起的一种侵权之诉。

② 参见 Davies(1971)135-136(公元前 360 年至前 352 年,他至少提供了 3 艘三列桨舰)。

③ Cohen(1995)101.

间里,还有其他诉讼出现,这些诉讼的持续时间不应超过一年。

德摩斯梯尼与监护人的纠纷根本不能揭示雅典人是如何利用法庭报自己世仇的,而只能显示,那些希望对判决提出异议的人只有非常有限的选择范围。阿弗巴斯质疑德摩斯梯尼在仲裁员面前赢得的原始裁决,然后试图通过"虚假证据之诉"(D.29)这一手段对抗法庭既有的判决。在所有这些措施失败后,阿弗巴斯终于黔驴技穷,为此,他试图隐瞒自己的资产,防止德摩斯梯尼收取其应支付的金钱。相比之下,现代的律师有更多的方法挑战法庭的判决或法官的命令。例如,《新泽西州解决民事纠纷规则》4:49-2规定:

> 除非R.1:13-1另有规定,诉讼各方应在判决或命令送达后的20天内提出要求更改判决、命令的复议,或重新审议的申请。这一申请应具体说明提出申请的依据,包括律师认为法院忽略的事项,或律师认为法院错判的事实。

上述规定为人们以各种程序、实体和证据方面的理由为借口提出各种挑战大开方便之门。因此,在美国的死刑案件中,上诉程序可延宕多年。这与古典时期的雅典根本没有任何类似之处。

一些学者相信,德摩斯梯尼与梅迪亚斯的冲突还延续到了长期仇恨的另一阶段。将德摩斯梯尼与其监护人以及梅迪亚斯的冲突联系在一起的唯一证据是德摩斯梯尼在公元前346年发表的《诉梅迪亚斯》演说中的一段话(D.21.78-80)。根据德摩斯梯尼的说法,梅迪亚斯和斯拉斯洛库斯在其提出交换财产抗辩之后闯入了他的住处。

这一论证存在两个问题。第一,世仇的主要特征之一是:它涉及的不是个人而是群体间的仇恨。① 德摩斯梯尼列举了梅迪亚

---

① 参见 Miller (1990) 180。

斯的几位同伴,他们过去曾帮助过他,或在他的审判中为他辩护,但这些人没有一个人参与他与监护人早期的争端。① 第二,德摩斯梯尼在公元前 346 年发表的,与斯拉斯洛库斯发生纠纷的辩护版本与他在 18 年前即公元前 364 年或前 363 年给出的版本有很大的出入。在第一个版本中,德摩斯梯尼(28.17)说,斯拉斯洛库斯向他提出了交换财产的要求,但德摩斯梯尼禁止其接触自己的财产,因为他想获得一纸判决(*diadikasia*)。但是,随着起诉阿弗巴斯的案件开庭审理在即,德摩斯梯尼宁愿提供公益服务②,也不愿意更深地陷入诉讼之中。在后来的版本中,德摩斯梯尼(21.78-80)极大地改变了原先的说法。此处,斯拉斯洛库斯——现在,梅迪亚斯将之加了进来——闯入德摩斯梯尼的住处,掰坏了房间的门,并在他的姐姐面前使用污言秽语,侮辱她及其母亲。这与德摩斯梯尼之前的说法不一致——在之前的版本中,德摩斯梯尼说,他没有让斯拉斯洛库斯进入自己的住处。除接受宣誓仪式之外,德摩斯梯尼还付给其对手们 20 米那,他们用这些钱来租用三列桨舰。这与他早期的说法——即他履行了宣誓仪式——直接冲突。这两种版本有很大的出入,无法调和。③ 我们还应注意到,尽管德摩斯梯尼在公元前 346 年的演说中为梅迪亚斯的许多行为提供了证人,但他没有要求任何证人证实有关此事的后期

---

① 德摩斯梯尼预见到,下列材料将支持梅迪亚斯的观点,或者说,过去曾支持他的观点,具体如下: Polyzelus (36-38), Euctemon (103, 139), Cratinus (132), Polyeuctus (139), Timocrates (139), Eubulus (206-207), Philippides (208, 215), Mnesarchides (208, 215), Diotimus (208), Neoptolemus (215), and Blepaeus (215)。

② 译者注: Liturgy (希腊文为 λειτουργία or λητουργία),古雅典法律规定的由富裕的公民负担的公益服务(包括出钱训练合唱队、为合唱队提供服装、为祭祀仪式提供金钱和餐食,等等)。

③ 我无法理解麦道维尔[MacDowell (1990) 297]为何这样说,即"尽管这两种说明……说出了不同的细节,但它们之间并不存在不一致之处,我们也没有理由认为,两者之中哪一者是正确的"。麦道维尔[MacDowell (2008) 38-39]忽略了哈里斯(Harris, 2005a.238)的所有论证,令人费解地断言,两者之间并无不一致之处。

版本。令人惊讶的是,梅迪亚斯没有出现在第一个版本中,第二个版本增加了第一个版本所没有的暴力和言语谩骂。我们很难不得出这样的结论:在后来的版本中,德摩斯梯尼故意更改了重要细节,后来的版本是在 18 年后才提交的,当时的法官们已无法确切记得曾发生过什么,这便利了德摩斯梯尼将自己的描述与梅迪亚斯生活中的丑闻(*chronique scandaleuse*)协调起来。将德摩斯梯尼和其监护人的争吵与德摩斯梯尼和梅迪亚斯的争吵联系在一起的唯一证据最终显示,根本没有此类证据。①

尽管德摩斯梯尼宣称,他与梅迪亚斯的争吵似乎开始于公元前 348 年,并于公元前 346 年通过审判或庭外和解的方式得到了解决。早在公元前 348 年初,德摩斯梯尼自愿充当酒神节上自己所在的潘迪奥尼斯(Pandionis)部落合唱队的出资人,那发生在"射鹿节"(Elaphebolion)(每年的 3 月或 4 月)期间(D. 21. 13-14)。② 当时,梅迪亚斯刻意破坏了德摩斯梯尼试图赢得比赛奖项的意图。他贿赂德摩斯梯尼的教练,破坏合唱队的服装,并封锁了入口,试图阻止合唱队表演。在演出当天,梅迪亚斯当着数千雅典人和外邦人的面打了德摩斯梯尼的脸(D. 21. 15-18;亦可参见 Aeschin. 3. 52)。在酒神节后的公民大会上,德摩斯梯尼运用初诉程序,通过了一项针对梅迪亚斯的、指责其破坏节日气氛的谴责性投票(D. 21. 1-2,226)。③

德摩斯梯尼并没有在初诉程序后针对梅迪亚斯提起进一步的诉讼,但梅迪亚斯继续骚扰他。德摩斯梯尼宣称,梅迪亚斯雇用尤科特蒙(Euctemon),指控他当过逃兵(D. 21. 103)。若这一指控被判定为真,德摩斯梯尼将遭到被剥夺公民权利的处罚,但尤

---

① 这与柯亨的这一主张尖锐对立。柯亨认为,这一争吵持续了很长时间。
② 对于德摩斯梯尼与梅迪亚斯争吵的说明,参考了(2008) 75-87,它从几个方面纠正了麦道维尔[MacDowell (1990) 1-13]的说法。
③ 关于 *probole* 的程序问题,参见(2008) 79-81,150-152。

科特蒙在准备控告后并没有将案件提交到法庭,因而失去了提起公共诉讼的权利。我们没有理由怀疑尤科特蒙的指控,因为它张贴在英雄纪念碑上,但德摩斯梯尼没有提供任何证据证明梅迪亚斯是幕后主使。埃斯基涅斯(2.148)报告说,尼克德姆斯(Nicodemus)以同样的罪名控告德摩斯梯尼,后来,尼克德姆斯被人谋杀,其亲属指控德摩斯梯尼的朋友阿里斯塔库斯(Aristarchus)杀了人,阿里斯塔库斯将在审判前或法庭宣判前被流放(D. 21. 116-122)。梅迪亚斯指控说,是德摩斯梯尼鼓动阿里斯塔库斯去杀人的(D. 21. 114,参见 Aeschin. 1. 170-173),但他无法说服受害者的亲属对德摩斯梯尼提起诉讼。①

这一指控可能就是德摩斯梯尼提起私人诉讼、控告梅迪亚斯诽谤的原因(D. 21. 83-92)。这个案子分给了一位名叫斯特拉托(Strato)的仲裁人,但梅迪亚斯试图以各种借口拖延诉讼程序。就在斯特拉托准备作出决定的当天,德摩斯梯尼声称,由于梅迪亚斯没有出庭,应当败诉。然而,当梅迪亚斯在其他仲裁员面前证明斯特拉托的行为不当时,该裁决被推翻了。斯特拉托随后将自己的判决上诉到法庭,法庭支持了仲裁员们的裁决,判决剥夺斯特拉托的公民权。德摩斯梯尼试图将梅迪亚斯塑造成故事中的反派,但由于斯特拉托被判有罪,因此,让人不由得怀疑其对事件的描述。尽管德摩斯梯尼(21.93)传唤证人支持自己的说法,但他并没有说明证词中的内容是什么。证人们可能只是作证,说仲裁员和法庭都判斯特拉托有罪。根据德摩斯梯尼(21.111)的说法,在公元前347年夏天,梅迪亚斯还在自己的审计报告中向议事会控告德摩斯梯尼,但我们不知道该如何评价这一指控,因为没

---

① 关于阿里斯塔库斯谋杀的问题,可参见 MacDowell(1990) 328-330 与 Fisher(2001) 316-320。

有证据可供考察。①

在公元前 346 年初,德摩斯梯尼终于对梅迪亚斯提出了对他人施暴的指控。我们不知道审判的结果怎样,但我们有充分的理由相信,梅迪亚斯被判有罪,但却只被判支付少量的罚款。② 梅迪亚斯当然不会遭到更严厉的惩罚,因为他在公元前 340 年或前 339 年曾担任德尔菲神庙的庙祝(*pylagoras*)(Aeschin. 3. 115)。德摩斯梯尼和梅迪亚斯的冲突似乎只持续了两年,即从公元前 348 年初到公元前 346 年初。埃斯基涅斯在公元前 330 年的一次演说中曾提到梅迪亚斯的重拳,但他没有提到争吵中发生的其他细节,这当然非常重要。如果这两个人的冲突持续到公元前 346 年以后,人们一定会问,为什么埃斯基涅斯没有在克特西丰的审判中利用这些材料来打击对手,毕竟,在公元前 330 年,他挖掘了那些能用来对抗德摩斯梯尼的每一细节。人们很难把这种争吵称为"世仇"。"这不是两个家族的冲突:在德摩斯梯尼的亲戚和梅迪亚斯的家人中间,没有一个人卷入这场冲突之中,这一冲突自始至终只存在于他们两人之间。

尽管德摩斯梯尼对梅迪亚斯的攻击做了耸人听闻的描述,但两人只在法庭上对垒三次:第一次是公元前 348 年的公民大会上的初步控告,第二次是随后进行的斯特拉托的仲裁,第三次是公元前 346 年初梅迪亚斯因暴行的指控而受审时。每一次提起诉讼的都是德摩斯梯尼,而不是梅迪亚斯。德摩斯梯尼声称,梅迪亚斯是尤科特蒙提起指控的幕后主使,但他没有任何证据。梅迪亚

---

① 麦道维尔认为,梅迪亚斯在审计报告中提及尼科迪默斯谋杀问题,参见 MacDowell (1990) 10。

② 按照普罗塔克所写的《德摩斯梯尼》,德摩斯梯尼与梅迪亚斯并没有到法庭打官司,而是提前达成了和解。而按照埃斯基涅斯(Aeschines, 3.52)的观点,德摩斯梯尼以 30 米那的价格"出卖"了初步起诉与有关暴行的指控。普罗塔克的陈述是不合理的,但我们也难以知道埃斯基涅斯是否讲了真话,以及他所讲的"出卖"是什么意思。关于这一问题的讨论,可参见 Harris (1989)与 Harris (2008) 84-86。

斯说,德摩斯梯尼曾说服阿里斯塔库斯,要他去杀尼克德姆斯,但他并未就此提起控告。德摩斯梯尼指控梅迪亚斯在他的审计报告中攻击他,那不过是诽谤。德摩斯梯尼是一位口若悬河的演说家,我们不应相信他针对对手说过的每一句话。我们从他的演说中发现的一些陈述建立在非常薄弱的基础之上,人们正是在这一基础上建立起"雅典社会存在世仇现象"这一理论的。

德摩斯梯尼与埃斯基涅斯的冲突

我将考察的下一冲突发生在埃斯基涅斯与德摩斯梯尼之间。该冲突始于公元前 346 年,发生在向腓力二世派遣第二使团之后。埃斯基涅斯与德摩斯梯尼的主要分歧表现在《菲洛克拉底和约》(*the Peace of Philocrates*)①之后的外交政策上。埃斯基涅斯鼓励腓力二世在希腊中部进行干涉,并将波伊托城从底比斯解放出来。德摩斯梯尼认为,这个建议既危险又不负责任。② 因此,在对埃斯基涅斯进行审计时,德摩斯梯尼和提马库斯(他们之间并无家族关系)提起了一项针对使团违反公众信任(public trust)的指控,特别指控埃斯基涅斯收受贿赂,损害了雅典人的利益。③ 同年晚些时候,埃斯基涅斯对提马库斯进行了反击,指控他曾操贱业,应剥夺公民权(*atimos*),因为提马库斯曾经当过男妓,并挥霍了祖上的遗产,因此,没有权利提起公共诉讼。最终,埃斯基涅斯赢得了这场官司,提马库斯失去了公民权。④ 这一胜利似乎使德摩斯梯尼暂时陷入了被动,但他的对手直到公元前 343 年才有勇气将他告上法庭,此时,腓力二世日益增长的权力和影响力使

---

① 译者注:《菲洛克拉底和约》(*the Peace of Philocrates*),是古雅典与腓力二世领导下的马其顿签订的和约,时间约在公元前 346 年,当时代表雅典参与谈判的代表是菲洛克拉底。
② 关于向腓力二世派遣的第二使团,可参见 Harris (1995) 78-89 及其引用的一些资料。
③ 参见 Harris (1995) 95-96 及其引用的一些资料。
④ 关于这一起诉情况,可参见 Harris (1995) 101-106 及其引用的一些资料。

雅典人开始怀疑签订《菲洛克拉底和约》是否明智。德摩斯梯尼受到了菲洛克拉底被判有罪这一事实的鼓舞,最终起诉了埃斯基涅斯,但以微弱的劣势败诉。① 在接下来的几年里,埃斯基涅斯和德摩斯梯尼仍然在对腓力二世的政策上存在分歧,但埃斯基涅斯直到公元前336年,亦即在雅典人在喀罗尼亚战败2年之后才试图报复。然而,他并没有直接攻击德摩斯梯尼,而是提起了一个针对克特西丰的"违法倡导颁布新法之诉"(graphe paranomon)②,因为克特西丰为埃斯基涅斯的对手(即德摩斯梯尼)颁布了一项荣誉法令。这使得埃斯基涅斯在等待了6年时间之后,才有足够的信心将控告克特西丰的诉状提交法庭审判。③对于这一延迟的指控,最可能的解释是:埃斯基涅斯一直在等待亚历山大对抗波斯国王战争的结果。④ 没想到,埃斯基涅斯等到的是一场彻底的惨败:他未能赢得1/5的投票支持,并因此丧失了提出任何公共诉讼的权利。⑤

古老的《埃斯基涅斯传》对其最后几年的活动有不同的记载,但同时代的资料对公元前330年后的埃斯基涅斯只字不提。如果埃斯基涅斯在政治上仍然活跃,他肯定会像其他著名领袖一样,在公元前324年或前323年的"哈尔帕鲁斯丑闻"期间攻击德摩斯梯尼。但他从那一事件的所有记载中消失了(Din. 1—3),再结合古代传记作家的一些证据,可以有力地证明这一结论:公元前330年的失败结束了埃斯基涅斯的政治生涯。这表明,对轻率控告的惩

---

① 关于德摩斯梯尼是如何指控埃斯基涅斯的,可参见 Harris (1995) 116-118 及其引用的一些资料。
② 译者注:"违法提议颁布新法之诉"(graphe paranomon),古雅典的一种公诉形式,针对的是提议颁布新法者,借口是该提议违法或违宪。
③ 关于这一控告与审判的日期,可参见 Wankel (1976) 13-37。
④ 参见 Harris (1995) 141-142,173-174。
⑤ Harris (1995) 148.

罚是一种严厉的处罚,并且,对控告者的职业生涯具有毁灭性影响。①

埃斯基涅斯和德摩斯梯尼的冲突是雅典政治史册中持续时间最长的冲突之一,但几乎没有引起什么诉讼。两人之间只发生了一次直接对抗,即公元前 343 年德摩斯梯尼对埃斯基涅斯的起诉。埃斯基涅斯的其他指控针对的都是德摩斯梯尼的政治伙伴提马库斯和克特西丰。没有迹象表明,两者之间的冲突曾扩大到其他家族成员、亲戚或部属。② 即使在公元前 343 年埃斯基涅斯获得赦免后,他也没有试图通过对德摩斯梯尼提起另一起公共诉讼,升级双方的冲突。恰恰相反,他以一个不太严重的罪名,转而攻击德摩斯梯尼的盟友。这场冲突最引人注目之处在于:两人都明显不愿意将案件诉诸法庭。在公元前 343 年时,德摩斯梯尼就准备控告埃斯基涅斯,但直到公元前 346 年,在德摩斯梯尼担任审计官时,才正式提起诉讼,中间等待了 3 年之久。同样地,埃斯基涅斯错过了在喀罗尼亚惨败后起诉德摩斯梯尼的机会,于公元前 336 年才对克特西丰提起诉讼,之后又拖延了 6 年时间。在 16 年间,两人只在法庭上见过 3 次面。从上述事实看,雅典人拒斥好讼的态度和旨在阻止利用法庭报世仇的规则似乎对两位政治家起到了强大的震慑作用。③

---

① 所有受到惩罚的控告者似乎都从政治生活中消失了,参见 Tisis of Agryle (Hyp. *Eux.* 34),Euctemon (D. 21. 103),Lycinus (Aeschin. 2. 14;3. 62)。

② 当德摩斯梯尼将安提丰当作间谍而逮捕时,埃斯基涅斯基于法律理由反对这一逮捕,参见 D. 18. 132-133。没有迹象显示,埃斯基涅斯为安提丰辩护,是由于安提丰是其亲戚或密友。德摩斯梯尼还逮捕了阿那克斯努斯,并拷打了他,参见 Aeschin. 3. 223-225;D. 18. 137。埃斯基涅斯也基于法律理由对拷打提出了异议。

③ 这三次冲突足以反驳克莱斯特[Christ (2005) 146]的主张,即通过法律程序来打击敌人(包括个人的或政治方面的)在当时是一种真实的情形,并且可能是常见的现象。对于克莱斯特主张的批判,可参见 Harris (2000b)。

好讼的雅典人:帕西翁之子阿波洛多罗斯

阿波洛多罗斯是雅典最喜欢打官司的人,他是帕西翁(Pasion)的儿子,生于公元前 394 年左右。① 事实上,他的一个对手曾指责其控告了太多的人(D.36.53)。他的父亲帕西翁曾是阿切斯特拉图斯(Archestratus)与安提西尼斯(Antisthenes)(D.36.43)两位银行家的奴隶,后来才被解放(D.36.48)。到了公元前 394 年或前 393 年,帕西翁自己也成功地成了一家银行的老板(Isoc.17.36),后来,又由于对城邦的慷慨解囊,被授予雅典公民称号([D.]59.2.Cf.d.45.85)。当公元前 370 年或前 369 年帕西翁去世时([D.]46.13),他的财产——包括银行和一家盾牌厂——大约值 70 塔伦特。② 阿波洛多罗斯和他的兄弟帕斯卡尔斯继承了父亲的财产,两人共同拥有上述财产,直到公元前 362 年帕斯卡尔斯成年,财产才被分割,阿波洛多罗斯分得了盾牌厂,帕斯卡尔斯继承了银行(D.36.11)。

阿波洛多罗斯的第一起诉讼涉及父亲的银行业务。在帕西翁还活着时,来自赫拉克里亚(Heraclea)的莱孔(Lycon)在他的银行存了 1640 德拉克马。他指示帕西翁,在其助手塞斐西亚德斯(Cephisiades)到达雅典时,就把钱交给他。到时,由蓝普特莱(Lamptrai)的阿切比亚德斯(Archebiades)确认塞斐西亚德斯的身份。在一次贸易航行中,莱孔被人杀害了。赫拉克里亚人的使节(*proxenos*③)卡里普斯(Callippus),来到银行,询问莱孔是否在银行存了钱。帕西翁回答说,他确实保管了莱孔的钱,但同时告诉卡里普斯,他奉命把钱交给塞斐西亚德斯([D.]52.5-6)。不

---

① 关于其出生年月,可参见 D.36.22,[D.]46.13 以及 Trevett(1992)19。
② 关于其房地产的价值,可参见 Trevett(1992)27-31。
③ 译者注:*proxenos*,使节。古希腊时由城邦选举出来的出使外国的人员,其费用通常由自己承担。

久,塞斐西亚德斯来到银行,主管该银行的福尔米奥(Phormio)把莱孔的钱交给了塞斐西亚德斯([D.]52.7)。事情本应就此结束,但卡里普斯要求帕西翁把钱交给他,当帕西翁拒绝时,卡里普斯就以未经自己同意把钱交给了塞斐西亚德斯而对帕西翁提起了诉讼([D.]52.8)。卡里普斯随后要求帕西翁,就"是否该把钱交给塞斐西亚德斯"这件事进行私人仲裁,但双方未就相关条款达成一致([D.]52.14)。帕西翁死后,塞斐西亚德斯邀请阿波洛多罗斯和他的兄弟,把这个案子交给吕西塞德斯(Lysitheides)仲裁(时间大概是在公元前389年或前388年)[1],但阿波洛多罗斯坚持,应由官方任命吕西塞德斯仲裁,以便在他的仲裁决定不利于自己时,有机会提起上诉([D.]52.30)。后来,在吕西塞德斯作出有利于卡里普斯的判决时,阿波洛多罗斯向法庭提起了上诉([D.]52.31)。我们没有理由认为,卡里普斯提起诉讼是出于世仇。[2] 无论他针对阿波洛多罗斯的诉讼结果如何,都没有引起进一步的敌对,也没有引起他们家族之间的诉讼,阿波洛多罗斯在后来的任何演说中都没有提卡里普斯或他的任何亲戚。

下一个牵涉父亲银行的案子与提摩修斯(Timotheus)将军的几笔贷款有关。帕西翁贷给了提摩修斯四笔钱:第一笔贷款有1351德拉克马,交给了提摩修斯的司库安提马库斯(Antimachus)([D.]49.6-10);第二笔贷款有1000德拉克马,给了船主皮奥夏(Boeotian)的船员([D.]49.15-17);第三笔贷款包括1米那,2577德拉克马,以及2个银碗,招待詹森(Jason)和阿尔塞塔斯(Alcetas)的一些费用([D.]49.22-4);第四笔贷款有1750德拉克马,贷给了费朗达斯(Philondas),以供其从马其顿进口木材([D.]

---

[1] 有关这个案子的时间,可参见 Schaefer (1858) 136 与 Trevett (1992) 31-121。
[2] 特里维特认为,没有什么东西可以显示,对阿波洛多罗斯的控告具有政治动机。这一争端是由银行家帕西翁的行为引起的,参见 Trevett (1992) 126。

49.25-30)。帕西翁是在没有任何担保和证人的情况下借这些钱的,凭借的是他与费朗达斯的长期友谊,指望他能在与波斯国王的战斗中挣到足够多的钱([D.]49.27)。当提摩修斯拒绝还钱时,阿波洛多罗斯在公元前368年左右对他提起了诉讼。① 没有任何迹象表明,在帕西翁和提摩修斯之间以前曾有过任何敌意。根据普罗塔克(Plutarch)(D.15.1)的说法,阿波洛多罗斯打赢了这场官司,肯定要回了自己的钱。阿波洛多罗斯后来可能又因为担任将军的提摩修斯在希腊北部的一些行为而起诉他(稍后讨论),但我们没有理由把这两个案子联系起来。最后,没有迹象表明,提摩修斯或他的任何亲戚曾试图报复阿波洛多罗斯或其家人。

大约在公元前366年或前364年,阿波洛多罗斯与邻居尼科斯特图斯(Nicostratus)及其兄弟阿瑞苏斯乌斯(Arethusius)发生了争端。② 阿波洛多罗斯和尼科斯特图斯是密友,每当阿波洛多罗斯作为舰长身处国外时,尼科斯特图斯常常帮阿波洛多罗斯打理有关事务([D.]53.4-5)。在一次国外旅行时,尼科斯特图斯离开了阿提卡,追捕三个逃跑的奴隶,在伊吉纳岛,他被当地人抓了起来,并被卖为奴隶([D.]53.6)。阿波洛多罗斯赶紧打发尼科斯特图斯的兄弟狄农(Deinon)去救他,临行时给了他300德拉克马的旅费。回国后,尼科斯特图斯说,他为获得解放,欠了别人26米那的赎金,请求阿波洛多罗斯捐助这笔钱([D.]53.7)。阿波洛多罗斯用抵押的方式,向别人借了1000德拉克马,把它作为礼物送给了尼科斯特图斯([D.]53.8-9)。由于这笔钱不足以支付全部

---

① 关于日期问题,可参见 Harris(2006a)355-363[=Harris(1988)]。特里维特(Trevett,1991)试图挑战我所说的日期,并为沙弗尔(Schaefer)的日期辩护,但他的论证遭到很多人的质疑,例如 Rowe(2000)288,note 37,MacDowell(2009)102-106(但他对提摩修斯的将军任期未做说明)。由于特里维特没有注意到那一贷款是从银行借贷的,因此,其为沙弗尔的日期所做的辩护力量有限。参见 Harris(2006a)363-364。

② 关于审判阿瑞苏斯乌斯的日期问题,可参见 Schaefer(1858)143-147 与 Trevett(1992)32-33。

赎金,于是,阿波洛多罗斯又通过另一笔担保贷款筹集了剩余的资金。尼科斯特图斯承诺,一旦他从朋友那里借到了钱,就会偿还这笔钱([D.]53.10-13)。

后来,偏偏在这一点上出了问题。尼科斯特图斯调转枪头,开始反对阿波洛多罗斯。尼科斯特图斯首先告诉阿波洛多罗斯的亲戚,阿波洛多罗斯将在法庭上使用对他们不利的论证;接着他让磨坊主吕西达斯起诉阿波洛多罗斯。吕西达斯起初并未提供传票,后来,才将尼科斯特图斯兄弟记录为需要传唤的目击证人,将其名字附在起诉书上。在通过判决的方式赢得了610德拉克马后,尼科斯特图斯闯入了阿波洛多罗斯的住处,拿走了价值超过20米那的物品([D.]53.14-16)。他还损坏了阿波洛多罗斯的财产,并试图引诱阿波洛多罗斯带着铁链冲进来殴打一名年轻人,以便能以"对别人施暴"的罪名起诉他([D.]53.14-16)。阿波洛多罗斯声称,他对这些挑衅行为采取了极为克制的行动,他请求目击证人,只需证明尼科斯特图斯两兄弟造成的损害即可。

当阿波洛多罗斯因阿瑞苏斯乌斯作伪证而对他提起公共诉讼并准备将该案提交法庭时,尼科斯特图斯设下埋伏,准备杀害阿波洛多罗斯。若不是旁人介入并施救的话,他会将阿波洛多罗斯丢到砂石场里([D.]53.17)。阿波洛多罗斯并没有被这些威胁吓倒,最终赢得了针对阿瑞苏斯乌斯的官司,说服法庭判处了1塔伦特的罚款([D.]53.17-18)。但阿瑞苏斯乌斯不仅没有支付罚款,反而向"十一人"报告,说阿波洛多罗斯的两个奴隶应归属于他,并将案件提交到了法庭([D.] 53.19-28)。

这一争端的几个特点非常重要。首先,阿波洛多罗斯与尼科斯特图斯曾经是朋友,他们两个家族之间并无世仇。其次,阿波洛多罗斯声称,在面对不断的攻击时,他表现得非常克制。我们很难知道他的叙述得到了多少证据的支持,他传唤了一组证人,但没有具体说明作证的内容([D.]53.18-19)。很自然地,他可能隐瞒了一些自己做过的激怒尼科斯特图斯的事情。尽管我们不知道事情的全部经过,但很明显,这场争端持续的时间并不长,没有牵涉双方家族太多的其他成员,而且几乎没有产生什么诉讼,仅仅提起了一起要求赔偿损失的私人诉讼和一起因虚假的见证传票而提起的公共诉讼。最后,阿波洛多罗斯在事后的一些演说中丝毫未提及他与两兄弟的其他纠纷。这种短暂的冲突很难称得上世仇。

阿波洛多罗斯在公元前4世纪60年代后期曾在希腊北部担任舰长。有人认为,时间应从公元前362年底起算,阿波洛多罗斯的任期本来只有1年。在任期结束后,由于受命接替的波利克里斯(Polycles)拒绝接管三列桨舰([D.]59.29-37),阿波洛多罗斯又当了5个月的舰长。阿波洛多罗斯一回到雅典,就起诉波利克里斯,要求其赔偿自己在这5个月里的花费。阿波洛多罗斯在诉波利克里斯的演说中,并没有提到他们两人在此之前存在任何关系。这次审判并非长期不和的一部分,阿波洛多罗斯只是想要回自己多花的钱。①

阿波洛多罗斯的一个对手指责他不仅经常提起私人诉讼,而且多次提起公共诉讼,并提到了他对提摩马库斯、卡里普斯、美诺(Menon)、奥托克里斯(Autocles)以及提摩修斯的指控(D.36.53)。所有这些案件似乎都与发生在公元前362年至前359年的希腊北部的雅典战役有关。当时,阿波洛多罗斯在那里担任舰长。德摩斯梯尼(19.180)报告说,提摩马库斯因为失去了色雷斯

---

① 特里维特认为,"这篇演说中根本没有说到这两个人是敌人,他们甚至在以前就认识……因此,我们没有理由认为,波利克里斯是出于对阿波洛多罗斯的仇恨而那样行事的",参见 Trevett (1992) 129-130。

及雅典人在希腊北部的据点而受到了惩罚。根据埃斯基涅斯(1.56)的说法,提摩马库斯的司库黑戈桑德尔(Hegesander)在该指控中起了一定的作用,那表明,提摩马库斯可能被控贪污。另一种可能是:阿波洛多罗斯指控提摩马库斯试图将卡里斯特图斯(Callistratus)从流放地带回雅典([D.]50.46-52)。在审判之前,提摩马库斯逃到了流放地(Hyp. *Eux.* 2)。我们没有掌握有关卡里普斯审判的资料(因为他不像赫拉克勒斯的外邦代表那样著名),但根据我们的分析,阿波洛多罗斯之所以起诉卡里普斯,可能因为他非法命令运送卡里斯特图斯([D.]50.43-52)。除了知道美诺曾继任奥托克里斯的工作之外,我们对美诺的其他事情一无所知([D.]50.12)。德摩斯梯尼(23.104)报告说,在公元前361年左右,奥托克里斯因造成了米利托西塞斯(Miltocythes)的垮台而被审判。希波雷德斯似乎被牵扯了进来,其身份要么是原告,要么是支持原告的证人[Hyp. frs. 55-65 (Jensen)]。提摩修斯自公元前364年到前359年也在希腊北部服役,但未能夺取安菲波利斯(Amphipolis)。① 提摩修斯在这次战役中的表现及其未能夺取安菲波利斯可能成了被起诉的理由。

有关这些审判的所有证据都表明,阿波洛多罗斯是对那些未能履行职责的将军提起诉讼。② 我们没有理由相信,阿波洛多罗斯想报复这些将军中的任何一个人③;没有任何迹象表明,这些人是通过血缘关系或友谊而联系在一起的群体。也没有资料记录下阿波洛多罗斯与上述诸人及其亲属中的任何人发生进一步的

---

① 特里维特认为,提摩修斯并没有卷入公元前362年—前360年发生在希腊北部的那场战役之中,参见 Trevett (1992) 134,但相反的观点可参见 Aeschin. *schol.* ad Aeschin. 2.31 与 Harris (2006a) 355-363。

② 特里维特认为,对于这些指控的正确说明确实建立在这一事实基础上,即除被告之外的所有人都执行了命令。在公元前363年—前360年,阿波洛多罗斯担任三列桨舰的舰长,参见 Trevett (1992) 136。

③ 有关这些人之间的政治联系,可参见 Trevett (1992) 135-136。

诉讼。更可能的是,阿波洛多罗斯意图利用人们对雅典人在希腊北部战败的愤怒,提升自己的政治地位。①

直到公元前 350 年前后,阿波洛多罗斯以挪用钱款的罪名起诉福尔米奥,我们都没有证据证明阿波洛多罗斯陷入了多桩诉讼之中。其时,帕西翁的银行被租给了福尔米奥经营,从公元前 370 年或前 369 年至前 362 年或前 361 年间②,该银行是由阿波洛多罗斯及其兄弟共同拥有。但阿波洛多罗斯在其兄弟帕斯卡尔斯于公元前 362 年或前 361 年成年后,放弃了自己的银行股份,并且直到大约公元前 350 年时才对福尔米奥提起诉讼。③ 作为回应,福尔米奥提起了抗辩,对抗阿波洛多罗斯的指控,其理由是他已授予福尔米奥租用权(D. 36.23-25),并且,法律规定的时效已过(D. 36.26)。最终,阿波洛多罗斯输了该官司,但却报复性地控告斯特凡努斯,因为后者为福尔米奥作证(D. 45 与 D. 46)。我们不知道针对斯特凡努斯的案子结果如何,但鉴于该案固有的弱点,阿波洛多罗斯不大可能胜诉。有关租赁的法律和诉讼时效的规定有助于确保这场家族内的争端不会继续产生诉讼。

阿波洛多罗斯再次出庭是在公元前 348 年。这一次,他成了被告,而非控告者。在那一年,阿波洛多罗斯担任议事会的成员,他提议通过一项法令,将预算中的盈余转为军事基金(the Military Fund)。他的提议完全合法,但安提多里德斯(Antidorides)的儿子斯特凡努斯控告他提议了一项非法法令([D.]59.3-6)。该指控可能的理由是:阿波洛多罗斯曾经是一位公

---

① 特里维特认为,阿波洛多罗斯试图利用公众对这场战争的不满,成就自己作为政治家的名声,参见 Trevett (1992) 137。
② 关于日期问题,可参见 Harris (2006a) 359。
③ 关于这一演说的日期,可参见 Trevett (1992) 48。

共债务人,被判有罪。① 当法庭决定对阿波洛多罗斯进行处罚时,法官们接受了阿波洛多罗斯提议的1塔伦特这一数额。斯特凡努斯可能还对阿波洛多罗斯提起了谋杀的指控,但当所谓的受害者被带上法庭时,法庭驳回了这一指控([D.]59.9-10)。② 阿波洛多罗斯伺机反击安提多里德斯。在公元前343年后的某个时期,他唆使自己的妹夫西奥内斯图斯(Theomnestus),提起一项针对尼奥拉的公共诉讼,指控她盗用雅典公民的权利,与斯特凡努斯同居。尼奥拉曾是一名妓女(D.59.16-17)。③ 阿波洛多罗斯担任支持西奥内斯图斯的助讼人,并在审判中发表了重要演说。我们再一次缺乏能使我们判定审判结果的可靠资料,但从现有材料看,这一案子的结果似乎对阿波洛多罗斯不太有利。④

在公元前370年至前340年的30年间,阿波洛多罗斯至少被牵扯进了15次审判之中,但这些审判都不属于阿波洛多罗斯家族和其他家族长期争斗的一部分。在阿波洛多罗斯的大多数对手之间,并没有任何关系,因此,我们很难发现,这些不同的审判之间存在何种内在联系。阿波洛多罗斯也许是个喜欢吵架的人,但他与别人的冲突似乎并未引起那么多的诉讼。在大多数案件中,他只是与当事人在法庭上对质一两次。不管他赢了或输了,冲突就结束了。阿波洛多罗斯显然想报复斯特凡努斯,在他由于提议

---

① 我发现,我们没有理由相信,阿波洛多罗斯与德摩斯梯尼一起工作,目的是攻击尤布鲁斯对节庆基金的支持,因为节庆基金的钱是从军事费用中抽取的。首先,没有证据表明德摩斯梯尼对节庆基金怀有敌意。事实上,在其第4篇谩骂演说(D.10.36-42)中,他还为节庆基金存在的价值辩护。并且,他在随后还担任过该基金的管理人。其次,阿波洛多罗斯的措施并未威胁节庆基金的存在,而只是使节庆基金受到了财政盈余的影响。再次,我们没有理由相信,在稍晚的公元前346年之前,德摩斯梯尼在重要政策方面与尤布鲁斯有很大的差异。最后,尤布鲁斯在该案中是为了反对尼奥拉,而非阿波洛多罗斯,参见[D.]59.48。具体的证据与论证可见 Harris (2006a) 121-140。

② 很难判断应在多大程度上严肃地看待这一故事。

③ 关于日期问题,可参见 Kapparis (1999) 28。

④ 阿波洛多罗斯揭示了其案子存在的不足,但他同时承认,斯特凡努斯应证明,法诺 (Phano)实际上是另一个具有雅典公民身份的女人的孩子。

通过非法的法令而被定罪后,仍不得不等了5年多的时间,才找到合适的机会,但他没有直接攻击斯特凡努斯。他的诉讼当然不符合世仇这一行为模式。

曼提瑟乌斯和他的同父异母弟波奥图斯的争端

我们考察的最后一场冲突发生在曼提瑟乌斯和波奥图斯之间。曼提瑟乌斯是曼提亚斯(Mantias)的儿子(D.39,40)。按照原告的说法,波奥图斯,一个不在自己的父亲曼提亚斯家里长大的人,对曼提亚斯提起了诉讼,声称曼提亚斯是其父亲,并且曼提亚斯对他态度凉薄,一直阻止他成为一个公民。波奥图斯采取这一行动的原因可能是:他快要达到(或已达到)法定的成年年龄(the age of majority),需要曼提亚斯承认父亲身份,以便证明自己的父母是两个雅典人,他有资格成为公民。曼提瑟乌斯不诚实地宣称,自己的父亲不愿意到法庭,因为害怕从政生涯里得罪的那些人会千方百计地报复他(D.39.3)。很自然地,曼提亚斯对自己不想上法庭的原因保持沉默,因为他知道,那一事实对他不利,因此,他试图在庭外解决争端。为此,他要求波奥图斯的母亲帕兰贡(Plangon)发誓,宣称波奥图斯不是他的儿子。原告声称,帕兰贡同意通过宣誓的方式否认曼提亚斯的父亲身份,目的是换取一定数额的金钱。当双方当面对质时,帕兰贡双手交叉着抓住曼提亚斯,发誓说波奥图斯确实是他的儿子(D.39.4;40.11)。

这一结果使曼提亚斯除了将波奥图斯登记为自己宗族的成员外,几乎别无选择(D.40.11)。但在准备将波奥图斯登记为自己所在德莫的成员时,曼提亚斯却死了,这导致了这样的结果:波奥图斯只好冒充曼提瑟乌斯到德莫登记(D.39.5)。在本案中,原告波奥图斯未能拿出其父与帕兰贡之间存在任何协议的证据,证实其宣誓的内容是真的。并且,这一故事明显是有人设计用来破坏帕兰贡名声的。原告喊来的证人仅仅只能证明原告与其兄弟是如何登记的(D.39.6),并且,证人的话语有点含糊,似乎只能表明,原告波奥图斯及其兄弟都赞成他的这一主张,即波奥图斯是以"波奥图斯"这一名字在宗族登记的,但在德莫登记时用了"曼提瑟乌斯"这一名字。

由于曼提亚斯已经将波奥图斯及其兄弟登记到自己的宗族里,因此,可以推定,曼提亚斯已承认他们是自己的婚生子(gnesioi),这使得波奥图斯及其兄弟每人获得了1/3的遗产。曼提瑟乌斯声称,尽管(到目前为止)这些遗产全都由他拥有,自己仍同意让其兄弟获得2/3的遗产(D.39.6)。并且,重要的是注意曼提瑟乌斯用来展示自己观点的方式:他希望法庭同意他的决定,即不在法庭上争夺遗产。① 然而,不久之后,曼提瑟乌斯要求波奥图斯和潘菲琉斯(Pamphilus)交出他们母亲的嫁妆(D.40.6-7)。当后二人拒绝这样做时,曼提瑟乌斯就提起了针对他们的诉讼(D.40.3,18),这似乎发生在公元前358年。② 波奥图斯及其兄弟潘菲琉斯毫不示弱,辩称对方的母亲在嫁给曼提亚斯时,娘家也给了100米那的嫁妆。这个案子提交到了一位名叫梭伦的仲裁员面前,但他还没来得及作出判决就死了(D.40.16)。曼提瑟乌斯不得不将这一案子移交到其他仲裁员手里。最后,曼提瑟乌斯赢得了针对波奥图斯兄弟的嫁妆之诉。并且,波奥图斯事后也未再针对该判决提起上诉(D.40.17)。后来,波奥图斯针对曼提瑟乌斯提起了另外的诉讼,当案子提交给仲裁员时,波奥图斯未出场,因此,仲裁员作出了不利于他的裁决(D.40.17)。在这个案件中,波奥图斯也选择不将案件提交到普通法庭(D.40.3,31)。他逃避判决的唯一办法是辩称,起诉书应该把他的真名曼提瑟乌斯而非波

---

① 关于这一案件及其失败原因的分析,参见 223-225。
② 有关年代问题,可参见 MacDowell (2008) 72。

奥图斯列为被告。这引起了另一场审判,该审判发生在曼提瑟乌斯死后约 11 年(D. 40. 18)。

为防止波奥图斯再次要诡计,曼提瑟乌斯提起了针对波奥图斯的私人诉讼,要求对方赔偿损失。这个案件提交给了一名私人仲裁员,由于波奥图斯未出庭,因此,裁决对他不利(D. 39. 37)。但在后来,波奥图斯又成功地使仲裁员的判决被驳回(D. 39. 38)。这个案子再次回到了仲裁员面前。这一次,曼提瑟乌斯似乎输掉了官司。于是,他向一个普通法庭提出了上诉。该案可能于公元前 348 年或前 347 年开庭审理。① 在曼提瑟乌斯输掉了这场官司后,他又针对登记为"曼提瑟乌斯"这一名字的同父异母兄弟就其母亲的嫁妆问题提起了另一项诉讼([D.]40. 18),我们不知道这个案件的结果如何,它似乎发生在公元前 347 年。②

这一冲突的几个方面非常重要,值得总结。首先,曼提瑟乌斯曾经屈服于同父异母的兄弟们对其父亲遗产提出的要求,在余下的冲突期间,他并没有试图质疑遗产的基本分配方案。尽管双方的冲突一直在继续,但解决这一争端的办法仍未受影响,既判力原则仍得到了尊重。其次,这部家庭剧的几位演员在关键时刻都不愿上法庭。当波奥图斯威胁要对父亲曼提亚斯提起诉讼时,曼提亚斯同意通过发誓的方式解决争端。当结果未能像自己希望的那样时,他尊重结果,没有在法庭上纠缠此事。后来,波奥图斯在两次仲裁败诉后,也没有选择将仲裁结果诉至法庭。此外,兄弟中的每个人都试图把自己描绘成不情愿打官司的人。曼提瑟乌斯声称是受到了自己兄弟的逼迫才上法庭的(D. 40. 2),波奥图斯则声称自己不是一个喜欢惹麻烦(a pragmon)或喜欢打官司

---

① 有关日期问题,可参见 Carey and Reid (1985) 160,以及 MacDowell (2008) 74。
② 关于日期问题,可参见 MacDowell (2008) 75。曼提瑟乌斯宣称,波奥图斯以故意伤害为由将他起诉到战神山法庭,最终却败诉了(D. 40. 32-33),后来,他又以新的理由控告他(D. 40. 36-37),但未提供任何证据来支持这些指控。

(ou philodikos)的人。再次,这些事件发生在公元前362年到前347年的15年时间里(D. 40. 18)。[①] 在此期间,还出现了以下纠纷:(1)曼提瑟乌斯向仲裁员提起的私人之诉(dike blabes),要求波奥图斯补偿自己的财产损失;(2)曼提瑟乌斯向民众法庭提起的上诉;(3)曼提瑟乌斯向仲裁员提起的追讨兄弟的母亲嫁妆之诉;(4)波奥图斯提起的追讨对方母亲嫁妆之诉,该案提交给仲裁员;(5)曼提瑟乌斯向民众法庭提起的追讨自己母亲的嫁妆之诉,指向的对象是打着"曼提瑟乌斯"旗号的波奥图斯;(6)波奥图斯提交到战神山法庭的指责曼提瑟乌斯故意伤害的控诉(D. 40. 32);(7)波奥图斯提起要求曼提瑟乌斯补偿债务之诉,据说麦提勒尼人已将该笔债务付给了曼提亚斯(D. 40. 36)。也就是说,在超过11年的时间里,仲裁员或法庭共受理了与曼提瑟乌斯有关的7宗案件,仅仅是一周的诉讼量。

最后,这种冲突似乎并没有升级为经常发生的世仇。在波奥图斯对其兄弟提出了严重的指控之后,曼提瑟乌斯并没有提出同样严重的指控作为报复。冲突并没有进一步扩大,没有将其他亲戚和朋友卷入进来;并且,该冲突自始至终都发生在一个家族内部,而不是两个家族之间。简言之,这场冲突并没有引起那么多的诉讼,而且,在几次诉讼中,参与者都选择有所保留,并未穷尽每一种法律选择。这既不像人们看到的发生在中世纪冰岛人之间的世代复仇行为,也不像莎士比亚的《罗密欧与朱丽叶》中蒙塔古(Montagues)与卡普莱特(Capulets)的复仇。[②] 在这一案子中,雅典人的价值观和法律措施共同发挥作用,确保了争端一旦得到解决,就不会再纠缠下去,各种冲突都维持在和平、可接受的层次上。

---

① 有关年代问题,可参见 MacDowell (2008) 72-75。
② 我将这归功于林·福克斯豪(Lin Foxhall)。

阿尔克迈翁家族与佩西斯特拉提德家族

在雅典的历史上,类似于世代复仇的唯一冲突是阿尔克迈翁家族(Alcmeonids)与佩西斯特拉提德家族(Peisistratids)之间的长期争斗。这一争斗开始于公元前6世纪早期,其时,阿提卡被分成了三个区域,每一个区域都由强大的家族把持。阿尔克迈翁家族控制平原,吕库古家族控制海滨,佩西斯特拉提德家族控制山区(Hdt. 1. 59. 3)。① 阿尔克迈翁家族似乎是一个由亲缘关系联系起来的大团体,希罗多德(5. 72. 1;参见 Arist. *Ath. Pol.* 20. 3)报告说,当克里奥梅内斯家族(Cleomenes)把他们赶出来时,阿尔克迈翁家族大约有700个家庭。公元前561年前后,佩西斯特拉图斯与一群手持棍棒的人夺取了雅典卫城,攫取了政治权力,赢得了世仇的第一轮(Hdt. 1. 59. 4-6;Arist. *Ath. Pol.* 14. 1-2)。② 阿尔克迈翁家族和吕库古家族的支持者们大约在公元前560年驱逐了前者,成功地复仇(Hdt. 1. 59. 4-6;Arist. *Ath. Pol.* 14. 3)。

后来,佩西斯特拉图斯与阿尔克迈翁家族的首领梅加克里斯(Megacles)结盟,并在公元前556年左右娶了后者的女儿,这使佩西斯特拉图斯第二次获得了权力(Hdt. 1. 59. 4-6;Arist. *Ath. Pol.* 14. 4)。当佩西斯特拉图斯因与妻子没有"正常"(*ou kata nomon*)的性关系而辱骂她时,这种结盟关系就结束了,其结果是同盟关系破裂。不久之后,佩西斯特拉图斯第二次被驱逐(Hdt. 1. 59. 4-6;Arist. *Ath. Pol.* 15. 1)。

然而,佩西斯特拉图斯不久就从底比斯(Thebes)、阿尔戈斯(Argos)、埃瑞特里亚(Eretria)和纳克索斯(Naxos)的利格达米斯

---

① 亚里士多德[Arist. *Ath. Pol.* 13. 4(cf. Arist. *Pol.* 1305a 23-24;Plu. *Sol.* 13. 1-2;29. 1)]将每一个家族与不同的政治哲学家联系起来,但这种做法可能会产生时代错乱,参见 Rhodes (1981) 185-186。关于雅典社会早期政治的区域基础,可参见 Sealey(1960)。

② 有关这一僭主的年表,可参见 Rhodes (1981) 194-199。

(Lygdamis)那里聚集了盟友和资金(Hdt. 1. 59. 4-6;Arist. *Ath. Pol.* 15. 2)。佩西斯特拉图斯从埃瑞特里亚出发,在马拉松登陆,于公元前546年左右在帕伦尼(Pallene)击败了一支雅典军队,第三次夺得权力(Hdt. 1. 59. 4-6;Arist. *Ath. Pol.* 15. 3)。佩西斯特拉图斯死于公元前528年或前527年,他将权力移交给了儿子希庇阿斯(Hippias)(Hdt. 1. 59. 4-6;Arist. *Ath. Pol.* 17. 1)。公元前514年或前513年,希庇阿斯的兄弟希庇阿库斯(Hipparchus)被哈莫迪乌斯与亚里士多盖顿杀死,两人不久后都被处死,但他们没有一个与阿尔克迈翁家族有联系(Hdt. 1. 59. 4-6;Arist. *Ath. Pol.* 18. 1-6)。

在佩西斯特拉图斯第三次夺得权力时,阿尔克迈翁家族似乎已逃离了雅典(Hdt. 1. 64. 3;6. 123. 1)。[①] 他们试图在雷普斯里昂(Leipsydrion)建立一个基地,但佩西斯特拉提德家族包围了他们,迫使他们再次撤离(Hdt. 1. 59. 4-6;Arist. *Ath. Pol.* 19. 3)。阿尔克迈翁家族说服德尔斐的女祭司,敦促斯巴达国王克里奥梅内斯家族推翻希庇阿斯(Hdt. 5. 63)。在公元前511年或前510年,克里奥梅内斯家族侵入阿提卡,并在卫城包围了希庇阿斯。在俘虏了佩西斯特拉提德的儿子后,克里奥梅内斯家族允许希庇阿斯及其亲属撤出雅典卫城(Hdt. 5. 64-65)。

希庇阿斯及其家人离开了阿提卡,到了萨迪斯(Sardis)的阿塔菲尼斯(Artaphernes)法庭,在那里,他中伤雅典人,并敦促总督(satrap)将雅典置于他和波斯国王的控制之下。当雅典人派出使者表示抗议时,阿塔菲尼斯坚持说,他们要恢复希庇阿斯在雅典的统治,但雅典人拒绝了这一无理要求(Hdt. 5. 96. 1-2)。几年后,在公元前490年,大流士派遣马多尼乌斯(Mardonius)入侵

---

① SEG 10:352,line 4,这是一个记载执政官名录的残篇,包括了克里斯提尼之类的公元前545年或前544年的执政官的名字,参见Dillon(2006)。

阿提卡,并再次把希庇阿斯立为僭主,但雅典人在马拉松击败了波斯人(Hdt. 6. 102,107-117)。如果波斯人赢了,佩西斯特拉提德家族将重新掌权,希庇阿斯无疑会对阿尔克迈翁家族进行报复。在公元前488年或前487年,雅典人驱逐了查姆乌斯(Charmus)的儿子希庇阿库斯,他是佩西斯特拉提德家族的一个亲戚(Arist. Ath. Pol. 22. 4)。在公元前486年或前485年,僭主希庇阿斯的很多朋友被放逐(Arist. Ath. Pol. 22. 6)。① 阿尔克迈翁家族很可能支持这一举动,但他们家族中的一些成员也成了"陶片驱逐法"的受害者(Arist. Ath. Pol. 22. 5-6)。

上述几大家族之间的冲突满足人们用以识别世仇行为的几个标准。首先,这一冲突发生在两个大的、有血缘关系的群体之间。其次,这一冲突持续了很多年,从公元前560年一直持续到公元前490年。再次,这一冲突有一定的节奏,在几十年的时间里,双方相互报复,你来我往。重要的一点是:在古典时期的雅典,很少出现与这种发生在两大亲属群体间的冲突相匹敌者。明显的原因是:克里斯提尼的改革打破了这两大家族在农村的权力基础。通过这次改革,雅典人将整个阿提卡地区划分为139个德莫,由地方选举产生的德莫长负责管理。② 为防止这些德莫合并成更大的集团,每个德莫又被划分为若干"三一区"(trittyes),每个"三一区"包含10个部落。在乡村地区,这种分散的政治权力使任何一个家族都不可能统治一个地区。正如亚里士多德在《政治学》(6.2.11.1319b19-27)中说的,新部落的建立确保了所有公民能尽可能多地彼此联系在一起,原先的联系解体了。因此,克里斯提尼改革破坏了世代复仇行为的社会基础。

妨碍世仇行为产生的另一社会原因是雅典设立了数不清的

---

① 关于放逐者的身份问题,可参见 Rhodes (1981) 276。
② 关于克里斯提尼改革,参见 Arist. Ath. Pol. 21. 1-6 与 Rhodes (1981) 248-260。关于阿提卡被分为部落、"三一区"以及德莫,可参见 Traill (1975)。

地方行政长官,他们有权力实施法律。如我们在前一章已看到的,城邦的发展限缩了私力救济的范围,并将阿提卡的所有居民置于官员的保护之下,这些官员垄断了合法使用武力的权利。因此,普通公民不再需要依靠有权势的家族来保障安全。法庭的正式司法取代了仇杀这一非正式的获取正义的方式。

II

第二部分　　　　古雅典的法治实践

The Rule of Law
in Action
in Democratic Athens

第三章　古雅典的司法誓言

　　每一年，雅典都会挑选6000人担任法官。这些法官需要宣誓：按照雅典人民的法律和法令进行表决。[①] 同时，他们还要以宙斯、阿波罗和德墨忒耳（Demeter）的名义起誓并祷告：若遵守誓言，自己及家族就会兴旺发达；若违背誓言，就会给自己及家人带来毁灭性灾难。[②] 根据波鲁克斯（Pollux）（8.122）和哈珀克雷什（s. v. Ardettos）的说法，法官们通常是在位于阿德图斯（Ardettus）德莫的伊利索斯河（Ilissus River）附近宣誓，该河是以阿提卡英雄的名字命名的。在发表于雅典法庭的一些演说中，诉讼当事人经常提到该誓言，并明确地希望法官们遵守该誓言。[③] 埃斯基涅斯在他的所有三篇演说中都提到了该誓言：《诉提马库斯》中提到2

[①] D. 24.149-151中发现的司法誓言文本是伪作。尽管它包含了司法誓言的一些语句，但它忽略了其余的东西，因此是不可靠的。可参见Fraenkel（1878）与Drerup（1898）256-264。我们没有理由接受利普修斯的观点，参见Lipsius（1905—1915）153。Bonner and Smith（1930—1938）II:154-155 这一文本中包含了不同时期的一些誓言。约翰斯通与图尔将这一文本看成是可靠的，似乎没有注意到弗伦克尔（Fraenkel）的著作，参见 Johnstone（1999）and Thür（2007）。

[②] 注意，D. 24.149-151这一文档记载了法官以宙斯、阿波罗和德墨忒耳的名义起誓的情况，但有迹象显示其是伪作。

[③] 一些短文提到了司法誓言，有些是一般性的提及，有些是部分提及，参见附录三。

次,《论虚假的使团》中也提到 2 次,《诉克特西丰》中提到 7 次。狄马库斯留存下来的所有 3 篇演说中都引用了该誓言。尽管希波雷德斯的演说只以残篇的形式保存了下来,但在他的 5 次法庭演说中,有 4 次提到了该誓言。安多基德斯在《论秘仪》中 4 次提到该誓言,吕库古在《诉里奥克拉底》中 4 次提到该誓言,安提丰在《论赫罗德斯谋杀》中 3 次提到该誓言。① 德摩斯梯尼在其涉及公共诉讼的演说中,经常引用该誓言或转述其中的语词。在《论金冠》中,他 5 次提醒法官注意自己的承诺;在《论虚假的使团》中 8 次提到法官誓言,《诉勒珀提尼斯》中提到了 5 次,《诉梅迪亚斯》中有 7 次,《诉安德罗蒂安》6 次,《诉阿里斯托克拉底》4 次,《诉提摩克拉底》9 次,《诉欧布里德斯》4 次,《诉西奥克里尼斯》——收在《德摩斯梯尼全集》中但并非由德摩斯梯尼所写的一篇演说稿——中 6 次提到了该誓言。在私诉案件的演说中,德摩斯梯尼不太经常提到该誓言,但仍至少有 2/3 的演说词不止提到 1 次。在伊萨苏斯的 12 篇演说词中,有 7 篇——全都是涉及家庭和遗产继承的私人案件——提到了该誓言。②

司法誓言包含四个主要承诺:

1. 发誓要遵守雅典人民的法律与法令(Aeschin. 3. 6;Antiphon 5. 8;D. 20. 118)。

2. 平等地听两造之言(Aeschin. 2. 1;D. 18. 2;Isoc. 15. 21;亦可参见 Lucian *Cal.* 8)。

3. 对于那些法律未规定的事项,发誓要根据自己最公正的判

---

① 人们并没有从战神山法庭和审理杀人案件的其他法庭里发表的演说(如 Antiphon 1,Antiphon 6,Lysias 1,and Lysias 3)中发现司法誓言。但这些法庭里的法官似乎遵守同样的标准。可参见本章第 2 节。还应记住,战神山法庭的成员在担任执政官时,需宣誓服从法律,参见 Arist. *Ath. Pol.* 55. 5。

② 有关直接或间接提到司法誓言的列表,可参见附录三。吕西亚斯在演说中不经常提到司法誓言,这是因为这些演说都是在战神山法庭和德尔菲神庙发表的,涉及与国库有关的程序,以及官员的审计问题。

断作出裁决,不为自己的爱恨所左右(D. 23. 96;57. 63)。

4. 发誓只对那些与起诉有关的事项作出裁决(Aeschin. 1. 154;D. 45. 50;亦可参见 Aeschin. 1. 170)。①

第一项承诺清楚而直接,即对于是否支持被告的问题,法官们在进行投票时,应遵守法律。如我们在第八章将看到的,这一承诺的含义并不像其表面那么直接,此处,我们需要推迟一会儿再讨论它。第二项承诺似乎同样清楚明白:它要求法官注意双方的论证,在两造之间保持不偏不倚。乍看之下,第三项承诺似乎要求法官诚实地作出判决,即不允许他们因与诉讼当事人的仇恨或友谊而影响判决,并且,仅限于法律未给出明确指引时。但一些学者将第三项承诺解释为:在作出判决时,只要法官们诉诸了自认为公正的良心,就可以不顾及法律。② 第四项承诺只引起了少数人的注意,然而,如我们即将看到的,它与第二项承诺紧密相关,并且对理解古雅典的法律程序至为关键。

本书第一部分考察了雅典法律赖以存在的较为广泛的政治和社会背景,研究了那些执行法律的官员,探究了启动法律诉讼的原告之动机。第二部分转向研究法庭适用法律的方式,司法誓言是我们理解雅典法官如何完成其任务的关键。③ 本章第一节将讨论法官誓言中包含的第二项和第三项承诺以及它们之间的关系。一些学者论证说,"必须遵守法律"这一承诺没有约束力,诉讼当事

---

① 在公元前403年的大赦之后,司法誓言中还增加了要求法官尊重大赦的条款,参见 And. 1. 91。

② 例如 Too (2008) 107 说:"陪审员宣誓要支持民主制度,按照良心投票,为原告与被告提供公平的审判。"亦可参见 Lanni (2006) 72。

③ 一些最近的作品完全忽略了司法誓言,例如,卡特里奇在自己的词典中、米利特与托德在自己著作[Millett and Todd (1990) 232]的目录中都曾列出过"司法誓言"这一术语,但都没有详细展开论述。托德在其1993年的作品中只用了一页的篇幅进行了简要介绍,参见 Todd (1993) 54-55。

人只是引用法律作为论据,而不是指导法官该如何断案。① 这些学者认为,之所以如此,与雅典人并没有决心实施法治有很大的关系。他们断言(大多没有证据),雅典的法官更注重法律外的因素,而非法律自身。因此,法庭不是"法律的守护者"(D. 24. 36),而是实现政治野心或争斗的竞技场。②

第二节将仔细研究第四项承诺,即要求法官只对起诉书中列出的指控进行表决。若要理解这一部分誓言,就必须研究起诉书(engklema)的内容和功能,最近的一些著作易于忽视这一重要文件。起诉书要求原告证明被告已触犯法律,不能过分强调诸如社会地位和公共服务之类的事务。它还要求被告对原告提出的法律指控给出答复,证明自己没有违反法律。从这一意义上讲,起诉书要求诉讼当事人"切中要害",不引入诸如公共服务等不相关的事情。因此,起诉书的作用是确保法官像"法律的守护者"那样行动。

一、严格依法行事,不过度自由裁量

正如我们已经看到的,誓言的第一项要求法官根据公民大会和议事会的法律和法令进行表决,第三项要求法官根据自认为最公正的判断进行表决。第一项承诺是誓言中最经常被人们引用的部分。相反,演说者们很少引用或提到第三项承诺。当他们引用或转述第三项承诺时,似乎经常以两种不同的方式解释它。在《诉勒珀提尼斯》中,德摩斯梯尼(20.118)说:"至于那些法律未规定之事,你宣誓要服从最诚实的判断。"在《诉波奥图斯》(D. 39.39-40)中,存在类似的解释。但在《诉阿里斯托克拉

---

① 关于这一观点,可参见 Todd (1993) 60,对于这一方法的批评意见,可参见 Carey (1996) 34, note 8。

② 这一观点最极端的支持者是奥波尔,参见 Ober (1989) and Cohen (1995)。

底》(D.23.96-97)中,这一誓言似乎有了不同的含义:"他们宣誓要按照最公正的判断进行判决,但在依据自己的判断作出判决时,依靠的却是自己听到的东西。现在,只要他们依据这些东西进行投票,结论就是公正的。凡不将自己的判断建立在仇恨、恩惠以及任何其他不正义的理由基础之上,作出的判决都是公正的(即信守自己的诺言)。"在《诉欧布里德斯》中,我们可以看到对这一承诺的同样理解:"他们已从誓言中抹去了'根据最公正的判断进行投票,不受自己的爱恨影响'这一承诺。"[1]

因此,有人推断,这一誓词只包括"我将根据自己最公正的判断投票(或审判)"这几个字,并认为,誓词的实际文本并不包含另外那些语句,那只是诉讼当事人虚构的一些解释。[2] 这一观点需要面对两个问题。首先,波利克斯(8.122)明确指出,誓言中肯定包含了"对于那些法律未规定之事宜"这一短语。其次,在誓言中,存在几个与这一短语相类似的东西,它们源自古希腊的其他领域。最接近的文字莫过于公元前 2 世纪贝罗亚(Beroia)的《体育执事法》(The Gymnasiarchal Law)[3]。[4] 每一年,那些被推举担任体育执事的男人都需要这样宣誓:"我将遵守《体育执事法》,切实履行体育执事的职责。对于那些法律未规定的事宜,我将按自己的判断行事,我将尽力使自己的判断最符合正义的规则与道德(hosiotata kai dikaiotata),绝不以违反正义的方式取悦朋友,伤害敌人。"[5](第 A 26-30 行)像雅典的司法誓言一样,体育执事承诺要服从法律,只有在法律未给出明确的指导时才运用

---

[1] 柏拉图在《申辩》中似乎顺便提到了司法誓言,参见 Plato Apology 35C。
[2] 参见 Mirhady (2007)。
[3] 译者注:《体育执事法》,一种古雅典法律,后出土于马其顿的贝利亚地区。"Gymnasiarch"(体育执事)是古希腊的一种官职,由各部落推举,一般由富人充任。一开始时,其主要职责是向各部落征收火炬长跑比赛的费用。后来,职责发生了变化,需要承担运动员的训练费用。该职位是雅典需要承担公共职责最昂贵的职位,同时也是颇受尊敬的职位之一。
[4] 关于日期问题,可参见 Gauthier and Hatzopoulos (1993) 35-41。
[5] 关于日期问题,可参见 Gauthier and Hatzopoulos (1993) 18。

自己的最佳判断。他还承诺不偏不倚地行事,不为朋友或敌人关系所左右。这些措辞与雅典的司法誓言稍微有些不同,两种誓言使用的术语非常一致。

另一个类似的东西出现在埃雷索斯(Eresos)的一篇碑文中,时间可追溯到亚历山大大帝时期。① 该碑文记录了埃雷索斯的一项法令,该法令确定,审判暴君的程序应与亚历山大大帝的要求一致。该法令指示法官以这种方式宣誓:"我将在法律允许的范围内,根据法律断案,在其他方面亦保持审慎,尽可能地做到又好又公正。"(第9-17行,罗德译)此处明确地区分了"法律提供了明确指导的情形"与其他情形,即法律未给出答案的情形。② 我们可以在另一个法令中找到类似的东西,该法令记录了公元前2世纪早期特蒙诺斯(Temnos)与卡拉佐门奈(Clazomenai)签订的一个协议。"请信守以下誓言:我将遵照这一协议(*synthekai*),为特蒙诺斯与卡拉佐门奈的人民,以及居住在这两个城邦中的外邦人及其他需要打官司的人断案,对于协议未言及的事项,我将按照最公正的判断(*gnome dikaiotate*)断案。"③ 在司法誓言中,"协议"(*synthekai*)这一语词已被"法律"所取代,但总的措辞和思想是一样的。这些相似之处表明,我们没有理由怀疑"法律未规定的那些事宜"与"不掺杂自己的爱恨"这两个短语已进入雅典法官宣誓的誓词之中。

在《修辞术》中,亚里士多德在讨论法官承诺要"按自己最佳的判断投票"时,似乎暗中提到了这一誓言。借助亚里士多德在《修辞术》中对这一短语的分析来理解这部分司法誓言,似乎很有诱惑力,但我们应抑制这种诱惑。亚里士多德的《修辞术》倾向于

---

① Rhodes and Osborne (2003) note 83 iii,第9-17行。
② 司法誓言中类似的区分在《近邻同盟法》(*Amphictyonic Law*)中可以看到,参见 IG ii² 1126,第2-3行。
③ SEG 29:1130*bis*,第28-30行(= Herrmann *MDA*[*I*]29[1979]249-271)。

将理论与其对当时实践的观察结合起来。《修辞术》第一卷第十三至十五章在讨论法庭上的修辞时,亚里士多德并未作出与《阿提卡演说家》中的法庭演说(参见第八章)相类似的论证。《修辞术》中的一些论证形式也未出现在《阿提卡演说家》中。①

我们需要将亚里士多德的讨论放在一定的背景之中。亚里士多德(Rh. 1.15.1375a 5-b12)建议潜在的诉讼当事人注意两种可能的情形:一是成文法不支持自己一方的情形,二是成文法支持自己一方的情形。对于第一种情形,亚里士多德建议了八个可能的论证。第一个论证是:如果成文法不利于己方,就必须运用共同法(the common law)和建立在公平(epieikeia)基础上的论证,因为它们更公正。按照个人的最佳判断进行判决,就是不完全按成文法办事(pantelos)。如我们在第八章将看到的,"公平"并非一种独立的与成文法对立的正义源泉。只有在不考虑诸如意图或情有可原的情形、严格适用成文法会产生不公正的结果时,"公平"才会发挥作用。建立在"公平"基础上的论证并非意图推翻法律的权威,而是为了应对不同寻常的情形和一般规则的例外情形。而且,运用"公平"作为理据的论证,经常建立在那些暗含于成文法中的一般原则基础上。进一步说,在阿提卡的法庭演说中,人们从未发现这些演说家曾诉诸与雅典的成文法相对立的"共同法"。当演说家们参考大多数希腊人都遵从的一般规则时,这些规则与雅典的法律肯定是一致的。例如,吕西亚斯的一位名叫欧菲勒图斯的客户告诉法庭,所有希腊城邦的法律都严厉惩罚勾引、诱骗者,他试图以此为据,为一个被指控犯有谋杀罪的人辩护(Lys. 1.1-2)。伊萨乌斯的一位顾客告诉法庭,允许男人收养子嗣的规则不仅能从整个希腊的法律中

106

---

① 卡瑞认为,"亚里士多德与阿那克西曼尼应当是提出了一个健康警告,使用其提议的论证可能会严重地损害诉讼当事人的胜诉机会"。参见 Carey (1996) 4。

找到,而且能从蛮夷的法律中发现(Is. 2. 24;亦可参见 Isoc. 19. 50)。

第二个论证是:公平(fairness)一直存在,从不改变,共同法亦是如此(因为它与自然保持一致),但成文法经常改变。这一论证从未在法庭演说中出现过。如我们随后将看到的,雅典人相信,他们的法律可追溯到德拉古与梭伦,已超过两个世纪未发生变化。①

第三个论证是:"公正(just)的东西是真的、有益的东西,显得公正的东西则不然,因此,成文法可能是不公正的;因为它并不总是履行法的功能。"(肯尼迪译)这一论证似乎与下一论证非常近似:"法官就像一个银器鉴别者,专门识别虚伪的公正与真正的公正。"(肯尼迪译)在雅典的法庭上,诉讼当事人从来没有说,由于法律只是表面上公正的,现实中却不一定公正,因此,法官应不在乎法律。相反,诉讼当事人经常称赞法律是有益的、公正的(D. 20. 93,98,153;21. 9,48-50;24. 24,34,43,59;Is. 6. 49)。②

第四个论证是:善良者的任务是服从并遵守不成文法,而不是成文法。在《阿提卡演说家》中,只有两段话提到了不成文法,然而,人们从中可看到雅典人对成文法与不成文法关系的不同看法。在《论金冠》中,德摩斯梯尼(18. 274-275)讨论了可归责的三个层次:故意作恶(hekon)、非故意作恶以及"虽不存在过错或错误,但未达到目标(lack of success)"。德摩斯梯尼继续评论说,这三者之间的区别不仅可以在法律中看到,而且可以在自然(nature)所发布的不成文法中看到(关于故意行为与非故意行为

---

① 此处,亚里士多德引用了索福克勒斯戏剧中著名的安提戈涅的故事,但安提戈涅没有将神的不成文法律与城邦的成文法对立起来,而是将其与统治者的命令对立起来。参见 Harris(2006A) 61-80,esp. 74-76。卡瑞错误地称克瑞翁的命令为"政令"(*psephisma*),那是一个戏剧里从未出现的语词,参见 Carey (1996) 40。

② 卡瑞认为,在引用法律时,同时还伴随着对法律的称赞,这是不同寻常的,参见 Carey (1996) 44。

之间的区别,可参见 D.21.41-46)。在《诉阿里斯托克拉底》中,德摩斯梯尼(23.70)宣称,阿里斯托克拉底的法律不仅违反了成文法,而且违反了不成文法。因此,当德摩斯梯尼在自己的论证中提到不成文法时,他认为这两种法律并无冲突。[①] 事实上,他对于不成文法与成文法关系的观点与亚里士多德在《修辞术》中的观点正好相反。

第五个论证是:如果法律与一个受人尊重的法则相冲突或相矛盾(例如,在一些情况下,某一法律规定所有的协议都是有约束力的,但另一法则却禁止人们达成与法律相冲突的协议),则这一成文法就不应当被遵从。这一论证也从未在法庭演说中看到过。如我们将看到的,在论证是否该在狄奥尼索斯剧场宣布授予金冠的法令时,埃斯基涅斯与德摩斯梯尼引用了两部人们认为相互冲突的法律,但他们自己从未说到这一点(参见第六章)。埃斯基涅斯(3.37-39)评论说,雅典的法律不可能包含两部相互对立的法规,因此,一定存在一个消除矛盾的程序。从德摩斯梯尼的回答可以看出,他并不认为这两部法律相互冲突,因此,他只是以一种不同的方式解释这两部法律。[②] 诉讼当事人宣称某个法律与另外的法律相冲突的唯一演说出现在控告"颁布了不明智的法令"那一案件中 (D.20,24)。但这不是亚里士多德考察的那种案件。亚里士多德提出这些论证,目的是劝阻法庭,不要用这类法律来给被告定罪。在控告不明智的法令那一案件中,原告试图证明,现存的这一法令与其他法律相冲突,因此,应废止这一法令。

第六个论证是:如果某一法律是含糊的,人们就需反复斟酌,

[①] 关于雅典城邦中成文法与不成文法的关系,可参见 Harris (2006A) 53-57。哈里斯认为,神的不成文法就是正义的原则,城邦的法律建立在正义的基础上。人们应区分两种不成文法:一种是神的不成文法,另一种是由道德评价保障的非正式行为规则。卡瑞认为,这两种不成文法分别调整不同的行为领域,参见 Carey (1996) 40。

[②] 关于该一般观点,可参见 Sickinger (2008)。

看哪一种解释更符合正义或有益原则,然后照此运用法律。① 然而,从来没有哪个诉讼当事人说,法律是含糊的。② 相反,雅典人相信,他们的法律易于理解,含义非常清楚(D.20.93)。纵使某个法律中的语词或短语可以按不同的方式解释,诉讼当事人也不能说法律的含义是含糊的,因为那将削弱法律的权威。如我们在第六章将看到的,有一个"禁止将金冠授予给 arche"的法律,此处的"arche"既可以解释为"拥有某一职位的官员",又可以解释为"处于某一职位的任期中的官员"。在公元前330年审判克特西丰时,埃斯基涅斯(3.11)采纳了这一术语的第一种解释,德摩斯梯尼则选择了后一种解释(18.119)。这两位诉讼当事人都不承认这样的可能性,即这一术语可能是含糊的。他们都进行了辩解,似乎自己对这一法规的解释才符合这一关键术语的自然意义或标准意义。为了证明这一点,德摩斯梯尼接着引用先例来证明自己的观点(参见第七章)。因此,在法律存在含糊性的地方,诉讼当事人不能说,法官必须运用自己的最佳判断(如亚里士多德建议的)。相反,他们应引用先例或从成文法中发现的立法者意图,证明其法律解释更可取。

第七个论证是:如果法律赖以确立的情形不复存在,人们应清楚地指出来,并运用论证来对抗法律。在任何现存的司法演说中,当事人都不会说,因为该法律已经过时,所以法官应无视它。在演说词中,我们看到的对待旧法律的态度非常对立:演说者经常赞颂旧法律,要么因为它们是由德拉古或梭伦等德高望重的立法者制定的(D.20.90,93,158;22.25,30-331),要么因为它们经受住了时间考验,已证明了自身价值(D.20.8)。安提丰(6.2;亦

---

① 卡瑞相信,利用法律内在不一致性的范围极大地受到了古希腊法重视程序的限制,参见 Carey(1996)38。卡瑞的这一观点建立在一种不可靠的基础之上,即认为古希腊法具有程序导向的特点,具体可参见下一章。

② 事实上,亚里士多德用这一语词来描述法律的模糊性(*amphibolos*),它从来没有出现在《阿提卡演说家》中。

可参见 5.14；及 Isoc.15.82）的观点就非常典型："每个人都一致称赞，调整这些事情的法律是最好和最正义的。它们是最古老的法律，并且一成不变，这是制定得良善得体的法律的最佳标志，因为时间和经验已告诉人们，错误的事情是什么样的。"（加加林译）再一次，我们不能将亚里士多德的分析作为理解雅典人在法庭上使用修辞策略的指南。[①]

因此，人们不应将亚里士多德《修辞术》中对于论证的讨论作为反对法律权威的证据，以证明在司法誓言中，确实有一些条款指示法官，可以根据法律允许的自认为最公正的判断进行投票，并无视法律。[②] 正如司法誓言中的措辞表明的，其中的承诺要求法官根据雅典人民的法律和法令进行投票。只有当正在辩论中的情形没有法律应对时，法官才能依靠自己最公正的判断。这显然是一个只有在特殊情况下才能使用的缺省性条款。

然而，诉讼当事人是否经常认为他们有必要诉诸这一缺省性条款？雅典的法典中是否存在如此多的漏洞，以致法官们除了依靠自己的判断之外别无其他选择？一些学者认为，在雅典的法律中，存在如此多的矛盾和含糊不清之处，以致它们只能提供不可靠的指导，这使得法官们必须根据正义的一般考虑进行判决。[③] 这一观点与现存法庭演说中的证据相矛盾：在大约 100 篇法庭演说中，人们只在 2 处提到这一缺省性条款。这与要求法官"按照雅典人民的法律和法令投票"的承诺形成了鲜明对比，后一承诺被人引用、改写或提及超过了 50 次。

而且，出现这一缺省性条款的段落值得仔细探究。第一个段

[①] 阿那克西曼尼（Anaximenes *Rhet*. 1443A20FF.）提出了一个类似的论证，在雅典的法庭演说中也找不到对应之物。参见 Carey（1996）38-39。

[②] 卡瑞[Carey（1996）39]认为，通过诉诸法律这一手段，平息对手的诉求，这一建议与法庭上实际发生的情形是很难对上号的。

[③] 例如，Christ（1998a）195-196。有人认为，雅典的法律中包含了许多相互冲突的东西，这一观点遭到了西津格尔的否定，参见 Sickinger（2008）。

落出现在德摩斯梯尼的《诉勒珀提尼斯》(20.118-119)这一演说中。在提到这句话之前,德摩斯梯尼提醒法官注意第一句话:"你来到这里,宣誓要依据法律断案,此处的法律并非斯巴达或底比斯的法律,甚至不是你们最早的祖先遵循的法律,而是你们接受的免于将这个人依法赶走的法律。"事实上,直到此时,德摩斯梯尼仍将自己起诉勒珀提尼斯的理由部分地建立在"勒珀提尼斯在程序上违反了现存的法规"这一基础之上,他还专门讨论了要求"任何试图提出新法的人首先必须废除与之对立的法规"这一法律(D.20.92)。他指控勒珀提尼斯违反了该法律,是由于勒珀提尼斯在提议颁布废止这一豁免的法律之前,没有废除"人民授予的所有奖励都不可撤销"这一法律(D.20.95-97)。德摩斯梯尼(D.20.95-97)接着说:

> 至于那些没有为法律所规定的事务,你们已经宣誓,按照你们最诚实的判断行事。既然你们需将这种判断应用于整个法律,那么,将荣誉授予这些捐助者是否正确?确实正确。接着又怎样?允许人民持有某人曾给予他们的东西是否正确?那也是正确的。为了遵守你们的誓言,你们将荣誉授予捐助者,但在此时,若有人宣称,你们的祖先是以不同的方式行事的,你们肯定会感到愤怒。若有人再引用这样的例子:有一些人在接受重大的好处后,并没有将荣誉授予那些捐献者,你可能认为这些人不诚实、不懂礼。之所以说他们不诚实,是因为他们没有告诉你们先辈的真实情形,并将先辈们曲解为忘恩负义;之所以说他们不懂礼,是因为他们没有意识到,即使他们述说的是事实,我们也有义务否定它,而非重复它。

在这一段话中,德摩斯梯尼并没有要求法官们只依靠自己的最佳判断行事。他利用这一缺省性条款,引入了另一个建立在正义的一般考虑基础上的论证,作为建立在成文法基础上的论证之补充(而非一种替代)。

这一缺省性条款以一种类似的方式应用在德摩斯梯尼的《诉波奥图斯(I)》这一演说中。原告曼提瑟乌斯,因为同父异母的兄弟波奥图斯使用了自己的名字,对其提起了诉讼。① 他声称,如果波奥图斯继续使用"曼提瑟乌斯"这一名字,将会给自己带来巨大的困扰。在演说的最后一部分,曼提瑟乌斯质疑波奥图斯的说法,即一项赋予儿童有权决定自己名字的法律。为防止对方反驳,曼提瑟乌斯提醒法庭,法律将为孩子取名的权利授予父母,并且,如果父母愿意,他们甚至可以取消这些名字,并剥夺孩子的继承权。此处,他强调,法官们"已经宣誓,要根据自己最公正的判断投票,因此,在某个话题上,若没有相关的法律(比如在本案中),法官们就应公正地投下自己的一票"。接着,他问法官们:"你们是否给自己的孩子取过两个名字?或者说,那些没有孩子的人是否会给自己的孩子取两个名字?""当然不会",他替法官回答说。曼提瑟乌斯认为,若法官们认为可以对自己的孩子这样做,那么,在这一案子中,按照这种方式判决也是正确的(hosion)。在演说的最后一句话中,曼提瑟乌斯得出结论,法官们应以这样的理由支持自己:如此的表决与最公正的判断、法律以及誓言一致。由此,曼提瑟乌斯没有引用司法誓言的前一部分,因为没有法律支持他的案子,他必须诉诸法官最公正的判断。当然,他也没有用缺省性条款削弱现存法律的效力。与《诉勒珀提尼斯》中的德摩斯梯尼一样,曼提瑟乌斯运用这部分誓言,在其诉诸成文法的论证之外,引入了一个补充性论证。因此,人们不能因为司法誓言中存在这一缺省性条款就认为雅典的法律存在很多漏洞,

---

① 在演说中对法律文问题进行详尽的分析,可参见后面的论述。

法官们需要依靠自己的判断。①

人们不应当宣称,法律与正义分别代表了两种不同的标准,且后者优于前者;也不应认为,"运用自己最正当的判断"这一句子授权法官,只要他们认为正义与法律发生了冲突,就应遵从自己的判断。② 第一,正如我们已提到的,上述做法将誓言中的两个句子置于相互对立的地位上。第二,如我们已看到的,这一句子从来没有以这种方式使用过。第三,我们没有理由认为,诉讼当事人与法官都认为,法律与正义分别代表两种不同的标准。事实上,诉讼当事人将法律与正义两者视为同一的,从来未将两者看成是冲突的。以下这些段落就说明了这一点。

Aeschines 3.199-200:"正义并不是未定义的,它一直为你们的法律所定义。正如在木工手艺中,当我们想知道什么是直的或不直的时候,会拿出尺子放在木器上,以之为标准。在反对非法的提议之类的公共诉讼中,也存在一个可用作正义标尺的东西,其中就包括了被提议的法令与成文的法律。"

Antiphon 5.7:"对于你来说,它是正当的,与你的誓言一致,因为你宣誓要依据法律断案。"

Isaeus 2.47:"务必记住法律及你宣誓的誓言,以及你针

---

① 例如,哈里森(Harrison,1971.48)这样说:"誓言的一般大意揭示,陪审员将按照他的良心去表决。肯定存在很多案件不完全(或根本未)被法律或法令所覆盖。"哈里森没有考察缺省性条款被引用的段落,也没有用证据来支持其笼统的论述。相似的观点可参见 Ruschenbusch (1957)。鲁申布斯克认为,在雅典的法律中存在漏洞,但他讨论的大多数证据都与雅典的法律缺乏明晰性有关,是一个完全不同的问题。相似的观点可参见 Wohl (2010) 31。托德只讨论了誓言中"依据法律与法令投票"这一条款,但他同时又认为,诉讼当事人经常"要求听讼者在一般的正义考虑基础上进行判决,只要法律的字面含义不与之冲突即可"。参见 Todd (1993) 54-55。为支持他的笼统的陈述,托德并未引入任何古代的资料。

② 认为"法律与正义分别代表了两种不同的标准",这一观点可参见 Christ (1998a) 195。克里斯特认为,"尽管法律毋庸置疑的是法庭上适用的标准(Kanon; Lycurg. 1.18-19;亦可参见 Aeschin. 3.199-200),但陪审团(sic)是根据一个更根本的标准——即他们认为的"什么是正当的"(ta diakaia)这一标准——而决定是否以及如何实施法律的"。本章随后将引用这段话,以否定克里斯特的这一论断,即雅典人相信他们的法律与正义是两种不同的标准。

对此案说过的每一句话，投下公正的、忠于你的誓言及符合法律的一票。"

Isaeus 4.31："务必记住法律和你宣誓的誓言，以及我们已经提供的证据，并投下公正的一票。"

Isaeus 6.65："如果你命令他证明其起诉书中的主张，你就应投下符合法律的公正的一票，正义将降临到这些人身上。"

Isaeus 8.46："因此，在担任法官时，务必记住自己的誓言，以及自己的论证与法律，并如正义要求的那样投票。"

Isaeus 9.35："因此，请支持我，如果克里昂在发言方面比我更有天赋，请不要为这一天赋所蒙蔽，其中没有法律与正义，应让你们自己成为整个案件的仲裁者。"

Isaeus 11.18："那些断案者认为正义及其誓言非常重要，因此，他们应投票支持我，因为我的案子与法律一致。"

Isaeus 11.35："这就是最正当的东西，这就是法律命令的东西。"

Lysias 9.19："他们的诉讼完全符合法律，是正义的（*eikos*），他们明显在践行正义，且更强调正当之事。"

Lysias 14.22："因此，如果正义不站在他们一边，若他们还命令你帮助他们，你必须记住：他们是在告诉你，违反自己的誓言，不服从法律。"

Lysias 14.42："无论是在公共事务还是在私人关系方面，你都没有对他人做过有悖于正义、法律之事吗？"

Lysias 14.47："请认真阅读法律、誓言以及法官职责。请把这些记在心里，给出公正的裁决。"

Demosthenes 43.34："在这两个人之中，无论是谁，只要你认为他的说法更公正、更符合法律，你就应站在他这一边。"

Demosthenes 43.52："这就是法律说的，这就是公正！"

> Demosthenes 43.60:"即使西奥庞普斯(Theopompus)已死,法律也不会死,正义也不会消亡,断案的法官也不会消失。"
>
> Demosthenes 43.84:"捍卫法律,关心死者,以便他们的房屋不被废弃。如能这样做,你将投下公正的一票,与法律及你们的利益一致的一票。"
>
> Demosthenes 46.28:"法庭里的大人们,我恳求你们所有人为我辩护,为了保护你我的利益、正义与法律的利益,惩罚那些轻易地做假证者。"
>
> Aristotle Constitution of the Athenians 55.5:执政官的誓言——"我们宣誓,我们将公正地、依法治理城邦,不利用自己的职位收受礼物。"

请注意,在许多这类段落中,诉讼当事人明确地说道,公正的投票就是根据法律投票。① 其重要性也表现在这些短语的位置上:它们常常出现在演讲的最后几句中。因此,人们经常在一些非常突出的位置发现它们,那充分地证明,诉讼当事人多么强调法律和正义的平等地位。这些诉讼当事人希望法官在决定如何投票时务必记住,他们已发过誓,誓言要求他们根据法律投票,而非仅仅以自认为正确的方式投票。

总之,司法誓言传达的信息非常明确:它约束法官,要求法官依据法律进行投票。因此,当演说者直接或间接地提到誓言时,都会提到法律,这一点都不奇怪。② 另外,"在没有法律规定的情况下,我将按照自己最公正的判断投票"这一条的重要性也不应被过分夸大,或被断章取义地理解。最重要的是,纵使法官认为

---

① 注意,"*dikaia*"这一语词并不是指与法律问题相对立的"事实问题",参见 Mirhady (2007)。

② 例如 D. 19.134,239,297;21.177,211;22.45;23.101;27.68;39.41;Is. 2.47;8.46。

法律是错误的,也没有无视法律的权利。最引人注目的(也是最被一些学者忽视的)是:这一条很少被人引用,而且,我们只是在两个段落中看到有人使用它。在现存的雅典法庭上发表的任何演说中,诉讼当事人都没有仅仅依靠这一条而忽视依法投票的承诺。

二、紧扣起诉书要点,不另生枝节

司法宣誓的第四条要求法官只对起诉书中提出的指控进行表决(Aeschin. 1. 159;D. 45.50)。这意味着,如果原告指控被告犯有盗窃罪,法庭只应考虑这一问题:被告是否偷了起诉书中提到的物品?这项规定含蓄地指示法官,应忽略与主要指控无关的事项。若被告被人指控受贿和背叛雅典人的利益,法庭不应去判定他是否为一个好公民,而是相反,即应考虑:作为帮助敌人的回报,他是否接受了金钱?在司法誓言中,与这一条紧密相关的是,诉讼当事人要宣誓,不"说主题之外的事情"(*exo tou pragmatos*)。[①] 凶杀案件中的诉讼当事人也曾做过类似的宣誓:他们只针对与谋杀有关的指控发言,不考虑其他问题。[②] 这意味着,原告应将自己的论证限定在证明起诉书中的指控,被告的发言应集中反驳这些指控。

但是,起诉书包含了什么内容呢?它是如何影响诉讼当事人在法庭上的论证的?尽管起诉书在雅典的法律程序中占有重要

[①] 私人案件中诉讼当事人的誓言问题,可参见 Arist. Ath. Pol. 67.1。似乎存在着与公共案件类似的誓言,因为公共案件中的诉讼当事人经常提到需要"紧扣主题",参见 Rhodes (2004) 137。

[②] 参见 Antiphon 5.11。这一证据可用来反驳拉尼[Lanni (2006) 75-114]的观点。拉尼认为,审理杀人案件的法庭有严格的相关性标准,参见 Harris (2009/10B) 327-328。

地位,但有关雅典法律的主要手册很少关注这一问题。① 最近的几篇论文讨论了起诉书,但只是研究了部分证据,并未对其在雅典法律程序中的作用进行广泛分析。②

当雅典公民或阿提卡的其他居民提起私人或公共诉讼时,他首先要向被告发出传票,要求被告在某一天出庭。③ 到了那一天,他要将一份书面文件提交给司法官员,上面记录了原告姓名、被告姓名、自己所提起的诉讼类型,以及对被告的指控。④ 这一过程可以称作"起诉"(*engklema*)(D. 32. 2,4,27;34. 16),或"公诉"(*graphe*)(D. 18. 18)。⑤ 如果被告否认这些指控,他需要提交一份被称作"反诉"(*antigraphe*)的书面陈述(Lys. 22;D. 45. 46;Hyp. *Eux*. 31;Pollux 8. 58)。每一方诉讼当事人都需要发誓,保证其文书中的陈述是真实的,因此,该类宣誓也可以被称作"互誓"(*antomosia*)(Is. 3. 6;5. 2;Lys. 23. 13;Pl. *Ap*. 19b;Harpocration s. v. ἀντωμοσία;Pollux 8. 55)。⑥若司法官员受理了该案,他会在阿哥

---

① 博谢特(Beauchet,1897)对起诉书做了一般性讨论。利普修斯[Lipsius(1905-1915) 815-824]仅仅提到了下列材料中的起诉书:D. 37. 22,25,26,28,29;45. 46D. H. *Din*. 3;Plu. *Alc*. 22;D. L. 2. 40。并且未研究本章中的许多段落。其著作中的索引包含对"*engklema*"这一术语的讨论。哈里森[Harrison(1971) 91-92]仅仅提到了利普修斯引用的那些起诉书,对于其内容及在诉讼中的作用都没有深入研究。麦道维尔[MacDowell(1978) 150-151,201,239]翻译了 D. 37. 22,D. H. *Din*. 3 以及 D. L. 2. 40 中的起诉书。托德[Todd(1993) 126]仅仅提到了司法官员不接受起诉书的可能性,对于起诉书的形式、内容及在诉讼中的作用都未触及。加林[Gagarin(2008) 112-113]只是讨论了哈里森引用的起诉书,没有补充任何东西。

② 法拉古娜(Faraguna,2006)只讨论了利普西斯与哈里森等人提到的起诉书,以及[Plu.]*Mor*. 833e-834b 这一档案中的起诉书,我怀疑这一档案的真实性。贝特朗(Bertrand, 2002)与图尔(Thür,2007)只讨论了一些证据,对于这一档案的作用很小进行分析。

③ 关于启动法律程序的方法,可参见 Lipsius(1905—1915) 804-828。

④ 卡尔霍恩[Calhoun(1919) 190]相信:"在演说家早期的演说中,投诉仍然是以口头的形式提出的,并会被法庭的官员记录下来,以书面的形式提交起诉书是在公元前 4 世纪时才引入,可能处于德摩斯梯尼开始其职业生涯前不久。"

⑤ 起诉书(*engklema*)似乎是一个主要用在私人诉讼中的术语,但它也可用来指公共诉讼中的起诉书,如 Lys. 9. 8 与 Pl. *Ap*. 24B-c 中就是这样。检举程序中的起诉书被称为"*phasis*"(检举状),参见[D.] 58. 7。在抗辩程序中被称为"*paragraphe*"(抗辩状),参见 D. 34. 16。在弹劾程序中被称作"*eisangelia*"(弹劾状),参见 Lycurg. *Leocr*. 137;Hyp. *Lycurg*. 3,12;*Eux*. 29-32。在申诉程序中被称为"*apographe*"(申诉书),参见 Lipsius(1905-15) 817。

⑥ 关于这一术语,可参见 Wyse(1904) 294. Cf. Harrison(1971) 99。

拉(广场)的英雄纪念碑前张贴一份起诉书的副本(D. 21. 103)。①在审判开始前,法庭秘书会当着法官的面宣读起诉书(Aeschin. 1. 2)。在秘书发言结束后,原告可以宣读起诉书(Hyp. Phil. 13; Eux. 40),或提醒法庭其主要的指控是什么(D. 19. 333;23. 215-218)。审判结束后,判决就直接写在起诉书上,该起诉书将存档,保存在自然女神庙或司法官员的办公室。②

起诉书的基本形式包括原告姓名、被告姓名及犯罪的名目。阿波洛多罗斯诉斯特凡努斯的起诉书就是一个很好的例子:"阿波洛多罗斯,帕西翁的儿子,来自阿卡奈德莫;控告梅涅克里斯的儿子,来自阿卡奈德莫的斯特凡努斯作伪证。要求处罚其1塔伦特。"([D.]45.46)德摩斯梯尼(21.103)出示的起诉书文本出自尤克特蒙(Euctemon),也遵循了同样的模式:"来自鲁西亚德莫的尤克特蒙指控来自帕亚尼亚德莫的德摩斯梯尼开小差。"③在原告和被告的名字之后,是其父亲及所处德莫的名字(德摩斯梯尼可能通过省略父名而缩短了尤克特蒙的起诉书)。德摩斯梯尼(21.87)说,那些需要传唤的证人(kleteres)的名字也将写在起诉书上([D.]53.

---

① 德摩斯梯尼(Demosthenes, 21. 103)说,尤克特蒙提起了一个控告,那一控告被展示出来,接着,他们没有参加初审,那表明,司法官员在初审之前(而非之后)已经将控告状张贴了出来。参见 Faraguna (2006) 205, note 34("dopo l'anakrisis una copia dell'atto di accusa veniva esposta dal magistrate");亦可参见 Isoc. 15. 237;[D.]58. 7-8。关于英雄纪念碑,可参见 Shear (1970)。

② 拉尼[Lanni (2004) 164]与加加林[Gagarin (2008) 195]认为,判决书并没有记录并存档,相反的观点可参见 Harris (forthcoming b)。

③ 在公共诉讼中,法庭就被告是否有罪进行表决之前,原告明显不需要考虑被告在量刑阶段该处以什么样的刑罚。这就解释了,德摩斯梯尼在《诉梅迪亚斯》这一演说中为何提到了被告该判处的几种可能的刑罚,参见 Harris(1989)125-126。这也可以解释,尤克特蒙的起诉书为何没有包括刑罚,但以下作品却提到了刑罚,如,[D.]58. 43(西奥克里尼斯在"违法颁布新法之诉"中提到了 10 塔伦特的罚款),Aeschin. 1. 14(吕西亚斯写到了 100 塔伦特的罚款),Arist. Ath. Pol. 48. 4(审计中的原告提到了刑罚),以及阿里斯托芬喜剧中的一个诉状(Vesp. 894-897)提到了刑罚。也可以参见帕罗斯岛(Paros)发现的一个与档案有关的法律,它要求公诉案件的原告在诉状中写明破坏公共档案的被告该遭受何种刑罚(SEG 33:679,第 27-32 行)。

14）。①

对于受理控告的司法官员来说，上述信息很重要，原因如下：

第一，便于确定每一方当事人在程序的所有后续阶段的身份。如果被告败诉了，就必须赔偿损失，审判记录将清楚地指明谁必须付钱。如果被告被判支付罚金或失去某些政治权利，那么，收取罚金的收款员就知道该把谁登记为公共债务人。②

第二，便于确定双方的地位。如果双方都是公民，司法官员就会把案件送到一个普通法庭；如果一方是侨民，则必须把案件交给主管外事的执政官，侨民的庇护人（*prostates*）可能会被牵扯进来；如果被告是奴隶，司法官员必须确保其主人将出庭代表应诉。吕西亚斯在《诉潘克里昂》这一演说中说明了确立被告地位的重要性。原告告诉我们，他是如何将潘克里昂传唤到外事执政官面前的，因为他认为潘克里昂是一个侨民（Lys. 23.2）。没想到潘克里昂回答说，自己是普罗泰人（Plataean），隶属德克里亚（Decelea）德莫。于是，原告又把他传唤到了希珀思昂提斯（Hippothontis）部落法庭（Lys. 23.3）。从这一演说可以看出，原告一直在谨慎地选择恰当的司法管辖。这一事实表明，他显然意识到，如果指控不是在正确的地点提出的，会被司法官员驳回。

第三，司法官员必须知道指控的确切性质，唯有如此，他才能确定原告是在启动包含了哪些法律的程序。雅典的所有司法官员都被禁止遵守任何不成文的法律，即在雅典的成文法典中不能发现的法律（And. 1.86）。③ 如果一个司法官员接受了一桩不符合法典所规定的任何法律程序的指控，他就违反了上述规则，并会

---

① 利普修斯［Lipsius (1905-1915) 805］认为，这不是必要的，因为这些目击者的名字并不能在以上引用的这段话说到的起诉书中被看到，但是，我们没有理由认为这些档案是可靠的。

② 关于"*praktores*"（收款员）可参见 Antiphon 6.49；*IG* i359 (c. 430 BcE), fr. e, 第 47-48 行；*IG* ii² 45 (378/7)，第 7 行；*Agora* 15；56A，第 34 行。

③ 注意，这几段话明确地说道，提起诉讼必须符合特定的程序法，参见［D.］59.66；D. 24.32, 34-38；32.1；33.2-3；35.3。

在审计时受到弹劾(Arist. *Ath. Pol.* 48.4)。在古雅典,人们并没有发布一项法令,指示司法官员将接受什么样的指控。故而他无法像罗马的司法官员那样,可以通过将标准程序应用到新的犯罪类型上,从而进行程序创新或修改传统的公式,他只能接受符合特定法律的控告。

第四,起诉书将使司法官员确信原告已将其指控提交到了正确的司法管辖机构。如果原告把他的指控提交给了错误的司法官员,后者将驳回该指控,并告诉原告,另一个司法官员会接受其提交的案件。这有助于保护司法官员,使其免于接受不在管辖范围内的案件。

第五,在私人案件中,司法官员、公共仲裁员和法庭都必须知道原告要求的确切损害赔偿金额。公共仲裁员和法庭需要知道这些,以便判定原告遭受的损失与其要求的损害赔偿是否大致相当。例如,德摩斯梯尼在起诉其监护人时,不仅要证明这些监护人侵吞了本该属于他的大笔遗产,而且要计算出侵吞的确切数额(D. 27.4-46)。

第六,如果原告败诉,法庭也必须知道其请求的数额是多少,以便确定诉讼费的数额——一般地,该费用大致相当于其请求数额的 1/6。[1]

第七,若被告指控原告发出了虚假传票(*graphe pseudokleteias*),则必须写明被传唤的证人姓名,以便要求该证人出庭作证。[2] 基于所有这些原因,对这些信息进行书面记录至关重要。

其实,起诉书中包含的信息远比这些基本事实要多。原告还必须指出被告实施了哪些违法行为。他不能只是断言被告触犯了法律,还需证明被告做了哪些违法之事。在描述被告的行为

---

[1] 有关诉讼费的规定,参见 MacDowell (2008)。
[2] 关于虚假传票的问题,参见[D.]53.14-18。

119　时，原告还必须遵循其提起诉讼程序时所依据的法言法语。[①] 在公元前343年，希波雷德斯运用弹劾程序控告菲洛克拉底犯有背叛城邦罪。与该罪名有关的法律适用于三种类型的犯罪：(1)企图推翻民主制度；(2)背叛城邦(叛逃、舰船、陆军或海军)；(3)接受别人的金钱资助，以公共演说家的身份，发表违反雅典人民最大利益的演说(*chremata lambanon*)(Hyp. *Eux.* 7-8)。[②] 在书写起诉书时，希波雷德斯(*Eux.* 29-30)非常仔细地斟酌与第三项犯罪相称的措辞。

> 我提出的弹劾案不仅公正，而且符合法律。我控告他(菲洛克拉底)："作为一名演说家，提出了不利于人民最大利益的动议，且从反对人民者那里获取金钱和礼物。"即便如此，我尚不满足，我还要在我的弹劾中加上下面这句话："他之所以提出这些不利于人民最大利益的动议，是因为收受了贿赂。"我把与他的这一行为有关的法令写在下面。并且，我还要再重复一句："他进一步提出了这些违背人民最大利益的动议，是因为接受了贿赂。"我把有关法令写在旁边。确实，我之所以将这句话写了五六遍，是因为我认为，审判和判决应当公正。

希波雷德斯使用了三个关键术语，即"公共演说家""违反雅典人民的最大利益"以及不是一次而是数次"收了钱"。[③] 其指控中还包括菲洛克拉底实施这类犯罪时提到的那些法令文本。可

---

　① 余尼斯[Yunis (2005) 197]在注释13中说，古雅典的法庭根本没有评估法律相关性的机制。审判员完全依靠诉讼当事人提供的法律，如果他们提到某个法律，那说明一定是相关的。但从起诉书的形式和内容看，这显然不是真的。在对司法誓言进行简短、肤浅的讨论时，余尼斯没有提到第四项承诺，那一承诺与他的论证有一定冲突。

　② 这一段话对法律术语的讨论，可参见 Whitehead (2000) 186-188。

　③ 参见 Whitehead (2000) 236,"希波雷德斯小心翼翼地反复念叨着弹劾法中的语词与短语"。

以想见，完整的文本一定很长。在波利尤克图斯弹劾欧克森尼普斯（Euxenippus）的起诉书中，同样包含了一些取自同一法规的语词，"说了一些违背雅典人民最大利益的话，从与雅典人民敌对的那些人那里接受金钱和礼物"（Hyp. *Eux.* 39）。当吕库古在起诉书中用同样的话语控告列奥克拉底时，有几个人找到他，责问他为什么不在起诉书中列出这一指控：列奥克拉底"背叛"了自己的父亲——其塑像至今仍供奉在救世主宙斯神庙里。尽管吕库古没有将这一指控包括进来，但他的起诉书中包含了弹劾法中的关键词"背叛"。当吕库古运用同样的程序，控告吕科佛朗（Lycophron）勾引卡里普斯（Charippus）的妻子时，他在起诉书中加入了卡里普斯亲戚的陈述。该人述说，在举行婚礼时，吕科佛朗就提醒妻子，劝告她不要再与卡里普斯保持性关系（Hyp. *Lycurg.* 3,12）。吕库古还写道，吕科佛朗不仅耽搁了许多妇女的青春，而且帮助一些妇女与不合适的人非法同居在一起。尽管吕库古不同寻常地运用了这一程序，但他仍使用了这一法言法语：由于这些行为违反了法律，因而破坏了雅典的民主制度（Hyp. *Lycurg.* 12：*kataluein ton demon parabainonta tous nomous*）。①

当埃佩内图斯在司法执政官面前控告斯特凡努斯错误地将他当作奸夫抓起来时，列出了详细的控告理由，并引用了相关法律。首先，埃佩内图斯认为，"*moichos*"这个词应翻译成"奸夫"，是指和一个女人（这个女人通常是另一个男人的妻子，或是一个在男性亲属保护下的未婚女子）发生不正当性关系的人。② 接着，埃佩内图斯开始引用允许他提起公共诉讼的法律。③ 埃佩内

---

① 吕库古的《诉吕科佛朗》这一演说的一个残篇（fr. 63 Conomis）指出，原告的论证是：违反法律就等于推翻民主制度，因为法律保护民主制度。参见 Whitehead (2000)129。
② 较早前对这一问题的讨论，可参见 Kapparis (1999) 297-298。
③ 卡帕里斯没有讨论埃佩内图斯所提交起诉书的特点，参见 Kapparis (1999) 308-313。

图斯承认,自己曾与尼奥拉的女儿发生过性关系,但否认自己是违法勾引她。然后,埃佩内图斯提出了自己的主要论证。第一,该女子不是斯特凡努斯的女儿,而是尼奥拉的女儿。第二,尼奥拉知道女儿和自己发生了性关系。第三,他引用了这一法律:不允许将任何与妓女发生性关系的人视为奸夫,并辩称,发生性关系的场所——斯特凡努斯的家——是卖淫场所。埃佩内图斯严格遵循适用于该程序的法律,提出了这一主要事实:他承诺将证明并引用与卖淫有关的法律,并用这些东西支持自己的论点。①

121 他的起诉书显然非常长,且很详细。② 梅勒图斯(Meletus)指控苏格拉底不敬神的起诉书虽然很短,但仍包括了一些不利于这一哲学家的主要主张及事实。梅勒图斯声称,苏格拉底有罪,因为:(1)他败坏了青年人;(2)他不信雅典社会承认的神祇;(3)他引入了新神(Pl. *Ap.* 24b6-c3;亦可参见 Pl. *Euthyphr.* 3b)。③ 由于原告需要用法规中的语言设计其指控,因此,需要在起诉书中证明被告触犯了哪一特定的法律。故而,那种认为在雅典的审判中法律只起着类似于证据作用的观点,肯定是错误的。总之,起诉书将确保法庭关注主要的问题,即被告是否真的违反了原告所指控

---

① 为了证明他对埃佩内图斯起诉书的陈述,阿波洛多罗斯并没有让秘书替他读起诉书,而是让担保人与仲裁人读起诉书,参见[D.]59.70,72。这一起诉书明显未保存在档案馆里,因为埃佩内图斯在出庭前撤回了他的指控,参见[D.]59.68-69。关于在预审之前撤回指控的问题,参见 Harris (2006A) 405-422。

② 德摩斯梯尼(Demosthenes,19.8)在控告埃斯基涅斯时提到的指控可能是一个相当长的起诉书:(1)埃斯基涅斯没有做真实的报告;(2)埃斯基涅斯阻止人民了解来自德摩斯梯尼的真相;(3)他的一些建议不符合雅典人民的利益;(4)埃斯基涅斯不服从有关使团的法令;(5)埃斯基涅斯在城邦丧失机会时浪费大家的时间;(6)埃斯基涅斯收受礼物与金钱。在278-279页,德摩斯梯尼重述了这些指控。

③ 埃斯基涅斯指出,雅典人相信,法官们判苏格拉底有罪,是因为他们认为苏格拉底犯有被指控的第一项罪行,即腐蚀青年。参见 Aeschin.1.173。我怀疑阿尔喀比亚德谴责的真实性,这一档案的真实性并未得到确认。关于其真实性的辩护,可参见 Prandi (1992) 281-284, Stadter (1989) LXIX-LXXI,以及 Pelling (2000) 27。

的法律。①

在针对非法的法令被提起的公共诉讼中,起诉书不仅要包含针对该法令提案人的指控,而且要列出该法令所触犯的法律(Aeschin.3.200),及该法令违反的具体条款。② 当狄奥多鲁斯指控阿里斯托克拉底提出了非法的"卡里德姆斯令"时,他在起诉书中列出了阿里斯托克拉底违反的所有法律:(1)有关战神山法庭的法律;(2)有关谋杀的法律;(3)将被判杀人者带到司法执政官面前的法律;(4)有关正当杀人的法律;(5)对所有被控犯有谋杀罪的人进行审判的法律;(6)有关劫持人质的法律;(7)所有个人一同适用的法律;(8)规定"不能使先例优于法律"的法律(D.23.215-218;亦可参见 D.23.51)。德摩斯梯尼(18.56)说,埃斯基涅斯在控告克特西丰的起诉书中指出,在克特西丰颁布的"荣誉令"中,有三条内容与法律冲突:(1)德摩斯梯尼总是为公共利益发声并行动;(2)德摩斯梯尼应收到一个金冠;(3)奖励金冠的奖项应在狄奥尼索斯剧场公开宣布。③ 当狄奥多鲁斯指控安德罗蒂安提出了一个向议事会颁发荣誉状的非法法令时,他在起诉书中罗列了所谓的安德罗蒂安违反的法律(D.22.34),包括要求公民大会的所有法令应先期得到议事会批准的法律 (D.22.5-7),禁止将荣誉状授予未修建三列桨舰的议事会成员的法律(D.22.8),以及禁止妓女和公共债务人在公民大会提出任何动议的法律(D.22.21-

---

① 这一起诉书中的证据足以反驳这一观点,即雅典的法庭只是将法律视为另一种证据,类似于目击证人的陈述,或其他的档案资料。关于这一观点,可参见 Todd (1993) 59-60, Scafuro (1997) 53 以及 Kästle (2012) 204-205。起诉书的作用也削弱了布劳(de Brauw,2001—2002)的这一观点:诉讼当事人引用法律,仅仅是为了显示他们是守法的。

② [D.]58.46 说:如果西奥克里尼斯提起的是违法颁布新法之诉(*graphe paranomon*),他将补充其判决书中被告违反的法律。

③ 埃斯基涅斯的指控是克特西丰的法令"将金冠授予那些仍没有通过审计的官员",参见 Aeschin.2.9-31。在第 32-48 行:"该法令规定,应在狄奥尼索斯剧场将授予金冠的事宜公示。"第 49-170 行:"这一法令包含了虚假的陈述。"

24,33-34)。①

在私人诉讼中，起诉书还包括原告对必须证明的主要事实的描述，以及需要遵循的法言法语。哈里卡纳修斯（Halicarnassus）的狄奥尼修斯（Dionysius）（Din. 3）展示了一个起诉书文本，从中可以看出狄那库斯是如何起诉普罗克努斯（Proxenus）的："狄那库斯，索斯特拉图斯的儿子，科林斯人，诉普罗克努斯人身伤害。当我逃离雅典回到卡里基斯时，普罗克努斯将我关在他乡下的房子里，这伤害了我。普罗克努斯知道我从卡里基斯运回了 285 斯塔托（stater）金币，当我被困在他那里时，还带着这些东西；同时，我还带有价值不低于 20 米那的银器。他设计陷害我，试图得到这些财物。"与公诉案件的起诉书一样，在私诉案件的起诉书中，也需要包含引自相关法规的关键词（如"伤害"），同时还需要特别说明原告试图证明的事实。在有关损害赔偿的法律中，包括了与故意伤害所造成的损害相关的不同处罚。一般地，对于故意伤害造成的损害，可要求双倍补偿；对于非故意造成的损害，只需进行简单的赔偿（D. 21.43）。这可能是狄那库斯加上"伤害"这一语词的原因，意在显示普罗克努斯的行为是故意的，那将使狄那库斯有权得到双倍补偿。阿波洛多罗斯指控斯特凡努斯作伪证时，在起诉书中说："斯特凡努斯证明该文档中的书面陈述是真的，提供了不利于我的伪证（ta pseude mou katemartyrese）。"同时，他还附上了斯特凡努斯证词的副本（D. 45.9-11,46）。

在"潘塔内图斯诉尼科巴鲁斯"的起诉书中，也包含了很多有

---

① 在指控通过了不明智的法律这一起诉书中，可能也包含了新法所违反的法律文本，但是，这两次演说都是按照这一程序发表的。德摩斯梯尼的《诉勒珀提尼斯》与《诉提摩克拉底》都没有讨论这一起诉书。

关被告行为的细节。① 首先,该起诉书说,尼科巴鲁斯密谋伤害原告,意图得到其财产,为此,尼科巴鲁斯指示自己的奴隶实施这一计划。其次,尼科巴鲁斯把自己的奴隶安置到原告的采矿场中,并禁止原告继续在那里工作(D.37.25)。第三项指控似乎与潘塔内图斯的奴隶有关。尼科巴鲁斯的总结使我们难以确定第四项指控(D.37.28)的内容是什么,但第五项指控可能是:尼科巴鲁斯夺取了采矿场,因此,违反了合同的约定(D.37.29)。在起诉书的最后,还有几项附加的指控,包括对女继承人进行人身攻击,侮辱、威胁并侵犯女继承人(D.37.32-33),等等,但尼科巴鲁斯并没有具体说明潘塔内图斯到底指控他实施了什么行为。然而,在随后的演说中,尼科巴鲁斯披露,潘塔内图斯还指控自己闯入其住处,进入了其女儿的房间(D.37.45)。在一桩海事诉讼的起诉书中,泽诺瑟米斯(Zenothemis)说,他以船上的货物为担保,贷款给黑戈斯塔图斯(Hegestratus)。后来,黑戈斯塔图斯在海上失踪了,黑戈斯塔图斯所在的德莫顺势侵占了该批货物(D.32.2,4)。②与公共诉讼中的起诉书一样,私人诉讼中的起诉书也包括原告意图证明的主要事实。

损害赔偿诉讼中的起诉书可能还包括一份详细的数额清单。德摩斯梯尼说,他控告阿弗巴斯的起诉书是这样开始的:"德摩斯梯尼指控阿弗巴斯如下:阿弗巴斯占有了本该属于我的金钱。作为监护人,他收了我80米那的钱。依据我父亲的遗嘱,

---

① 这一被嵌入的档案引自 D. 37.22 与 29。这一档案一定是伪作,因为其包含的陈述与演说词中的信息不一致。首先,这一档案使用的是第一人称单数,而其他起诉书的例子使用的是第三人称(D.21.103; Ar. *Vesp.* 894-897)。其次,这一叙事中讲到,埃沃古斯霸占了潘塔内图斯的矿场,导致他变成公共债务人。这意味着,潘塔内图斯变成一位公共债务人,是因为他不能运营自己的矿场,无法挣钱去缴纳该付给城邦的费用。潘塔内图斯也说,埃沃古斯等人占了他的矿场,违反了他们的协议(D.37.6)。这一档案的第29页说,尼科巴鲁斯违反了协议,因为他卖掉了矿场与奴隶,但这一说法与 D.37.6 不一致。这引起了人们对 D. 37.25,26 与 28 所嵌入档案的质疑。

② 对于这些起诉书中指控的总结,可参见 D.34.16。

他收的这笔钱属于我母亲的嫁妆(D.29.31)。"接着,他列出了所有名目,"特别说明了每一笔钱的来源、精确的数目,以及阿弗巴斯是从谁的手里收钱的"(D.29.30)。这些名目包括:(1)买卖奴隶作为其母亲嫁妆而获得的钱(D.27.13-17);(2)由于不能返还其母亲嫁妆而亏欠的钱(D.27.17);(3)由买卖奴隶和工场收入构成的30米那(D.27.18-22);(4)由售卖作为贷款担保物的30名奴隶而获得的金钱(D.27.24-29);(5)工场里的象牙和烙铁的价值(D.27.30-33);(6)监护人留下的现金及其带来的孳息(D.27.33-39)。德摩斯梯尼还非常细心地提到,阿弗巴斯是借助监护人的身份而侵占这些钱财的。此处,他使用了统辖这一程序的法规中非常关键的术语——"监护人"(*epitropes*)。从内容上看,这一起诉书一定非常长。

反诉则包含了被告意图证明的基本事实。在回答阿波洛多罗斯指控的诉答中,斯特凡努斯回答说:自己的证据是真实的(D.45.46)。当阿斯特菲鲁斯的同父异母兄弟诉克里昂时,他不仅主张阿斯特菲鲁斯的房地产属于自己,而且设计了自己的主要论证,以及意图证明的下述事实:首先,阿斯特菲鲁斯并未收养克里昂的儿子;其次,阿斯特菲鲁斯并未将自己的财产留给任何人;再次,阿斯特菲鲁斯并未立遗嘱;最后,他自己作为阿斯特菲鲁斯的异母弟,拥有主张阿斯特菲鲁斯的财产属于自己的最佳理由(Is.9.1)。

尽管雅典的法律没有包含类似于已经公式化的罗马法明确规定的短语,人们也不应过度地夸大这两种体系的差异。① 在雅典,原告在起草起诉书时,同样不得不使用法言法语。② 如果起诉

---

① 夸大雅典法与罗马法差异的倾向,可参见 Gagarin (2008) 217-218。
② 注意"*diamartyria*"(阻却性申辩)——相当于另外的案件中的起诉书,是由列奥查瑞斯提交的,目的是对抗列奥斯特拉图斯依据法律的字面含义占有阿奇亚德斯地产的请求。参见 D.44.46。

书中没有包含相关法规的关键字,接到起诉书的司法官员可能会强迫原告加上这些关键字。狄奥尼修斯曾使用检举程序向警务官控告安哥拉图斯(Agoratus),指控其杀死了自己的父亲。对于使用这一程序的人来说,必须满足一个要求:他必须逮捕被告——必须抓现行(ep' autophoro),即他必须使被告的罪行变得非常明显。① 为了使狄奥尼修斯提交的起诉书符合法律规定,警务官坚持要他在起诉书中加上"抓现行"这一关键词(Lys. 13.85-87)。

在现代,在开始举行公正的民事诉讼时,各方当事人需要在审判开始前披露各自的案件,以及与他们的诉求有关的所有材料。法律的关键是,"诉讼应公开进行"。若要做到这一点,首先要求原告以书面形式详细地说明其主张的理由。在审判过程中,他不能提出与书面请求不同的请求。被告须以书面形式详细列出拒绝对方请求的理由。他既不能简单地拒绝对方的请求,让原告和法官去猜测他的辩护意见,也不能在审判过程中提出与其辩护意见不同的主张。因此,双方在法庭打响第一枪之前,必须将战线勾画得相当精确。②

在雅典的法律中,起诉书的使用有助于避免卡夫卡《审判》中K.约瑟夫面对的尴尬局面:

> 从这可以推导出,所有的法庭文件,包括上述起诉书,原告与其辩护人都不能加以利用,因此,我们一般(或至少在特殊情况下)都没有办法知道,最先提交起诉书的人会怎样提出其指控,因为只有在非常偶然的情况下,它才包括了与案件有关的一些实质性材料。只有在有效且相关的证据被提

---

① 关于"ep' autophoro"的含义与程序,可参见 Harris (2006A) 373-390。这一术语被沃尔误译为"正在行动时",参见 Wohl (2010) 220,那削弱了吕西亚斯演说中的分析。
② 参见 Bingham (2010) 101。

交以后，在被告对证据进行审查阶段，不同的指控及支持这些指控的理由才清楚地呈现出来，或者说，才可能被推知。在这种情况下，辩护当然是一种非常困难、非常不令人满意的状况。①

在古雅典，在案件的初审阶段，原告需要提交他计划在法庭上拿出的所有证据。② 这一证据被放置在被称为"证据瓶"（echinos）的容器中。在审判阶段，原告不能提出任何未放在证据瓶中的证据。另外，在被告的答辩状中，也需要让原告知晓其准备如何回答指控。③

当然，仍然存在这样一种可能性，即在审判中，原告可以提出起诉书中没有提及的指控。希波雷德斯（Eux. 32）描述了这种战术如何可能使被告处于一种困难的境地：若被告回应不包含在起诉书中的指控，法庭可能会谴责他谈到了无关的问题；但是，若被告不管这些指控，法庭又可能认为这些指控是真的。曾有多名被告对这种策略表示不满。一名被控"诽谤将军"的士兵声称，他的对手不是专注于起诉书中的控诉，而是侮辱被告的人格（Lys. 9.1-3）。德摩斯梯尼（18.9）在为克特西丰辩护时，批评埃斯基涅斯使用了这种策略："因为埃斯基涅斯在演说的大部分内容中都在谈论其他话题，而且编造了很多有关我的谎言。我认为，对这些指控只做少量的回应是非常必要、正确的，以便你们之中没有人会被无关的论证所误导，并敌视我对起诉书的恰当理解。"在控告提马库斯时，埃斯基涅斯抱怨说，德摩斯梯尼通过谈论最近与腓力二世签订的和约以及其他无关的事情，试图分散法官的注意力，使法官不太关注指控的内容（Aeschin. 1. 166-170）。在《诉安德罗

---

① 参见 Kafka（2008）86-87。
② 参见 Thür（2007）。
③ 关于这一预测的论证问题，可参见 Dorjahn（1935），它会导致人们低估由诉状与预审而获得的一些信息。

蒂安》这一演说中，原告狄奥多鲁斯抱怨说，被告在修辞方面非常熟练，那会欺骗法官，使法官们忘记自己的誓言（D. 22.4）。① 尼科巴鲁斯宣称，潘塔内图斯赢得了与埃沃古斯的官司，方法是在审判过程中提出了起诉书中未提及的指控。由于埃沃古斯未准备优先为这些指控辩护，以致最终败诉（D. 37.45-48）。

希波雷德斯显然夸大了这一问题，因为在司法誓言中，还存在一个用以保护被告的设置。正如我们已看到的，在雅典的司法誓言中，法官们曾宣誓只对起诉书中的指控进行投票（D. 45.50）。② 这意味着在投票时，法官应当只考虑原告承诺证明的事实，忽视所有与这些指控无关的陈述（exo tou pragmatos）。事实上，据希波雷德斯（Eux. 35-36）报告，吕桑德尔曾控告帕里尼的埃皮克拉底，指控后者越界盗挖自己的矿山。为左右法官们的决定，吕桑德尔承诺愿意为城市的预算捐助 300 塔伦特。③ 最终，法官们并没有特别注意原告的承诺，仍遵从了正义的要求，他们认定埃皮克拉底并未逾越自己的矿山边界。接着，法官们通过投票，确保了原被告的财产安全，并认定被告在相约到期前的余下时间里仍可在该矿山采矿。由此可见，原告的承诺并没有动摇法官，法官们仍只是关注法律和案件事实。当他们看到被告的行为既没有违反法律，也没有坐实侵犯他人矿山这一指控时，毅然判处被告无罪。正如一位被告告诉法庭的，原告的任务不是讨论被告的品行，而是证明起诉书中的指控（Lys. 9.1）。

将法官的注意力从起诉书的指控转移到他处的另一种方法是让被告吹嘘自己的公共服务成绩。吕西亚斯（12.38）声称，一

---

① 在 D. 21.208,211 中，德摩斯梯尼预测一些富有的三列桨舰的舰长会要求法官赦免梅迪亚斯，作为对他们的奖赏，并不注意他们的誓言。在 D. 23.95,219 中，德摩斯梯尼试图让法官们分心。

② 这一条款在法庭演说中直接或间接提到过多次，参见 Aeschin. 1.154,170；[D.] 22.4,43;45;24.189;30.9;32.13;37.17；Is. 6.51-2；Lycurg. Leocr. 11-13.

③ 关于这一指控的特点，可见 Whitehead (2000) 248-249 以及此前的一些作品。

些被告并没有试图回答对自己不利的指控,而是极力显示"自己是好士兵,或者曾从敌人的手中夺取许多船只,或者把敌对的城邦变成了朋友"。然而,从法庭演说的一些段落看,法庭通常都不理会这类陈述,因为从严格的角度看,它们与起诉书中的指控无关。① 埃斯基涅斯(3.195)介绍说,由于斯拉斯巴鲁斯提议通过了一项非法的命令,因此受到了控告,法庭在审判该指控时,并没有考虑他在恢复民主制度方面的贡献,仍判他有罪,因为他确实犯有被指控的罪行。② 当阿里斯托丰指控提摩修斯受贿时,法庭同样未关注其曾经取得的胜利和对外征服的战绩,仍按阿里斯托丰的指控判他有罪:"在投票时,你不能允许这类公共服务影响审判或影响你信守的誓言。你应罚他 100 塔伦特,因为阿里斯托丰指控他收了希俄斯人和罗得斯岛人的钱。"按照德摩斯梯尼的说法(21.143-147),法庭不容许阿尔喀比亚德及其继任者的功绩影响自己的判决,并因阿尔喀比亚德触犯了法律而放逐他。当有人在公民大会上指控埃皮克拉底犯有受贿罪及其他罪行时,德摩斯梯尼(19.277)告诉我们,埃皮克拉底在恢复民主制度方面的贡献并未使他赢得赦免。在法官们判处卡里亚斯受贿罪时,也没有将他在外交方面的成绩考虑进来(D.19.273)。在《诉提摩克拉底》(D.24.133-134)这一演说中,原告提到了好几位政治家,他们都有非常出色的职业生涯。然而,纵使他们在公共服务方面成绩卓著,仍被判有罪:

> 在尤克雷德斯担任执政官后,当你考察执政团队的所有成员时,你会发现,最早是科里托斯(Collytos)的斯拉斯巴鲁斯,曾先后两次被投入监狱,且两次都是在公民大会上接

---

① 可参见 Lanni (2006) 46-64。拉尼并未讨论起诉书与诉讼当事人的作用,也未讨论本章提到的这些话,那直接与他的这一观点相矛盾,即法庭在定罪时,将公共服务纳入了考虑。

② 德摩斯梯尼改变了一些细节,使得阿尔喀比亚德的案子与梅迪亚斯的案子相似,但那并未改变其观点,即法庭不关心公共服务。

受审判的,然而,此人只是费里(Phyle)部落与比雷埃夫斯港众多遭受同类审判的人之一。① 接着是兰普泰的菲利普修斯(Philepsius),再接着是克里图斯(Kollytus)的阿哥尔修斯(Agyrrhius)——一个好公民与民主政体的拥护者,多次证明自己忠诚于人民。并且,这个人一直认为,法律必须平等地对待自己与弱者。在被判处将属于城邦的钱付给别人之前,他在雅典城邦生活了很多年。

在这些例子中,书面的起诉书与当事人宣誓要"紧扣要点"都起着重要作用。起诉书与誓言都迫使被告回答针对他的特定指控,阻止他引入无关的东西。起诉书还能保证法官时刻注意其担负的惩罚违法者的职责。②

当演说家们提到某个被告的社会地位时,通常都会指出,法庭没有受其影响。例如,德摩斯梯尼曾回忆有关庇拉斯(Pyrrhus)的审判与执行情况,他是额特奥波塔德家族(Eteobutadae)——一个著名的宗族——的成员(21.182)。③ 尽管该人的社会地位很高,最终仍受到了严厉惩罚。阿里斯顿也回想起了一个人被控犯有谋杀罪的例子,尽管该人来自被选为雅典城邦女祭司的那一家族,但仍受到了严惩(D.54.25)。还有,尽管庇拉斯的社会地位很高,"仍因拖欠国库的钱而被否决了法官资格。你们中的一些人认为必须判他死刑,在你们的法庭判决后,他被执行了死刑。然而,他仍试图接受因贫困而遭到的报应,没有滥用家族的声望"。法官们本该考虑两个因素,即他的社会

---

① 即,他是坚持民主政体论及推翻三十僭主的人之一。
② 注意,安提丰(Antiphon5.11)说,法官仅考虑被告是否实施了犯罪。罗德(Rhodes,2004)评述说,雅典的诉讼当事人一般都会抓住要点,但他们不会讨论起诉书的作用,那显示法官们将判断什么是相关的、什么是无关的。因此,罗德认为,法庭演说中关于什么是相干的,经常带有一定的随意性。
③ 关于这一宗族,可参见 Parker (1996) 290-293。

地位与贫困,但最终仍只考虑了他的行为。① 在杀人案件中,诉讼当事人也都宣誓要紧扣起诉书中的指控(Antiphon 6.9)。如一个被告说的,这一誓言迫使原告只能紧扣这一问题:被告是否实施了其指控的谋杀行为? 无论被告到底犯有多少罪行,法庭也只能按照原告的特定指控进行定罪。无论被告做了多少好事,只要他有罪,也不能得到赦免(Antiphon 5.11)。

这就解释了雅典的诉讼当事人很少提及公共服务的原因,除非它与法律指控直接相关。例如,在吕西亚斯指控埃拉托色尼应为其兄弟的死负责时,被告曾加入"三十僭主"的政权组织这一事实就与案件直接相关(Lys. 12)。当阿尔喀比亚德被人指控从军队开小差时,他所说的"无力承担军事工作"就成了主要的法律理由(Lys. 14,15)。当德摩斯梯尼指控埃斯基涅斯在与菲洛克拉底签订合约的谈判中背叛城邦时,这一法律指控与他作为雅典使团的成员这一公职有关(D. 19; Aeschin. 2)。在埃斯基涅斯起诉克特西丰的命令时,其主要的指控之一是:克特西丰的命令中包含了德摩斯梯尼为雅典提供服务的虚假陈述,这使得原告与被告的助讼人都需要考察德摩斯梯尼的政治生涯(D. 19; Aeschin. 2)。在一个关乎某位官员任职资格的案件中,法庭需要知道该候选人是不是公民,以及是否提供过军事服务(Arist. Ath. Pol. 55. 3; Lys. 16. 12-18)。②

一些诉讼当事人引用自己的公共服务情况,目的是证明自己拥有良好的品行,但他们不能论证说,仅仅因为自己曾经为社会服务过就应当赢得官司。相反,他们的论证应当这样:他们提供

---

① 也可参见[D.]54.25。在这一档案中,战神山法庭判处一个故意杀人的人有罪,并驱逐他。尽管这个人是女祭司布劳隆的父亲。有关这一指控的特点问题,可参见 Harris (2006A) 397-398。

② 关于雅典官员的"考察"(*dokimasiai*)问题,可参见 Feyel (2009) 148-197。罗德[Rhodes (2004) 142]认为,"*dokimasiai*"指对一个人的相关品行进行考察的阶段。

的公共服务能证明其具有良好的品行,因此,他们不可能实施被指控的犯罪。曾有几位被控犯有背叛城邦罪的诉讼当事人谈到了从事公益服务或军事服务的情况,目的是证明他们是爱国者,因此,他们是清白的(Aeschin. 2. 167-171)。安哥拉图斯宣称,自己曾协助杀死普瑞尼库斯(Phrynichus),并加入了费里宗族恢复雅典民主制的活动,目的是证明自己没有与"三十僭主"同流合污(Lys. 13. 70-79)。

在一些案件中,诉讼当事人提及他们从事的公共服务,目的是博取法庭的好感(And. 1. 141,144-145,147-149),但是,没有当事人会主动认罪,他们都会辩称,自己提供的公共服务使自己有资格获得赦免。[①]事实上,在控告科农的攻击时,阿里斯顿在结束演说时告诉法庭,他本该提及自己所从事的公益服务,但它们与指控无关(D. 54. 44)。吕库古(*Leocr.* 139-140)坚持说,没有哪一位曾从事公益服务的人可以要求法庭赦免一个城邦的背叛者,以示对他的恩惠(参见 D. 36. 39-42)。一位演说者抱怨,一些有罪的人被赦免了,仅仅因为他们提供过公共服务。他同时暗示,该做法是危险的,是对法律体系的一种蔑视(Lys. 30. 1;亦可参见 Lys. 12. 38-40)。另一位演说者预测,他的对手会要求法庭给予他们本不应得到的对待,理由是他们曾提供过公益服务。接着,他反驳了这一论证,并指出:只有那些曾做过公益服务且没有提起虚假指控的人才有资格获得奖赏(D. 38. 25-26)。在控告梅迪亚斯时,德摩斯梯尼坚持认为,梅迪亚斯从事的公共服务不应影响法

[①] 戴维斯[Davies (1981) 92-96]极大地夸大了演说家在演说中诉诸法庭同情的作用。他只是引用了四段话,并且没有讨论[D.]54.44 之类的表明公共服务无关紧要的段落。戴维斯[Davies (1981) 95]认为,在雅典私人法庭演说中,充斥着"诉诸法庭同情"的情形。事实上,在许多私人诉讼(如,Antiphon 1,Lys. 3,4,5,8,Is. 1,3,8,9,10;[D.]30,31,32,33,35,37,41,43,48,55,56)的案件中,许多演说都未提及公共服务。当人们提交公共服务时,它通常都是与法律上的指控相关的。如附录八揭示的,无论在私诉演说还是公共演说中,诉诸法庭同情的策略都很少见。

庭的判决,不得因此允许其逃脱惩罚(D. 21. 225;亦可参见 169-170)。①

尽管在评估某个人是否有罪时,被告的公共服务或社会地位不被认为是相关的,但在公诉案件的第二阶段,存在不同的相关性标准。② 在《诉梅迪亚斯》这一演说中,德摩斯梯尼(21.151)使得下一点变得明显起来:在审判的第二阶段,即量刑时,提及公益服务是被允许的。德摩斯梯尼设想了一位朋友,建议他不要继续起诉梅迪亚斯,因为梅迪亚斯很富有。他承认,法庭可能会判梅迪亚斯有罪,因为他明显犯有暴行罪,但在审判的第二阶段,梅迪亚斯会吹嘘自己的公共服务工作,说服法庭判处轻刑。"他已经被定罪,并且,第一轮投票不利于他。你希望法庭判他什么刑?你难道没有看到,他是一个富人,会提到自己捐献的三列桨舰与公益服务吗?请你务必注意,免得他用这些策略来要求宽大处理。如果他支付的罚金比付给你的钱还要少时,他会嘲笑你的付出。"这一想象的朋友并没有说,如此的行为是非法、不道德的。德摩斯梯尼也没有反对这一策略。相反,他认为,梅迪亚斯的公共服务并不那么感人,因此,不值得对他心存感激(D. 21. 152-168)。换句话说,德摩斯梯尼似乎认为,在审判的第二阶段,被告要求法庭考虑其所从事的公益和军事服务,是可以接受的。③

在《诉克特西丰》这一演说中,埃斯基涅斯(3.197-200)也指

---

① 柯亨说,德摩斯梯尼强调的主要问题是:那一明显违反法律的行为是否应受到惩罚,应基于综合考虑与被告相关的各种因素及其相互之间的关系、与社会的关系(包括谁为城邦提供了最大的利益)而决定。参见 Cohen (1995) 190-191。其实,柯亨误读了德摩斯梯尼的观点。
② 罗德(Rhodes,2004) 在公共审判的两个阶段都未曾触及相关性的标准问题。
③ 德摩斯梯尼在审判的第一阶段发表的演说中处理这一问题,可能是为了参与到梅迪亚斯在第二阶段发表的演说之中。由于梅迪亚斯的服务记录似乎一直给人们留下深刻的印象,德摩斯梯尼可能认为,在量刑阶段,只分配给他相对短的时间,并不足以给出可靠的回应。因此,他决定在演说的第一部分就涉及这一主题。

出，在公共诉讼的每一阶段，存在不同的相关性标准。在公诉案件中，一天（的审判）会分成三个阶段：第一阶段由原告唱主角，事涉法律与民主制度等问题；第二阶段则由被告与那些切中要点之人——就起诉书的指控进行发言的助讼人——主导；第三阶段的主要工作是量刑，或者说衡量法官的愤怒程度。"衡量法官的愤怒程度"意指"如果罪行较严重，并能激起法官们更大的愤怒，刑罚会更重；如果罪行不太严重，且不太能激起法官们的愤怒，刑罚就不会太重"。在这一点上，埃斯基涅斯引入了一个对比，即"说出要点者"和"要求投票者"之间的对比。这种含蓄的对比显示，"要求投票者"是指那些发言时不紧扣要点，不突出法律问题，只一味要求别人对他们的公共服务满意度或对他们权力和影响力的尊敬程度进行投票的人。埃斯基涅斯从不批评那些在审判这一阶段提出该请求的演说者。但是，在审判的第一阶段，运用这些借口要求投票的人，实际上是要求法官背叛自己的誓言、法律以及民主制度。埃斯基涅斯说，在法官考虑被告是否有罪时，提出如此的请求是不道德的。他接着进一步说，在审判的第一阶段，根本不需要助讼人，因为法官的判决只受法律的指导。这一说法明显是在影射德摩斯梯尼，因为德摩斯梯尼就是那种惯于使用诡辩技巧的助讼人。其结果是：如果在审判的第一阶段说这类话，法官是不会听他的。

在这段话中，埃斯基涅斯的一些论证有一定的倾向性，试图在自己有机会回答针对克特西丰的指控之前，削弱对手的可信度。实际上，德摩斯梯尼在反驳克特西丰起诉书中的指控时一直在强调要点，尽管他对自己政治生涯的辩护是无可争议的，但他对授予金冠事宜的法律解释是建立在对该法规更直接的解读基础上的，得到了许多先例的支持。更重要的是，埃斯基涅斯清楚地区分了适合在审判的每一阶段使用的论证类型。他认为，在审判的第一阶段，助讼人应紧扣要点，回答主要问题；在量刑阶段，演说者可以要求投票,可以使用那些不适于在审判第一阶段使用的论证。

在公共审判中,不同阶段有不同的相关性标准,这就可以合理地解释审判黑戈斯劳斯与斯拉斯巴鲁斯时,尤布鲁斯的一些行为。在控告埃斯基涅斯于公元前343年担任腓力二世的使团成员行为不当时,德摩斯梯尼(19.290)担心的是,尤布鲁斯会利用自己的声望影响法官,阻止他为对手说话。因此,他提醒尤布鲁斯,当黑戈斯劳斯与斯拉斯巴鲁斯在审判的第一阶段召唤他时,尤布鲁斯不应回应。① 只有到了量刑阶段,他才可以上前。这表明,德摩斯梯尼明显支持这一做法,与其早期的拒绝态度形成了鲜明对比。德摩斯梯尼补充说,尤布鲁斯除了要求法官宽恕被告外,未说出任何有价值的东西。② 其实,尤布鲁斯在审判的每一阶段表现各不相同,很有分寸,因为他认为,在审判的第一阶段介入此事不合适,故而他在法庭上没有为被告求情,而只是为被告的亲属和朋友提供了道义上的支持。也就是说,他并不认为,在审判的第一阶段,即在法官判断被告违法与否时,自己站出来支持被告是正当的。相比较而言,在审判的第二阶段,他才需要站出来发言,支持被告的亲属、朋友,并试图影响法庭。若他什么都没有说(德摩斯梯尼没有告诉我们原因),他就没有很好地履行自己作为亲属与朋友的责任,因此会请求被告原谅。毕竟,只有在一个人不能做那种被期待或被要求做的事情时,才会请求别人原谅。

唯一的本该在量刑阶段发表、旨在支持当事人的演说可以在柏拉图的《苏格拉底的申辩》(以下简称《申辩》)第二部分(35c-

---

① 麦道维尔[MacDowell(2000)331]正确地论证说,德摩斯梯尼提到了两次审判,而非两个人之间的一次审判。

② 麦道维尔[MacDowell(2000)332]与鲍尔森[Paulsen(1999)272-273]都没有分析尤布鲁斯行为的原因。

38c）看到。我们不可能准确地确定这一演说文本在多大程度上再现了公元前399年苏格拉底在审判时说的话，但它应包含了人们期待在法庭演说中发现的论证类型。事实上，《申辩》的第一部分坚持了许多法庭演说的传统，尽管苏格拉底当时试图推翻或批判这一传统，但他并没有真的这样做。苏格拉底用一种标准的"诉诸同情"（captatio benevolentiae）方法开始自己的演说，试图展示自己处在一种不利地位上，意图博取法庭的同情。在接近第一篇演说的结尾处，苏格拉底含蓄地将自己的家庭引入法庭。即使他不愿意这样做，他仍使用了这一著名的方法。在一般情况下，苏格拉底还是试图回答起诉书中的主要指控（19a-b），以便"抓住要点"。对于一些人早前提出的指控（那可能影响法庭的看法），他在演说的19c-20b部分做了回应。对于梅勒图斯的指控，他在24b-34b部分加以否定。在这一部分的结尾处，苏格拉底拿出了证据，否认了一个主要指控，证明自己并未败坏青年（32c-34b）。他还提到自己曾服兵役，目的是支持以下类比：他服从德尔菲神谕，就像士兵们服从战斗中的司令官一样（28e-29a）。

然而，在他的第二篇演说中，苏格拉底谈到了自己在私人生活中给每个雅典人带来的好处。在第一篇演说中，他否认自己败坏了青年。此处，他开始从消极方面转向积极方面：他不再谈论自己是否有罪，转而谈论自己对城邦的价值，他请求人们把他当作一个恩人看待。如果他是一个普通公民，本该谈论自己在公共服务、军事职位以及公益活动方面的情况。因此，当法庭决定该判什么刑罚时，那些在苏格拉底的第一篇演说中被认为不太相干的话题出现在了显著位置上。

埃斯基涅斯的《诉提马库斯》这一演说中的一个轶事证明了我的分析。埃斯基涅斯回忆起提马库斯曾被判处盗窃公共基金罪。提马库斯曾被选为驻扎厄立特里亚的雇佣军督察，在回到雅典后,因盗用托付给他及另两位督察的钱而被审判。在审判的第一阶段,提马库斯未针对起诉书中的指控进行发言,而是承认了自己的罪行,并向法庭求刑。因此,他说的话与这一阶段的审判无关。① 其结果是:他的这一做法未被法庭重视,提马库斯与另两位未承认自己罪行的督察都被判有罪。应当说,他承认自己的罪行,这一事实将他与同事区分开来,但由于他的承认和犯罪与否关系不大,因此,其处罚没有什么区别,所有3个人得到了同样的有罪判决。然而,他的承认在量刑阶段引起了区别。那两个不承认罪行的人被罚1塔伦特,而提马库斯被罚30米那,即前两人的一半。这一情节揭示了两种不同的标准在实践中是如何发挥作用的。在审判的第一阶段,提马库斯与另两个诉讼当事人都试图用无关的论证影响法庭,但如果法官信守自己的誓言,就会忽略法律外的一些因素,仅考察相关的问题。② 与本节开始时我们考察的另一些案件一样,埃斯基涅斯的解释显示,甚至在涉及一些政治家的案件中,法庭都没有将有罪或无罪的决定建立在政治基础上。人们由此会想起对米尔提阿德斯将军的审判。山思普斯控告米尔提阿德斯"欺骗",要求判他死刑。米尔提阿德斯出庭应诉,但没有为自己辩护,因为他的大腿受了感染。他的朋友代表他发言,提醒雅典人关注其在马拉松战役中取得的胜利,并抓获了勒蒙诺斯(Lemnos)。米尔提阿德

---

① "ou peri tou pragmatos"这一短语明显暗指诉讼当事人承诺要抓住要点,法官有义务只关注与原告所指控的事情有关的事务。卡瑞[Carey(2000)62]将这一短语翻译为"他不能就事实问题而辩护"。但他显然误读了"只说要点"这一要求。费舍尔[Fisher(2001)97]的翻译比较接近原意。

② 费舍尔[Fisher(2001)253]称提马库斯的策略是"辩诉交易"(Plea-bargaining),但这误解了雅典法律体系的特点。只有在专职的公诉人有权与被告进行交易的法律体系中,辩诉交易才有可能。由于雅典的法律体系中没有拥有如此权力的专职公诉人,因此,辩诉交易是不可能的。费舍尔还宣称,他的这一说明无丝毫的偏差与歪曲,但没有说明可能存在什么样的歪曲。然而,由于审判牵扯到公众人物,其结果本该是众所周知的。埃斯基涅斯强调,对相关性不同标准的说明必须听起来合理。

斯的成就并没有使雅典人赦免其罪,而只是减轻了对他的惩罚,从处以死刑减轻为罚 50 塔伦特(Hdt. 6. 136. 1-3)。

  对那些与法律指控没有直接关系、被告从事的公共服务情况进行广泛讨论的唯一演说是在对哈尔帕鲁斯事件进行审判时发表的。① 这是因为这一审判遵循的程序不同寻常。② 在公民大会命令战神山法庭调查几位政治家是否收了哈尔帕鲁斯的贿赂这一指控时,这一法律诉讼就启动了(Hyp. D. 2;Din. 1. 61)。6 个月后,战神山法庭报告了那些受贿者的姓名,其中就包括德摩斯梯尼与阿里斯托盖顿(Hyp. Dem 5-6;Din. 1. 53)。公民大会接着选出公诉人,控告报告中提到的那些人(Din. 2. 6),但正如其中的一位公诉人所说的,该审判的目的不是确定罪行,而是确定刑罚[Din. 1. 3,18,84(战神山法庭已经发现了德摩斯梯尼的罪行),105;2. 20]。这说明,这一审判更可能发生在公共审判的量刑阶段。基于这一原因,他们考察了被告的职业生涯。例如,德摩斯梯尼案的一名原告对他的职业生涯进行了回顾,包括在喀罗尼亚战役中表现怯懦,曾出使底比斯,公元前 335 年支持底比斯反叛失败,在签订《菲洛克拉底和约》中的作用,在亚历山大统治时期发挥的政治作用,以及在三列桨舰改革时的腐败,为发布荣誉命令而收受的贿赂,等等(Din. 1. 12-13,16,18-21,28-29,32-36,41-45)。上述事实没有一个与收受哈尔帕鲁斯的贿赂这一指控有直接关系,但原告敦促法庭在量刑时考虑这些因素。

---

  ① 这些演说提到的公共服务情况,参见附录 8。
  ② 罗德[Rhodes(2004)149]正确地注意到,狄那库斯的《诉德摩斯梯尼》这一演说"经常游离于问题之外",但我们不理解它与公诉案件的量刑阶段有何相似之处,又如何解释其不同寻常的特点。

三、司法誓言对于法官的约束作用

司法誓言是可以用来判断古雅典的法官如何看待自己角色的最佳证据。正是司法誓言使他们宣誓支持法治的几个基本原则。首先,司法誓言中包含了依法断案、不过度使用自己的自由裁量权等承诺。其次,司法誓言迫使法官公正、不偏不倚地对待双方当事人。它们不容许法官根据自己对诉讼当事人的好恶来断案。再次,法官们没有权力质疑法律的权威,并按照自己的个人意见断案。只有在法律未给出明确指引的情况下,法官们才被授权使用自己最公正的判断,但如我们已看到的,这很少发生(如果曾经发生的话)。又次,司法誓言要求法官们落实法律面前人人平等,这是"民主"这一意识形态与法治的关键要素(Th. 2. 37. 1;Eur. *Suppl*. 429-437)。在确定被告的罪行时,法官只能考察被告做了什么,而不论他是谁。在发起法律诉讼时,提交起诉书的要求迫使原告明确指出被告触犯了什么法律,他的哪一行为违反了法律。通过要求法官注意起诉书中的指控,司法誓言迫使法官对所有人在法律面前一视同仁,而不管诸如公共服务之类的无关问题。这可以防止雅典的审判堕落为"谁在公益事务方面花了更多的钱""谁在公民大会上通过了更多的法令"或"谁赢得了多少战役"之类的争论。① 确实有几个诉讼当事人在讨论这些话题,但只有在这些问题与呈送到法庭面前的法律问题有关时才能如此。因此,有关起诉书的规则对诉讼当事人在法庭上的行为有深刻的影响。通过确保所有人在法律面前平等,起诉书与司法誓言还可以保护穷人免受富人的恐吓。这是德摩斯梯尼《诉梅迪亚斯》这

---

① 通过主张"雅典的法庭将公共服务纳入考虑之中",诸如奥波尔(Ober,1989)、克里斯特(Christ,1998a)、柯亨(Cohen,1995)以及拉尼(Lanni,2006)之流的学者提出了雅典法庭反民主的观点。

一演说的主题之一。最后,起诉书帮助法官专注于自己担负的主要任务,即按照雅典人民的法律断案。"依法断案"与"仅就起诉书的指控进行投票"这两个承诺因此是紧密相关的。

起诉书起到了限定法官将对哪些问题进行投票的作用,并由此使他们的任务变得简单起来。但对于如何应用法律的问题,仍留下了大量争论的空间。例如,原告可能在起诉书中指控被告实施了背叛城邦行为,并列出这些行为。被告可能承认,他确实实施了起诉书所说的行为,但辩称那些行为不构成背叛城邦罪。这可能引起人们对"背叛城邦"这一术语的含义及"如何界定它"展开争论。如何将法律中包含的一般规则应用于特定情形,这一问题可能根本不那么明确,因为法律之中包含了法律理论家们所说的"开放性结构"。第五章和第六章将考查这一问题,并研究诉讼当事人如何企图利用法律的开放性结构,达到自己的目的。

另一种可能性是:被告承认其实施了原告指控的违反法律的行为,但会辩称,法庭在判决时,应考虑其他因素。尽管之前的公共服务工作不被认为与罪行问题相关,但被告可能会提出下面的问题,诸如,他没有实施违法犯罪行为的意图,原告忽略了关键事实,犯罪过程中存在着"强迫",或出现了其他情有可原的情形,等等。这些论证都诉诸"公平",即暗含在法律中的其他原则,那是原告需遵从的优于法律的东西。第八章将论述这一问题。在大多数情况下,法律的适用都不过是演绎推理的简单应用,只要事实已确定下来,就可以进行推理。然而,人们不应认为这总是一件简单易行的事情。

第四章　古雅典法律中的实体与程序

通常,所有社会的法律都有五个基本特征。第一,法律是由社会所认可的政治权威实施的。① 比如,实施雅典法律的职权主要掌控在法庭和公共官员手中,这些官员通常都有法律的明确授权(见第一章)。第二,法律应普遍适用。法律是调整较大范围内人的行为的规则,不应针对某个人而立法。在古雅典,很多法律都是以"如果有人……"这一短语开头的,那意味着,法律适用于所有雅典公民,或处于雅典疆域内的所有人。② 事实上,在当时的雅典,有专门"禁止针对某个人而制定法律"的规则(*nomos ep'andri*)。③ 第三,法律会列举权利和义务。用西塞罗的话(*De Legibus* 1.18)说就是:"法律命令人们做必须做的事情,禁止人们做不应做的事情(*Lex est ratio summa insita in natura, quae iubet ea quae facienda sunt, prohibetque contraria*)。"法律既可以授予人们为

---

① 关于法律的基本特征,参见 Pospisil (1971) 44-78。该学者列举了四个特征,我在他的清单中增加了程序这一特征。关于"法律是由主权国家实施的一系列规则"这一观点,参见 Hart (1961) 49-76。

② 相关例子参见 Harris (2006a) 46-47。

③ 参见 D. 23.86,218;24.18,59,116,188;[D.]46.2。

某种行为的权利,又可以向人们施加纳税的义务,还可以禁止人们盗窃他人财物。[1] 这些规则要么涉及私人在彼此关系中的权利和义务(私法),要么涉及个人对于共同体的权利和义务(公法)(D. 24.192-193),此乃法律的实体性方面。第四,法律还应规定追究违法者法律责任需要遵循的程序。此部分法律规范为那些意图实现权利、承担义务的私人和公共官员提供指引,告诉他们该如何启动这一国家机器。此乃法律的程序性方面,它规定了如何向法庭提起诉讼,以及法官和其他行政官员该如何处理案件。亦即它规定了如何启动诉讼、送达传票、确定开庭日期、向法庭提交文件、传唤和询问证人、挑选法官或陪审员等问题,以及如何对证人证言或文件的真实性提出异议,并作出最终判决等,所有这些都属于法律的程序性方面。第五,法律必须规定制裁措施。若私人遭受到侵害或损失,就应获得补偿或赔偿;对于任何侵害公共利益的行为,社会都应施加处罚,以震慑和阻却他人实施同样的犯罪行为(Isocr. 20.2)。

如上一章所述,司法誓言要求法官在作出裁决时必须遵循法律,控告人必须在诉状中明确说明被告违反了哪一具体法律。但这些法律的内容是什么?本章将考察雅典法律的内容,以及其实体和程序两个方面。当代法学家萨尔蒙德(Salmond)准确地描述了这两方面的差异:

> 实体法强调的是司法机关意图实现的目标,而程序法主要涉及实现这些目标的方式与手段。后者调整的是诉讼活动中法庭和诉讼当事人的行为和关系,前者则是确定诉讼当事人在所诉事项上的行为和关系。程序法关乎法庭内部之

---

[1] 奥波尔[Ober (1989) 10]与琼斯[Jones (1956) 15]宣称,古典时期的雅典人并无"权利"概念;多佛尔(Dover, 1974)认为,雅典人无法理解现代的"权利"概念。相反的观点可参见 Cohen (1997)和 Miller (1995) 87-139。

事务,实体法则关乎法庭外部之事务。①

在雅典的法律中,实体性和程序性规定通常出现在不同的条款中,可以明确地予以区分。② 比如,埃斯基涅斯(1.28-32)曾谈到一部涉及公共演说者的法律,它规定,在公民大会发表演说之人,若此前曾出现过殴打父母、未赡养父母、未服兵役、丢弃盾甲、卖淫、挥霍遗产等行为,任何人皆可启动"对公共演说者进行审查"(dokimasia rhetoron)的程序。③ 有关银币铸造的《尼高芬法》规定了各类行政官员的诸多职责(SEG 26:72,第13-32行),其后明确规定,若这些官员未能履行职责,任何雅典人都可以到议事会启动弹劾程序(SEG 26:72,第32-34行)。正如某些(如我们后文将看到的,但不构成大多数)雅典法律规定的,这些成文法采用了条件句形式。假设性的前件列举实体性的违法行为(比如,在实施了法律列举的上述行为后,或未履行法律义务,仍在公民大会上发表演说),结果性的后件明确规定某一程序。④

当然,这并非雅典法律的唯一形式。如下文所见,还有一些法律仅发布命令。如有关契约的法律规定:"各方当事人自愿达成的交易具有约束力。"(D.56.2)有关授予金冠的法律规定,经公民大会投票同意,可以在狄奥尼索斯剧场授予金冠(D.18.121;Aeschin.3.32-35)。一部有关继承的法律规定,所有婚生子应继承同等份额的财产(Is.6.25)。另一部有关继承的法律则授予立遗嘱人自愿处分自己财产的权利(Is.IO.2)。在以碑文形式保留下来的一些法律中,给官员下达的命令通常都采用命令式动词来表达(如 SEG 47:96,第36,41,44,47-48,49-50,52,53行),也有

---

① 参见 Salmond (1913) 438,为 Gagarin (1986) 72 引用。
② 通过比较被告实施的违法行为和控告者向法庭提起诉讼的方式,《阿提卡演说家》中的一些演说词对实体和程序做了明显区分。参见 D.21.25-28;22.25-29。
③ 关于这一程序的论述,参见 MacDowell (2005)。
④ 对这类法律的分析,参见 Carey (1998) 99。

采用将来时态的陈述语气表达的(如 SEG 47:96,第 9,10-11,12-13,14,15-16,20,21-22,24-25,27,29-30,32,33 行),人们可以称这类表达形式为规定性形式。①

一些学者宣称,雅典的法律大多是一些程序性规定,对实体问题不太重视。有一位学者断言,"从我们掌握的资料看,雅典人更重视程序法,而非实体法",并且,"雅典的法律更多地处理程序问题,不太关注因程序而带来的实体问题"。② 该学者还声称,"在很多演说中,对程序问题的强调令人印象深刻,以致很多强调实体法重要性的学者都不得不将自己的观点建立在程序性特点之上"。③ 按照他的观点,"现代社会的法律是根据内容而组织起来的,古雅典的法律则是按程序组织起来的,即依行政官员负责管理的事务而定。今天,我们将法律区分为宪法、行政法、刑法等;在古雅典,人们将法律区分为公民大会制定的法律、执政官制定的法律以及王者执政官颁布的法律,等等"。④ 还有两位学者断言,"据我们所知,无论从时间上看,还是从逻辑次序上看,雅典的程序法都先于实体法……即程序法先出现,只有在存在可用于创

---

① 我采纳了卡瑞(Carey,1998)的"条件句式"(casuistic)和"规定性句式"(prescriptive)这一表述方法。
② 参见 Hansen (1975) 10 和 14;同时可比较 Hansen (1975) 21:"雅典人对程序法比对实体法更感兴趣。"
③ Hansen (1980b) 94。汉森继续说:"我不知道有哪个历史学家敢冒险按实体法来重新整理文献来源,'将某人逐出德莫'(katalysis tou demou)写一章,'背叛城邦'(prodosia)另写一章,'盗窃'(klope)再写一章,等等。"但是,两年前,麦道维尔(D. M. MacDowell,1978)主要按实体进行分类,将自己对雅典法律的论述组织起来。他的著作第五—十二章的标题分别为:个人身份、家庭、死亡、殴打与虐待、财产、公共生活、背叛城邦和宗教。哈里森(Harrison,1968)也在其作品的第一卷中按照实体进行分类,组织自己的论述,博谢特(Beauchet,1897)也是如此。在汉森写下这段话的几年后,柯亨出版了一本书,即《雅典法律中的盗窃》(Theft in Athenian Law)。
④ 参见 Hansen (1991) 65。汉森关于法律的这一观点,立基于 D,24.20-23 文本中的一部法律。但这一法律是后世伪造的,其内容不能作为可信赖的证据。参见 Canevaro(即将出版)。

设权利的程序时,实体性权利才存在"。① 在这些学者中,有一位学者认为,"强调程序优先于实体,是法学理论仍未发展成熟的社会应有的特征:在法学家尚未出现的地方,人们只能根据现实状况制定法律,人们首先考虑的是如何使案子得到审理,而非考虑如何促进法律学说的自主发展"②。新近出版的一本有关古希腊法律的论文集反思了这一常规做法③,盎格鲁—撒克逊的诸多学者对雅典的法律持类似的观点。④ 尽管仍有很多学者不同意这一观点,但至今未见比较深入的研究成果。⑤

　　在雅典的法律中,程序与实体何者为先的问题,似乎只是一个对专业术语吹毛求疵的问题。有人可能会问,这对我们理解雅典的法律有何影响?其实,对该问题的回答非常重要,原因有二。第一,它会影响我们看待法律在雅典民主制度中的作用。如果法律主要关注的只是程序问题,那么,整个法律体系的目的不过是解决个人之间的争端。从这一观点出发,雅典的法庭就不会尝试着去实施(几乎不存在的)实体性规范,而只会调整个人之间的冲

---

　　① 参见 Todd and Millett (1990) 5。他们继续提议说:"关于雅典法律的通用教材应当把法律程序放在首要位置,而不是实体法律。"需注意的是,哈特(Hart,1961,89-96)持截然不同的态度:他将有关义务的规则称为"第一性规则",而将程序放到"第二性规则"中。
　　② Todd (1993) 65。
　　③ 托德[Todd (2005) 98]谈到了 Gagarin and Cohen (2005):"这一卷优先考虑的是法律程序而非实体法律。"
　　④ 比如,参见 Ober (2000) 541 和 545("雅典法律对程序的强调"),Foxhall and Lewis (1996b) 3("希腊城邦中的法律辩论和法律几乎全都以程序为中心,而不是实体"),Scafuro (1997) 7-9 note 18,Lanni (2006) 87(雅典法律体系最具区别性的特征之一就是聚焦于程序法而非实体法)。相比之下,亨特[Hunt (2010) 228]与卡瑞[Carey (1998) 101]提醒大家注意雅典法律中的实体特征,但他们总体上还是认同汉森和托德的下一观点:"可能大部分的雅典立法强调的都是程序,但即便我们认可这一假设(我也倾向于认同),我们还剩下大量以实体为导向的法律。"卡瑞只分析了 28 部法律就得出这一结论。而本章研究了 300 多部法律。
　　⑤ 罗德[Rhodes (1979) 106]解释道,"法律处理违法行为和针对违法者可用程序的标准形式",会以实体违法行为开头,而非程序,但这并未回答雅典法律的内容为何这一问题。在下文中,我会像卡瑞等人那样,使用"实体"(substance)和"程序"(procedure)这一表述。我和卡瑞一样,认为在法律的条件句式中,可以在前件中找到实体部分,在后件中找到程序部分。因此,不能说我的结论异于我批评的其他学者的结论,因为我们对这些术语的定义不同。

突，并将个人之间的竞争导入社会可接受的轨道之内。① 有学者断言，雅典的法庭并未实施实体性规范，而只是作出了一些特殊的判决。② 持这种观点的一个比较极端的支派宣称，雅典法庭的主要功能是充当富人争权夺利的角力场。③ 这是对雅典法律体系的极简主义（或原始主义）解读，他们认为，雅典法律的目标是试图将争端限定在法庭之内，加以解决。④ 另外，如果我们认为，雅典的法律提供了数量众多的、明确的实体性规范，即规定了各种权利和义务，那么，我们对该法律体系的理解就大为不同。我们就不会将法律的目的限定为仅规定法庭运行的程序规则，而会将其适用范围拓展到社会生活的方方面面，亦即法律将设定公民与官员的义务，发布与经济生活有关的一些规章，如确立婚姻、继承规则，限制或禁止使用暴力，而且还包含一些与宗教仪式和节日有关的命令。作为法律的守护者（D. 24.36；Din. 3.16），法庭将实施那些调整个人日常行为的实体性规范。

第二，这一问题的答案将影响我们对《阿提卡演说家》中法庭演说的理解。如果法律既没有对权利和义务做清晰的规定，又没有实体性规则对如何解决争端提供明确的指导，那么，审判就会变成两人之间声誉的较量。在这一较量过程中，任何类型的陈述都有一定的价值，为获得法庭的支持，诉讼参与人可畅所欲言。如此的话，人们在法庭上的辩论与庭外的争辩并无任何实质不同，而且可能堕落为互相辱骂。⑤ 另外，倘若法律提供了清晰的指引，且法庭的作用是实施实体性规范，那么，我们就会期待原告依

143

---

① 关于雅典法律体系的这一观点，参见 Osborne（1985b）52：“雅典法庭的很多工作，都停留在调整冲突这一层面。”
② 这是拉尼（Lanni, 2006）的总体看法，对于这一看法的批判，可参见 Harris（2009/10b）。
③ 对于这一视角，可参见 Ober（1989）和 Cohen（1995）。
④ 这是托德［Todd（1993）65］的看法（程序最重要的是让一个案子能向法庭起诉）。
⑤ 一些只是相互辱骂的法庭演说，可参见 D. Cohen（1995）79-81。

据法律提出自己的控告(D.45.50)。对被告而言,他需要努力证明自己并未实施相关的违法行为,或证明自己的行为并不违法。如果按照这一进路,法庭演说中的各种论证与修辞就会明显不同于其他类型的演说,例如,人们在公民大会上发表的演说。

在雅典的法律中,实体与程序之争的问题非常复杂,应当从多个不同角度进行分析。

第一,雅典法律的构成(organization)与形成过程(conceptualization)问题。当阿提卡演说家们在讨论某些法律或某一组法律时,他们是如何将这些法律组织起来的,是按实体内容还是按程序?当某个演说家提到某部法律时,他指的是该法律的程序性方面还是实体性方面?

第二,《阿提卡演说家》中雅典法律的内容。《阿提卡演说家》中提到的雅典法律条文主要突出的是程序问题,还是实体内容?

第三,碑文中保存下来的雅典法律的内容。这些法律主要涉及程序问题,还是实体问题?

第四,雅典法律中的定义。一些研究者认为,雅典法律未能定义关键术语,这一缺陷意味着它对实体性问题不太关心。这一观点是否正确?

一、古雅典法律的构成和形成过程

在《阿提卡演说家》的一些段落中,诉讼当事人探讨了雅典法律的基本原理或构成问题。在一份为弹劾案而撰写的演说中,希波雷德斯(*Eux.* 5-6)说,颁布法律的目的是处理不同的违法行为,接着,他列出了这些违法行为以及负责处理这些违法行为的行政官员。[①]

这就是他们针对发生在城邦中的每一种犯罪制定不同

---

① 相关论述参见 Whitehead(2000)184-186。

法律的原因。针对一些人对宗教事务不虔敬，就有由王者执政官审理此类不虔敬行为的公共诉讼与之相应；若有人不孝敬父母，就由名年执政官审理这类案件；若有人在城邦内提议通过一项非法的法令，司法执政官会处理这一问题。对于那些胆大妄为、应立即逮捕的人，古雅典人设置了由 11 人组成的警务官，负责处理这类案件。对于其他违法行为，古雅典人同样确立了与之相应的法律与法庭，以便按类似的模式处置这些行为。

上述段落表达的中心思想是：雅典人依据实体范畴对法律进行了分类，同时，根据行政官员所辖领域之不同，将不同类型的诉讼分配给了不同的官员，这些官员的管辖权是根据实体问题而确定的。王者执政官负责宗教事务，名年执政官处理家庭事务，司法执政官管辖与非法裁判有关的案件。在两个案件（涉及不敬神和逮捕之类的公共诉讼）中，人们提到了程序问题，但在每一个案件中，人们都强调，是违法行为的性质而非程序，才是确定官员司法管辖权的决定性因素。在《诉拉克里图斯》（*Against Lacritus*）(D. 35. 47-48)这一演说中，有类似的一段话：

> 然而，法庭上的大人们，在商事合同问题上，我们需要去哪儿才能获得正义？该类案件由哪一位官员受理？何时受理？该由警务官处理吗？但众所周知，警务官处理的是与抢劫、盗窃等财产犯罪有关的刑事违法行为。难道该由执政官审理吗？执政官通常被指定照顾女继承人、孤儿寡母之类的人。那该由王者执政官受理吗？但我们既不是体育执事，又不是指控他人不虔敬，故不该由王者执政官处理。那是否该由侨务执政官将该案起诉到法庭呢？是的，侨务执政官通常只管辖外邦人丧失或拒不接受庇护人的案件。好了，现在只剩下将军们了，但他们主要负责指派三列

桨舰长之类的事务,并不担负将商业案件起诉到法庭的责任(摘自 A. T. Murray 的译文)。

从该段落可以看出,不同官员的管辖权是由实体性违法行为的性质决定的,几乎没有提到司法程序。①

在《诉提马库斯》这一演说中,埃斯基涅斯(I.7-8)一开始就谈到了与不同年龄的群体及公共演说者(rhetores)有关的法律:"首先,他们(指立法者)制定了与儿童优良品格有关的法律,该法律明确指出,自由的男孩应该做哪些事,他们该如何成长。其次,他们制定了有关年轻人的法律。再次,是有关其他年龄段人群的法律。这些法律不仅与个人直接相关,而且与公共演说者有关。"埃斯基涅斯的法律论述(Aeschin. 1.9-30)也是按这一基本逻辑展开的。该演说全然未提及法律程序,但将法律组织起来的原则建立在实体性问题基础之上。

诉讼参与人阿里斯顿介绍了雅典的法律如何防止暴力升级的(D.54.17-19):

> 对我而言,如果能在您的法庭上找到一个理由或借口,以至于一个被判犯有粗暴辱骂或伤害他人之罪者逃避惩罚,我会感到惊讶。法律采取了截然不同的方法,规定了诸多强制性措施,防止违法行为升级。比如……针对诽谤行为,人们可以提起私人诉讼;事实上,雅典人认为,正是这些诉讼的存在,人们才可以避免从彼此侮辱升级为彼此殴打。其次,对于那些殴打他人的行为,人们可提起私人诉讼,并且,我听说,正是由于这些诉讼形式的存在,那些发现自己处于弱势地位者才不会运用石头或其他方法还击,而会等待人们运用法律、按法律规定的方式实施惩罚。再者,针对伤害别人的

---

① 可比较 Is.32-35。此处也是根据待决案件的实体性质,而将管辖权分配给不同官员的。

行为，有公共诉讼与之对应，于是，那些受伤害者无须亲自谋杀加害者。在我看来，将侮辱规定为轻微的违法行为，蕴含了这样一种态度：为防止最严重的伤害形式——谋杀——的发生。因此，正是由于有了相应的诉讼形式，违法行为才不会从侮辱逐渐升级为全武行，再演变成皮开肉绽，最后演变为谋杀。不会的，法律对这些违法行为都规定了相应的惩罚措施，因此，最终的决定权不是掌握在处于愤怒之中或因激情而涉案之人手中。

阿里斯顿提到了诸多不同类型的程序和违法行为，相应的指控也是由轻到重、从侮辱到谋杀（phonos）依次排列的。这一顺序是由实体性违法行为决定的，始于伤害最小的行为，终于最严重的行为。雅典法律对暴力行为的分类完全以实体问题为导向。①

在这方面，雅典的法律与戈提那（Gortyn）的法律相似，后者同样是按照实体问题进行分类的（IC IV 72）。新近出现了一部系统研究《戈提那法典》（*The Great Code of Gortyn*）的著作，它提到，镌刻法典之人小心翼翼地将法典分为若干明显的章节，通常会用跳格的形式标明新的章节开始。在所有的案例前面，几乎都会空出一到两格。② 并且，每一章节都只涉及一个实体问题，如性暴力、离婚、夫妻分居、离异妇女的子女、财产的继承与分割、女继承人的婚姻与再婚，以及收养等问题（参见附录四）。其中，只有两节重点谈论了程序问题：第 1 节论及了审前逮捕的问题，第 31 节规定了法官的义务。最近，有人发现，其中还包括了几组"与立法有关的章节"。第一组法律"包含了与性侵有关的四条规则"

---

① D. 22.25-29 似乎是暗指雅典法的重心在于程序的唯一一段，而奥斯本（Osborne，1985b）对雅典法的看法严重依赖于这一段。然而，该段的偏向性明显，且其分析容易引人误解，因为它给人带来一种错误的印象，即针对不同的违法行为存在不同的程序，而程序之间并不存在明显的实体差别。参见 Carey (2004) 以及 Harris (2008) 179-181（后者更简短）。

② Gagarin (1982)。

(第 2-5 节),第二组法律包含了"因离婚或丧偶而引发财产纠纷的六条规则"(第 6 节和第 7 节)。在第三组法律中,有两条涉及遗弃儿童的问题。还有一组法律是关于继承和女继承人问题的(第 21-24 节)。① 因此,若某些章节之间存在某种关联,这些关联也是建立在每一章节所处理的实体性问题相似性基础上的,没有哪一章节通过程序问题联系在一起。这一法典并未明确规定任何程序,也未列举哪些案子可通过何种程序起诉到法庭。从这些法律的总体架构看,它们是以实体性问题为线索而展开的。

在这一点上,《戈提那法典》与雅典的法律并无不同。亚里士多德在讨论菲洛劳斯(Philolaus)为底比斯制定的法律时(*Pol.* 2.12.10.1274b),专门挑出了与生儿育女有关的规定,即俗称收养法的那部分内容,这是一种实体性规定。根据亚里士多德的说法(*Pol.* 2.8.4.1267b),米利都(Miletus)的希波达马斯(Hippodamas)认为,有三种类型的法律,分别对应三种主要的诉讼理由:肆意妄为、伤害、杀人。他还建议,当选的官员应主要处理三大领域的问题:公共事务、外邦人事务以及与孤儿相关的事务。他的建议可能是乌托邦式的,但他以实体问题为导向对法律进行分类的做法显得非常传统。

实际上,当雅典的诉讼当事人在法庭上提及某一部法律或某一组法律时,通常都是根据实体性违法行为的名称、类型或实体法适用的主体类型描述法律的。② 在下列法律中,没有一部法律是按照程序命名的。

---

① Kristensen (2004)。

② 汉森(Hansen,1991)宣称,D. 24.20-23 中的文件表明,雅典人是按程序对法律进行分类的,但这一主张易受到两大反对意见的冲击。第一,这一文件是按雅典城邦中的机构和官员(公民大会、九大执政官、其他地方行政官)进行法律分类的,而不是按程序分类的。第二,这一文件是伪造的:其内容与 D. 20.89-93 和 D. 24.19,24-26 中对专门立法程序的解释并不一致,且其语言与同时代文件的语言并不一致。参见 Canevaro。罗德[Rhode (1979) 107]接受这一文件中的这一证据,但并未基于这一演说词而得出"雅典的法律以程序作为分类的标准"这一结论。

1. 有关违法犯罪者的法律(*peri ton klepton kai lopodyton ho nomos*)——Antiphon 5.9。

2. 有关盗窃的法律(*hoi de nomoi … ton klepton*)——Aeschin. 1.113。

3. 有关损害赔偿的法律(*ho tes blabes nomos*)——D. 21.35。

4. 有关人身伤害的法律(*ho [sc. nomos] tes aikias*)——D. 21.35。

5. 有关斋月(Holy Month)的法律(*hieron nomon … peri tes hieromenias*)——D. 21.35。

6. 有关行政官员收受礼物的法律(*ton peri ton doron nomon*)——D. 21.107-108。

7. 有关酒神节和秘仪的法律(*ho nomos tode to peri ton Dionysion ho peri ton mysterion*)——D. 21.175。

8. 有关重伤害的法律——Aeschin. 1.15;D. 21.46,48。

9. 有关拉皮条的法律(*ton [sc. nomon] tes proagogeias*)——Aeschin. 1.14。

10. 有关公民大会秩序的法律(*nomoi peri eukosmias*)——Aeschin. 1.22,34。

11. 有关部落首领的法律(*ton … peri tes proedrias ton phylon nomon*)——Aeschin. 1.34。

12. 有关谋杀的法律(*hoi phonikoi [sc. nomoi]*)——D. 21.43。

13. 有关女人良好品行的法律(*peri tes ton gynaikon eukosmias*)——Aeschin. 1.183。

14. 有关血亲及赠与的法律(*hoi nomoi ou monon oi peri ton genon alla kai hoi peri ton doseon tois sungenesi*)——Is. 4.16。

15. 有关采矿的法律(*ton metallikon nomon*)——D. 37.35。

16. 有关商人的法律(*tous emporikous nomous*)——D. 35.3。

17. 有关遗嘱的法律(*ho peri diathekon nomos*)——Hyp.

Ath. I7。

18. 有关三列桨舰长的法律(*ton peri trierarchon nomon*)——Dinarchus 1.42。

19. 有关免除三列桨舰长承担公益服务的法律(*ton peri ton trierarchion*)——D. 20.27。

20. 有关诽谤的法律(*peri tes kakegorias nomon*)——Isoc. 20.2。

21. 有关惩治懒惰的法律(*peri tes argias nomos*)——D. 57.32。

22. 关于酒神节的法律——Aeschin. 3.36(在狄奥尼索斯剧场宣告授予金冠的法律)。

23. 有关卖淫的法律(*tout es hetaireseos nomou*)——Aeschin. 1.160;D. 22.21。

24. 有关嫁妆/亡夫遗产的法律(*ton tes proikos nomon*)——D. 40.19。

25. 有关受审计官员的法律(*ton ton hypeuthynon nomon*)——Aeschin. 3.205。

26. 有关授予金冠的法律(*ton peri ton kerygmaton*［*sc. nomon*］)——Aeschin. 3.205。

27. 有关孤儿的法律(*nomous…peri ton orphanon*)——Lys. 32.23。

28. 有关虐待父母的法律(*tou peri kakoseos nomou*)——Is. 8.32。

29. 对岛民征收十二税一谷物的法律(*nomos peri tes dodekates tou sitou ton neson*)——Stroud (1998)。

30. 喀里摩尼德斯(Chaeremonides)法有关征收第一批果实献祭的规定(*ton Chairemonido no*[*mon peri te*]*s aparches*)——IG ii² 140,第 8-9 行。

31. 有关谋杀的德拉古法(*ton Drakontos nomon tom peri to phonou*)——IG i³ 104,第 5 行。

当然,在古雅典,还有一部弹劾法(*nomos eisangeltikos*)(Hyp. *Eux.* 3)与一部涉及民事诉讼时效的法律(D. 36.26),但这些法律似乎属少数例外情形。尽管这些法律中包含有程序性元素,但关键之点在于:每当当事人提到某一法律时,强调的仍是实体性方面。这并非只是当事人的偏好问题,最后三部法律均来自官方档案。

因此,每当诉讼当事人说出几组法律时,通常都会根据实体性内容进行排列。在诉讼当事人和官方文件称呼某一法律时,通常也是称呼其实体方面的名称。但单部法律的内容怎样?它们是更多地导向程序问题,还是实体问题?

二、《阿提卡演说家》中的实体法与程序法

《阿提卡演说家》中的演说提及了多部古雅典的法律。在某些案件中,诉讼当事人会一字不差地引用法律条文,但更常见的情形是,诉讼当事人在引用一些条文时,会进行一些解释或总结。这些引用、解释和总结应该可信,因为它们通常发生在书记员宣读法律的前后。如果诉讼当事人未如实地陈述法律的内容,其不实之处当时就会被发现。另外,若诉讼当事人意图扭曲法律的内容,人们有望很快发现这种不一致,因为两位演说者会对同一法律进行总结,或者同一演说者会在不同的演说中对同一法律进行总结。但情况并非总是如此。① 比如,在审判克特西丰时,埃斯基涅斯和德摩斯梯尼援引了三部法律(330):要求司法官员接受审计的法律(Aeschin. 3. 17-22;D. 18. 111-118)、将金冠授

---

① 与这一观点相关的更多证据,参见 Canevaro and Harris (2012) 99-100。

予行政官员的法律(Aeschin. 3. 11-31; D. 18. 111-118)、在剧场公布授予金冠这一嘉奖令的法律(Aeschin. 3. 35-36; D. 18. 120-122)。尽管他们对这些法律有不同的解释(参见第六章),但他们的基本表述并无不同。① 例如,德摩斯梯尼和埃斯基涅斯曾援引公元前 346 年缪尼基昂月(Munichion,古雅典日历中的一个月份,相当于现代的 3 月或 4 月)通过的议事会法令,他们对该文件的陈述并不矛盾。②

另外,《阿提卡演说家》中提到的法律文件大多属伪作,没有可靠的证据支撑。③ 比如,在德摩斯梯尼《论金冠》提到的法令中,出现了一些并非公元前 4 世纪执政官的名字,还存在一些与当时的地理环境不一致的说法。④ 很多学者认可这一说法:埃斯基涅斯在《诉提马库斯》这一演说中提到的一些法律并非真实的文件。⑤ 麦道维尔通过分析德摩斯梯尼《诉梅迪亚斯》中的一些证人证言,发现其中的很多证言具有后古典时代的语言特征。⑥ 该演说提到的三部法律文件存在同样的问题,这说明这些东西纯属伪造之物。⑦ 最近的一篇论文也已证明,安多基德斯《论秘仪》中包含的五份法律文件也是伪造的。⑧ 当然,关于这些文件的真伪问

---

① 对这些演说中相关法律争论的分析,参见 225-233。
② 参见 D. 19-161; Aeschin. 2. 91, 98, 103. Harris (1995) 79。
③ 关于《安提卡演说家》中的文件,最新的全面研究参见 Drerup (1989),该学者证明了很多文件都是伪造的。卡瑞(Carey, 1998)的很多主张都立基于其中提到的法律(即 28 部法律中的 16 部),有一些如今已被证明是伪造的,剩下很多法律的真实性也被质疑。关于 D. 21. 47 处嵌入的法律,参见 Harris (1992) 77-78, Harris (2008) 103-104。关于 D. 21. 8 处嵌入的法律,参见 Harris (1992) 76-77 和 Harris (2008) 89-90。关于 D. 24. 20-23 和 D. 24-33 处嵌入的法律,参见 Canevaro。
④ 参见 Schläpfer (1939),并参见 Wankel (1976) 79-82。
⑤ 参见 Drerup (1898) 305-308; Fisher (2000) 68, 138-140, 145, 164, 183, 204-205, 206。
⑥ 对于 D. 21. 22, 82, 93, 107, 121 和 168 处的证人证言,参见 MacDowell (1990) 245-246, 302, 316, 333, 343-344;麦道维尔[MacDowell (1990) 317-318]也否定了 D. 21. 94 处法律的真实性。
⑦ 关于 D. 21. 8, 10 和 47 中的法律,参见附录七。
⑧ 参见 Canecaro 和 Harris (2012)。

题,尚需进行全面研究。[①] 但在目前,最好的做法是不过多地信赖其中的证据。

研究这些演说家所引用和解释法律的主要好处在于:它们可以为我们提供理解诸多法律问题的横截面。安提丰的演说是在审理一起谋杀案时发表的;伊萨乌斯的演说则主要涉及继承问题;吕西亚斯和德摩斯梯尼则为各种各样的公诉案件和私诉案件写过演说词。有些是以原告身份发表的,有些是以被告身份发表的,还有一些是以助讼人身份发表的。从整体上看,这些演说词为我们提供了近一个世纪的丰富样本。在附录五中,我们列出了《阿提卡演说家》中提到的所有法律(和一些法令)的完整清单。对于每一部法律,我们都附上了对主要条文的说明,以及对实体和(或)程序内容的分析。在下文,我们将以时间为序,列出从这些证据中发现的东西。我们还是从安提丰开始吧,他是现存的法庭演说中记载的最早演说家。

安提丰(公元前 480 年—前 411 年)的 3 篇演说都是针对杀人案而发表的:第一个是故意杀人案,第二个与逮捕为非作歹者(*apagoge of kakourgoi*)程序有关,第三个是违心杀人案。[②] 第一篇演说(诉继母案)并未引用法律,在另两篇演说中,被告曾引用或提到了 10 部法律。其中,1 部是关于刑罚的,1 部是关于实体问题的,1 部既涉及实体问题又涉及程序问题,剩下的 7 部法律都只涉及程序问题。安提丰的演说更强调程序,原因明显是它们都发表于杀人案件中。在有关杀人的法律中,实体性规定很少且相对简单。对于杀人,雅典人做了四种基本的区分:故意杀人、违心杀

[①] 卡内瓦罗(Mirko Canevaro)和我如今正在研究这一问题。卡内瓦罗撰写的第一卷(我负责其中的一章),即关乎德摩斯梯尼文集中公共演说中的法律和法令。

[②] 我将《四部曲》(*Tetralogies*)排除在外,因为原创作者的身份有争议,而且它们看起来像是修辞学训练,而不是为了在法庭发表。对于这些演说词的研究,参见 Sealey (1984),其参考了之前的处理方式。对于《以毒杀罪诉嫡母》和《论合唱队男童》的指控性质,参见 Harris (2006a) 391-404。

人、预谋杀人和正当杀人。① 由于这类犯罪行为性质严重,人们认为其会产生很大的损害,因此,需要制定一套非常复杂、详尽的程序,以便将之与其他私人诉讼区别开来。② 其结果是:关于杀人的法律与涉及其他问题的雅典法律存在极大区别。因此,我们不应将有关杀人的法律看成雅典法律体系的典型代表。

以吕西亚斯的手稿形式留存下来的演说词有 32 篇,还有 2 篇演说词被哈里卡纳修斯的狄奥尼修斯以长文的形式选用。在这 34 篇演说词中,有 3 篇演说词并非为庭审而作。这些演说词极少引用法律,这部分与这些演说词所针对的案件性质有关。有 4 篇演说词是替接受议事会(16,25,26,31)离任审计的官员而作(27,30),涉及在司库(17,18,19)或议事会(24)听审的特殊程序。这类案子全都涉及事实问题(诸如官员的任职资格、官方的行为、财产所有权、个人收入以及是否具有某方面能力等问题)。当然,在《吕西亚斯文集》中,还有很多其他类型的演说词。③ 在这些演说词中,吕西亚斯只引用或提到了 18 种法律,但对其中 4 种法律的总结要么没有留下多少信息,要么只是提到了处罚。在剩下的 14 种法律中,有 8 种涉及实体问题,2 种涉及程序问题,还有 2 种既涉及实体问题又包括程序问题,但主要是实体问题(Lys. 1. 30-33;12.5)。卡瑞(Carey)编写的最新版《吕西亚斯演说集》非常有价值,收录了 513 篇可归入吕西亚斯名下的演说词残篇,但其中只有很少的演说词引用或解释了法律。有 2 个残篇提到了程序性法律,有 2 个残篇提及了实体性法律,还有 1 个残篇提到了判处肆意妄为(或严重伤害他人)者死刑的问题。因此,在吕西亚斯的文集中,引用和讨论的法律更多地与实体问题而非程序问题相关。

---

① 加加林(Gagarin,1990)试图否认其中有预谋杀人(bouleusis)这一指控,相反的观点可参见 Harris(2006a)400-404。
② 关于公害对杀人案件程序的影响,参见 Harris(2010)126-130。
③ 对于《吕西亚斯文集》中演说问题,参见 Harris(2006b)368-369。

安多基德斯(公元前 440 年—前 385 年)有 4 篇演说词留存于世,但有 2 篇非真作,有 1 篇发表于议事会。① 最后 1 篇发表于公元前 400 年—前 399 年,发生在审判 1 件不敬神的案件中。在这篇演说词中,安多基德斯引用、提及了 16 种普遍规定的法律和法令,但其中的 1 种很可能是临时虚构的产物。② 在余下的 15 种法律中,有 4 种包含了实体和程序两方面的内容,7 种仅涉及实体问题,5 种仅处理程序问题。有 4 种法律表面上看只涉及实体问题,但却是由特殊的程序(即违法颁布新法之诉和颁布不明智的法律之诉)保障实施的。对此,安多基德斯并未详加解释,因为他认为,这与自己的论证无关。因此,安多基德斯的演说词中涉及的法律兼具实体和程序两方面的特征。在一些法律中,实体性因素更显著,而在另一些法律中,程序性因素更突出。

伊索克拉底(公元前 436 年—前 338 年)的法庭演说词有 6 份留存于世,但只有 1 篇发表于埃伊纳岛的法庭之上。余下 3 篇并未引用或解释任何法律。在《诉卡里马库斯》(Isoc. 18.2)的演说词中,伊索克拉底只提及了 1 部如何提交抗辩书的法律,且只涉及法律程序。在《诉洛奇特斯》(*Against Lochites*)中,伊索克拉底提到了与诽谤有关的私人诉讼中的处罚问题,仅涉及刑罚问题。

伊萨乌斯(公元前 420 年—前 340 年)有 11 篇演说词手稿留存于世,还有一大部分演说词可以从哈里卡纳修斯的狄奥尼修斯《论伊萨乌斯》这一文集中找到(17)。所有演说词都是针对继承案件写作的,其中 12 篇共提到了 29 部法律,而且有 4 部法律被提到了 2 次,因此,伊萨乌斯提到的法律实际上只有 25 部。在这 25 部法律中,有 18 部涉及实体性规则,全然无涉法律程

---

① 关于《论和平》(On the Peace)的真实性,参见 Harris (2006b);关于《诉阿尔喀比亚德》的真实性,参见 Edwards (1995) 131-136,208-211 和 Cobetto Ghiggia (1995)。

② And. 1.107 处的法律很可能是一个突发奇想,为公元前 403 年大赦捏造一个先例。需注意的是,安多基德斯并未宣读这一法律文本。

序。这些法律大部分与继承权有关,如确定谁有权继承、谁无权继承等问题。只有 5 部法律含有程序性规定,且大多是告诉人们该如何提出继承房地产的请求。只有 1 部法律同时涉及实体和程序两方面,还有 1 部法律规定得相当模糊,难以确定到底该归入哪一类。由上观之,伊萨乌斯的雇主引用的法律更多涉及实体性问题,而非程序。值得注意的是,在伊萨乌斯的演说词中,有 4 部法律被提到了 2 次,且较多地涉及实体性问题,这意味着,人们通常认为,这类法律与法庭审理的问题直接相关。

埃斯基涅斯(公元前 390 年—前 322 年?)撰写和发表的演说词共 3 篇。第一篇演说发表于公元前 346 年末,是在有人依据弹劾公共演说者的程序而提起的诉讼中[1],第二篇演说发表于公元前 343 年或前 342 年的官员离任审计过程中,是为了回应有人针对该官员提起的"背叛城邦"的指控。第三篇演说词是一篇控诉状,针对的是公元前 330 年提起的违法颁布新法之诉。埃斯基涅斯共提及、解释、引用了 38 部法律,其中的绝大多数法律都包含了实体性规则。其中,29 部主要或仅涉及实体性问题,5 部同时包括实体性问题和程序性问题。在 2 个案件中,埃斯基涅斯要么只提到了 1 条有关惩罚的规定,要么只提到了法律的名称而未讨论其内容。在埃斯基涅斯引用的法律中,只有 2 部法律(1.79;2.87)主要涉及程序问题。

希波雷德斯(公元前 389 年或前 388 年—前 322 年)的演说词是为应对不同类型的审判而撰写的,能给我们带来更丰富多彩的样本。有 2 篇演说词是有关向议事会弹劾官员的(即《为吕科佛朗辩护》与《诉欧克森尼普斯》)[2],1 篇是关于合同纠纷的(即《诉阿瑟

---

[1] 关于这一程序,参见 MacDowell (2005)。
[2] 对于这一指控,参见 Whitehead (2000) 82-84,157-158。

诺哥尼》)①,1 篇与哈尔帕鲁斯事件引发的特别控诉有关(即《诉德摩斯梯尼》)②,1 篇出现在违法颁布新法之诉中(即《诉菲里庇得斯》)③。希波雷德斯的演说词还存在 2 个以上的残篇,如《诉提曼德鲁斯》(*Against Timandrus*)和《诉迪翁达斯》(*Against Diondas*)④。前者发表于一个与孤儿有关的诉讼中,后者是为了控告迪翁达斯通过了非法法令。⑤ 在上述演说词中,演说者共提到 12 部法律,但其中,只有 2 部法律主要涉及程序问题[Hyp. *Lycurg.*, fr. 3; *Against Diondas*, p. 8,第 3-5 行(Carey et al.)];有 9 部法律谈到了实体性规则,且未提及程序问题[Hyp. *Phil.* 3; *Ath.* 13,14,15,16,17,33; Hyperides, *Against Timandrus*, 138r,第 3-11 行(Tchernetska et al.)];1 部法律主要涉及实体性问题,仅提到程序的名称(Hyp. *Eux.* 7-8)。在涉及程序问题的 2 部法律中,1 部同时提到了程序问题和实体问题(Hyp. *Ath.* 29,33),另 1 部主要涉及议事会执行主席(*proedroi*)这一职位,很可能规定了议事会主席的职责,这是实体问题(Hyp. *Phil.* 4)。由此,就有 9 部法律主要或仅涉及实体问题,1 部主要涉及程序问题,1 部同时包括实体和程序,1 部仅提及处罚措施。同样地,这些演说词提及的法律重点突出的仍是实体问题,而非程序问题。

在吕库古(公元前 390—前 325 或前 324 年)的名下,只有 1 份完整保存下来的演说词,提及了 3 部法律,1 部涉及实体问题,并提及了处罚措施,但与程序无关(*Leocr.* 27);1 部给出了实体性规定,未提及任何程序(*Leocr.* 102);还有 1 部同时包含了实体和程序(*Leocr.* 120)。在吕库古的演说残篇中,似乎未包含任何对法

---

① 对于这一指控,参见 Whitehead (2000) 267-269。
② 对于这一指控,参见 Whitehead (2000) 359-361。
③ 对于这一指控,参见 Whitehead (2000) 31-32。
④ 对于这一文本,参见 Tchenetsha et al. (2007)和 Carey et al. (2008)。
⑤ 《诉迪翁达斯》中的指控涉及监护与孤儿的抚养问题。对于这一论述和其他论述的参考,参见 Whitehead (2009) 138-148。

律的解释或总结。

《德摩斯梯尼文集》包含了 42 篇法庭演说词,但有 2 篇(第 25 与 26 篇)被认定为伪作。[①] 这些演说词大多是德摩斯梯尼(公元前 384 年—前 322 年)写的,但有一些是阿波洛多罗斯(公元前 394 年—前 343 年后)和其他一些演说家写的。[②] 我们可以大致地将德摩斯梯尼的演说词分为公诉案件演说词(18-24,52,57-59)和私诉案件演说词(27-51,53-56)。在公诉案件的演说中,德摩斯梯尼共提到或引用 113 部法律。其中,有 11 件案件,当事人根本未谈及法律内容,只是提及了惩罚措施。纵使在德摩斯梯尼提及法律的案件中,很大一部分内容——57 部法律——主要(或仅)涉及实体问题。虽然其中的一些法律包含了程序要素,但引用这些法律的当事人显然认为,这些要素与自己的案子无关。在 14 个案子中,德摩斯梯尼提及的法律兼涉实体和程序问题。只有 31 个案子中的法律主要(或仅)涉及程序问题。有些法律甚至被提到了 2 次,但这并未改变这一基本事实:德摩斯梯尼演说中提及的法律更多地涉及实体问题,而非程序问题。德摩斯梯尼在私诉案件中的演说共提到大约 59 部不同的法律(部分法律被提到了 2—3 次),其中的 29 部主要涉及实体性问题,主要涉及程序问题的法律也有 29 部。还有 3 部法律同时包含了实体和程序两方面的内容。在其中的一些演说中,当事人选择性地引用法律,即尽管其他资料表明,相关法律既有程序性规定,也有实体性规定,但参与人通常只引用或提及实体内容(比如,D.29.36 提及的有关盗窃的法律)。由上观之,在德摩斯梯尼私诉案件演说中,程序规则的比重较高,这可能与这些演说发表在涉及程序违法的抗辩书(*paragraphe*)中有一定的关

[①] 有关 D.25 和 D.26 的真实性,参见 Sealey (1993) 237-239,其中参考了上述论述。

[②] 特里维特[Trevett (1992) 50-77]认为第 46、49、50、52、53 和 59 篇演说都出自阿波洛多罗斯之手,很可能第 47 篇也是。

系(D. 32-38)。

狄那库斯(公元前 361 年或前 360 年—前 292 年或前 291 年)演说词现存 3 篇,都发表在战神山法庭调查哈尔帕鲁斯事件官员受贿的特殊审判中。① 如前一章所述,公诉人交由法庭裁判的并非被告的罪行(这已经为战神山法庭的报告所证实),而是该如何惩罚的问题(Din. 1. 105;2. 20)。因此,这些演说发表在公诉案件的量刑阶段,故很少提及法律。狄那库斯的演说词共提到了 9 部法律,其中有 3 部规定了惩罚措施(其中的 1 部提及 2 次:Din. 1. 60 与 2. 17),因此,演说者关注这 3 部法律就不足为奇了。还有一部法律只提到了名字而未加评论(Din. 1. 42);在余下的 4 部法律中,2 部涉及实体问题(Din. 1. 71;2. 24;3. 4),1 部涉及程序问题(Din. 1. 71),1 部同时涉及实体和程序问题(Din. 3. 4)。

在《阿提卡演说家》中,实体规则数量较多的部分原因是:在一些案件中,多个实体规则都是由一个程序规则保障的。例如,在违法颁布新法之诉中,人们运用该程序可起诉多种不同类型的法令,这些法令既可以是关于如何授予官员荣誉的(Aeschin. 3. 11. 36),又可以是在剧场或他处宣布该荣誉的(Aeschin. 3. 32-35),也可以是有关授予议事会荣誉的(D. 22. 8),还可以是禁止公共债务人提议通过新法令的(D. 22. 21-24;59. 6),以及要求所有法令须经议事会事前批准的(D. 22. 5-7)。在事关继承的案件中,多部与继承有关的法律也能通过判决程序得以实施。这就解释了在伊萨乌斯的演说词中,在提及法律时为何较多地涉及实体规则。还有一些与官员任职资格相关的规则,亦可通过审查程序得以实施。②很多法律明确地规定了不同的官员负有的不同义务(比如,$IG\ i^3$ 52,第 15-32 行,为其他神庙的司库规定了诸多义务),但

---

① 关于这些演说的论述,参见 Worthington (1992)。
② 关于这一程序的论述,参见 Feyel (2009) 148-197。

这些法律都能通过官员任职期间的弹劾程序或任期届满后的审计程序得到保障。①

关于《阿提卡演说家》中的法律问题,相关证据都向实体法倾斜。毕竟,程序法的部分目的是使案件能在法庭得到审理,因此,它规定了如何提起诉讼、如何将案件分配给适格的法庭,确定初审与庭审的日期及选择法官等事项。这类法律(及程序法)还规定了案件审理后的一些事宜,包括如何执行判决、如何收缴罚金或实施惩罚,等等。一旦案件提交到了法庭,程序规则就变得不那么重要起来,人们争议的焦点就转向了"被告是否违反了法律中的实体性规定"这一问题。然而,至关重要的是记住,诉讼当事人在法庭上更关注法律的实体部分而非程序部分,那表明他们认为,对于自己的主张而言,前者比后者更重要。从演说词更强调实体规范可以看出,诉讼当事人期待法官主要根据实体性规则而非程序性规则进行裁判。然而,即便我们能纠正由选择性引用而带来的偏差,但总体而言,在法庭演说中,人们引用、讨论的法律仍更多地与实体问题相关,而非与程序问题相关。

同时,人们还需要注意,到底更强调实体,还是更强调程序,会因领域的不同而不同。② 安提丰的演说词给人留下了这样的印象:有关杀人的法律更强调程序。③《德摩斯梯尼文集》中的公诉案件演说词与埃斯基涅斯的演说词都是在公诉案件中发表的。从希波雷德斯的公诉案件演说词中可以看出,在公法领域,实体规则的数量更多。有关婚姻、继承的法律同样如此——那正是伊

---

① 关于向议事会弹劾程序的论述,参见 Arist. Ath..Pol. 45.2, Antiphon 6.35; SEG 27: 72,第 32-34 行。关于审计程序的论述,参见 Arist. Ath..Pol. 45.2,此处说,通过这一程序可对盗窃公共基金、收受礼物和品行不端提起指控。

② 这部分的结论类似于 Carey(1998)107 中的初步结论:"我认为在某些领域,可以发现定义权利和义务的趋势:财产法(尤其是财产转让)、家庭法,这两个领域在继承案件中融合宗教和宪法。"

③ 比较 Carey(1998)108:"关于谋杀的法律……重在程序。"

萨乌斯演说的主题。另外,从德摩斯梯尼在私诉案件中发表的演说可以看出,实体性规则和程序性规则都与案件有关。但总体而言,实体性规则仍占多数。在同时包含实体性规则和程序性规则的几个案件中,人们较多地强调的仍是实体规则。

三、碑文中所见的实体法与程序法

在以碑文形式保存下来的法律中,不存在选择性引用或法律解释的问题。虽然这些法律的数量远比人们想象的要少,但却能很好地补充从演说家那里获得的证据——这些演说家往往只是从法律中抽取一些东西。留存在碑文中的法律共 9 部,其中的 7 部已完全公开,1 部只是部分公开,还有 1 部待公开。① 在公元前 4 世纪的一份碑文残篇中,人们发现了一些与厄琉息斯秘仪有关的规定,这可能是 1 部法律。② 上述这些法律内容各异:2 部是关于铸币的,1 部内含一份重建城墙的合约,1 部是关于如何征收两种粮食税的法规,1 部是为了解决僭政问题,还有 5 部记载了有关宗教节日和圣殿的规则。这些法律鲜有提及法律程序问题,大部分条款都以规范的形式出现。

公元前 374 年或前 373 年的《谷物税法》(*The Law of Agyrrhius*)包含了两种谷物税:一是按十二税一的比率,对勒蒙诺斯(Lemnos)、伊姆布罗斯(Imbros)、塞洛斯(Scyros)三岛收获的

---

① 尚未公开发表的关于铸币厂的法律(Agora Inv. 7495)似乎包含有对其他官员的命令,但并未指定任何法律程序。我要感谢理查德森(Molly Richardson)允许我拜读他提出的碑文文本。吕库古有关供品的法律可追溯到公元前 334 年(*IG* ii² 333),非常零散。近期的相关论述可参见 Lambert (2005) 137-144。汉森(Hansen,1981-1982)认为,*IG* ii² 412 是一部法律的残篇,但没有足够的碑文遗迹来得出一个明确的回答。
② Clinton (2008) 116。

谷物课税；二是以十五税一的比率对阿提卡进口的谷物征税。①该法律的主要条款是向购买了收税权的包税人、城邦和由公民大会选举的十人委员会等下达命令。这些命令通常以规范语句的形式表达,通常使用将来时的动词(第 9,10-11,12-13,14,15-16,20,21-22,24-25,27,29-30,32,33 行)、动词不定式(第 42-43、56、59、60 行),或带有祈使语气的动词(第 36,41,44,47-8,49-50,52,53 行)。没有哪一个条款采用了条件句形式,即前件描述的是违法行为,后件明确地规定程序。

该法最主要的条款规定,包税人需要将谷物运输至比雷埃夫斯港,存放在埃阿科斯神庙(Aiakeion,埃阿科斯,宙斯之子,后为冥界判官之一)(第 10-15 行)。城邦将为该神庙置顶设门,并负责在谷物交付后的 30 天内称重(第 15-19 行)。城邦不收取该神庙的使用费,且会按特定的方式称重(第 19-27 行)。包税人无须预付定金,但须为合同支付一定的费用(第 27-29 行)。包税人须提供担保(第 29-31 行)。城邦将向"缴税六人组"(Symmory)中的一人或全体组员收取费用,也就是说,该小组的成员相互承担连带责任(第 33-36 行)。公民大会须遴选出 10 人,监管谷物的销售活动。这批谷物将在阿哥拉(广场)开市后的某一时间按公民大会确定的价格出售(第 36-51 行)。这个十人委员会需提交谷物销售账目,并将所得钱款转为军事基金(第 51-55 行)。② 在这部法律中,没有一处提及公诉、举报、逮捕、检举或指控等法律程序。并且,该法律的所有条款都规定的是实体性规则,且大部分都是以对官员和政治机构下达命令的形式出现的。

---

① 对于这一文本及其注释,参见 Stroud (1998)。相关论述可参见 Harris (1999b)。雅各布(Jakab,2007)和汉森(Hansen,2009)认为,这一法律关于谷物运输合同,但他们的观点没什么说服力。参见 Faraguna (2007)。以斯特劳德(Stroud)为首的学者认为,十二税一(*dodekate*)是对岛上生产的谷物征收的一种税。相反的观点可参见 Harris (1999) 270-272 和 Rubel (2009) 340-341。

② 对于第 55-61 行的含义,参见 Harris (1999b) 269-270。

在公元前 353 年或前 352 年发布的,向厄琉息斯献祭第一批果实的法律(IG ii² 140)中,我们可以发现类似的强调实体性规定的倾向。[1] 该法对先前的喀里摩尼德斯的法律(第 8-10 行)进行了修订,授权公民大会决定采取何种最佳的方式向两位女神进献第一批果实(第 10-13 行)。该法将贯彻公民大会的决定和举行宗教仪式的任务委派给了议事会(第 13-25 行)。它规定,在第一批果实征收上来后,议事会要举行祭祀仪式(第 25-31 行)。该法最后一节包含了要求议事会秘书将该法铭刻在石碑上的命令(第 31-38 行)。同样地,该法未提及任何法律程序。

公元前 336 年通过的著名的《反僭政法》是完全不同类型的法律,但其主要的三个条款并未提及任何法律程序。[2] 尽管该法的第一条采用了条件句形式,前件列举了建立僭政、推翻民主制度的各种罪行,后件根本未提及任何法律程序,只是规定,凡杀死犯有上述罪行者,都将获得宗教上的圣洁地位。换言之,该法将免于对这些人提起公诉,并且规定不得将这些人从宗教仪式和寺庙中驱逐出去(第 7-11 行)。该法的第二条禁止最高法院成员荣升为战神山议事会成员,与后者平起平坐,或主导相关事务(第 11-16 行)。第三条同样采用了条件句式,其后件中也未提及任何法律程序,只是规定,对违反上述禁令的最高法院成员将处以剥夺公民权和没收财产的惩罚(第 16-22 行)。[3] 再一次,由于该条是对最高法院的成员施加一定限制,因此,我们讨论的是实体问题,并未提及任何法律程序。

与上述三部法律相比,公元前 375 年或前 374 年通过的有关银币铸造的《尼高芬法》涉及的法律程序要多一些,但仍有一

---

[1] 对于新近文本,参见 Clintion (2005) note 142。对于注释,参见 Clinton (2008) 133-135。

[2] 对于通过尸体解剖获得的文本,参见 Schwenk (1985) 33-46。

[3] 该法最后一条要求议事会秘书将该法铭刻到两个石碑上(第 22-29 行)。

半条文是在给众多的官员下达命令。① 该法第一条是一种总则性规定,它命令:公众必须接受用白银铸造且盖有印章的阿提卡银币(即将之确定为法定货币)(第 2-3 行)。接下来的条文列举了检验员(或称银币检验员)——即受议事会监管的公共奴隶——需承担的义务(第 4-16 行)。这些义务都以一系列祈使性的动词表达(第 6 行:*dokimazeto*;第 10 行:*apodidoto*;第 11 行:*diakopteto*)。该节的最后一句规定,若检验员未履行上述义务,人民会议召集人将鞭打他 50 下(第 13-16 行)。该句采用的是条件句形式,并未提及法律程序。随后的 21 行(第 16-36 行)详细地规定了若有人拒绝接受检验员核准的银币,该如何处理。该法还规定,在哪些情况下个人可以举报他人(第 18-23 行)②、谁可以征收罚款(第 23-26 行)、司法执政官的职责是什么(第 26-28 行)、如何奖励举报人(第 28-29 行)、对违法的公共奴隶该如何惩罚(第 30-32 行)、如何向议事会弹劾未遵循法律要求的官员(第 32-36 行)。③ 这一法律的余下条文规定议事会必须在比雷埃夫斯港另设一位检验员,市场监管者必须确保该检验员能履行职责(第 36-44 行)。该法的结尾处还对该法的颁布(第 36-44 行)、检验员酬金的支付(第 49-55 行)以及废除与之相反的法律(第 55-56 行)等问题做了指示。尽管在该法中程序问题占了一定篇幅,但该法的绝大部分——55 行中的 33 行——仍是在对各类官员赋予权利、施加义务,因此,与实体问题紧密相关。

公元前 337 年或前 336 年发布的,重建亚提翁尼亚(Eetionia)和缪尼基昂(Mounichia)城墙的法律(*IG* ii² 334)有 110 余行,分两部分,第一部分有 46 行,涉及法律事宜。从 47 行起是第二部分,

---

① 对于文本和注释,参见 Stroud (1974)。
② 关于检举(*phasis*)程序,参见 MacDowell (1991)和 Wallace (2003)。
③ 关于向议事会弹劾的检举,参见 Arist. *Ath. Pol.* 45.2;Antiphon 6.35;*SEG* 27:72。

规定城墙建设的技术细节,这一部分保存得相当完整,但第一部分的两面已严重损毁。尽管如此,我们还是能辨识这一部分法律条文的主题。这部分规定:从城邦领取报酬的建筑师须向议事会主席和秘书处提交设计方案,并由后两者在议事会大厦展示方案(第6-8行),然后才由议事会遴选或批准设计方案(第9-12行)。接着是有关工作的报酬、资金来源和支付报酬的日期等规定(第15-27行)。议事会主席必须召开相关工作会议,否则将被罚款(第28行)。工程的监督者需通过选举的方式产生,其职责是监督工程承包人的工作及其薪资支付状况(第28-31行)。这些监督者须主持审理与承包合同有关的一些案子(第31-32行)。未能完成任务的承包人将面临罚款的处罚。在这一法律中,还有一条是关于法庭该如何审理这类案子(第32-36行),它规定由议事会主席召开有关城墙建设的会议(第36-38行);对于议事会和监督者在建设城墙过程中付出的辛勤劳动,应支付一定的报酬(第38-40行)。在该法中,还专门规定了提交海港设计方案的程序(第40-42行),及要求被任命的官员监督工程的命令,以及如何支付报酬的规定(第42-45行)。在该法律中,这部分条款全都是向官员和议事会下达命令(第6-32,36-46行),其中,只有6行谈及了如何强制执行合同的法律程序(第31-36行)。

在阿哥拉(广场)发现的两块石碑的残篇中,有一部由阿里斯托尼库斯(Aristonicus)提议通过的法律和一部由公民大会下达的有关"小泛雅典娜节"(Lesser Pannathenaea)的法令,它们大约发布于公元前335年。[①] 制定该法的目的是确保在"小泛雅典娜节"期间,向雅典娜献祭时能做到尽善尽美,并使监祭官获得尽可能多的收入(第A5-7行)。该法规定,公产交易官(Poletai)必须将新土地(the Nea)出租给出价最高之人,接受承租人的担保(第

---

① 对于这一文本,参见 *IG* ii² 334 与 Lewis (1959)(=Lewis [1997] 252-262)。

A7-11 行),并出售十五税一的收税权(第 A11-13 行)。议事会主席应主持召开议事会会议,讨论这些合约(第 A13-17 行)。该法剩余部分的内容非常零散,接下来的部分包含了诸多对监察官下达的命令(第 B8-31 行)。监察官必须对违反命令者处以法律规定的罚款(第 B31-35 行)。在该法令中,根本没有提到这些官员必须向法庭起诉违法者,也未提及任何法律程序。

在公元前 4 世纪或前 3 世纪,有一部关于阿特弥斯神庙(Artemis Brauronia)的法律,内含向诸多官员发布指令的内容,这些官员包括议事会的文书保管员(exetastai)、其他神殿的司库(第 9-15 行)、神殿建筑师(第 15-19 行)、公产交易官(第 19-20 行)和收税员(第 20-22 行)。① 但在该法尚未公开的部分中,可能有一些涉及法律程序的规则。

颁布于公元前 4 世纪中期,有关厄琉息斯秘仪的一些规定残篇很可能是一部法令。② 其中一些与惩罚措施有关的规定未能留存于世,但留存下来的部分似乎符合法律标准,因为在这些规定中,包含了一些长期适用的一般性规定。③ 克林顿(Clinton)很好地总结了这一法律的内容:

> 发布举行秘仪的公告,遴选并派遣信使(spondophoroi)到希腊各城邦(第 A.1-13 行),规定节日前后神圣休战(Sacred Truce)的范围和性质(第 14-17 行),各城邦举行迎接信使的活动,听后者汇报自己的布道状况(第 20-26 行),有关洁净申请入会者仪式(myesis,又称"入会小仪式")的规定(第 27-29 行),有关遴选秘仪监察官(epimeletai)的规定,以及监察官与王者执政官在管理节日活动方面的职责(第 29-38 行),有关祭司

---

① 对于这一文本,参见 Themelis (2002) (= SEG 52:104)。但需注意的是,瑟米里斯(Themelis)只发表了 47 行碑文中的 25 行。

② 对于这一文本,参见 Clinton (2005) note 138。

③ 参见 Clinton (2008) 116 和 Hansen (1979) 32-35。

(*exehetes*)在节日前应担负的职责(第 38-40 行),通过抓阄的方式不定向遴选信使的规定(第 41-42 行),以及(此处有很长一段空白)有关神圣入会仪式(initiates,又称"入会大仪式")(B. h. a)的规定,有关秘仪主祭官(*epistatai*)一般职责的规定(B. a. 23-24)。①

换言之,上述法律中的大多数规定都涉及官员的行为举止问题。然而,有些条款采用了标准的条件句形式,即前件描述违法行为,后件提及法律程序。在第 11-13 行中,似乎有一个条件句(第 11 行),接着提到了司法执政官(第 12 行),再后面是一项处罚[第 13 行:*ophei*(*lein*...)]。在第 27-29 行,也有一个条件句,其前件规定,若某人明知他人不是欧摩尔波斯宗族(Eumolpidai)或科尔克斯部落(Kerykes)的成员,仍允许其参加了洁净仪式;或者若某人将那些寻求得到神祇开示的人引荐给了非欧摩尔波斯宗族或科尔克斯部落成员。后件规定,任何雅典公民可以启动检举程序(第 28 行)。斯顿夫(Stumpf)认为,该法的下一条(第 28-29 行)规定,对于那些未能履行职责的王者执政官,可以提起法律诉讼。② 在第 36-38 行中,有一条关于王者执政官未能对违规之人处以罚款的规定,采用了条件句式,其后件提到了处罚(第 37 行)。③ 第 40-41 行似乎包含了类似的结构,即前件提及了未能履行义务的当选官员(第 A40 行),后件规定了一项法律程序(第 A41 行)。第 44-45 行也呈现出同样结构。第 A46 行提到了司法执政官,第 A49 行提到了大陪审团(Heliaea),第 Ba12 行提到了公诉案件中的量刑程序,第 Ba24 行涉及官员任期届满后的审计程序。但剩余条款规定的都是各类官员的职责问题。

---

① Clinton (2008) 117。
② Stumpf (1988) 223-226。
③ 关于这一词组的论述(第 37 行),参见 Stumpf (1988) 226-228 和 Clinton (2008) 121-122。

公元前 5 世纪时，人们尚未正式地区分法律（law/*nomoi*）和法令（或政令）（decree/*psephismata*）。① 在很长的时间里，对个人进行嘉奖的命令、为特殊情形规定的临时措施，以及意在适用于所有阿提卡居民和各大群体的一般性规则，都通称为法令。对于那些保存在公元前 5 世纪碑文中的措施来说，只有很少的措施可归入法令范畴，但这些措施常能证实我们依据公元前 4 世纪的法律得出的结论。

公元前 5 世纪晚期为厄琉息斯神庙征收第一批果实的法令是以一般性的规定开始的，它要求雅典人将第一批果实献给两位神明，接着，规定了小麦和大麦的征收比例（*IG* i³ 78，第 4-8 行）。② 随后的两条给官员们下达如下命令：由德莫长负责征收第一批果实，并将之交给监祭官（第 8-10 行）；后者需要建造仓库，储藏这些小麦和大麦（第 10-14 行）。其后的一条则命令外邦人上交第一批果实（第 14-18 行），并说明了如何将这一命令传达给外邦人（第 24-26，30-36 行）。若监祭官没有遵守这一命令，将被罚款 1000 德拉克马（第 18-21 行）。该条只规定了惩罚措施，未指明应对这些官员采用何种法律程序。监祭官还要记录自己征收谷物的数量（第 26-30 行）。再下一条规定了祭祀的供品种类等问题（第 36-44 行）。该法令的第一部分最后说道，凡公正地对待雅典人者，其城邦和两位神祇都将受益良多（第 43-45 行）。

该法令的第二部分有一篇兰波恩（Lampon）——他可能是著名的先知——提议的附文（第 47-61 行）。这一部分给官员们下达了更多的命令：议事会秘书负责监督将法令刻成两篇碑文，并安放在厄琉息斯神庙和雅典卫城（第 49-51 行，比较第 52-53 行）；公产交易官应雇人制作这类石碑（第 51 行）；财务官

---

① 参见 Hansen (1978)。
② 对于详细论述，参见 Cavanaugh (1996)。

(kolakretai)负责提供资金(第 51-52 行);下一届执政官负责额外设置 1 个月——赫卡托姆拜昂月(Hekatombaion)(第 54-55 行);王者执政官负责划定皮拉斯基康(Pelargikon)的边界(第 54-55 行)。在未经议事会和公民大会允许的情况下,不得在皮拉斯基康设置圣坛,也不得移除任何土石(第 55-57 行)。随后,出现了法令中唯一一个标准的条件句条款:若有人违反上述命令,将被判处 500 德拉克马的罚款,并且,王者执政官应向议事会报告这一违法行为(第 57-59 行)。这是该法令提到弹劾程序的唯一之处。[①] 该法令最后命令兰波恩起草一份提案,先将该提案提交议事会第九次主席团会议讨论;再将另一份提案提交议事会,以便向公民大会介绍有关情况(第 59-61 行)。在该法令中,几乎所有条款都是在对不同的官员下达命令,要求他们遵从相关宗教事务的实体性规定,涉及法律程序的只有寥寥两行。

在大约公元前 5 世纪 40 年代或前 5 世纪 20 年代,克莱尼阿斯(Cleinias)提议通过贡赋征收的一般规则(*IG* i³ 34)。[②] 其中第一条将征收贡赋的责任分配给了议事会、城邦官员和港口监督员(第 5-11 行)。下一条则涉及鉴别封印(*symbola*)问题,该封印用来防止运输贡赋者的偷窃和欺诈行为(第 11-18 行)。议事会主席团应在酒神节后召开公民大会,以便财务官汇报贡赋的缴纳情况(第 18-22 行)。雅典人将遴选并派出 4 人,为那些已上交贡赋的城邦开具收据,并要求那些未交付贡赋的城邦缴纳有关费用(第 22-31 行)。至此,该法令仍未提及任何法律程序。但下一条采用了条件句形式,前件规定了违法行为(征收贡赋过程中的不当行为),结果性的后件规定了法律程序(第 31-35 行)。议事会主席团被指示要向议事会指控相关违法行为,否则将面临罚款(第 35-37

[①] 该类弹劾似乎与 Arist. *Ath. Pol.* 45.2 提及的一致。
[②] 刘易斯将 *IG* i³ 34 的时间确定为公元前 448 年至前 447 年,相反的观点可参见 Mattingly (1966) 和 Rhodes (2008a) 503,他们认为,这一阶段应该在公元前 4 世纪 20 年代。

行)。在议事会决定后,议事会主席团应将案件移交普通法庭(第37-41行)。在妨碍运输牛和盔甲的条款中,也有类似的程序性规定(第41-43行)。该法令余下的条款(第47-77行)非常零散,但其中似乎包括了某些表示法律程序的术语(第67行:*graphen*;第70行:*esagonton*;第72行:*menyseos*)。总之,该法令并未明确地对法律程序问题作出规定,在现存文本中,约有2/3的篇幅是对不同类别的官员和政治机构下达命令。

公元前426年或前425年,克利奥尼穆斯(Cleonymus)颁布了另一部有关贡赋的法令(IG i³ 68)。虽然该法令的碑文非常零散,但还能看清其条文所涉的主题。该法令要求城邦遴选负责征收贡赋的官员(第8-9行)。正如"克莱尼阿斯法令"规定的那样,议事会主席应召开公民大会,以便财务官汇报贡赋征收情况(第10-16行)。公民大会应遴选6人,向那些未履行进贡义务的城邦追索相关费用。财务官应做好已缴纳贡赋和未缴纳贡赋的记录(第21-25行)。其中,还有一条专门针对锡拉岛(Thera)和萨摩斯岛(Samos)的特殊条款(第21-25行)。接着是一条将法令副本安放在雅典卫城的命令,以及一份次日召开公民大会的附文。接着,另一部法令谈到了法律程序(第37-51行)。它规定,应遴选出监管员,以便监督与贡赋有关的案件(第38-51行)。该法令中有一个用条件句表达的条款,其前件包含了违法行为(如,密谋阻碍该法令的实施或妨碍贡赋征收),后件提到了一项法律程序(第45行:*graphesthai*),接着,它还对如何向法庭提起诉讼以及法庭该如何施加惩罚做了指示(第43-47行)。但是,这些与程序有关的规则大约只占法令的1/4,其他内容都是为官员而设的实体性规则。

在公元前5世纪的法令之中,唯一主要处理法律程序的法令是与菲塞力斯签订的协定(IG i³ 10)。[①] 该协定的主要条文规定,

---

① 对于参考了早先文献的论述,参见 Meiggs 和 Lewis (1969) 66-69。

若法律诉讼的事由产生于雅典,且与菲塞力斯的公民相关,则应向侨务执政官管理的法庭起诉(第 6-11 行)。下一条虽含义不清,但涉及法律程序问题(第 11-14 行)。它规定,若任何其他官员受理了被告为菲塞力斯公民的案子,其判决自始无效(第 15-19 行)。若有人违背该法令,应向雅典娜女神敬献 1000 德拉克马(第 19-22 行)。然而,有人可能会说,该法令处理的问题较多地牵涉管辖权问题,而非法律程序问题。因为其中的条文只是规定应向哪里起诉,谁负责裁决这些案件,而没有规定案件审理应遵循的法律程序。

在本章第二节,我研究了《阿提卡演说家》中提到的法律,最后得出结论:大部分雅典法律涉及的都是实体性规则,而非指明在特定情形下该遵循何种法律程序。本节对碑文中留存的法律进行调查,证实和强化了上述观点。[①] 若用语法术语来说,那意味着,大部分法律规定都是在发布命令,都采用了带有祈使语气及陈述语气的一般将来时,或采用了动词不定式形式,如,"立法专门小组决定……"或"公民大会决定……"相对而言,只有较少的条文采用了条件句形式。[②] 正如在《阿提卡演说家》中发现的很多案例一样,同一个法律程序经常被用来起诉违反不同实体规则的违法行为。比如,有关银币铸造的《尼高芬法》和公元前 5 世纪为厄琉息斯神庙征收第一批果实的法律,都为官员设置了诸多法律责任,采用了单一的弹劾程序予以威慑,防止他们不履行自己的职责。

[①] 但需注意的是,碑文中留存下的法律大部分为公法。本节研究结果确认了第二节的结论,在有关公共管理的法律中,实体规则的数量远多于程序规则。

[②] 因此,罗德[Rhodes (1979) 106]的这一断言容易引人误解,即他认为,"那些处理违法行为的法律和用以针对违法者的程序似乎一直采用如此的标准形式:若有人(行了不义之事),即对立法者提起了公诉,或控告议事会成员,或采用其他程序进行控告[ἐὰν τις (ἀδίκημα τι ἀδικῇ), τούτων εἶναι γραφὰς πρὸς τοὺς θεσμοθέτας 或 εἰσαγγελίαν εἰς τὴν βουλήν],那么……"罗德只是将自己的这一断言建立在五个例子基础之上。相比之下,加加林[Gagarin (2008) 210-211]考察了一些与重伤害罪有关的典型法律。

四、古雅典法律(令)中关键术语的定义

一些学者认为,雅典的法律对实体问题不太关注,他们的证据是:雅典的法律没有对违法行为进行定义。有学者称,"法律采用这种表达形式(即条件句形式),目的是不专门对偷窃或通奸行为进行定义,而是指明对偷窃或通奸行为可以(而非应当)采取何种诉讼形式(原文如此)"[①]。该学者还称,"雅典法律在术语使用上是出了名的模糊"[②]。其他学者也声称,雅典法律的典型做法是为实体性违法行为命名,而不去定义它。[③]

此处,我们需要讨论的问题是:雅典人是否意识到,在某些案件中,有必要对法律中的关键术语进行定义,诉讼当事人是否曾使用这些定义,帮助他们阐明问题,并解决有关法规含义的争议。是的,他们确实这样做过。以下,我们将以有关"为非作歹者"(kakourgoi)的法律为例,说明这一点。该法涵盖众多类型的违法行为,且没有使相关术语处于未界定状态。相反,诸多资料表明,该法主要应对三类违法犯罪的行为,即窃贼、抢夺衣物者以及奴役自由人(Antiphon 5.9; Arist. Ath. Pol. 52.1; Lys. 10. 7-10; D. 24. 113; D. 54. 24; Isoc. 15. 90)。[④] 即便在实施了这些违法行为后,这些违法行为仍处于易与其他犯罪情形相混淆的状

[①] Todd (1993) 66-67。
[②] 参见 Todd (2000b) 26。可比较托德与汉森的说法。Todd (2000b) 29 认为:"某些雅典的法律语言晦涩。"Hansen (1975) 10 认为:"在雅典的法律中,有关违法行为、义务和财产等实体性规则很模糊、晦涩难懂。"亦可比较 MacDowell (1978) 61。
[③] 比如,参见 Cohen (1995) 152, 190, Gagarin (2008) 210-211 及 Lanni (2006) 67-68。
[④] 有学者认为勾引者也被归类为刑事违法者,但哈里斯[Harris (2006a) 291-293]和费希尔[Fisher (2001) 224-226]持不同的观点。

态,即满足其他犯罪形式的构成要件(ep'autophoro)。①

在古希腊,有关弹劾程序的法律涵盖了危害公共安全的主要形态。希波雷德斯(Eux. 8)解释道,尽管该法适用范围非常广泛,但它很谨慎地列举了受制于弹劾程序的诸多特定行为,如意图推翻民主政体,包括在任何地方以此目的进行集会或成立政治社团;背叛城邦罪,包括从城邦、舰队、陆军或海军叛逃;贿赂罪,因收受他人礼物而未向雅典人民提供最佳谏言。希波雷德斯随后注意到,最后一项违法行为只适用于公共演说者。② 曾有两位因此程序而受到指控的被告基于对法律的狭义解释为自己辩护。一位替欧克森尼普斯辩护者主张,由于欧克森尼普斯不是公共演说者,所以其无罪,他还为这一术语提供了一个有说服力的定义(Hyp. Eux. 8)。③ 列奥克拉底也曾被控违反该法,据称,他主张自己的行为不符合该法的严格定义[参见《诉列奥克拉底》(Against Leocrates),68]。控告者吕库古反驳说,列奥克拉底的行为满足该定义,为此,他不得不扩大该术语的外延,以证明自己的主张(《诉列奥克拉底》,8-9)。④ 对本章的主题而言,重要的是记住:该法包含了一个详细清单,将那些常见的、不利于城邦的主要犯罪行为纳入其中,并试图通过列出具体行为清单的方式,定义此类违法行为。

在雅典的法律中,存在四种主要的杀人类型:故意杀人(phonos ek pronoias)(D. 23. 22; Arist. Ath. Pol. 57. 3)、违心杀人(akousios

---

① 关于"ep'autophoro"这一术语的含义,可参见 Harris (2006a) 373-390。加加林(Gagarin, 2008. 211-212)严重地扭曲了我的论证,歪曲了我的主要结论。加加林(Gagarin, 2003)认为刑事违法者属"职业犯罪",这一观点并没有证据支持。

② 关于这篇演说词的论述,参见 Whitehead (2000)。罗德[Rhodes (1979) 107-108]相信,这一程序同样涵盖了未列举的违法行为。但汉森[Hansen (1980b) 92-93]持不同的观点。如果该法包含有允许依该程序起诉所有严重犯罪的一般条款,吕库古肯定会在起诉列奥克拉底的文书上提及。

③ 对于该辩护主张的分析,参见本书的第 216-219 页。

④ 对于该演说中的法律论证,参见本书的第 268-275 页。

phonos)（Arist. *Ath. Pol.* 57. 3；D. 23. 71）、预谋杀人（*bouleusis phonou*）（Arist. *Ath. Pol.* 57. 3）、正当的杀人（*phonos dikaios*）（Arist. *Ath. Pol.* 57. 3；D. 23, 74），分别由三类不同的法庭审理。尽管在某些案件中，前三类情形之间的界限并不十分清晰，但应当说，雅典的法律对每一类杀人罪的基本分类足够清晰，无须进一步阐述。① 但对于最后一类的正当杀人或依法杀人，若不加以定义，就显得过于宽泛、模糊。众所周知，雅典法律体系的目标之一是限制暴力的使用，促进纠纷的和平解决。为此，雅典人将私力救济行为的适用范围严格地限制在极少数领域。如第一章所述，有关"正当的杀人"的法律将该类行为限定在极少数情形之中：

1. 在体育活动中，某人违心地杀死了竞争对手（Arist. *Ath. Pol.* 57. 3；D. 23. 53）；

2. 某人杀死当场抓获的，与其妻子、母亲、姐妹或女儿通奸者，或杀死当场抓获的，与其为生儿育女而蓄养的小妾通奸者（Arist. *Ath. Pol.* 57-3；D. 23. 53；Lys. 1. 30）；

3. 某人在战争中因不知情而杀死了一个雅典人（Arist. *Ath. Pol.* 57. 3；D. 23. 53）；

4. 某人杀死了伏击之人（D. 23. 53 与 Harpocration s. v. *en hodo*）；②

5. 某人当场杀死无正当理由拿走其财物或赶走其牲畜之人（D. 23. 60）；

6. 某人杀死了意图实施僭政之人（SEG 12：87，第 7-11 行）。

在《诉克特西丰》这一演说中，埃斯基涅斯详细讨论了一部有关官员的法律（3. 14, 28-29）。其间，埃斯基涅斯预计德摩斯梯尼会辩称，克特西丰将金冠授予他的法令并未违反"禁止将金冠授

---

① 对于故意杀人（*phonos ek pronoias*）词组的潜在歧义和不同解释，参见本书边码第 208-215 页。

② 对于该词组的含义，参见本书的第 56-57 页。

给尚未通过审计的官员"这一法律,因为德摩斯梯尼当时并不是官员。根据埃斯基涅斯的说法,德摩斯梯尼想将自己的主张建立在对法律的狭义解读基础之上,因此,德摩斯梯尼宣称,该法仅适用于那些由司法执政官任命的人和公民大会遴选之人。另外,德摩斯梯尼当时正在一个委员会(epimeleia)任职,承担了公共服务之职责。埃斯基涅斯通过解释法律,将"遴选的官员"定义为"由公民大会选出的官员",并特别点出了"包括公共事务的监督者",还增加了"所有承担城邦事务超过30天者,以及所有主持法庭工作者",从而驳斥了德摩斯梯尼。由此再次可以看出,立法者并未疏于通过定义关键术语的方式,澄清法律的含义,诉讼当事人也经常诉诸法律定义,反驳对方的主张。

在公元前405年羊河战役溃败后,雅典人通过了"帕卓克雷德斯法令"(the decree of Patrocleides),召回那些失去了公民权者(And. 1. 73-76)。[①] 这涉及范围非常宽泛的一类人,涵盖了曾受到不同处罚的不同阶层者。帕卓克雷德斯认为,有必要明确哪些人在其意图豁免的范围之内。令人咋舌的是这一清单的篇幅与结构,它包括三大基本类别(政府债务人,丧失了公民权但却保留了财产者,仅失去了部分而非全部公民权者),其下还有21个小类(见附录五)。帕卓克雷德斯想更具体一些,故而试图列出一份完整、详尽的清单。该清单明确地将流放之人排除在外(And. 1. 80)。

在该清单中,包括了被判军事犯罪之人,这也是该法令将一个大类分割为若干小类的另一领域。其中有一条关于军事犯罪的一般性规定:对于战时表现怯懦的人,将提起公诉(Aeschin. 3. 175),这一规定涵盖了诸多具体的违法行为,包括受征召时拒不

[①] And. 1. 77-79处的文件是后世伪造的,其中包含的信息不可信。参见Canevaro和Harris(2012) 100-110。

报到(astrateia)(Lys. 14.6-7;[D.] 59.27;D. 39.16)、战时当逃兵(lipotaxion)(Lys. 14.5)、弃舰逃跑(And. 1.74)、丢盔弃甲(And. 1.74)①。该法还明确了第二个术语(即"当逃兵")的含义,"当他人仍在战斗时因怯战而后退之人"(Lys. 14.5)。这一条款规定了有关这一术语的法律含义和适用的诸多关键细节。

公元前378年,雅典人组建了一个新的军事同盟,用以保卫希腊的自由和自治(IG ii^2 43)。现有的经验表明,"自由"和"自治"这两个概念的含义相当有弹性;具有竞争关系的团体和城邦很可能用不同的方法定义"自由",以满足自身的利益需要,或证明对他国的侵略是正当的。在修昔底德所编的历史中,一个最臭名昭著的、具有一定诱导性的定义来自公元前424年布拉西达斯对阿坎苏斯(Acanthus)人民的演说。布拉西达斯告诉阿坎苏斯人,自己可能不得不违背他们的意愿而解放他们(Th. 4.87.4)。

当雅典人在公元前378年起草同盟宪章时,清楚地阐明了"自由"的含义(第19-20行):(1)各城邦可以按照自己的宪制处理自己的事务(第20-21行);(2)不会被迫接收(来自雅典的)驻军或官员(第21-23行);(3)不用向雅典进贡(第23行)。凡与雅典人签订该条约的城邦都将重新获得由雅典人占有的土地,不管该土地现在是公有的,还是私有的(第25-31行)。今后,任何雅典人——无论是公开的还是私下的——如购买(或接受)盟国疆土内的土地和建筑物(作为抵押),都将是违法的(第35-44行)。因此,在这一宪章中,"自由"不再是一个空洞的口号。起草这一法令的人名为亚里士多德。尽管他不是那位哲学家,但他仍然意识到,从一开始,他就必须用公理化的方式定义"自由"这一潜在模糊的术语。

在雅典法中,一些关键术语的定义可能非常精确。例如,继承法允许婚生子女(gnesioi)继承财产,并否认庶出的子女

---

① 对于这一违法行为的论述,参见本书的第249-252页。

(nothoi)拥有继承权。根据希波雷德斯的说法(Ath. 16),该法对"gnesioi"这一术语进行了解释,将其定义为"婚生子女"。为厄琉息斯征收第一批果实的法律明确地定义了"first-fruit"这一关键术语:"雅典人要献上首批收获……每 100 麦地姆诺斯(medimmnoi)的大麦应上交不少于 1/6 的份额,每 100 麦地姆诺斯的小麦应上交不少于 1/12 的份额。"(IG i³ 78,第 4-7 行)谷物税法则将"meris"(股)这一术语定义为"500 麦地姆诺斯,含小麦 100,大麦 400"(SEG 47:96,第 8-10 行),将"缴税六人组"(symmoria)这一术语定义为"由 6 人组成的,负责征收 5 股(即 3000 麦地姆诺斯)谷物税的小组"(SEG47:96,第 31-33 行)。有关诽谤的法律禁止人们使用某些禁语(aporrheta),似乎还列出了这些禁语的清单,如杀人凶手(Lys. 10.6:androphonos)、殴父者和殴母者(Lys. 10.8:patroloias and metroloias)、丢盔弃甲(Lys. 10.9),等等。① 被指控犯有诽谤罪的被告似乎能以对方"未使用法律列举的具体禁语"作为自己的辩护意见(Lys. 10.6)。

雅典的法律还会对官员的具体职责详加说明。公元前 5 世纪后期颁布的卡里亚斯(Callias)法令规定了为其他神庙②设立司库的问题(IG i³52,第 15-32 行),它不是简单地规定司库的职责在于管理神庙的资财,而是对司库的职责做了特别详细的规定:

> 选定之人,应在雅典卫城后殿担任司库,应尽职尽责且虔诚地(管理)神明的资财,应与雅典娜神庙的司库共享后殿的出入口和封印。当他从神庙的现任司库、监管者和祭祀官手中(接管财物)时,应在雅典卫城的里斯山,当着议事会成员的面计点总数并称重,然后,经抽签选定的司库应从现任司库手中接管财物,并在石碑上刻下全部珍宝、财物的名目。

---

① 对于这一法律的论述,参见 Todd (2007) 631-635。
② 译者注:即雅典娜神庙之外的其他神庙。

他既要登记单个神庙所有的财物数量,又要分别登记银和(金)的数量。上述记录应由继任司库刻在石碑上。司库应设置账本,(记录)其(收到的)资金数额、神庙的进项和全年花销。并且,他(应将账本提交)给公共会计师。司库应当(在任期届满后)接受审计。在前后两个泛雅典娜节日之间,各神庙司库应按照雅典娜神庙司库的方式设置账本。各神庙司库应将众神的珍宝铭刻于石碑之上,安放于雅典卫城的里斯山上。在将资财用于支付众神的开支之后,(雅典人)应将剩余的资财花在造船厂和城墙上(编译自福娜拉)。

从这些规定中,我们很难发现有任何"语言晦涩之处"。该法对司库的遴选方式、财务报告的类型、任职期间的职责等都以相当明确的语言加以规定。该法令甚至还规定了谁可以开关雅典娜神庙后殿的门。

另外,本章研究的诸多法律和法令都未定义程序性术语。克利奥尼穆斯的法令未界定"提起公诉"(IG^3 68,第 49 行)。有关银币铸造的《尼高芬法》未定义"展示"(*phainein*)和"提请弹劾"(*eisangelleto*)等术语(SEG 26:72,第 18,32 行)。有关公共演说者的法律未定义"资格审查程序"(*dokimasia*)这一术语(Aeschin. 1.28.32)。有关严重伤害罪的法律未定义"公诉"这一概念(Aeschin. 1.15; D. 21.46)。如果说法律未定义某一关键术语,就表明对该主题缺乏兴趣,那么同样可以说,若没有对程序性术语进行定义,就表明雅典的法律对程序问题兴趣不大。应当说,没有哪一种法律体系能详尽地规定所有法律术语的定义。姑且不说此种做法是荒谬的,其效果也往往适得其反。比如,编入美国宾夕法尼亚州《伊利市条例汇编》第 711 条名目之下的第 75-1994 号条例,用 328 个字规定了"臀部"(buttocks)这一术语的定义。若雅典人试图在法律中对所有关键术语都进行定义,仅仅公布法律一项,就会耗尽阿提卡的所有石头。

尽管雅典的法律通常不对关键术语进行定义,但在某些情形下,人们会试图澄清某些关键性的实体术语,以避免潜在的歧义。① 雅典人志在使自己的法律清晰明白,易于让所有人了解。这一做法的好处在于:它使普通市民在与经验丰富的演说家争辩时不会处于明显的劣势(D. 20.93)。虽然雅典人永远不可能实现"保持法律概念的清晰性"这一理想,但这一理想的确影响了其制定法律的方式,激发他们在众多情况下尽力阐明重要实体性术语的确切含义。

五、古雅典的法律与日常行为规范

由前文可知,雅典的法律并不特别关心程序问题;由于雅典法律的目的不只是让法庭审理双方当事人的纠纷,因此,雅典的法律没有专门制定有关诉讼行为的程序规则。雅典的法律规定了市民在日常生活中需遵守的诸多实体性规则。实际上,在雅典的法律中,有关程序的规定远比早期的罗马帝国和晚期的罗马共和国的罗马法稀少和简单。在雅典法律中,没有"公式集"之类的复杂规定(Gaius Institutes 4. 32-68),没有类似于对物之诉(vindicatio)和对人之诉(condictio)的界分(Gaius Institutes 4. 1-5),也没有占有强制令(possessory interdicts)之类的规定(Gaius Institutes 4. 1-5)。

雅典人视法庭为法律的守护者(D. 24.36;Din. 3. 16),这意味着,法庭的宗旨是惩罚违反实体性规范之人。因此,诉讼当事人相信,严格地实施法律会影响人们在法庭外的生活。埃斯基涅斯

---

① 对于法律的"开放性结构"引发的问题,可参见第五章和第六章。

(1.192)曾预测,对于提马库斯的判决会提升雅典的公共道德。①当德摩斯梯尼指控梅迪亚斯犯有严重伤害罪时,他告诉法官,惩罚被告将会给所有人带来好处,将教育人们更加克制自己的行为,并因此使法官和其他人的生活变得更加安稳(D. 21.227;亦可参见 Antiphon 2.3.11)。在一篇反对政治家安德罗蒂安的演说词中,起诉人说道:"对于他的所有罪行,你们今天应当予以惩罚,以便为他人树立一个榜样,使他人更加克制。"(D. 22.68;亦可参见 Isoc. 20.18)一位公诉人在指控提摩克拉底提议了一部不正当的法令时,告诉法官:"雅典的人们,对于这些罪行,若你们明智地行事,你们应惩罚这个人,该人也应接受自己应得的惩罚,以便变成一个典型,震慑他人,使他人不触犯这些法律。"(D. 21.101)在两起商事案件中,诉讼当事人宣称,若他们在法庭上胜诉,将为所有的阿提卡人带来可观的经济利益。若法庭严格执法,命令违约的借款人还债,将会增加恩波里翁港的商业往来,获得更多的交易和货物,而且价格更低(D. 34.50-52;56.48)。在一个涉及军事纪律的案件中,一位助讼人说,若法庭判被告有罪,雅典的军队将会赢得盟友和敌人更多的尊重(Lys. 14.14)。一位指控尼科马库斯窃取公共基金的控告者提醒法官:"那些意图偷窃公共基金之人正密切地关注着尼科马库斯的审判结果。法庭中的大人们,若你们宣告尼科马库斯无罪,就等于让那些意图效尤者免受惩罚。但是,若你们判他有罪,给予严厉的惩罚,则通过这一判决,您不仅惩罚了被告,而且使那些意图效尤者偃旗息鼓。"(Lys. 30.24)阿波洛多罗斯敦促法庭谴责尼奥拉,以便其他人办事更加谨慎,更

---

① 鲁宾斯坦(Rubinstein,2007)混淆了这一类主张和遵循先例的主张,但这一类主张意图实现的功能不同。使用先例,是为了说明某一法令已按某一种确定的方式解释法律,目的是说服其他法庭采取同样的方式解释法律,或者为了说服其他法庭,告诉他们这一法律解释是标准的解释。另外,埃斯基涅斯鼓励法庭执行法律,好让它对潜在的违法者具有震慑力。换句话说,先例对其他法庭有影响。Rubingstein (2007) 362 note 5 给出了支持这一主张的诸多例子。

加尊重神明和城邦（[D.]59.77）。在一起袭击案中,阿里斯顿在演说的结尾说,若法庭宣告科农无罪,将会引起更多的暴力犯罪;若宣告其有罪,暴力犯罪就会变少（D.54.43）。

雅典的法庭在审理案件时并未作出过特殊的判决,也没有仅考虑两位诉讼当事人的身份。[①] 因为雅典的法律包含了众多旨在规范阿提卡地区公民和其他地区居民行为的实体性规则。雅典人相信,严格地实施法律将会影响人们日常生活中的行为方式。[②] 正如约瑟夫·拉兹（J. Raz）所说的,"这是法治原则得以产生的基本直觉:法律一定能指导其调整对象的行为"[③]。雅典人肯定相信,他们的法律满足这一要求。

[①] 参见 Lanni（2006）。

[②] 该论文提出的证据明确反驳了奥斯本[Osborne（2000）85-86]的断言:"法律的关切之处（即在雅典）主要在于:调整市民之间的关系,而非控制人的行为。"可以比较 Osborne（1985b）中的论述。加加林（Gagarin,1986）认为,古希腊的早期法律更多关乎程序,而非实体。刘易斯和我准备在论文中反驳这一观点。

[③] 参见 Raz（1977）198。

第五章　法律的开放性结构：当事人视角

公元前338年，马其顿国王腓力二世在喀罗尼亚击败希腊联军，恐慌情绪弥漫雅典城。雅典人都忧心忡忡，害怕腓力二世会在几天后乘胜攻入阿提卡。为此，公民大会讨论通过了几项紧急措施：将妇女和儿童从城外接到城内，集中安置；将军们抓紧给雅典公民和外邦人布置守城任务。[①] 希波雷德斯还专程远道而来，建议解放阿提卡的所有奴隶，让他们与雅典公民并肩作战。在这期间，一位名叫列奥克拉底的雅典公民却离开了雅典，远航至罗德岛。列奥克拉底在罗德岛做短暂停留后，没有直接回雅典，而是以客民的身份在麦加拉居住了6年，在这期间，他一直从事粮食贸易(Lycurg. *Leocr.* 21-27, 58)。

公元前331年，列奥克拉底从麦加拉回到雅典。待其甫一回雅典，政客吕库古即以公诉程序起诉列奥克拉底，指控他犯有背叛城邦罪(Lycurg. *Leocr.* 5)。尽管列奥克拉底没有与雅典的敌人联系过，吕库古仍指控他背叛城邦、倒戈投向腓力二世，原因皆在于他在雅典陷于危机时选择离开。当雅典公民和外邦人积极认

[①] 关于这些具体的紧急措施，可参见 Engels (2008) 99-114。

领守城任务时,列奥克拉底却选择了逃跑。在庭审中,列奥克拉底及其支持者否认到罗德岛的行为属背叛城邦行为。他自辩说,自己没有接到守城通知,且到罗德岛的目的是从事贸易,而非帮助敌人(55)。吕库古对此的回应是:列奥克拉底的逃跑行为对公共安全构成了严重威胁,如果每个人都像他一样选择逃跑,现在的阿提卡已沦为废墟(66)。

当雅典陷于危机时,航行至罗德岛是否属一种背叛城邦的行为?吕库古与列奥克拉底的争论为阐明法律的"开放性结构"提供了一个很好的样本。在《法律的概念》(The Concept of Law)一书中,H. L. A. 哈特指出,法律必须适用于广泛的人群、各类行为、多种事项以及众多的情形。因此,法律的实施取决于"在法律给定基本类型的前提下,能否确定具体的行为、事项和情况属于基本类型的一个例子"。[①] 在大多数案例中,这并不是什么难题。然而,在有些时候,总会遇上"仅符合标准情形的一部分条件,但缺乏其他内容"的情形。[②] 例如,在列奥克拉底一案中,吕库古认为,列奥克拉底擅自赴罗德岛是一种背叛城邦的行为,理由在于:当自己的国家正面临着敌军大兵压境之际,他选择了出走而不是为之奋战。列奥克拉底则否认这属于背叛城邦的行为,一是因为他没有投敌意图,二是其行为没有对雅典造成任何直接的损害。

如何避免列奥克拉底遇到的上述问题?首先,通过对关键术语予以精确的界定,厘清这些术语在特定语境中的适用情形,也许可以避免上述问题。我们发现,在上一章的部分案件中,雅典的法律的确试图界定关键术语,或尝试列举具体情形。例如,帕卓克雷德斯的法令虽未直接界定"剥夺选举权"的含义,但却列举了该基本术语涵盖的具体类型(And. 1. 73-76);有关"为非作歹

---

① Hart (1961) 121.
② Hart (1961) 123.

者"(kakourgoi)行为的法律则列举了该法可能被起诉的三类犯罪行为。① 正如哈特所言,我们根本不可能找到这样一种规则,它"足够详细,以致能否适用于特定情形的问题已预先得到了解决,或从不会出现。在规则的实际应用过程中,在各种开放性的选项之间总存在新的选择"②。立法者显然无法预知未来可能发生的所有情形("事实忽略型")。其次,通过设计法律解释的基本模式,也许可以解决上述问题。但哈特指出,这种方法带来的问题与意欲解决的问题本身很类似,因为此处的解释模式同样是一般性规则,也不得不应用于具体案件。③ 在疑难案件中,即在不清楚如何将一般规则适用于特殊情形时,哈特认为,"人们需要做的所有事情(就像运用先例方法那样)仅是考察手头的案件与标准案件在'特定'方面是否'足够'相似"④。

针对法律的开放性结构,一种极端的处理方式是采取形式主义进路,即"当一般规则确定后,应尽量隐藏在多种解释之间做选择的需求,或使这种需求最小化"。相信在"概念的天国"里,在所有情况下,每一规则的含义都是一致的。另一种极端的处理方式则是将所有规则视为"无限开放的,或可修正的"。对此,哈特持批评态度,他认为,"尽管存在法律的开放性结构,但法律规定毕竟还是提供了一定的限制",后一种极端方式并未对此种限制给予足够的尊重。在哈特看来,大多数法律体系均是在以下两种需求之间寻求平衡:其一,对清晰规则的需求,人们希望用清晰的规则指导自己的行为;其二,承认在法律问题上会存在争议,只有根

---

① 参见 Harris (2006a) 291-293。
② Hart (1961) 125。
③ 参见 Hart (1961) 123。罗纳德·德沃金(Ronald Dworkin)对此路径持乐观态度。在已知的解释规则之外,德沃金还认为,解释的规则隐含在法律之内,它本身可以决定两种解释中何者更优。关于德沃金的"解释性概念",参见 Dworkin (1986) 45-86。关于此路径的批评,参见 Posner (1990) 21-26,197-203。
④ Hart (1961) 123。

据个案的不同特点才能解决这一争议。①

哈特对法律开放性结构的分析非常深入,但他的主要观点并非完全原创。"法律必须提供一般的规则"这一理念最早可追溯至柏拉图和亚里士多德。在《政治家篇》(Statesman,295a)中,柏拉图将立法者比作训练师,他认为,训练师"在训练中远不能做到事无巨细,面面俱到,他不会为团队中的每个学员制定非常详细的训练指南。但基于对一般学员的基本利益考量,在确定了对身体有益这一基本规则后,他自然会给出大量的必要说明"。类似地,立法者"基于正义的要求,向整个人类共同体发布命令,法律永远不会为整个群体中的每个个体设定绝对精确的契约义务"。进而,立法者将"根据大多数人的通常情况制定法律,由此,立法者为所有的市民个体立法,但它是以所谓'批量'的方式而非个别化方式呈现出来的"。②

在《政治学》(Politics,1292a33)中,亚里士多德曾表示,法律应规定所有的一般事项,行政官员负责处理具体事务(kath' hekasta)。如此的做法非常必要,因为"制定涵盖所有案件的一般规则难度相当高"(Politics,1282b2)。再者,亚里士多德(Ath. Pol.9.2)注意到,雅典的法律具有不确定性,而法庭拥有所有案件的裁判权。对此,有观点认为,这是梭伦有意为之,即在案件裁判过程中,不对法官的裁判权设定限制。亚里士多德直接批驳了该观点,他认为,"缺乏清晰性"会带来这样的难题,即"难以按照一般规则界定何为最佳的解决方案"。③

---

① Hart (1961) 126-127.
② 参见泰奥弗拉斯托斯在 Digest I. 3.3 中的话:"如泰奥弗拉斯托斯(Theophrastus)所言,法律制定应当考虑最常见的情形,而不是特殊的例外。"
③ 参见 Rhodes (1981) 162:"此处无须假设梭伦是故意制造模糊性(A.P.在该问题上相当明智)。该案发生在公元前5世纪末,众所周知的是,当时的雅典人对立法近乎上瘾,且经验证据显示,尚有疑难案件并不被梭伦的立法所涵盖。"亦可参见 Arist. Ath. Pol. 35.2(三十僭主废除法律的行为曾引起这些法律适用的争论)。

由于考虑到了法律的开放性结构,亚里士多德(*Rhetoric*, 1373b-74a)认为,对于当事人而言,关键的任务是清晰地界定相关案件中不法行为的本质:

> 行为人对自己的行为供认不讳,但不认为它符合被指控的特定条款,或被公诉的具体罪行。例如,有人会承认自己"拿"了东西,但并不认为那是"偷";会承认先动手打人,但认为那不属于"严重伤害";会承认偷了东西,但否认那是"亵渎神明"(即从神庙里偷东西不属于亵渎神明);会承认非法侵入财产,但不承认侵入的是城邦财产;会承认与敌人有交流、联系,但不认为那属背叛城邦行为。基于以上列举的现象,我们确实应界定以下事情:何为盗窃?何为严重伤害?何为通奸(*moicheia*)?只有在如此做之后,在了解了这些法律术语可适用和不适用的情形后,我们才能清楚地知道何为正当的判决。

尽管亚里士多德谈到了法庭演说中"定义"的重要性,但近年来,学者们很少将注意力放到雅典法律的开放性结构这一议题上来。① 采用形式主义方法的研究者们在分析雅典法律的开放性结构后认为,几乎没有进一步研究雅典法律开放性结构的空间。② 他们认为,雅典的诉讼当事人都是根据法律的字面含义立论的,从不诉诸基本的公平原则。梅内克(Meinecke)的研究提到了德摩斯梯尼对理想的法律基本要件的梳理,其中就包括要求法律"制定得明确、直接、简单,且易于为所有人理解,不应当有'众说

---

① 奥斯本(Osborne, 1985b)使用了"开放性结构"这一术语,但却将其与程序的灵活性相混淆。在 Ober (1989) 144-145 中,奥波尔似乎未阅读过哈特,他在使用"开放性结构"这一术语时,与奥斯本犯了同样的错误。我在 Harris (1994b) 149 中曾指出了这点错误,Carey (2004) 112,132 的注 2 中引注了我的批评。

② Wolff (1963) 87ff.;Meyer-Laurin (1965);Meinecke (1971). Cf. E. Wolf (1956) 167, 343ff.,361ff.

纷纭'的可能性"（D. 24.68）[①]。梅内克可能注意到了埃斯基涅斯（Aeschines, 3.199）和吕库古（Leocr. 9）的精彩论述，他们均把法律比作标尺，可以科学、精确地测量某个人的行为，进而准确地判定该行为是否合法。鉴于法律已提供了清晰的标准，原告需要做的仅仅是证明被告的行为符合法律规定的具体违法行为。[②] 相应地，法庭的职责则是执行法律中的命令。如本书第三章所讲的，法庭内的宣誓者会在誓言的约束下，"根据雅典人民的法律和法令"[③]进行表决。

上述观点虽不乏可取之处，但它低估了雅典法律中开放性结构的数量。[④] 德摩斯梯尼对理想的法律基本要件的梳理实质上只是在描述法律的理想状态，我们根本没有必要认为，雅典现行的法律达到了上述理想状态。事实上，在《雅典政制》（Constitution of the Athenians, 9.2）一书中，亚里士多德曾指出，梭伦所立之法常常不够简洁、清晰，引起了许多争议，需要法庭进行裁决。沃尔夫（Wolff）及一些研究者认为，与罗马的法律体系不同，在雅典的法律体系中，缺乏借助法律解释方法发展法律的法学家。该论断并不完全准确，因其忽略了这一事实：祭司在雅典

[①] Meinecke (1971) 354-355.

[②] 参见 Meinecke(1971)280："相反，演说者试图遵循古老而僵化的雅典思维模式，以这样一种方式陈述事实：该案的事实完全为己方当事人可接受的法律所涵盖，因此，法官们根据自己的良心，判决那些不适合己方当事人的法律根本不能适用。"亦可参见 Wolff (1968) 18-19。

[③] 参见 Meyer-Laurin (1965) 36。Johnstone (1999) 22 note 4 暗示，我与迈耶-洛兰的观点事实上相似，其实是误解了我的立场。他忽略了我在 Harris (1994a) 137-140 中关于开放性结构的评论。尽管我认为，迈耶-洛兰对独立个案的诸多分析很有说服力，但我在 Harris (2004a)中反驳了他的总体结论。

[④] 希尔格拉柏[Hillgruber (1988) 105-120]简略地研讨了雅典法中法律解释的本质，提出了很多有价值的研究点，但他并没讨论法律的开放性结构。结果是，他差不多将《阿提卡演说家》中的大多数法律解释视为误解和误释。[例如，在第 116 页中，他说道："演说者的法律解释起源于诡辩，它们全都是诡辩努力的一部分，都是强词夺理（τὸν ἥττον λόγον κρείττω ποιεῖν）"]他同样低估了雅典法中潜在的模糊性，也低估了关于法律解释之争论的可能性，此处的争论源于人们对不同法律的含义存在不一致的理解。

的法律体系中居于重要地位,在战神山法庭的判决中就存在专家意见。① 当然,即便如此,也不意味着诉讼当事人不必处理法律规定中的分歧或模糊表达的问题。在阿里斯托芬的《云》(*Clouds*,1178-1200)中,菲迪彼德斯(Pheidippides)从苏格拉底的府邸一回到家,便向其父亲展示如何以两种不同的方式,解释"应在每月的最后一天送达传票"这一规定。虽然菲迪彼德斯给出的论证意在开玩笑,但它揭示了,阿里斯托芬及观众对法律的开放性结构已有所洞察,知道法律文本的表述可能存在模糊性,能从不同的角度进行理解和解释。② 如果每部法律中的所有关键术语都是清楚、明确的,亚里士多德就不会提醒诉讼当事人,应特别注意关键术语的定义。同样地,在法律文本中,必然存在开放性结构,这意味着,诉讼当事人对案件适用的同一法律文本有不同的解释,法庭有时不得不对这些解释给出评判。③

批判沃尔夫和迈耶-洛兰(Meyer-Laurin)形式主义解释方法的研究者们均提出,在雅典的法律中,缺失关键术语的定义。④ 如果雅典人真的对实体问题感兴趣,那么,他们肯定会提供各种术语的定义。否则,当事人可能根据自己的意愿而任意选用某个犯罪行为的定义,法庭也可能今天认同这一解释,明天却支持另一解释。⑤ 对于雅典法律体系中的形式主义解释方法,人们已提出

---

① 关于向祭司(*exegetai*)咨询法律专业意见的记载,可参见 Plato *Euthyphro* 4c8;D. 47. 68-70。雅典的法律体系不同于罗马,不仅在于前者不包含法学家而后者有,还在于雅典的法律体系没有法律解答权(*ius respondendi*),即让法学家(iuris prudentes)的专业意见成为法律渊源之一,具体可参见 Harris (1991)。关于法律解答权,可参见 Digest1. 2. 2. 48-49。关于在奥古斯都(Augusuts)时代之后,法学家(iuris prudentes)的释疑解答(responsa)成为法律渊源的文献,可参见 Gaius *Inst.* 1. 7 with Crook (1967) 26,其中有关于这些辩论内容的文献。

② 参见 Hillgruber (1988) 115-116。

③ 梅内克[Meinecke (1971) 280]似乎认为,在法律角度不占理的当事人,可能引入不相关的因素而分散法官的注意力。显然,他是没有注意到,双方当事人可能会就同一法律提出不同的解释。

④ 例如,Todd (1993) 65-67。

⑤ 这是 Lanni (2006)的主要论点。

过很多带有一定普遍性的批判意见,正如本书上一章论及的,雅典的法律一般没有对各种犯罪行为进行定义,我们发现,许多法律都试图界定关键术语,或试图为官员们提供非常明确的规则,以便人们遵循。诚然,有许多重要的法律没有提供定义,例如,有关暴力犯罪、不敬神的法律即如此[①],但那并不能证明,雅典的法律体系通常对实体问题不感兴趣,或者说,法庭在解决纠纷时通常不考虑实体问题。[②] 例如,美国《宪法》规定,国会有权弹劾犯有"重罪且行为不端"的总统,但却未界定何为"重罪且行为不端",甚至没有列举符合该术语的具体例子。然而,当参议院投票弹劾克林顿总统时,没有人认为有什么不妥,不会去深究其与莫尼卡·莱温斯基(Monica Lewinsky)的不当行为是否符合"重罪且行为不端"的描述。同样地,美国法律没有给"行政特权"(executive privilege)这一术语下定义,尼克松(Nixon)总统是否可以根据"行政特权"而拒绝移交与"水门事件"有关的录音?联邦最高法院没有考察这一实体问题,当然,也没有人质疑最高法院的做法。此外,在美国的法律中,许多由法官创制的规则都包含了非常笼统、灵活的术语,如"诚信"(good faith)、"合理"(reasonable)、"相关性"(relevant),等等。古雅典亦是如此。我们发现,即便雅典的法律已对某一术语给出定义或说明,在具体案件中,诉讼当事人仍会参照法律的其他解释。[③] 当他们为某种法律解释辩护时,便会特别注意法律的字面意思。而且,他们认为,法律文本的字面含义为法官断案提供了指引。恰如哈特所言,尽管法律语言具有开放性结构,但对于司法解释还是设置了一定的限制。

[①] 关于重伤害等暴力犯罪(hybris)的法律,参见 D. 21.46。
[②] 关于现代法中的术语界定问题,可参见 Katz (1987) 88-96。
[③] 很可能有人会基于以下内容提出反对意见,即美国的法庭经常通过先例来确定法律术语的含义,这是雅典法传统所没有的。事实上,即便雅典法传统中没有遵循先例的规则,诉讼当事人在解释法律术语过程中往往会诉诸先例。参见第七章。

本章将全面考察几篇在法律含义问题上存在争议的演说词，并研究诉讼当事人如何处理由法律的开放性结构而引发的重要问题。人们会问：诉讼当事人坚持法律的解释应在多大程度上贴近法律文本的精确含义？人们会在多大范围内尝试着利用法律的开放性结构？① 然而，在着手回答上述问题之前，我们必须记住一个重要之点，即雅典的法律程序包括三个基本阶段。第一阶段是传唤，即原告要求被告在指定的时间面见司法官员。② 原被告如约聚首后，由司法官员指定某一天进行初审或预审。在初审阶段（即第二阶段），司法官员会记下各方当事人的名字、姓氏以及住所，审查原告的主要诉求及其证据（详见本书第三章）。司法官员有权驳回案件，或要求原告根据相关法律变更诉讼请求（例如 Lys. 10. 10；13. 86；Is. 10. 2）。③ 在司法官员决定受理案件后，会将该案件分派给某一法庭审理（第三阶段）；如果是私诉案件，则分派给仲裁员审理。因此，庭审属于诉讼程序的第三阶段。

在预审阶段，被告有权提起抗辩（*paragraphe*），即以原告指控不实为由，提请驳回其请求。④ 雅典的司法官员是否有权决定受理或驳回上述抗辩？对此，我们不能给出准确的答案，但可以肯定的是，抗辩的举动可以启动庭审。在审理抗辩时，被告首先发言，他需要论证原告的指控是不可信的，而原告需要证明其指控是可信的。如果法庭支持被告，案件即终结。如果法庭支持原告，我们不清楚随后会发生什么，可能是原告赢得官司，也可能是诉讼进入下一阶段。这意味着，在诉讼程序的两个阶段，法律解

---

① 我的研究方法接近于比斯卡尔迪［Biscardi（1999）90］。比斯卡尔迪说道："就我而言，我试图证明，精确地解释法律的含义可能会事倍功半。"亦可参 Hillgruber（1988）119 中提到："雅典人显然在解决法律问题上非常灵活，因为他们宁愿遵守任何公平的法律原则（就迈耶-洛兰的主要观点而言，这一论断是正确的），也不遵循严格的法律规则。"

② 关于传唤的论述，参见 Harrison（1971）85-94。

③ 关于初审（*anakrisis*）的论述，参见 Harrison（1971）94-105。

④ 关于抗辩（*paragraphe*）的论述，参见 Harrison（1971）106-124。

释会发挥作用,第一是在初审阶段,司法官员需决定是否受理诉讼请求,在此阶段,被告也需要决定是否提起抗辩;第二是在庭审阶段,由双方当事人向法庭提出诉求。尽管我们几乎没有历史资料可以说明初审是如何进行的(因为没有找到初审阶段的演说词),但我们还是可以推知,司法官员会受理哪些类型的案件,因为进入庭审阶段的案件必然都通过了司法官员的筛选。

一、充满歧义的"ek pronoias"

雅典的法律规定了杀人罪的三种基本类型(Arist. Ath. Pol. 57.3):其一,故意杀人罪(*phonos ek pronoias*),此类案件由战神山法庭审理;其二,违心杀人罪(*phonos akousios*),由帕拉迪翁法庭审理;其三,正当杀人或符合法律规定的杀人罪(*phonos dikaios* 或 *katatous nomous*),由德尔菲尼翁法庭审理。帕拉迪翁法庭也审理有预谋的杀人(*bouleusis phonou*)案件[①],大致相当于我们今天所称的谋杀案件。在上述三种类型中,第一类犯罪涵括的范围有多大已成为学者们争议的主题。有学者将"*ek pronoias*"这一术语译为"有预谋的杀人"(premeditated homicide)或"蓄意杀人"(with malice aforethought),也有学者将其译为"故意杀人"(intentional homicide)。[②] 若要厘清该术语含义上的争议,最好的解决办法是考察使用该术语的古希腊文本,探究其在不同语境下的准确内涵。特别值得注意的是,我们不应认为,雅典的法律对犯罪行为的分类与现代法一致,或者根据语言的表面相似性来确定"ek

---

[①] 关于雅典法中杀人未遂的内容,参见 Harris (2006a) 400-404.
[②] 卡拉万(Carawan,1998.235-238)将"*ek pronoias*"译为"with malice aforethought";斯特劳德(Stroud,1968)和华莱士(Wallace,1989)则将之译为"premeditated homicide";麦道维尔(MacDowell,1963)将之译为"intentional homicide"。他们均没有对"*ek pronoias*"进行语言学分析。

pronoias"的含义。①

在现存的公元前四五世纪的文献中,有超过150个段落曾使用过"*pronoia*"这一单词。人们通常运用该词来表达"远见、预见、深谋远虑"(foresight)之义,亦即有判断当下行为之未来后果的能力。例如,修昔底德(Thucydides,2.65.6)用该词形容伯利克里料事如神,能预知与斯巴达人战争期间会发生什么。在另一个例子中,德摩斯梯尼在被梅迪亚斯攻击后,并没有还击。德摩斯梯尼解释说,之所以如此,是因为他预见(*pronoia*)到,若还击,必将造成难以弥补的损害。其实,对于梅迪亚斯是否会在酒神节当天在剧场殴打他,德摩斯梯尼完全不可能事先预见,因此,此处的"预见"不是针对此事本身,而是指"暴力还击可能引起难以弥补的损害",这才是对德摩斯梯尼所说的"预见"的恰当解释。由此可见,"*pronoia*"这个词与"*boule*"不一样,后者指某个人在行动前已设计好了行动计划;相比之下,某人根据"预见"(*pronoia*)而实施某一行为,则表明,某人考虑到了未来情形,但他重点考虑的是行为后果。换言之,当某个作者说,行为人"已经预见"或"过去曾经预见"某种情形,则意指该行为人在某种程度上已意识到了自己的行为可能会产生何种后果。例如,当阿里斯托克拉底为卡里德姆斯(Charidemus)起草法令时,他就预见该法令将来仍然有效,不会被废除或修改(D. 23.62)。② 概而言之,基于"预见"而实施的行为不是预先计划好的,也与无意识的行为截然不同;并且,还与"偶然发生"的行为不同,它是一种有目的的行为,是对未来的后果深思熟虑的行为(Antiphon 5.6, Xen. *HG* 7.5.8; Hdt.

---

① 例如,卢米思(Loomis, 1972)开始将"*phonos ek pronoias*"假定为"有预谋的杀人"(premeditated homicide),但在研究了几份审判谋杀的文献后,发现这个翻译并不符合语境。如果他开始没有对术语作任何假定,情况或许会更好些。相关文献参见 Pepe(2009/10),批评意见可参见 Pelloso(2012)。

② 与 D. 20.88 对比之后我们发现,在"我们有预见"这一短语之后紧跟的是一个含有将来时态动词的 *hopos* 从句。

3.121)。

在上述文献中,"*ek pronoias*"相对少见。仅有不到 20 个段落提到该词,仅有少数几个段落提供了足以帮助我们确定其含义的详细背景。最有帮助的一个段落也许是希罗多德(Herodotus,8.87.2-3)讲述的阿特米西亚(Artemisia)在萨拉米海战中的故事。在该战役中,阿特米西亚的战船被雅典人的三列桨舰追赶,其航道被一艘友船堵住了,导致阿特米西亚的战船无法逃脱。阿特米西亚不是选择停下来,或尝试更改航道,而是撞向了友船。薛西斯(Xerxes)在远处观战,以为它撞到的是一艘希腊战船,还称赞其表现堪称英勇。希罗多德补充说,尚不确定的是,阿特米西亚到底是基于"*ek pronoias*"(故意)撞击了其他战船,还是"碰巧"(by chance)与其他船只发生了碰撞。两者之间的区别在于:一者是有目的的行为,另一者是在偶然情况下实施的行为,而非一者是"预先计划好的行为",另一者是"事先未计划的行为"。亦即阿特米西亚陷入了一个自己未曾预料的困境之中,在该情境下他实施了应急行为,其中并无预谋的可能性。

希罗多德(1.159)的另一篇文章对该词也有相同的使用。当阿里斯托狄库斯(Aristodicus)从波斯逃走时,将佩克提斯(Pactyes)收为随从。当波斯人要求阿里斯托狄库斯投降时,他来到布兰奇代(Branchidai),向神明请教接下来该如何做。令他惊讶的是,神明指示他交出佩克提斯。随后,阿里斯托狄库斯绕神庙走了一圈,"故意"赶走了所有的燕子和其他在那里筑巢的鸟群。这时,神明非常愤怒地质问他,为何要赶走自己的追随者。阿里斯托狄库斯通过揭露神明的伪善,提出了这样的回应:神明怎能一方面反对别人赶走燕子和其他鸟群,另一方面却要求阿里斯托狄库斯交出佩克提斯?此处,"*ek pronoias*"必然含有"有目的"(on purpose)的意思。阿里斯托狄库斯明显没有想到,会从神明那里得到最初的那个答案,因此,在向神明请教后,他得到的是一个未曾预料到的答案,而后,他实施的赶走鸟群的行为也不是事先计划好的。值得注意的是,实施一个"*ek pronoias*"(有目的)行为,是期待将来能实施另外的行为。阿里斯托狄库斯实施赶走鸟群的行为,目的是激起神明的抗议,进而揭露神明的伪善。①

在埃斯基涅斯(Aeschines, 3.178)的一篇文章中,还存在另一个比较,即"*ek pronoias*"和"*ex ethous*"的比较,或者说"由习俗而来"(from custom)与"出于习惯"(by habit)的比较。埃斯基涅斯在讨论过去的雅典人如何谨慎地对待授予荣誉时认为,雅典人认为好的名声是由美德带来的,并且,应当实至名归。然而,在世风日下的当下,雅典人开始将授予荣誉"当作一种习惯,并不会慎重考察"。一种经过深思熟虑而实施的行为完全不同于不考虑后果的行为。

通过对"*ek pronoias*"这一术语在文本中的使用情况进行分析,可以看出,"*phonos ek pronoias*"一定意指"故意杀人"(intentional homicide)或"有目的的杀人"(homicide committed on purpose)。②那么,问题来了,"故意有哪些类型"?原告是否必须证明被告意欲杀死受害者,或者说,仅需证明导致受害者死亡的行为是故意的?对于两个现实案例的判决似乎指向了不同的方向。亚里士多德(*Magna Moralia* 1188b30-37)向我们报告了如下案例:"他们说,一个女子将一瓶魔水给一个男子喝,而后这个男子因喝了这瓶魔水而死亡,该女子被送上了战神山法庭,接受审判。但该女子在审判后被无罪释放,不是因为别的,而是因为她不是有意为

---

① 在 Aristophanes *Eq.* 848-857 中,该词有类似的使用。该文记载,一个卖香肠的人以密谋背叛雅典人民之罪起诉奴隶帕弗拉戈尼亚——一个贫民版的克里昂。他将注意力放在皮洛斯(Pylos)夺取的护盾上,这些护盾是克里昂准备的献礼。当护盾被献出时,有人发现,护盾的把手均是左手方向的,卖香肠的人宣称这绝对是故意的(*ek pronoias*—on purpose)。他说,如果克里昂被流放,他的密友将用这些护盾武装起来,发动政变以阻止他被流放。在护盾上留此种把手是有意为之——即预知了进一步的行为——即使克里昂的密友发动政变。

② 参见 Pelloso (2012)。

之。她将魔水送给该男子是出于爱,只是她没有达到自己的目的罢了。鉴于她想给的只是魔水,没有想要该男子死亡的意图,因此,他的死亡非其所愿。"在战神山法庭的这份判决中,值得注意的要点是:针对被告的行为,法官们似乎将"*phonos ek pronoias*"这一术语解释为"想要致受害人死亡的意图"。① 换言之,战神山法庭要求原告证明,被告的意图不只是伤害该男子,而且是要杀死受害者。在这个案子中,被告(或被告的支持者)试图使法官相信,该女子的意图是想让受害者爱上(或继续爱)她,而不是杀死受害者。尽管可能有人会说,送一瓶能致人陷入爱欲之中的魔水本身就是企图伤害,但由于她没有杀死受害者的故意,故战神山法庭宣判她无罪。

另一个案子则表达了不同的立场。在《诉梅迪亚斯》这一演说词中,德摩斯梯尼(21.71-76)讲述了波奥图斯被熟人尤艾昂谋杀的故事。② 两人都在参加有好几个朋友在场的聚会,波奥图斯喝醉了,侮辱性地打了尤艾昂。尤艾昂恼羞成怒,立即以猛烈的暴力还击,导致波奥图斯死亡。该案应是在战神山法庭设立前发生的,因为受害者的亲属可能是以故意伤害为由,起诉导致受害者死亡的尤艾昂。此外,本案并不符合法律规定的"正当杀人"或"符合法律规定的杀人"的情形,因为若属于这一情形,该案就会在其他地方审理。③ 德摩斯梯尼(21.75)指出,最终,法庭以投票的方式,以微弱的优势宣判尤艾昂有罪,法庭还对其判决理由作了相应的法律论证。德摩斯梯尼认为,法庭中的多数派——投票支持尤艾昂有罪的法官——认为,尤艾昂不该以一种足以导致受

---

① 需要注意的是,亚里士多德用将来不定式的"*dianoia*"为"*ek pronoias*"做了注解。
② 麦道维尔[MacDowell (1990) 292-293]认为,该案涉及正当防卫问题,且在德尔菲尼翁法庭审理,但德摩斯梯尼的叙述并未揭示尤艾昂不得不使用致命的力量来避免严重的身体伤害。事实上,他说尤艾昂本应克制自己,以此赢得在场者的支持。关于这个案子的分析,参见 Harris (1992) 78;赞同我对该词的分析,参见 Pelloso (2012) 215。
③ 关于这些具体类型,可参见 MacDowell (1963) 70-81。

害者死亡的方式进行回击。尽管下面一点也是非常清楚的,即尤艾昂仅仅因为遭受到了侮辱而试图回击波奥图斯,但法庭仍判决尤艾昂有罪。法庭并未要求原告证明尤艾昂是故意杀死受害者。对原告来说,他只需证明尤艾昂很想伤害波奥图斯就足够了,而这是无可争辩的。尤艾昂故意回击波奥图斯,且该故意行为导致了死亡,这就足以定罪。

毋庸置疑,原告或被告都想从"*phonos ek pronoias*"的含义中选择有利于自己的解释。原告可能很难证明被告事实上是故意杀死受害者,因为即便被告使用了武器,也难以证明他意图杀死受害者。相较之下,若仅仅证明被告想伤害受害者,就容易得多。所以,原告需要做的是证明被告怀有敌意,且由此实施了可能造成伤害的行为。相应地,被告自然也希望尽其所能地使原告的举证任务难以实现,因此会请求法庭,要求原告证明他是意图杀死受害者,而非意图伤害受害者。①

被认为是《四部曲》(*Tetralogies*)作者的安提丰已意识到该语词潜在的模糊性和不确定性,他认为,原告和被告可能支持不同的解释。②《四部曲》(之三)(*Third Tetralogies*)也讲述了一个与"*phonos ek pronoias*"有关的案子,该案的情节与尤艾昂杀死波奥图斯大致相似。与德摩斯梯尼所述的案子一样,受害者和被告一同参加一个聚会,受害者在喝醉后侮辱性地殴打被告,被告报复

---

① 需注意的是,在一个关于"*trauma ek pronoias*"的案子中,被告要求原告必须证明他在事实上是意图杀害,而不仅是意图伤害(Lys.3.41)。被告认为,法庭对法律的解释明显是此种观点,否则,所有那些卷入斗殴的人都要被流放(Lys.3.42-43)。很明显,被告紧咬他只是携带了陶瓷碎片的事实,这表明他的意图仅是造成伤害(Lys.3.28),对应地,原告可能坚持认为,所有他需要做的是证明被告有造成伤害的故意。参见 Phillips (2007)。

② 关于《四部曲》(*Tetralogies*)的作者考辨,可参见 Gagarin (1997) 8-9 中引述的参考文献。原创作者的问题并不影响本文的论述。加加林[Gagarin (1997) 160-173]没有对这个案子中"*ek pronoias*"涉及的法律议题展开分析,且错误地认为这是一个正当防卫案件。沃尔[Wohl (2010) 145-154]同样错误地定性了该案,以致她对安提丰《四部曲》(之三)(*Third Tetralogy*)的分析站不住脚。

性地还击。与上述案子不一样的是,被告狠狠地揍了受害者,造成其重伤。此案与德摩斯梯尼讲的那个案子略有不同:受害者并没有立即死去,而是在接受医生治疗的几天后才去世(Antiphon 4.2.4)。按照雅典诉讼程序的传统安排,原告和被告各有两轮发言机会,但在该案中,被告在第一轮发表意见后即主动选择被流放,并委托一位亲友代他作第二轮发言(Antiphon 4.4.1;亦可参见 Antiphon;D.23.69)。

在第一轮发言中,原告说,被告喝醉之后开始殴打受害者,掐住其脖子,使其窒息直至死亡(Antiphon 4.1.6)。作为回应,被告提请法庭注意其情有可原之处,并提出了几个否认自己有罪的辩护意见(Antiphon 4.2)。在第二轮发言中,原告注意到,被告承认是自己的大打出手造成了受害者死亡(Antiphon 4.3.2),这与被告先前所说的没有杀死受害者这一主张相矛盾。重要的是注意原告的这一措辞,原告含蓄地提到,自己只需证明被告故意殴打他人,并且正是被告的殴打行为导致了受害者死亡。在随后的发言中,原告清楚地阐述了这一点:"如果我们的双手是用来实现目标的……一个以致命之力殴打他人者当然应对其造成的死亡负责。因为受害者死于该人故意殴打的行为。"(Antiphon 4.3.2)在原告看来,他不必证明被告有杀人故意,只要证明造成受害者死亡的行为是故意的(*dianoetheis*)即可。

在被告前往流放地后,接手该案的亲属注意到了"*phonos ek pronoias*"的不同解释。他承认"如果打出第一拳的人是意图伤人而不是杀人,若还击者意图杀人,此时才可以说,后者是意图造成他人死亡的人"(Antiphon 4.4.4)。换言之,若原告能证明被告有杀人意图,那么,按照人们对"*phonos ek pronoias*"的解释,被告才犯有杀人罪。但这并没有发生:"在本案中,事实上,那个选择回击的人实现了自己的意图,即打伤人,因此,他的意图并不是杀人。"① 该辩护意见与战神山法庭审理的、送魔水的女人赢得无罪判决的意见很相似,该女子主张给魔水是因为爱,并没有致受害者死亡的意图。类似地,《四部曲》(之三)中的辩护者坚持认为,被告回击时的意图仅是打伤受害者,而不是杀死他。该辩护者总结说:被告仅需对回击行为负责(Antiphon 4.4.5)。随后,辩护者进一步主张,由于被告当时只是对挑衅行为进行回应,且是在违背自己意愿的情况下的反应,因此,他不应对被害者死亡这一结果负责。他再次强调,被告的动机是回击对自己的伤害行为(Antiphon 4.4.5),受害者死亡是由失误造成的结果。换句话说,被告本来只是想还击一拳,没想到在冲动的回击过程中,失误发生了。② 在接下来的部分,辩护者稍微转换了自己的论证理由,但仍紧扣被告没有杀人故意这一要点(Antiphon 4.4.6)。在该部分,辩护人主张,被告当时只是试图避免被对方伤害,故而把受害者推开,因此,他的意图只是想避开攻击者,而不是杀害他。

在《法律篇》(*Laws*, 865a-874e)论及的有关杀人罪的法律中,柏拉图试图消除模糊性和不确定性。为处理类似于《四部曲》(之三)中出现的挑衅案件,柏拉图补充了两种雅典法中未规定的杀人罪类型(*Laws*, 866d-867e)。第一,行为人因生气而立即展开回击报复,在没有事前计划的情况下杀了人,并且事后感到非常后悔。第二,行为人因被侮辱而变得特别愤怒,并在有杀人意图的情况下杀了人,事后并不觉得懊悔。柏拉图认为,后一种情形类似于故意、主动地杀人,而前者如同违心、被动地杀人。因此,柏

---

① 加加林和麦道维尔[MacDowell (1998) 46]在该处及其他地方都将语词"*amunomenos*"译为"在保护自己"或"进行正当防卫",但该词并不意味着行为人是在保护自己,而是在进行报复性的回击。参见 Th.1.96.1 中的例子,提洛联盟的表面目的是"回击使城邦深受其害的、摧毁王土的行为"。事实上,希腊人在此并不是在保护自己,而是为了报复波斯人造成的损害进行主动攻击。

② 类似于为给魔水的女人所做的辩护。

拉图为后者设定了严厉的刑罚,而给前者较轻的刑罚。柏拉图认为,行为人因心怀愤怒而亲手杀死了一个自由人,若事前未做计划,只是临时起意,则该人应被判处流放 2 年的刑罚。与此相应,若行为人心怀愤怒,在计划好之后(即预先制定计划)再杀人,则他应被判处流放 3 年的刑罚。[①] 柏拉图区分了"被告在没有杀人意图的情况下杀人"与"被告意图杀人且如愿以偿"的情形。他认为,相较之下,后者是一种社会危害性更大的犯罪,理应受到更严厉的惩罚。

对古雅典有关杀人罪法律规定的讨论,为我们理解雅典法律的开放性结构提供了很好的样本。在雅典人所说的"*phonos ek pronoias*"中,"*ek pronoias*"这一术语存在一定的模糊性,可以有两种不同的解释。《四部曲》(之三)向我们展示了原告和被告如何根据自己的需要,从不同的角度解释同一语词。[②] 其实,模糊性及其可能引起的潜在问题早已为人所注意,因此,在《法律篇》中,柏拉图额外增加了两种杀人罪,并详细地规定了每种杀人罪的性质,以此消除模糊性,并意图解决由模糊性带来的潜在问题。

二、广义和狭义的"公共演说家"

古雅典人设计"弹劾"(*eisangelia*)这一法律程序的目的是应对危害公共安全的重大犯罪,其在法律规定之下列举了几种犯罪类型。[③] 该法的其中一个条款针对的是背叛雅典人民的行为,或为实现该目的而召集会议、创设组织的行为(Hyp. *Eux.* 7-8)。另

[①] 柏拉图(*Laws* 869e-870d)对于"*phonos ek pronoias*"的讨论并没有提及犯罪嫌疑人的动机问题。然而,通过列举杀人行为可能动机的类型,柏拉图使该模糊术语变得清晰。

[②] 很可能,智者派在分析法律的开放性结构时扮演了重要角色。在阿里斯托芬的《云》(1185—1200)中,接受了诡辩教育的菲迪皮德斯(Pheidippides),声称发现了关于送达传票的法律中的模糊性,进而利用该模糊性帮助他父亲打官司。

[③] 关于法律术语"*eisangelia*"的含义,可参见 Hansen (1975) 12-20。

一条款则主要针对背叛城邦、船舶、军队以及舰队的行为(Hyp. *Eux.* 8)。该法律规定同样使得人们可以弹劾那些"因收取钱财而发表有悖雅典人民最佳利益言论的公共演说者"。当然,该规定仅适用于"公共演说者",而非所有人。虽然该法没有界定什么是"公共演说者",但雅典人在公元前4世纪时曾对"公共演说者"(*rhetores*)和"普通公民"(*idiotai*)做了基本区分。一般情况下,普通公民指不参与政治活动的人。① 公共演说者则明显包括在议事会、公民大会以及法案提议过程中定期发言的人。然而,一个人需要做多少次公开发言才能取得公共演说者的资格? 是否只要在议事会或公民大会上发过言便可成为公共演说者? 或者说,是否需要通过一个法律议案,或一个法令,以便赋予某人公共演说者的资格? 这些问题一直悬而未决。

通过对公共演说者的深入研究发现,公共演说者有狭义、广义之分。② 在相对狭窄的意义上,"公共演说者指在公民大会(*ecclesia*)或议事会(*boule*)上推动某一政令的公民,或者在立法专门小组提议通过某一法律者,或在法庭上提起公共诉讼者"。在广义上,公共演说者则指"在公民大会或议事会上发言的人[他可以支持或反对由另一发言人倡议的政令(*psephisma*)],或者在法庭上发言的助讼人(他可以支持控诉方,也可以充当辩护士)"。事实上,正是由于存在调整公共演说者言行的法律,人们才可以控告"在公民大会上发表演说的人"(Aeschin. 1. 28)。此处的"公共演说者"似乎涵盖了所有公民大会的发言者,而不仅指那些提出法律议案者——在上述两种意义上,他都在公共演说者的范畴之内。

"公共演说者"这一术语表面上看起来无关紧要,似乎只是语

---

① 关于"*idiotes*",可参见 Rubinstein (1998)。
② Hansen (1983) 39-40。

词上的吹毛求疵,但在公元前 330 年至前 324 年之间的某个时间,在波利尤克图斯对欧克森尼普斯提起公诉时,"公共演说者"的含义变成了可以左右生死的关键事项。① 人们对该案的主要事实并无争议。在马其顿国王腓力二世将奥罗普斯(Oropus)的领土还给雅典后,该土地被分割为五部分,分别给了阿提卡各部落(Hyp. Eux. 16)。② 但在分割位于阿卡曼提斯和希珀思昂提斯两部落之间的一座小山时发生了争执,因为在此次分割前,边界勘定委员会的 50 位委员已把这座小山划为神灵安菲亚拉奥斯的财产(Hyp. Eux. 16)。为解决该问题,公民大会指示欧克森尼普斯和另两人到安菲亚拉奥斯神庙留宿一晚。当晚,欧克森尼普斯入睡后做了一个梦,随后,他将该梦的内容报告给了公民大会(Hyp. Eux. 14)。希波雷德斯并未详细地记录欧克森尼普斯向公民大会汇报的具体内容,只是说波利尤克图斯提议,先将该土地归还给神灵安菲亚拉奥斯(Hyp. Eux. 16),然后由其他八个部落向遭受损失的阿卡曼提斯和希珀思昂提斯两部落提供一定的补偿(Hyp. Eux. 17)。③ 一位不具名的原告控告波利尤克图斯提出了一个违法的议案,并且胜诉了。④ 法庭判决波利尤克图斯支付少量的罚金。在支付罚金后,波利尤克图斯将欧克森尼普斯告上了法庭(Hyp. Eux. 18)。

波利尤克图斯是运用弹劾程序提起诉讼的。他弹劾欧克森尼普斯"收受与雅典人民敌对者的钱物,发表有违雅典人民最佳利益的言论"(Hyp. Eux. 39)。由于诉诸的是弹劾程序,波利尤克图斯实质上等于将欧克森尼普斯列为"公共演说者"这一类别

---

① 关于该演说词的时间研究,可参见 Whitehead (2000) 155-157。
② 这件事发生的时间要么是公元前 338 年,要么是公元前 335 年,参见 Whitehead (2000) 207。
③ 关于欧克森尼普斯的报告与波利尤克图斯的提案之间的各种可能联系,参见 Whitehead (2000) 201-203。
④ 此处没必要认为欧克森尼普斯就是这个原告,参见 Whitehead (2000) 202。

(Hyp. Eux. 30)。对此,希波雷德斯提出了反对意见,他认为,波利尤克图斯的做法未必正确,因为根据有关弹劾的法律规定,一个偶尔在公民大会上发表演说的人仅属广义的公共演说者。故而希波雷德斯认为,该法并不适用在欧克森尼普斯身上,因为他注意到,该法仅适用于狭义的公共演说者,如提出法律议案的演说者(Hyp. Eux. 8)。希波雷德斯多次强调,根据狭义的解释,欧克森尼普斯不属于公共演说者,而是一名普通公民。波利尤克图斯不应弹劾一名普通公民(Hyp. Eux. 27);希波雷德斯自己通常只弹劾将军和公共演说者(Hyp. Eux. 28)。希波雷德斯认为,欧克森尼普斯是一名普通公民,若按波利尤克图斯的方法对待他,就将欧克森尼普斯当成了公共演说者(Hyp. Eux. 30)。若欧克森尼普斯只是虚假地报告了神明的意愿,没有提出议案,那么,运用弹劾程序来控告他就是错误的。恰当的做法或许是派人到德尔菲神庙,探究神的真实意思(Hyp. Eux. 15)。

  对欧克森尼普斯的审判揭示了"公共演说者的两种含义的冲突"。从广义上看,公共演说者"规定在法律之中,指的是在公民大会上向同胞发表演说的任何公民"。但"在较狭窄的意义上",公共演说者指"经常(有些甚至是专职的)向同胞发表演说的公民",有别于"那种只是普通公民,仅仅一次或偶尔充当公诉志愿者(ho boulomenos)的公民"。① 尽管希波雷德斯(Eux. 3, 9-10, 30)认为,波利尤克图斯提起了一个不符合法律规定的诉讼,但只有在我们接受了他的"公共演说者"定义之后,其论证才貌似合理。更可能的情形是,波利尤克图斯应遵循那一术语的广义解释,它暗含在审查公共演说者的法律之中。此处,我们又找到了一部带有潜在模糊性术语的法律,该术语可以从两个方面进行解释,对

---

① 参见 Hansen (1983) 48。然而,汉森认为,该冲突是"法律文本与现实运作的鸿沟"的结果。我则将这两种含义的争议视为雅典法的开放性结构的又一例子。

垒的诉讼当事人当然会根据该术语的不同定义展开论证。在构思自己的演说时,希波雷德斯明确地将注意力集中在与弹劾有关的实体性规定上,然而,纵使希波雷德斯可以这样解释,他的对手同样可以如法炮制,按照对自己有利的方式解释法律。

三、"神志不清"一词的模糊性

接下来讨论的案例是关于继承法的。在雅典,关于遗产继承的问题,主要有三个规则。第一,如果某人有婚生子女,其遗产直接由"全体继承人"或者法定继承人(*kleronomoi*)继承,无须立遗嘱(Is.6.28;8.34)。此处,"婚生子女"指正式缔结婚姻的夫妇所生的子女。正式缔结婚姻要么需要签订一份被称为"婚书"(*engye*)的合约,要么当着夫妇双方父亲(或监护人)的面进行庄严宣誓。通常,正式婚姻还需要送给新娘的丈夫一定数量的嫁妆,但嫁妆并非法律所要求的婚姻有效条件。[①] 相比之下,缔结正式婚姻完全不同于纳妾(*pallake*),后者无须庄严宣誓,且子女会被列为非婚生子女(*nothoi*)——经常被人们错误地翻译成"私生子(女)"(bastards),非婚生子女不享有继承权,只能获得遗赠。[②] 第二,如果没有婚生子女,遗产则按照比较固定的顺序,由亲属关系最近的人(不包括非婚生子女)继承,(Is.11.2)。第三,如果没有婚生子女,立遗嘱者还可以通过遗嘱的方式,收养一名儿子。该养子可以先将遗嘱交给司法官员,然后诉请继承养父的遗产。婚生子继承遗产时则没有这一程序上的要求,在父亲死后,他可不经法庭而直接接管父亲的财产。[③]

[①] 参见 Biscardi(1999)1-22。
[②] 关于雅典法中的"*nothoi*",参见 Vérilhac 和 Vial(1998)53-60。
[③] 关于收养的基本内容,参见 Rubinstein(1993)和 Ghiggia(1999)。鲁宾斯坦并不认为被继承人必须通过收养而使收养的儿子成为法定继承人(kleronomos)。

我们即将研究的继承案涉及克利奥尼穆斯的遗产问题(Isaeus 1)。虽然我们仅有原告单方面的演说词,但对于该案的基本事实,人们达成了大致的共识。原告及其兄弟都是孤儿,由叔叔丹尼亚斯(Deinias)监护(9)。出于这样或那样的原因,克利奥尼穆斯对丹尼亚斯产生了怨恨,因而不希望自己的财产落入丹尼亚斯手中。之后,克利奥尼穆斯立了一份遗嘱,将遗产赠送给了其他亲属,他将遗嘱存放在公共档案馆里。对于该案的其他一些细节,原告表述得相当含糊,但可以确定的是,克利奥尼穆斯没有婚生子女,他可以通过遗嘱(于死后)收养某个亲属作为自己的继承人,该亲属在原有的继承规则下是没有继承资格的。在丹尼亚斯去世后,克利奥尼穆斯将原告及其兄弟带到自己的家中,出资抚养他们,并从债权人那里为他们赎了身(12)。临死前,克利奥尼穆斯想要改变自己的遗嘱,并吩咐波斯迪普斯(Poseidippus)去请掌管公共档案的城市法监过来。波斯迪普斯没有立即照办,克利奥尼穆斯再次要他去请城市法监,但在城市法监赶到之前,克利奥尼穆斯已经去世了。原告的证人证实,克利奥尼穆斯与丹尼亚斯曾发生过争吵,以及克利奥尼穆斯曾要求波斯迪普斯去请城市法监过来。但对于克利奥尼穆斯请城市法监到场究竟为何,原被告存在争议。原告认为,克利奥尼穆斯打算撤销原遗嘱。对方的辩护人则认为,他只是想确认既存遗嘱的内容。尽管存在上述争议,原告并没有质疑遗嘱存在这一事实,也没有质疑遗嘱的真实性以及遗嘱所列的内容。原告诉请法庭宣告原遗嘱无效,并依法将遗产判给自己及兄弟,理由是在没有婚生子女的情形下,应由亲属关系最近的人继承遗产。

有学者对原告的立论提出了尖锐批评:"一个经验丰富的辩护者纵使穷尽所有技能,也无法掩盖该案的缺陷,即他们竟没有质疑克利奥尼穆斯派人去拿遗嘱这一行为的意思或其真实性。"①该学者认为,克利奥尼穆斯的明显意图是把财产给予被告——他立了遗嘱,存放在城市的公共档案馆,在很长的一段时间里都没有更改。在最后的患病期间,虽然他想派人去拿遗嘱,但原告不能证明克利奥尼穆斯是想撤销遗嘱。被告的论证似乎更可信,即克利奥尼穆斯意图修改遗嘱的细节,而不是将其撤销。该学者还认为,原告的论证思路基于两点:其一,他和兄弟是与克利奥尼穆斯关系最近的亲属;其二,"克利奥尼穆斯喜爱他们胜于被告"。这两个论点都忽略了立遗嘱者的权利——收养儿子,使其成为遗产的继承人。

上述批评实际上误解了原告的论证。原告在该案中的论证可分为两部分:其一,法律规定,被继承人的遗产应由亲属关系最近的人继承;其二,克利奥尼穆斯的遗嘱无效。第一个论证旨在支持原告的诉讼请求,第二个则是反驳被告的诉讼请求。两个论证都有各自的法律依据——第一个论证是基于继承法,即在没有婚生子女的情况下,根据亲属关系的远近顺序继承遗产;第二个论证根据的是赋予立遗嘱者立遗嘱权的法律,该法同时有这样一个条款,即当立遗嘱者生病、精神错乱、受药物影响、受女人指使、老年痴呆、被关进监狱或受胁迫时,其所立的遗嘱应被宣告无效。② 与雅典的很多法律一样,立法者不会选择一个范围宽泛的术语,而后提供一个一般性定义。相反,他会列举一些具体类型。此种立法方法的问题在于:它不能确定这些具体类型是否穷尽了所有情形。亦即,这些具体类型到底只是对法律适用一般行为类

---

① Wyse (1904) 177.
② 关于该法的内容,参见 Hyp. Ath. 17,以及 Whitehead (2000) 313;D. 48. 56;Is. 6. 9;亦可参见 Meyer-Laurin (1965) 20-22 及其参考的更早文献。同时可参见 Rubinstein (1993) 76 ("简要地提到了梭伦的法律中有关遗嘱的条款,即要求立遗嘱者在进行遗产分配时必须头脑清醒")。

型的举例说明,还是对法律所调整各类行为的完全列举?若是后者,那些不能归入任一具体类型之下的行为就属于法律规定之外的行为。一些诉讼当事人选择前一种理解,并主张:只要立遗嘱者立遗嘱时头脑不清醒,法律即应宣告其遗嘱无效。例如,德摩斯梯尼(46.16)的当事人坚称,一个神志不清的人(me eu phronei)纵使没有自己的孩子,也无权把自己的财产赠予他人。伊萨乌斯(6.9)的当事人则认为,在以下情形下,存在一个大家非常熟悉的、允许个人处分自己财产的规则:第一,如果某人没有婚生子女;第二,如果某人不是在精神错乱(maneis)、老年痴呆或神志不清(paranoon)的状态下立遗嘱;第三,法律规定的其他情形。

原告在另外的论证中还援引了遗嘱无效的法律规定(18-21)。他请求法庭设想这样的可能性,即其对手所说的"克利奥尼穆斯事实上是想确认遗嘱的内容"这一主张是正确的。原告认为,若被告对事实的解释是一致的,那么,他就是在指责克利奥尼穆斯处于严重的精神错乱状态(19: paranoian…megisten)。他继续说道,这是一种什么样的神志不清(mania),以致要立一份遗嘱,剥夺他非常喜爱的侄子的所有继承份额,有比这更疯狂的吗?(20)若在神志清醒的情况下,什么样的人会干这种事情?(20.亦可参见21: paraphronon)请注意,原告紧扣了法律的字面含义,与此同时,还拓展了"神志不清"的含义,以便使它涵盖所有不明智的行为。进一步地,原告还在演说词中努力地证明克利奥尼穆斯与被告已闹翻(30-33),随后他重申了自己的主张,即被告是在指责被继承人精神异常(34: manian kategorousi),以致要通过立遗嘱的方式确定亲属关系的亲疏远近。

在该演说词的另外部分,原告将自己的主张建立在对该法的广义解释基础上(41-43)。他提请法庭注意,法官经常对亲属关系最近的人予以倾斜性保护,以对抗那些基于遗嘱而主张继承权者。但原告并没有说,法官如此裁判符合公平的内在要求,即符合一个不成文的规则:关系最近的亲属应继承遗产。[①] 实际上,法官之所以这样表决,理据在于:第一,遗嘱常被伪造;第二,立遗嘱者没有合理的决定。显然,这是对该法的一个相当宽泛的解释,即延展了"神志不清"这一术语的含义,且超出了常规限度,并试图在该法所列的具体情形之上创设一个通用的标准。诉讼当事人不能要求法庭违背法律条文而作出裁判,也不能要求法庭诉诸"公平"这一一般理由,进而使先例的地位高于法律。他可以诉请法庭驳回一份不公正的遗嘱,并提醒法官注意,克利奥尼穆斯当时处于心智不正常的状态,因为他非常生气,以致在立遗嘱时没有作出合理的决定。总而言之,法庭不应认为立遗嘱人在生气、愤怒状态下作出的决定反映了其真实意思。在该演讲的结尾部分(50),原告又着重强调,若法官们支持被告的说法,就等于宣告克利奥尼穆斯头脑不清醒(*paranoian*);若支持他的说法,则无疑表明,克利奥尼穆斯在希望撤销遗嘱时思虑周全(*orthos bebouleusthai*)。

我们不知道该案的最终审判结果如何,但可以肯定的是,受理该案的司法官员认为,原告的诉求在法律上是合理的。尽管原告的诉求依据的是对"神志不清"这一语词的非常宽泛的解释,但司法官员并没有以此理由驳回其请求。此外,其对手也没有认为,他们有充分理由对原告的诉求提出抗辩。因此,当司法官员决定是否受理某案时,他们倾向于支持对法律作宽泛解释的原告,以便让此类案子进入诉讼之中。

[①] 参见 Meyer-Laurin (1965) 21:"正是由于这一原因,该主张与公平无关。"

四、"堂(表)兄弟之子"的外延有多大？

雅典的法律按照严格的继承顺序将继承权授予给亲属。[①]第一顺位是直系亲属，首先是婚生子及其后代，随后是婚生女及其后代(Is. 7. 20)。第二顺位是旁系亲属，首先是兄弟及其后代(即被继承人的侄子和侄女)，而后是姐妹及其后代。法律认可的最远顺位是"堂(或表)兄弟之子"(the sons of cousins, Is. 11. 1-2; D. 43. 51)，但该术语的含义尚存争议。如我们将看到的，它可以包括"第二代堂(或表)亲之子"，即那些拥有共同的曾祖父者；也可以包括第二代堂亲或表亲，即拥有共同祖父的那些人。

西奥庞普斯(Theopompus)起诉要求继承哈格尼亚斯(Hagnias)的遗产时，依据的就是上述"堂(或表)兄弟之子"的第一种解释。[②]哈格尼亚斯(下文将称其为哈格尼亚斯二世)的曾祖父是波色鲁斯(Bouselos)。波色鲁斯有四个儿子，分别是哈格尼亚斯一世、欧布里德斯一世(Eubulides I)、斯特拉提乌斯一世(Stratius I)以及哈伯荣(Habron)。哈格尼亚斯一世有一个儿子波利蒙(Polemon)和一个女儿菲洛马可一世(Phylomache I)。欧布里德斯一世有两个儿子，即卡里斯特图斯(Callistratus)和菲拉格鲁斯(Philagrus)，其中菲拉格鲁斯与菲洛马可一世结了婚。斯特拉提乌斯一世有两个儿子法诺斯特拉图斯(Phanostratus)和卡里德姆斯(Charidemus)，其中卡里德姆斯也有两个儿子，斯特拉托克勒斯(Stratocles)和西奥庞普斯。哈伯荣有两个儿子和一个女儿，该女儿嫁给了西奥庞普斯。哈格尼亚斯二世是波利蒙的儿

[①] 关于该继承法的内容，参见 Harrison (1968) 13-49。
[②] 关于对该种解释的辩护，参见 Miles (1950) 和 Thompson (1976) 4-6。

子,哈格尼亚斯一世的孙子。正因为哈格尼亚斯二世的父亲波利蒙与西奥庞普斯的父亲卡里德姆斯是堂兄弟,哈格尼亚斯二世和西奥庞普斯的关系即为"堂兄弟之子",亦即"第二代堂亲"。这正是西奥庞普斯提起诉讼的基础。他援引了以下法律:如果父亲一方的儿子、兄弟或者侄子,或者父亲一方的姐妹及其子女都不存在,法律则会"将继承权分配给第三顺位者,即父亲一方的堂(或表)亲及其子女"(Is. 11.2)。随后,他主张自己拥有第三顺位:"哈格尼亚斯与欧布里德斯、斯特拉托克勒斯、斯特拉提乌斯、哈格尼亚斯之母亲的兄弟以及我自己,都属于堂(或表)亲之子女,我们的父亲属堂亲关系,都是同一父亲所生的兄弟姊妹之子女"(Is. 11.8)。

在西奥庞普斯去世之后,他的儿子马卡特图斯(Makartetus)有权继承其财产(D. 43.26)。这时,索思瑟乌斯(Sositheus)代表儿子欧布里德斯三世,请求继承哈格尼亚斯(一世)的遗产,欧布里德斯三世是哈格尼亚斯的姑妈菲洛马可(一世)的婚生子。菲洛马可(一世)与索思瑟乌斯结婚后,生了儿子欧布里德斯三世,欧布里德斯三世后来由祖父欧布里德斯一世收养(D. 43.14-15,81)。因为欧布里德斯三世本来是哈格尼亚斯二世的表亲,该收养使欧布里德斯三世成了哈格尼亚斯二世的堂亲。在此基础上,欧布里德斯三世的父亲索思瑟乌斯坚称,该遗产应属于欧布里德斯三世:"此处,欧布里德斯三世属法律规定的类型之一,在法律许可的继承权延伸的范围之内,因为他是被继承人哈格尼亚斯(一世)的堂兄弟之子"(D. 43.27)。显然,索思瑟乌斯将该法律术语的范围解释为仅包括第一代堂(或表)亲之子。基于这个原因,他否认西奥庞普斯有继承遗产的权利,"因为他属于家族的另一支系",亦即,他是斯特拉提乌斯的直系后代,而不是哈格尼亚斯一世的直系后代(D. 43.27-8.参见 52,60-1,65)。欧布里德斯三世的养祖父是欧布里德斯一世,故他与哈格尼亚斯(二世)拥有共同的祖父哈格尼亚斯一世。另一边,西奥庞普斯与哈格尼亚斯二世并不拥有同一个祖父,因此,应将他排除在法律规定的范围之外。就此,索思瑟乌斯非常清楚地反驳了西奥庞普斯对"表(或堂)兄弟之子"这一术语的解释。

西奥庞普斯和索思瑟乌斯都根据现实的法律条文立论。西奥庞普斯在发表演说前宣读了有关继承的法律条文,并依据其字面含义,提出了自己的诉求(Is. 11. 1-3)。索思瑟乌斯也宣读了同样的内容,并认为该条文的字面含义支持自己的诉求(D. 43.50, 52)。① 诉讼当事人都没有请求法庭考虑公平原则,或忽视该法的具体规定。② 然而,双方当事人都按照自己的理解,解释了"children of cousins"这一概念。③ 遗憾的是,我们不知道法庭对索思瑟乌斯诉欧布里德斯的案子表决结果如何。④

五、何为"不公平的协议"?

下一案例是关于合同法的。尽管古雅典在很多领域发展出了初级的本地市场和区域性市场,且开展了广泛的海外贸易,但他们没有发展出能在广度和深度上媲美古罗马法时代的交易规则。⑤ 在雅典的法律中,似乎已包含一些简单的规则,并且,法庭

---

① 参见 Meinecka (1971) 295:"无论如何,这些分析表明,演讲者试图对法律语词进行严格解释,以便恰当地将法律事实吸纳到法律语词之下。"

② 此处的不同意见还请汤普森原谅,汤普森[Thompson (1976) 64]认为,"索思瑟乌斯展示了使问题成为道德议题而非法律议题的决心"。

③ 参见 MacDowell (1978) 107:"可以肯定'as far as cousins'是一个模糊的语词。事实上,西奥庞普斯和索思瑟乌斯会提出不同的解释,且双方都希望使法庭相信自己的解释是正确合理,这表明雅典人和我们一样,会面对语词含义模糊的问题,而每一种解释同样会带来某种程度的模糊性"。亦可参见 Todd (2008) 58。

④ 此处的不同意见还请布罗德本特[Broadbent (1968) 62]和汤普森[Thompson (1976) 106-107]原谅。我没有找到可信的证据证明这一观点。奥罗普斯(Oropos)关于公元前324年或前323年利昂蒂斯(Leontis)的碑文中包含"哈格尼亚斯"这一名字,马卡特乌斯(Makartetus)的儿子证实,马卡特乌斯最终赢得了该案。

⑤ 关于雅典法中交易规则的研究,参见 Pringsheim (1950)。

承诺执行当事人自愿达成的协议,但这些规则因合同的形式差异而有所不同。而且,雅典人似乎已能理解不同合同的基本差异。① 例如,关于买卖合同,雅典的法律要求卖方有义务提供权利担保(*bebaioun*)。② 关于奴隶买卖问题,也有相应的法律规定,即要求卖方提供担保,以免出现潜在的瑕疵(Hyp. *Ath.* 15)。此外,古雅典还有反对市场欺诈的法律(Hyp. *Ath.* 14),以及确保重量和尺度得到精确度量的规定(例如 IG ii² 1013)。总而言之,没有哪种规定是非常详尽的,只有一些只能满足小型简单市场需求的简单规定。③

此处要分析的案例是发生在埃皮克拉底与阿瑟诺哥尼(Athenogenes)之间的争议,该案来源于一份保存在莎草纸残片上的希波雷德斯演说。演说的开头和结尾都缺失,莎草纸的其他地方也有一些缺口④,但该故事和埃皮克拉底的法律论证大部分保留完好。该故事留存的部分显示,埃皮克拉底爱上了一位年轻男孩,该男孩与其父亲弥达斯(Midas)及兄弟 3 人在一家香水店工作,他们 3 人都是侨民阿瑟诺哥尼的奴隶。埃皮克拉底想付钱为他们赎身(Hyp. *Ath.* 4)。起初,阿瑟诺哥尼与埃皮克拉底似乎发生了争吵,阿瑟诺哥尼拒绝该交易,多亏由妓女(*hetaera*)转任鸨母的安提戈娜(Antigona)⑤调停此事,2 人才最终达成和解(4-5)。随后,阿瑟诺哥尼提议埃皮克拉底当场购买这 3 个奴隶,并由埃皮克拉底亲自解放他们。此种方式意味着,他们 3 人会因获得自由而感激埃皮克拉底,而非阿瑟诺哥尼。

199

---

① 关于租赁和借贷之不同的隐含认识,参见 Harris (2006a) 228-231。雅典人采用一般条款调整"保证"(*apotiman*)问题,"*apotimenma*"适用于租赁中的交易保证金,但并不是销售中使用的术语,然而,在借贷中,他们使用了与其相同的术语。
② 关于买卖中的担保研究,参见 Pringsheim (1950) 472-497。
③ 关于总体上的市场规制研究,参见 Stanley (1976)。
④ 关于演讲的开头缺少了什么的讨论,参见 Whitehead (2000) 279。
⑤ 关于"Antigona"名字的研究,参见 Whitehead (2000) 283。

阿瑟诺哥尼可能还暗示,如果由自己解放这 3 人,自己就仍是这 3 人的主人(*prostates*),他们 3 人必须忠于自己,而不是埃皮克拉底。在全面披露了上述利害关系后,阿瑟诺哥尼提醒埃皮克拉底,若该协议达成,埃皮克拉底将为 3 个奴隶身上担负的所有债务负责(6-7)。这一说法与奴隶社会中的一般原则相符,即奴隶的债务和资产自动成为其主人的债务和资产。① 若埃皮克拉底选择达成该协议,就等于买下了整个香水店,包括 3 个奴隶和店里的所有资产与负债②,以及以香水店作为担保的所有债务。我们知道,在罗马法中,有限定奴隶主为奴隶担责范围的规则,但在雅典法中并无类似的规定,这一点与本案的争议关系密切。③ 为了使埃皮克拉底心安,阿瑟诺哥尼声称店里奴隶的财产足以支付各种债务。埃皮克拉底说他于是买下了 3 个奴隶,并以为这 3 个奴隶所欠债务非常小,因此,正式接受了他们所欠的债务。同时,埃皮克拉底声称,当时有人当面将书面协议念给他听,但他没能集中注意力(Hyp. *Ath*. 8)。随后,书面协议存放在列科诺(Leuconoe)的吕西克勒斯(Lysicles)处。埃皮克拉底也付了钱,交易宣告完成(我们应当称之为"所有权已转让")(Hyp. *Ath*. 8-9)。交易后不久,就有很多债权人上门催债,时间持续了 3 个月,申报的债务总额达到了 5 塔伦特(Hyp. *Ath*. 9)。埃皮克拉底开始担心,于是召集亲朋好友研究该协议。在仔细研读后,他们发现,协议上有 2 个债权人的

---

① 关于该原则的内容,参见 D. 53. 20。

② 在 Hyp. *Ath*. 6 中,非常清楚的是,埃皮克拉底要买店里的所有物品,因为阿瑟诺哥尼说过这些物品的价值超过其债务。"*ti allo katetheto tis epi to myropoleion*"这段话语似乎表示那些债务是由香水店及其店内之物做担保的。怀特海德[Whitehead (2000) 292]将之翻译为"顾客存放在香水店里的所有物品总和",完全不着边际。伯特[Burtt (1954) 435]将之翻译为"顾客们投资于香水店的所有财产总和",与其实际含义相近。因为其中的介词"*epi*"有"为……担保"的意思,相关的例子可参见 D. 37. 4;D. 56. 6。有关该债务的讨论还可参见 Maffi (2008)和 Talamanca (2008)。

③ 关于罗马法中奴隶的私产问题,参见 Buckland (1908) 187-238。

名字，即潘卡鲁斯（Pancalus）和波利克里斯，紧挨着这2个名字的是所欠的小额债务，承诺以店内的财物所值支付该债务。但在旁边，还有一段用小字写下的条款，内容是：由埃皮克拉底负责偿付"弥达斯所欠的所有债务"，紧接着还列出了一个欠款清单，以及3笔应付的账款（Hyp. Ath. 10-11）。① 当埃皮克拉底与阿瑟诺哥尼公开对质时，阿瑟诺哥尼否认自己知道其他债务，并声称，协议中的资产足以支付债务（Hyp. Ath. 12）。为证明自己的陈述，埃皮克拉底在法庭上宣读了协议，但他没有提供当时在场的目击证人，证明阿瑟诺哥尼曾说过"剩余债务非常小，肯定小于香水店内资产的价值"。②

当该案进入法庭审判时，双方当事人均依法提出了自己的诉求。阿瑟诺哥尼援引了"一个人与另一个人签订的任何协议均有约束力"这一法律规定（Hyp. Ath. 13）。事实上，该法的完整解释里有"自愿"（willing）这个词，但埃皮克拉底也没注意该词，因此，他没有努力证明自己签订该协议有违自己的意志。③原因可能在于：埃皮克拉底认为，自己在同意交易条款时，并未受到胁迫——在《法律篇》（Laws, 920d）中，柏拉图解释了该法，目的是使之适用于当事人一方"被不公正的强制所迫"的情形，其暗指暴力或暴力威胁不是埃皮克拉底与阿瑟诺哥尼争讼案的关键。如果这一推断成立，就能解释为什么埃皮克拉底会选择另一部法律，主张"不公平、不合理的合同不具有约束力"

---

① 这些一定是应支付的贷款，正如 Whitehead (2000) 301 与 Lipsius (1905—1915) 73 note 204 认为的那样。
② 这一点对于埃皮克拉底而言至为关键，但并没有被研究者注意到，例如 Whitehead (2000) 304。
③ 关于该法律文本中是否有"自愿"一词，参见 D. 56. 2。关于该法的其他内容可参见 D. 42. 2；D. 47. 77。

(13: *ta de me tounantion apagoreuei me kyria einai*)。[1] 因此，以下推断是错误的，即埃皮克拉底要求法庭搁置该法，或诉诸超越成文法之上的公平原则。

紧接着问题就来了：何为不公平的协议？此处，这一特定法律并未给出答案。为了确定该短语的含义，埃皮克拉底试图通过考察、探索隐含在其他法律中的基本原则，并利用这些基本原则确定该法律的含义。换言之，他试图探究立法者在其他法律中表达出来的意图，说明立法者在该法中的意图。[2] 对此，我们可能将信将疑，提出这样的异议：由于不同的法律是由不同的立法者制定的，因此，每一部法律都可能有不同的立法目的。但雅典人不这么想，他们认为，全部法律都是某一位立法者的杰作。事实上，与雅典的其他诉讼当事人一样，埃皮克拉底在谈论婚姻法时（16），将其"立法者"追溯到梭伦（21）。因此，为探究某一法律的意图，雅典人经常会考察该立法者制定的其他法律。在这一问题上，亚里士多德在《雅典政制》（*Constitution*

---

[1] 怀特海德[Whitehead (2000) 306]认同哈里森[Harrison (1971) 53]的观点，认为，"该论证的关键是诉诸法律的基本原则，而不是遵循法律条文的字面含义"。但该段落清楚地表明，这些话语肯定来源于某一部法律——另一部法律。参见 Burtt (1954) 439 中的这一句话："法律禁止不公平、不合理的合同具有约束力。"关于这两部不同的法律，可参见亚里士多德的 *Rh.* 1375b9-11："还应留心，某部法律是否与另一部得到好评的法律甚至其自身相抵触（οἷον ἐνίοτε ὁ μὲν κελεύει κύρια εἶναι ἅττ᾽ ἂν συνθῶνται, ὁ δ᾽ ἀπαγορεύει μὴ συντίθεσθαι παρὰ τὸν νόμον)。"哈里森与怀特海德都没有重视这句话。该法与调整社团成员之间协议的法律有相似性，参见 *Digest* 47.22.4："对于那些订立契约的人来说，如果法律对其权利范围没有限制，则其就有权利按自己的意愿去做(ὅτι τούτων διαθῶνται πρὸς ἀλλήλους, κύριον εἶναι, ἐὰν μὴ ἀπαγορεύσῃ δημόσια γράμματα)。"(=Ruschenbusch [1966] F76A) Arnaoutoglou (2003) 44-57 质疑该法的真实性，他将该法的时间定位为罗马法时代，但 Ismard (2010) 44-57 认为，其属于梭伦立法的一部分。此处，我持不同意见，还请哈里森与怀特海德谅解。我认为，埃皮克拉底以法律的精确字面含义为立论依据，且没有诉诸法律的基本原则。具体可参见 Meyer-Laurin (1965) 17 和 Meinecke (1971) 349 note 17（"未诉诸公平原则"）。他们都被怀特海德忽略了。菲利普斯[Phillips (2009) 93-97]重构合同法的努力失败了，因其没能理解当事人往往只引用与案件相关的法律之一部分。因此，若引用的法律中遗漏了特定语词，并不意味着该语词不在该法律之中。菲利普斯的论证不加鉴别地引自 Kästle (2012) 193-194，而后者对该演讲的分析是存在问题的。

[2] 当写下上述结论后，我发现 Johnstone (1999) 27-30 也表达了相似的观点。

of the Athenians, 9.2)中明确主张,若我们要探寻某部法律的意图,不应只看现在正发生什么(*ek ton nun ginomenon*),即考察当下的法庭如何适用法律,而应看同一立法者制定的其他法律(*ek tes alles politeias*)表达了什么。①

为探究合同法上述条款的意义,埃皮克拉底首先转向了一部要求"市场上的每个人都不应欺骗"的法律(14)。② 随后,埃皮克拉底提出,阿瑟诺哥尼欺骗了自己,因为他没有披露所有债务,没有列出所有债权人的名单。该论证的问题在于:在他们的协议中,没有对债务的份数和总额作任何陈述。阿瑟诺哥尼仅列出了部分债务,双方达成的协议则要求埃皮克拉底承担弥达斯的所有债务。这意味着,阿瑟诺哥尼知道存在其他债务,但他对此未作任何说明。埃皮克拉底声称,阿瑟诺哥尼曾说过,其他债务都是小额的,店内的资产足以应付那些债务。当然,阿瑟诺哥尼的这一陈述没有写入书面协议中。总之,埃皮克拉底似乎试图拓展"不应说谎"这一短语的含义,以便使之涵括"故意不提供相关信息"的情形。这便要求埃皮克拉底证明阿瑟诺哥尼当时知道还存在其他债务。埃皮克拉底在提出这一问题后,似乎已意识到这一举证要求(Hyp. *Ath.* 19-20)。

然而,"不应说谎"的法律并没有提到其可适用于合同,也没有提到欺骗对合同的效力将产生何种影响。为证明虚假陈述会导致协议无效,埃皮克拉底又讨论了另两部法律(Hyp. *Ath.* 14-16)。埃皮克拉底援引的第一部法律是关于奴隶交易的。该法要

---

① 克莱斯特[Christ (1998a) 196]武断地认为,在当事人探寻立法者的意图时,"并不是致力于从立法历史中研究立法目的,而是努力证明他们的解释如何与社会规范一致",但他没有提供任何证据证明这个观点。在事实面前,克莱斯特的观点完全站不住脚,即事实是:当事人进行论证时,援引其他法律来推断立法者的意图,根本没有参考社会中的非正式规则。

② D. 20.9 和 Harpocration s. v. *kate tên agoran apseudein* 也提到了这部法律。该法的实施似乎在市场法监的管辖范围内,参见 Arist. *Ath. Pol.* 51.1,转引自 Rhodes (1981) 575-576。

求：出卖奴隶者应事先披露该奴隶可能患有的疾病。若卖方没这样做，买方有权退回该奴隶，并要求返还价款，即取消交易。雅典法律中的此种规定类似于罗马法中的"恢复原状"（restitutio in integrum）。从这部法律中，埃皮克拉底得出了一个更不容置疑（a fortiori）的论证：在奴隶存在疾病时，法律尚允许买方取消交易，阿瑟诺哥尼为何不应对自己处心积虑的不正义行为承担责任？借助一部既存的法律，埃皮克拉底用类推的方法展开了自己的论证：若法律规定在偶然发现一个隐藏的疾病时，应取消该交易；那么，当卖方处心积虑地欺骗买方时，法律更应宣判该交易无效。这两个案件有一个共同点：出卖的商品都包含了一些隐藏的瑕疵，因此，其价值低于表面价值。在上述奴隶买卖案件中，隐藏的瑕疵是偶然发现的，亦即不是由卖方的行为发现的。更加不容置疑的是，如果隐藏的瑕疵是卖方故意为之，那么，交易当然应取消。在这一过程中，埃皮克拉底所做的，是从买卖奴隶的具体规定中总结出一个用以防止潜在瑕疵的一般规则，而后用这一一般规则证明自己的观点，即怎样才算一个公平、合理的合同。换言之，为解释合同法，埃皮克拉底找到了潜在于另一部法律中的一般原则，进而用该原则阐释合同法相关条款的意义。

为证明"虚假陈述会使合同无效"，埃皮克拉底援引的第二部法律有关通过庄严宣誓的方式结婚的妇女所生子女的地位问题（Hyp. Ath. 16）。前已述及，法律规定，通过这种方式结婚的子女为婚生子女，有权继承父亲的遗产。埃皮克拉底指出，若一个男人将一个对外假称自己女儿的女人典当给别人，那么该协议无效。埃皮克拉底并没有深究该协议的具体细节，只是再次隐含地运用了类推方法进行论证。在该案中，典当新娘的男人不可能误解自己与该女人的关系。如果她不是该男人的女儿，那么该男人无权让她结婚，因此，该协议无效。埃皮克拉底似乎想证明，阿瑟诺哥尼掩盖了自己的奴隶所担负的债务，因此，法庭应宣判他与阿瑟诺哥尼订立的合同无效。埃皮克拉底可能是在运用罗马人的这一理念,即"实质性错误"(error in substantia)①可以撤销合同交易。亦即,若双方当事人对于买卖标的物的物理属性达成了一致,但却误解了一些本质属性,则意味着产生了实质性错误。然而,在雅典的法律中并无此类规则。因此,埃皮克拉底不得不证明,这个规则隐含在要求"合同应公平、合理的"法律之中,只是他是在严肃的婚姻法中总结出这个规则的,然后,运用类推方法,支持自己的解释。

接下来,埃皮克拉底转向了有关遗嘱的法律,相关内容前面已有所论述(参见本章第三节)。埃皮克拉底注意到,遗嘱法规定因受妇女影响而设立的遗嘱无效。而他自己签订协议时,受到了阿瑟诺哥尼情妇安提戈娜的影响(Hyp. Ath. 18)。正如在援引其他法律时所做的那样,埃皮克拉底主张,他从有关某一类协议(遗嘱)的法律中抽象出了一般的协议原则,该原则能适用于另一类协议(如买卖协议)。② 考虑到埃皮克拉底一直认为,"雅典的所有法律都是由某一位立法者制定的",因此,为探求含有潜在模糊性的法律术语的含义和意图,他的做法是合理的。

在建构了自己的论证后,埃皮克拉底预计阿瑟诺哥尼可能提出这样的异议,即他可能确实不知道其他债务的存在。埃皮克拉底准备从两方面回应该异议(19-22)。第一,他认为,由于阿瑟诺哥尼是一个经验丰富的商人,他的父亲和祖父一直在干这行,他自己每天都出入于市场,且拥有3家店铺,每月都会检查会计账簿,因此,他不可能不知道这些债务。第二,即便阿瑟诺哥尼不知道这些债务,由于他是这3个奴隶的所有人,他仍应对这些债务负责(20-21)。为证明自己的论点,埃皮克拉底援引了梭伦的法律作

---

① 关于"*error in substantia*",参见 Buckland (1963) 418-419。
② 怀特海德[Whitehead (2000) 313]称前一种法律为"准先例",然而"先例"是指法庭先前的判决,用在此处不太合适。

为支撑。该法规定,主人应为奴隶遭受的罚款和恶行负责。① 这一规定似乎涵盖了奴隶造成的所有损失,只要该奴隶是由主人派遣到其他人的土地上工作的即可。② 埃皮克拉底说,这才是公正的,因为主人是奴隶所创造的所有利益的受益人。该法律条文的字面含义显示,该法仅适用于侵权行为,而不适用于合同行为,但埃皮克拉底通过解释,使其好像能涵盖因所有行为而产生的债务一样。但以上论证存在这样的问题:埃皮克拉底曾明确同意承担他所购买的奴隶的债务。

通过援引梭伦制定的另一部法律,埃皮克拉底对自己的法律论证进行了总结(Hyp. Ath. 22)。该法规定,公民大会颁布的法令不能凌驾于法律之上。雅典人还在"法规"(statutes)与"措施"(measures)之间作了区分,法规即"*nomoi*",需要通过一个名为"立法"(*nomothesia*)的烦琐程序才能生效;措施也被称为"法令"(或政令)(*psephismata*),只需经公民大会的一次会议通过即可。梭伦制定的法律(law)要优于法令,这才使得人们可以控告提议不合法的法令者,该指控被称为"违法提议不合法的法令之诉"(*graphe paranomon*)。如果提议者被判有罪,则所提议的法令将被废除。埃皮克拉底认为,如果法律优先于全体公民大会的法令,私人之间的协议在效力上肯定不比法律更强。③ 我们不清楚此处的论证是如何与前面的系列论证关联起来的。可能的情形是:埃皮克拉底作如此的总结,仅仅出于修辞的考虑,以便帮助法官克服不情愿宣判一个既定协议无效的天然倾向。

埃皮克拉底的论证是拓展雅典法律开放性结构最富有成效的努力。他的解释方法非常大众化,它假定了只要在其他既存法规的指导下,普通市民也有能力亲身探究某一法规的含义和意

---

① 关于此处的法律文本,参见 Whitehead(2000)324,他宁愿读作"ἀ(δικῆ)ματα"。
② 这与 *Laws* 936c-d 和 Gortyn(*IC* IV 72, col. vii,第 10-15 行)很相似。
③ 参见 Whitehead(2000)323。

图。事实上，该演说词是由一名专业的演说词撰写者帮他写的，但为了保持大众化的外在形象，埃皮克拉底声称，他自己亲自研究了所有法律(Hyp. Ath. 13)。[1] 尽管埃皮克拉底可能拓展了法律的开放性结构，但他并不是一个悲观论者：他没有将注意力放在法律的潜在模糊性上，而是大胆地宣称，该法律的字面含义可以延伸到他希望的所有情形。他含蓄地承认，有必要证明他对法律的理解是合理的，即他是通过探知内在于其他法规中的原则，从而指引自己，对有关"公平的协议"之类的法律进行解释。我们没有看到阿瑟诺哥尼对该法律论证的回应，但埃皮克拉底的演说显示他希望阿瑟诺哥尼以法律的直接含义为基础展开论证，即强调自愿达成的协议应得到保障。遗憾的是，我们不知道法庭是如何评判各自论证的，以及该案的判决结果是什么。再一次可以肯定的是，受理该案的法官并不认为埃皮克拉底的案子没有法律价值。阿瑟诺哥尼也认为，他没有任何理由针对埃皮克拉底提起抗辩。

六、柏拉图的启示：限缩解释

在《法律篇》中，柏拉图试图为麦格尼西亚(Magnesia)这一乌托邦城邦制定一部全面、无缺陷的法典(Plato Laws 820)。他为社会生活的各个方面确立了规则，涵括了公共行政管理、婚姻、教育、体育运动、性行为、农业、谋杀与暴力、宗教、财产、继承等一系列主题。其中很多法律都是以雅典的法律为基础的，但柏拉图对

---

[1] 参见 Whitehead (2000) 307: "Demosth. 54.17 是一个可对比的无经验原告的例子，他需要为自己娴熟的法律专业知识作解释，以至于不得不说那是出自演说词撰写者(logographos)之手。"

206 这些法律作了不少改动。① 如对于本章第一节讨论的杀人案,柏拉图通过额外增加几种杀人类型,制定了一套详细的规则,以取代雅典法律中比较简单的分类。本章的主题之所以引人关注,原因在于柏拉图含蓄地表达了部分雅典法律中藏有的模糊性内容,随后在麦格尼西亚的法律中,他尝试通过给关键术语以更详细的定义,从而减少法律的开放性结构。在对市场中的欺诈规则进行讨论时,柏拉图认为,他那个时代惯常的立法方法与他所倡导的立法方法之间的差异非常明显。柏拉图(916d-e)批判普通大众(*hoi polloi*),即社会中的大多数人,因为他们认为,在恰当的时机或恰当的情况下,说谎和欺骗是可接受的,但却没有对这些情形加以界定(*aoristos*)。在柏拉图看来,立法者不应忽视这些事项,相反,他为这些事项设定了上限和下限。换言之,立法者不应止步于制定一般规则,然后由当事人和法官来决定哪些情形需要进行额外的考虑,以推翻一般规则。立法者应当精确地界定,在规则适用过程中,存在哪些例外,以及这些例外对于一般规则有何影响。在讨论刑罚问题时,柏拉图建议立法者为法官制定清晰的量刑指南(934c)。在公共案件中,雅典的法律赋予法庭足够的权力,法官可以在审理双方的辩论意见后,给出其认为恰当的罚款或处罚。然而,柏拉图认为,立法者应像画家一样,为法律调整的行为勾画一个大致的轮廓,以便帮助法官为违法犯罪者确定最合适的刑罚。

我们可以通过观察与买卖有关的法律对潜在瑕疵的规定,了解此种方法是如何运作的。如前述的希波雷德斯在《诉阿瑟诺哥尼》(*Againse Athenogenes*,15)中讨论的,雅典关于奴隶买卖的法律规定:"出卖奴隶者必须事先声明奴隶的所有疾病;如果他没有

---

① 关于雅典法与麦格尼西亚法之关系的有价值研究,参见 Morrow (1960) 和 Piérart (2008)。他们都没有讨论柏拉图限缩雅典法律之开放性结构的努力。

这样做,则有相应的退回程序(*anagoge*)。"①该法并没有详细地说明哪些类型的疾病,也没有考虑这种可能性,即奴隶可能有主人不能识别的疾病,更没有为何时退回奴隶设定一个时间期限。相较而言,柏拉图在《法律篇》(*Laws* 916a-b)中制定的法律更加详细。柏拉图根据买方或卖方是不是医生或训练师等掌握熟练技术的能识别疾病的专业人员,而设置了不同的规则。他还在退回奴隶的权利上增加了期限限制,因为不太可能出现这样的情形:某一奴隶在购买前已生病,在购买后很久才被发现。柏拉图认为,如果将这种情形仍归结为卖方的责任,肯定不合理。他还为癫痫病设立了单独的规则,因为与其他疾病相比,癫痫病的症状不像其他疾病那样立即显现出来。最后,他还为因犯过失杀人罪而变得不纯洁的奴隶创设了特殊规则。我们可能会认为,这是一种古怪的潜在瑕疵,但古希腊人认为,这种不纯洁可能给人带来疾病或不幸,因此,此种规定有很大的意义。② 为避免因制定一般规则而使法庭经常需要决定如何应对不同寻常的状况,柏拉图设置了时效,同时还规定了例外情形。

柏拉图设计的法律比雅典的法律制定得更具体、详细的另一个领域是关于不敬神问题。如我们所知,雅典的法律没有界定"不敬神"这一类犯罪行为,尽管雅典人清楚地知道该术语表达什么,以及何种类型的行为可归入"不敬神"(*asebeia*)③这一表述之下。例如,本书第三章已提到,梅勒图斯控告苏格拉底不敬神,他列举了三项罪状:(1)引入新神(Pl. *Ap.* 24b-c);(2)不信神(Pl. *Ap.* 27a);(3)腐化年轻人(Pl. *Ap.* 24c)。从苏格拉底的回应中可

---

① 关于"anagoge"程序,参见 Wyse (1904) 436-437。
② 关于杀人罪之研究,参见 Harris (2010) 126-129,我计划以后回到该议题的研究。
③ 关于概念"*asebeia*"的有趣评论,参见 Cohen (1991) 203-217。柯亨发现,尽管雅典法没有提供法官可用以判决疑难案件的定义,但雅典人对该术语仍有基本的共识。关于研究该术语的法律界定,参见 Rudhardt (1960)。

以看出,他认同梅勒图斯所说的上述行为构成不敬神这一罪名,因此,他没有在这一法律问题上质疑原告,而是试图证明该指控是缺乏事实根据的凭空假想。在《法律篇》(885b)中,柏拉图对此概念作了初步界定,列举了三种具体的不敬神表现:(1)不相信神的存在;(2)相信神的存在,但认为神不重视人类;(3)相信通过供奉和祈祷,很容易影响和误导神。由于雅典的法律没有对"不敬神"进行界定,柏拉图通过列举不敬神的几种具体表现,明晰了"不敬神"这一概念的含义,以此消除潜在的模糊性和不确定性。①

柏拉图对雅典的法律改动最多的仍是有关杀人罪的规则。② 在本章的第一节,我们已介绍过,"*phonos ek pronoias*"这一术语非常模糊,为解决这一问题,柏拉图新增了两种故意杀人的类型,以处理与挑衅有关的一些特殊情形,因为若依据粗略、简单的雅典法律,这些特殊情形是难以归类的。

关于第二类杀人罪,即"*phonos akousios*",违心杀人或"非故意杀人",存在这样一个需要讨论的问题:对于那些因被害人自己的行为而致死的情形,别人应在多大程度上承担责任?在雅典的法律中,某人应承担杀人的法律责任的情形不仅包括造成死亡的直接身体伤害,而且包括间接伤害,如发布杀死某人的命令。但这产生了这样的问题:若行为人只是实施了某一行为,却引发了一连串事件,后续的事件造成了另一人死亡,该行为人应在多大程度上承担责任?例如,某人负责组织一场合唱比赛,并负责训练孩子们表演,其中的一个孩子因喝了一瓶他人给的、用来改善嗓音的药水而死亡,该负责人是否应承担非故意杀人或违心杀人

---

① 关于不敬神的通常理解与柏拉图的界定之间的关系研究,参见 Cohen(1991) 216:"难道柏拉图是想通过将不敬神这一传统概念体系化,以服务于他更大的政治理论框架吗?"

② 关于《法律篇》如何处理杀人罪定义的详细分析,参见 Saunders(1991a) 217-257 与 Saunders(1991b)。桑德尔对不同类型杀人罪的处罚最感兴趣,而不是该犯罪的一般分类和表述。

之责？有人可能会主张，在该事件中，由于已经将孩子托付给他监管，因此，"造成"孩子死亡的药水管理者、合唱比赛的发起者都应被判杀人罪。事实上，这正是一个原告在雅典法庭上提出的观点(Antiphon 6.11-14)。

为解决这一问题，柏拉图试图对下列情形下行为人应承担责任的范围进行限定，即受害者的死亡虽是由行为人的行为造成的，但该行为违背行为人的意愿。对于因该行为人的行为引发一连串事件而最终致人死亡的情形，柏拉图不允许人们对该类非故意或违心杀人行为提起控告。柏拉图认为，有关杀人罪的法律仅适用于与死亡有直接因果联系的被告人行为(Laws 865b)："若某个人因故意的行为而杀死了另一个人，不管他在实施这种杀害行为时是赤手空拳，还是使用了工具或武器，或者利用了食物或饮品，或采用了火或寒冰，或运用了导致别人窒息的方法，也不管他是亲自杀人还是通过别人代而为之，在所有这些情况下，都要求他必须亲自杀人，唯有如此，才会受到如下惩罚。"换言之，被告人的行为不能是致人死亡的远因，必须是近因。此处，柏拉图再一次明确了有关杀人罪法律规定的具体情形，并试图消除雅典法律中"违心杀人"这一罪名存在的潜在模糊性和不确定性。

在雅典的法律中，还有与怯战有关的一般规定，它规定了与军队纪律有关的几种犯罪，及处理这些犯罪的程序和刑罚。我们将在下一节详细讨论该法。在此处，我们即将讨论的只是其中的一个条款，即有关"扔掉自己的盾牌"的规定。按照该法的规定，扔掉手中盾牌是一种犯罪，将被处以剥夺公民权的惩罚，但该法没有对"扔掉自己的盾牌"做进一步的界定。在《法律篇》(943d—944c)中，柏拉图认为，我们必须区分以下两种情形：一是行为人因受暴力的强制而丢弃自己的武器；二是恬不知耻地扔掉自己的盾牌。柏拉图回顾了普特洛克勒斯(Patroclus)的例子。普特洛克勒斯的武器丢了，落到赫克托耳手中，但他并非怯战者(Iliad 16.

791-817；17.125；18.78-85）。柏拉图认为，当某人从高处坠落或在海上遇到暴风雨或身陷急流，或其他一些情形下都可能丢掉自己的武器，因此应当区分"扔掉自己的盾牌"(rhipsaspis)与"失去自己的盾牌"(apoboleus hoplon)。若行为人失去自己的盾牌，是因为遇上了超出自己控制的情形，则他显然不是故意丢弃盾牌（Plato Laws 944c）。柏拉图认为，应当处以刑罚的是那些"发现敌人尾随，手里虽拿着武器却不敢转身，怯于运用手中的武器与敌人战斗，为此故意扔掉武器，或故意让武器掉落在地，不愿光荣地像英雄一样英勇牺牲，宁愿像懦夫一样苟且偷生"的人。由于雅典的法律未界定"丢掉自己的盾牌"，因此，柏拉图列举了法官在判决时需考量的特殊情形，以此限缩法律的开放性结构。

七、一种保险的做法：形式主义进路

在下一章，我们将看到当事人试图拓展法律开放性结构的更多论证，但在此处，先得出一些阶段性结论。第一，比较明显的是，在古雅典，诉讼当事人在向法庭提出论证时，都紧扣了法律的字面含义。在本书第三章中，我们已看到，雅典的法律要求原告在起草诉状时必须使用法言法语，雅典的法官必须针对诉状中的诉求作出裁判。这意味着，原告必须证明被告违反了其起诉书所列出的法律，而被告必须证明自己没有违反该法。本章研究的法庭论证证明了当事人的诉状如何迫使他们将自己的论证建立在对相关法律的审慎解读基础之上。我们对几个法庭论证的详细分析同样证实了第四章的结论：当事人在建构自己的论证时，更强调法律的实体内容，而非程序性内容。从这一意义上看，沃尔夫、迈耶-洛兰以及梅内克的形式主义路径是恰当的，因此，我们不应仅仅因为一些雅典的法律缺乏定义就得出错误的结论。在我们讨论的所有案子中，当事人都非常重视实体性问题与法律解释问题;如果他们认为法律的实质内容对他们的案子特别重要,那么,他们便会突出其内容的重要性。

第二,将内含于法律中的一般规则用于特定情形,这一工作并非总是简单而直接。尽管雅典人试图用清楚、不模糊的术语制定法律,但他们不可能为法律中的所有语词下定义,而且,他们还经常使用那些可能在具体案件中引起争议的一般术语。然而,我们也不应过分夸大雅典法律的开放性结构。如附录七所示,在《阿提卡演说家》中,大部分案件涉及的都是事实问题,而非法律问题。也就是说,在大多数案件中,原告和被告均承认所涉法律中关键术语的含义,仅在事实问题上存在争议。当然,与此同时,我们也不应低估雅典法律的开放性结构。在这一方面,形式主义路径未能恰如其分地评价那些撰写演说词的雅典人的诡辩,他们知道如何利用法律中的潜在模糊性支持己方的当事人。

本章的研究结论可以使我们充分了解雅典的法律体系在现实中是如何运作的,有助于解释雅典的政治制度如何影响诉讼的本质。在第三章,我们已看到,诉状中包含了提起诉讼所依据的法律关键术语,否则司法官员不会受理原告提交的诉状。从本章和下一章即将讨论的案例可知,雅典的司法官员似乎乐意接受对法律进行不同寻常解释的案子,他们拓宽了法律开放性结构的边界。或许我们应当说,只要那些案件符合最低限度的要求,即诉状中使用了据以起诉的法言法语,法官们就不敢不受理案件。可能因为这些法官知道,自己离任时,要经受审查程序的考验。[①] 在接受审查时,那些曾被驳回诉求、心怀不满的当事人可能指控法官怠于职守。出于这一原因,那些收到原告诉状,主持初审以确认当事人是否适格的司法官员只能在程序性问题上发挥作用,如

[①] 这一点是托德与卡瑞启发我的。关于所有行政官员应当遵守的原则,参见 Aeschin. 3.17-22。关于没有履职的行政官员该受到何种严厉惩罚的问题,可参见 Isaeus 4.28。

记录当事人的名字、确认其诉讼地位、确定争议的性质。这使他们能履行自己的主要职责,即裁定当事人的案子应由哪个法庭审理。例如,若控告的是故意杀人,该类案件将由战神山法庭审理;若受害者是外邦人,则由帕拉迪翁法庭(Arist. Ath. Pol. 57. 3)审理;若原告提起的是私诉,则由仲裁员审理。据我们所知,在初审时,如果司法官员觉得原告举证的事实不符合定罪的最低标准,只要人们告诉他大致的判断,他就不会对案件的实质情况进行评估。当雅典人发现,他们可以将自己的案件提交到更高的机构审判时,他们就不太愿意由地方司法官员行使主要的裁判权,因为更高的机构更不容易腐败。这种习惯可以追溯到梭伦,正是梭伦授权所有雅典公民可以将案件提交到由同等级者组成的法庭审判(Arist. Ath. Pol. 9. 1),梭伦试图防止权力集中到某一人手中。①

埃斯库罗斯的《欧墨尼得斯》(Eumenides)可能是我们了解司法官员从接受诉状到主持初审这一流程的最佳地方。当复仇女神(Erinyes)和俄瑞斯忒斯(Orestes,阿伽门农之子)来到雅典娜跟前时,雅典娜首先询问原告的基本情况(408),复仇女神提供了原告的姓名、其父母姓名及居所信息(416-417),以及他们的诉讼地位(419,421)。随后,复仇女神提出了自己的控告(425)。雅典娜接着问,是否存在减轻惩罚的情形(426),复仇女神回答说"没有"(427)。之后,雅典娜开始确定被告人符合哪种类型的杀人罪,这类似于王者执政官确定某一指控到底是故意杀人,还是违心杀人,抑或正当杀人,以便可以将案件分配给相应的法庭审理(Arist. Ath. Pol. 57. 2-3)。复仇女神请求雅典娜,要求俄瑞斯忒斯发誓自己并未犯杀人罪,但雅典娜拒绝在倾听被告陈述之前就决定如何判决(428-432)。在从原告处得到了自己所需的所有信息后,雅典娜转向被告,询问了同样的问题(436-437),并询问了被

---

① 关于梭伦和早期希腊立法者的目标,参见 Harris(2006a)3-28。

告对事实的解释。俄瑞斯忒斯首先向雅典娜保证,自己是一个纯洁的人——那相当于说,他是清白的,然后才开始回答问题(445-453)。① 俄瑞斯忒斯按要求提供了自己的居所信息和父亲的姓名(455-456),提交了自己的诉状(456-467),而后请求雅典娜作出裁判(468)。与王者执政官一样,雅典娜并不打算对该争议作出裁判(470-472),或者要求复仇女神提交证人证言或其他证据,以便使该案表面上看起来证据确凿。雅典娜只是简单地记录了原、被告的姓名,诉讼的性质,而后将案件分配给了适合审理该案的法庭(480-490)。这意味着,在初审阶段,所有原告或公诉人应当做的是选择诉讼类型,以及他希望遵循的程序,然后用恰当的法律术语草拟诉状。他完全不需要使案件看起来证据确凿。

类似地,在此一阶段,被告人也无须进行抗辩,因为原告的诉求可能不符合其选择的诉讼程序的实质要件。本阶段的抗辩只针对单纯的程序性事项,如原告的诉讼地位,是否具备起诉资格(D. 32, 33, 34, 35),被告人是否为雅典公民(Lys. 23),争议是否因一方放弃权利而得到了解决(D. 36, 37, 38),诉讼是否超过了规定的时效(D. 36),等等。② 雅典司法系统的这些特点使原告和控诉方很容易将自己的案子提交法庭,只要他们能找到被告的违法犯罪行为以及规制这些行为的程序即可。由于关键的法律问题不是由司法官员在初审阶段裁定,也不在抗辩程序中处理,而是交由仲裁员(私诉)或法庭(公诉)专门审理。因此,这意味着,在进入庭审之前的阶段,司法官员无权作出大致的判决,也无法驳回一些琐碎的起诉。在这一阶段,被告无权提出异议,不能以该案不符合法庭所理解的犯罪构成为借口,要求司法官员驳回该案。雅典人不太信任司法官员,因此不愿意将一些权力授予司法官

---

① 关于无罪与纯洁的相通性问题,参见 Hewitt (1910)。
② 关于抗辩与初审程序之间关系的基本原理,我与沃尔夫[Wolff (1966) 136-146]持相同观点。在接下来的论文中,我计划回到研究 D. 32-35 中的法律议题。

员,那一定会导致法庭的案件负担增加。就此而言,我们不应说,在古雅典,诉讼案件数量很大,是好斗的气质或复仇文化的产物;它部分缘于雅典人构造的法律体系,即不信任司法官员,担心贿赂成风。这进一步证实了本书第二章的论证:解释雅典诉讼特点的最佳路径不是孤立地考察雅典人对待诉讼的态度,而应研究雅典人如何在法律程序中植入他们所信奉的价值,以及这些程序是如何塑造个体行为的。

第六章　法律的开放性结构：法庭的应对

　　在上一章中，我们已看到，诉讼当事人一方面特别重视法律条文的字面含义，另一方面又试图利用法律的开放性结构。在我们已研究的案例中，原告可能会以某种方式解释法律，而被告则用另一种方式。但是，法庭是如何回应这些论证的？在上一章提及的大多数案例中，我们都不知道法庭的最终判决。在本章中，我们将讨论6个案例。对于这6个案例的法庭判决结果，我们要么知道，要么能推断出来，最终的审判都发生在公民大会上。在每一个案件中，法庭都不得不在以下两者之间选择：一方将自己的论证建立在对法律的直接解读基础上，另一方则采用一种新的或不寻常的解释。其中有两个案例，原告甚至要求法官像立法者那样思考问题，亦即以一种全新的方式解释或适用法律（Lsy. 14.4；Lycurg. *Leocr.* 9）。法庭到底是应坚持运用标准的方式解释法律，还是该尝试拓展法律的范围以涵盖新的犯罪类型?① 抑或是,法庭的判决应因案而异,并无固定的模式可循?

一、充满歧义的"担保"概念

关于物的担保问题,雅典人制定了三部法律,以便在债务人违约时保护债权人在担保物上的权益。② 第一部法律将全面的所有权授予占有担保物的债权人,不论该担保物是动产还是不动产,也不论担保的对象是贷款还是其他义务,债权人均可取得该担保物以抵偿本金(Is. 10.24)。③ 第二部法律保护已取得担保物的债权人,使他可以对抗债务人及其继承人的任何请求(D. 41.7-10)。④ 第三部法律规定,如果借款人违约且拒绝移交作为担保物的物品,出借人有权就此起诉(Is. 6.31;D. 56.3,38,40,45)。然而,债权人于何时才有权依法占有担保物?必须等到债务人不能偿还本金之时,还是在债务人怠于支付一次利息后便可以扣押担保物抵债?这要看人们如何解释债权人与债务人在贷款期限内就担保物形成的法律关系。在借款合同中,担保物被抵押给了对方,目的是确保本金能得到偿还,而不是获得利息。支持该观点的事实是:担保物价值的确定与贷款数额有很大的关系,而不是与应支付的利息数额直接相关。⑤ 债权人扣押担保物的目的不是获得债务人所欠的利息,而是本金。例如,商人帕尔梅诺(Parmeno)以自己的船只做担保向别人借了40米那,而后无力偿还

---

① 约翰斯通(Johnstone,1999.21-45)论证了诉讼当事人如何尝试解释雅典的法律,但没有研究法庭对他们的解释是如何回应的。梅内克(Meinecke,1971)的研究集中在私诉案件,且没有对这些案子进行讨论。
② 关于这些法律的研究,参见 Harris (2006a) 234-238。
③ 参见 Wyse (1904) 668-669。
④ 关于该法内容,参见 Harris (2006a) 234-237。
⑤ 关于担保物成倍于贷款价值的研究,参见 D.34.6;35.18;37.4,31。

贷款,他的债权人威胁要依法占有他的船只,以折抵本金(D. 33. 6)。在帕尔梅诺通过向其他人借款的方式偿还了这笔债务后,新的债权人拟定了一份协议,要求帕尔梅诺在偿还贷款之前,将船只和奴隶的所有权转移给他们(D. 33.8)。

如何看待因担保而形成的债权人与债务人之间的关系,在古雅典还存在另一种方式。当尼科巴鲁斯和埃沃古斯借了105米那给潘塔内图斯时,潘塔内图斯以30名奴隶和位于马罗尼亚采矿区的一个工场作为担保,他们称相互之间的这一安排为"可在固定期限内解约的租赁"(D. 37. 4-6)。① 他们将担保物的抵押视为一次买卖,债权人因此变成了奴隶和工场的所有权人。由于债权人成了所有权人,作为借款人的潘塔内图斯就处在类似承租人的地位上,由此就形成了这样的关系:承租人为租用财产而定期支付租金,出借人定期收取贷款的利息。这种法律关系的安排为债权人带来了实质性便利。如果按照传统的观点,贷款中的抵押物是用来保证本金得到偿还的,若借款人在规定的时间内不能偿还本金,就允许债权人依法占有该抵押物。但在租赁关系中,未支付租金的承租人必须立即搬离其承租的财产,这一原则在雅典的法律中规定得非常明确。② 这意味着,如果有担保的贷款类似于租赁,担保物就类似于出租的财产,借款人变成了承租人,一旦借款人某一次未能支付利息,就不得不搬离作为担保物的财产。

对这一安排存在不同的解释,最终导致债权人埃沃古斯与借款人潘塔内图斯发生了争议。在埃沃古斯、尼科巴鲁斯与潘塔内图斯签订协议后不久,尼科巴鲁斯远航到了蓬托斯(Pontus),埃沃古斯则继续留在雅典。一段时间后,尼科巴鲁斯回到雅典,发现在自己离开期间,埃沃古斯与潘塔内图斯发生了纠纷。关于这期

---

① 关于该协议认识的分析,参见 Harris (2006a) 192。
② 参见 *IG* ii^2 2496,第 17-20 行;2499,第 30-33 行;2501,第 15-20 行。

间到底发生了什么,埃沃古斯与潘塔内图斯各执一词。潘塔内图斯宣称,埃沃古斯运用武力把自己赶出了工场,违反了协议的规定。由于无法继续经营自己的工场,潘塔内图斯无力支付从城邦租用矿山的租金,以致成了一个公共债务人(D.37.6)。埃沃古斯的描述则有些不同。埃沃古斯极力使尼科巴鲁斯相信,他是在潘塔内图斯好几次未支付利息后才依法占有该工场的,他否认自己曾使用武力接管工场(D.37.7)。麻烦并未到此结束。在埃沃古斯占了工场后,潘塔内图斯离开了,回来时却带来了另一组债权人,这些债权人说,工场同时抵押给了他们。我们不应怀疑其他贷款的存在;尽管将两位借款人介绍给潘塔内图斯的穆尼西克勒斯(Mnesicles)——同时也是该贷款的保证人——对其他债权人的主张嗤之以鼻,但在随后的谈判中,尼科巴鲁斯和埃沃古斯仍与其他债权人进行了交涉,似乎相信他们的主张是真的(13-15)。①

即便我们认同埃沃古斯对事情的描述,比较清楚的仍然是他与潘塔内图斯对合同中相关术语的法律含义有不同的理解。埃沃古斯认为自己是出租人,只要承租人潘塔内图斯没有支付相应的租金,他就有权将其赶走。对此,潘塔内图斯并不认同;显然,他认为自己是担保物的所有权人,有权以其工场和奴隶作为担保,换取第二组债权人的贷款(D.37.13-15)。② 由于埃沃古斯不是所有权人,不具备类似于出租人的法律地位,因此,潘塔内图斯

---

① 关于与其他债权人的谈判,参见 Harris (2006a) 193-198。

② 起初,我认为,此处关于担保物的归属有意见分歧,即出借人认为担保物归他们,借款人则认为自己仍保留了所有权,参见 Harris (1988) [= Harris (2006a) 163-206]。现在,我意识到,债权人在交易中的语言表述具有误导性;它仅表达了在违约情形下,债权人拥有担保物的所有权利,而不是一次实质的产权转让。事实上,在随后的演说中,尼科巴鲁斯清晰地区分了自己与埃沃古斯就奴隶和工场所作的"买卖"与实际的买卖(D.37.50;*kathapax*)之间的区别。尽管使用了"买卖"这一用语,但从他对待第二组债权人的方式看,他似乎承认他们对担保物的主张是有效的。如果他认为担保物的保证是实际的买卖,那他将不会那么做。因此,债权人在担保物上仅有扣押权,直到为抵债而扣押担保物之后才获得所有权。在雅典法中,物的担保类似于罗马法中 *hypotheke* 的从合同。参见 Harris (2012)。佩罗索(Pelloso,2008)也得出了大致一致的结论。

认为，即使自己拖欠应付的利息，埃沃古斯也无权将自己赶出工场。他可能没来得及支付利息，但偿还本金的期限还没到。[①] 他认为，只有在自己不能偿还本金时，埃沃古斯才有权接管工场，并宣称工场仍应归他所有。该争议诉至法庭后，法庭支持了潘塔内图斯的主张，并判定他应获得一定的损失补偿(D. 37.8)。埃沃古斯的合伙人尼科巴鲁斯则宣称，埃沃古斯是恶意诉讼的受害者，但即便我们接受尼科巴鲁斯的陈述，法庭同样有充分的理由支持潘塔内图斯。通过投票支持潘塔内图斯，法庭决定采用更直接的解释方法，对债权人与借款人就担保物达成的协议进行解释。因为担保物的抵押目的是保证贷款得到偿还，埃沃古斯应当等潘塔内图斯违约且不能如约偿还本金后才接管工场。通过作出不利于埃沃古斯的判决，法庭决定不采信他将有担保的贷款关系解释为租赁关系的做法，认为那是一种不太直接的解释。[②] 尽管雅典人通过了一些与物的担保有关的法律，但这些法律并没有厘清该主题之下的所有问题。在本案中，当遇到双方对同一协议进行两种不同的解释时，法庭支持了将自己的论证建立在对协议进行的解释更直接的当事人一方。

二、"怯战"的通常含义

在军事纪律方面，雅典人有一部重要的法律，惩罚各种形式的怯战(deilia)行为。该法有好几个条款设在"怯战"这一总标题

[①] 并不意外的是，在描述协议的内容时，尼科巴鲁斯没有明确地说出偿还本金的日期(D. 37.5)。

[②] 很可能，法庭会支持协议的此种解释，即倾向于保护借款人，因为一般来说，作为法庭成员的雅典人更可能是借款人，而非出借人。尼科巴鲁斯事实上也暗示了法庭对出借人的敌意，并声称自己并不是典型的出借人(D. 37.52-55)。

之下，每一条款分别处理一种具体的犯罪行为。① 在这方面，它与弹劾法的做法类似，即在"背叛城邦罪"(*prodosia*)这一总标题之下，列举了几种具体的行为类型。"怯战"行为可分为两类，分别是"擅离自己的位置"(*lipotaxion*)、当逃兵或"擅离军队"(*lipostration*)。

针对前一种类型的犯罪，法律规定"当其他人在战斗时，若行为人因为怯战而擅离自己的位置，躲到队尾去"，可以对他提起公共诉讼(Lys. 14.5)。② 要理解此规定，需要对古希腊重装步兵的布阵有一定的了解。在战斗前，指挥官会为每一名步兵战士安排一个固定的位置(Plato *Ap*. 28e; D. 15.32)。在战斗中，每一名步兵战士必须坚守在自己的位置上，这是绝对必要的。该阵型的战斗力取决于严明的纪律，它要求每一名战士紧挨着战友，由此形成一条密不透风的防线。事实上，为表忠诚，所有的青年每年都需要宣誓："不论被安排到什么位置上，我都会坚守自己的岗位，决不离开战友们构筑的防线。"③ 如果防线的某一点被攻破，敌军便能从缺口长驱直入。同时，战士们都明白，装甲步兵护盾的大小仅能遮挡自己的左侧，因此，他必须依靠右侧的战友坚守位置、抓好护盾，才能保护自己无法保护的那一侧(Th. 5.71; E. *HF* 190-194)。

---

① 埃斯基涅斯(Aeschines, 3.175)提到了几种类型的犯罪，而后说，我们可以怯战之名控告他们。参见 Ar. *Ach*. 1129; *Eq*. 369。哈梅尔(Hamel, 1988b)认为，"当逃兵"(*lipotaxion*)和"逃避兵役"(*astrateia*)是两种不同的犯罪类型，他并不理解与"怯战"有关的法律框架。他似乎认为这是两种不同的犯罪，是不同法律的调整对象，而不是"怯战"这一一般法律中列举的"怯战"的两种形式。在讨论这两种犯罪之后，吕西亚斯(Lysias, 14.4-5)宣读了一部法律，而后说(14.6)，该法同时涵盖了上述两种行为。如果上述行为存在于两部不同的法律中，那么，我们就没法弄懂控诉阿尔喀比亚德的意思，因为原告每次只能使用一种程序控告一个被告人。

② 随后，演说者在接下来的部分进一步解释了法律的这个部分，他说该法适用于所有那些"在战斗中退缩到队尾"的人。

③ 吕库古(*Leocr*. 77)认为，"离开战友"等于"擅离自己的位置"。在 Soph. *Ant*. 671-672 的"艾菲比誓言"中有关于这一段内容的典故。

该法对这种类型的犯罪进行了非常细致的规定,特别强调了三个实体性问题:其一,它仅适用于战时,因为只有在此时,坚守岗位的责任才至关重要。其二,它仅惩罚那些擅自退却的人;人们没理由惩罚上前迎敌的人,因为他是在逼近敌人,而非远离敌人。尽管此时的最佳做法仍是坚守阵地,但希腊人认为,敢于上前迎敌者不应受到处罚。例如,在希罗多德(9.71.2-3)看来,在普罗泰(Plataea)战役中,阿里斯托德姆斯(Aristodemus)是希腊一方最好的战士,尽管他在战时离开了自己的岗位。然而,在战争结束后不久召开的会议上,斯巴达人认为阿里斯托德姆斯作战勇敢,但同时认为他并不比其他几名战士更出色。理由是:阿里斯托德姆斯发疯般地冲向敌军,擅离了自己的位置。这表明,如果某个战士离开自己的岗位是为了迎敌,就不属于怯战,但这样做的战士不如坚守阵地的战友表现得那么好。其三,法律仅惩罚因怯战而退却者。这产生了这样的问题:某个战士可能因其他原因而退却,如根据命令变换阵形、支援某个受攻击的薄弱点,等等。因此,人们可以尝试着从更宽泛的角度解释战士的"位置"(taxis)或"岗位"概念,但法律的详细规定显示,它使用的是一种相对狭义的含义。① 法律规定的第二种主要犯罪形式是(受征召时)"拒不报到"(astrateia),即受征召时不愿履行自己的职责,或拒绝参战(Lys. 14.6-7)。② 另外几种犯罪形式则是逃离舰队(anaumachiou)和扔掉自己的护盾。③

大约在公元前395年,一位叫阿切斯特拉提德斯(Archestratides)的雅典人以"怯战"之名控告著名的雅典将军阿尔喀比亚德

---

① 例如,在喀罗尼亚战役中获胜后,吕库古(Leocr. 77)以"擅离自己岗位"之名控告一个在危机期间离开雅典的人,参见 Aeschin. 3.159。

② "astrateia"一词有"怠于上前线""逃避兵役"之类的内容,参见 D. 59.27;D. 39.16。然而,在紧接着的一部分中,控告则变为了"当逃兵"。在有关怯战的法律中,"Lipotaxion"似乎仅表达了狭义的含义("在战斗中擅离安排的岗位")和一个笼统的含义("逃避与敌军作战")。

③ And. 1.74. 关于逃离舰队的问题,亦可参见 Suidas s. v. *anaumachiou*。

(Alcibiades)之子阿尔喀比亚德。注意,他们父子同名。① 阿尔喀比亚德的演说并没有留存下来,《吕西亚斯文集》(*Lysiacum*)仅刊载了支持原告的助讼人发表的两篇演说。尽管阿尔喀比亚德及其支持者的演说没有留存下来,但我们仍可以复原该案主要的基本事实,因为这是双方都默认的事实。支持原告的助讼人从未提出,阿尔喀比亚德没有加入远征军,或在远征军返回雅典前离开了军队。第一位助讼人说,阿尔喀比亚德是在步兵军团登记入伍的,但却选择在骑兵军团服役(Lys. 14.7-8,11)。第二位助讼人在此基础上做了稍微精确的表述。他说,尽管阿尔喀比亚德最初被分配到了步兵军团,但将军们将他编入了骑兵弓箭手的队列(Lys. 15.6,11)。令人印象深刻的是,两位助讼人都没有控诉阿尔喀比亚德在战斗中擅离自己的位置。第一位助讼人提到,其对手可能会强调这一事实:该军队并未实际地参战,对此,他不否认,但坚持认为,有关"怯战"的法律在此种情况下仍然适用(Lys. 14.5)。如此一来,事实就非常清楚了:阿尔喀比亚德在步兵军团登记入伍,与军队一起出发,之后被调入骑兵部队,担任弓箭手。因此,阿尔喀比亚德并未离开军队。并且,在该次远征中,阿尔喀比亚德所在的部队并没有实际地参战。②

原告声称阿尔喀比亚德违反了法律,是基于三方面的理由(Lys. 14.6-7)。③ 其一,他犯有拒不报到罪,因为他登记在步兵军团,却没有以步兵的身份服役(参见 Lys. 15.11)。其二,他有擅离

---

① 对于该演说的时间考察,参见 Carey (1989) 141。关于该控告的研究,参见 Lys. 14.11。该研究显示,无论阿尔喀比亚德是否有怯战之罪,法庭都将投票表决。法庭似乎认为,那些在军队服役的人,与法官一样,要受法庭宣誓条款的约束(Lys. 14.40),参见 Bertrand (2001) 17-18。关于法庭成员的组成,可参见 Whitehead (2008)与 Rhodes (2008b)的争论。

② 如果 Carey (1989) 141 中介绍的色诺芬(*HG* 3.5.25)描述的雅典远征军情况属实,那将证实阿尔喀比亚德支持者的主张。

③ 这两位协助原告的演说家可能总结了控告阿尔喀比亚德的主要论点,而作为实际的原告,阿切斯特拉提德斯(Archestratides)进一步深化了细节。关于在公诉案件中,支持原告的演说家与主要原告的关系问题,可参见 Rubinstein (2000) 131-147。

职守的罪过。他没有在步兵军团中坚守战斗位置（也就是说，他被调到了骑兵部队充当弓箭手）。其三，他犯有一般意义上的怯战罪，因为他选择在骑兵部队服役，目的是逃避步兵面临的危险。在第一项指控中，原告将该法第二条中的"军队"（stratia）一词窄化了，仅指步兵军团，而非包含步兵军团和骑兵军团在内的全部远征军。原告认为，由于阿尔喀比亚德离开了步兵军团，因此，等于逃离了军队。正如卡瑞（Carey）所言，"只有通过语言上的一些伎俩，即认为'步兵部队'（peze stratia）仅指陆上的军队，有别于海上的军队或其他部队，才能对该法的相关条款加以延伸，以涵括阿尔喀比亚德的行为"。[①] 在第二项指控中，原告明显拓宽了"taxis"（位置或岗位）一词的含义，使其范围比法律明确规定的范围更宽。其实，该法仅规范那些因怯战而擅离职守或退却的情形。原告集中火力于界定"位置"（或"被分配的岗位"）的含义，并从中概括出了这一观点：任何离开依法分配的岗位者，均应被判擅离职守罪。但阿尔喀比亚德坚守的骑兵弓箭手位置正是依法分配给他的位置，并且，在战争期间，他并未离开自己的岗位，或出于怯战而逃到队尾。

第一位助诉人提出，当他请求法庭像立法者那样思考问题时，实际上是要求法庭以一种全新的、不寻常的方式解释法律（Lys. 14.4）。他说，法官们应意识到，他们现在作出判决的方法，在将来会成为这一社会应用法律的方法。这意味着，在过去，法庭并没有将该法应用于类似阿尔喀比亚德的这类行为。如果在本案中，他们判阿尔喀比亚德有罪，那么，他们就在扩张该法的适用范围，使之涵盖比以前更广的行为类型。

这两位助诉人的演说暗示了被告准备采用的论证。第一，被告及其辩护人会指出，该法关于"擅离职守"的条款不能应用于此

---

① Carey (1989) 145.

种情形,因为当时并未实际地发生战斗(Lys. 14.5)。即便人们采取比较宽泛的解释,将之延伸到包括被分配位置的士兵,我们也不能说,阿尔喀比亚德没有服从分配,因为他一直坚守在将军们安排给他的骑兵弓箭手岗位上(Lys. 15.6)。同样重要的是,将军们打算为阿尔喀比亚德作证(Lys. 15.1-4)。但我们很难得知的是,谁为原告作了证,因为所有留存下来的演说都是两位支持原告的助讼人发表的。同样重要的是这一事实:两位助讼人都没有试图通过指出将军们在撒谎,从而削弱目击证人的陈述。第二位助讼人认为,将军们的地位与司法官员类似,均有确保公正的责任,因此,他没有质疑将军们证词的真实性(Lys. 15.3-4)。如果阿尔喀比亚德事实上没有服从命令,将军们会毫不犹豫地支持原告。为了反驳被告的论证,第二位助讼人宣称,将军们无权将阿尔喀比亚德从步兵军团调至骑兵军团,然而,他没有援引任何禁止将军们如此做的法律(Lys. 15.6,12)。第二位助讼人似乎认为,阿尔喀比亚德是依法分配至步兵军团特定位置的,将军们无权更改,只有雅典的执政官才能分配战士的岗位(D. 15.32;pL. *Ap.* 28e)。有一点非常清楚:法律不可能命令将军该如何指挥战斗。在战斗中,若将军们可以决定如何部署兵力,那么,他们一定能根据战场需要,将士兵从一个队伍调到另一个队伍。

控告阿尔喀比亚德的案子赖以建立的基础是对有关怯战的规定做较为牵强的解读。控辩双方均默认的是:由于军队并未实际地参战,因此,该法第一条即有关"擅离岗位"的规定不能适用。原告也没有否认这一点:阿尔喀比亚德参加了该次战役,他没有离开军队,只是遵循指挥官的命令,加入了骑兵部队,担任骑兵弓箭手,因而,他并没有犯擅离远征军的罪行。若严格地按照法律的字面意义,他可能违反了"未经审查即加入了骑兵军团"的规定(Lys. 14.8-9),但我们不知道该法律是否可适用于骑兵弓箭手。

此外，还存在情有可原的情况：阿尔喀比亚德担任骑兵弓箭手，是根据指挥官的命令，而非由于自己的选择。

尽管没有资料记录法庭的最终判决，但要判断该案的审判结果仍是可能的。由于有关"怯战"的案件被称为"不由法庭量刑的案件"（agon atimetos），其刑罚是法律预先规定好的，因此，在法庭就被告人是否有罪进行第一次表决之后，无须再具体地量刑（Lys.14.9）。① 此类犯罪的刑罚非常严厉：被判怯战之罪者将被褫夺全部公民权，即完全失去一个公民应有的权利（D.15.32；参见 D.59.27；21.103）。② 埃斯基涅斯（3.176）说过，凡犯此罪者，将被禁止进入神圣的阿哥拉（广场），且不能参加公共仪式。并且，我们知道，若某人不具备公民资格，其儿孙也不能成为公民。③ 但阿尔喀比亚德似乎有一个具有公民身份的女儿，以及一个同样名为阿尔喀比亚德的孙子。④ 如果阿尔喀比亚德被判犯有怯战之罪，上述诸人就不可能拥有公民身份。由于原告的指控理由相当薄弱，阿尔喀比亚德被无罪释放就不足为奇了。⑤

若以上的分析是合理的，那么，阿尔喀比亚德的案子就符合前一章提出的范式。一方面，受理控告、主持预审、将案件分配给法庭审判的司法官员大多愿意受理那些对法律进行新颖解释的案件；另一方面则相反，法庭不愿意依据对法律进行的不寻常解读而判被告有罪。

---

① 参见 Harrison（1971）82。
② 根据 And.1.74，被判决有怯战之罪者可以保留自己的财产，但 Lys.14.9 则可能暗指该刑罚包括了没收财产，参见 Carey（1989）155。
③ Arist. Ath. Pol. 42.1。
④ 关于阿尔喀比亚德的女儿，参见 IG ii^2 7400；该女儿的丈夫，参见 IG ii^2 6746 和 7400；关于阿尔喀比亚德的孙子，参见 IG ii^2 6719. Cf. Davies（1971）21-22。
⑤ 参见 Carey（1989）145："控告阿尔喀比亚德的理据并不有力。"

三、法律规范能否类比扩张？

吕亚西斯(Lysias,9)的《以士兵的名义》(*On Behalf of the Soldier*)这一演说词是由一位名为波利伊努斯(Polyaenus)的士兵发表的,该士兵被控诽谤将军。波利伊努斯讲述了将军们如何将他登记入伍的故事,尽管他刚刚在军队中服过役(4)。[①] 他向其中的一位将军提出异议,但不仅未获得对方的认可,反而遭到了辱骂。波利伊努斯陈述说,自己保持了镇定,然后去找另一位公民商量此事(5)。再后来,他得知将军们打算逮捕他(5)。他与那位公民的谈话发生在菲留斯河的岸边(6)。将军们知道了该谈话的内容,决定以诽谤之名对他处以罚款(参见 *loidoroimi*. 16: *zemiosantes men ten archen loidorounta*)。此处,波利伊努斯提醒法庭,法律仅禁止人们在执政官的办公场所诽谤执政官(6: *ean tis archen en to synedrio*. 10)。[②] 将军们当时并未收取该笔罚款,而是在任期结束后,将罚款作为债务登记在账本中,移交给了收款员。[③] 这些收款员曾向将军们询问罚款的依据,在得知事情的经过后,收款员们努力说服将军们改变主意,但未奏效。随后,收款员们改判该罚款无效(7: *akyron*. 12)。尽管收款员们已经有了决定,波利伊努斯还是被人以公诉程序起诉了(21),他的对手声称,他仍未缴纳罚款。

[①] 针对该演说的有价值的讨论,参见 MacDowell (1994),Dreher (1994),以及 Todd (2007) 581-593,604-624。

[②] 很难确定该法与 D. 21.32-33 中提到的法律之间的关系,后者规定辱骂和袭击行政官员者将被处以剥夺全部公民权的惩罚,参见 Arist. *Prob*. 952b28-32。Lys. 9.6 中提到的那部法律可能赋予了官员施以罚款的权力,而德摩斯梯尼提到的法律则规定,那将引起公诉,其相应刑罚为剥夺公民权。这两个条款可能来自同一法律(不妨比较 Arist. *Ath. Pol.* 56.7: *epiballein e eisagein eis to dikasterion*)。

[③] 麦道维尔[MacDowell (1994) 161-162]认为,这些会计即收款员(*praktores*),Dreher (1994) 167 认同该观点。

虽然收款员的决定并非法庭的判决,但其目的同样是解决一个由法律解释而引起的法律争议(注意,此处使用的动词是ekrinan)。很明显,将军们采纳了法律的宽泛解释,将之适用于那些批评其行为者。他们可能主张,该法的目的在于鼓励人们尊重执政官,因而,要严惩那些对执政官不敬的行为。波利伊努斯则立足于狭义的解释,紧扣该法的字面含义。波利伊努斯认为,该法的目的在于确保执政官可以不受干扰地履行自己的职责,而非防止人们批评执政官。① 无论此处的不同解释理由何在,关键点都在于:收款员支持了波利伊努斯对法律的解释,亦即支持了紧扣法律字面含义的做法,反对拓宽法律的适用范围,以涵盖所有批评官员的尝试。

四、概念的含义能扩展多远?

接下来的案子是曼提瑟乌斯诉波奥图斯(D.39),我们不仅知道该案的仲裁结果,而且能推断出法庭的最终判决。该争议发生在一对同父异母的兄弟——曼提瑟乌斯和波奥图斯——之间,他们都是曼提亚斯的儿子。我们已在第二章讨论过两人的长期争斗,此处,我们关心的只是:他们在第一次出庭时争论的法律问题。我们首先有必要回顾一下该案的背景。波奥图斯不是在父亲的监护下成长起来的,而是与自己的母亲珀兰贡生活在一起。待到成年时,他需要父亲承认他们的父子关系,而后才能忝列宗族,才能登记在自己所属的德莫名册中(2)。虽然曼提亚斯不愿意答应此事,但最终还是被迫同意将波奥图斯登记到了自己的宗族之下(3-4)。但在到德莫为波奥图斯登记前,曼提亚斯去世了。于是,波奥图斯另辟蹊径,以曼提瑟乌斯的名字在

---

① 雅典法中的"parrhesia"包括批评官员的权利,参见 D.22.31。

德莫进行了登记(5)。曼提瑟乌斯自然对此怀恨在心,对波奥图斯提起了诉讼。当案子摆在仲裁员面前时,波奥图斯提供了证人证言,证明曼提亚斯在其出生后曾为其举办十日礼(dekate),并以祖父曼提瑟乌斯之名为他冠名(22)。由于他是年长的儿子,因此,他被赋予了使用祖父名讳的权利(27)。

224　　曼提瑟乌斯提起的似乎是损失赔偿之诉(dike blabes)。① 他在两处分别提到了波奥图斯给自己造成的损害(5:blaptei,13:blaptetai;参见 18:blaben)。在起诉波奥图斯的第二个案子中(D. 40.35),曼提瑟乌斯直言,即便法庭判定他遭受了严重而持续的巨大伤害(blaptesthai),他提起诉讼的目的也不是从波奥图斯那里获得金钱,而是使波奥图斯不再使用"曼提瑟乌斯"这个名字。尽管他说自己的目的不是金钱,但曼提瑟乌斯仍希望法庭判给他一份损失赔偿,进而阻止波奥图斯将来再使用自己的名字。

　　一般地,术语"blabe"和"blaptein"主要适用于对身体造成的物理伤害(例如,D.55.12,20,28),但如果原告能证明被告的行为使自己产生了实际的费用支出,在没有任何物理伤害的情况下,法庭仍可能判决他获得一定的补偿。例如,卡里亚(Caria)的梅尼普斯(Menippus)在诉讼中败给了瑟斯皮埃(Thespiai)的尤安多鲁斯(Euandrus)。尤安多鲁斯一直找不到梅尼普斯,以便收取法庭判决的赔偿。后来在庆祝秘仪期间揪住了他。但依据雅典的法律,在举办秘仪期间,债权人抓捕债务人是不合法的(D.21.176)。在尤安多鲁斯提起公诉后,梅尼普斯则提起私诉,要求对方赔偿损失(tas blabas)。法庭不仅强迫尤安多鲁斯放弃之前判给他的损失赔偿,而且还判给梅尼普斯一份损失赔偿,以弥补他因待在雅典参加法律诉讼而产生的费用。②

---

① 参见 Carey and Reid (1985) 166。
② 该案的内容,可参见 Harris (2008) 80。

在这个案子中，曼提瑟乌斯扩展了术语的含义，以涵盖那些只会引起烦恼或将来可能引起不便的行为。曼提瑟乌斯指出，若两个人拥有同样的名字，在公共事务中可能引起混乱(7-12)。例如，执政官可能不知道应传唤谁到法庭，将军们不知道该召集谁参军，分配到哪个小分队，或选谁当舰长。如果大家选举曼提亚斯的儿子，来自索利克斯地区的曼提瑟乌斯到政府任职，该由谁上任？(10)再者，同名的两人可以串通起来，增加入选政府任职的机会(12)。曼提瑟乌斯随后转向了可能引起损害的其他情形。他注意到，波奥图斯与梅涅克里斯及其他一些人提起了很多公诉。如果波奥图斯使用"曼提瑟乌斯"这一名字，且又输了官司，需要向司库上交罚款，人们可能会认为，曼提瑟乌斯应对此罚款负责(14)。曼提瑟乌斯还描述了两人共用名字可能造成的其他假设性问题(15-18)。但曼提瑟乌斯仅提供了两个实际发生的事情，证明波奥图斯给他造成的困扰。一次是同父异母的兄弟波奥图斯在公诉中成为被告，另一次是波奥图斯与他争夺政府任职的权利，而人民实际选举的是曼提瑟乌斯(19)。曼提瑟乌斯认为，第一次事件损害了他的名声，同时含蓄地提到，第二次事件给他带来了很多困扰。但曼提瑟乌斯并没有证明波奥图斯的行为给他造成了金钱损失，或以其他方式降低了其资产的价值。

毫不令人惊讶的是，曼提瑟乌斯在仲裁时输了官司(22)，在法庭上似乎也没有获得成功。[①] 曼提瑟乌斯尝试着拓展"损害"这一术语的含义，以便其可以涵盖那些造成困扰的行为。对于拓展法律的开放性结构而言，这是一次聪明的尝试，但其明显走得太远，以致超出了该术语基本含义的射程。与前面提到的案子一样，仲裁员和法庭都不赞成诉讼当事人将法律的适用范围拓展到

[①] 参见 IG ii² 1622, 第 435-436 行, Carey and Reid (1985) 167-168。我们可能会提出，如果曼提瑟乌斯赢得了判决，在他随后控诉波奥图斯的演说中，当他提及这个案子时，必定会持这样的主张(D. 40.35)。

超出正常限度的做法。

五、广义解释和狭义解释

在《阿提卡演说家》中，埃斯基涅斯的演说《诉克特西丰》（Aeschin. 3）包含了一些非常详尽的法律论证。该争议发生在公元前 336 年，克特西丰提议通过一项为埃斯基涅斯的政敌德摩斯梯尼授予荣誉的法令。埃斯基涅斯随即以其提议了一项不合法的法令（*graphe paranomon*）为由而控告他，但直到公元前 330 年，该案才得到审判。① 针对克特西丰提议的法令，埃斯基涅斯提出了三方面的指控：(1) 它违反了"禁止将荣誉授给尚未通过审计的行政官员"的法律规定（Aeschin. 3. 9-31）；(2) 它违反了在公民大会宣布授予荣誉的规定（Aeschin. 3. 32-48）；(3) 在该法令的内容中，包含了虚假陈述（Aeschin. 3. 49）。第三项指控主要针对的是事实问题，前两项涉及法律解释问题。古今的研究者都认为，埃斯基涅斯的法律论证更有说服力，但他最终输掉了官司。② 昆体良（7.1.2）认为，埃斯基涅斯之所以首先讨论法律问题，是因为那是最有力的论据（*a iure quo videbatur potentior coeperit*）。③ 最详尽地研究该案中法律论证的研究者得出了这样的结论："埃斯基涅斯似乎更有理。"④ 鉴于在公元前 336 年，德摩斯梯尼仍属法律意义上的"正处于离任审计中的官员"（*hypeuthynos*），当时，克特西丰提议将金冠授予他，格沃特金（Gwatkin）坚称，克特西丰的提案不合法，因此，应判有罪。另一位研究者认为，"埃斯基涅

---

① 关于埃斯基涅斯为何要延期到公元前 330 年的原因分析，参见 Harris (1995) 138-142。
② 关于埃斯基涅斯的败诉，参见 Plu. *Mor.* 840d；Plutarch *Demosthenes* 24. 1。
③ 参见 D. 18. Hyp. 2。
④ Gwatkin (1957)。

斯的论证建立在法律的字面含义基础之上"(*Aischines hatte den Wortlaut der Gesetze auf seiner Seite*),但该案的审判结果与政治因素有紧密的联系。①

这些学者似乎认为,埃斯基涅斯必定有更强的法律论证,因为埃斯基涅斯花了大量时间讨论法律问题,而德摩斯梯尼却只用了很少的笔墨在法律问题上。② 学者们都没有考虑各方当事人援引的法律可能存在模糊性,并且可以从不同角度加以解释。与此同时,还存在这样的可能性,即埃斯基涅斯之所以长篇大论地分析法律问题,是因为他是在为一种全新的、不同寻常的解释辩护,而德摩斯梯尼依靠的则是对这些法律条款进行通常解释,故不需要精巧的论证。

接下来,我们将从埃斯基涅斯第一次控告克特西丰开始。埃斯基涅斯(3.9-10)说,为防止被腐化的行政官员不诚实,法律禁止将金冠授予正处于审计中的行政官员。一些行政官员知道自己造假的账目在审计时难以通过审查,便会与那些对其友好的、即将在公民大会发表演说的人密谋,要求这些公共演说者在其任期内通过表彰他们的法令。那样的话,在对他们的账目进行审计后,若对他们提起公诉,法庭的法官们大多不太愿意给他们定罪,不愿谴责那些已得到雅典人民表彰者的所作所为。埃斯基涅斯(3.11-12)注意到,克特西丰原本可以避免违反该法律,即他应选择在德摩斯梯尼成功地通过审计后才提议授予荣誉,但他没有这样做。埃斯基涅斯不赞成在表彰的法令中插入一些颂扬性话语,但他承认,那种做法在当时比较普遍,该时期的碑文也印证了他

---

① 参见 Meyer-Laurin (1965) 32。汪克尔[Wankel (1976) 17]也认为,埃斯基涅斯的法律论证有更强的说服力。

② 必须明确的是,德摩斯梯尼仅是作为助讼人发言。因此可能的情况是:克特西丰自己先发言,并主要承担法律问题的举证责任(参见 Lysias 14.3,此处比较清楚的是,先前的发言者阿切斯特拉提德斯应对的是法律问题和提供证人)。

的这一说法。我们将在后面讨论这些碑文。[1]

上述情况似乎已使该争议得到了解决，但我们必须仔细地探究该法律的准确含义。埃斯基涅斯先是在 3.11 处提出该法律条款的，认为其明确规定：禁止将金冠授予那些正接受审计的人(tous hypeuthynous me stephanoun)。在 3.26 处，他用类似的措辞解释了该法律条款："如果某人因担任某一职位正接受审计，即便该职位非常低微，在通过审计前，立法者都不应将金冠授予该人。"相当可疑的是，直到 3.30-31 处，埃斯基涅斯才通过法庭职员的宣读，使我们了解到该法的实际内容。在那里，他提供了一种稍微不同的解释："另一部法律禁止为执政官授予金冠。"(heteros d'apagoreuei nomos archen hypeuthynon me stephanoun)在 3.11 和 3.26 处，埃斯基涅斯提供的法律解释并非一字不差地援引法律，而是经过了改编，即把"执政官"(arche)这一关键词解释为"行政官员"，那只是该单词的可能解释之一[2]，而并非唯一解释：该单词还可以表达"任期"(term of office)之义。[3]该单词的两种不同解释看似只有细小的差异，但对于法律的含义及其适用而言，却可能产生巨大的影响。如果我们采纳埃斯基涅斯的解释，则意味着，该法律禁止对所有未通过审计的行政官员

---

[1] 埃斯基涅斯(3.13-15)预计他的对手会主张，当克特西丰提出法令议案时，德摩斯梯尼还不是行政官员，他对此的反驳策略是：证明德摩斯梯尼所担任的官职事实上是行政职位。尽管埃斯基涅斯做了如此的预测，德摩斯梯尼在其演说中似乎并未主张这一点。克特西丰可能在他的演说中已经处理了这项事情。

[2] "arche"还有"地方行政官"的含义，参见 D.39.9；Lys.9.6。

[3] 关于该单词的此种含义，可参见 Lys.9.6；Arit.Ath.Pol.56.2；Aeschin.3.11。MacDowell (2009) 388 中的注 20 反驳了这一观点，即"不能将金冠授予给行政官员，ἀρχή一定带有拥有'行政官员'这一职位者的含义"。然而，麦道维尔没有注意到，在该法律的讨论中，德摩斯梯尼(18.117)正是在这个意义上使用该单词的。此外，授予荣誉的法令有多种不同的类型；因此，麦道维尔的反驳缺乏依据。麦道维尔仅参阅了笔者在 Harris (1994b) 141-148 中的分析，没有注意到 Harris (2000a) 59-67，也没有认真对待笔者就该法解释的其他论述。若有人认为"arche"这一单词一定意指"行政官员"，则仍可能以两种方式解释该法律，即该法可能禁止将金冠授予那些正担任执政官的人，或正履行执政官职责的行政官员。埃斯基涅斯采用第一种解释，德摩斯梯尼则采用第二种解释。

颁布所有类型的荣誉；而如果采取另一种解释，则意味着，法律规定，将金冠授予一个正处于任期中的官员——该官员尚未通过现任审计，正从事与现任有关的工作——是非法的；这意味着，法律并不禁止某个现任的官员在通过现任审计前获得金冠，而只是禁止官员在未通过现任审计前获得与现任有关的嘉奖。换言之，一个正接受审计的行政官员仍可能因某些卓越的成就而获得金冠，如由于慷慨的金钱捐赠或任现职前从事的公共服务工作，等等。

那么，克特西丰提议的是何种荣誉法令？在讨论与授予金冠有关的法令时，埃斯基涅斯可能从未认真地阅读过克特西丰的嘉奖令，而只是在随后的演说中引用了其中的一些短语(3.49-50)。这些短语似乎显示，克特西丰的嘉奖令似乎只是一个一般性奖状，称赞德摩斯梯尼的优点(*arete*)与美德(*andragathias*)，以及不间断地为人民争取最大利益的嘉言懿行(*diatelei*)(参见237)。① 埃斯基涅斯提到该法令实际内容的唯一地方已接近该演说的结尾(3.236-237)。在结尾处，埃斯基涅斯说，德摩斯梯尼受到嘉奖，是因为他在雅典城墙周围挖战壕时表现突出。他回忆起，该工程曾导致一些公墓地基遭到毁坏，德摩斯梯尼是在公元前338年底被安排去担任该工程监管的。其实，德摩斯梯尼是在其后的一年才被遴选为城墙建造监管(*teichopoios*)。② 这正是该嘉奖令列举的德摩斯梯尼"功绩"(*euergesiai*)之一。德摩斯梯尼(18.113-114)在回应中也援引了这一短语，即"不间断地为人民争取最大利益"，而后，他还补充说，自己为城防建设捐了一大笔钱，因此受到了嘉奖。

从这些内容可以看出，克特西丰的嘉奖令并非称赞德摩斯梯尼在担任筑城监管时的履职表现，也非褒奖其在管理节庆基金时

---

① 这个动词经常出现在荣誉法令中，针对的是那些为雅典人提供长期公共服务的人。相关例子参见 *IG* ii² 346，第15行；422，第4-5行。

② 参见 Lycurg. *Leocr.* 44。

的出色工作(Aeschin. 3. 24)。克特西丰的法令应当与公元前 270 年或前 269 年尤查瑞斯(Euchares)为司费图斯(Sphettus)的卡里亚斯(Callias),或公元前 271 年或前 270 年拉切斯为德摩斯梯尼颁行的法令类似①,是对他们长期从事公共服务及持续不断地为城邦的福祉做贡献,进行总的褒奖。

从这一点出发,我们就能理解在面对埃斯基涅斯第一次对克特西丰进行控告时,德摩斯梯尼为什么要进行如此的回应。德摩斯梯尼(18.113)准确地抓住了其中的关键事实,即他获得嘉奖,不是因为正在接受审计的任何职务行为,而是由于自己曾捐赠过大量金钱(*epedoka*)。② 德摩斯梯尼将注意力放在埃斯基涅斯忽略的关键点上,即克特西丰意图嘉奖的实质内容。德摩斯梯尼强调了以下事实:他获得嘉奖,不是因为自己在监管构筑城墙的工作中尽职尽责,也不是由于自己在管理节庆基金时表现出色。德摩斯梯尼(18.117)简洁而有力地总结了自己的论证:"我曾捐献大量金钱,我是因为这个原因而受到嘉奖。我不会因为该捐赠而受到审计。我曾是一名行政官员,我需要为自己担任执政官时期的行为而接受审计,而不用为我捐献的金钱接受审计。"由于克特西丰的法令并非嘉奖德摩斯梯尼任期中的工作,因此,该法律条款不能适用于埃斯基涅斯主张的事实。如果埃斯基涅斯认为德摩斯梯尼在其任期内干了不正当的事,他应当在德摩斯梯尼任期结束后,在账目审计前,控告德摩斯梯尼。与埃斯基涅斯不一样,为了替自己的论证提供证据,德摩斯梯尼宣读了克特西丰的嘉奖令(18.118)。③ 德摩斯梯尼的言简意赅不是为了掩盖修辞上的虚张声势。他的论证之所以简明扼要,是因为其紧扣关键的法律问

---

① 关于尤查瑞斯的法令,参见 Shear (1978);关于拉切斯的法令,参见 Plu. *Moralia* 851d-f。
② 关于褒奖各类贡献的法令,参见 Migeotte (1992)中的多个地方。
③ 该文本中插入的文件是伪造的,参见 Wankel (1976) 632。

题,这比长篇大论的埃斯基涅斯更能直击要害。

行文至此,我们可以作如下总结。埃斯基涅斯对授予金冠的法律做了非常宽泛的解释,将其解释为"禁止对正在任现职的行政官员授予任何荣誉"。德摩斯梯尼则持相对狭义的解释,主张其仅指"禁止对正担任现职者的履职行为颁布嘉奖令,并不禁止对其履职行为之外的其他行为进行褒奖"。

好几处证据都表明德摩斯梯尼的解释符合法庭对该法所隐含之意的通常理解。其一,德摩斯梯尼列举了努斯克勒斯(Nausicles)、狄奥提姆斯(Diotimus)、卡里德姆斯以及尼奥普托列姆斯(Neoptolemus)的例子,他们都曾在任职期间因慷慨捐赠的行为而获得过金冠(D. 18. 114)。德摩斯梯尼没有伪造证据,他请法庭的书记员宣读这些人的嘉奖令(D. 18. 115)。这些嘉奖令并不能证明雅典人忽略了有关金冠的法律,相反,它们恰恰证明,德摩斯梯尼对该法的解释符合人们的惯常解释,人们以前多次用到该解释。更多的证据来自《论舰长的金冠》(*On the Trierarchic Crown*)(D. 51)。该三列桨舰长因最先让自己的三列桨舰下水而获得嘉奖,他在议事会发表了上述演说,并将该消息告诉了自己的船员(D. 51. 4)。在这之后,他又声称,自己是第一个使三列桨舰全副武装的人(D. 51. 1),由此可以看出,他一定是在任期内获得第一次嘉奖的。也就是说,在任期结束后他还将受到审计。[①]总之,与努斯克勒斯等人一样,该舰长在任职期间因某些重大贡献而获得了嘉奖。

其二,还有几个与授予金冠有关的法令,包含了这样的条款:必须等到获奖之人将账目提交审计后,才能授奖。包含这一条款的法令,其初衷是表彰行政官员任职期间的履职表现,而不是表

[①] 关于正接受审计的舰长,参见 Aeschin. 3. 19。

彰他们的某个重大成就,或为社会提供的长期公共服务。① 值得注意的是,在表彰因长期从事公共服务而获得嘉奖的法令中,是不包含此类条款的,这意味着,埃斯基涅斯援引的法律不适用于此类嘉奖。②

其三,如果雅典人支持埃斯基涅斯的解释,那么,吕库古之类的将军——他监管雅典的财政工作达 12 年之久——在任期内获得荣誉嘉奖便是不可能的。然而,我们知道,吕库古在任职期间曾获得多次荣誉嘉奖。③

到目前为止,我们的分析已揭示,对于行政官员嘉奖的法律,存在两种可能的解释,埃斯基涅斯主张广义的解释,德摩斯梯尼则持狭义的解释。从可资利用的证据看,雅典人似乎赞成德摩斯梯尼的狭义解释。

埃斯基涅斯宣称克特西丰违反的第二部法律规定:议事会授予金冠应在议事会上宣布,公民大会授予金冠应在公民大会上公布,"而非在任何其他地方公布"(3.32-34)。埃斯基涅斯特别强调最后几个短语。在他看来,该法实质上禁止在狄奥尼索斯剧场公布授予金冠的情况。他承认,确有另外一部授予金冠的法律——他称之为《狄奥尼索斯法》(*Dionysiac Law*)(3.36)——规定,如果公民大会表决通过了授予金冠的嘉奖令,可以在剧场公布该嘉奖令。埃斯基涅斯(在本案中精准地)预测对手会以这部法律为依据,为自己辩护。但他坚称,该法与克特西丰的法令没有多少相关性。同时,他认为,该法与他据以立论的法律并不矛盾,因为雅典的法律审查程序避免了矛盾产生的可

---

① 参见 *IG* ii² 223(343/342),330(336/335),338(333/332),354(328/327),410(c. 330),415(330/329),672(279/278),780(249/248 或 248/247);*Agora* XV (328/327) 49;*SEG* 43:26 (315/314)。

② 关于此种类型之法令,可参见 Shear (1978)和 Plu. *Moralia* 851d-f。

③ Plu. *Mor.* 852b。

能性(3.37-40)。紧接着,埃斯基涅斯描述了颁布《狄奥尼索斯法》的原因:在未得到公民大会批准的情况下,出现如此多的嘉奖令,使人们非常愤怒,因为过多的公告会产生反效果。为此,立法者需要制定法律,规定哪些人不应由公民大会而应由部落或德莫授予金冠,哪些人可以解放奴隶,外邦的金冠该如何授予,等等。埃斯基涅斯说,现有的法律禁止人们随意在剧场公布授予金冠的嘉奖令(Aeschin. 3. 44),亦即,以前的法律只适合用来调整由议事会和公民大会授予金冠的事宜(只能在相应的地点公布),且禁止在剧场公布由德莫或部落授予金冠的嘉奖令。另外,第二部法律之所以允许在剧场公布授予金冠的事宜,是因为它不适用于由公民大会授予金冠的情形,由此,埃斯基涅斯推测,该法律可能仅调整由德莫或外邦授予金冠的情形(Aeschin. 3. 45)。

为了支持自己的解释,埃斯基涅斯(3.41-43)回顾了该法制定的背景。尽管他没有为自己陈述的立法背景提供证据,但他的论证方法非常重要。通过描述该法的制定是为了解决法律的滥用问题,埃斯基涅斯将该法置于其产生的背景之中,并意图探知该法的立法意图。为进一步支持自己的观点,埃斯基涅斯(3.46)求助于另一部法律。该法要求,在剧场公布的授予金冠之类的嘉奖必须奉献给雅典娜。埃斯基涅斯推论说,该法不能适用于公民大会授予金冠的情形:为何人们授予金冠只是为了获得荣誉,而后不久却要放弃它呢?对于雅典人民来说,如此小气的规定毫无价值。另外,雅典人坚持认为,在剧场中公布的由外邦授予的金冠应献给雅典娜。此举的目的是使金冠的获得者更感激雅典人民,准予他们在剧场公布该嘉奖令,而非感激外邦授予了金冠(Aeschin. 3. 47)。

埃斯基涅斯可能故意曲解了公共荣誉的复杂价值。雅典人懂得奖励捐献者的必要性,但他们同时需要考虑,这些荣誉可能会导致那些获得荣誉者认为自己的地位超越了城邦及其法律。因此,当雅典人将荣誉授予公民时,常常同时要求这些公民表示自己忠于城邦及其法律。该法规定,获奖者应将金冠奉献给雅典娜,并不表明城邦将拿走其获得的荣誉;相反,荣誉获得者将荣誉的象征献给保护雅典的女神,是展示其对雅典的忠诚。对于我们讨论的话题来说,埃斯基涅斯为授予金冠的两部法律所做的论证非常重要。埃斯基涅斯认为,不同的法律适用于不同的嘉奖类型,并通过诉诸法律的意图证明自己对该法的解释是正当的。他试图通过以下手段重构法律的意图:首先将该法置于其制定的历史语境之中,接着考察了另一部与之相关的法律,最后诉诸"雅典人的性格特点"。最后的这一论证类似于德摩斯梯尼在《诉勒珀提尼斯》中的论证。在后一演说中,德摩斯梯尼认为,一旦授予了荣誉,取消该荣誉就有悖于雅典人的性格特点。

埃斯基涅斯的这一论证——该法仅允许人们在酒神剧场公布外邦授予的金冠——是正确的吗?我们有必要回到他对法律的释义。埃斯基涅斯说,该法仅"适用于"部落或德莫授予金冠、解放奴隶以及外邦授予金冠等事宜。随后,他又说,该法"禁止"在剧场公布由部落或德莫以及"任何其他人"(此处,他引用了法律)授予金冠的嘉奖令。在上述两种说法中,无论哪一种说法,都一定包括外邦授予金冠的情形。若人们可以将该禁令用在部落和德莫授予金冠的事宜上,那一定可以将之用在外邦授予金冠的事宜上。事实上,在描述通过该法的理由时,埃斯基涅斯说,那是因为在剧场公布部落、德莫及外邦授予的金冠未得到公民大会的批准(Aeschin. 3. 41-42)。如果问题是由于在剧场公布上述所有类型的嘉奖令未得到公民大会的批准,那么,相应的解决办法应是要求公民大会批准上述类型的嘉奖。①

德摩斯梯尼(18.120-121)对埃斯基涅斯第二个论证的回应是:让法庭的书记员大声宣读相关法律,并从中援引了以下内容:"除非公民大会或议事会如此表决,同意将它们(即上述嘉奖)在酒神剧场公布。"从这一短语及埃斯基涅斯的释义看,该法似乎设定了两种情形:"由议事会和公民大会授予金冠"与"由其他组织授予金冠"。针对第一种情形,法律规定,这类授予金冠的嘉奖令应在剧场公布,不需要进一步批准;对于第二种情形,若只有某一组织的授予行为,是不足以在剧场公布的。在此种情形下,需要公民大会的额外批准。因此,德摩斯梯尼将第二种情形解释为第一种情形的例外。他声称,过去曾有成千上万的人获得过第二种荣誉。尽管他没有进行举证,但在此处,我们完全没必要怀疑其真实性,因为大量的碑文足以证明这一点。② 德摩斯梯尼再一次将自己的论证建立在对法律的直接解读基础之上,这是雅典人一贯秉持的做法。

若法庭当时投票支持埃斯基涅斯,我们就很难知道,在埃斯基涅斯的三个论证中,法官认为哪一个更有说服力。假若法庭真的支持了埃斯基涅斯,他们就可能否决其中的两项指控,且认为,剩下的那一指控足以证明他们作出的有罪判决是恰当的。鉴于法庭实际地支持了德摩斯梯尼,并彻底驳回了埃斯基涅斯的指控,我们可以安全地得出以下结论:法官未能从埃斯基涅斯的论证中发现任何有说服力的东西。在该案中,法官的判决同样可归入我们在前面已归纳出的模式:法庭似乎一直不愿意支持那些将自己的论证建立在新的、不寻常解释的基础上的当事人,会偏向

---

① 此种解释的支撑证据,来源于一份标注为公元前 4 世纪末的碑文,该碑文由艾留西斯德莫设立,其呼吁德莫长在酒神节以德莫之名授予斯米茨司昂(Smikythion)以金冠荣誉(IG ii² 1193. 第 13-17 行)。与卡内瓦罗交流后,我修正了针对埃斯基涅斯法律解释的评论。

② 参见 Gwatkin (1957) 138 注 57。

紧扣法律条款标准意义的当事人。

六、概念的典型情形和边缘情形

即将考察的下一案例是公元前331年吕库古以背叛城邦罪控告列奥克拉底的案子。① 吕库古是当时著名的政治家,时任主管雅典财政的重要职位。② 吕库古按照弹劾程序指控列奥克拉底犯有背叛城邦罪。这是一个仅针对最严重的犯罪才运用的程序,涵括了从弹劾到审判再到判决整个过程。③ 有关弹劾的法律并没有界定何为"严重犯罪",只是在三个主要名目下列出了几种犯罪行为,即破坏民主制度、背叛城邦以及因收受钱财而发表有损公共利益的演说。④ 根据希波雷德斯(*Eux*. 8)的记载,该程序主要用来针对"推翻雅典的民主制度者……或密谋推翻民主制度者,或组织阴谋团体者(*hetairikon*),或背叛城市、战船、步兵或海军部队者;以及因收受他人钱财而不提供最佳建议的公共演说者"。波鲁克斯(Pollux)和《剑桥藏本辞书》(*Lexicon Cantabrigiense*)记载了西奥弗拉斯托斯(Theophrastus)的《论法律》(*Laws*),从中可提炼出适用弹劾程序之犯罪行为的类似清单。波鲁克斯(8.52)将

---

① 关于该演说的时间(公元前331年),参见 Lycurg. *Leocr*. 45[喀罗尼亚战役后的第8年,亦即公元前338年后的7年。在伯特(Burtt)的 Loeb 翻译中错译了这一段]。参见 Harris in Worthington, Cooper and Harris (2001) 159, note 1, Whitehead (2006) 132, note 2. 恩格斯[Engels (2008) 113]声称,埃斯基涅斯(3.252)标注演说的时间为公元前330年,这一说法具有一定的误导性。埃斯基涅斯仅是说,列奥克拉底的无罪宣判是在近期作出的,此处的"近期"可能是几周、几个月甚至1年。该表述相当模糊,不足以支持恩格斯的观点。恩格斯忽略了文献中给出的列奥克拉底在麦加拉居住的信息(在第58页中,他说的是6年;但在第145页,他说的是超过5或6年),其提示时间为公元前331年初。

② 关于吕库古及其行政职位,参见 Faraguna (1992)。

③ 恩格斯[Engels (2008) 112]声称,吕库古是在公民大会起诉的,但他引用的段落(1,5,29-30,34,55,137)中均没有提及公民大会。

④ Engels (2008) 111-112 中没有详细讨论公诉法的内容,也没有明确区分向议事会提起的公诉与向法庭提起的公诉,这两种程序分别针对不同的犯罪行为。关于该法中单词"*rhetor*"的含义,前有论述。

背叛城邦行为总括为"非因接受城邦的安排而接触敌军的行为；背叛城邦、军团、战船的行为"。《辞书》所列的清单稍有不同："背叛城邦、战船、步兵军团的行为；前往敌国、改变住所与敌人（居住）在一起、为敌军服役以及收受敌军钱财的行为。"①

姑且不论以上列举的具体犯罪行为有哪些，非常明显的是，雅典的法律试图从总体上概括背叛城邦行为，只是在具体做法上，选择了列举各种类型的背叛城邦行为，而非直接地提供"背叛城邦罪"的综合定义。相应地，在制定控告背叛城邦罪的具体程序时，雅典的法律立基于立法者已知的行为类型，为法律的适用提供指引。这种列举法的问题在于：它不能确定立法者列举的具体类型到底是背叛城邦行为的完全清单，还是仅仅列出了一些典型情形。如果是前者，则意味着，除非与法律规定所列的行为类型完全相符，否则不能提起诉讼或赢得判决。如果是后者，人们需要做的仅是指控被告人犯有背叛城邦罪，然后由法庭决定该行为是否应受到相应的刑罚。②

上述列举方法在以"杀人罪"审判谋杀赫罗德斯者时遇到了问题（Antiphon 5）。赫罗德斯的亲属并没有援引杀人罪的标准诉讼形式——如杀人之诉（*dike phonou*）——来指控被告人，而是采用了拘捕（*apagoge*）程序，一种针对特殊类型的"为非作歹者"（*kakourgoi*）的程序。为避免"*kakourgoi*"这一一般术语模糊不清，该法列举了适用该程序的三种行为类型，试图对其进行界定，即所谓的"为非作歹者"主要包括夜盗者、抢夺衣服者和奴役自由人者（Arist. *Ath. Pol.* 52.1）。③ 被告认为，由于谋杀并不能

---

① 关于这三种文献之间关系的精彩讨论，参见 Hansen (1975) 12-14.
② 罗德［Rhodes (1979) 107-108］认为，此种法律程序也针对那些未命名的犯罪行为，相反的观点可参见 Hansen (1980b) 92-93. 恩格斯［Engels (2008) 118］认为，吕库古利用了此类条款，然而，该法律的文本内容清晰地表明，该法明确不涵盖列奥克拉底的行为。恩格斯似乎未注意到汉森对罗德观点的批判。
③ 关于对这些犯罪行为进行分组、归类的基本原理，参见 Harris (2006a) 385-388.

归入该类别之下,因此,选用该程序是非法的;原告则坚称应适用该程序,因为"谋杀"是一种"严重的为非作歹"(Antiphon 5. 10: mega kakourgema)。① 被告认为,该法列出为非作歹行为,目的是穷尽各种恶行;原告则主张,被告的行为应归入该法所说的"严重为非作歹"这一基本范畴之下。

与弹劾背叛城邦罪的法律一样,规定"将为非作歹者拘捕、扭送到警务官面前"的法律也试图界定"为非作歹者"这一一般术语。但该"解决办法"制造的问题比其解决的问题还要多。立法者根本没有精确地表述该语词的含义,而只是给出了一些例子。虽然那可以为可靠地使用该术语提供一些指引,但显然不能提供全面的引导。②

雅典立法者的此一做法与苏格拉底的一些对话者类似,即当苏格拉底要求这些对话者描述某个术语的含义时,他们却只能给出一系列实例。③ 当苏格拉底问"什么是知识"时,泰阿泰德(Theaetetus)的回答是:"知识是我们可以从西奥多鲁斯(Theodorus)那里学到的东西——包括几何学及您刚才提到的所有学问,也包括补鞋匠及其他工匠的技能。"苏格拉底因此取笑泰阿泰德,因为他想要的是一个定义,而泰阿泰德却给了他一大堆例子。这类似于,在问"什么是土"时,得到的回答却是陶土、灶土和砖土。此类回答无助于理解关键术语(Pl. *Tht.* 146c-147b)。在界定"平方数"(square number)与"长方数"(oblong number)这两个术语时,泰阿泰德完成得要好一些,因为他提供了一个简单的公式(Pl. *Tht.* 147e-148d)。欧斯弗罗(Euthyphro)在界定"神圣"(holy)(Pl.

---

① 参见 Gagarin (1997) 179-182。

② 参见 Engels (2008) 149:"雅典的法律通常没有一般性地定义某些具有可诉性的犯罪,例如'叛国罪',但会列出一些带有叛国特点的示例性行为。"

③ 在解释"正当防卫"时也一样,参见 D. 23.53-61;Arist. *Ath. Pol.* 57. 3。关于相关的分类,参见 50-53,168-169。

Euthphr. 5d-6d)、美诺(Meno)在界定"美德"和"形状"时都遇到了类似的难题。苏格拉底抱怨说,在所有上述情形中,人们都没能告诉他,上述事物共有的特点或特点集合是什么。由于雅典的立法者不是苏格拉底,因此,在澄清关键术语时,他们唯一能做的就是提供一份实例清单,但在列奥克拉底一案中,此种努力对于法庭的判决几乎没有帮助。

　　列奥克拉底案的事实问题不存在争议。在公元前338年喀罗尼亚战役遭受重挫之后,雅典人预测,获胜的腓力二世随时会进攻阿提卡。对此,公民大会表决决定,将所有妇女和儿童集中到雅典城内,并吩咐将军们可以指挥所有的雅典人及居住在雅典的所有外邦人保卫城邦(16)。① 在此危急关头,列奥克拉底却开船离开了雅典,航行至罗德岛。鉴于列奥克拉底离开雅典时带上了夫人和所有家当,吕库古宣称,列奥克拉底意图永远离开雅典(17)。该故事的后一部分内容显示,列奥克拉底将奴隶留在了雅典,且直到很晚时才卖掉雅典的房子(和奴隶),这便使吕库古的上述主张高度成疑(21-23)。在到达罗德岛后,列奥克拉底将雅典的备战情况告诉了别人(18)。证人在法庭上证实,列奥克拉底是在战争期间离开雅典的,且在罗德岛将雅典的近况告诉了别人。另一位证人菲斯努斯(Phyrcinus)在公民大会上指控列奥克拉底,说列奥克拉底使雅典"损失了1/50的税收",包括进口税和出口税(19)。菲斯努斯指控的理由很可能是:由于列奥克拉底对外传播了雅典处于危机之中的消息,阻止了商人将货物运至雅典,进而减少了菲斯努斯收取的税赋。我们不宜过分看重菲斯努斯的证词,因为菲斯努斯在包税的契约上投了资,在战争危机期间,随着进口货物的急剧减少,菲斯努斯必定损失惨重。菲斯努斯明显想找替罪羊,所以夸大了列奥克拉底所传播的消息对罗德岛商人的

---

① 关于在喀罗尼亚战役后采取的措施,参见 Engels (1993) 99-114。

影响。但其他证人似乎没有类似的偏见。再说,吕库古显然知道,他的对手不会否认列奥克拉底去罗德岛的事实,他们会依据其他理由为列奥克拉底辩护。①

在离开罗德岛后,列奥克拉底到了麦加拉定居(21)。正是在麦加拉,列奥克拉底要求其姐夫买下他的房产和奴隶,在结清债务后再将剩下的钱寄给他。他用这笔钱在伊庇鲁斯(Epirus)购买了粮食,用船运至莱夫卡斯岛(Leucas),并从那里出发,再运到科林斯。吕库古希望证人能证实上述交易,但未能如愿(23-24)。②在麦加拉生活6年后,列奥克拉底于公元前331年返回雅典,随即被吕库古指控犯有背叛城邦罪。③

尽管吕库古是根据法律的既有规定提出指控的,但他坦言,自己要求法庭创新,将现有的法律规定适用于法律未列举的行为类型。立法者在制定法律时,用"背叛城邦罪"这一术语指称一个一般的行为类型(9),随后在这个一般行为类型之下列举几种具体的犯罪行为。吕库古认为,列奥克拉底的行为应归入这一一般的行为类型之下,尽管它不属于该法所列举的任一具体犯罪行为(9)。由于列奥克拉底的行为远比法律列举的犯罪行为恶劣,因此,应处以相同的刑罚。正是由于预计到对手会在"背叛城邦罪"一词的含义上大做文章,吕库古才倾注了大量笔墨,对此展开了讨论。吕库古诉诸一系列先例,支持自己对该法的解释。在下一章,我们会讨论这些先例。

吕库古的演说进行到稍微超过1/3处后宣称,自己已完成了论证,进而转向对付可能的异议。吕库古认为,对手的辩护主线

---

① 为了指控列奥克拉底,吕库古还想出拷问、策反列奥克拉底的奴隶等手段,但列奥克拉底拒绝了这项请求,参见 Lycurg Leocr. 28-36。

② 垂特尔(Tritle,1999)提出,吕库古指控列奥克拉底犯有背叛城邦罪,是因为后者与马其顿人安提帕特关系密切,参见 Engels (2008) 130。

③ 恩格斯[Engels (2008) 132]认为,虽然列奥克拉底在麦加拉定居的情节(25-27)与法律指控无关,但对于吕库古论证他离开雅典的动机而言,这些细节则非常重要。

应是：列奥克拉底是作为一名商人出航的，并非逃离雅典（55-58）。① 这一论证非常重要，因为它指出，若要使背叛城邦罪的指控成立，公诉人不应仅着眼于被告的行为，而应同时证明被告有背叛城邦的意图。吕库古没有提到，在公元前338年，雅典人亟须大量的粮食供给，才能顶住马其顿军队的长时间封锁、围攻。对此，列奥克拉底可以轻松地应对，他会说，自己准备到罗德岛购买粮食，运回雅典，但在得知雅典复归和平后，遂改变了主意。

吕库古试图从三方面反驳"缺乏犯罪意图"的异议。第一，他提到了列奥克拉底离开雅典的行为方式。列奥克拉底不是光明正大地离开雅典港口的，而是鬼鬼祟祟地选择了一个小门。第二，他离开时，带上了夫人及其奴隶侍从。在通常情况下，商人仅会带上自己的奴隶侍从（55）。第三，吕库古追问列奥克拉底，他为何以商人的身份在麦加拉待了5年。他将列奥克拉底与其他雅典商人进行了对比：列奥克拉底意在增加财富，而雅典的其他商人仅考虑如何保护既有的财富（56-57）。在当时，列奥克拉底应做的最有价值的事情是践行自己的义务，列奥克拉底本该带给城邦的最有价值的货物是什么？吕库古跳过了当时的雅典对粮食的迫切需求，选择质疑列奥克拉底说辞的真实性，因为列奥克拉底以前从未以商人的身份出航，而是靠指使奴隶当铁匠而赚钱（58）。② 归根结底，吕库古对这些质疑意见的回应无法在一个关键问题上击败对手：他实质上承认了，那些证据不足以证明列奥克拉底是因为战争危机而离开雅典的。他还需要证明列奥克拉底有伤害城邦的意图。

从各种可能的异议及吕库古的回应看，双方都期待法庭考察

---

① Durrbach (1956) 51 note 1、Malcovati (1966) 97 note 1 都认为，商人与收费员、执政官、公民大会成员一样，可以免于服兵役的义务，对此的批判参见 Engels (2008) 145 note 104。

② 列奥克拉底决定卖掉做铁匠的奴隶（22,58），很可能是因为与腓力二世达成和平协议后，武器的需求下降。

列奥克拉底离开雅典的意图。这是一份并非不切实际的期待。狄那库斯(Dinarchus,1.58)记录了这样一个案例,公民大会命令战神山法庭调查塞丹提达的波利尤克图斯是否在麦加拉会见了流放犯。在战神山法庭汇报确有此事后,公民大会推选公诉人,将波利尤克图斯告上了法庭。波利尤克图斯坦承自己去了麦加拉,见到了自己的继父尼科凡尼斯。但法庭最终判决其无罪,理由是:与陷入困境的继父会谈、在其流放期间为其提供帮助,这类事情并无不同寻常之处,也不会给城邦造成危险。很明显,法庭考察了波利尤克图斯的意图,结论是:波利尤克图斯的意图是帮助穷困的亲戚,而非帮助敌人。既然不存在背叛雅典的意图,背叛城邦罪自然不成立。正因为法律没有规定背叛城邦罪的定义(而只是列举了实例清单),法庭明显认为,背叛城邦罪的构成要件需要有"损害雅典人的利益"这一意图;而仅仅与敌人交谈(*dieilechthai men tois polemiois*)不足以构成背叛城邦罪(*ou prodounai*)。

吕库古(*Leocr.* 59-62)预测对手接下来会进行这样的论证:列奥克拉底可能主张自己并不掌管船坞、关口及军营。该论证建立在对"背叛城邦"(*prodosia*)和"背叛"(*prodidonai*)这类术语的通常理解基础之上。在使用这两个术语的大多数案例中,背叛者谋叛城邦,手段通常包括在防御时打开关口、控制船坞或者以类似的方式控制军营,等等。例如,狄那库斯(3.8-10)称菲罗克勒斯为背叛城邦者,是因为菲罗克勒斯之类的人出售城市的战略区域、背叛三列桨战舰及其他船舶设施、出售穆尼基亚(Munychia)、为敌军发信号、泄露秘密以及背叛陆军和舰队。事实上,弹劾法似乎也曾试图使各种类型的背叛城邦行为明晰起来。正因如此,列奥克拉底的辩护意见非常依赖对法律的严格解读,并认为该法不能适用于那些未明确的背叛行为。如果被告并未(或从未)意图将一些战略要点交给敌军,则该法就不应得到适用。吕库古从更宽泛的意义上解读背叛城邦罪,他认为,那些抛弃国家或者不在防御中出力的人都构成了背叛城邦罪。

吕库古预计即将听到的第三个辩护意见是:列奥克拉底的行为根本没有对雅典造成任何严重的损害(63-67)。该辩护意见的关键点在于:列奥克拉底的离开不像为敌军打开城门之类的行为那样,会置雅典于危险的境地。对于雅典的生存来说,单个人的缺席几乎不会造成什么影响。对此,吕库古只能提出以下理由,即求助于古代的立法者,别无他法。他认为,古代的立法者从不根据行为的危害程度设定不同的刑罚。对于一些犯罪行为,不论其实际造成的危害大小,一律判处死刑。他们仅考虑这样的因素:若这种犯罪行为传播开来,会给他人造成什么样的影响?与埃皮克拉底诉阿瑟诺哥尼案中的思路一样,吕库古通过探求立法者的意图,证明自己对法律的解释是合理的,同时,他还利用另外的法律证明自己对这一法律的解释是合理的。针对第三个辩护意见,吕库古打了一个比方:一个进入自然女神庙的人抹掉了一部刻在神殿上的法律,然后这个人辩称:一部法律的缺失不会造成太大的危害。

吕库古预测,一个进一步的辩护意见可能是:离开阿提卡的行为本身并不构成背叛城邦罪(68-74)。毕竟,在公元前480年,雅典人也曾放弃阿提卡而前往萨拉米,在击败波斯入侵者后,才帮助希腊其他城邦获得解放。对此,吕库古甚觉荒谬,他否认雅典人曾在与波斯人的战争中放弃阿提卡。他认为,转移阵地不过是雅典人应对危机的计划之一。吕库古再一次预言对手将重提动机问题,并强调离开雅典的行为不足以构成背叛城邦罪。同样地,吕库古意识到,证明列奥克拉底的意图十分必要,因此,他对比了前述两种情形不同的目的:雅典人在公元前480年放弃阿提卡是战略转移,目的是确保自己在战争中的有利地位,而列奥克拉底离开雅典,则是为了躲避危险。

240　　　　吕库古对背叛城邦罪的认识与他对公民资格的认识紧密相关。在吕库古看来,每一个公民都应尽自己的最大努力保卫自己的城邦。尽管列奥克拉底可能没有收到正式的守城命令,但吕库古坚持认为,在危急关头,所有公民无疑都有义务留在阿提卡,并积极参与防守。支持以上观点的主要证据来自"埃菲比誓言",吕库古认为,所有公民都曾宣誓遵守该誓言:

> 我不会玷污神圣的武器,也不会遗弃身边的战友,无论何时何地,我都将坚守岗位。我将为保卫神圣之物而战。我将竭尽全力,为子孙后代建立更大、更强而非更弱小的城邦。在任何场合下,我将遵从审慎的统治,服从已制定的法律,以及将来审慎制定的法律。若有人胆敢摧毁这些,我将竭尽全力且协助他人进行抵抗。我将敬畏祖先创制的神圣礼仪。①

在很大程度上,吕库古的论证是以这些承诺为基础的(77-78):

> 各位大人,这显然是一份美好而神圣的誓言。列奥克拉底的所有行为都与之相悖。真的,还有比这更严重的践踏城邦尊严的行为吗?还有比这更明显的背叛城邦行为吗?还有比拒绝拿起武器击退敌人更丢脸的事吗?一个不接受征召的人怎会不抛弃自己的战友和岗位?一个不正视危机的人怎能捍卫神圣与至善?还有比背叛城邦更严重的不利于城邦的行为吗?对这个人而言,这个国家可以被随便遗弃、交到敌人的手中。难道不应将这个恶贯满盈的人判处死刑吗?

在吕库古看来,不能勇敢地承担誓言中的义务即构成背叛城邦罪,应遭到严厉的惩罚。

---

① 关于埃菲比誓言的全文内容,参考 Rhodes and Osborne(2003)440。

根据埃斯基涅斯(3.252)的记录,列奥克拉底最终以一票之差而未获罪。[①] 尽管渲染得票的接近程度是埃斯基涅斯的一贯伎俩,但埃斯基涅斯的演说发生在该审判后的一年,因此,他应该不会虚假地叙述该审判的结果。如果说雅典人的审判是一场竞赛(agon),两个雅典人竞相论证谁才是更好的公民,以及谁将赢得判决,而不管案件的是非曲直如何,那么,吕库古肯定能轻而易举地战胜对手。在当时,他是雅典最有权势的政治家之一,在公共服务领域有杰出贡献。他曾竭力推动吕西克勒斯(Lysicles)——在喀罗尼亚战役中战败的将军之一——的有罪判决,且说服法庭判处吕西克勒斯死刑。他曾使雅典的税收增长,使舰队的实力越来越强。[②] 与吕库古形成鲜明对照的是,列奥克拉底作为客民在麦加拉生活了五六年,在公共服务领域的表现乏善可陈。然而,吕库古仍输掉了官司,列奥克拉底被无罪释放。我们如果紧扣该案的法律问题,那么,理解法庭的判决就容易多了。很明显,吕库古拓展了"背叛城邦罪"这一术语的含义,以致超出了其正常的范围。因此,尽管他成功地说服了差不多一半的法官(可能受他声望的影响,甚至被他的声望所慑),但大多数法官还是理性地否决了他的尝试——竭力向前推进法律概念开放性结构的边界。该法的语言的确能提供一些指引,但由于该案的事实不符合法律列举的情形,因此,法庭选择支持被告。虽然我们不知道在法官的心里什么最重要,但可以肯定的是,吕库古担心的对手可能提出的那些论证确实影响了法官的判决。[③]

[①] 苏利文(Sullivan,2002)试图将埃斯基涅斯的话解释为:列奥克拉底被判有罪,但未被判死刑。对此的相反意见,参见 Bianchi (2002)的正确解释。

[②] 关于吕库古的丰功伟绩,参见 Plu. *Mor.* 852b。

[③] 在艾伦(Allen,2000b)对该案的研究中,她既没有分析列奥克拉底方的辩护意见,也没有分析公诉法涉及的法律问题。

七、何为"审判"？概念的精确定义

雅典的法律规定,若未经审判,任何人不得被判死刑(*akriton apokteinein*)。① 在控诉一群谷物商人的案例中,原告提到,议事会中的部分成员非常希望立即判处这些被告死刑。但他反对这么做,因为法律规定,若未经审判,不能判处任何人死刑(Lys. 22. 2)。当有人指控阿里斯托克拉底提议了一项不合法的法令时,控告者认为,该法令违反了法律,它会导致这样的后果:那些未经审判的、被控犯有谋杀罪的人会被处以死刑(D. 23. 27,36)。在公元前5世纪,雅典人将这一原则推广到了与盟友的关系中。在与卡尔基斯人(Chalcis)签订的条约中,雅典人承诺,若未经送达传票和进行审判,他们不会判处卡尔基斯人死刑或没收他们的财产(*IG* i³ 40,第8-10行)。② 与雅典的许多法律一样,该法似乎没有界定何为"审判",这在大多数案件中并不成为问题,因为大多数雅典人对审判的基本特征已形成了共识,即被告人被传唤至司法官员面前;原告必须以书面形式,根据法定程序提出指控;双方当事人将被给予同等的时间进行辩论和举证;案件须由宣誓的法官以无记名投票的方式裁判;等等。尽管该法同样未界定何为"未经审判"这一术语,但雅典的法律要求当事人和官员,需要遵守由不同的法律所规定的具体程序。③

然而,在阿金努赛战役(Arginousai)后的公元前406年,何为"审判"的精确含义成了人们争论的焦点。在第九章中,我们将更

---

① 关于该法律的内容,参见 Carawan(1984)。未经审判而判处公民死刑是三十僭主最严重的犯罪之一,参见 Aeschin. 2. 77;3. 235;Isoc. 7. 67;20. 71。

② 接受审判的权利并不自动地适用于外邦人——参见 Lys. 6. 54;D. 18. 133(失去公民资格的安提丰被刑讯逼供后又被判处死刑,显然是没有经过审判程序的)。

③ 某当事人说,在法庭审理案件事实后被判有罪的那些人即不是"未经审判"而被定罪,但前提是,法庭不知道这些人被敌人诽谤的事(Lys. 27. 8),这可能是一个可靠的定义。

深入地研究该案的政治背景;此处,我们唯一关心的是这场审判中的法律问题。在参与该战役的将军中,有 6 位将军回到了雅典,随后向公民大会报告作战情况。他们汇报说,他们没能救回那些被风暴摧毁的船舶中的船员与战士(X. HG 1.7.1-3)。随后,提摩克拉底提议通过了一份由公民大会审判这些将军的议案。在公民大会上,色拉门内斯要求 6 位将军承担未救回船员与战士的责任(X. HG 1.7.4)。6 位将军简要地为自己的行为作了辩护,但没有获得法律规定的充足辩护时间(X. HG 1.7.5)。这意味着,在公开审判中,他们未获得法律授予被告的辩护时间。一般地,法律规定的时间是每人 3 小时。他们险些说服了公民大会,使人们相信他们是无辜的,但由于天色太晚,审判推迟到了下一次会期。议事会接到指示,要他们拟定一个法令,解决如何审判 6 位将军的问题(X. HG 1.7.6-7)。在公民大会随后的会议中,卡里克瑟努斯引入了一个在议事会通过的议案。按照该议案,人们将采取无记名投票的方式,判决 6 位将军是否有罪。并且,要求每个部落分别进行表决。如果 6 位将军被判有罪,将由警务官行刑,并没收财产。之所以选择以投票的方式表决他们是否有罪,原因是原告和 6 位将军已在先前的公民大会上进行过辩论(X. HG 1.7.9-10)。欧里托里慕斯试图将一份传票送给卡里克瑟努斯,因其提出了一项不合法的议案,但欧里托里慕斯受到了威胁,被迫退却。随后,卡里克瑟努斯的提案被付诸投票(X. HG 1.7.12-16)。

在有关那一提案的争论中,欧里托里慕斯从与会者的提案中选择了另一个提案,该提案授权被告,要么根据坎诺努斯(Cannonus)的法律加以审判,要么依据盗窃神殿和背叛的法律进行审判:"用以审判的法律由当事人自由选择,6 位将军的审判分别独立进行;我们把一天分为 3 个时段,第一个时段用于投票决定他们是否有罪,第二个时段用于听取原告的指控,第三个时段用于听取被告的辩护。"(X. *HG* 1.7. 20-23)就此而言,欧里托里慕斯是要求雅典人确保每一位被告接受普通审判的权利(参见 Aeschin. 3. 197-198)。否则,雅典人未经审判(*akritous*)就判处 6 位将军死刑,明显违反法律(*para ton nomon*)(X. *HG* 1.7. 24-25)。卡里克瑟努斯和欧里托里慕斯都清楚,法律禁止未经审判就判处任何人死刑。卡里克瑟努斯认为,在先前的会议中,人们已给了 6 位将军机会,让他们为自己辩护;欧里托里慕斯却不这么认为,因为他觉得,每位被告都没有获得足够的辩护时间。然而,当最终进行表决时,卡里克瑟努斯的议案得到了批准,随后即就 6 位将军是否有罪进行表决。最后,6 位将军被判有罪,并被处以死刑。

此后不久,雅典人意识到自己犯了严重错误,即没有遵循法律的通常含义。为弥补前愆,雅典人试图审判卡里克瑟努斯及其同党,但卡里克瑟努斯却越狱逃跑了。当公元前 403 年他返回雅典时,每个雅典人都记恨他,导致他最终饥饿而死(X. *HG* 1.7. 35)。在本案中,雅典人很晚才意识到,拓展法律的开放性结构有其边界限制。他们深知,最佳的做法是紧扣法律的常规解释。

八、结论

本章的研究结果进一步证实了前一章的结论。第一,这两章研究的法庭演说中的当事人都密切关注法律的准确含义。因为当事人必须提出明确的指控,诉状中的指控必须符合相关的法律规定,他们还必须按照法言法语组织自己的论证。第二,一些诉讼当事人希望拓展关键术语的含义,进而利用法律开放性结构带来的便利。官员们会受理原告以一种全新的、不同寻常的方式解释法律的案子;他们之所以没有拒绝接受这类诉状,是因为在起诉时,并未要求人们只能对相关的法律做通常的解释,最终的决定权掌控在公共仲裁员和法官手里。第三,当法官需要在同一法律的两种不同解释之间作出选择时,他们通常都倾向于对法律进行字面解释,并会驳斥对法律进行的全新、不同寻常的解读。[1] 法官们不愿意接受人们对法律所做的巧妙、独创性解释,这不是因为他们怀疑法律专家的专业性,而是由于他们不相信所谓的知识分子和那些受过修辞学训练的人。在接下来的一章里,我们将看到,诉讼当事人如何使用先例来说服法官,使他们遵循法律解释的传统。

与此同时,本章的结论还有助于我们在雅典民主制这一较大的背景下,理解法官们是如何看待自己的角色的。在本章探讨的演说中,有两篇演说,原告要求法官像立法者那样思考,亦即以一种新的方式适用法律,以便法律能涵盖那些以前未明确予以惩罚的行为(Lys. 14.4;Lycurg. *Leocr.* 9)。如我们所见,在这两个案子中,法官均驳回了原告的提议,拒绝充当立法者的角色。法官宣誓的誓言也要求他们根据雅典的法律和法令裁决案件,未授予他们制定法律的权力。在公元前5世纪,雅典的宪制将立法权授予公民大会;到了公元前4世纪,立法权掌握在公民大会和立法专家小组手里。[2] 这便是民主的方法:处理阿提卡居民公共和私人事务的基本规则由雅典公民在公民大会上投票决定,所有的男性公民均有投票权。[3] 若允许一个仅有二三百名法官的法庭为所有雅典人制定法律,则会滑向寡头制,而不是民主制。因此,可以这样说,尊重公民大会立法权的最佳办法是以尽可能直接的方式解读法律。归根结底,民主的理念与当时尚欠缺与先例相配套的学说共同抑制了"法官造法"的发展,亦即避免了雅典人眼中的"寡头制"。

---

[1] 参见 Todd(1996),就法律而言,"其文本的理解应遵照语词的通常和当代含义"。

[2] 在公元前4世纪,尽管立法者是法律的最终批准者,但所有的法律均由公民大会起草并提交给立法者。他们的权力来源于雅典公民,这也是为称这些法律为雅典法(而不是立法者的法律)的原因。参见 Hansen(1979)。

[3] 关于该基本原则,参见 Th. 2.37.1,Harris(2006a) 29-40。此外,当解释法律时,从雅典的实践来解读现代的"司法谦抑"原则已经过时了。

第七章　先例与保持法律的一致性

大多数法律学者都赞成,实现法治的一个主要要求是:法院在裁判类似的案件时应保持一致性和可预测性。[1] 这意味着,法院在裁判案件时,不能对类似的案件适用不同的规则,也不能抛弃一贯采用的规则而行使自由裁量权。[2] 实现一致性的方式之一是保证法律之间不相互矛盾,一部法律内部更不能出现不一致的规则。雅典人当然特别重视法律的一致性。当尼科马库斯当选为起草人(*anagrapheis*)修订雅典的法律时,有人控告他在同样的案件中为当事人提供了自相矛盾的法律(Lys. 30.3)。另一位当事人抱怨说,若法律自相矛盾,将会使法官无法忠于自己的誓言:"假设有两部相互冲突的法律,两位当事人因一些私人或公共事务来到您的法庭上,双方都要求胜诉,引用的却是不同的、相互冲突的法律。法官显然不可能同时支持双方当事人,他们该怎么办?他们无法做到既支持其中的任

---

[1] 参见 Rawls(1971)235-241。另请参见 Fuller(1964),富勒指出,法治缺失的两个标志是,"规则或法律缺乏一致性,由此引发特别的裁决或相悖的裁决"与"一部法律内部互相矛盾"。

[2] 参见 Bingham(2010)48-54。

何一方,又忠于自己的誓言,因为他们的裁判会违背另一部同样有效的、相反的法律。"(D. 24. 35)

在整个古典时期,雅典人都努力维护法律的一致性。① 公元前5世纪,雅典人创设了针对非法提案的公共诉讼,部分目的是防止政客们提出一些违反现行法律的举措。6名将军被控在阿拉金努赛战役(Araginousai)后未运回阵亡将士的尸体,当卡里克瑟努斯提请公民大会就他们是否有罪进行投票时,欧里托里慕斯试图通过指控该提议违反了"禁止未经审判即判决某人死刑"的法律,阻止人们就该动议进行投票(X. HG 1. 7. 9-12)。

在公元前403年民主制得以恢复后,法律(nomoi)和法令(psephismata)之间就有了明确界分,一项专门调整新法颁布的特殊程序得以确立。② 按照该法,提议通过违背现行法律的法令属违法行为。若有人试图引入这样的法令,将会面临针对该不当法令而提起的公共诉讼(D. 24. 32,34)。在颁布一部新法时,提议者首先必须通过该程序,废止任何可能与之矛盾的法律(D. 20. 93,96;24. 32-36)。公元前375年或前374年颁布的《尼高芬法》指示议事会秘书,废除与议事会通过的法律相矛盾的所有法令(SEG 26:72,55-56)。公元前4世纪中叶以前,雅典人还创设了对法律进行年度评估的机制。司法执政官每年都会审查所有法律,检查是否存在矛盾和无效之处,对于同一事项是否存在一条以上不一致的规定。如果司法执政官发现了这样的法律,他会在阿哥拉(广场)英雄纪念碑公告此事,接着,议事会主席将召开公民大会,决定哪一法律当废除,哪一法律应保留(Aeschin. 3. 39)。

---

① 关于这一主题,参见 Sickinger(2008)中其他雅典城邦的例子。
② 有关特别立法程序的研究,卡内瓦罗超越了之前的所有研究(即将出版)。

如前两章所述,即便两位诉讼当事人将自己的主张建立在同一部或同一组法律基础之上,也不能保证他们会以同样的方式阐释法律。公民大会或立法专门小组在通过法律时当然会特别关注法律的一致性,但法庭在适用法律时是否也同样关注一致性呢?当法律可能存在两种或多种不同的解释时,法庭是否会在不同的案件中采用不同的解释?或者说,他们是否会采取特别的裁判方法?

在普通法国家,维护法律适用一致性的主要方式是遵循"先例具有约束力"这一原则。若对成文法的含义有争议,每一方都会尽力搜寻先前的判决,法院会选择遵循法律的某一解释,每一方都希望这一解释对己方当事人有利。法官和法院有义务遵循这些先例,任何不遵循判例的裁决都会被上诉至更高一级法院。为实施这些先例,美国、加拿大和英国的法院保留了大量先前判决的书面记录,其中通常含有裁判理由。

在公元前4世纪的古雅典,当事人可以查阅保存在自然女神庙和诸多行政官员办公场所的法律文本。然而,如第三章所述,若依现代标准,这些法庭判决的记录相当言简意赅,只包含原告(或控告者)和被告的姓名、控告的性质、案件的主要事实及判决结果,如果是公诉案件,则还包括惩罚措施。[1] 纵使案件涉及备受争议的法律问题,这些记录也不会说明法庭如此裁判的理由。[2] 毫无疑问,在一个由数百名法官进行审判的制度中,记录任何一个案件中法庭的集体意见即便不是不可能的,也必定十分困难。

---

[1] 拉尼[Lanni (2004) 164]声称,"判决极有可能被不定期地记录在自然女神庙或其他地方",相反的观点可参见第三章第2节。

[2] 唯一给出裁判理由的记录是海军记录,其中有些记录指出,一被告被控丢失设备,由于受暴雨阻碍和公民大会通过的有关司法程序的法令,他被宣告无罪(D. 19. 276-279)。

一位学者最近辩称,在雅典,根本没有要求法庭必须保持法律适用一致性的书面文件。[①] 她注意到,保存在自然女神庙的文献记录数量稀少,无法与现代法律体系中保管的大量档案相提并论。她还认为,演说者们很少像现代律师分析判例那样分析之前的案例。例如,她声称,演说者们通常不会探寻所援引案例的判决理由,也并不会在法庭上提出相反的判例,以证明那些先例不能适用于本案。因此,她得出结论,雅典的法庭从未将保持法律的一致性作为追求的目标,因为他们缺乏支持这种做法的书面记录。为此,雅典的法庭并未试图实现法治,而仅仅将正义置于一种特别的基础上。[②]

关于雅典法庭中的先例问题,上述观点易于遭到一些异议。第一,使用统计的方法容易产生误导;按照现代标准,所谓的判例数量稀少是一个错觉。第二,演说者们诉诸先例的段落清单并不全面。[③] 第三,上述观点低估了能帮助法庭实现裁决一致性的口头和书面材料。上述异议极大地削弱了上述作者提出的"雅典的法庭经常将自己的判决建立在一些特殊的理由基础上"的说服力。

本章将显示,雅典的法庭远比该学者认为的更注重法律的一致性。尽管我们发现,先前的案例像现代意义上的判例那样被引用的情况相对罕见,那是因为,在留存于演说词中的案例中,涉

---

① 参见 Lanni（2004）。沃尔[Wohl（2010）31-32]声称,"在任何特定情况下,陪审团都只会在比喻意义上遵循或创设先例"。但不清楚她说的"在比喻意义上"所指为何。沃尔未论及这篇文章中所涉先例的使用。在先例这个问题上,她引用了 Lanni（2004）,但似乎并不知道 Harris（2006b）。

② 该假设在 Lanni（2006）全书中像主旋律一样反复出现。

③ Lanni（2004）168,note 5 并未制作自己的先例清单,而是立足于鲁宾斯坦在美国文献学协会发表的未出版论文。

法律含义争议的案例非常少。① 然而,在确实存在法律争议的案件中,演说者们经常诉诸先例。② 尽管演说者们经常依靠公众的记忆而非书面文件,但他们会非常小心地引用法官们知道的案例,这些案例也许最近引起了热议,也许法官亲自审理过。如果引用的不是新近案例,演说者们会尝试着提交书面文件,支持自己的论断。此外,当一方当事人知道对方将诉诸先例、支持自己的主张时,他不仅不会忽视这些先例,而且会辩称,这些先例与法庭正在审理的案件无关。当然,除非当事人担心法庭会受对方提出的、建立在先例基础上的论断影响,否则他不会论证该先例与眼下正审理的这一案件无关。此外,在违法颁布新法之诉中,一些诉讼当事人会提交先前颁布的法令副本。尽管这些先前的法令也曾受到过质疑,但此后得到了人们的支持,最终无异议地得以通过。在违法颁布新法之诉中,人们会引用先前的法令,以之作为先例,质疑新法的合法性。③ 我们还应记住的是,应用先例并不是实现一致性的唯一方式,当事人还可能诉诸立法者的原意,辩称自己对某一法律的解释,符合那些能从其他法律中发现的法律原则。在一些案例中,演说者们会拿出某一法律的书面副本,证明自己对法律的解释是正确的。最后,从我们拥有的法庭对法律争议作出裁判的结果看,雅典的法律体系比现代学者认为的更

---

① 有关雅典法庭演说所涉争议事项的清单,参见附录七。多里安(Dorjahn, 1928. 377-378)声称,雅典诉讼当事人引用的案例"几乎无法与通过法庭判决来定义和创设法律的现代实践相提并论"。他这样认为的原因在于:在现代美国的法庭中,"只有法官的裁决才能创设法律先例",然而"古雅典不存在法官,所有审判都由陪审团进行"。这一论断建立在将希腊语"dikastes"误译为"陪审员"这一基础之上。"dikastes"这一名词由动词"dikazein"(裁判)变形而来,意指"作出裁判之人",即对案件的法律问题和事实问题作出裁判之人。参见 Harris(1994b) 136-137。在雅典法庭中,裁判之人没有职能分工,并非法官裁判法律问题而陪审团裁判事实问题。雅典的 dikastes 集这两个角色于一身。因此,就像在法官审判法庭中的现代法官一样,被告于此放弃由陪审团审判的权利。

② 本章提供的证据表明,福科豪尔(Foxhall)和刘易斯[Lewis (1996b) 6]关于"法庭演说中尽管经常引用法律,但并不常引用先例"的断言站不住脚。

③ 可比较 Faraguna (2006) 206。

注重实现法律的一致性。

一、先例在法庭演说中的应用

演说者们经常提及以前的案子,但其中只有一部分会被作为先例引用,以帮助解决法律问题。有些时候,之前的案子会被用作证据,以便支撑事实陈述。例如,一位演说者曾传唤一些来自德克里亚德莫的人作为证人,因为他们曾向侨务执政官起诉潘克里昂,并成功地将其定罪(Lys. 234)。该演说者之所以提及这些案例,目的是证明潘克里昂不是普罗泰人,也不是一位公民,如其所言,他其实是一个自由民。另一个演说者也传唤了一些证人,证明埃拉西斯特图斯曾拖欠自己祖父(即演说者祖父)的钱,被自己的父亲起诉,并且最终胜诉(Lys. 17.3)。当事人这样做的目的,是想说明,既然埃拉顿(Eraton)继承了埃拉西斯特图斯的财产,那么,自然也应继承其债务,因此,也就亏欠当事人的钱。德摩斯梯尼相当详细地描述了自己针对梅迪亚斯提起的公共仲裁,目的不是表达自己的法律观点,而是谴责对方的残忍和不诚实(D. 21.83-101)。最后,阿波洛多罗斯描述了一个战神山法庭的裁决,目的是证明尼奥拉的女儿并不是雅典人([D.]59.79-84)。[1]

演说者们还可能引用法庭作出严厉惩罚(通常是死刑)的那些案件。演说者们引用这些段落,目的不在于解决法律问题,而是战胜法庭不愿意判处他人死刑的天然惰性(D. 21.182;24.138;Lys. 12.36;22.16)。其推理通常是:"其他法官已将穷凶极恶的

---

[1] 比较 Lys. 13.65-66 处,演说家提到安哥拉图斯的三个兄弟都被处死,以说明他来自一个糟糕的家庭。

罪犯处死,因此,您也应当如此裁判,因为被告明显犯有重罪。"①德摩斯梯尼(22.51,57)告诉我们,雅典人以自己拥有温和的名声而自豪;因此,如果想要雅典人严厉地惩罚某人,就必须向他们保证,惩罚他人的行为既不反常,也不极端。控告者们还会描述这样一些案子:法庭通过投票表决的方式,对一个曾做过许多公共服务或拥有高位者施加了严厉惩罚。他们试图以这种方式证明,公益服务和社会声望不应妨碍定罪和量刑(D. 21.178,182;34.50;Din. 1.14;Aeschin. 3.195)。此处,演说者们是在敦促法官们牢记誓言,坚守雅典的法律,而不是考虑被告先前的成就。②

然而,声称"雅典的法庭经常作出特别裁判"的那一学者也承认,在八个段落中,演说者引用了先前的案例,作为真正的判例,而这些段落显示了"运用先前案子中判决理由的一种尝试,这说明雅典的诉讼当事人能运用类比的方法建构自己的论证"③。但她同时说道,这种论证不太常见,她将这种"相对罕见性"归因于"雅典人对过度信奉律条的论证方法持普遍的保留态度"。她只

---

① 在 Rubinstein(2007)367 列举的案例中,有一些属于此类,但不是先例,未用作证据支撑对特定法律的解释。参见 D. 19.180,280;D. 21.143-147;24.138;Aeschin 3.252;Lycurg. Leocr. 112-115,117-118;Din. 1.23。严格来说,鲁宾斯坦列举的其他案例也不是法律先例。例如,Antiphon 5.69-70(所引的案例意图说明:无明显证据不应处死他人);Lys. 6.54(为显示雅典人多敬神,麦加拉人受到了不敬神的审判);12.36(一个不容置疑的论证:尽管将军们有借口,您仍处死了他们,因此,您更应惩罚无正当理由的埃拉托色尼);Lys. 27.4(演说家批评法庭前后不一致!)。

② 拉尼[Lanni(2004)161-163]认为,这些都不是真正的先例,她声称:"这些段落似乎是在反映而不是纠正雅典的诉讼当事人将特定案件的社会含义与法律论断相混淆的总体倾向。"请拉尼教授见谅,演说家们在这些演说中告诉法官,他们的誓言使之必须忽视被告的社会地位。Rubinstein(2007)367 note 14 误将这些案例称为先例。参见第三章第 2 节。

③ 拉尼提到的 8 个段落分别是:D. 21.72-76;175-184;19.273ff.;Lys. 6.17;13-56;Din. 2.25;Aeschin. 1.86-88;Isoc. 18.22;Lycurg. Leocr. 52。D. 21.72-76 与之无关,因为德摩斯梯尼是在将自己的行为——而不是被告梅迪亚斯的行为——对比尤艾昂被波奥图斯击打时的反应。Rubinstein(2007)367 note 14 误将此案作为先例。Aeschin. 1.86-88 更多地涉及证据问题,而非法律问题(缺乏证人证言的情况下能否证明一个人有罪)。Din. 2.24-25 提到流放阿斯缪斯,但未用其作先例解决法律问题,Aeschin. 3.252 也未提及这 2 个案件。随后的 2 个审判被用来说明德摩斯梯尼要求表彰的这类行为,一人已被处决,另一人差点被处死(比较 Aeschin. 3.258)。

发现了两份"熟练地运用先前判决"的演说,即德摩斯梯尼的《诉梅迪亚斯》(21.69-73,175-178)和吕库古的《诉列奥克拉底》(52),但她称这为"一种例外"。

但是,当事人是否经常觉得有必要援引先例,以说服法庭采纳这种法律解释,而非相反的解释?人们应记住,这些演说者只有在关键的法律问题有待解决时,才觉得有必要引用先例。换句话说,如果双方当事人一致默认法律的含义,仅就案件的事实存在异议,他们就没有理由将自己的法律论证建立在先例基础上。因此,先例的相对匮乏,不一定意味着雅典人自认为"信守律条",可能仅仅说明他们认为这类论证与案件不太相关。即使在现代法律制度中,大多数常规案件往往都是以事实问题而非法律问题为主导的,律师们也不会援引先例。[①] 例如,伊萨乌斯的所有演说几乎都只涉及事实问题,从未援引过先前的案例,以解决法律争端。《德摩斯梯尼文集》中的大多数演说亦是如此。[②]

我们以《吕西亚斯文集》中的33篇演说词为例来说明这一问题。其中,有2篇演说词并非发表于法庭(第2篇和第8篇),1篇是对之前演说(II)的总结,还有2篇演说词涉及同一案子(第14篇和第15篇)。剩下的30篇演说词涉及29个案例。然而,在这29个案例中,有26个主要涉及事实问题(参见附录八),只有3个案例稍微涉及法律问题:《吕西亚斯文集》3.40-43处简要地讨论了故意伤害的法律含义,13.55-57处回应了被告提出的法律观点,31.27处的论断则与"保持中立"这一术语的法律含义有关。由于法律问题只在上述3起案件中占主导地位(Lys. 9,10,14/15),因此,在《吕西亚斯文集》提及的大部分案件中,其论证都不

---

① 鲁宾斯坦(Rubinstein,2007)并未将先例的使用情况与演说中的争议类型联系起来,因此无法解释为什么一些演说词中会出现先例,而另一些演说词中又没有。

② 关于《伊萨乌斯文集》《吕西亚斯文集》《德摩斯梯尼文集》中私诉演说涉及的法律争议,参见附录七。

适合建立在先例基础之上。

令人惊讶的是,在涉及法律争议的 6 个案件中,有 4 个案件,演说者都诉诸了先例,以支持自己对法律的解释。在《吕西亚斯文集》3.40-43 处,被告讨论了故意杀人案件必须证明的故意之性质,并声称,控告方必须证明被告有杀人故意,而不只是具有伤害故意。[1] 为支持自己的解释,他声称,"在故意问题上,你们过去已多次按照这种方式进行裁判"(43)。[2] 换句话说,他利用了战神山法庭过去创设的先例。他并不需要传唤证人或呈交书面文件,证明战神山法庭之前曾这样裁决过,因为其演说的对象就是该法庭的成员,这些成员当然非常了解本法庭之前的裁决。

吕西亚斯《诉安哥拉图斯》(*Against Angratus*)中的法律问题更加复杂。有人控告安哥拉图斯(Angratus)曾告发演说者的父亲迪奥尼索多鲁斯犯有背叛城邦罪(Lys.13.23-35)。正是安哥拉图斯的这一陈述,导致迪奥尼索多鲁斯及其他几个人被判处死刑(Lys.13.36-42)。演说者控告安哥拉图斯谋杀,因为在他看来,安哥拉图斯应对这些人的死负责,他们要求警务官运用逮捕程序将安哥拉图斯带到法庭。该案部分取决于这样的事实问题:该演说者称,安哥拉图斯本可以在不告发他人的情况下离开雅典,但安哥拉图斯显然准备狡辩说,他是在被迫的情况下才告发他人(Lys.13.23-30)。然而,根据该演说者的说法,安哥拉图斯还打算辩称,自己明显不用为迪奥尼索多鲁斯的死负责,因为迪奥尼索多鲁斯的死亡并非由他的行为直接造成。演说者反对这一辩护意见,他认为,任何导致他人死亡者都犯有杀人罪(Lys.13.85-87)。这看起来似乎是对"杀人"(to kill)的一种不同寻常的解释,

---

[1] 该演说家似乎将"故意伤害"指控等同于"意图谋杀",但这不太可能,因为我们知道,针对"预谋杀人"(*bouleusis phonou*)有专门的诉讼程序,参见 Harris(2006a)400-404。更有可能的是,该演说家在捏造一个有说服力(且不寻常)的术语定义,以加重指控者的举证责任。

[2] Rubinstein(2007)367 note 14 并未将此段落纳入立足于先例的论断之列。

但在雅典的法律中,并非没有与之对应的东西。① 对本章而言,重点在于:该演说者提交了一个案例,用以支持自己对法律的解释。他回顾了曾被安哥拉图斯告发的梅内斯特拉图斯如何意图通过告发他人而换取自由。在推翻"三十僭主"后,梅内斯特拉图斯被控犯有谋杀罪,随后被定罪和处死(Lys. 13. 55-57)。这一先例直接与本案的法律争议相关。②

《诉菲隆》(Lys. 31)是另一篇简要提及法律问题的演说词。该演说发表在五百人议事会进行公民权审查的场合。根据雅典法律,凡通过抽签方式被遴选为执政官者,在上任前,都必须进行任职资格审查。议事会将询问候任者一系列问题,以确定他是否属雅典公民、是否遵守某些宗教礼仪、是否孝敬父母、是否属于拥有一定财产的某一阶层,以及是否参加过战斗(Arist. *Ath. pol* 55. 3)。若有人反对他担任那一职务,则可以提出控告(Arist. *Ath. Pol.* 55. 4)。在菲隆的任职资格审查过程中,有人指控,在公元前404年民主制被推翻后,菲隆就去了奥罗普斯(Oropus),在公元前404年或前403年民主党人推翻三十僭主的活动中,他未能提供任何支持,因此,应取消其任职资格(Lys. 31. 8-16)。演说者预计菲隆会回应说,自己在内战期间待在奥罗普斯,并不违反任何法律,因此不应被禁止参政(Lys. 31. 27)。③ 控告者声称,菲隆的行为相当于当逃兵和叛徒,以此反驳菲隆的辩解(Lys. 31. 28-29,31)。在演说的最后,控告者诉诸先例,请求议事会成员将之前一直应用的同一裁判标准适用于菲隆(Lys. 31. 34)。严格地说,审查任职资格的过程不是一场确定该如何定罪、量刑的审判,

---

① 参见 Harris(2006a)396-398。
② Lanni(2004)168 note 5 将这个先例纳入她的判例列表中,但未分析它与该案法律问题的直接相关性。88-90 页处简要论述了一个法律观点,但是,该演说家并未利用证据证明他关于公元前403年和解协议的观点。
③ 有一部古老的法律要求,所有人在内战期间都必须站边(Arist. *Ath. Pol.* 8. 5),但 Carey(1989)198-200 推断该法在公元前400年之前已不再使用,这一结论很可能正确。

而是一个行政程序。然而，即便如此，演说者认为，引用先例并请求议事会成员适用先例所设立的标准，是非常恰当的。

在一个法律问题更突出的案件中，演说者援引了一则部门官员的决定作为先例。在《为士兵辩护》(Lys. 9)这一演说中，被告由于诽谤官员而被控违法。① 被告的回应建立在法律的字面解释基础之上，他声称，有关诽谤罪的法律规定仅适用于"发生在官员办公室内的诽谤，而不适用于发生在其办公室外的批评"(6)；坚称该士兵犯有诽谤罪的将军们明显以更宽泛的方式解释法律。为支持自己的法律解释，被告援引了在国库工作的官员（即收款员）的决定：这些官员认为将军们的罚款无效。② 这是官员的决定，而非法庭的判决，但被告仍将该决定作为一种先例使用，意图支持"该罚款是非法的"这一论断。

在法律问题占主导地位的另两个案子中，当事人似乎找不到先例来支持自己对法律含义的解释。在其中的一个案子中，当事人实际上承认，自己请求法庭像立法者那样，将法律应用于新的违法犯罪行为(Lys. 14.4)。在另一个案子中，演说者诉诸立法者的本意，我在后文还将考察这种论证方法(Lys. 10)。但法庭认为，第一个案子的论证方法说服力较弱，那一点也不偶然。

因此，对《吕西亚斯文集》中的案例进行考察表明，当法律问题出现时，当事人通常会引用先例支持自己的论证。在当事人面对某一法律问题却无先例可资援引时，法庭大多会认为，他们的论证说服力较弱。现在，我们将考察另三个案子，其中的两个案子摘自《德摩斯梯尼文集》，另一个来自《吕库古文集》。在这三个案子中，原告都运用先例，试图证明从署名"吕西亚斯"的演说中发现的论证模式并非异类。

---

① 关于该案的总体情况，参见 MacDowell (1994)和 Dreher (1994); Todd (2007) 604-623。

② 尚不清楚发言人在这提供了什么证据，因为文本中似乎有一个空白，但是大多数编辑都假定在缺失的篇章中有证人出庭作证。

在《诉梅迪亚斯》这一演说中,德摩斯梯尼对被告提起了"严重伤害(他人)"(graphe hybreos)的公共诉讼,因为被告不仅阻挠他为合唱表演做准备,而且在酒神节比赛时用拳头重击自己的头部(D. 21. 13-18)。[①] 严重伤害他人的指控是一种非常严厉的指控,德摩斯梯尼辩称,梅迪亚斯的罪行如此严重,应被判处死刑(D. 21. 70, 118),或至少应被判高额罚金(D. 21. 152, 211-212)。德摩斯梯尼有义务证明,用拳头击打头部实际上是一项重罪。乍看之下,他的指控似乎建立在对"严重伤害(他人)"这一术语异常宽泛的解释基础之上。[②] 为支持自己提出的"梅迪亚斯用拳猛击自己头部的行为可归入重伤他人的范畴"这一论证,德摩斯梯尼(21. 175-182)引证了几个先例,并进行了分析。他认为,这些先例与自己的案件有很多共同点。他回顾了三个相似的案例,在每个案件中,原告都通过向公民大会检举、揭发的方式,启动诉讼程序,在公民大会作出对被告不利的表决后,案件都移交到了法庭。德摩斯梯尼小心翼翼地挑选那些跟他的案子在程序上一模一样的案例;他一开始也是通过检举程序控告对方的,接着,在公民大会表决支持他的意见之后,遂向法庭起诉(如前所述,是以重伤他人的罪名起诉的)。换言之,德摩斯梯尼选择了三个与自己的案子在程序方面大致类似的案例。

德摩斯梯尼没有选择以陈年旧案作为开端,因为法官们可能不知道或只能模糊地想起这些案例。他是从法庭应当熟悉的新近案例开始的,还有意识地选择了一个涉及武力的案例,这类似于他起诉梅迪亚斯的案件。第一个案例牵涉到两个外邦人,即忒斯皮埃(Thespiai)的伊万德(Evander)和卡利亚(Caria)的梅尼普斯(Menippus)(D. 21. 175-177)。在一个针对梅尼普斯的海事诉讼

[①] 关于《诉梅迪亚斯》一案中的指控,参见 Harris (2008) 79-81。
[②] 关于重伤害或暴行(hybris)这一术语的论述,参见 MacDowell (1976)。有关对 Fisher (1992)的高质量批判,参见 MacDowell (1990) 19-20,特别是 Cairns (1996)。

中，伊万德胜诉了，但未能收到法庭判决的款项。他最终在厄琉息斯秘仪期间碰上了梅尼普斯，并将其抓获。按照雅典的法律，在其他时间强行控制违约的债务人完全合法，但法律禁止人们在酒神节和秘仪期间实施这一行为。① 因此，梅尼普斯在公民大会上对伊万德提起了初诉，公民大会投票谴责伊万德。梅尼普斯本可就此了事，但他决定乘胜追击，将对手告上法庭。德摩斯梯尼没有明确地说明梅尼普斯提起的是哪一类诉讼，据估计应是私人诉讼[很可能是财产损害赔偿之诉(*dikeblabes*)]，因为法庭撤销了伊万德的奖赏，并判给梅尼普斯一笔损失赔偿金，以补偿他因庭审而滞留在雅典期间的费用。从德摩斯梯尼对判决的描述看，梅尼普斯在公民大会启动初诉后并未提起公共诉讼，否则，罚金不会判给梅尼普斯，而会判给公众，成为公共基金。因此，实际上，德摩斯梯尼(21.177)等于告诉我们，他引用的这一案件是一个私人诉讼(*ex ediou pragmatos*)。② 这给德摩斯梯尼带来了麻烦，因为他自己在公民大会表决后提起的是公共诉讼。但德摩斯梯尼依然试图通过解释的方法，使梅尼普斯的案子看起来与自己的案子类似。他宣称，法庭曾想处死伊万德，只是在原告的请求下才减轻了惩罚。德摩斯梯尼对法庭态度的解释肯定是推测性的，不太可能准确：在处以死刑（只可能存在于公诉案件）和判给原告损害赔偿金之间，雅典的法庭从来别无选择。然而，对我们而言，重点在于德摩斯梯尼知道，要使自己援引的先例具有说服力，必须尽可能地使之与当前的案子类似。由于该案例并不如其所愿地与自己的案子相似，因此，德摩斯梯尼添加了一些细节，使它看起来比实际的情形更相似。

---

① 对于该法，参见 D. 21.10。
② Harrison (1971) 64, MacDowell (1990) 395, Rowe (1995) 57-58, Rubinstein (2000) 209,42, 以及 Scafuro (2004) 123-124 都误解了该案。参见 Harris (2008) 80。

接着，德摩斯梯尼比较了这两个案子。梅尼普斯案仅涉及私人争议，并无诸如重伤他人之类的加重情节。在这两个案件中，被告都对原告使用了暴力。然而，在德摩斯梯尼案中，梅迪亚斯袭击他人，并无任何正当理由（比如，德摩斯梯尼没有拖欠梅迪亚斯的钱），梅迪亚斯之所以这样做，完全是为了侮辱德摩斯梯尼。尽管没有加重情节，法庭依然判给梅尼普斯一笔补偿金。虽然德摩斯梯尼没有告诉我们补偿金的具体数额，但给我们留下了数额巨大的印象。有人怀疑他避谈具体数额，是因为数额并不是特别大。由于梅迪亚斯的罪行严重得多（D. 21. 181），因此，他更应受到严厉的惩罚。德摩斯梯尼对先例的描述和分析可能在某种程度上反映了事实，但他显然意识到了，为使自己的先例更有说服力，其基本特征必须尽可能地与当前的案子在程序和实体方面一致。

德摩斯梯尼举出的下一案例与他的案子在某些方面很相似，但在另外的方面又不那么类似。第二个案例牵涉到一个给自己的儿子卡利克莱德斯（Charicleides）担任助手的人——卡利克莱德斯曾担任执政官之职，拥有很高的声望（D. 21. 178-179）。该助手发现有人在剧场里坐错了位置，在驱逐该人出剧场时动手打了他。被打之人到公民大会控告该助手，公民大会投票谴责该助手。控告者在公民大会发言时辩称，如果自己坐错了位置，且不服从命令，该助手既可以对他处以罚款，也可以派人请他离开，而不应动手打他。德摩斯梯尼自然强调，该助手使用武力的方式跟梅迪亚斯一样。接着，德摩斯梯尼辩称，这一使用武力的行为构成了故意伤害他人罪，而这正是他指控梅迪亚斯的罪名。德摩斯梯尼认为，公民大会投赞成票，就等于支持该演说者对"严重伤害他人"这一术语做宽泛的解释，这一解释同样可用于自己的案子。但相似之处到此为止，因为受害者在自己的案件起诉到法庭前去世了。

第三个案例是德摩斯梯尼提出的最有力的先例,有人怀疑他是不是故意把撒手锏留到了最后(D. 21. 180)。该案的被告是名叫克特西科里斯的雅典将军。在参加一个宗教节日游行时,克特西科里斯喝醉了,用随身携带的鞭子抽打了自己的仇人。受害者或其他人向公民大会检举了该名将军,指控他实施了破坏节日气氛的违法行为。接着,有人向法庭提起了不利于克特西科里斯的指控,最终导致克特西科里斯被判死刑。该指控应该是控告他意图伤害别人,因为德摩斯梯尼说,尽管克特西科里斯提出了自己的理由,但法庭仍判处他犯有重伤他人罪。相比先前的两个案例,这一先例跟德摩斯梯尼的案子更接近。第一,克特西科里斯是在宗教节日里袭击受害者;梅迪亚斯则是在酒神节用拳猛击德摩斯梯尼。第二,克特西科里斯打的是自己的仇人,德摩斯梯尼也是梅迪亚斯的仇人。第三,克特西科里斯被判带着侮辱别人的意图而击打他人;据说梅迪亚斯也是以侮辱他人的方式击打德摩斯梯尼的。唯一的差异可谓微不足道:克特西科里斯用鞭子打人,而梅迪亚斯用的是拳头。鞭打是以前人们对待奴隶的常用方式,这正是有人控告克特西科里斯以对待奴隶的方式对待自由人的原因。然而,人们还可以对奴隶拳脚相加,因此,在这些案子中,人们使用的暴力类型相似。但克特西科里斯辩称,自己之所以殴打仇人,是因为喝醉了,只不过这一事件恰巧发生在游行过程中。① 这次游行可能是酒神节活动之一部分,而且,大家应知道,狄奥尼索斯是酒神,崇拜他的最佳方式之一就是喝酒,因此,在纪念他的节日上,人们可以行粗鲁之事。克特西科里斯还辩称,自己只是弘扬酒神精神,并无伤害他人之意。显然,法庭并未接受他的辩护理由,仍判他死刑。在本案中,德摩斯梯尼选择了

---

① 我们不应该把这一段视为醉酒可以作为无罪理由的证据。参见 Harris (2006a) 301-303。

一个与自己的案子相当近似的先例,两个案子的唯一差异似乎也对他有利:克特西科里斯喝醉了酒,而梅迪亚斯却没有这一借口,因而罪过更大。

德摩斯梯尼按照三个先例与自己案子的相似性程度,巧妙地安排了先后次序。他考察了每一先例与自己诉梅迪亚斯案的差别与影响。在这种逐渐变强的三连环结构中,德摩斯梯尼(21.181)提炼出了三个案子的意义,以及对他所指控的梅迪亚斯案的影响。若以现代标准看,这一推理可能不太严密,但雅典的法律体系要比我们的法律体系简单得多,其中的大部分争议都不那么复杂。引人注意的是,在证明自己诉梅迪亚斯的案子与先前的案例很相似方面,德摩斯梯尼下足了功夫。只有在认为法庭会特别关注法律适用的一致性时,他才会下这番功夫。

公元前 343 年,在控告埃斯基涅斯犯有背叛城邦罪时,德摩斯梯尼同样运用了一些先例。公元前 346 年,埃斯基涅斯、德摩斯梯尼及另外八人被遴选为雅典使团成员,拜会马其顿国王腓力二世。[①] 在第一次拜会腓力二世时,他们就和平协定的条款进行了磋商,在同年射鹿节月 19 日,该协定在雅典获得公民大会的批准。[②] 随后,他们又被遴选进了另一使团,落实与腓力二世订立协定时的誓约。在出使过程中,埃斯基涅斯与德摩斯梯尼两人在雅典的政策主张上产生了严重分歧。一回到雅典,德摩斯梯尼在提交自己作为大使的待审账目时,附带着提起了针对埃斯基涅斯的指控。[③] 如第四章所述,有关官员行为的法律可能已明确地规定

---

① 参见 Harris(1995)50-62。
② Harris(1995)63-67.
③ 关于这一事件,参见 Harris(1995)78-95。审计(*euthynai*)程序共分两个环节:第一环节,官员向账目审计员(*logistai*)提交自己的账目(Arist. *Ath. Pol.* 54.2);第二环节,查账员(*euthynoi*)会收到针对官员的指控(Arist. Ath. Pol. 48.4-5)。德摩斯梯尼很可能是在第二环节指控埃斯基涅斯的,参见 MacDowell(2000)19-20。麦道维尔认为:"看起来……审计程序的非财务环节中,不一定需要证明被告违反了某一特定法律。"但是,请参见 D.19.7,此处明确提到禁止接受礼物的法律[比较 Aeschin. 3.232,此处提及了(*graphe doron*)]。

了官员们的职责,但在其他一些案例中,这些职责并没有被详细地罗列出来。德摩斯梯尼注意到,他需遵循的法律规定是:官员不应接受礼物,不应损害城邦,但这些法律并未明确地界定"损害"的可能形式(D. 19.7)。德摩斯梯尼认为,在使团这类案子中,人们通常都会要求,使团成员应对自己的报告、建议以及公民大会的指示负责,应审时度势,诚实地履行自己的职责,同时,不应接受对方的礼物(adorodoketos)(D. 19.4)。在起草自己的控告时,德摩斯梯尼显然用到了这一清单,他的控告似乎包含了以下指控:埃斯基涅斯"未能如实地报告出使情况,并阻止人们从我这里获得真实情况,他的所有建议都不利于城邦利益,他未遵循公民大会对使团的指示,而且浪费了时机,导致城邦多次错失重要的行动时机,并且,他和菲洛克拉底收受了对方的贿赂和钱财"(D. 19.8,麦道维尔译)。

　　由于法律没有明确规定使团成员的职责,德摩斯梯尼(19. 277-279)引用了一部法令,该法令谴责埃皮克拉底和其他使臣在公元前387年签订《安塔西达斯和约》时的所作所为。① 该法令说明了惩罚埃皮克拉底的理由,德摩斯梯尼引用了这一理由,还把它们与自己对埃斯基涅斯的指控进行了比较。

　　　　大家来看一下! 该法令说"他们出使过程中的行为有悖公民大会的指示",这是第一项指控。埃斯基涅斯等人的行为难道没有违反公民大会的指示? 难道法令没有说"为了雅典人和雅典盟友的利益"? 埃斯基涅斯等人在签订协定时,故意将福基斯人(Phocians)排除在外。难道法令没有说"出使的这些人应为各自城邦服务?"但现在,埃斯基涅斯等人却为腓力派来的人服务。难道法令没有说"不得在任何地方单

---

① 这些谈判应该被视为等同于安塔西达斯和约谈判。参见 Bruce(1966)和 Hamilton (1979) 233-239。Keen (1995)和随后的 MacDowell (2000) 323 缺乏说服力。

独会见腓力"？而现在，埃斯基涅斯等人从未停止与腓力私下做生意。"而且，已有人证实，这些人中的一些人在议事会做了不诚实的报告。"而埃斯基涅斯等人已被证实在公民大会上做了不诚实的报告，谁能证实呢？有一点很清楚：事实本身就证实了这一点。因为一切正好与埃斯基涅斯等人报告的相反。该法令还称："而且，撒了对我们的盟友不利的谎，并接受了礼物。"嗯，跟"撒谎"不同的是，埃斯基涅斯等人完全摧毁了我们的盟友，这当然比撒谎严重得多。至于是否收受了礼物，如果埃皮克拉底等人否认这一点，那还有待证实。但由于埃斯基涅斯等人早已承认了，因此，他们应被逮捕（麦道维尔译，稍有变动）。

这一段话应当被完整引用，以说明德摩斯梯尼是如何解读该法令中每一指控的，并将它们仔细地与自己所指控的埃斯基涅斯一案相比对。在法律模糊不清时，这一先例可以很清楚地指明，埃斯基涅斯等使团成员能给共同体造成多大的损害。德摩斯梯尼引用这一先例，目的是证明，自己要求处死埃斯基涅斯的主张是正当的，正如埃皮克拉底及其同事被判处死刑一样，法庭也应当判决埃斯基涅斯死刑。事实上，这是德摩斯梯尼在该演说中引用的第三个先例，此外，他还提及了一个宣告泽利亚的阿斯缪斯（Arthmius of Zelea）违法的法令（D. 19.271-272），以及卡里亚斯（Callias）在与希腊联军统帅谈判时因收受对方礼物而遭到罚款的案例（D. 19.273-275）。但在这两个先例中，没有哪一个先例像埃皮克拉底遭受的判决那样，与他对埃斯基涅斯的指控更加相似。阿斯缪斯（Arthmius）是一个外邦人，因试图贿赂雅典人而被定罪；卡里亚斯只是被判罚金，其磋商签订的协定无可指摘。换句话说，埃皮克拉底收受了礼物，是因为磋商出了一份据称有损雅典利益的协定。德摩斯梯尼讨论先例的这一模式与我们在《诉梅迪亚斯》中观察到的论证模式非常相似：德摩斯梯尼首先以两个不那么类似的案例开头，然后以一个与当前案子更接近的案例结尾。还有一点值得注意的是，德摩斯梯尼(19.276)提交了书面文件，以支持自己对先例的运用。

法律在其中起着至关重要作用的另一个案子是吕库古控告列奥克拉底案。[①] 吕库古通过弹劾程序提起诉讼，该程序主要针对那些犯有背叛城邦罪的人。正如一些雅典成文法那样，有关弹劾的法律并未定义何为"背叛城邦"，而只是将各种违法行为列入三个类别之下，即颠覆民主制度、背叛城邦以及发表有悖公共利益的演说。比如，根据希波雷德斯(*Eux.* 8)的说法，"若发现有人推翻雅典民主制度，或密谋推翻民主制度，或聚集同谋者组成团体；或有人背叛城邦、舰队、步兵军团和海军；或公共演说家因接受敌方的财物而未能提供最佳建言"，任何人皆可启动这一程序。

正如上一章所述，列奥克拉底案的事实非常简单，毫无争议。公元前338年喀罗尼亚战役失败后，雅典陷入了危机，列奥克拉底离开雅典，驾船到罗德岛(Lycurg. *Leocr.* 17)。在那里，他将雅典的境况告诉了别人(18)。离开罗德岛后，列奥克拉底又到了麦加拉，以客民的身份居住在那里(21)。同时，他让自己的姐夫买下了属于他的房子和奴隶，帮他还清了债务，并将剩下的钱寄给他，好让他在伊庇鲁斯购买谷物，然后用船运到莱夫卡斯岛，再从那里运到科林斯(23-24)。在麦加拉生活了六年后，列奥克拉底回到雅典。他甫一回来，就遭到了吕库古提出的背叛城邦指控。列奥克拉底的支持者宣称，他是作为一个商人离开雅典到海外做生意的。但吕库古则断言，他的真实动机是逃亡，他擅离职守等同于背叛城邦(55-58)。

吕库古立足于雅典法律，提出了自己的主张。但他同时承

---

① 对于这一案例中法律问题的分析，参见本书第268-276页。

认,自己是在请求法庭创新,将该程序适用于法律未明确列举的违法行为(Leocr. 9)。他请求法官们像立法者那样行为,该做法的创新性显而易见。该法的起草者为"背叛城邦罪"这一用单个术语表达的一般范畴设计了弹劾程序(9),接着,在法律中列举了属于该范畴的一些违法行为。吕库古辩称,列奥克拉底的违法行为处于该一般范畴之内,尽管它并不符合法律所列举的具体情形。然而,即便吕库古承认,自己是在请求法庭将法律扩大适用于一些新的违法犯罪行为,但他仍试图寻找先例,以支持自己对该法的大胆新解。

在其中的一段话中,吕库古引用了三个不同的先例(Lycurg. Leocr. 52-54)。第一,他回忆起,在喀罗尼亚溃败后的危机中,战神山议事会如何逮捕和处死那些抛弃阿提卡之人。第二,他含蓄地提到,自己是如何将奥托吕科斯(Autolycus)定罪的,因为后者将妻子儿女送往海外。第三,他提请法庭注意,公民大会当时也曾投票认为,那些逃离城邦之人犯有背叛城邦罪。从法律层面看,这些先例在细节上稍有不同。在第一个先例中,吕库古引用的不是法庭判决,而是战神山议事会在喀罗尼亚战败后根据特别授权执行逮捕和行刑的例子。在第三个先例中,他引用的是公民大会通过的法令。只有第二个案例涉及法庭判决。但他提及的三个先例确实表明,雅典人认为,在紧急情况下离开阿提卡,等同于背叛城邦,而且一些人因此受罚。在随后的演说中,吕库古又从雅典历史中寻找先例,但这些先例大多牵强附会。吕库古提到一个在普瑞尼库斯死后仍为其辩护之人(112-115),他是一名议事会成员,曾提议:在萨拉米的雅典人应接受波斯人提出的结盟倡议(122),并曾声讨过雅典的僭主希帕尔库斯(117)。但在其中,有一个先例与列奥克拉底的案子最接近。那就是公元前413年,在德克里亚被斯巴达人占领后,雅典人颁布的一个法令。该法令规定,凡搬到该城镇的人都是罪犯。从德克里亚返回之人如果被抓,将被逮捕并立即处死(120-121)。接着,吕库古用了一个不证自明的论断证明自己的观点:"好啦,那么,这是对那些从阿提卡某处搬到另一处之人进行处罚的方式;若某人在战争时期,抛下城邦和国家、逃到罗德岛并背叛人民,你是否应处死他?"当然,这一对比并不是那么有力:这一法令针对的是那些跑到敌占区之人,而列奥克拉底离开雅典,不是加入马其顿人一方,而是到罗德岛去。但值得注意的是,吕库古并未依赖法官的记忆,而是提交了法令文本,以印证自己对很久以前发生判决的解释。

如果一位演说家知道对手将引用先例支持自己的主张,他可能会提前准备论据,说明这些先例严格地说来并不相关。公元前323年,在德摩斯梯尼受审时,狄那库斯为其中的一个原告撰写的演说词就是解构对方先例的最好例子。① 德摩斯梯尼涉嫌在公元前324年哈尔帕鲁斯访问雅典期间收受其钱财,他提议战神山议事会对这一指控进行调查,证明自己的清白(Hyp. D. col. 2;Din. 1.61)。6个月后,战神山议事会提交报告,声称德摩斯梯尼和其他几个人收受了哈尔帕鲁斯数额不等的钱财(Din. 1.45;Hyp. D. cols. 5-6)。接着,有10个人被遴选出来,起诉战神山议事会报告中列出的那些人(Din. 2.6)。

在狄那库斯撰写的一篇演说词中,控告者之一预测到了德摩斯梯尼将提到的4个案例。在这些案例中,虽然战神山议事会宣布一些人违法,但法庭并未判决这些人有罪(Din. 1.54)。该控告者本可以辩称,这些先例没什么用,因为德摩斯梯尼有罪,仅此而已。但该控告者采取的进路不是这样的,相反,他考察了每一案例,并解释了这些案例与德摩斯梯尼案子的不同之处。他简要地提及了前三个案例(Din. 1.56)。第一个案例说的是,一位战神山议事会的官员未向摆渡者支付船票,被战神山议事会罚款,且向

---

① Lanni (2004) 168 note 5 没有将这些案子纳入她的先例清单。

公民大会报告了此事。在第二个案例中,战神山议事会向公民大会报告,某人宣称自己曾以某个未现身者的名义支付了5德拉克马。第三个案例说的是,战神山法庭的某一成员试图售卖"战神山法庭的法官名额"。战神山法庭开除了该违法者的公职,并向公民大会报告了此事。在上述案例中,3个人都遭到了审判且被无罪开释。控告者辩称,他们之所以被无罪开释,不是因为他们是无辜的,而是因为人们认为,在上述每个案件中,提议的惩罚与违法行为相比,太过严苛(Din. 1.57)。被控告者不是简单地呈现这些案例,而是试图通过归纳程序,探寻判决背后的基本原理(Din. 1.58-59)。

控告者详细地讨论了下一案例(Din. 1.58-59)。这一案例说的是:公民大会命令战神山议事会,调查来自塞丹提达的波利尤克图斯是否在麦加拉会见了某位流放者。在战神山议事会证实此事后,人们选出了提起公诉者,于是,波利尤克图斯在法庭受审。该案运用的可能是弹劾程序,控告的罪名估计是背叛城邦罪,因为波利尤克图斯会见了意图推翻民主制度者。波利尤克图斯承认,他之前确实去过麦加拉,见到了尼科凡尼斯,因为后者与他的母亲结婚了。法庭判决,波利尤克图斯在继父困难之时予以扶助,并无不当。换言之,法庭判定,波利尤克图斯可能见过雅典的敌人(因尼科凡尼斯流亡在外,明显曾被判有罪),但他缺乏背叛城邦的主观意图。控告者认为,法庭并未作出判决说,战神山议事会的报告是虚假的。恰恰相反,他宣称,该报告反映的是事实。但波利尤克图斯实施行为时的情境使得他无罪。[①] 在下一章,我们将更加详细地考察这些案例。

接着,控告者将这些案子与德摩斯梯尼的案子进行了比较(Din. 1.59-60)。第一,控告者辩称,在每个案例中,没有人对战神

---

① 有关这一案子作为"公平"(*epieikeia*)之例的论述,参见第八章相关论述。

山议事会报告的真实性表示异议,因此,我们没有理由怀疑有关德摩斯梯尼报告的真实性。第二,在这些先例中,被告们的行为无法跟德摩斯梯尼相提并论。因为那些被告的违法行为非常轻微,不应受到严厉处罚,而德摩斯梯尼收受钱财的行为极大地损害了城邦利益。控告者注意到,对其他违法犯罪行为而言,罚金通常只是其所造成损害的 2 倍,但对受贿罪而言,不是判处死刑,就是判处受贿金额 10 倍的罚金(Din. 1.60)。我们再次发现,这是对所引先例与当前案件异同的周密分析。若二者差异太大或判决适用的原则不一致,演说家们就会推定说:这些先例没有说服力,不应影响法庭对本案的判决。这并非演说家们辩称对方所引先例与本案无关的唯一案例,我们可以在德摩斯梯尼的《诉梅迪亚斯》中,发现类似的周密分析(21.36-41)。这类论证表明,演说家们认为,这些先例应该会对法庭的判决产生重大影响。因此,阿那克西曼尼建议法庭上的演说家们诉诸先例,也就不足为怪了([Arist.] *Rhetorica ad Alexandrum* 1422b20)。

但是,我们从这些演说中获得的对先前案例的解释在多大程度上是可靠的?有位学者持怀疑态度:"我们无法准确地评估雅典的法官对先前案例的认识有多深,范围有多广。由于数十年来积累的诉讼案件数量庞大,以及一般雅典人相对较短的寿命,很多法官不太可能对先前的案例有清晰的印象。"接着,为证明自己的怀疑态度,该学者引用了修昔底德的话(Thucydides 1.20),称之为"证明雅典人历史记忆不可靠的最权威章节(*locus classicus*)"。[①] 可惜的是,她忘了提及,修昔底德的这段话写于公元前 5 世纪末,针对的是当时雅典人对公元前 514 年雅典僭主希帕尔库斯遇刺的记忆。相比之下,演说家们在引用先例时,更愿意引用新近发生、众所周知的案子。比如,吕库古在公元前 331 年

[①] Lanni (2004) 169 note 21.

的演说中,引用了公元前 338 年的案例和法令。当他在 112-122 处提及陈年旧事时,非常细心地提供了该法令的书面形式,以便支持自己的陈述。① 又如,控告阿哥拉图斯之人引用了梅内斯特拉图斯的案子,该案刚发生没几年(Lys. 13. 55-57)。德摩斯梯尼在引用初诉案件作为先例时,通常会以最近发生的案件为开端(D. 21. 175-182)。

我们还应记住,这些案例在起诉到法庭之前,大多引起了公民大会的注意。这意味着,它们基本上为所有雅典人所共知。德摩斯梯尼提及的初诉案例大多发生在公民大会,与节日期间发生的违法行为有关,而所有雅典人都参与了这些节日活动。在狄那库斯的《诉德摩斯梯尼》这一演说(Din. 1. 55-60)中,控告者提及的那些案例应属雅典人公共记忆的一部分,因为战神山议事会通过犯罪报告程序向公民大会报告过这些案例。其他一些案例也会引发人们的关注,因为它们都曾引起很大轰动,往往牵涉大笔罚金和死刑。而且,如果这些案子是由法庭解决的私人纠纷,类似于梅迪亚斯之类的当事人会要求各方出庭作证(D. 21. 36-41)。在《吕西亚斯文集》中,有两例当事人诉诸先例的案子(Lys. 3. 43; 31. 34)。吕西亚斯根据自己曾担任法官和议事会成员的经历举了一些例子。在这些案例中,我们没有任何理由怀疑法官熟悉案件的基本事实和实际判决。演说者们可能会选择性地把一些内容纳入自己对事件的解释中,或做一些细微的改变(比如,德摩斯梯尼显然试图在伊万德案中这样做)。但在法庭上,他们无法做到既捏造重要事件,或篡改一些众所周知的基本事实,又无损自己的可信度。当时的雅典不是一个庞大的单一民族国家,没有大量的法律事务,因此,不可能只有极少数人才能及时地了解法庭上发生了什么,也不会只有一小撮人才参与庭审。直接民主制使

---

① 这些法令的真实性是另一个问题。参见 Habicht (1961) 22-23。

所有雅典公民都能参加公民大会,在法庭上,除法官外,可能还坐着几百号人。雅典还是一个由不大的社群组成的社会,凡重大审判等重要事件都可迅速地口耳相传。修昔底德可能会批评雅典人对一些陈年旧事进行了错误的解读,但在伯利克里的《葬礼演说》中,他说,在民主的雅典,即便那些忙于工作之人仍了解公共事务(Th. 2. 40. 2)。

二、作为先例的书面法律文本

在我们目前考察的大部分演说中,演说者并未仅凭手头的一些法律文档,就宣称自己对法律的解释是标准解释。但我们也不应低估那些能帮助法庭保持裁判一致性的书面材料的数量。在涉及违法颁布新法之诉的案件中,有些先前颁布的法令在合法性方面曾遭到过质疑,但随后都得到了支持,或无异议地得以通过。在之后的类似法令遭到质疑时,人们可以以先前的法令作为先例。以先例为基础提出自己的论证,并非法庭实现一致性的唯一方式;当事人和法官同样可以诉诸立法者意图。① 法庭可以将所有解释建立在立法者意图基础之上,从而维护法律的一致性。我们经常能在《阿提卡演说家》中发现这类论证,而且,在大多数情况下,当事人会用其他法律的书面副本支持自己的论断。

在法律论证中,利用先前的法令作为先例,最佳的例子可以在德摩斯梯尼的演说《论金冠》中看到。如上一章所述,埃斯基涅斯和德摩斯梯尼对两部有关授予金冠的法律在理解上存在分

---

① Lanni (2004) 168 note 2 注意到这一事实:她知道法国和澳大利亚(也可以把丹麦算上)并不遵循先例约束原则,在德国只有联邦宪法法院的判决具有约束力。但她倾向于淡化我们对雅典法律体系的理解所带来的影响,因为她想要相信"普通法系的比较研究要比大陆法系的成果更丰富"。但她这一信念的理由很奇怪:她宣称后者是"基于法官和法律实践者的法学学术传统和专业知识的断言"。不知道她是否意在暗示普通法中不存在"法官和法律实践者的法学学术传统和专业知识"。

歧。第一个指控立基于埃斯基涅斯(3.31)引用的一部法律之上,书记员大声地宣读说:"另一部法律禁止为仍在审计中的执政官授予金冠。"换言之,若行政官员仍处于任期届满后的审计期间,不得被授予金冠。"*Arche*"是该法中的关键术语,它有两种含义:既可以指执政官——埃斯基涅斯坚持这种解释(Aeschin. 3.11,26;亦可参见 D.39.9;Lys.9.6),又可以指任期(如 Arist. *Ath. Pol.* 56.2;Aeschin.3.11)——德摩斯梯尼含蓄地按这种含义进行解释。如前一章所述,如果采纳埃斯基涅斯的解释,该法禁止对所有尚未通过任期审查的行政官员进行嘉奖;若采纳另一解释,则该法只规定了官员在任期内不得因现职行为而受到嘉奖,即不得因履行现职的行为而被授予金冠。如果后者是正解,则意味着,该法只禁止在审计结束前对官员的职务行为进行嘉奖,并不禁止行政官员在任期内因其他事项而受表彰,如因其以往的卓越成就、慷慨捐赠和终身为公众服务而被授予金冠。

哪一种法律解释是人们普遍接受的解释？德摩斯梯尼在支持克特西丰的演说中,并未简单地辩称他对该法的解释更符合逻辑或更加明确。相反,为证明自己的法律解释是标准解释,德摩斯梯尼让书记员宣读了为努斯克勒斯、狄奥提姆斯、卡里德姆斯以及尼奥普托列姆斯授予金冠的法令(D.18.114)。[1] 这些法令全都是在这些政治家任期内颁布的,且没有受到"违法颁布嘉奖令"的指控。换言之,德摩斯梯尼是在援引先例,支持自己对授予金冠法令的解释,意图证明克特西丰的提议并不违法。这些先例以书面文件的形式保管在自然女神庙。德摩斯梯尼(18.223-224)还回忆,此前曾有人两次提议为他颁布嘉奖令,跟嘉奖克特西丰的法令类似,随后也受到了"违法颁布嘉奖令"的指控。但在这两个

---

[1] Rubingstein(2007) 367 note 14 忽略了这些先例。有关违法颁布新法之诉中将法令作为书面先例使用的论述,参见 Faraguna(2006) 206。

案件中，提议颁布嘉奖令的人都被宣告无罪。如此，就有六个先例支持德摩斯梯尼，而不只是一个。① 而且，每一个先例都以书面文件的形式保管在自然女神庙。

在回应埃斯基涅斯的第二个指控时，德摩斯梯尼同样引用先例来支持自己对法律的解释。在这一案子中，埃斯基涅斯(3.32-47)将自己的指控建立在这样的法律基础上，该法规定，在议事会和公民大会之外的任何其他地方公布嘉奖都是非法的。但德摩斯梯尼(18.120-121)引用了另一部法律，该法允许在狄奥尼索斯剧场公布嘉奖令，只要公民大会通过投票下达这一命令即可。对德摩斯梯尼而言，该法在公布嘉奖令的一般规则之外规定了例外情形。德摩斯梯尼指出，在过去，很多嘉奖令都是在狄奥尼索斯剧场公布的。此处，德摩斯梯尼同样是在引用先例，支持自己对法律的解释。诚然，德摩斯梯尼并未宣读这些政令，因为没有这个必要，法庭的很多成员都参加过酒神节，知道那些公告是在剧场公布的。② 对我们而言，重点在于：的确存在一些书面文件，它们可以证明，有足够多的先例支持德摩斯梯尼对法律的解释。

据称，在违法颁布嘉奖令之诉中，当事人之一引用书面记录的法令，还出现在德摩斯梯尼为政治家狄奥多鲁斯撰写的《诉安德罗蒂安》(D.22)这一演说词中。③ 安德罗蒂安提议，对议事会任期内的卓越表现进行嘉奖。狄奥多鲁斯为此提起了违法颁布嘉奖令之诉，主要理由有三：(1)若议事会未能在任期内建造三列桨舰，则法律禁止为议事会授予金冠，而现在，议事会未能建造三列桨舰；(2)公民大会不得批准未形成决议(*probouleuma*)的提议，而该提议未形成决议；(3)安德罗蒂安是个男妓，因而没有在公民大会提出倡议的资格。与克特西丰的审判不同，我们仅掌握了控

---

① Lanni (2004)未讨论这些先例。
② 没有理由怀疑这些法令的存在，参见 Gwatkin (1957) 138，note 57。
③ 关于这一演说，参见 Harris (2008) 166-170。

告一方的演说词,但狄奥多鲁斯告诉我们,安德罗蒂安试图引用一些与自己案子类似且无异议地在公民大会获得通过的法令(D. 22.6)。由于安德罗蒂安的演说未能留存于世,我们无法确定他是否宣读过这些法令。尽管如此,这些法令显然存在,且可以作为先例。同样有意思的是,狄奥多鲁斯预计对方会进行这样的论证,因此宣称,这些先例因违法而与本案无关。他还声称,我们应关注的不是这些法令,而是法律本身。他的论证试图说明,人们不能通过另一种方式解释法律。这也表明,雅典人认为,先例只有说服力,而没有约束力。

第三个"违法颁布新法"的案例出现在德摩斯梯尼的《诉阿里斯托克拉底》这一演说中。在这一演说中,当事人意图以早先颁布的法令作为先例,支持自己的主张。原告指控阿里斯托克拉底为保护卡里德姆斯而提议通过了一部不合法的法令。该法令规定:"若某人杀死了卡里德姆斯,纵使在盟国的领土上,也将受到逮捕。"(D. 23.16)原告指控说,该法令授予人们拥有"不经审判即可惩处杀害卡里德姆斯之人"的权力(D. 23.18-85)。正如一些学者所说,对该法令进行这样的解释太过牵强;"受到逮捕"这一术语仅意味着凶手应当被引渡,以便在雅典受审。① 因此,毫不令人惊讶的是,阿里斯托克拉底打算呈交一些针对他人而通过的类似法令(D. 23.95)。有趣的是,控告者已预见到了这一反对意见(D. 23.95,99)。故他辩称,纵使该法令已被批准且已生效,也不能说明它不是非法的;纵使该法令被人们质疑是非法的但未被推翻,也不能认为它是合法的,因为提起"违法颁布新法之诉"的人可能收受了贿赂,也可能是个不称职的演说家。他并未暗示审理这些案件的法官们违反了誓言。其实,法官们并没有错,因为他们是基于当事人的演说而裁判案件的。只要在投票时不对双方当事

---

① 关于阿里斯托克拉底法令的这一条文及其含义,参见 Lonis (1988b)。

270　人怀有敌意或偏爱，他们就依然忠于自己的誓言。该主张类似于狄奥多鲁斯在《诉安德罗蒂安》中的主张，但在《诉阿里斯托克拉底》中，演说者提出了一个不应考虑先例的根本原因：法庭会被不诚实的演说者误导。演说者并不是说法庭不应将一致性作为追求的目标，他的真正主张是：法庭的判决根本不是保持一致性的可靠方式，因为它们可能出错。

当然，使用先例并非保持一致性的唯一方式。我们同样可以诉诸立法者的意图。比如，在法国、德国和奥地利等大陆法系国家，先前的判决并没有法律效力。① 在丹麦，先例只有说服力，而没有约束力。在这一点上，古雅典的法律体系更接近大陆法系国家，而非普通法系国家。为确定立法者（某种程度上，它是一个虚拟的人物，但雅典人信任这一虚拟人物）的意图，当事人会引用另一部法律，并通过归纳推理方法，提炼出这一特定法律的一般原则。接着，当事人会用这一原则，证明自己对与本案直接相关的法律解释是正当的。在希波雷德斯的《诉阿忒诺格尼斯》这一演说中，我们可以发现这样的范例。如第五章所述，阿忒诺格尼斯的主张建立在"自愿与他人订立的协议具有约束力"这一法律规定之上（Hyp. Ath. 13）。然而，埃皮克拉底提醒大家注意，该法也规定了"有失公平的协议无约束力"这一原则。由于法律文本中并未定义何为"有失公平"，埃皮克拉底从其他法律中寻求帮助，为解释这一术语提供指引。在接下来的论证中，埃皮克拉底引用了"禁止在市场上撒谎"法律（14）、"奴隶买卖中存在潜在瑕疵"的法律（15）、有关正式婚姻中子女身份的法律（16）、有关遗嘱的法律（17）、有关"奴隶造成的损害应由主人承担责任"的法律（21-22）。这些法律无一与埃皮克拉底案直接相关，但他从这些法律中找到了一个隐含的原则，然后，将这一原则适用于自己的案件。

---

① 参见 Lanni (2004) 168 note 2。

此处，有两点需要说明。第一，埃皮克拉底在处理法律解释问题时，引用的都是书面文本，且由书记员宣读。第二，埃皮克拉底利用这些书面文本，对有关自愿订立合约的法律进行了解释，这与其所知的与合同有关的其他法律在立法意图上是一致的。德摩斯梯尼在《诉勒珀提尼斯》(D20. 95-96)中，以及埃斯基涅斯在《诉提马库斯》(Aeschin. 1. 9-27)中，都采用了类似的论证方法。在这些演说中，当事人都试图说服法庭，自己的解释符合雅典的其他法典，使用的证据都是书面的法律文本。

三、古雅典人对法律一致性的追求

迄今为止，我们已看到，在雅典的法庭上，当事人在面对法律问题时，常常会诉诸先例，表明自己对法律的理解是公众普遍认可的。尽管在大部分案件中，他们依赖的不是书面文件而是公共记忆，但他们仍小心地引用新近发生的众所周知的案例。当然，在一些案件中，当事人的确会引用书面文件中的先例。最后，当事人还会引用其他书面的法律文本，表明自己对法律的解释符合立法者原意。从这一证据看，当事人一般都期待法庭能前后一致地适用法律，期待口头知识与书面记录能帮助法庭实现这一目标。但法庭在多大程度上真正地实现了一致性？有没有资料可以证明，雅典的法庭真的在努力地使自己的判决保持前后一致？我们知道，找到回答这一问题的证据并不容易，因为我们的资料并不像我们想象的那样充足。在吕西亚斯和德摩斯梯尼演说所载的众多案件中，我们甚至不知道判决的结果究竟如何。① 另一

---

① 埃斯基涅斯的演说成了一个例外，因为我们知道他发表演说的这些庭审的每一个裁判结果：公元前346年他确证提马库斯有罪(D. 19. 2. 257,284-285,287)，公元前343年他被德摩斯梯尼指控但被宣告无罪(Aeschine. 2)，公元前330年他未能确证克特西丰有罪(见下一注释)。

方面,《阿提卡演说家》中的演说常常提到其他案件的判决,但很少告诉我们,这些案件牵涉到哪些法律问题。

然而,我们还是知道一组类似案例的判决结果,都是关于违法颁布嘉奖令的,针对的是那些提议表彰德摩斯梯尼的人。德摩斯梯尼在《论金冠》这一演说中(18.223-224)称,希波雷德斯和德摩梅勒斯两人提议嘉奖德摩斯梯尼,其内容与克特西丰的提议一模一样,这些法令同样遭到了违法颁布嘉奖令的指控。并且,这些案件的最终结果全都一样,希波雷德斯和德摩梅勒斯被宣告无罪。我们知道,克特西丰提议的法令跟希波雷德斯和德摩梅勒斯两人的提议一模一样,同样被宣告无罪。① 由上可知,在上述案件中,指控是一样的,法令也一样,裁判结果当然也一样。

在另外四个案例中,原告请求法庭像立法者一样行为,以全新的方式适用法律(Lys. 14, D. 56, Lycurg. Leocr. , D. 39)。正如这些演说中的论证明确表达的那样,每个当事人都请求法庭以无先例支持的新方式适用法律。我们已知其中三个案件的裁判结果。第一个案子是吕西亚斯的《诉阿尔喀比亚德》,控告者指控被告违反了"要求士兵不得擅离职守"的法律,因为阿尔喀比亚德被征召到步兵军团服役,却跑到了骑兵军团。如第六章所述,这是对法律进行的一种不常见的解释,因为该法通常只适用于那些在战斗中擅离指定岗位者。如果阿尔喀比亚德被判有罪,他将失去所有的公民权利,即无法订立婚约、无法让后代继承其公民权,等等。由于我们知道他的后代都是雅典公民,因此,阿尔喀比亚德显然没有被判有罪。在该案中,控告者请求法庭以一种无先例支持的方式适用法律,但法庭驳回了其指控。

---

① 对于这一判决,参见 Harris (1995) 148 与本书第 79 页注①。

第二个案件是吕库古弹劾列奥克拉底犯有背叛城邦罪。如前所述,吕库古请求法官将弹劾之法扩张适用于该法未明确列举的违法行为。因此,他请求法官像"立法者"那样行为,以全新的方式适用法律(*Leocr.* 9)。埃斯基涅斯(3.252)告诉我们,列奥克拉底被宣告无罪,尽管投票双方的差距非常小。

第三个案子是曼提瑟乌斯起诉其同父异母的兄弟,要求对方赔偿其造成的损害(Demosthenes 39)。如前一章所述,因财产损害而提起的私人诉讼通常发生在被告对原告的财物造成了实际损害之时,或发生在被告实施了诸如违约等造成原告损失的不当行为之时。但曼提瑟乌斯起诉的原因是:他的兄弟使用与他一模一样的名字,会给他带来不便,甚至造成严重的损害。曼提瑟乌斯事实上承认,自己是在请求法庭创新,以全新的方式适用法律(D.39.40)。在该案中,原告希望法庭以一种异于先例的方式适用法律,但原告似乎同样败诉了。① 在这三个案件中,控告者都没有利用先例来支持自己对法律的解释,而且,在每一个案子中,法庭都驳回了原告的指控。②

以上,我们通过对建立在先例基础上的论证进行考察,揭示了雅典的当事人全都相信法庭应致力于实现法律适用的一致性。③ 因此,我们没有理由认为,雅典的法庭会作出特别的裁判。我们还发现,不应低估普通雅典人借助个人经验、口头传统和过往判决的书面记录等途径获得的法律知识。我们拥有的少量证据表明,他们能在法律解释的方法上保持一定的一致性。当然,

---

① 参见 Carey and Reid (1985) 167-168。
② 也许有人会把 D.19.232 也算上,其中指控者要求法庭以判决形式通过一部法律。德摩斯梯尼于此是如何提议进行一项法律创新,我们不清楚。但需注意的是,他败诉了。Rubinstein (2007) 366 对这类论断进行了论述,但并未察觉到它是多么罕见,提出这类论断的控告者往往也未能成功说服法庭。
③ 应该记得的是,尽管当事人可以使用先例来证明自己对法律的解释是常规解释,但法庭并没有使用先例来制定新的规则。正如第六章所述,雅典人将这一行为视为对民主制度的破坏。比较 Harris (2006a) 287 note 12。

他们未能在所有判决中实现"绝对一致"这一目标。但重要的是,我们知道没有哪个法律体系曾实现这一目标。重点在于,雅典人注重保持法律的一致性,他们拥有的一些口头和书面的渊源,有助于他们实现这一目标。尝试着按照一致的规则审理案件,是法治的一大特点。[1]

---

[1] Bingham (2010) 48-54.

第八章　"公平"理念在古雅典法庭上的应用

在伯罗奔尼撒战争的最后几年,雅典人在阿尔喀比亚德的领导下包围了斯巴达的盟友拜占庭。雅典人使用各种攻城武器,不断攻打该城。克利尔库斯(Clearchus)是斯巴达的指挥官,拥有一支混合部队,它由皮里阿西人(*perioikoi*)、获得自由的奴隶、赫里克修斯(Helixus)率领的波奥蒂亚分遣队以及科拉塔达斯(Coeratadas)率领的麦加拉先遣队组成。克利尔库斯以为,没有哪一个拜占庭人会背叛这座城市,于是,他留下了部队,交由赫里克修斯和科拉塔达斯指挥,自己亲赴波斯总督法纳巴佐斯(Pharnabazus)那里筹集资金,寻求支持。在他离开期间,有五个拜占庭人背叛了这座城市,跑到了雅典人那里。其中的一个人——即阿那克西劳斯(Anaxilaus)——后来被逮捕,并在斯巴达接受审判。阿那克西劳斯并不否认自己所做的一切,但他将自己的辩护建立在以下三个论点上:首先,他说自己是一个拜占庭人,而非斯巴达人。这意味着,自己主要忠于生他养他的城市,而非盟友。第二,克利尔库斯将所有能得到的食物都分给了自己的部下,导致很多妇女、儿童饿死。第三,自己把城市出卖给雅典人,目的是防止同胞挨饿,并非通过贿赂或仇恨斯巴达人而获利。①

若严格地适用法律,就该要求法庭判处阿那克西劳斯死刑,但最后他被无罪释放。审判这个案子的斯巴达人接受了他的理由,将该案视为一个例外,因为情况不同寻常。斯巴达指挥官忽视了拜占庭盟友的利益,拒绝给他们食物,这迫使阿那克西劳斯采取行动。故其动机是高尚的:他希望拯救同胞的生命,而不是出于贪婪或对斯巴达人存在敌意。作为一个拜占庭公民,人们应根据其为拜占庭社会所做的事情来评判他,而非从斯巴达人的立场看待这一问题。

在审判阿那克西劳斯时,斯巴达的法官们决定不严格地按照法律的字面含义行事,而是考虑可减轻罪行的情形。雅典的法庭对法律的适用有多严格?他们是否也会像斯巴达人判阿那克西劳斯无罪一样,考虑不寻常的情形呢?或者说,他们是否会严格执法,不理会被告可能提出的证明自己无罪的借口?亚里士多德在他的《尼各马可伦理学》与《修辞术》中说,有一种正义叫作"公平"(*epieikeia*),它与成文法相反。这种形式的"正义"是否允许法官考虑那些可减轻罪行的情形?学者们对"公平"的含义及其在雅典法庭中的作用一直存在分歧。一些学者断言,"公平"是一种学说,它允许法庭考虑广泛的因素,甚至可以完全无视法律。② 有一位学者甚至将之比拟为英美法中的"陪审团否决法律"(jury nullification)原则。③ 另一些学者则否认"公平"在法庭裁决中起

---

① 参见 X. *HG* 1.3.14-19。

② 维诺格拉多夫认为,需要考察的正义因素范围非常广泛,并没有真的仅限于法律未规定的情形,参见 Vinogradoff (1922) 65-69, esp. 68。琼斯持一种大致类似的看法,参见 Jones (1956) 64ff。托德认为,雅典法庭考虑的很多因素与法律无关,参见 Todd (1993) 54-55,但他没有证明这一一般论述。对于亚里士多德讨论的"正义",他也未做任何分析。

③ 参见 Allen (2000a) 177-178。

任何作用,他们认为,这些判决建立在严格适用法律这一基础之上。① 根据这一观点,亚里士多德关于"公平"的思想是一种创新,与当代的法律实践并无多少关联。

本章首先分析了亚里士多德对"公平"的讨论。对这一术语的仔细研究显示,"公平"并不是一种高于成文法的更高正义标准,它只适用于立法者在制定一般规则时无法预料的特殊情形。当一个诉讼当事人使用一个建基在"公平"之上的论证时,他并不是要求法庭拒绝成文法,而是证明自己的案子属于包含在某个法规中的一般规则之例外,在他的这一具体案件中,其他法律因素应优先得到考虑。建立在"公平"基础上的论证并不求诸法律外因素,而是求诸隐含在成文法中的一般正义原则。本章第二节将考察几个段落,从这几个段落可以看出,在雅典的法庭上,诉讼当事人是如何使用亚里士多德的论证,以之作为建基在"公平"上的论证的例子。本章最后一节将研究几个案例,在这些案例中,雅典的法官都以"公平"作为理由,宣告被告无罪。

一、亚里士多德对"公平"概念的分析

亚里士多德曾在两个段落中讨论"公平"问题。我们最好从《尼各马可伦理学》第 5 卷开始我们的讨论。在那一卷中,对"公平"的分析构成了对正义一般性讨论的一部分。第 5 卷的重点问题范围广泛,涵盖了与正义有关的法律、政治和道德诸方面。尽

---

① 维诺格拉多夫认为,需要考察的正义因素范围非常广泛,并没有真的仅限于法律未规定的情形,参见 Vinogradoff (1922) 65-69, esp. 68。琼斯持一种大致类似的看法,参见 Jones (1956) 64ff。托德认为,雅典法庭考虑的很多因素与法律无关,参见 Todd (1993) 54-55,但他没有证明这一一般论述。对于亚里士多德讨论的"正义",他也未做任何分析。恩格斯[Engels (2008) 119, note 52]相信,"早在 1965 年,迈耶-洛兰便坚决反对对雅典法律体系做严格的'实证主义'理解",他明显没有认真地阅读迈耶-洛兰的论述。与沃尔夫一样,迈耶-洛兰实际是赞成实证方法的。

管亚里士多德对这一美德作了一般性分析,但他认识到,对正义的理解可能因语境的不同而不同。例如,亚里士多德(EN 5.3. 1130b-1131a)注意到,正义有不同的类型,为此,他区分了分配正义(*dianemetikon*)与矫正正义(*diorthootikon*)。他认为,前者在政治社会(*politeia*)的成员之间分配尊重、金钱以及其他物品,并在公民大会分配公共服务奖励时发挥作用。后者调整个人之间的相互交往关系(*en tois sunallagmasi*),并在法庭上发挥作用。分配正义基于某种美德而决定物品的分配。这种正义是通过恰当的几何比例实现的:较好的人将比并不那么好的人获得更大的份额(Arist. EN 5.4.1131b27-30)。矫正正义将双方当事人(原告与被告)置于平等的地位上,只考虑后者对前者的恶行有多大,不考虑被告的一般道德品质(Arist. EN 5.4.1132a:*nomoi*)。因此,人们不能说,亚里士多德的讨论只涉及"个人的正义"这一道德美德。① 亚里士多德考察了所有语境下的正义,包括法律领域的正义。

在《尼各马可伦理学》(5.10.1137a-1138a)中,亚里士多德对"公平"的分析可分为两部分,较长的部分将"公平"视为对法律的矫正,较短的部分考察了拥有"公平"美德的人。② 在法律事务中,"公平"是正义的一种形式,它并非指"依据法律是正义的",而是指对法律的一种矫正(*epanorthoma*)。此处,亚里士多德区分了

---

① 参见 Meyer-Laurin (1965) 50 的论述:"在现代,'公平'这一术语通常与司法判决相关,亚里士多德的'公平'概念则与哲学家探讨的'宽恕'相关,即人类不合法的行为是否可以免受处罚,或应得到原谅。"

② 乔治亚迪斯发现,两者之间缺乏某些联系,参见 Georgiadis (1987) 165-166。布伦瑞克反驳了其观点,他认为,这两者被"法官是如何实现公平的"这一共同的兴趣紧密地联系在了一起,参见 Brunschwig (1996) 135。但亚里士多德说,公平的人就是那种不需要法律的明确规定而不逾矩的人,他们的行为与裁判的法官不同:一个心怀公平的人可以决定是否应将案件提交审判,或由法庭裁决。这两种类型的"公平"在缓解法律的严苛方面是一致的:法官可以因此而决定不严格地适用法律,进而减轻或免除被告的惩罚;原告选择不采取法律行动,从而不行使自己全面的权利。在上述两种情况下,"公平"都以对被告有利的方式而发挥作用。

两种类型的正义:一种是较广义的正义(一般的正义原则),另一种是较狭义的正义(对法律进行严格解读而获得的正义)。为什么在某些情况下"公平"是必要的?这是因为法律只能提供一般的规则,不可能考虑所有可能的情形。① (成文法的)不足不是由于立法者或法律本身造成的,而是由"立法"这一任务的性质(*pragma*)决定的,即我们难以制定出一个一般规则,完全适应许多不同的情形。若法律不能为处理特殊情况提供具体的规则,那么,就有必要"通过考虑立法者本人在了解相关情况后会给法律增加什么内容"来纠正这些规则。亚里士多德(讨论的虽是"公平"问题,但其实)是在讨论一般规则在特殊情况下的例外。"公平"并不是一种证明"法律不应被应用,因为它是不公正的"手段,只有在法律不完善的(*elleiphthen*)(因为法律是用一般术语表达的)情况下,它才起作用。在下一段话中,亚里士多德重申了这一点。他说,在有些情况下,人们必须制定一些法令(*psephisma*),以适应现实中的具体事件。虽然法律是为所有人或更广泛的人群制定的,并永久适用,但法令针对的是特定情形,是将荣誉或特权授予特定的人。② 通过比较,我们可以看出,人们只有在特殊和例外情况下才能诉诸"公平"。

　　亚里士多德并没有说"公平"的出现是因为法律存在漏洞。法官不适用"公平"原则,是因为没有相关的法律包含这样一个规则,要求他如何判决这类案件。正如布伦瑞克(Brunschwig)在引用夏纳(Shiner)的著作时评述的:根据亚里士多德的观点,可以合法地诉诸"公平"的案件,并非现实中没有成文法典可调整这类行为的案件;实际的情形是这样的:我们有可完美适用的法律,但若机械地(或盲目地)适用该法律,会得出这样的判决:根

---

① 此处,亚里士多德似乎参考了柏拉图(Pol. 295a)对"政治家"的讨论。
② 有关法律与法令的区别,可参见 Hansen (1978)。

据法官的道德直觉和其所处社会的道德直觉,其结果过于苛刻。① 亚里士多德在《修辞术》(Arist. Rh. 1. 13. 13. 1374a)中对这个术语进行分析时,证实了这一点。在那本书中,他举了一个有人戴着金属戒指打人的例子。在这一例子中,存在这样的法律:对于使用金属物品攻击他人的行为,将施以严厉的惩罚。但若盲目地适用该法律,就会招致不公平的判罚,因为攻击者并没有将戒指用作武器。因此,"公平"并不意图填补法律中的漏洞,它只涉及法律在特殊情况下的适用方式问题,尤其针对那些一般规则的例外需加以特殊处理的情形。②

从"公平"之中,我们没有任何理由看到对法律之外因素的追求,或者完全无视法律的论证。当人们认识到,有必要以不同的方式对待例外情况时,丝毫不会损害法律的权威。正如布伦瑞克所说的,"亚里士多德的'公平'……似乎不是在没有可资利用的原则或没有法律调整的情况下,暂停法律规则的应用,也不只是简单地攻击某种情形'超过了法律的范围'(hors du domaine du droit)"。③ 当某个人求助于"公平"时,他并没有忽视立法者的意图,而是试着想象若立法者知道了该情况会怎么做。确定立法者会怎么做的唯一方法是从整体上考察立法状况,或解释他在特定法规中的意旨。因此,若有人认为,"公平"与现代的"陪审团否决法律"有一定的相似之处,那显然是错误的。现代的"陪审团否决

---

① 参见 Brunschwig (1996) 139,其借鉴了 Shiner (1987) 182-183。
② 参见 Brunschwig (1996) 139,其中提到:"严格地说,并非法律存在'缝隙',而是由于法律语词在词源上存在'缺陷',即存在某些不足。"
③ 参见 Brunschwig (1996) 140。尽管沃尔[Wohl (2010) 109,note 74]了解 Brunschwig 的论文以及我对"公平"的论述,他仍抓住了这一基本的观点:"公平是为了纠正因一般规则的精确应用而带来的问题,而非试图寻求超越法律边界的东西。"托德[Todd (1993) 54-55]认为,"公平诉诸法律外的因素",这一观点是站不住脚的。

法律"理论认为,陪审员有权无视其认为不公正的法律。①

最后,我们应注意,亚里士多德在这一节中并没有引入不成文法、神法或自然法等概念。"未提及这些概念"这一点非常重要,因为它意味着,人们不能把"公平"解释为对那种优于成文法(还可能与成文法相冲突)的更高级正义标准的诉求。当某个人从"公平"出发立论时,他会考察立法者的意图,会思考若立法者了解该特殊情形,会在法律中增加什么。而要发现立法者的意图,就必须解释其所制定的法律,而不是寻找法律之外的原则。此外,雅典人和其他希腊人并没有发现,作为一方的不成文法、神法、自然法,与作为另一方的城邦法律,两者之间可能存在冲突或对立。相反,他们认为,前者提供了一些基本原则,正是这些基本原则为成文法奠定了基础。根据赫拉克利特(fr. 253 Kirk-Raven; 114 Diels-Kranz)的观点,"所有人法都受一种法——神法——的滋养"。色诺芬(*Mem.* 4.4.19)列出了三条不成文法则:敬神、敬父母、报恩。他认为,雅典的成文法虽然包含许多条款,但都旨在维护上述三个普遍戒律。柏拉图(*Laws* 793a-b)将不成文法比作"每一部宪法的纽带,将所有以书面形式制定的法律和将来制定的法律连接了起来"。在《诉阿里斯托克拉底》这一演说中,德摩斯梯尼(23.70)宣称,被告违反了成文与不成文的法律,这似乎暗指这两种法律包含了类似的规则。在另一篇演说中,德摩斯梯尼(18.274-75)注意到,人们区分了三种行为:故意实施的不公正行为、应受谴责的错误行为(*hamartiai*),以及无须负责的意外事件。他补充道:"('公平')这一原则不仅在法律中显而易见,自然本身也使不成文的法律和人类习惯的区别变得明显起来。"②

---

① 参见 Allen (2000a) 177-179。只有在严格区分法官与陪审员角色——即法官作出法律判决,陪审员只就事实问题作判断,接受法官对法律问题的指示——的法律体系中,才会产生上述学说。在古雅典,并不存在上述区分,裁判者对事实与法律都需要判定。

② 关于不成文法(或神法)与城邦法的关系,可参见 Harris (2006a) 51-57。

亚里士多德还在《修辞术》(1.13.13-19.1374a-b)中讨论了"公平"一词。与《尼各马可伦理学》中的分析不同,《修辞术》第一卷第九至十五章是写给那些在法庭上为案件辩护者的,构成了对法庭修辞术一般讨论之一部分。① 《尼各马可伦理学》中对"公平"的分析非常笼统,《修辞术》则从"公平"在法庭上的应用中总结出了几个具体例子。在第十三章的开头,亚里士多德做了以下几个区分。首先,他把法律分为两大类:特殊的法律和一般的法律。第一大类法律是每个社会为自身制定的,可进一步细分为成文的和非成文的。第二大类法律是建立在自然基础上的法则。这些法则不一定与某一特定社会的法律相冲突,体现了普遍的对错(正义与不正义)观念。"普通法"一词也可见于德摩斯梯尼的演说中(23.61)。德摩斯梯尼曾指出,反击盗窃财产者的权利不仅存在于成文法中,而且存在于"普通法"(即人类共有的法则)之中。亚里士多德随后引用了索福克勒斯的《安提戈涅》(456-457)中的一段话,在这段话中,"不成文的法律"被描述成了"不仅存在于今天和昨天,而且会永远存在下去,没有人知道它来自何方"。因此,在这一段话中,《安提戈涅》所说的不成文法与自然法则或全人类共有的法则是相同的,它们不同于个别城邦的不成文法。

在讨论公法和私法区别(Arist. Rh. 1.13.3-8.1373b)之后的一些章节中,亚里士多德继续讨论了城邦的成文法和不成文法,进一步澄清自己的观点,并强调,界定法律上的犯罪性质非常重要(Arist. Rh. 1.13.9-10.1373b)。亚里士多德认为,第一种行为是成文法确定的行为,第二种行为是"不成文的"法律指向的行为,即人们认为正当或不正当的行为,但它并未被成文法所规定或禁止。这组不成文的、正当和不正当的行为还可进一步细分为

---

① 参见 Brunschwig(1996)141-142:"读者明显是一个演说者,并且,更精确地说,在讨论公平的章节中,一个法庭上的演说者对修辞术可能有独特的看法——法律人的兴趣是证明其雇主是清白的,依据其陈述的事实。"

两组:第一组是由于美德(或邪恶)超过了一定限度因而会得到赞扬(或责备)、荣誉和奖赏(或羞辱)的行为。亚里士多德此处考察的是那些未出现在成文法中却得到了社会认可(或否定)的行为。亚里士多德给出的正面例子是感恩行为,它要求以善报德、帮助朋友。人们可以将另一些行为加入进来,如杰出的公共服务,或自愿将钱物捐款给社会(epidosis),等等。[①] 法律并未要求人们实施这样的行为,但社会会颂扬这种行为,经常通过表扬、宣传、发布荣誉令等形式,或以选任担任公职的形式,对此类行为予以表彰;或以奖励的方式,或以免除公共职责、授予其他特权的方式,褒奖这种行为。另外,法律既没有明确地要求某个人应帮助有需要的邻居或报答邻居,也没有对不履行这些义务的人施加正式的惩罚。在后一种情况下,社会可通过给该人以恶评表达不满,个人也可以通过不愿意与其为伍的方式表明自己的态度。这些不成文的公正(或不公正的)行为包含在伯利克里的《葬礼演说》(Th. 2. 37)提到的不成文法律中,它会给那些违反此类不成文法律的人带来"公认的耻辱"(*homologoumenen aischunen*)。理解"公平"的关键是:这些不成文的公正(或不公正的)行为通常与不成文的法则与不成文的法律无关,因为后者(不成文的法则)往往等同于神法或自然法。[②] 伯利克里提到的不成文法则是一种社会态度,以一种非正式的方式规范人们的行为。色诺芬的《大事记》(*Memorabilia*)、德摩斯梯尼的《论金冠》和索福克勒斯的《安提戈涅》讨论的不成文法则与之截然不同:它们是超越性规范,规定了一些正义的基本原则,城邦的正式的成文法正是建立在这些原则基础之上。因此,我们没有理由相信亚里士多德在《修辞术》中将有关"公平"的分析放在更广阔的自然法或神法这一背景之下。

---

① 关于古希腊城邦中的自愿捐献制度,可参见 Migeotte (1992)。
② 参见 Carey (1996) 35 与 Harris (2006a) 54, note 41。

第二种正当和不正当的行为是由特定成文法遗漏的内容引起的。这一说法似乎让人回想起了《尼各马可伦理学》(5.10.6.1137b26-7),它将"公平"描述为在成文法有缺陷时——因为成文法是用一般性术语(ellei pei dia to katholou)表达的——对成文法(epanorthoma nomou)进行的矫正。这一短语也让我们回想起了《尼各马可伦理学》中的一些讨论:"公平"是正义的一种形式,但它与成文法相对立。从对这一术语的两次讨论中可以看出,人们之所以需要"公平"这一概念,都是出于同样的原因,即立法者一定会制定出一个一般性的规则。然而,在《修辞术》中,亚里士多德说道,立法者可能会有意或无意地在成文法中省略一些东西。但在《尼各马可伦理学》中,我们是不能发现这种论述的。当立法者没有预见到一般规则的某些可能的例外时,他会无意识地忽略某些东西。当他意识到必须制定一个一般性规则来涵盖大多数(而不是全部)可能的情况时,他会有意识地省略某些东西。然而,在这两次讨论中,亚里士多德都把"公平"的必要性放在同一地方,即包含在成文法中的一般规则必须适用于特殊情形。

为了说明他的观点,亚里士多德举了一个"公平"如何在实践中发挥作用的例子。如果某人正在起草有关伤害罪的法律,他肯定不能准确地规定某人用来伤害别人的铁器大小和类型。亚里士多德此处的论述过于简短而模糊,但他似乎认为,指控某人重伤他人不同于指控其攻击和殴打他人,因为只有受害者在对方使用金属物体——通常是一种武器——时,才能控告对方伤害自己;后一种指控则不要求这种严重的情形。① 亚里士多德接着提到了这样一个例子:某人戴着戒指,试图攻击或殴打他人。由于戒指是一种金属制品,被告将被判处重伤他人罪,而非只是殴打

---

① Lys.3.28 中说:为了证明故意伤害指控,原告必须证明被告携带了武器。参见 Carey (2004) 119。

和攻击他人，那可能导致非常严厉的刑罚。在亚里士多德看来，这是一个涉及"公平"问题的例子。亚里士多德的讨论相当简短，但他的观点似乎是这样的：立法者意图用更严厉的刑罚惩罚那些用武器攻击他人者，因此制定了一个一般性规定，适用于用金属物体攻击他人的情形。用拳头打人者并不像用武器打人者那样能造成那么大的伤害，因此，其罪责较轻。但立法者没有考虑到，一些金属物品，比如戒指，并不能反映造成更严重伤害的意图。因此，该一般性规则太粗糙，不符合立法者设想的每一种可能情况下的意图。如果某人在这种情况下求助于"公平"，他就会要求法庭忽略或绕过成文法。有人会说，在这一特定的案件中，若严格地适用法律，会导致与立法者意图相反的判决。换句话说，提倡"公平"者会要求法庭应当像立法者在了解到这种特殊情形后那样行为。

在下一节中，亚里士多德给出了几个借助"公平"进行论证的例子。他在以下三个术语之间做了著名的区分：不幸（*atychemata*）、错误（*hamartemata*）和不应受到同样惩罚的邪恶行为（*adikemata*）（Arist. *Rh*. 1. 13. 15-16. 1374b）。"不幸"是一种出乎意料（*paraloga*）的行为，而非由道德上的恶习（*me apo ponerias*）造成的。错误的发生不是出乎意料的，也不是由任何道德上的恶习引起的。"错误"似乎包括了疏忽大意的情形。在这些情形中，人们并不意图造成损害，但他本该预见损害发生的可能性，本该采取预防措施，防止损害的发生。"邪恶的行为"是指不违背某人的期待且带有邪恶意图的行为。例如，当某人用火枪瞄准别人，扣动扳机，导致了严重的伤害或死亡，行为人的意图就是造成伤害，由此造成的伤害并不是无法预见的。事实上，正如我们之前看到的，德摩斯梯尼（18.274-75）在《论金冠》中也做了大致类似的区分。他注意到，这种区分在不成文法和成文法中都有体现。例如，雅典的法律区分了三种类型的杀人：故意杀人、违心杀人和法律规定的正当杀人。

前两种行为会受到不同的刑罚处罚,而第三种行为根本不会招致惩罚。第一类行为包括了被告意图造成某种损害的情形,第二类似乎包括疏忽大意的情形。最符合后一种情形的例子出现在《论合唱者》(On the Chorister)中,它说道,一名男子被控造成了一个小男孩死亡,因为他让那个男孩喝下了旨在提高音量的药水(Antiphon 6)。① 在此案中,被告并不希望造成该受害者死亡,但原告坚持认为,被告负有此种责任。他们指控说,被告本该更谨慎地行事。"正当杀人"这一观念包括了许多不同种类的情形,但要排除被告由于不知情(D. 23.55)或处于被迫状态下(D. 23.60)因而不需要承担责任的情形。换句话说,在这些情形下,被告不可能预见行为的后果。在雅典,有关损害赔偿的法律还区分了"故意造成的损害"和"非故意造成的损害",并对前者处以了较重的刑罚,对后者处以较轻的刑罚(D. 21.43)。囊括在亚里士多德的"公平"范畴之下的原则由此隐含在雅典法律中的原则。

亚里士多德继续对其建立在"公平"基础上的论证予以说明,他用到了这样一句格言:宽恕那些由人的本性造成的损害是"公平"的。此处的"本性"大概意指人性的缺陷,亦即人类共同本性中固有的缺陷。此处,亚里士多德似乎是将"公平"作为一种道德上的美德加以讨论的,但接下来的例子表明,我们似乎也可以将"公平"视为一种法律解释原则:"公平"重视的不是法律,而是立法者;不是法律的字面含义,而是立法者的意图(*dianoias*);不是人的行为,而是人的道德意图(*proairesin*)。亚里士多德接下来的两个例子有些含糊(考察的不是部分而是整体,不是一个人现在是什么样子,而是这个人一直是什么样子)。这些原则既可适用于判决案件的法官,也可适用于作出道德决定的个人。剩下的事关"公平"的一些说法与道德行为有关,如,应多念别人的好而非

---

① 有关这一案件中控告的特点,可参见 Harris (2006a) 391-404。

别人的恶,唯有得到的而非给予的才是利益①,忍受不"公平"的对待,宁愿去仲裁也不上法庭,等等。②

人们对"公平"的需求源于"法律的开放结构"这一结果。正如哈特所说的,"人类立法者可能无法……认识到未来可能出现的所有可能的情形组合。这种无法预测性带来了目标的相对不确定性"。③ 哈特举了一个标准的、在疏忽大意情形下"应有的注意"例子,比如,在一个设有停车标志的地方,在可能出现正行驶的车辆时,司机有义务停下来,看一看、听一听。这一规则的目的是"确保:(1)采取必要的预防措施,避免造成实质性损害;(2)这一预防措施必须是适当的,即不会对其他值得尊重的利益造成太大牺牲"。"然而,若某人开车送一个流血过多的人去医院,保持正常的谨慎可能会导致受害者不能及时地送达医院。换句话说,人们根本无法从一开始就预计到会出现什么样的情况组合,也无法预见必须牺牲哪些利益,或在多大程度上采取预防伤害的措施。"④或者说,人们可能会有一个一般规则,即"不能在公园里开车"。这条规则显然是为了维护公园内的和平与安静,唯有如此,才能使那些利用公园的人可以得到放松,无须担心交通事故。制定该规则的人可能没有想到,孩子们可能会把玩具机动汽车带进公园玩耍。如果某位职员发现有孩子带了这样一辆车进了公园,他(或她)就不得不判定,"到底是该在一定程度上牺牲公园内的和平,还是该反对那些因使用这些东西而获得乐趣或兴趣的孩子"。⑤ 在这种情况下,人们不得不在两种相互竞争的利益之间

---

① 这一思想可参见 D. 18. 269。
② 为了说明这一最后的例子,亚里士多德说道,仲裁者寻求的是公平,而法官寻求的是法律。这种区分过于简单化了,因为亚里士多德分析的其他部分说道,法官也是在践行公平正义。
③ 参见 Hart (1961) 125。人们应从"对于事实的无知"中区分出"目的的不确定性",那将在第五章与第六章讨论。
④ 参见 Hart (1961) 129。
⑤ 参见 Hart (1961) 125-126。

285 选择,其中的每一种利益都是合法的。哈特以与亚里士多德略微不同的方式建构起了自己的分析框架。在哈特谈到相互竞争的利益之处,亚里士多德将"成文的法律"与更广泛意义上的"公平"(它暗含在法律的一般原则之中)进行了比较。然而,两位作者都分析了法律"开放性结构"的同一方面。像亚里士多德一样,哈特也将立法者无法预见所有可能的能力视为很多难题的根源。

若仔细地研究亚里士多德对"公平"的分析,就会发现,这一术语非常适合这样的正义观念,即考虑到了法律所规定的一般规则之例外。当这些例外出现时,法官应考虑立法者意图、被告意图、可减轻罪行的情形以及其他诸如此类的事项。另外,"公平"并不意味着诉求法律外的因素,或诉求更高级的正义标准——那种超越成文法的正义标准。"公平"的适用并不会损害法律的权威。

亚里士多德在这篇文章中列举的有关"公平"的例子,会出现在雅典的法庭演说之中吗?正如我们在第五章和第六章中看到的,确实有几位演说者诉诸了立法者意图。但亚里士多德在《修辞术》中所列的其他论证是关于什么的?被告是否通过诉诸必然性、胁迫或不知情来证明自己是无辜的?亚里士多德是发明了新的论证类型,还是描述了一些演说者在法庭上实际使用的论证类型?

二、演说家们是如何运用"公平"理念的?

演说者们当然相信,雅典的法律制度为"公平"保留了一席之地。在他的葬礼演说中,高尔吉亚(fr. 6 Diels-Kranz)说道,雅典人遵循的不是"严酷的正义"(*authade dikaion*),而是一种"温和的公平感"(*to praon epieikes*)。这段话来自一篇葬礼演说,它是为练习诡辩而作的,因此,有人可能会说,这一陈述与当时的法律实践无关。但德摩斯梯尼(21.90)在一份准备在法庭上宣读的书面讲话中说道,被告通常有权享有"公平"。①

阿提卡演说家的几段演说表明,以"公平"为出发点的一些论证有时是在法庭上发表的。在《诉安德罗蒂安》中,原告希望被告从必要性方面进行答辩,回应其中的一项指控。德摩斯梯尼为一位名叫狄奥多鲁斯的政治家写过演说稿,狄奥多鲁斯的演说主要是为了支持尤克特蒙。尤克特蒙对安德罗蒂安提起了控告,指控其在公元前356年或前355年提议为议事会的成员颁布一项非法的荣誉法令。② 该起诉书所列的一项指控是:这些议事会成员没有建造三列桨舰,因此,该法令违反了"禁止将荣誉授予那些在任期内未建造三列桨舰的议事会成员"的规定(D.22.8)。狄奥多鲁斯说,他听说安德罗蒂安准备辩称:没有建成三列桨舰,并非议事会的过错;而是由于负责建造三列桨舰的委员会司库带着2.5塔伦特的钱跑掉了(D.22.17)。因此,这是议事会成员的不幸或坏运(atychema),而非指责他们的事由。此处,原告使用了亚里士多德在《修辞术》中讨论"公平"时曾使用的一模一样的话语(1.13.16.1374b)来形容"不幸":人们应当把"错误"和"不幸"从"不公正"[那是由于人们带着邪恶的意图(mochtheria)而造成的]中区分开来。"不幸"是那种无法预见因而值得原谅的情形。安德罗蒂安显然想争辩说,议事会根本不可能预见司库会侵吞那些托付给他的资金,因此,议事会遭遇到了不幸,而非实施了违法

---

① 迈耶-洛兰(Meyer-Laurin,1965)并未讨论这一关键的段落,那与其主要的理论直接冲突。伊索克拉底(Isacrates,7.33)宣称,在美好的远古时代,战神山议事会拥有更大的权力,他们在对民事案件作出判决时,仅仅只服从法律,根本不诉诸公平原则。这意味着,当代的法庭需要运用公平原则。

② 有关这一演说的日期和背景,参见 Harris (2008) 166-170。

行为。①

狄奥多鲁斯基于以下几个理由反对安德罗蒂安的论证(D. 22.18-20)。首先,他为严格地适用法律辩护:如果法律禁止将荣誉授予那些没有建造三列桨舰的议事会成员,那么,只要那些人未按要求建造,接受这一荣誉就是不正当的,即使安德罗蒂安能证明那是由别人的过错造成的。其次,他提出了公共事业的基础问题:若法庭允许这类借口成立,未来的议事会成员就会寻找其他借口,而不只是未如约建造三列桨舰。再次,他认为,(无论如何)议事会都应为未建造三列桨舰这一事件负责,因为司库是他们自己选的。换句话说,原告并不反对被告诉诸"公平"原则;相反,他认为,目前的这些理由既不能证明诉诸"公平"原则的必要性,也不能证明这些借口是合理的。并且,这些借口会在未来造成破坏性后果。这些议事会成员本应深入调查司库的品行,采取一定的措施调查其背景,或更仔细地监督其行为。虽然议事会可能不是故意地选择一个腐败的官员,没预见到他会侵吞资金,但他们应意识到,这些官员可能不诚实。在这方面,他们显然疏忽大意了,以致在任命之前没有评估其品行,在任职期间没有特别监督他。因此,议事会成员应对自己任期内没有建造任何三列桨舰的事实负责。狄奥多鲁斯自始至终没有质疑这一基本原则:被告不可能对其无法控制的事件或无法预见的事件负责。

在涉及海事贷款的私人诉讼中,原告希望其对手从必要性角度加以抗辩。达雷乌斯(Dareius)和潘菲琉斯用自己的船只作担保,向帕尔梅尼斯库斯和狄奥尼索多鲁斯贷款 3000 德拉克马(D. 56.3,6)。(双方订立的)合同条款约定,该船应从雅典驶往埃及,然后返回雅典(D.56.6,36)。如果借款人未偿还贷款或未将担保

---

① 迈耶-洛兰(Meyer-Laurin,1965)并未讨论这一关键的段落,那与他的主要理论也是冲突的。

物移交给贷款人,借款人将向贷款人支付双倍贷款额的赔偿(D. 56.20,27,38-40)。在审判中,达雷乌斯声称,帕尔梅尼斯库斯将他的船开到了埃及,购买了一船谷物(准备运回雅典)。因为在他离开雅典时,粮食价格很高。但从西西里运来的大量谷物引起了价格下跌。狄奥尼索多鲁斯派使者赶到罗德岛,会见帕尔梅尼斯库斯。狄奥尼索多鲁斯知道,帕尔梅尼斯库斯回城时会停靠罗德岛,在那儿,他将雅典谷价已下跌的消息告诉了帕尔梅尼斯库斯。帕尔梅尼斯库斯在收到该信息后,决定在罗德岛就地将谷物卖出,因为当地的价格仍然较高(D.56.10)。达雷乌斯在知道帕尔梅尼斯库斯的所作所为后,去面见狄奥尼索多鲁斯,指出其违约(D.56.11-12)。当看到无法在庭外解决争端时,达雷乌斯提起了针对狄奥尼索多鲁斯的私人诉讼(D.56.13-18)。

在法庭演说中,达雷乌斯预言,狄奥尼索多鲁斯会将自己的辩护建立在以下几个论证基础上。① 第一个论证是:该船在从埃及返航的途中"损坏"了(ragenai),因此,帕尔梅尼斯库斯被迫(anagkasthenai)将船停靠在罗德岛,并在那里卸货。为证明这一点,狄奥尼索多鲁斯提到,他在罗德岛租了一些船,将船上的货物转到了租来的船上(D.56.21)。达雷乌斯补充说,狄奥尼索多鲁斯还将运用另两个论证:第一,另一借款人愿意支付到罗德岛这一旅程的利息(D.56.22);其次,合同约定,只有在船舶安全地抵达雅典后,借款人才需要偿还贷款(D.56.22)。达雷乌斯对这些论证分别做了答复,但我们感兴趣的是他对第一个论证的答复。达雷乌斯并没有说法庭不应考虑"必要性"这一理由,相反,他主

---

① 迈耶-洛兰[Meyer-Laurin(1965)12-14]否认达雷乌斯曾说过,狄奥尼索多罗斯有进行这种辩护的必要性。迈耶-洛兰宣称,原告已经预计到,被告会将自己的案子建立在对合同的一个关键条款的解释上。迈耶-洛兰没有看到达雷乌斯提到的,迪奥尼索多鲁斯将作出两个论证,一个诉诸了必要性,另一个是建立在对合同的解释基础之上。在 Harris(1988)[= Harris(2006a)187-188]中,我采纳了迈耶-洛兰对这一演说的分析。但我现在改变了主意。

张,帕尔梅尼斯库斯的行为是故意的,而非被迫的(D. 56. 42; hekontes kai ouk ex anagkes)。达雷乌斯承认,该船只的损坏是违背帕尔梅尼斯库斯意志的意外事件,但该事故并不足以阻止其履行合同,因为他能修复因事故而造成的损害,并再一次使船只适航。换句话说,达雷乌斯含蓄地接受了这一原则,即在法庭上,必要性抗辩是一个有效的论证。他之所以拒绝对方的论点,原因是:不可预见的情形并没有迫使他违反合同。

在《诉埃拉托色尼》中,吕西亚斯指控一位"三十僭主"的前成员造成其兄弟波利马库斯死亡。他讲述了埃拉托色尼如何来到他们的家里,逮捕其兄弟,然后把他关进监狱,强迫他喝铁杉汁。从这一演说可以看出,吕西亚斯向埃拉托色尼提出了几个问题(Lys. 12.24-5)。在一开始时,吕西亚斯问埃拉托色尼,他是否逮捕了波利马库斯。埃拉托色尼承认这么做了,但声称自己之所以这么做,只是出于对当权者命令的恐惧(dedios)。接着,吕西亚斯再问埃拉托色尼,他是否在议事会大厅里谈到了他和他的兄弟。这一次,埃拉托色尼说,自己是反对逮捕波利马库斯的。最后,吕西亚斯问:发生在他兄弟身上的事是公正的还是不公正的?埃拉托色尼回答说,是不公正的。

吕西亚斯拒绝了埃拉托色尼"处于胁迫之下"的辩解。首先,他认为,埃拉托色尼的言行前后矛盾:一方面,埃拉托色尼说他反对判处波利马库斯死刑;另一方面,又在随后逮捕了他,并将他投入监狱,这造成了波利马库斯死亡。其次,吕西亚斯认为,埃拉托色尼不可能是奉命行事:"三十僭主"绝不会将逮捕波利马库斯的任务交给一个声称反对处决他的人(Lys. 12.27)。另外,埃拉托色尼是"三十僭主"的一员,因此需要对其所下的命令负责。在他之上,根本没有更高的权威存在(Lys. 12.29)。再次,埃拉托色尼本可以让波利马库斯逃走,并告诉那30个人,他既没有遇见也没有看见波利马库斯。埃拉托色尼根本不用担心自己会因不执行命令而被抓(Lys. 12.30-32)。从上述陈述可以看出,吕西亚斯含蓄地接受了这一原则:因受胁迫而行动的人应得到宽恕。他的论点是,在这一案件中,根本不存在胁迫,因为埃拉托色尼本可以不执行命令,且能避免受惩罚。

在吕西亚斯的另一篇演说中,一位演说者也使用"受胁迫"这一借口来为自己的父亲波利斯特劳斯(Polystratus)辩护(Lys. 20.14)。在公元前411年"四百王朝"时期,波利斯特劳斯被任命为登记员(katalogeus),负责起草5000人的名单。他的儿子用两种方式为波利斯特劳斯辩护。他声称,波利斯特劳斯登记了9000人,而不是5000人,他是通过增加公民的数量、运用民主方式进行的(Lys. 12.13)。他还使用了"受胁迫"这一借口。他说,在一开始时,波利斯特劳斯就拒绝宣誓,并且不愿列出名单。波利斯特劳斯是在僭主们以罚款和惩罚相威胁的情况下才被迫这么做的(Lys. 12.14)。除非演说者指望法庭认真对待他的论证,否则他根本不会使用该论证。①

在《诉梅迪亚斯》这一演说中,德摩斯梯尼(21.13-18)通过讲述其对手对他做了什么,从而证明"自己受到了对方伤害"这一指控。他说道:他的对手如何闯入金匠的房子,试图破坏合唱团的服装;如何设法收买合唱团的训练师,以及如何在酒神节上殴打他。② 德摩斯梯尼(21.36-41)预测,梅迪亚斯为证明自己没有做那么严重的事情,会列举另两个案子作为例证。因为在这两个案子中,受侮辱者都没有将攻击者送上法庭。那两个案子的大致情形是:一名男子殴打了一名执政官——一名公职官员,当时,该公职官员正在保护一名女音乐人;另一个名叫波利泽鲁斯的男子殴打了公民大会主席(proedros)——他也是公职官员。德摩斯梯

---

① 被告以行政官员的命令作为借口的例子,可参见 Harris (2006a) 68-69。
② 麦道维尔(MacDowell,1990)相信,这一演说是在初诉程序中发表的,但哈里斯不赞成这一观点,参见 Harris (2008) 79-81。

尼注意到,这两个人的所作所为与梅迪亚斯的所作所为存在显著差异。第一个案件的男人有三个借口(*prophaseis*):醉酒、激情和不知情,因为该事发生在晚上。① 波利泽鲁斯则是因为愤怒而打人,属一时冲动,并非故意侮辱自己的敌人。梅迪亚斯根本没有这些借口,因为他是在光天化日之下故意这么做的。换句话说,梅迪亚斯不能主张,自己的行为是出于不知情,或不带有故意的意图(D.21.38)。德摩斯梯尼(21.41)否认梅迪亚斯有任何正当借口(如突然发怒),因为他反复实施的敌对行为充分证明,他是有意侮辱受害者。德摩斯梯尼并没有说被告没有权利为自己的行为辩解。他的观点是:法官必须判梅迪亚斯有罪,因为他没有理由为自己的行为辩解。但他含蓄地承认,若梅迪亚斯拥有上述借口中的一个,就应得到宽大处理。

苏格拉底在他的《申辩》(25c-26a)中,诉诸了这一原则:"不知情"能作为行为的借口。他明确地希望,法庭裁决时能遵循这一原则。众所周知,梅勒图斯指责苏格拉底败坏青年。苏格拉底问梅勒图斯:坏人是否会伤害与其交往的人,而好人是否会帮助其同伴?梅勒图斯表示同意。苏格拉底接着问:是否有人更愿意被自己的同事伤害,而不是从中受益?梅勒图斯再次回答说:没有人愿意这样做。苏格拉底接着说,梅勒图斯实际上是在指责其"不知情"(*amathian*),因为如果他让自己的同伴变坏,这些已腐败的同伴就会伤害他,这等于说,他实际上是在伤害自己。众所周知,没有人会故意且心甘情愿地这样做。但是,如果苏格拉底是由于不知情而非故意地腐蚀了年轻人,法律是不允许梅勒图斯以苏格拉底实施了有悖于自己意志的错误行为而将其告上法庭的。此处,苏格拉底并没有引用特定的法律文本,纵使法律史学家也很难找到明确阐述这一原则的具体法律。实际上,苏格拉底

---

① 以醉酒作为借口,可参见 Harris (2006a) 300-303。

是在诉诸一个普遍公认的原则,该原则隐含在法律之中,法官可以将这一原则应用于任何特定的情况。这一段话又将我们拉回到亚里士多德对"公平"的讨论。在那一讨论中,亚里士多德对三种行为做了三重划分,并指出,与"非故意的行为"联系在一起的是"同情"这一情形(Rh. 1. 13. 16. 1374b)。

在阿提卡演说家的演说词中,诉诸"不可抗力"(force majeure)的最著名案例发生在德摩斯梯尼的《论金冠》中。埃斯基涅斯在控告克特西丰提出赞扬德摩斯梯尼的非法法令时,指责克特西丰做了虚假陈述,即克特西丰断言德摩斯梯尼"一贯在说或做对雅典人民最有益的事情"(Aeschin. 3. 49-50)。为证明这一指控,埃斯基涅斯将德摩斯梯尼的政治生涯划分为四个时期,并认为,在每一时期,德摩斯梯尼都是不诚实的,其推行的政策伤害了雅典。埃斯基涅斯(3. 106-158)特别强调了德摩斯梯尼在喀罗尼亚战役前的一些行为。他否认德摩斯梯尼在与底比斯结盟这件事上有任何可信任之处(Aeschin. 3. 137-144),指责他完全控制并绕过了民主程序(Aeschin. 3. 145-147)。而且,最严重的指控是:指责德摩斯梯尼阻止雅典人与腓力二世达成和议,其时,国王正准备与腓力二世谈判(Aeschin. 3. 148-151)。最后,埃斯基涅斯得出结论:德摩斯梯尼的言行是雅典战败的直接原因。

为回应这些指控,德摩斯梯尼提出了这样几个论证。第一,他回顾了公元前338年的事件,表明自己对与底比斯的结盟负有主要责任(D. 18. 169-180,188-191,211-218)。第二,他坚持认为,即使雅典人知道自己将战败,最体面的做法也是抵制腓力二世奴役希腊人的企图(D. 18. 199-209)。第三,甚至在战败后,雅典人仍相信德摩斯梯尼的正确判断,听从他的建议,选举他担任掌管食物供应的职务(D. 18. 248-250)。第四,埃斯基涅斯从来未能提出过比他的建议更好的建议(D. 18. 273)。第五,他没有指挥军队,因此不能为喀罗尼亚的军事失败负责(D. 18. 247)。

这并不是德摩斯梯尼使用的唯一论证。他还断言,自己的政策最终成功与否并非操之于自己之手,而在于众神之手(D. 18. 192-193)。德摩斯梯尼运用了自己所能想象或所能做到的一切预防措施。他把自己比作一个船主,尽可能地确保船只安全,没承想却遇到了风暴,因此被人们指控引起了一场海难(D. 18. 194-195)。喀罗尼亚的失败像风暴一样,是无法控制的事情,因此,他是无辜的。德摩斯梯尼的论证类似于达雷乌斯预测狄奥尼索多鲁斯将在审判中使用的论证一样,即一个人不能因自然事件造成的损害而受指责。在随后的演说中,德摩斯梯尼对三种行为同样做了三种区分:故意实施的不公正行为(willing injustice),违背个人意志而造成伤害的行为,以及"既无不当,也非疏忽大意,只是未达到目的的行为"(D. 18. 274)。他的这一区分不仅可以在法律中看到,而且可以在自然本身中发现,喀罗尼亚的溃败不是他的过错,而是由无法控制的环境因素造成的,因此,德摩斯梯尼是无辜的。

这些例子已非常清楚地显示,被亚里士多德视为"公平"的例子之类的论证可以在阿提卡演说家的演说词中发现。下一个问题是:法庭如何回应这些论证?

三、古雅典法庭是如何回应"公平"理念的?

在大多数情况下,我们不知道《阿提卡演说家》中提到的审判结果。即使我们知道法庭是如何投票的,也无法证明这些人是如何为自己的判决提供理由的。然而,在这些演说中,往往包含了对审判情况的简要说明,并解释了在这些案件中法官为什么决定定罪或判决无罪。这位演说者没有说明他是如何发现判决理由(*ratio dicendi*)的,但我们没有理由怀疑,在审判后,他可能与法官进行了交流,并讨论了法官们为什么这样投票。毕竟,雅典的法官不像英国的陪审员,法律禁止法官公开讨论审判的案件。另外,如果当事人对法庭判决的分析只是推测,那么,对听审案件的法官来说他的分析一定只是貌似合理。诉讼当事人不太可能以一种在听众看来不太合理的方式描述法庭判决的理由。

  在《诉德摩斯梯尼》这篇演说中,狄那库斯(1.55-57)讨论了3个案例。尽管从技术的角度看,在这些针对被告的指控中,被告都是有罪的,但法庭最终都宣告被告无罪。第一个案例说的是:战神山法庭的一位成员以某种方式夺走了一个船夫该收的费用。战神山法庭对该成员处以罚款(zemiosasa),并将此事报告给了公民大会。在第二个案件中,有人以某人未出席某一活动为名,要求其支付5德拉克马的罚款。战神山法庭把该人拿住,并将其过错行为报告给了公民大会,最终,该笔款项成了观礼基金(Theoric Fund)①。② 在第三个案例中,有人出售了战神山法庭分配的物资(merida)。由于没有其他资料提及分配的物资是什么,因此,其过错的确切性质尚不清楚,但狄那库斯认为那违反了法律。③ 战神山法庭对违法者处以罚款,免除其职务,然后将此事报告给了公民大会。在上述每一个案件中,法庭都宣判被告无罪。由于狄那库斯对每一个案例都只是进行了简要的描述,因此,留下了许多不确定性。在第一个案例中,由于战神山法庭的成员没有支付约定的款项,因此,罚款似乎成了恰当的惩罚手段,但战神山法庭

---

  ① 译者注:Theoric Fund (希腊文为 Θεωρικὸν Ταμεῖον),观礼基金,节庆基金。古雅典城邦为公民分发的,专门用于节日、祭祀以及各种各样的公共娱乐的基金。

  ② Hyp. D. 26 与 Whitehead (2000) 441。一些人认为,该违法者应是希波雷德斯提及的皮阿尼亚的坎农(Cannon of Paeania)。但坎农被判缴纳1塔伦特的罚款,而狄那库斯提到的这一违法者最终被无罪释放,参见 Whitehead (2000)442 与 Worthing (1992) 220-221。

  ③ L.-S.-J. s.v. 说:"一部分献祭的肉食被分配给了战神山法庭的成员。"参见 IG ii² 334,第10-11行;1187,第20-21行;1214,第12-13行。我是从弗雷德·耐德(Fred Naide)那里获得这一参考文献的。可以再参考 Worthington (1992) 220 中的说法,沃辛顿认为,"那些食物被分配给战神山法庭是用作津贴,类似于现代分配给官员的实物津贴。"

仍向公民大会报告了其罪行,该成员似乎还要受到额外的惩罚。在第二个案例中,我们知道,从观礼基金中拿出一部分钱,为身处国外的人支付费用是非法的。① 为什么应该把这个问题提交公民大会审议呢？原因尚不清楚。同样令人沮丧的是,狄那库斯一直对法庭上的指控和确切的处罚讳莫如深。然而,狄那库斯对无罪释放原因的分析表明,给上述诸人的惩罚相当严厉。狄那库斯强调的是:雅典人更注重同情,而不是正义,因此,他们未给违法者定罪。

虽然狄那库斯省略了一些关键细节,但他确实给出了公民大会或议事会如此判决的原因:他们认为,自己施加的惩罚比被告的错误行为更重。战神山法庭或议事会之所以未给这些被告定罪,原因是:若定了罪,就违反了"惩罚必须与罪行的严重性相适应"这一原则。雅典人当然熟悉这一一般性的法律原则,即惩罚应与罪行保持相应的比例。例如,(雅典)有关损害赔偿的法律规定,如果损害是故意造成的,则赔偿的数额应加倍；如果损害是由违背被告意志的原因造成的,则只需同等数额的补偿。因此,故意杀人应得的惩罚远远重于违心杀人(D. 21. 42-45)。换句话说,当法庭决定宣判这些被告无罪时,并没有考虑诸如公共服务等法律外因素。狄那库斯没有提到,这正是他们如此判决的原因。在这些情况下,战神山法庭面临这样的选择:到底是该以僵硬和不灵活的方式适用法律,还是应适用法律中隐含的一般法律原则？最终,他们选择了后者。人们甚至可以辩称,在这些情况下,法官所能做的就是:思考立法者如果知道了相关情况会怎么办。

狄那库斯(1.58-59)讨论的下一案例信息更加丰富。狄那库斯在这一案例中告知了被告的名字:色丹提达(Cydantidae)的波利尤克图斯,他还说道,公民大会命令战神山法庭向他们报告波利尤克图斯是否在麦加拉与流亡者会面了。战神山法庭调查后向公民大

---

① 参见 Harpocration s. v. theorika。

会报告说,波利尤克图斯确实同流亡者会面了。于是,公民大会选出公诉人,将波利尤克图斯的案子提交到法庭,但最终被告仍被判无罪。在审判中,波利尤克图斯承认自己确实去了麦加拉,见了被流放的尼科凡尼斯(apesteremeno tes patridos),原因是后者碰巧与自己的母亲结了婚。

对波利尤克图斯的指控很可能是背叛城邦罪,运用的是弹劾程序。① 在雅典,有关弹劾的法律规定:对于在任何地方基于颠覆人民这一目的而聚集的任何人,都将提起公诉(Hyp. Eux. 8)。在同一演说词稍后的一段话中,狄那库斯(1.94)回顾了德摩斯梯尼指控卡里莫顿(Callimedon)为颠覆人民而在麦加拉会见流亡者(sunienai⋯phygasin epi katalysei tou demou)的案子,只是后来德摩斯梯尼以弹劾之名撤回了自己的指控。狄那库斯用类似的术语描述波利尤克图斯和卡里莫顿的罪行,这表明他们被指控犯有相同的罪行。②

狄那库斯并未说明尼科凡尼斯为什么会被流放,但从其所受的严厉惩罚可以看出,无论其实际罪行是什么,都一定属于威胁公共安全之类的犯罪。由于尼科凡尼斯被视为危险人物,任何试图与其交谈并帮助他的行为都可能被解释为试图推翻民主制度。但法庭并没有只关注波利尤克图斯的行为,他们还考虑了其会见尼科凡尼斯的意图。法庭认为,尽管尼科凡尼斯是一个被流放者,并由此是罪犯,但波利尤克图斯帮助他不是为了推翻民主制

---

① 卡拉万(Carawan,1985.132)相信,这一指控是:在喀罗尼亚战役后,在城邦处于紧急状态下背叛城邦,但相反的观点可参见 Worthington(1992) 222。华莱士〔Wallace(1989) 113〕没有讨论审判波利尤克图斯的细节,而是借鉴了哈里斯的观点,参见 Hansen(1975) 30,认为那是一个议事会给出报告而非弹劾的案件。"apophasis"这一术语仅指神山法庭给出报告,随后的法庭审判才叫"eisangelia",指的从提起报告到判决整个过程,参见 Hansen(1975) 39。

② 汉森〔Hansen(1975) 111〕将卡里门顿的案件看成是一个弹劾案,但未看到其与波利尤克图斯案之间的相似性。沃辛顿〔Worthington(1992) 222〕也未讨论这一程序,但认为该指控属背叛城邦罪。

度,而是基于个人原因——尼科凡尼斯娶了他的母亲,波利尤克图斯帮助自己的继父,其身份并非同谋,而是一个陷入困境者的亲戚。① 有人可能会说,他的行为符合弹劾法中的背叛城邦罪标准,但他显然缺乏必要的意图。基于这个原因,法庭决定宽恕他(Din. 1. 59:*syngnomes*)。如果我的这一分析正确,那么,法庭对这个案件的处理就符合亚里士多德所说的"公平"原则。在《修辞术》(1. 13. 17. 1374b)中,亚里士多德说道,使用"公平"这一理念的人看重的不是行为,而是道德意图(*proairesin*)。② 法庭并没有试图在法律之外寻找原则,而是遵循了隐含在几部法律中的规则,这一规则考虑的不仅是被告的行为,而且包括其意图(D. 21. 42-45)。

狄那库斯将战神山法庭描述成了一个严格执法的机构,并将其使用的方法与一般法庭使用的更宽松的做法进行了对比。然而,在《诉尼奥拉》这一演说中,阿波洛多罗斯想起了一件事,在这件事上,战神山法庭采取了一种比较宽容的方法。据阿波洛多罗斯的说法,自己的对手斯特凡努斯把尼奥拉的女儿嫁给了王者执政官西奥戈尼斯([D.] 59. 78-84)。③ 拥有该职位者的妻子必须向受人尊敬的女祭司宣誓。当时的雅典有这样一条法律,它规定,王者执政官的妻子必须生来就是雅典人,且结婚时必须是处女([D.] 59. 75)。据称,尼奥拉的女儿两者都不符合。阿波洛多罗斯提醒我们,战神山法庭对宗教事务也很感兴趣。他还回忆起议事会成员是如何对尼奥拉的背景展开调查的([D.] 59. 80-81:*ezetei, zemiouses*)。在发现真相后,战神山法庭拟对西奥戈尼斯

---

① 沃辛顿[Worthington (1992) 222-223]与汉森[Hansen (1975) 111]并未讨论无罪开释的原因。

② Aristotle *Rh*. 1. 13. 9. 1374a 间接地提到了这类案例:一个人承认与敌人交谈了(*dielechthai men tois polemois*),但他没有叛国行为(*all' ou prodounai*)。

③ 有关评论,可参见 Carey (1992) 126-127 与 Kapparis (1999) 344-353。

处以法律允许的最高额罚款。西奥戈尼斯在得知这一消息后,跑到战神山法庭请求宽恕,理由是:他不知道自己的妻子是尼奥拉的女儿,斯特凡努斯欺骗了他,使他误以为她是斯特凡努斯的女儿。① 他错误地任命了斯特凡努斯担任顾问(assessor),并把这一切归因于自己缺乏经验,心地善良(akakian)。为证明自己的诚意,西奥戈尼斯承诺立即与尼奥拉的女儿离婚([D.] 59.82)。这一承诺给战神山法庭留下了深刻印象。他们同情西奥戈尼斯的原因有二:一是他的善良品行;二是斯特凡努斯欺骗了他(exepatesthai,exapatethenti) ([D.] 59.83)。

严格地说,西奥戈尼斯违反了有关王者执政官妻子资格的法律。尼奥拉的女儿在嫁给担任王者执政官的西奥戈尼斯时既不是雅典人,也非处女。但最终,战神山法庭选择不对西奥戈尼斯处以罚款。与前一宗案件一样,战神山法庭还考查了西奥戈尼斯的意图:他并非故意触犯法律。他之所以娶了尼奥拉的女儿,是因为他信任作为朋友的斯特凡努斯,这有点天真。战神山法庭接受了西奥戈尼斯的辩解,即斯特凡努斯欺骗了他。没有任何迹象表明,在当时的雅典,在有关担任王者执政官妻子的法律中,包含了这样一条条款,即当这位官员在不知情的情况下娶了一位既不是雅典人也不是处女的女子时该怎么办。

然而,"若某人因无知而触犯了法律,不应判处有罪"这一原则为另两个法律所承认,一是有关宗教活动的法律,二是德拉古关于杀人的法律。② 第一个法律来自约公元前 485 年或前 484 年的一个碑文,它包含了一个人们在雅典卫城(Acropolis)的行为规

---

① 关于这一恳求,参见 Naiden (2006) 151-152。
② 参见 Carey (1992) 127-128。卡帕里斯[Kapparis (1999) 147]推测:"战神山法庭的理由可能具有个人性特点。"我不清楚他这句话的意思是什么。阿波洛多罗斯当然没有提议说,战神山法庭是由于这一原因而行动的。卡帕里斯明白,战神山法庭让西奥戈尼斯离开的原因是:他们相信,他不了解第一次婚姻,但他们没有讨论起判决的法律理由。

则（IG i³ 4）。该碑文虽然比较零碎，但列出了一系列犯罪行为，雅典卫城的司库可以对这些犯罪行为处以 3 奥布尔的罚款（第 7-8,12 行）。在该碑文中，有很多空白的地方，使人很难确切地知道这些违法行为是什么，但其中的两条规定，只有在"人们明知（eidos）做了这些事情"的情况下，司库才能处以罚款（第 6-7、9-10 行）。这两个条款隐晦地排除了那些在不知情的情况下实施这些被禁止行为的人。

第二部法律来自公元前 4 世纪有关厄琉息斯秘仪的法律。① 该法律涉及如何启动厄琉息斯秘仪，其中包含了这样一个条款："若任何人在组织启动厄琉息斯秘仪时，明知（eidos）启动者不是欧摩尔波斯宗族（Eumolpidai）或科尔克斯部落（Kerykes）的成员……则任何试图启动弹劾程序的人皆可启动该程序，并且，王者执政官必须将该案提交到民众法庭（或大陪审团，Heliaea）。"（第 27-29 行）② 此处，法律再次承认，那些在不知情的情况下违反法律者不能被判有罪。在有关"正当杀人"的法律中，也有一个类似的条款，即为那些不知情的杀人者开脱罪责的条款。德摩斯梯尼（23.55）引用了该法律中一个条款的开头部分："如果任何人在战时因不知情（agnoesas）而杀人，那么，需要注意，在此种情况下，杀人者是清白、无辜的；也就是说，免于受宗教的惩罚。"③ 接着，德摩斯梯尼说出了该规则暗含的基本原理："在认为某人是敌人的情况下，

---

① 有关这一法律的文本，可参见 Clinton（2005）note 138。其版本可参见 Clinton（1980）。

② 克林顿[Clinton（1980）278]感到惊讶的是："似乎非常奇怪，一些人可能不知道，他并非欧摩尔波斯宗族或科尔克斯部落的成员。"但他评述说："我们不知道这些家族的成员名单保存得多么完善，也不知道在形式上这些成员资格是多么严格。"若某人在早年已成为这一家族的成员，但其父母没有向上报告该信息，人们可能就不知道他是这一家族的成员。克林顿接着举出了 Valerius Mamertinus 这一案子，尽管 Valerius Mamertinus 未得到人们的承认，但他相信自己是科尔克斯家族的成员，并且，这一家族选他担任副祭司（Dadouchos）。但在有人对其身份提出法律上的质疑后，他的名字就从祭司名录上移除了，参见 Oliver（1970）4。

③ 关于"katharos"与"anaitios"这两个术语的含义相同问题，可参见 Harris（2010）133-34。

若我摧毁了这个人,则对于我来说,接受审判是不恰当的,接受宽恕却是恰当的。"在上述三条规则的每一条之中,法律都含蓄地承认,因不知情而实施了某一行为者不应受惩罚。事实上,一名原告曾指出,人们普遍认为,那些因为缺乏经验而非故意地触犯法律者都应得到宽恕([D.] 58.24)。因此,在决定不惩罚西奥戈尼斯时,战神山法庭遵循了以上隐含在雅典法律中的一般原则。

在审判尤爱昂(Euaeon)的案子中,几乎有一半法官考虑了可减轻罪行的情形,并希望判被告无罪(D.21.71-76)。尤爱昂在一次聚会上杀死了波奥图斯(Boeotus),只因波奥图斯打了他一拳。使尤爱昂生气的不是那一拳本身,而是由此带来的屈辱(atimia)。德摩斯梯尼提醒法庭注意,攻击者的行为、声音和姿势如何能将一拳变成傲慢的表现,使受害者蒙羞,以致难以控制自己(D.21.72)。德摩斯梯尼接着叙述了与尤爱昂的行动有关的一些情况:当着六七个朋友的面,尤爱昂被一个喝醉了的人打了一顿。如果他当时克制住了自己的行为,人们会赞扬他。尤爱昂是自愿参加这一晚宴的。

当该案进入审判阶段时,法庭以一票之差判尤爱昂有罪。我认为,原先的指控一定是"蓄意杀人"(phonos ek pronoias)。① 在此案中,半数法官投票认为尤爱昂有罪,不是因为其报复别人,而是因为他以如此激烈的方式攻击波奥图斯,以致杀死了他。换句话说,法庭的这一半人并没有让这一事实影响他们的判断,即尤爱昂没有首先使用暴力,只是进行了回击。这些法官认为,虽然尤爱昂造成受害者死亡,并不是蓄意行为(ek pronoias)——一种旨在伤害受害者的行为——的结果,但他们仍决定严格实施法律,不管相关的一些情况。

---

① 麦道维尔相信,这一审判涉及的是一桩正当杀人(dikaios phonos)案件,参见 MacDowell (1990) 292-93。但这是不可能的,因为波奥图斯攻击尤爱昂并没有杀人意图,参见 Harris (1992) 78 与 Harris (2010) 136。

我们感兴趣的是另一半法官的意见。这些法官确实发现了一些相关因素，并"赞成那些身体上受到羞辱的受害者，可以进行这种过分的报复(hyperbolen tes timorias)"。他们投票赞成反击行为，原因并非建立在对"什么是正当的"含糊直觉基础之上，而是建立在那些隐含在雅典法律中的基本原则之上。雅典的法律暗含着允许遭受打击者实施反击。在由于人身攻击而提起的私人诉讼(aikeia)中，原告必须证明，在斗殴案件中是被告先进行不公正的攻击的([D.] 47.45-7)。这明显地暗示，没有主动挑起争端而只是进行还击的人不会被判有罪。另外，法律没有明确说明，受害者的报复该有多严重。"正当杀人"的法律允许受伏击的受害者(en locho)杀死袭击者①，允许人们杀死偷盗其财产者，只要是当场立即报复皆可。此处，法律允许对侵吞财产者进行报复。那些投票判决尤爱昂无罪的法官，与另两起案件中的法官一样，授权尤爱昂实施等同报复。因此，这些法官并没有到法律之外寻找可适用于尤爱昂案件的原则，他们只是使用了隐含于其他法规中的规则。他们显然认为，尤爱昂遭受到的屈辱如此严重，以致可以进行更大规模的报复。他们看到的不仅是非法行为本身(造成死亡的击打)，而且包括与之相关的一些情形，这使人想起了一个亚里士多德提过的有关"公平"的例子(Rh. 1.13.18. 1374b)。在该例子中，亚里士多德强调，人们应从整体上看问题，而非只是从部分(即某一种情形)看问题。

雅典的法官们在审判安尼图斯(Anytus)将军时，可能考虑到了可减轻罪行的诸多情形(D. S. 13.64.5-7)。在公元前410年或前409年、前408年，斯巴达人派出了一支远征军，向莫塞尼亚军队控制的皮洛斯(Pylos)进发。② 雅典人一听到进攻的消息，便派

---

① 关于这一法律，可参见 Harris (2010) 132-133,140-142。
② 关于这一事件的日期，可参见 Rhodes (1981) 344。

出安尼图斯担任将军,率三十艘舰船支援莫塞尼亚人。安尼图斯如期出发,执行自己的使命,但海上发生风暴,致使其无法抵达皮洛斯,不得不返回雅典。由于没有得到及时的支援,莫塞尼亚守备部队无法继续战斗,被迫根据停战协定,撤出了皮洛斯。① 人们非常愤怒,指控安尼图斯犯有背叛城邦罪,安尼图斯因此受到了审判。然而,法庭宣告其无罪。该做法又招致了"贿赂法庭"的指控,但这一指控显然很成问题,因为雅典的法庭采取了许多措施,使贿赂几乎不可能发生。② 更可能的情形是:法庭考虑到了可减轻罪责的情形,并认识到,确实是因为暴风雨才使得安尼图斯无法执行任务。

在某种程度上讲,我的这一解释是推测性的,但我们从官方的记录可知,在另一些案件中,雅典的法庭也曾以同样的理由宣告被告无罪。每一年,雅典人都会任命一些部落富人担任三列桨舰长。每一位三列桨舰长都有责任把修好的舰船送回舰队的船坞。③ 在舰船被送回之后,舰队的监督员(*epimeletai*)要会同检验员(*dokim*)一起对三列桨舰进行检查,并对其进行分类:状态良好或状态不佳,然后将检验结果报告给议事会。④ 若舰船受损或丢失,舰长需承担经济责任,此类案件会在法庭上审理,法庭会判处双倍于损失的罚金。⑤ 舰长可以在法庭上进行辩解(*skepsis*),声称所受损失或损害是由风暴造成的。若法庭接受其辩解,舰长会被宣告无罪。⑥ 公元前325年或前324年,一位监督员的记录提到,

---

① 参见 X. *HG* 1.2.18。
② 参见 Arist. *Ath. Pol.* 27.5。安尼图斯的案子至少是由500人审理的,也可能有1000至2000人担任法官。尽管安尼图斯在审判前一直能够跟这些人接近,他仍然不得不花费一定的金钱,购买无罪开释的票。
③ 关于三列桨舰舰长的职责,可参见 Gabrielsen (1994) 105-169。
④ 关于议事会在监督舰队方面的作用,参见 Arist. *Ath. Pol.* 46.1 与 Rhodes (1972) 115-122, 153-158。
⑤ 参见 Rhodes (1972) 154 note 2。
⑥ *IG* ii² 1629. 第 746-749, 796-799 行;*IG* ii² 1631,第 115-220, 140-143, 148-152 行。

三列桨舰长欧斯蒂库斯(Euthydicus)［即菲盖(Phegai)的安提凡尼斯(Antiphanes)的儿子］与狄费鲁斯(Diphilus)［即苏尼翁(Sounion)的迪奥培瑟斯(Diopeithes)的儿子］就提出过此类辩护理由,最终被判无罪(IG ii² 1629 年,第 80-771 行)。人们应该能回想起,雅典的公民大会曾投票谴责在阿金努萨(Arginousae)任职的将军们,要判他们死刑,因为他们受阻于暴风雨,没能抢救遇难的水手。后来,雅典人认为这一判决非常不公正,开始提起法律诉讼,指控那些说服公民大会判将军们死刑的人。①

所有这些案例显示,当被告或三列桨舰长提出理由进行辩解时,法庭通常会考虑其理由,并宣判其无罪。德摩斯梯尼(21.90)曾说道,被告有权得到公正的对待,高尔吉亚(fr. 6 Diels-Kranz)也曾称赞雅典人拥有"中道的公平感",他们实际上都是在精确地描述雅典法庭判决的方式和方法。

四、结论

本章的研究结果既清楚地阐明了亚里士多德对"公平"的分析,又说明了雅典的法庭如何实施法律。首先,现在很清楚的是,在对"公平"进行讨论时,亚里士多德并没有将新的概念引入雅典法律领域。亚里士多德非常熟悉诉讼当事人在雅典法庭上提出的各种论证,也知道被告有时会为自己的无罪辩护提出各种不同的借口。在第三章中,我们发现,亚里士多德建议的当法律不站在自己一方时人们应使用的论证,并不是雅典的诉讼当事人在法庭上使用的论证。然而,在对"公平"进行讨论时,亚里士多德借鉴了我们在几个法庭演说中都曾遇到的修辞策略。这两章试图

---

① 由于风暴而无法救出船员,参见 X. HG 1.6.35。有关审判及判死刑的情况,参见 X. HG 1.7.1-34。有关雅典人后来对这事的态度,可参见 X. HG 1.7.35。

显示，人们在使用亚里士多德的《修辞术》作为论证雅典法庭对待法律态度的原始资料时必须谨慎。正如亚里士多德作品中经常出现的情况一样，《修辞术》中的一些内容是理论性或规定性的，而另一些则是对同时代现实状况的描述。亚里士多德对法官们在断案时忽略法律原因的讨论，很可能借鉴了以下知识传统，即人们习惯于将古希腊的法律理念追溯到智者派。相比之下，亚里士多德对"公平"的分析，是试图揭示雅典法庭使用的习惯做法背后的基本原理。原告和被告都接受下一基本原则：法官在决定时，可能会考虑各种辩解。因为诉讼当事人不是给一群学生或同事做演说的哲学家，他们不会停顿下来，解释或证明"公平"的用处，他们也不需要这样做，因为法庭上的每个人，包括诉讼当事人和法官，都接受这样的原则：在某些情况下，辩解可能是有效的。亚里士多德的贡献是：他解释了人们需要诉诸"公平"的原因，并把它与"一般与特殊的关系"这一哲学问题联系了起来，柏拉图（*Statesman*, 295a）在立法这一语境下也曾探讨过这一问题。此处，如同在其他伦理学著作中一样，亚里士多德为一些常见的观点（*endoxa*）提供了理论证明。

这一分析也使我们对司法誓言有了更细致入微的理解。正如我们在第三章看到的，司法誓言要求法官们"根据雅典人民的法律和法令"进行表决。在我们考察过的许多案件中，可以明显地看出，司法誓言并没有要求法官只考虑原告在起诉书中声称的被告违反的法律。例如，若有人指控某人实施了暴行或盗窃行为，司法誓言并未限制法官，要求他们在裁决时，只适用与暴行或盗窃有关的法律。"根据雅典人民的法律和法令行事"这一短语中的"法律和法令"非常重要。在法庭判决一起事涉暴行或盗窃的案件时，当然需要注意与这些主题有关的一些法律，但同时也应考虑作为整体的、暗含在所有法律之中的一般正义原则。① 换句话说,司法誓言含蓄地允许诉讼当事人和法官拥有一定的自由,他们可以在"严格地适用相关法律"和"考虑可减轻罪行的情形及其他因素等更灵活的办法"之间进行选择。② 因此,司法誓言为创造性的解释留下了一定余地,以便人们从整体上实现法律的总目标。

---

① 参见 Mirhady (1990) 398。因此,我们没有理由认为"公平"将法律外的考虑引入了审判之中。

② 参见 Saunders (2001) 77-78。桑德斯注意到,阿提卡演说者们"非常关心公平问题,以致给人们留下了这样的印象:他们提出与公平有关的论证,目的是证明那些已经内在于实在法中的某些东西,而不是外在于实在法的东西……但他们并未以这种伪装的形式提出这一观念,这一事实给我留下了这样的印象:雅典人非常容易对这一概念产生反感。对法律高度反感——演说者们念念于此,使得与公平有关的论证看起来非常可疑,由此会产生外在于法律(并因此不同于法律)的立场。"

III

第三部分　　　　古雅典法治的崩溃

THE RULE OF LAW
IN ACTION
IN DEMOCRATIC ATHENS

第九章　克里昂与雅典战败

按照修昔底德的说法,伯利克里死后,雅典政治出现了严重问题。伯利克里终生都在建议雅典人采取一种防御性政策,保持舰队的力量,并避免通过冒险的方式扩大自己的势力范围,以免危及城邦。但继任者完全无视他的金玉良言。在名利驱使下,他们推行的政策在成功时虽给人们带来了荣耀和利益,但在失败时却损害了城邦的地位(Th. 2.65.7)。修昔底德将公元前429年之前雅典人获得的成功归功于伯利克里的智慧、诚实、坦率,以及我们今天所说的"领导才能"。按照修昔底德的观点,正是伯利克里的道德和知识品格,而非雅典的民主制度,才使雅典在那些年保持强大。

伯利克里的继任者水平远不如他。为获得政治上的至高无上地位,这些人尔虞我诈,耽于个人享乐(2.65.10)。这导致了许多错误,最严重的是在西西里的战败。修昔底德把这次溃败的责任更多地归咎于那些派出远征队的人,而不是战略失误。他认为,正是当权者之间的冲突削弱了远征队的力量,导致了国内的政治混乱(Th. 2.65.11)。自雅典流亡到斯巴达后,阿尔喀比亚德在斯巴达的公民大会上发表演说时,对当时的雅典领导人提出了类似的批评。他说,自己的家族一直反对僭政,长期拥护人民的事业。他还给出了自己支持民主制度的两个理由。第一,这是一种反对暴政的治理形式①;第二,这是其所处的社会流行的治理形式(Th. 6. 89. 4)。他将(雅典)目前的困境归因于那些误导人民者(Th. 6. 89. 5)。他宣称,民主制是一种人们普遍认为非常愚蠢的治理形式(Th. 6. 89. 6;*homologoumenes anoias*)。此处,阿尔喀比亚德似乎对雅典的政治制度进行了区分:一方面是他的祖先一直捍卫的雅典政治制度,它是保护人民免受僭政伤害的最佳手段;另一方面是雅典当下的政治无序(*akolasias*)状态,在当时的体制之下,当代的领导人将"暴民"引入了腐败的政治实践(*ponerotata*)之中。② 我们无法判定修昔底德在多大程度上复制了阿尔喀比亚德的实际言论和论证,但他们在这一观点上是相似的,即近年来,在雅典的政治生活中,有一些东西已然发生改变。

根据修昔底德的说法,这些政客使用的策略是"诽谤别人"或"攻击别人的品行"(Th. 2. 65. 11:*tas idias diabolas*)。这一短语并没有引起现代研究修昔底德者的注意,但它对我们理解修昔底德分析的雅典失败的原因至关重要。③ 这一措辞在法庭演说中很常见,通常有"恶意指控"(malicious prosecution)的意思。例如,

---

① 这些前辈对暴政与专制的反对,可参见 Hdt. 6. 121,123;Isocr. 16. 25-26。正如德博纳提到的,有关民主的这一观点的目的是吸引斯巴达人,他们历来有反对专制的传统,参见 Debnar (2001) 205-206。

② 霍恩布洛尔[Hornblower (2008) 513]没有观察到修昔底德的批判与阿尔喀比亚德的批判的不同。多弗在戈姆与安德鲁斯的相关作品中以及 Dover (1970) 362 中都没有看到这两者之间的联系。

③ Comme (1945—1956) 1:195,此处敏锐地察觉到了"对阿尔喀比亚德的攻击,说他毁坏赫尔墨斯的塑像与丑化神灵,且不仅这些"。但它没有进一步探究这一观点,且没有考察"diabole"(诽谤)这一语词的含义。参见 Rhodes (1988) 245。Rusten (1989) 213 与 Hornblower (1991) 348 对这一语词未加评论。Mann (2007)认为,在公元前 420 年之后,雅典的政治发生了变化;但他并未讨论克里昂的这一变革,即利用法庭来控告政敌。关于"diabole"这一语词的意义,参见 Rizzo and Vox (1978)。

埃斯基涅斯(2.145)区分了报告(pheme)与诽谤(diabole),前者反映的是常识,后者与恶意指控(sykophantia)有关。① 德摩斯梯尼(18.7,11)在《诉克特西丰》中用"diabole"一词指称埃斯基涅斯提起的针对德摩斯梯尼政治活动的指控。在同一演说的稍后部分,德摩斯梯尼(18.225)指责埃斯基涅斯混淆了日期,并将错误的动机指派给了旧法令,其全部的目的都是诽谤(diaballein)他。西奥内斯图斯称,斯特凡努斯起诉阿波洛多罗斯,指控其使用虚假证言,目的也是诽谤他(epi diabole)([D.]59.5)。欧克斯瑟乌斯(Euxitheus)使用了一些与对手母亲有关的陈述,意图证明对手不是一个公民,这也是纯粹的"诽谤"(D.57.36)。在一个涉及采矿事务的案子中,尼科巴鲁斯宣称,潘塔内图斯对埃沃古斯的不诚实指控是"诽谤"(D.37.47)。一名被控侮辱将军的士兵声称,针对他的指控完全是一种诽谤(Lys.9.1.)。还有一名被告首先回顾了基于伪证而作出的不公正裁决,然后提醒法庭,诽谤是世间最糟糕的事情(Lys.19.5.)。②

修昔底德在分析发生于公元前427年的科西拉岛(Corcyra)内乱时,强调了因政治原因而引发控告的破坏性作用。当一些科林斯人(Corinthians)将俘虏的科西拉人释放后,问题就出现了。科林斯人允许俘虏回家,交换条件是:他们必须把自己的城邦交给科林斯人管理(Th.3.70.1)。在未能说服公民大会改变政策时,这些前俘虏将亲雅典的领导人佩思亚斯(Peithias)告上了法庭,指控他将自己的城邦交给雅典人奴役。在无罪释放后,佩思亚斯进行了反击,他认定城邦中最富有的5个人在宙斯和阿尔奇诺斯(Alcinous)的圣殿里砍葡萄藤杆,并处以一定数额的罚款。

---

① 在埃斯基涅斯的作品中,还有另外的段落将"诽谤"与控告联系在一起,参见 Aeschin. 1.126,152;2.10,11;3.223。

② 吕西亚斯在谈到法律上的控告时也经常用到"诽谤"(diabole)这一语词,参见 Lys.9. 18-19;13.17;14.31;16.1;19.34,53;25.5-6,24;27.8。

由于无法支付罚款,这些被定罪者到神庙恳求,要求允许他们分期付款(Th.3.70.2-5)。① 当佩思亚斯说服议事会严格适用法律时,这些被定罪者召集支持者,带着短剑闯入议事会,杀死了60个人,其中就包括佩思亚斯(Th.3.70.6)。这是暴力循环的第一步,最终引发了内战。事实上,修昔底德把运用不公正的控告打击政敌的做法视为内战的诱因之一。正是这种只求复仇、不尊重正义与共同利益的做法导致了法治的崩溃(Th.3.82.6、8)。这类事件不只发生在科西拉岛,而且扩散到了整个希腊世界(Th.3.83.1)。

因此,在这两个段落中,修昔底德将恶意控告与爆发内乱联系了起来,他暗示,不仅在政治文化方面,而且在政治策略方面,雅典都变了。他无处不暗示,正是伯利克里最先利用法庭消灭自己的敌人,延长自己的政治生涯。修昔底德时刻将伯利克里与诽谤政治对手联系在一起。在伊索克拉底的《论和平》(8.124-128)中,我们可以看到有关雅典政治生态已发生变化的类似观点(8.124-128;亦可参见15.230-236)。在伯利克里统治时期,雅典得到了很好的治理,但在他死后,那些以打官司为业的职业起诉人(讼棍)接管了雅典,并说服雅典人将权力扩展到了海外。②

本章试图填补修昔底德和伊索克拉底分析雅典战败时曾含蓄地提到的雅典社会发展的细节。修昔底德分析了(雅典社会)道德方面的变化,看到了道德水准的下降。本章将这些变化放在制度的语境下进行探讨。我认为,雅典人在行为上发生如此的变化,应该与一场旷日持久的战争所引发的紧张关系有关,这场战争拖了好几年,一直没有结果,这引起了政治上的紧张,而政治上的紧张又传导到了司法系统,进而暴露了司法的弱点。本章的第

---

① 关于恳求的情况,可参见 Naiden (2006) 132。
② 类似的观点可参见 Arist. *Ath. Pol.* 28.1:当伯利克里担任人民的领导人时,政治事务都处于比较好的状态,但在他去世之后,就变得比较糟糕起来。有人认为,克里昂是变坏的催化剂,参见 Arist. *Ath. Pol.* 28.3。

一节将简要回顾古典时期的雅典获取权力和影响力的一些传统方法。第二节将揭示政治文化的变化为何发生在公元前 5 世纪20 年代,在这一年代的 10 年之前,政客们利用陶片驱逐法打击自己的敌人。① 但在公元前 5 世纪 30 年代之后,这种情况发生了改变,当时,一些政客开始利用雅典法庭的弱点,消灭对手。这一新策略的主要实践者是克里昂。根据修昔底德的说法,克里昂是臭名昭著的"诽谤者"(Th. 5. 16. 1;*diabolas*)。② 因为克利昂和其他一些人利用雅典法庭的弱点,攻击对手。第三节将展示克里昂如何在惩罚麦提勒尼人的辩论中,将其在法庭上常用的策略带进了公民大会。第四节将追溯克利昂死后其他政客如何使用这些策略,以及他们对雅典军事领导人产生的灾难性影响。

一、古雅典人获取权力和影响力的传统做法

若要了解公元前 5 世纪 20 年代雅典政治文化变化的确切情况,需要简要地回顾伯罗奔尼撒战争前取得和维持政治权力的传统方法。尽管雅典的政治具有一种民主的形式,所有重大决定都是在公民大会中通过多数票的形式作出的,但雅典人仍需要领导人提出建议,执行公民大会的法令,指挥其武装力量。这些领导人通常都是通过三种主要方式赢得权力和影响力的,即军事领导、慷慨捐献及家族关系。③

---

① 霍恩布洛尔[Hornblower (1991) 340]说道,"此处错误地蕴含着,伯利克里与其继任者在统治的方式、方法方面有很大的不同";346 页说道:"但在大多数方面,我们很难判断伯利克里继任者的做法哪些是'新的'和'不同的',尤其在不将其与作为资深政治家的伯利克里相比较时,而是与公元前 460 年至前 450 年之间富有进取心的伯利克里相比。"

② 阿里斯托芬也将"*diaballein*"(诽谤)与克里昂联系在一起,参见 *Ach*. 380,502; *Eq*. 63-64,288,486-487。

③ 我的分析与曼恩[Mann (2007) 45-190]的观点有些类似,但曼恩更多地看到了古典时期的延续性。曼恩相信,权力的渊源有友谊、高贵的出身(*eugeneia*)、财富与教育。

第一种方式是担任军事领导人。在公元前508年至前430年间，几乎所有的主要政治家都曾当选为将军（strategoi）。西米斯托克尔斯（Themistocles）是通过策划萨拉米海战的胜利而赢得声望的（Hdt. 8.57-63, 75-82）。西蒙可能是通过公元前478年或前477年迫使鲍萨尼亚放弃对拜占庭的控制而开始其职业生涯的（Plu. Cim. 6.5 6; Th. 1.95.1-96.1）。在公元前477年或前476年，西蒙从波斯人手中夺取了伊翁（Eion），并将色雷斯人赶出了斯特雷蒙地区〔Plu. Cim. 7.1-2; Th. 1.98.1; schol. Aeschin. 2.31 (Dilts); 亦可参见 Her. 7.107〕。① 不久之后，他又夺取了塞洛斯（Plu. Cim. 8.3-4; Th 1.98.2）。再后来，他把菲塞力斯（Phaselis）拉入了雅典联盟之中（Plu. Cim. 12.3-4; 亦可参见 IG i³ 10）。并且，大约在公元前468年，西蒙在欧里门顿（Eurymedon）大败波斯舰队，接着又在陆地上取得了胜利（Th. 1.101.1; Cim. 12.4-6）。② 西蒙还平息过萨索斯的叛乱，控制了该岛位于色雷斯海岸的金矿（Plu. Cim. 14.2; Th. 100.2-101.3; schol. Aeschin. 2.31）。雅典人后来还派西蒙去帮助斯巴达人镇压赫洛特人（Helots）的叛乱（Plu. Cim. 16.8-17.1; Th. 1.102.1-3）。在被雅典人用陶片驱逐法驱逐后，西蒙率领一支探险队前往塞浦路斯，于公元前450年—前449年在那里去世（Plu. Cim. 18.1-9.1; Th. 1.112.2-4; D. S. 12.3-4）。③

伯利克里的父亲曾在公元前479年指挥米卡尔地区的军队（Plu. Per. 3.2; Hdt. 7.33; 8.131; 9.96-101; D. S. 11.34.2）。大约公元前455年，伯利克里带领远征军到达科林斯海湾（Th. 1.111.2; D. S. 11.85, 88.1-2; Plu. Per. 19.2-3）。约公元前446年，伯利

---

① 日期问题可参见 Badian (1993) 86-87, 99。
② 参见 Badian (1993) 8-9。
③ 日期问题可参见 Gomme (1945—1956) 1:329, 396; Badian (1993) 103。

克里平定了优卑亚（Euboea）叛乱（Th. 1. 114. 3; Plu. *Per.* 22. 1; D. S. 12. 7, 22），以及发生在公元前 440 年至前 439 年之间的萨默斯（Samos）叛乱（Th. 1. 115. 2-117. 3; D. S. 12. 27-28）。① 大约在公元前 447 年，伯利克里又率领远征军到达切松尼斯（Chersonnese）（Plu. *Per.* 19. 1; *IG* i³ 1162，第 45 行）。② 在公元前 438 年至前 432 年间，伯利克里带领远征军到达黑海附近（Plu. *Per.* 20. 1; *IG* i² 1180, line 25）。③ 在伯罗奔尼撒战争的头一年，伯利克里带兵入侵麦加里德（Megarid）（Th. 2. 31. 1; Plu. *Per.* 34. 2）。伯利克里的副手哈格农（Hagnon）的军事生涯也比较辉煌（Plu. *Per.* 32. 4），在公元前 440 年或前 439 年时，曾担任萨默斯的将军（Th. 1. 117. 2）。公元前 431 年或前 430 年，在安菲波利斯（Amphipolis）创建了一块殖民地（Th. 4. 102. 2-3; *schol. ad* Aeschin. 2. 31）。在公元前 429 年或前 428 年（Th. 2. 95. 3）以及公元前 431 年或前 430 年，哈格农一直担任将军（Th. 2. 58; 6. 31. 2）。哈格农的军旅生涯无疑促使他在公元前 421 年被推举为和平使者（peace commissioners）（Th. 5. 19. 2, 24. 1），以及公元前 413 年被选为行政长官（*proboulos*）（Lys. 12. 65）。

尼西阿斯还通过担任将军这一职位来扩大自己的影响。公元前 427 年，他占领了米诺阿岛（the island of Minoa），封锁了麦加拉港（Th. 3. 51; Plu. *Nic.* 6. 4）。公元前 425 年，尼西阿斯与另外两个人率领军队攻入科林斯人的领土（Th. 4. 42-45; Plu. *Nic.* 6. 4）。并在下一年里占领了锡瑟拉岛（the island of Cythera），然后在那里建立了要塞（Th. 4. 53-54; Plu. *Nic.* 6. 4）。公元前 423 年，尼西阿斯和尼科斯特图斯重新夺回了门德（Mende），此前，该地曾发生反叛，且加入了布拉西达斯（Brasidas）一边。此后，尼西

---

① 日期问题可参见 Gomme (1945—1956) 1; 356。
② 日期问题及相关讨论可参见 (1972) 159-161。
③ 日期问题可参见 Stadter (1989) 216-217。

阿斯和尼科斯特图斯开始围攻起义的司西奥尼（Scione），那个地方还曾发生叛乱（Th. 4. 129-132）。公元前 417 年或前 416 年，尼西阿斯又被派去领导军队，对抗色雷斯和安菲波利斯的迦勒底人（Chalcidians），但此次远征失败了。公元前 415 年，尼西阿斯当选为远征西西里的三名将军之一。在公元前 412 年投降并被处决之前，尼西阿斯一直担任那一职位（Th. 6. 8. 2-7. 86 passim）。

阿尔喀比亚德先后在波提代阿（Potidaea）和戴里恩（Delium）等地当过兵（Plu. *Alc.* 7. 3），也曾是西西里远征的将军之一（Th. 6. 8. 2-7）。在他被捕并逃往阿哥斯（Argos）及后来流亡斯巴达之前，他一直在西西里指挥军队（Th. 6. 61）。后来，他重新得宠，再次当选为将军（Th. 8. 82；Plu. *Alc.* 26. 3），被派往伊奥尼亚（Ionia）指挥雅典军队（Th. 8. 88；Plu. *Alc.* 26. 6-7）。他还曾与提萨菲尼斯（Tissaphernes）谈判，试图获得波斯人的支持（Th. 8. 108. 1）。公元前 409 年，他率军占领齐库斯（Cyzicus）（X. *HG* 1. 1. 10-20；Plu. *Alc.* 28. 3-6）。第二年，占领拜占庭（X. *HG* 1. 3. 21-23）。在现代民主政体中，民事和军事领域有严格的界分，但在古雅典，将军们通常由公民选举产生，这是一种政治程序（Arist. *Ath. Pol.* 44. 4）。在进行账目审计时，他们也与其他政治人物一样，要受到相同的政治控制。① 最后，他们与其他公民一样，可以因军事行为而在普通法庭受审。这具有显著的意义，随后将考察此事。

为了能选上将军，人们还必须通过举行宣誓仪式、承担其他公共职责以及承担公益服务等方式，才能使自己获得公众的赞赏。② 在某些情况下，这可能是比军事才能更重要的资格条件。据色诺芬（*Mem.* 3. 4. 1-3）回忆，曾经有一次，苏格拉底遇到了一个名叫尼科马奇德斯（Nicomachides）的人，他是将军候选人，但在

---

① 关于将军的审计问题，可参见 Hamel (1998a) 126-130。
② 关于财富与慷慨捐赠的关系，可参见 Davies (1981) 88-132。

选举中输给了一个叫安提斯瑟尼斯(Antisthenes)的商人。尼科马奇德斯抱怨说,安提斯瑟尼斯不像自己,根本没有在步兵中服役过,也没有在骑兵中获得过荣誉。但苏格拉底指出,作为合唱队的领唱者,安提斯瑟尼斯曾取得过许多成绩。在一般人看来,其拥有的获胜欲望无疑是一种非常可贵的品质。在此处,苏格拉底可能运用了臭名昭著的嘲讽方法,但他的评论是有价值的。

此外,金钱是赢得选举所需声望的重要手段。西蒙无论是在承担公益服务还是在帮助同一德莫的成员方面,都非常慷慨大方,他在这方面非常有名(Arist. *Ath. Pol.* 27. 3; Plu. *Cim.* 10. 1-2. 亦可参见 Theopompus *FGrH* 115 F135)。关于伯利克里,其最早为人所知的事实之一是:他创作了包括《波斯人》在内的埃斯库罗斯悲剧三部曲,并获得了一等奖(*IG* ii^2 2318,第 9-11 行)。普罗塔克(*Nic.* 3. 2, 4-6)报告说,尼西阿斯在公益服务方面的贡献远超所有前辈和同时代者。他曾派唱诗班到提洛岛(Delos),赢得了许多合唱方面的荣誉,并为狄奥尼索斯的辖区捐献了三脚鼎(tripods),以庆祝胜利。① 在这方面,阿尔喀比亚德与其对手尼西阿斯并没有什么区别:在公元前 415 年之前,他曾为一个男孩吟唱酒神赞歌而付费([And.] 4. 20-21; D. 21. 147; Plu. *Alc.* 16. 5),曾自愿捐献(*epidosis*)财物给城邦(Plu. *Alc.* 10. 1)。② 公元前 415 年,他捐献了一艘三列桨舰船给西西里岛。③ 阿尔喀比亚德还为尼米亚(Nemea)(Plu. *Alc.* 16. 7; Athenaeus 12. 534d; Paus. 1. 22. 7)和德尔斐(Athenaeus 12. 534d)举办的泛希腊运动会提供过马匹。他还参加过奥林匹克运动会的七人战车比赛,曾先后获得第一、

---

① 尼西阿斯在从事公益服务方面的证据,可参见 Davies (1971) 403-404。
② 参见 Migeotte (1992) 10-11。
③ 参见 Th. 6. 61. 6 与 Davies (1971) 20。

第二、第四名（Th. 6.16.2；Athenaeus 1.3e）。① 雅典人并未发现这种炫富现象与民主价值有何相悖之处。他们相信法律面前人人平等，但从不认为，财富上的不平等会对政治上的稳定构成威胁，只要那些有特权的人愿意把大笔金钱花在支持军队和公共娱乐上。②

在雅典的政治生活中取得成功的另一方法是与出身名门的女性缔结婚姻。在公元前 5 世纪 80 年代，在一些重要的家族——阿尔克迈翁家族、西蒙的亲族以及科尔克斯的亲族——之间产生了一场"伟大的王朝式联姻"：西蒙与欧里托里慕斯（Euryptolemus）的女儿伊索迪克（Isodike）结婚，阿尔克迈尼德（Alcmeonid）③——西蒙的姐妹——可能与阿洛皮克（Alopeke）的修昔底德结婚了④，西蒙又让自己的姐妹艾尔皮尼克（Elpinike）与科尔克斯家族中的成员卡里亚斯结婚。⑤ 正如戴维斯（Davies）观察到的，"从公元前 5 世纪 50 年代到前 5 世纪 20 年代，伯里克里斯（Perikles）、忒桑多洛丝（Teisandros）、卡里亚斯、科勒尼亚斯（Kleinias）、格劳孔（Glaukon）及安多基德斯（Andokides）开始通过联姻的方式结盟，变成了一种实际的辉格式（Whig）贵族团体。其中，桑斯珀斯二世（Xanthippos II）、格劳孔二世（Glaukon II）、列奥格拉斯二世（Leogoras II）分别与忒桑多洛丝二世（Teisandros II）的几个女儿结婚，希波尼科斯二世（Hipponikos II）与佩里克里斯（Perikles）的前妻结婚，卡里亚斯三世（Kallias III）与格劳孔二世的女儿结婚，阿奇比亚德斯三世（Alkibiades III）与希帕里特一世

---

① 阿尔喀比亚德本可以赢得公元前 418 年泛雅典运动会战车比赛的锦标，参见 Amyx (1958) 183-184。
② 有关人们对公益服务的态度与感激之情，可参见 Fisher (2003)。
③ 关于这些人的婚姻状况，可参见 Plu. *Cim.* 16.1。欧里托里慕斯家族与别的家族的联姻状况，可参见 Davies (1971) 376-377。
④ 参见 Davies (1971) 232。
⑤ 有关这一问题的讨论，可参见 Davies (1971) 303。

（Hipparete I）结婚。"①

所有的政治家都易于树敌，因为这些敌人会对他们的野心构成障碍。在伯罗奔尼撒战争前，人们更喜欢用陶片驱逐法对付挡路的敌人。②这一程序似乎在民主政体初期就已确立起来，最初的目的是铲除潜在的僭主。但事实上，第一批受害者是查尔姆斯（Charmus）的儿子希帕克斯之类的人，他是僭主的亲戚；此外还有梅加克里斯（Megacles），他曾被视为僭主的朋友。但该程序很快就被一些主要的政客用来消灭对手。西米斯托克尔斯似乎是运用这一策略的先驱，他在公元前483年将自己的敌人阿里斯提德斯（Aristides）放逐。③不久，西米斯托克尔斯的敌人调转枪口，开始反对他，并在公元前470年左右将他放逐。④伯利克里用这种战术对付自己的对手西蒙与修昔底德，后者是梅里西亚斯（Melesias）的儿子。⑤阿尔喀比亚德与尼西阿斯也曾用这种方法对付希波博鲁斯（Hyperbolus）。⑥

令人吃惊的是，所有这些政客都未曾利用法庭控告自己的敌人。⑦事实上，在伯罗奔尼撒战争之前，几乎没有发生过对政客的审判。希罗多德（6.21）曾含蓄地提到，公元前493年前后对悲剧

---

① 参见 Davies (1981) 119。关于政客之间婚姻纽带的重要性，可参见 Connor (1971) 15-18。科诺尔［Connor (1971) 35-87］试图论证说，政治友谊是政客们建立政治基础的重要方式，但其引用的大多数证据都来自《普罗塔克传》中的铁事。

② 康纳只是讨论了希波博鲁斯的陶片驱逐法，没有分析其他政客的使用情况，参见 Connor (1971) 79-84。

③ 关于阿里斯提德斯被放逐的问题，可参见 Hdt. 8.79.1 与 Brenne (2001) 114-118，以及 Siewert (2002) 193-204。

④ 关于西米斯托克尔斯的放逐情况，可参见 Th. 1.135.2-3, Pl. Grg. 516d, D. 23. 204-205, Plu. Them. 21.5 以及 D. S. 11.55.1-3 与 Brenne in Siewert (2002) 247-257。

⑤ 关于西蒙的放逐情况，参见 Pl. Grg. 516d 与 Brenne (2001) 193-195 以及 Scheidel in Siewert (2002) 350-357。关于梅里西亚斯之子修昔底德的放逐情况，参见 Theopompus FGrH 115 F 88 与 Scheidel in Siewert (2002) 373-387。

⑥ 关于希波博鲁斯的放逐情况，参见 Rhodes (1994a)。

⑦ 稍迟一些的资料曾提到伯利克里的助手被控告的情况，但其可靠性成疑，参见 Plu. Per. 31.2-32.6 与 Stadter (1989) 284-305。

诗人普瑞尼库斯的审判,以及对米尔提阿德的两次审判,一次发生在公元前 490 年以前,一次是在公元前 489 年(Hdt. 6. 104, 136.3)。有证据显示,公元前 463 年曾对西蒙进行过一次审判,但这一信息来源于后来的一些资料,如亚里士多德的《雅典政制》(27.1)和普罗塔克的《希腊罗马名人传》。① 对我们至关重要的是,上述资料都无法确证。最后,有证据证明,在公元前 470 年左右,对西米斯托克尔斯进行了审判,但提及这次审判的消息来源同样遭到了人们的怀疑。亚里士多德的《雅典政制》(25.3)说道,西米斯托克尔斯于公元前 462 年左右被起诉到了战神山法庭,这成了他攻击该法庭的动机。但问题是:西米斯托克尔斯在公元前 470 年左右被放逐,再也没有回到雅典。② 普罗塔克(*Them*. 23. 1)和克里特鲁斯(Craterus)(*FGrH* 342 F 11)曾提到对西米斯托克尔斯的控告,那同样非常值得怀疑,因为修昔底德(1.135.1-138.2)对此次审判未置一词。③ 同样令人吃惊的是,据我所知,没有任何古代的资料曾记载发生在公元前 460 年到前 430 年之间的对任何一位将军的审判。在公元前 5 世纪的大部分时间里,人们之间似乎达成了君子协定,即不利用法庭对付对手,而是诉诸较为温和的放逐制度。这也是雅典最强大、最成功的时期。

二、礼崩乐坏:法庭成为清除异己的战场

伯罗奔尼撒战争开始后,情况发生了变化,其时,政客们开始利用法庭来消除异己,或恐吓自己的敌人。变化的第一个迹

---

① 参见 Plu. *Cim*. 14.3-4 与 *Per*. 10.4。注意,公元前 462 年,当政敌们希望西蒙滚蛋时,他们运用了陶片驱逐法。
② 罗德[Rhodes (1981) 320]赞成维拉莫维茨的观点,不同意将这一故事看成是无稽之谈。
③ 关于资料来源及其讨论,可参见 Frost (1980) 196-199。普罗塔克(*Them*. 24.4)提到了西蒙对埃皮克拉底的指控,但同时又表达了自己的怀疑。

象是公元前430年或前429年对伯利克里的审判。修昔底德(2.65.3)报告说,伯利克里被免职,并接受审判,最终被罚款。普罗塔克(*Per.* 32.3-4,35.4)认为,罚款的数额在15—50塔伦特;狄奥多鲁斯(12.45.4)给出的数字则是80塔伦特。[①] 安德罗蒂安(*FGrH* 324 F 8)演说残篇告诉我们,佛尔米奥(Phormio)被判有罪,被罚100米那,这事可能发生在公元前429年或前428年。据普罗塔克(*Arist.* 26.3;*Nic.* 6.1)的记载,帕切斯(Paches)在账目审计中被人指控,迫使他在法庭上用自己的剑自杀了。其自杀身亡这一耸人听闻的故事虽引起了人们的怀疑,但我们没有理由怀疑该起诉真的发生过。[②] 该审判也可能发生在公元前428年或前427年帕切斯成功地战胜麦提勒尼人的战役后不久(Th. 3.18、25-36、49-50)。情况变得如此危险,以致在公元前426年被埃托利亚人(Aetolian)击败后,德摩斯梯尼决定留在诺帕克图斯(Naupactus),"因为他害怕雅典人,害怕雅典发生的一切在自己身上重演"(3.98.5)。德摩斯梯尼不愿意回雅典,显然是害怕被起诉。相比之下,没有证据表明曾有任何一位雅典将军在公元前480年至前431年之间因战败而没有返回雅典。两年后,即在公元前424年初,修昔底德(4.65.3)说,当索福克勒斯、皮索多鲁斯(Pythodorus)和欧里门顿从西西里战场返回时,就被起诉了。索福克勒斯与皮索多鲁斯被处以流刑,欧里门顿则遭到了罚款。[③] 在对该审判的评论中,修昔底德(4.65.4)明显地暗示,这些判决都是不公平的,建立在不合理的期望基础之上。最后,修昔底德(5.26.5)写道,自己也曾被流放了20年。学者们将他的流放与他

---

① 最近人们对这一问题的处理,可参见 Ostwald(1986)191-194,Roberts(1982)31-32,59-60,204。
② 参见 Westlake(1975)。韦斯特莱克认为,帕切斯是因让斯巴达舰队逃跑了而受到指控的。
③ 哈默尔[Hamel(1998a)144]相信,皮索多鲁斯和索福克勒斯在审判之前就逃跑了,并被缺席判决死刑。但修昔底德证明说,法庭判处他们流放。

在公元前 424 年或前 423 年冬天未能阻止布拉西达斯占领安菲波利斯联系在一起,这似乎不无道理。① 马塞里努斯(Marcellinus)在《修昔底德传》(*Life of Thucydides*)(26、46、55)中说道,修昔底德被克里昂指控犯有背叛城邦罪,但这可能只是猜测。我们推测,修昔底德要么返回了雅典,并被处以流刑,要么像德摩斯梯尼将军一样,没有返回雅典,被缺席(*in absentia*)判处死刑。②

在《马蜂》(*Wasps*)中,阿里斯托芬可能暗示了克里昂对拉切斯(Laches)将军的控诉。为了不让自己的父亲菲洛克里昂(Philocleon)上法庭,波德利克里昂(Bdelycleon)安排了一场模拟审判。他假想了一条名叫基翁(Kyon)的狗审判名为拉贝斯(Labes)的狗,因为后者偷吃了一块西西里奶酪(894-897)。有几位学者将这解释为对拉切斯进行过真正审判的寓言,拉切斯曾在公元前 427 年(或前 426 年)至公元前 426 年(或前 425 年)间被克里昂任命为西西里将军(Th. 3. 115. 2,6)。③ 在《马蜂》这部戏中,菲洛克里昂问道:德拉康提德斯(Dracontides)是否会被无罪释放?④ 人们可能会将此处的德拉康提德斯当作公元前 433 年或前 432 年参加科西拉远征的将军,其实,两人只是碰巧同名。⑤ 波德利克里昂还曾提到对修昔底德的审判,此处的"修昔底德"很可能是梅里西亚斯(Melesias)之子修昔底德。梅里西亚斯是一位杰出的政治家,同时也是伯利克里的对手,于公元前 443 年

---

① 参见 Hamel (1998a) 144 与 Hansen (1975) 74。
② 缺席判决死刑的情况可参见 Hansen (1975) 74。汉森相信,这一审判一定采取了公诉程序,但其理由没有说服力。
③ 奥斯特瓦尔德认为,对狗的审判是建立在真实的审判基础上,参见 Ostwald (1986) 212。韦斯特莱克[Westlake (1975) 115-116]相信,克里昂只是威胁要控告拉切斯,但麦道维尔[MacDowell (1971) 251]与戈姆(Gomme, 1945-1956. I:430-431)对此表示怀疑。
④ 参见 Ar. V. 157。
⑤ 参见 IG i3 364,第 20-21 行与 Th. 1. 51. 4。至于其另外的可能身份,可参见 MacDowell (1971) 153。

被放逐。① 这一审判一定发生在公元前 432 年至前 426 年。一些学者注意到,修昔底德(2.70)的报告提到,雅典人对色诺芬、法诺马库斯(Phanomachus)及赫斯提奥多鲁斯(Hestiodorus)将军在没有与公民大会协商的情况下,擅自与波忒蒂亚(Poteidaea)就投降条件进行谈判的事情感到愤慨,修昔底德对此解释说:他们将受到审判。② 但修昔底德的话可能只是表明,他们受到了严厉批判。③

这种分析模式肯定不会错。在公元前 480 年到公元前 433 年之间,亦即在将近 50 年的时间里,我们没有确凿的证据证明曾有哪一位将军或主要的政治家被法庭定罪,并受到了严厉惩罚。但在公元前 431 年至前 421 年,短短 10 年时间里,有大量证据证明,至少有 6 位将军被定罪(他们分别是:伯利克里、佛尔米奥、帕切斯、索福克勒斯、皮索多鲁斯以及历史学家修昔底德)。其中有一位将军(德摩斯梯尼)因害怕被审判而不愿意回雅典,对于另外的将军或主要政治人物来说,这造成了一种可能的暗示:政治环境已发生了明显变化。④

应当对这一变化负主要责任者,或者说,这一新战术最熟练的实践者,就是克里昂。⑤ 从阿里斯托芬的《武士》中,我们知道,

---

① 参见 Ar. V. 946-949 与 MacDowell (1971) 255。Ach. 703-712 也提到了这一审判。修昔底德被放逐,可参见 Plu. Per. 16.3。
② 参见 Kagan (1974) 98, note 85; Pritchett (1991) 418。
③ 参见 Hamel (1998a) 142。
④ 罗德认为,通过诉讼而非放逐的方法消灭对手的策略是在希波博鲁斯被放逐之后开始的,他将时间追溯到公元前 415 年,但此处的证明显示,那开始于公元前 5 世纪 20 年代。阿尔喀比亚德与尼西阿斯都是传统型的政客,他们试图复活克里昂之后已经过时的策略。参见 Rhodes (1994a) 97-98。
⑤ Ar. V. 88 的评注中说道,克里昂将法官的工资从 2 奥布尔提高到 3 奥布尔,但当代的一些作者都未曾提到克里昂在提高法官工资方面的作用。因此,上述消息可能只是一种猜测。在《黄蜂》中,阿里斯托芬说道,克里昂受到法官们的欢迎,不是由于增加了法官们的工资,而是由于为他们提供了案源。

克里昂利用控诉的威胁恐吓政敌,并在人民之间赢得了影响。①在一进场时,帕菲拉贡尼安(Paphlagonian)的奴隶——一个模仿克里昂的人,指控他的两个奴隶同伴犯有背叛城邦罪和谋反罪(Ar. Eq. 235-239)。他向法庭上的法官夸口说,是他让法官们整天有案可审,唯有如此,他们每天才能挣到3奥布尔(Ar. Eq. 255-257)。该剧的合唱中唱道,该奴隶向那些尚未通过审计的官员敲诈钱财,而这些官员也已做好被敲诈的准备(Ar. Eq. 258-263)。他巧立了一个又一个的名目,诸如:因走私装备到斯巴达而被人告发(Ar. Eq. 278-279;endeiknumi);由于没有交税而被人举报到了议事会主席面前(Ar. Eq. 300-302)②;由于与敌人合谋而被告发到了议事会(Ar. Eq. 475-479,626-629);以及趁某官员审计期间攻击该官员;等等。上述手法类似于克里昂指控其对手行贿的做法[Th. 3. 38. 2 (*kerdei epairomenos*);3. 42. 3;43. 1;亦可参见 Lys. 21. 19 (*hypokerdouseparthenai*)]。帕菲拉贡尼安威胁其政敌,他准备提起四项行贿指控,每一项指控都足以使他被罚100塔伦特(Ar. Eq. 442-443)。③ 该剧在合唱中抱怨道:帕菲拉贡尼安用刑事指控(*graphai*)困住了法庭(Ar. 304-310)。④ 在《黄蜂》中,阿里斯托芬以类似的方式描绘了克里昂及其支持者。《马蜂》合唱团同样质疑发生在色雷斯的背叛(Ar. 288-289,475)、谋反(Ar. 344-335)以及暴政(Ar. 417,470,474-476,487.参见 488-502)。该合唱团说,克里昂命令他们带着十二分的愤怒上法庭,情绪激动的控告者试图点燃人们的怒火(Ar. V. 242-244)。合唱团多次谈到人们的愤怒情绪(Ar. 277-280,403,406,424-455,454-

---

① 尽管阿里斯托芬明显夸大了克里昂的品行与策略的特点,但其描述肯定是以克里昂的实际表现为基础的。如安德鲁斯评述的,"一部成功的喜剧是不可能凭空产生的,真实的克里昂一定为阿里斯托芬提供了有价值的素材"。参见 Andrewes (1962) 81。
② 关于告发、检举的程序问题,可参见 MacDowell (1991)与 Wallace (2003)。
③ 我接受哥特林的补充,参见 Göttling, δωροδοκίας at442。
④ 关于这一歌唱团支持克里昂的情况,参见 Ar. V. 242,409,596-597。

455)。在《阿卡奈人》(Acharnians)(377-384)中，狄卡奥波利斯(Dicaeopolis)可能含蓄地提到克里昂在议事会中对阿里斯托芬的攻击。①

修昔底德和阿里斯托芬明确地表示，对将军们和其他官员的指控即便不是完全错误的，也非常不公平。那么，克里昂和那些学习其策略的人是如何成功地操纵法庭、恐吓敌人的呢？在这里，人们需要记住，雅典法庭有某些弱点，使得它很容易被人滥用。②

第一，在雅典，没有任何类似于现代英国和美国挑选陪审团成员的问题。在每一次审判中，人们都会随机地挑选那一年充任法官的人，诉讼当事人无法剔除自己的敌人或对手的朋友。雅典人痴迷于防止富人行贿(Arist. *Ath. Pol.* 41.3)，但对如何确保司法公正不太关注。这使那些不受大众欢迎的将军或政客在军事失败或外交挫折后很难得到公正审判。尽管司法誓言要求，法官在投票时不能敌视或偏袒任何一方当事人，但在充满怀疑的紧张政治氛围中，保持公正是一件非常困难的事。事实上，修昔底德认为，克里昂之所以能成功地说服雅典人，使他们相信修昔底德诽谤，与战时这一特殊的背景有很大关系；若在和平时期，当政治在平静的氛围中运行时，克里昂绝对难以成功地滥用法律程序。

第二，在英美的现代刑事审判中，公诉人必须得出一致的结论，才能对刑事被告定罪。相比之下，在雅典的法庭上，原告只需获得微弱多数即能赢得一场判决。因此，苏格拉底仅因为几百张选票中的 30 票之差而被梅勒图斯定罪(Pl. *Ap.* 36a)。这使得那些向雅典法庭提起公共诉讼的原告相对容易获得一纸判决。

第三，在现代刑事审判中，公诉人必须证明犯罪"已超出合理

---

① 参见 Olson (2002) xlvi-xlvii, l-li, 172-175。
② 关于雅典法庭的弱点，我借鉴了哈里斯的观点，参见 Harris (2005c) 21-22。

怀疑"的程度,这是一种比民事诉讼证明标准更高的标准。相比之下,雅典人在公共案件和私人案件中并没有采用不同的证明标准,也就是说,在公共案件中,原告无须采用更严格的证明标准。埃斯基涅斯(1.90-91)区分了那些"明显"有罪的人与那些必须根据概率而被确定有罪的人,但他想当然地认为,人们可以仅仅因为其名声和纯粹基于可能性而被判死刑。

第四,在古雅典,整个审判是在一天内进行,而不是在几周内进行。这一事实加剧了上述弱点。因此,法官没有很长的时间思考其论证、评价案件,他们必须在离开法庭之前作出决定。这使他们更容易作出草率的判断。在柏拉图的《申辩》(37a-b)中,苏格拉底指出,这种做法非常有害。他抱怨说,他只有一天时间来反驳这些年人们对他进行的所有诽谤。如果雅典人允许他讲上几天,就像希腊的其他城邦那样,他可能会说服大家,让他们无罪释放自己。

第五,在法庭对公开案件作出错误判决的情况下,根本没有可以用来推翻不公正判决的上诉制度。① 一旦人们作出了不利于苏格拉底的判决,苏格拉底便无法推翻它。

使控告者更容易获得一个有罪判决的另一因素是伯罗奔尼撒战争期间的财政状况。虽然雅典人在战争开始时国库充盈,有大量的金钱存在宗教账户里(Th. 2.13.3-5),但战争的时间和费用远超预期。以致到了公元前428年,雅典人不得不开征财产税(Th. 3.19);公元前425年,雅典人被迫提高了盟国的贡金,以应付军事开支(IG i^3 68)。② 雅典人的财政压力迫使法庭判决富人有罪,以便积聚巨额罚款,或没收其财产。曾有一名被告指控肆无忌惮的公诉人,说他们恫吓法官,要求法官判无辜的人有罪。这

---

① 公民大会可以推翻法庭的判决,但此种情况很少发生,参见 Pecorella Longo (2004)。
② 有关雅典人在伯罗奔尼撒战争期间面临的财政困难,可参见 Samons (2000) 171-211。

些人通常会预先告诉法官,除非没收被告的财产,否则无钱支付法官的工资(Lys. 27.1)。另一种说法是:若公共事业有足够的资金支持法庭或议事会,被告就会得到公平的审判;倘若没有,议事会或法庭就会被迫以莫须有的罪名给被告定罪,目的是通过没收被告资产的方式平衡预算(Lys. 30.22)。这两篇演说都发表在公元前404年之后,但上述问题在伯罗奔尼撒战争期间就已存在:在阿里斯托芬的《武士》中,卖香肠的人敦促人们消灭那些助讼人,因为这些人告诉法官,除非判对方有罪,否则法官们得不到任何报酬。阿里斯托芬把这种有害的做法与希波博鲁斯(克里昂的同伙之一)联系到了一起。①

我们没有理由相信,克里昂代表了一个新兴阶层,他们从工业中攫取了巨额财富,试图挑战那些依赖农业的传统统治阶层。② J. G. 克朗写道:"对于文学作品中的这些证据,人们最常见的做法是按照地主贵族和新兴商业中产阶级的冲突进行解释,这是我们熟悉的从中世纪和近代历史中总结出的解释模式,尤其是我们熟悉的封建贵族和资产阶级这一上流阶层的冲突模式。其实,这是对古代问题进行一种现代的、颠倒时空的解释。"③在公元前5世纪后期,在雅典,有许多显赫的家族从事商业活动。安多基德斯的世系可以追溯到公元前6世纪,他们通过贸易赚钱。④ 卡里亚斯同样来自一个受人尊敬的家族,他们靠采矿赚钱。⑤ 阿尔喀比亚德来自一个古老的家族,但他们太依赖于在手工业和其他非农业领域工作的奴隶。⑥ 克里昂可能无法将自己的家世追溯到几代

---

① 这一问题一直持续到公元前4世纪,参见 Harris (2006a) 137。
② 关于这一观点,可参见 Connor (1971) 151-163 与 Rosenbloom (2004)。相似的观点可参见 Mossé (1962) 28 与 Ehrenberg (1962) 91。
③ 参见 Kron (1996) xii。
④ 关于安多基德斯的家族问题,可参见 Davies (1971) note 828。其在商业方面的活动可参见 Lys. 6.19;And. 1.137;2.20-21;Plu. Vit. X Or. 834e。
⑤ 有关卡里亚斯的事迹,可参见 Davies (1971) 258,其世系可参见 Davies (1971) 254-256。
⑥ 参见 Davies (1971) 20 与 Kron (1996) 172-174。

以前，但我们也没有理由相信阿里斯托芬对其背景的嘲讽。克里昂的父亲非常富有，以致能在公元前460年或前459年组织起一支合唱队。① 因此，在克里昂及其在法庭上攻击的那些人之间，并没有太大的社会差距。② 克里昂与那些人的不同仅在于策略，一种与其侵略性的个人风格紧密联系在一起的策略。既然克里昂已能在法庭上熟练地运用这些策略，接着，他尝试将它应用到公民大会上。

三、乱扣帽子：一种危险的发展趋势

在公元前428年，麦提勒尼城邦发生了一场反抗雅典人的起义，他们还邀请斯巴达人前来助阵。有人将起义计划报告给了雅典人(Th. 3.2)，雅典人立即派遣军队攻打该城邦(Th. 3.3)。麦提勒尼人向斯巴达人求助(Th. 3.4, 8-15)，但斯巴达人派出的舰队来得太晚了(3.26.4)。这次起义似乎是由该城邦比较富裕的公民发起的。修昔底德(3.27-28)报告说，当起义的领导人萨莱苏斯(Salaethus)意识到，斯巴达人的帮助不可能及时赶到时，他将重甲分发给人民。人民一拿到盔甲，就拒绝接受官员们的命令。他们举行会议，坚决要求政府将所有可用的粮食分发给他们。如果政府不这么做，他们威胁要与雅典人谈判投降事宜。政府无力阻止他们，只好决定与雅典人谈判。最终，双方达成协议：雅典人有权采取其希望的行动，麦提勒尼人则有权派遣特使到雅典，在公民大会上为自己辩护。

---

① 参见 *IG* ii² 2318，第34行。
② 参见 Kron (1996) 96: "根本不能赞成任何此类的推理：克里昂具有较低的社会地位，对《老喜剧》(*Old Comedy*)中杂乱无章的评论加以仔细地分析可以看出，诗人们认识到且承认克里昂实际拥有特权地位，这进一步巩固了我们对他形象的理解，即他不是一个贩卖威胁和侮辱香肠小贩的奴隶贩子，因为后一理解与他在社会中的实际地位大相径庭。"

当雅典人第一次召开决定麦提勒尼人命运的大会时,克里昂说服雅典人,让他们作出了这样的决定:杀死(麦提勒尼的)所有成年男子,将妇女和儿童贬为奴隶。雅典人派出了一艘三列桨快船,将上述决定通知帕切斯(Th. 3. 362-363)。然而,第二天,雅典人改变了主意,他们发现,处死所有人的决定不仅有罪,而且残酷、过分(Th. 3. 36. 4)。为此,他们说服雅典的官员再召开一次大会,重新考虑自己的决定(Th. 3. 36. 5)。在公民大会第二次会议上,克里昂仍为原来的主张辩护(Th. 3. 37-40),但遭到了一个名叫狄奥多图斯的人反对(Th. 3. 42-48)。

从修昔底德对辩论过程的描述看,他敏锐地认识到,不同的辩论流派有不同的修辞习惯和隐含的规则。证明这些规则存在的最好证据可以在亚里士多德的《修辞术》和被归入阿那克西曼尼名下的《亚历山大修辞术》中看到。[①] 这些作品总结了人们对修辞实践进行长期反思的传统,并将这一传统追溯到了与修昔底德同时代的科拉克斯(Corax)和提西亚斯(Tisias)。

亚里士多德和《亚历山大修辞术》(1. 1. 1421b1)的作者都将演说分为三种类型:司法演说(*dikanikon*)、审慎的演说(*demegorikon* 或 *symbouleutikon*)和辞藻华丽的展示性演说(*epideiktikon*)。亚里士多德在《修辞术》第一卷(1. 3. 1-7. 1358a-1359b)中描述了每种演说的基本特征。"审慎的演说"的目的要么是劝诫,要么是劝阻某事,关注的是未来,因为演说者讨论的是未来之事。这类演说的目的是显示某种行动将来要么是有利的,要么是有害的。这类演说的听众是公民大会的成员。演说者可以提请人们关注公正方面的考量,但这些考量应从属于利益方面的考量。在法庭上,人们发表演说,目的不是指控某人,就是为某人辩护。这类演说主要涉及的是过去,因为无论是指

[①] 关于这一著作的原创作者,可参见 Chiron (2002) xl-cvii。

控还是辩护,都是审查过去已行之事。演说者的目的是证明某个行为是否公正,这类演说的听众是法官。辞藻华丽的展示性演说目的要么是赞扬,要么是责备。这类演说一般着眼于当下,重点是赞扬或指责当下的一些品质,但也可能指向过去和未来。这类演说的听众是由关注演说者能力的观众组成。①

亚里士多德并未发明这些类型的演说,而是将现实中的一些做法汇编了起来。② 审慎的演说与司法演说之所以存在区别,是因为公民大会和法庭的制度性功能不同。无论是在公元前5世纪,还是在公元前4世纪,公民大会的作用都是确定公共政策,并就影响整个社会的事项作出决定。③ 亚里士多德(Rh. 1.4.7. 1359b;亦可参见 Rhetorica ad Alexandrum 2.2.1423a 20-26)说道,审慎演说的主题是财政、战争与和平、国防、进出口以及立法等问题,前三种主题构成了修昔底德在公民大会发言的主题。④ 在修昔底德和色诺芬的笔下,在公民大会上发言者都倾向于将自己的论点建立在城邦利益的基础之上⑤,安提丰、安多基德斯以及吕西亚斯的法庭演说都包含了亚里士多德为法庭演说所规定的许多论证。正如我们在本书第二部分已看到的,人们在法庭上使用

---

① 昆体良(Quintilian,3.4.16)批判亚里士多德的这种分类过于简单,因为在某种程度上讲,这三者是相互依赖的(stant enim quodam modo mutuis auxilis omina),但是,他仍遵从了这一分类。事实上,尽管狄奥多图斯主要以便利为借口,但他确实从正义的角度进行了论证。

② 参见 Carey (2007) 236。卡瑞说道:"在公元前4世纪时,修辞术被人们整理出来,但并未产生新的类型。在修昔底德就人们对叛乱城市的命运进行辩论的说明中,我们可以看到,当时的人们承认不同的论证类型适合不同的场合。"卡瑞进一步提到,在伯利克里的《葬礼演说》中,人们可以"探寻到不一致的形式原则与明显的趋向,那些原则与趋向能为当时的演说者与听众所理解,如果没有被理解为一个规则体系的话。"肯尼迪(Kennedy,1959)宣称,在公元前5世纪和前4世纪之间,修辞实践发生了改变,但希斯(Heath,1990)却认为,该实践具有高度的延续性。

③ 参见 D.18.192:关于公民大会的作用,当下与将来都会讨论。

④ 有关财政状况,参见 Th.2.13;战争与和平问题可参见 Th.1.140-144。关于财政因素在修昔底德作品中的重要性,可参见 Kallet-Marx (1993)与 Kallet (2001)。在修昔底德的作品中,演说者很少在公民大会上讨论进出口问题,因为在帝国时期,它们并非一种重要的收入来源。关于这一话题,可参见 Bresson (2000) 109-130。立法问题仅仅是在公元前411年的事件上被人提到过。

⑤ 参见 Heath (1990)。

的不同论证反映了不同的功能,但它们都充当着法律守护者的角色,并且都是为了惩罚那些违反法律者(D. 24.36;Lycurg. Leocr. 4)。

克里昂在重启如何处置麦提勒尼人的辩论中攻击对手。他声称,人们对待这个问题,就像对待一场辞藻华丽的演讲比赛一样。① 克里昂并没有研究对手论证的优点,而是指责他们像诡辩家一样,热衷于一些似是而非的悖论(Th. 3.38.7)。克里昂声称,其对手试图证明,"麦提勒尼人所犯的错误对我们有利,我们的损失对盟友有害",并且,"那些已完全决定之事还未决定"(Th. 3.38.1)。就像诡辩家在一场口若悬河的竞赛中试图反驳那些不证自明的东西一样,克里昂批评其对手无视常识。② 这就是克里昂所说的雅典人被奴役的困境(Th. 3.38.5;*douloi ontes ton aiei atopon*)。因此,人们开始怀疑常识(Th. 3.38.5;*hyperoptai…ton eiothoton*)。克里昂责怪观众们举办了这场邪恶的比赛(Th. 3.38.4;*kakos agonothetountes*),认为它对城邦来说相当危险。并且,(雅典的民众)表现得像演讲比赛中的看客一样(Th. 3.38.4 以及 7;*theatai…theatais*),而非深思熟虑地思考公共问题的人(Th. 3.38.7)。值得注意的是,亚里士多德(Rh. 1.3.2.1358b)也称那些倾听口若悬河般演说的人为"旁观者"(*theoros*)。克里昂还斥责雅典人,因为他们"非常善于让自己受欺骗"(Th. 3.38.5;*apatasthai aristoi*)。这可能暗示了高尔吉亚的下一观点,即"说话的艺术不过是欺骗的一种形式(*apate*)"。③ 在公民大会上发言的人不应为自己感人的才华(*deinoteti*)所倾倒,也不应为这种炫耀自己才智的竞赛所迷惑。

---

① 参见 Macleod (1978) 71;Yunis (1996) 90-91。
② 这种复杂的论证不适合出现在葬礼演说——一种辞藻华丽的演说中。
③ 参见 Gorgias *Helen* 8 (*ὁ πείσας καὶ τὴν ψυχὴν ἀπατήσας*) and 10 (*ἀπατήματα δόξης*) 以及 Verdenius (1981)。麦提勒尼人发生叛乱与高尔吉亚到雅典的时间是同一年,这一说法是一致的吗? 参见 D. S. 12.53.1-2。但是,克里昂的指控——其对手试图误导听众——在法庭演说中是一种标准的指控。

在克里昂攻击其对手在公民大会上发表了错误的演说后，人们期待他能发表正确的演说，并使用审慎演说的语言和论证。在演说快结束时，克里昂确实谈到了公共收入问题（Th. 3. 39. 8：*prosodou*），这是亚里士多德（Rh. 1. 4. 7. 1359b）所说的审慎演说的五大主题之一。克里昂预言，如果雅典人不分青红皂白，对"为敌所迫起义者"与"自愿起义者"施加同样的惩罚（对后者不能施加严厉的惩罚），就不能遏制叛乱。即使雅典人成功地镇压了每一次叛乱，他们也将失去宝贵的收入来源（Th. 3. 39. 8）。然而，在演说的余下部分，克里昂对待这场辩论的态度发生了变化，似乎一下子变成了法庭上的公诉人，而非公民大会上的演说者。克里昂列举了麦提勒尼人对雅典人所做的种种不公正之事（3. 38. 1：*adikias*；3. 39. 1：*edikekotas*）。最终总结道：麦提勒尼人肯定有罪（Th. 3. 39. 6：*he aitia*）。他还使用了"刑罚"这一语词——这是只适合在法庭演说中使用的语词。克里昂认为，若对方犯罪，应尽快进行报复，那是最有效的惩罚手段（Th. 3. 38. 1）。在演说结束时，克里昂敦促雅典人以严厉的惩罚报复麦提勒尼人（Th. 3. 40. 5：*zemia*），并以应得的刑罚惩治其罪行（Th. 3. 39. 6：*kolasthenton … tes adikias axios*；Th. 3. 40. 7：*kolasate axios*）。克里昂试图通过这种方式证明，造反者将受到被处死的惩罚（Th. 3. 40. 7）。那些在修昔底德的作品中发表审慎演说的人倾向于避免使用这类语词。在这两次演说之外，"*zemia*"（刑罚）这一名词及与之相关的动词"*zemioun*"（惩罚）往往只出现在叙事和法律语境之中。①

---

① 该法律语境可参见 Th. 2. 24, 65. 3；3. 70. 4, 5；4. 65. 3；5. 63. 2, 4；8. 15. 1, 21, 67. 2, 73. 6, 74. 3。提及 *zemia* 这一术语的另一演说是"审判"普罗泰人，参见 Th. 3. 63. 1, 67. 2。使用这一术语名词形式的另一个演说者是斯特涅来达斯（Sthenelaidas），他指责雅典人违反了"三十年和约"，并用了"正义"这一语辞，参见 Th. 1. 86. 1。这一术语的动词形式也经常可以从斯巴达将军的战前演说中看到，他会提醒自己的手下注意，不要因战时怯懦而受到惩罚，参见 Th. 2. 87. 9。

学者们注意到，在一些平常的演说中，克里昂经常使用正义、不法行为和刑罚等语词。① 然而，很少有人注意到，克里昂在法庭演说中经常谈及许多常见的主题和论证，并运用许多不同寻常的政治策略。② 克里昂很早就在平常的演说中使用法律语气，他宣称，"对我们来说，所有事情中最可怕的事情……并不是认识到，一个遵守比较糟糕的法律且一成不变的城邦，比一个拥有好的法律却从不执行的城邦更强大"(Th. 3. 37. 3)。在这段话中，克里昂引用了法庭演说中经常出现的几个主题。首先，法律应保持不变，若经常改变法律，会很危险。③ 为保持法律的稳定，据说梭伦曾让雅典人发誓，在几十年甚或一百年内不改变法律。④ 安提丰(6.2)赞扬了雅典有关杀人的法律，因为其已有很长时间未发生变化(参见 D. 20. 153)。德摩斯梯尼(24. 139-143)告诉法庭，罗克里安人(Locrians)曾发布命令，所有提出新

---

① 参见 Macleod (1978) 71,72,77 [= Macleod (1983) 95,96,101]。温宁顿-英格拉姆(Winninton-Ingram,1965)相信，克里昂是从悲剧中提取这一理念，他没有看到司法语言对此问题的回应。Hesk (2000) 248-253 仅仅讨论了狄奥多图斯的这一陈述，即议事会上的演说者一定会使用欺骗手段来说服人们，但没有注意到，狄奥多图斯不赞成这样，并认为这是雅典的政治制度开始失能的一种症状。奥布尔[Ober (1998) 94-104]对于麦提勒尼人叛乱的讨论易于遭受一样的批判。这些作者都误读了克里昂使用的司法修辞，并没有理解狄奥多图斯批判的关键之点。

② 戈姆等人都没有提到克里昂的演说与其他法庭演说的区别，参见 Gomme (1945-56) II: 297-318; Hornblower (1991) 420-438; Rhodes (1994b) 204-209; Andrewes (1962)以及 Yunis (1996) 87-92。戈姆等人提到了克里昂法庭演说的风格，但没有提到克里昂的演说与当时的法庭演说的鲜明对比，参见 Connor (1984) 84-85, Macleod (1978)以及 Carey (2007) 236。

③ 温宁顿-英格拉姆认为，法律永远不变这一理念对希腊人(尤其是那些保守派)有很强的吸引力。但本章稍后引用的一段话显示，这一理念对于雅典人只有一点点吸引力。参见 Winnington-Ingram (1965) 72。一些评论家一直感到困惑，因为克里昂对付麦提勒尼人的措施根本不是法律，而不过是法令。简短的讨论可参见 Hornblower (1991) 423-424。但是，正在讨论中的这一法律不一定是稍早前议事会通过的法令，它可能是一个一般的规则，即雅典人的盟友并无背叛的权利，如果他们像纳克索斯岛(Th. 1. 98)、萨索斯岛(1. 101)、优卑亚(1. 114)以及萨摩斯(1. 115-117)那样背叛，将受到惩罚。注意，克里昂提及这些背叛以及最终被雅典人镇压这些事实，并认为，麦提勒尼人应从中吸取教训，参见 Th. 3. 39. 3。关于盟友歃血为盟的誓言，可参见 Meiggs (1972) 579-582。

④ Hdt. 1. 29 说的是"几十年"，Arist. Ath. Pol. 7. 2 与 Plu. Solon 25 说的是"几百年"。这三段话的相似性与区别，可参见 Rosivach (2010)。

法的人在提案时应在脖子上套上绞索。若提案未通过,绞索就将拉紧,提案人将被绞死。德摩斯梯尼赞扬罗克里安人,因为他们多年来只通过了一项新法律。在同一演说稍前的部分,德摩斯梯尼(24.24)评论了雅典人有关立法的法律,因为它们已生效很长时间,且经常证明自己有价值。德摩斯梯尼(20.90-92)在《诉勒珀提尼斯》这一演说中,把频繁地修改法律视为混乱的一种症状。早在公元前 5 世纪,雅典人就经常在重要措施中加入保护性条款(entrenchment clauses),以确保这些条款不会被随意更改。①

第二个主题是,城邦的力量和权力来自公民对法律的服从(Th. 3. 37. 3: *nomois akinetois xromene polis kreisson*)。根据埃斯基涅斯的观点(3.6),当雅典人遵守法律时,民主制度就很强大。同样地,当法官被一些不相干的事情分散注意力时,法律就会被忽视,民主制度会随之遭到破坏(参见 Aeschin. 3. 23, Lycury. *Leocr.* 3-4, And. 1-9)。

第三个主题是强调实施法律并使其充分发挥作用的重要性。克里昂对比了"法律被遵守"与"法律未实施"的情形(Th. 3. 37. 3: *akyrois*)。德摩斯梯尼(21. 224)在《诉梅迪亚斯》的演说中问道:"是什么使法律如此强大?当某人因受到冤枉而喊冤时,法律会跑过来帮助他吗?当然不能。只有在受害者呼唤正义,法庭肯定这些法律,并使这些法律有效(*kyrious*)时,这些法律才具有效力。"在控告尼奥拉时,阿波洛多罗斯告诉法庭,如果他们不惩罚她,雅典人有关婚姻和公民身份的法律将不再有效(*akyroi*)([D.]59.112;亦可参见 Lys. 1.34)。埃斯基涅斯(1.177)提醒审判提马库斯的法官,若他们惩罚违法者,法律将是优秀且有效的;若他们放任违法者,法律纵使是优秀的,也不再有效(参见 D. 50.

---

① 有关这种保护性条款,可参见 Lewis (1997) 136-149 与 Harris (2006a) 24-25。

1)。然而,请注意,埃斯基涅斯的比较与克里昂的比较略有不同。埃斯基涅斯比较了"得到实施的法律"与"未得到实施的法律",但在这两种情况下,他都称赞雅典的法律是良好的。克里昂声称,遵守不那么良好的法律,要比遵守那些良好但从未实施的法律更好。由此可见,克里昂的比较更进了一步。埃斯基涅斯只是对法律实施的重要性作了一般性论述,而克里昂则认为,遵守法律比制定好的法律更重要。因此,克里昂赋予遵守法律以一定的优先性,但埃斯基涅斯(1.6)不同意他的这一观点。他认为,这两个目标都很重要:"在立法时,应保证我们制定的法律是良好的法律,有利于我们的制度;但一旦制定了法律,就必须服从既定的法律,并惩罚那些不遵守法律者。"克里昂的论证(或者依据修昔底德的版本)虽建立在几个传统的法律观念基础之上,却扭曲了这些观念。在雅典的法庭上发言的诉讼当事人没有哪一个说过雅典的法律很糟糕。①

在法庭上,原告要求法官对被告凶一点很正常,因为他触犯了法律。② 同时,原告会争辩说,法官不应同情被告。③ 与之相反,被告会声称自己应得到同情,因为自己是无辜的。④ 在保存下来的最早的一篇法庭演说中,一位年轻人控告继母杀害了自己的父亲。他呼吁法庭,不应同情他的继母,因为她对自己的父亲从无丝毫怜悯之心(Antiphon 1.26)。当德摩斯梯尼(21.46)以对他人施暴的罪名控告梅迪亚斯时,他告诉法庭:"雅典的人们,没有什么比暴行更让人无法忍受,也没有什么比暴行更使你们愤怒

---

① 参见 Aeschin.(1.6) 107。
② 如何在司法演说中勾起人们的同情,可参见 Rubinstein(2004)。
③ 关于这种论证,可参见 Stevens(1944) 9-15。
④ 我们没有理由相信,诉诸愤怒与同情是诉请法外因素并试图推翻法律的论证。参见 Konstan(2000)。康斯坦揭示,被告会论证说,他们值得同情,是因为他们没有违反法律。在现有的法庭演说中,没有哪个被告曾要求法庭同情他,并置法律于不顾。同样地,控告者会认为,由于被告违反了法律,因此,法官会生被告的气。

(*orgizesthai*)。"德摩斯梯尼认为,梅迪亚斯不值得同情,因为"怜悯那些因无法容忍的不公正而受害者才是恰当的,根本不该可怜那些因做了一些惨不忍睹的事情而受到惩罚者"。在后来的演说中,德摩斯梯尼预测,梅迪亚斯会把自己的孩子带到法庭,以使法官们产生恻隐之心(D. 21. 186)。德摩斯梯尼(21. 196)对梅迪亚斯说:"怜悯根本不是对你的恰当反应,无论从任何方面看都不是。对于你,我们应采取完全相反的态度,即仇恨、憎恨和愤怒。只有这些才是对你行为的恰当回应。"开小差一案的控诉人提醒法官,他们有责任按照既定的法律进行投票,"不应怜悯那些行不正当之事者,相反,对他们的行为应感到愤怒(Lys. 15. 9)"。另一个案子中的原告告诉法庭,法官们应对一些客籍谷物商人的行为感到愤怒,因为他们为使自己牟利而试图欺骗雅典人(Lys. 22. 3-9)。

与法庭上的公诉人一样,克里昂认为,雅典人应根据自己的愤怒情绪行事。克里昂说,雅典人应毫不犹豫地惩罚麦提勒尼人,因为若某个人将此事拖延下去,人们的愤怒(*orge*)就会变得不那么强烈(Th. 3. 38. 1)。① 狄奥多图斯承认,在克里昂承认对手的演说对雅典人更有吸引力时,他自己也诉诸了情感,因为他知道,雅典人对麦提勒尼人的行为感到愤怒。克里昂警告公民大会,有三种事情对掌权者最有害,怜悯就是其中之一,只有那些知恩图报的人才有权利获得怜悯,那些永远不知道用怜悯回报雅典的人根本不配受到怜悯,他们必然是雅典的敌人(Th. 3. 40. 2-3)。在先前的演说中,克里昂命令公民大会"不要屈服于怜悯"(Th. 3.

---

① "*epexerchetai*"这一动词指的是控告某人有罪并将案件提交到法庭,参见 Antiphon 6. 37;D. 21 与 Harris(2006a)405-422。戈姆[Gomme(1945—1956)302-303]与霍恩布洛尔[Hornblower(1991)425]对克里昂使用这一术语未做评论。

37.2:*oikto endote*)。① 重要的是，在这篇演说中，用来表示怜悯的一些语词（如 *oiktos*，*eleos*）根本没有出现在修昔底德的其他审慎演说中；唯一能找到的另两篇演说是关于普罗泰人的准司法辩论。普罗泰人在为自己的行为辩护时乞求怜悯（Th. 3.59.1），但担任公诉人的塞班斯（Thebans）否认他们有得到同情的权利（3.67.2,4）。② 一些学者认为，与狄奥多图斯的更理性、理智的方法相比，克里昂的方法显得情绪化。这并不十分准确，因为克里昂也是在运用理性的论证证明自己的观点。克里昂认为，有必要惩罚麦提勒尼人，唯有如此才能阻止其他盟友造反，这一论证谈不上有什么不合理之处。克里昂为什么要使用愤怒和怜悯的语言？原因是：克里昂像法庭上的公诉人一样对待公民大会上的辩论，这些公诉人经常试图激怒法官，以便法官更愿意对被告施加严厉的惩罚。如我们即将看到的，狄奥多图斯反对这类措辞的主要理由是：对于发生在公民大会的争论来说，这类措辞不合时宜。

为了证明被告有罪，原告不仅要证明其违反了法律，而且要证明其没有可以减轻罪责的情形。③ 正如我们在第八章中已看到的，尽管雅典的法官们要受到"严格遵守法律"这一誓言的约束，但在作出自己的决定时，会考虑各种因素，包括不知情、胁迫、缺乏意图或不得已而为之，等等，并且表现出了宽容（*syngnome*）的倾向。德摩斯梯尼（21.90）认为，这就是人们所称的"公平"，所有被告都被赋予了这一权利。与其他公诉人一样，克里昂声称，不能将"公平"应用于这个案件，该案中的被告不值得原谅。他说道，

---

① 麦克劳德［Macleod (1978) 69］相信，"克里昂是为了报复而非实现法律上的正义而提起诉讼的"，并宣称，"这与他夸口自己尊重法律形成了强烈的反差。然而，如随后的分析显示的，克里昂在证明惩罚麦提勒尼人是正当的时候，遵从了普遍接受的法律原则。
② 在演说中，尼西阿斯用"*oiktos*"这一名词来形容雅典军队从叙拉古撤退，但在此处，语境有很大的不同；雅典的将军们说，雅典人更应得到神的爱怜，而非嫉妒（Th. 7.77.4）。
③ 麦克劳德［Macleod (1978) 69］相信，克里昂是为了报复而非实现法律上的正义而提起诉讼的，这与他夸口自己尊重法律形成了强烈的反差。

事实上,"公平"就像怜悯一样,是与当权者的利益相违背的(Th. 3.40.2)。只有那些将来对雅典友好的人,而非那些仍与雅典为敌者,才应得到公平(Th. 3.40.3)。① 克里昂否定"公平"得以应用的论证类似于安哥拉图斯的原告所作的论证。安哥拉图斯的原告说道,若被告的罪行非常严重,即使其行为违背了自己的意志,也应受到惩罚(Lys. 13.52)。② 克里昂认为,麦提勒尼人没有任何借口祈求原谅,因为损害雅典人的利益并不违背他们的意愿(*akontes men gar ouk eblapsan*),他们是在充分知情的情况下密谋反对雅典人的(*eidotes de epebouleusan*)(Th. 3.40.1)。③ 只有那些违背了自己意愿的行为才应得到宽恕(*xyngnomon d'esti to akousion*)。④ 克里昂承认,他宽恕那些因雅典人的压迫而选择背叛的盟友(*xyngnomen*),或因敌人强迫而背叛的盟友(*anagkasthentes*)(Th. 3.39.2)。他进而指出,麦提勒尼人并未受到压迫,因此,第一个借口不成立;麦提勒尼人拥有防御工事和三列桨战舰保护自己,并从雅典人那里得到了自治权和良好的待遇(Th. 3.39.2)。重要的是,对于那些"因敌人逼迫而反叛者"与"自愿反叛者",雅典人采取了不同的惩罚措施(Th. 3.39.7)。亚里士多德(Rh. 1. 13.16.1374a-b)曾将这一论证作为"公平"的一个例子,在对法庭中的修辞进行分析时,他讨论了这一问题(*to ta hamartemata kai ta adikemata me tou isou axioun*)。麦提勒尼人也不能以"无知"为借口请求宽恕,因为他们知道,其他的背叛同盟者都已遭到了惩罚(Th. 3.39.3)。⑤ 正如德摩斯梯尼(21.38-41)试图证明

---

① 值得注意的是,"*epieikeia*"这一术语只是出现在修昔底德的这两篇演说中,在修昔底德的其他演说中,这一主题不被认为是特别重要的。

② D. 19.103 说:在政治活动中,应当不允许人们以"不知情"为借口。参见 Isoc. 18.34。

③ 可比较《亚历山大修辞术》(*Rhetorica ad Alexandrum*, 4.6.1427a 18-20),其中说道,原告必须否认其对手提出的任何宽恕其罪的请求。参见 Lys. 14.2;D. 56.48。有关这些借口的类型,可参见 Arist. *Rh*. 1.15.3.1416a。

④ 试比较 D. 24.49 and Antiphon1.27。这两个段落都摘自原告的演说词。

⑤ 以"不知情"为借口的问题,可参见 D. 21.38 与[D.]58.24。

的,梅迪亚斯在酒神节上对他拳脚相加,根本没有任何借口,因为梅迪亚斯是故意羞辱他。克里昂认为,麦提勒尼人实施了有计划的侵略行为,故意选择站在雅典的敌人一边(Th. 3.39.2: *epebouleusan*)。克里昂分了两种人:一种是因遭受暴力而反抗者(*apostasis*);另一种是蓄意攻击并意图毁灭雅典者(*epanestesan*)。① 他的这一论证旨在证明麦提勒尼人的行为并非出于自卫,而是带有明显的犯罪意图。原告在法庭上发言时都试图进行类似的论证,故而,这种论证成了原告发言的另一标准模式。在揭示没有可减轻罪行的情况后,克里昂断言,麦提勒尼人受到了暴力倾向的驱使(Th. 3.39.3-5),他们眼红雅典的繁荣(Th. 3.39.3-5)。重要的是注意到,在修昔底德的记载中,在雅典公民大会上发言的其他演说者一般都不使用这类话语,因为他们认为,这类话语不适于审慎的演说。②

我们可以从克里昂的演说中看到的来自法庭辩论的另一个老生常谈是:人们经常警告那些利用自己的小聪明破坏法律的天才演说家。克里昂就曾指责说,其对手似乎喜欢运用诡辩术(*sophoteroi*)而不是法律,希望以此在所有公共辩论中脱颖而出,因为他们无法在其他更重要的问题上更好地表达自己的观点。通过这类炫技行为,他们经常破坏自己的社会(Th. 3.37.4)。③ 运用这一伎俩的最著名例子出现在"苏格拉底的审判"演说开头(Pl. *Ap.* 17a-18a),在这一演说中,苏格拉底提醒法官们,应注意其对

---

① 注意,《亚历山大修辞术》说道:在起诉书中,"最重要的是必须证明,某人(即被告)是故意地实施违法行为,而且并非只是一般地意图实现某一目的,且还做了最大可能的准备"。参见 *Rhetorica ad Alexandrum* (4.3.1427a3-5)。

② 在修昔底德的其他作品中也能看到以陈述的方式使用的"*hybris*"这一术语,参见 Th. 2.65.9;3.84;4.98.5;6.28。唯一例外出现在科林斯人控告科西拉人的例子中,参见 Th. 1.38.5。

③ 国王阿奇达穆斯表扬斯巴达人不因为受过好的教育而轻视法律,他们有很强的自控能力,所以服从法律,参见 Th. 1.84.3。克里昂的论证并不是"民主"或"独裁",他信奉的是法治这一为雅典所有城邦尊崇的理想,参见 Harris (2006a) 14-25。

手是如何警告法官的。其对手说,苏格拉底是一个诡诈的演说家(*deinos legein*),意图误导法官。① 当然,还可以再举出其他几个例子。例如,狄奥多鲁斯在控告安德罗蒂安通过了非法法令时,发出了类似的警告:"在进行公开演说时,这个人是一个熟练的诡辩家,他把自己的一生都献给了这一事业。大家应确保自己不被他误导,不被其说服以致投出了违背你们誓言的一票,不被他误导而替他开脱。"(D. 22.4;亦可参见 D. 52.2)司法誓言要求法官遵守雅典的法律,不受其他因素影响。像克里昂一样,狄奥多鲁斯声称,安德罗蒂安试图在自己的演说中运用技巧,从而使法官忘记誓言、无视法律。德摩斯梯尼(29.13)对阿弗巴斯提出了类似的指控。

  与上述法庭辩论策略密切相关的是指控对手为诡辩家。克里昂曾含蓄地提出过这一指控,他把公民大会比作一个倾听诡辩家发言的听众(Th. 3. 38. 7:*sophiston theatais eoikotes*)。埃斯基涅斯指责德摩斯梯尼是一个诡辩家,因为后者曾对自己的学生吹嘘,他成功地分散了法官在指控提马库斯时的注意力(Aeschin. 1.173-176;亦可参见 3.35)。在一个海事案件中,演说者指控自己的对手拉克里图斯(Lacritus)是一个曾受伊索克拉底训练的诡辩家,拉克里图斯试图用诡辩术否定对其进行的法律制裁(D. 35. 39-40)。在反对克特西丰的演说中,埃斯基涅斯(3.16,202)不止一次(而是两次)提醒法官,德摩斯梯尼是一个自认为可以摧毁法律的诡辩家。德摩斯梯尼(19.246)后来又对埃斯基涅斯做了同样的指控。② 德摩斯梯尼(18.226-227)在为克特西丰辩护时,曾指责埃斯基涅斯是个诡辩家,把审判当作演讲比赛(*rhetoron*

---

  ① 指控其对手是诡诈的演说家,这类控告可参见 Isoc. 21.5。
  ② 我们没有必要附和科诺尔[Connor(1971)163-168]的说法,将克里昂运用诡辩术攻击人看成是反智的,是为了迎合大众。我们需要区分人们对待传统教育的态度与上流社会对智术师们的普遍怀疑。参见 Harris(1995)28 与 185。

agona，在这种比赛中，胜负是按照演讲者的口才判定的），而不是对埃斯基涅斯的政治生涯进行考察。正如诉讼当事人在法庭上声称对手会转移法官对主要问题的注意力一样，克里昂预测，自己的对手也会试图用似是而非的论证误导公民大会（Th. 3. 38. 2：*paragein*）。① 其他诉讼当事人附和了克里昂的观点，指责其对手贬低或轻视法律［Antiphon 6. 47；D. 42. 2；［D.］59. 66；Isoc. 16. 2；18. 1；20. 22；Lys. 14. 9；fr. 195 (Carey) (= Athenaeus 12. 551b-552d)；Aeschin. 3. 203］，这意味着，他们认为自己重视法律。② 据修昔底德的记载，在雅典的公民大会上，没有其他演说者使用过这些策略。

在演说的结尾部分（*epilogos*），原告经常要求法庭惩罚被告，并要求以此为戒，对违法犯罪者加以震慑。在《诉梅迪亚斯》这一演说快结束时，德摩斯梯尼（21. 227）告诉法官："通过抓阄的形式，您被选择出来审理这个案子，用简单的一票终结争端是您的权利。现在，您是否还在犹豫，通过使这个人成为其他人的样板（*paradeigma*），从而帮助我，以便给人们带来欢乐，教导别人遵守纪律，让你们居住在未来非常安全的地方？"另一名原告劝告法庭，应以安德罗蒂安为戒，以儆效尤："今天，你们应对他的所有罪行施加惩罚，以便其他人引以为戒，表现出更大的克制。"（D. 22. 68）德摩斯梯尼（19. 343）在指控埃斯基涅斯背叛城邦的案子中，要求法庭惩罚埃斯基涅斯，以他为例，给雅典公民及其他希腊人以一定的警示（Lycurg. *Leocr*. 150）。其他演说者也纷纷强调严厉惩罚违法犯罪者的威慑作用（参见 D. 45. 87）。③ 在一个与贿赂

---

① 法庭辩论中的这一指控，可参见 D. 19. 228；20. 98，132；22. 4；23. 191，215；35. 41；45. 87；［D.］46. 1。在所有这些断论中，人们都能看到"*paragein*"这一动词。

② 参见 Carey (1996) 45。

③ 《亚历山大修辞术》（*Rhetorica ad Alexandrum*, 4. 5-6. 1427a 10-18）曾建议原告将惩罚作为一种威慑因素。

有关的案件中,原告预言,如果法官惩罚被告,其判决会给那些偷窃公共财产的人以警示,使他们更注重提升自己的道德水准(Lys. 30. 23-24)。① 阿波洛多罗斯敦促法庭谴责尼奥拉,以便其他人更加小心,更尊重神明和城邦([D.] 59. 77)。在一篇为殴打他人辩护的法庭演说结束时,阿里斯顿说道,如果法庭判科农无罪,会引起更多的暴力犯罪;如果判其有罪,则会减少暴力犯罪(D. 54. 43)。克里昂以类似方式强调惩罚的威慑作用,他告诉公民大会,"惩罚这些该遭报应的人,将会为你的其他盟友树立一个明确的反面典型:无论谁叛乱,都会被处以死刑。如果他们明白了这一点,你就可以花更少的时间与盟友勾心斗角,从而藐视你的敌人"②(Th. 3. 40. 7)。与其他指控者一样,克里昂也将这一论点放在演说的结尾,这并非巧合。

在对克里昂的回应中,狄奥多图斯不仅反对其法令,而且拒绝其整个辩论方法。他的攻击不仅指向克里昂的语言,而且指向其政治策略。在演说的第一句话中(第 3. 42. 1 节),狄奥多图斯就表明了自己的态度。他说,自己既不指责(aitiomai)那些提起另一场辩论的人,也不赞扬(epaino)那些批评对重要问题进行多次讨论的人。他所谓的"不指责"其实是指,他不会发表司法演说;他所谓的"不赞扬"则等于暗示,他也不打算发表一场华丽的演说。他继续谴责克里昂对其对手的攻击,认为那是公民大会中不恰当的行为。克里昂的这些策略在法庭上可能奏效,但在公民大会上,对人格进行攻击会妨碍演说者表达自己的真实观点,进而妨碍自由讨论(Th. 3. 42. 1-3)。城邦也不能从这种辩论方法中获益,因为它是通过恐吓手段来剥夺劝谕者的权利(Th. 3. 42. 4)。

---

① 参见 Lycurg. Leocr. 10;Lys. 14. 12;15. 9-10;22. 19;27. 7;28. 11。
② 其和法庭演说的比较,也曾被纳瓦拉[Navarre(1900) 305-306]提到过。参见 Macleod(1978) 71 [=Macleod(1983) 95]。这些学者都没有说到,这一论证通常都出现在演说的最后部分。

狄奥多图斯拒绝按克里昂的规则行事,因为这些规则不适合在公民大会的辩论中使用。狄奥多图斯不会提出控告(Th. 3. 44. 1: *kategoreson*),也不会讨论是否有罪或赦免的问题(Th. 3. 44. 1-2: *adikias…xyngnomes*)。这是因为在公民大会上,雅典人不是在参与诉讼,而是在审慎地思考麦提勒尼的人民如何能为他们的利益服务(*chresimos hexousin*)(Th. 3. 44. 4)。① 因此,狄奥多图斯是在展望未来,就像亚里士多德设想的一个演说者在公民大会发言时应做的那样(Th. 3. 44. 3:*mellontos*)。出席公民大会的那些人同样不能像法官那样行为(Th. 3. 46. 4:*ou dikastas*)。狄奥多图斯拒绝克里昂的司法修辞与策略,这一点最清楚不过了。② 另一方面,狄奥多图斯并不反对将有罪的人付诸审判;他只是反对在公民大会的某一次会议上审判他们(Th. 3. 48. 1:*krinai*)。他的全部论证都合乎当时的制度,也有一定的修辞效果:雅典人应在公民大会中对公共政策进行审慎的讨论,并在法庭上审判某个人。由于试图在公民大会上对人进行审判,因此,克里昂正在误导雅典人犯一种严重的政治错误。

狄奥多图斯还拒绝使用司法修辞中常见的诉诸愤怒或怜悯的方法。在公民大会讨论问题时,诉诸愤怒通常不合时宜,因为那会鼓励草率而愚蠢的决定,因而有碍适当的审慎(Th. 3. 42. 1)。狄奥多图斯还指出,雅典人不应像克里昂那样受怜悯或公平感的驱使(Th. 3. 48. 1),其论证问题的理由与克里昂也有所不同。克里昂认为,麦提勒尼人不值得同情或公平,因为他们明显有罪;狄奥多图斯反对使用这种语言,因为他觉得,此类语言不适合用在公民大会的辩论上。当克里昂倡导实施法律的重要性和惩罚的威慑价值时,狄奥多图斯质疑法律在阻止叛乱方面的作用。狄奥

---

① 关于公民大会不应像法庭那样行为的论证,可参见 Th. 1. 73. 1。
② 余尼斯(Yunis,1996. 92-101)遗漏了狄奥多图斯对克里昂司法修辞的批判。

多图斯认为,即使许多法律在通过时规定了死刑,但人们仍会犯罪,因为有人轻信自己能成功地规避惩罚,各城邦亦如此(Th. 3. 45.1-2,6-7)。在人类社会早期,刑罚较轻,但随着时间推移,刑罚越来越严厉,包括产生了死刑,但人们仍违反法律(Th. 3. 45. 3-4)。因此,法律在防止叛乱方面无效。雅典人应采取这样的策略,即努力使反叛的城邦更倾向投降而不是战斗到底。与克里昂——他更重视麦提勒尼人过去曾做过什么——相比,狄奥多图斯更看重未来,看重人们在审慎的演说中将做什么。如果一个反叛的城邦愿意妥协并希望得到宽大处理,那么,这个城邦更有可能投降,而不是战斗到最后(Th. 3.46.1-2)。若能如此,雅典人就不必将他们的资源浪费在漫长的包围战中,他们可以从这些贡物中重新获得收入,那正是他们与斯巴达战争所需的(Th. 3. 46. 3)。狄奥多图斯不只是反对克里昂的提议,他还质疑其使用的语言与政治策略。狄奥多图斯试图证明,克里昂在演说中使用的所有重要词语——惩罚、罪行、法律、愤怒和怜悯、公平、对于智识的攻击——若继续用在公民大会的发言上,将不合时宜。① 事实上,狄奥多图斯批评克里昂把法庭上使用的一些技巧生搬硬套地拖进了公民大会中。② 当然,修昔底德可能歪曲了克里昂的一些论证,使其说话的语气比实际的更激烈,但我们没有理由怀疑克里昂曾经在公民大会上使用过这些策略。

与之前的许多政客不同,克里昂善于利用法庭的弱点为自己谋取政治利益。每当在公民大会发言时,他都会使用曾在法庭上使用的恫吓手段。这一做法削弱了议事工作(公民大会)与

---

① 狄奥多图斯暗讽,克里昂使用激进的策略掩盖自己的贪腐。他并不是在揭人隐私,参见 Th. 3. 42. 2。

② 另一些学者认为,修昔底德的批判主要指向克里昂的帝国政策,参见 Andrewes (1962) 8。同时参见 Macleod (1978) 77 [= Macleod (1983) 101]:"狄奥多图斯的演说使得这一点几乎无可辩驳——人们想要的并不是一个由愤怒而激起的法律判决,而是一个受理性掌控的,以私利为鹄的现实考量。"但这一评价贬低了克里昂的众多论证具有的理性特点。

司法工作（法庭）的区别。据修昔底德的记载，狄奥多图斯敏锐地批评了这一点，认为其是雅典民主史上一种危险的发展趋势。尽管克里昂在这一场合被人击败了，但他一直使用这些策略，直到422年去世。修昔底德(5.16.1)说道，纵使在当时，克里昂仍因"诽谤"而臭名昭著。

四、雅典战败的动因：内部不和与司法不公

尽管克里昂在公元前422年死于安菲波利斯战役，但他的策略仍流传了下来。他在法庭上的直接继任者是希波博鲁斯。早在公元前425年，阿里斯托芬(Ach. 846-847)就略有提及希波博鲁斯经常控诉别人，在《云》(874-876)中，提到他对法律程序了解得非常详细。在《马蜂》(1007)中，波德利科隆(Bdelykleon)曾谴责希波博鲁斯用谎言愚弄法官。如前所述，在《武士》(1358-1363)中，阿里斯托芬将希波博鲁斯与鼓励法庭给富人定罪以确保能得到报酬的行为联系在一起，将普罗塔克(Alc. 13.1)与阿谀奉承联系在一起。在克里昂死后，希波博鲁斯运用克里昂的策略，使自己成为公民大会上的主要政客(Pax 679-681)。

希波博鲁斯的主要竞争对手有尼西阿斯——公元前421年，他通过谈判与斯巴达人结束了战争，与阿尔喀比亚德——他是在公元前420年后才声名鹊起的。正如我们所见，后两个人都以传统的方式——通过花钱并渴望领导雅典武装部队的方式——进行政治活动的。尽管采取了类似策略，但他们在外交政策上的观点大相径庭。尼西阿斯赞成恢复雅典人对希腊北部的占领，并与斯巴达保持和平，而阿尔喀比亚德试图在伯罗奔尼撒半岛挑起与斯巴达人的争端，并为公元前415年入侵西西里辩护。[①] 希波博

---

① 关于他们在外交政策方面的分歧，可参见 Rhodes (1994a) 94-96。

鲁斯显然高兴地看到自己的两个对手在互相争斗（Plu. Nic. 11. 4; Alc. 13.3）。另外，尼西阿斯与阿尔喀比亚德都知道，他们是不会利用法庭上的你争我斗来消灭彼此。他们毕竟都是绅士，而绅士是不会利用法庭的。他们直接攻击彼此的唯一方式是提起陶片驱逐法，阿尔喀比亚德在公元前 416 年和前 425 年就是这样做的（Plu. Alc. 13.4）。① 但这一计划事与愿违。希波博鲁斯和尼西阿斯看穿了诡计，共同对付阿尔喀比亚德。当他们运用陶片驱逐法时，没想到被放逐的却变成了希波博鲁斯（Plu. Alc. 13.4; Nic. 11.4）。当然，希波博鲁斯是自作自受。在这一局，传统的政客们使用传统套路，驱逐了运用新的政治策略者。希波博鲁斯被放逐开了个坏头。正如喜剧诗人柏拉图评述的（Plu. Nic. 11.6; Alc. 13.5）：

  的确，他经历了一段对于古代人来说非常有价值的事情，
  尽管这种命运对他本人来说已非常不错，且打上了他的烙印，
  对于他这样的人，陶片永远不会为他而设［佩林（Perrin）译］。

陶片驱逐法是一种工具，旨在帮助绅士们解决彼此间的分歧，同时不用通过诉诸法庭的方式弄脏自己的手，它并非专门针对诸如希波博鲁斯之辈。人们不应认为，大家对这位喜剧家的轻蔑态度是由其社会出身引起的，相反，是希波博鲁斯运用的方法引起了人们的不满，就像克里昂利用策略冒犯阿里斯托芬，迫使阿里斯托芬对他的出身进行嘲讽一样。

阿尔喀比亚德战胜希波博鲁斯的胜利非常短暂。公元前 415

---

① 关于日期的讨论可参见 Rhodes（1994a）86-91。艾丽斯（Ellis, 1989. 45-49）认为，使用陶片驱逐法的动力来自阿尔喀比亚德，相反的观点可参见 Rhodes（1994）96。

年,阿尔喀比亚德和另几十个人遭人指控,指控他们歇斯底里地跟随别人毁损赫尔墨斯神像、丑化神祇,此时,一些践行新政治风格的人很快进行了反击。修昔底德报告说,就在即将出发远征西西里之前,雅典城邦的赫尔墨斯塑像被人毁损了。雅典人建议调查这一罪行,并给予任何指证的公民、奴隶或外邦人以豁免权(Th. 6. 27. 1-2)。一些外邦人和奴隶并没有提供赫尔墨斯塑像被毁损的证据,但报告说,一个年轻的、喝醉酒的恶作剧者将神像弄得残缺不全。① 他们还指控(Th. 6. 27. 1-2)另一些人在私人住宅里丑化神祇(Th. 6. 28. 1-2)。支持该指控的人是阿尔喀比亚德的敌人,他们视阿尔喀比亚德为实现野心的拦路虎。故而,他们夸大(emegalunon)阿尔喀比亚德罪行的严重性,并声称这些行为是推翻雅典民主制度阴谋的一部分。显然,人们支持这一指控的唯一原因是阿尔喀比亚德行为乖张,常有"不民主的无法无天之举"(lawlessness)(Th. 6. 28. 2)。修昔底德明确地区分了毁损神像的指控——那据说是一个喝醉酒的恶作剧者所为——与告密者所说的诋毁神祇的指控,以及阿尔喀比亚德的敌人提出的推翻民主制度的指控。根据修昔底德的说法,后一指控明显带有夸大成分。阿尔喀比亚德否认这些指控,并表示愿意立即接受审判(6. 29. 1-2)。然而,他的敌人此时不想让他出庭受审,他们担心人们会宽恕他,因为阿尔喀比亚德已成功地说服阿尔戈斯人(Argives)和曼蒂尼亚人(Mantineans)参加西西里远征。为调虎离山,阿尔喀比亚德的政敌们敦促其赶快出征,以便可以在其不在场时破坏舆论,并在强化了针对他的诽谤(ek meizonos diaboles)后才召回他接受审判(Th. 6. 29. 3)。

在阿尔喀比亚德离开后,雅典人继续调查这两起违法行为,但

---

① 参见 Graf (2000) 123 与 Hornblower (2008) 377。"agalmata"指神的雕像,与"eikones"(人的雕像)不同。

修昔底德明确指出,这些告密者不可信(Th. 6. 53. 2: *poneron*⋯ *ponerian*)。当其中的一名被捕者决定招供时,这一怀疑进一步加深了;这导致那些被监禁者被处决,逃跑者被判处死刑(Th. 6. 60)。这一供词使雅典人相信,丑化神祇是阿尔喀比亚德推翻民主制度阴谋的一部分(Th. 6. 61. 1)。恰在此时,斯巴达军队在地峡出现,似乎证实了上述怀疑(Th. 6. 61. 2)。萨拉米三列桨快船(*Salaminia*)被派往西西里,逮捕阿尔喀比亚德。阿尔喀比亚德听闻此消息,立即从图利(Thurii)逃到了伯罗奔尼撒(Th. 6. 61. 4-7)。

此处不是详细分析发生在公元前 415 年事件的地方,但有两点需要说明。首先,我们没有理由将上述两桩违法事件视为当时社会氛围的一部分。在当时情况下,宗教传统与民主价值正变得越来越脆弱。① 修昔底德(6.27.3)很好地说明了公众对毁损赫尔墨斯塑像的反应:它被当作西西里远征出发时的凶兆。正如修昔底德(6.31.1)对西西里远征所作的描述那样,远征开始阶段是非常焦虑和不确定的时期。为减轻恐惧,军事领导人可能会不遗余力地确保出现好兆头,或确保成功的有利预言。希罗多德详细地描述了克罗苏斯(Croesus)在攻打波斯国王居鲁士(Hdt. 1. 46-56)之前,试图从德尔斐和其他一些神殿获得鼓舞人心的预兆。色诺芬报告说,斯巴达国王在率领军队离开斯巴达领土之前,都要举行祭祀仪式(*Lac. Pol.* 13. 2-3. Cf. X. *HG* 5. 1. 33)。如果祭祀时出现的预兆不佳,将预示结果不利(X. *An.* 6. 4. 22-25)。② 当雅典舰队即将出发前往西西里岛时,每个人都参加了由赞礼官(herald)主持的祈祷仪式,他们唱着赞歌(*paian*),举行奠酒祭神

---

① 参见 Hornblower (2008) 372 与 Graf (2000)。但也有人对公元前 5 世纪晚期存在宗教危机表示了合情合理的怀疑,参见 Parker (1996) 210-214。

② 关于战前的祭祀情况,参见 Jameson (1991)。当远征的军队即将出征时,对祭祀时占卜的吉凶情况表示焦虑,可参见 Plu. *Dion* 24. 1-5。

仪式(Th. 6.32)。这不是他们消除恐惧的唯一方法。修昔底德(8.1.1)说道,雅典人还从远征舰队的规模中获得了勇气。修昔底德披露,在雅典人听到西西里战败的消息时,还试图从预测胜利的神谕诠释者(chresmologoi)和占卜者(seers)那里获得信心。这不是说,赫尔墨斯塑像的毁损在雅典人中间引起了恐慌,而是说,此事与舰队出征同时发生,使雅典人感到恐慌。在斯巴达、科林斯、阿哥斯或无数其他城邦中的任何希腊人,如果在军队即将出发作战时,观察到一些不祥之兆,都会产生同样的反应。因此,人们不需要想象出一场宗教危机,以解释雅典人对赫尔墨斯塑像毁损的反应。

其次,理解阿尔喀比亚德等人遭指控的最佳方式,是将这些事件置于由克里昂在公元前5世纪20年代开创的新政治策略背景之下。阿尔喀比亚德的敌人对他的指控与克里昂对其对手的指控如出一辙,理由都是谋反、意图实施僭政和背叛城邦(Th. 6. 27.2;Ar. V. 417,470,474-476,487及488-502)。虽然雅典人很担心远征的凶兆,但修昔底德说,对暴君的痛苦记忆才是引起最大恐慌的根源(Th. 6.53.3;60.1)。这促使他们急着从西西里召回阿尔喀比亚德。当然,对阿尔喀比亚德的指控完全不着边际。第一,阿尔喀比亚德确实可能过着奢侈生活,但在此之前,他一直遵纪守法,并在公共服务方面有杰出贡献。[①] 第二,阿尔喀比亚德刚刚被选举出来,率领远征西西里的主力大军,因此,没有理由对民主制度心怀怨恨。第三,我们根本没有理由怀疑他对鬼神的虔诚态度,在他回雅典后已明显地证明了这一点(X. HG 1.4.20;Plu. Alc. 34)。第四,修昔底德对这些指控表示怀疑,称它们是诽谤(Th. 6.29.3;diaboles),并质疑举报者的人品。安多基德斯(1. 47-66;亦可参见Plu. Alc. 20.5)讲述了其中的一名指控者狄奥克

---

① 阿尔喀比亚德的公共服务情况,可参见本章第一节。

雷德斯(Diocleides)的故事,狄奥克雷德斯声称,曾亲眼看到数十人在夜间集会,密谋推翻民主制度。当被问到他如何能在黑暗中辨识这么多人时,狄奥克雷德斯回答说,那天晚上是满月。在有人指出那天晚上不是满月之前,他的指控并未受到质疑。随后,狄奥克雷德斯被处死。如果他的伪证没有被发现,许多无辜者会被处死或流放。因此,我们没有理由相信指向其他被指控者的证据会更好。第五,修昔底德给出了对阿尔喀比亚德的政敌做错误指控的有说服力的动机:他们希望消灭强大的对手(Th. 6.28.2)。根据色诺芬的说法(*HG* 1.4.9-12),到公元前 407 年时,许多雅典人相信,阿尔喀比亚德是发生在公元前 415 年针对他的阴谋的无辜受害者。阿尔喀比亚德并没有犯密谋推翻民主制度罪;他是那些偷师克里昂政治策略的政敌的牺牲品。阿尔喀比亚德对法庭的不信任是有道理的。后来,他为斯巴达人提供了帮助,这本来可以认定为背叛城邦,但考虑到雅典当时的政治气氛,他作出不服从召唤并逃跑的决定相当合理。

若将西蒙被放逐后的行为与阿尔喀比亚德流放期间的行为进行对比,并将其视为雅典道德沦丧——这种沦丧可能是由诡辩家有害的个人主义所致——的证据,肯定非常诱人。然而,在沉湎于这种诱惑之前,我们必须记住,他们两人的情况非常不同。西蒙在被放逐后仍有忠诚于雅典的强烈动机:他知道自己的流放将在 10 年后结束,他可以再次回到雅典,重新开始自己的政治生涯,事实上,他后来也确实这么做了。另外,当时仍存在非常强大的抑制性因素,阻止他与敌人合作。西蒙虽被流放,但他在雅典仍保留了财产。若他犯了背叛城邦罪,将失去返回雅典的机会与财产。阿尔喀比亚德却没有这样的动机。与西蒙不同的是,阿尔喀比亚德被缺席判处死刑。在公元前 415 年时,阿尔喀比亚德根本不知道自己还能回到雅典。人们不应把他的迟滞未归行为归咎于与苏格拉底的交往。其实,是那些在法庭上攻击他的人把他推到斯巴达人怀中。

在随后的一些年里,对法庭的不信任情绪导致人们将一场可能小败的局面转变成了一场彻底的灾难。当尼西阿斯发现难以征服叙拉古时,他需要决定是否解除对该城的围困,但出于对雅典法庭的恐惧,他作出了一个灾难性决定。此时,如果他决定立即撤退,就可以拯救远征军中的大部分雅典人和盟友。但修昔底德告诉我们,"由于不愿意遭受雅典人不体面的指控,担心因不公正的审判而被判死刑,他选择了冒险(如果必须冒险的话),以便死在敌人的手里"(Th. 7. 48. 3-4)。他的担忧不无道理;索福克勒斯、皮索多鲁斯与欧里门顿都在西西里战役后被判刑,德摩斯梯尼在阿卡纳尼亚战役失败后也害怕回雅典。若早做决定,本可以挽回尼西阿斯的名誉,但他毁掉了这次远征的成果,使这次远征遭受到了可怕的损失,最终被迫投降。

在接下来的几年里,斯巴达人开始与波斯人谈判,并获得了建造舰队和雇佣水手的资金。尽管斯巴达人取得了一些初步胜利,但在阿尔喀比亚德的帮助下,雅典人仍能收复许多失地。阿尔喀比亚德曾协助萨默斯地区的舰队与军队,于公元前407年带着胜利回到雅典。在他回来后,许多人认为,对他进行驱逐是不公正的,对他的指控毫无根据。然而,在接下来的一年里,阿尔喀比亚德离开了位于诺提昂(Notion)的舰队,他将舰队交给了一位名叫安蒂奥库斯(Antiochus)的部下指挥,命令其不要与敌人战斗(X. HG 1. 5. 11)。由于安蒂奥库斯不服从这一命令,斯巴达的吕桑德尔(Lysander)将军取得了胜利(X. HG 1. 5. 12-14,亦可参见 Plu. Alc. 35. 4-6)。① 尽管阿尔喀比亚德在这次战斗中没有发挥任何作用,但他在雅典的政敌因这次失败而指责他(X. HG 1. 5.

---

① 对于这一战役的讨论,可参见 Andrewes (1982), Kagan (1987) 301-322 以及 Bleckmann (1998) 162-182。

16)。由于害怕被起诉，阿尔喀比亚德再次流亡，此后再未回雅典(X. HG. 1.5.17)。① 对于导致阿尔喀比亚德被流放的事件，狄奥多鲁斯(13.73.3-74.4)给出了一个与色诺芬稍有不同的解释。他补充说，赛恩(Cyme)对阿尔喀比亚德提起了控诉，但他同时说，阿尔喀比亚德决定不返回雅典，是因为害怕被起诉。

次年，即公元前406年，利用法律上的指控这一手段消灭敌人的策略导致了阿吉努赛(Arginousai)战役后六位将军被定罪并被处决。这对雅典的军队是一个沉重打击。人们不能说，在公民大会上进行的这次审判是雅典民主历史上的反常现象。正如我们已经看到的，对将军们的攻击始于公元前5世纪20年代，并持续到了下一个20年。公元前406年的崩溃不过是长期发展的一个高潮罢了，它也是雅典人次年在伊戈斯波塔米(Aegospotamoi)战役惨败的原因之一。

为了将雅典人举行的这些审判置于一定的背景之下，我们需要回顾激起审判的那些事件。公元前406年，卡里克拉提达斯(Callicratidas)领导下的斯巴达人占领了位于莱斯博斯岛(Lesbos)的梅思姆纳(Methymna)，并开始封锁麦提勒尼(X. HG 1.6.12-23)。雅典人从雅典派出了由110艘舰船组成的舰队，在萨默斯及周边地区又加入了另一些舰船。此行的目的是解除封锁。雅典人在远离莱斯博斯海岸的阿吉努赛与卡里克拉提达斯领导的斯巴达舰队相遇，迅速击败了他们。根据色诺芬(HG 1.6.35)的说法，战役结束后，雅典的将军们决定，三列桨舰长色拉门内斯与斯拉斯巴鲁斯以及一些小分队队长各自带上47艘船，帮助受伤的三列桨舰，治疗舰上的士兵。然后，将军们率领剩余的舰船驶往麦提勒尼，攻击额特奥尼库斯(Eteonicus)率领的斯巴达舰

---

① Lys.14.38说，阿尔喀比亚德不敢提交自己的审计报告。Lys.21.7似乎指出阿尔喀比亚德被免职了，但相反的观点可参见Hamel (1998a) 210-212。

队。当时,这些斯巴达人正在封锁麦提勒尼。由于暴风雨的阻隔,这两组人都没能实现自己的计划。根据狄奥多鲁斯(13.100. 1-2)的说法,在战争结束后,对于到底是该先找回死者的尸体,还是该驶往麦提勒尼以解城邦之围,人们产生了争论。毋庸置疑,一场暴风雨的介入,使人们无法找到死者的尸体。这两位作者对这场风暴的看法一致,但色诺芬认为,三列桨舰的首要任务是拯救活人,而狄奥多鲁斯却认为应优先打捞尸体埋葬。

色诺芬(*HG* 1.7.1-34)对以下事件做了非常详细的描述。他报告说,人民罢免了除科农以外的所有将军,选举阿德曼图斯(Adeimantus)和菲罗克勒斯(Philocles)取而代之。在参加该战役的八位将军中,只有普罗托马库斯(Protomachus)和阿里斯托格尼斯(Aristogenes)没有回雅典,其余六人都回来了。色诺芬并没有解释雅典人民为什么要罢免将军们,也没有报告说公民大会命令他们返回雅典。狄奥多鲁斯(13.101.1.5-5)补充了色诺芬叙述中缺少的部分:将军们曾写信指责色拉门内斯和斯拉斯巴鲁斯,因为他们没有找回死者的尸体,但这两位三列桨舰长先于将军们返回雅典。为推卸责任,他们有意识地将人民的愤怒引向了将军们。① 因此,公民大会命令将军们立即返回雅典,接受审判。

将军们一回来,阿克德姆斯(Archedemus)就对埃拉斯尼德斯提出了贿赂和渎职的指控,法庭投票决定将他投入监狱(X. *HG* 1.7.2),并责令其他将军向议事会报告事情经过。在这次会议上,提摩克拉底提出了一项动议,要求把将军们监禁起来,并召开

---

① 通过在他们的信中省略掉指控,色诺芬(*HG*1.7.4)使这些将军看起来像个无辜的受害者。安德鲁斯(Andrewes,1974a)描绘了狄奥多鲁斯与色诺芬笔下不同的色拉门内斯的形象。

公民大会审判这些将军(X. HG. 1.7.3)。① 当公民大会开会时，提摩克拉底要求这些将军解释，为什么不打捞那些遇难水手的尸体，并大声宣读将军们将责任归咎于风暴的来信(X. HG 1.7.4)。将军们接着回答说，他们出航是为了与敌人作战，同时把营救水手的任务交给了色拉门内斯和斯拉斯巴鲁斯。但将军们仍把水手的死亡归咎于风暴，试图为色拉门内斯和斯拉斯巴鲁斯开脱。为此，他们提供了几个目击证人，以支持他们对于事件的说明。在此时，将军们仍试图说服公民大会，但这一切都太迟了。判决推迟到了随后的会议上。同时，公民大会指示议事会，要求提交一项审判这些将军需遵循程序的动议(X. HG 1.7.7)。

色拉门内斯及其盟友在阿帕图里亚(Apaturia)与海上失踪者的亲属会面，说服他们参加公民大会下次举行的悼念大会(X. HG 1.7.8. 亦可参见 D. S. 13.101.6)。在这次会议上，卡里克瑟努斯（色诺芬声称）接受了贿赂，提出了一项动议，要求立即进行无记名投票，判处这些将军死刑，以示对有罪者的惩罚(X. HG 1.7.9-10)。欧里托里慕斯(Euryptolmus)和其他几个演说者控告卡里克瑟努斯提出了非法的动议，并向他出示了传票，意图通过那一传票暂停其动议，直到案件审理结束。另一位名叫吕西斯库斯(Lyciscus)的人提议，除非欧里托里慕斯等撤回传票，否则也将以同样的方式受审。这成功地迫使欧里托里慕斯让步(X. HG 1.7.12-13)。接下来，主持会议的主席团拒绝将该动议付诸表决，卡里克瑟努斯对主席团发出了同样的威胁，要求他们让步。最终，在这一委员会中，唯一表示拒绝的只有苏格拉底，他

---

① 汉森认为，对这些将军们运用的是弹劾程序，参见 Hansen (1975) 84-85。但是，对这些将军们的指控又与弹劾有关的法律所列的犯罪形式不一样。我认为，对他们的审判可能运用的是特别程序。麦道维尔也怀疑当时用的是弹劾程序，参见 MacDowell (1978) 186-187。迫切需要对该程序进行新的研究。

说他不会做任何有悖于法律的事情(X. HG 1.7.14-15)。①

卡里克瑟努斯的法令违反了什么法律？色诺芬和狄奥多鲁斯都没有说。柏拉图在《申辩》(32b)和色诺芬在《大事记》(1.1.18)中都曾暗示，立即审判这六位将军是非法的，但他们没有指出这一程序违反了哪条法律。事实上，没有任何证据显示存在这样的法律。② 色诺芬(HG 1.7.5)指出，这些将军们没有得到法律规定的发言时间③；狄奥多鲁斯(13.101.6)报告说，那些希望为将军们辩护的人被禁止发言。这表明，他们说卡里克瑟努斯的动议是非法的，主要理由在于：它违反了"未经审判，任何人不得被处死"的法律④，而那正是欧里托里慕斯在公民大会的演说中实际诉说的。⑤ 如果欧里托里慕斯已经将卡里克瑟努斯送上了法庭，他需要证明：这些将军们没有得到为自己辩护的机会，卡里克瑟努斯的动议——他提议就将军们的判决进行投票——是试图在"未经适当审判的情况下，就处死将军们"。在公民大会发表的演说中，欧里托里慕斯提出，要么按坎诺努斯(Cannonus)的法令审判这些将军——那将允许将军们戴着镣铐在公民大会发言；要么根据处罚叛徒和抢劫庙宇的法律审判他们——那也将授权将军们可以

---

① 关于苏格拉底是如何反驳的，参见 Pl. Ap. 32b; X. Mem. 1.1.18。

② 参见 MacDowell (1978) 189。布莱克曼在1998年的著作中仍然宣称，公民大会有权让六位将军共同负责，最终将索福克勒斯等人定罪就证明了这一点。但这些将军被判处了不同的刑罚，这预示着他们经历了不同的审判。

③ 奥斯特瓦尔德[Ostwald (1986) 438]对 X. HG 1.7.5 进行了翻译。他在译文中说道："为了与法律保持一致，人们没有给他们发表演说的机会（也许给了他们一次解释的机会）。"这一说法与色诺芬的说明在意旨上不一致，色诺芬强调，对这些将军们的审判在程序上是不合法的。

④ 关于"不经过审判就非法地处死人"的问题，可参见 Lys. 22.2 与 And. 4.3 以及 IG i³ 40，第9行(雅典人保证，绝对不会不经审判就判卡尔西斯人死刑)。参见 Carawan (1984)。

⑤ 参见 Bleckmann (1998) 522："如果您相信色诺芬的说法，则对将军们的指控就是荒谬的，或违反规范的。"麦道维尔[MacDowell (1978) 189]误以为这一段话的意思是：在 X. Hell. 1.7.25(值得注意的是，在安提丰认为应属于欧力门顿的演说中，欧力门顿并未引用或提到任何成文法……因此，我们没有充足的理由认为，此案中运用的法律程序存在任何法律上的不恰当)中，法律禁止在未经审判的情况下对任何人实施处罚。

就自己的罪行和即将判处的刑罚进行发言（X. HG 1.7. 20-23）。"立即就将军们的罪行进行投票"的提议将侵犯将军们为自己辩护的权利。

欧里托里慕斯还提议,根据坎诺努斯的法律分别审判每一位将军,而非将所有将军放在一起审判。公民大会通过了他的动议,而非卡里克瑟努斯的动议。但在后来,由于梅涅克里斯对欧里托里慕斯提出了控告,公民大会不得不就"是否赞同卡里克瑟努斯的动议"进行第二次表决。公民大会随后判处所有八名将军死刑,六名回到雅典的将军被执行死刑（X. HG 1.7. 34）。不久以后,雅典人意识到,他们犯了一个严重错误。根据色诺芬（HG 1. 7.35）的说法,后来,卡里克瑟努斯和其他几个人被人控告,并被关进了监狱,但在审判前,他们逃跑了。根据狄奥多鲁斯（13. 103.1-2）的说法,卡里克瑟努斯被戴上了镣铐,不准说话,然后被关进监狱,但他随后逃了出去,并在德克里亚（德莫）加入了敌人阵营。在柏拉图的《申辩》(32b)中,苏格拉底在雅典法庭上发表演说时提到,事后每个人都对判处这些将军死刑感到后悔。①

那一审判的后果显而易见。第二年,也就是公元前405年,斯巴达的吕桑德尔将军驾船前往达达尼尔海峡,阻止来自黑海地区的粮食到达雅典（X. HG 2.1.17）。雅典舰队尾随其后,停泊在伊戈斯波塔米——一个附近没有城邦可供补给的裸露海滩边（X. HG 2.1.2-21；D. S. 13. 105. 1-2）。阿尔喀比亚德碰巧就在附近,他建议雅典的将军们将基地转移到塞斯托斯（Sestos）,那里有一个安全的港口和市场（X. HG 2.1.25）。② 雅典的将军们未理会阿尔喀比亚德的建议,这一军事失误导致了雅典历史上最严重的失

---

① 布莱克曼[Bleckmann (1998) 510-514]试图解释"所谓的表现后悔"的原因,但其解释难以令人信服。

② 按照狄奥多鲁斯（Diodorus, 13. 105. 3-4）的说法,阿尔喀比亚德提出带色雷斯的军队去帮助雅典人,但雅典的将军们拒绝了他的提议。

败（X. HG 2.1.27-28）。有人认为，这不过是一个偶然事件，是一个意外，不是由雅典人的行为造成的。修昔底德（2.65）坚决地反驳了这一观点。他认为，雅典人的惨败是由其错误、内乱及内部不和造成的。他特别提到了"*diabolas*"这个词，这个词几乎涵盖了在法庭上虚假指控的所有方面。正是雅典法庭存在的弱点，才使政治斗争无法维持在安全的限度内，无法保护将军们免受被判死刑或流放等不公正的攻击。这些缺陷削弱了雅典人打败斯巴达人所需的军事力量。当然，这并不是说，军事和外交因素没有在斯巴达的胜利和雅典的失败中发挥作用。斯巴达人下定决心，建立了一支海军，并向波斯国王寻求资金支持，这显然起到了作用。但这些因素只有助于解释斯巴达的胜利，而不能完全解释雅典的战败。即使在斯巴达人增强自己的舰队并获得波斯人的金钱资助之后，雅典人仍试图赢得胜利，并坚持运用自己的力量对抗斯巴达人。然而，正如修昔底德所说的，最终是雅典人的错误打破了两者之间的平衡，导致了不利后果。

因此，人们不能声称，修昔底德和色诺芬的著作受到了寡头政治偏见的玷污，进而对它们不屑一顾。对这一失败最严厉的批评者是雅典人自己。在雅典战败后，"三十僭主"夺得了政权，推翻了民主制度，逮捕了那些以控告官员为业的职业讼棍，并将他们处死。[①] 尽管"三十僭主"后来转而用暴力对付普通公民，但他们最初的行动赢得了人民的认可。3 个独立的消息来源可证明这一点，它们分别是：色诺芬（HG 2.3.12），亚里士多德的《雅典政制》（35.3）和狄奥多鲁斯（14.4.2）。并且，吕西亚斯的一位委托人（25.19）在民主的法庭上发言时曾指出，如果这 30 人只是除掉了那些盗窃公款、收受贿赂者，以及发起恶意指控的讼棍，他们本

[①] 奥斯本试图证明职业起诉人在支持民主制方面起着积极作用，但认为这是雅典被人击败的主要原因，参见 Osborne (1990)。

可以被后人认定为好人。如果这是一个不太流行的观点或非正统的观点,吕西亚斯在试图说服数以百计的雅典公民时,为何敢公开表达这一观点?①

---

① 芬利(Finley,1962)试图为这些煽动者涂脂抹粉,没有注意到克里昂之类的政客们动辄控告人在军事方面造成了不好的后果。

结 语

　　许多关于雅典法律的最新研究运用静态方法研究"法治"这一主题,这些研究认为,雅典人对待诉讼的态度并未随时间的推移而改变。[①]（但我认为)尽管雅典人在法治和法律程序的形式等基本信念方面保持了相当程度的连续性,但在公元前5世纪20年代,当一些政客开始利用法庭攻击对手时,诉讼的功能便发生了重大变化。这种变化不是在政治真空中发生的,更可能是由伯罗奔尼撒战争时恶劣的环境造成的。在当时的氛围下,人们更容易产生怀疑,并将压力转移到了法庭身上。一旦这类变化出现了,一些在公元前5世纪尚被人们视为不体面的新做法在公元前4世纪时就成了标准做法。许多政客,包括卡里斯特图斯、科农、阿基努斯、尤布鲁斯、列奥达马斯、阿波洛多罗斯、安德罗蒂安、德摩斯梯尼、埃斯基涅斯、卡雷斯、阿里斯托丰、希波雷德斯以及吕库古——雅典最有名家族之一的后代——都运用诉讼手段,控告其

[①] 有关共时性方法,可参见 Ober (1989), Cohen (1995), Christ (1998a), Robinstein (2000) 以及 Lanni (2006)。阿伦(Allen,2000a)认为,雅典人对于惩罚的态度发生了变化,但她的论证不太令人信服。

政敌。事实上,德摩斯梯尼(4.47)认为,对将军们的控告如此频繁,以致妨碍了雅典人全力投入对抗腓力二世的战争之中。

但是,除非雅典的法律制度存在某些弱点,等着人们去撕裂,否则这种变化永远不会发生。在第一部分和第二部分,我们看到,雅典人如何小心翼翼地构建起了一个旨在推行法治的法律体系。第一章向我们展示,这一法律体系如何将使用武力的权力交到官员手中,以及如何限制个人使用暴力手段,促进和平,保护普通公民免受强权的侵害。第二章揭示,这一法律体系采取了一些措施,限制人们针对无关紧要的事情提起诉讼,从而阻止人们利用法庭解决世仇。第三章证明,司法誓言力求确保公平,并确保法律面前人人平等。第四章研究了一些古雅典法规的内容。我们发现,雅典的法律最关心的是如何制定实体性规则,塑造所有公民和阿提卡地区居民的行为和习惯。第五章和第六章揭示了司法誓言与诉状的作用,突出它们如何迫使诉讼当事人在向法庭提起诉讼时,密切关注包含在法律中的实体性规则。与此同时,这一法律体系允许诉讼当事人探索法律的开放性结构。第六章和第七章说明了法庭如何采取措施,保持成文法中关键术语标准含义的一致性。另外,正如我们在第八章看到的,法庭并没有严格地适用法律,以致不考虑那些可减轻罪责的情形。为了推行法治,雅典人真的付出了大量努力。在这一点上,雅典人值得我们钦佩。

雅典人还热衷于防止官员滥用权力。这一努力可追溯到梭伦的法律,该法律规定了一系列程序,防止权力集中在某个人或某一小撮人手中。梭伦对官员进行了职能分工,将权力上移到行政委员会(boards of magistrates),对官员的任期加以限制,并允许公民对行政官员的决定提起上诉。[①] 他还要求官员们对自己的

---

① 有关梭伦法律的目的,可参见 Harris (2006a) 3-28。

行为负责。当然,反对独裁者的终极武器是放逐制度,它是在人们推翻僭政和克里斯提尼改革后产生的。只有在其他一切手段失效的情况下,才使用这一方法。但由于害怕僭政,雅典人太轻易地以公开控诉的方式判处有权势者有罪。正如我们在第九章中看到的,雅典人并没有建立起可靠的保障措施,保护那些被控犯有重大罪行者的个人权利。当人们认识到某些判决不公时,大多倾向于怪罪控告者,而不是反思法庭及其遵循的程序存在问题。众所周知,找一个替罪羊,比批评自己的制度,要容易得多。一些学者把雅典法律制度的连续性看作是维持雅典社会稳定和成功的基石。① 若要较好地解释这种连续性,我们只需将其视为新制度主义所称"路径依赖"(path dependence)的一个例子。② 雅典的民主制度经历了太多磨难,以致难称成功。正如德摩斯梯尼所见,在战争期间,法庭的功能可能失灵。正如我们所见,雅典法律体系的缺陷在导致公元前404年希腊投降的失败中负有很大责任。尽管雅典人试图建立民主和法治,但他们并未完全实现自己的目标。但话又说回来,没有哪一个社会能完全实现法治。追求法律面前人人平等,努力确保程序公正,废除酷刑和奴隶制,推动判决的一致性,努力使法律更通俗易懂,以及使官员可归责,这些全都是雅典人持续推进的目标。雅典人和其他希腊城邦的公民在建立民主和法治方面迈出了重要一步。我们有责任继续他们的工作,使他们为本国公民(在某些情况下,也包括自由的非公民)创设的保护措施惠及地球上的所有人。

---

① 最著名的如 Ober (1989)。
② 我希望自己未来能考察雅典民主制的"路径依赖"。

参考文献

1. Allen, D. (2000a). *The World of Prometheus: The Politics of Punishing in Democratic Athens*, Princeton.
2. Allen, D. S. (2000b). "Changing the Authoritative Voice: Lycurgus' Against Leocrates", *ClAnt.*, 19.1:5-33.
3. Amyx, D. (1958). "The Attic Stelai: Part III", *Hesperia*, 27:163-310.
4. Andrewes, A. (1962). "The Mytilene Debate: Thucydides 3.36-49", *Phoenix*, 16:64-85.
5. Andrewes, A. (1974a). "The Arginousai Trial", *Phoenix*, 28:112-122.
6. Andrewes, A. (1974b). "The Survival of Solon's Axones", In Bradeen and MacGregor (1974):21-28.
7. Andrewes, A. (1982). "Notion and Kyzikos: The Sources Compared", *JHS*, 102:15-25.
8. Arnaoutoglou, I. N. (2003). *Thusias heneka kai synousias: Private Religious Associations in Hellenistic Athens*, Athens.
9. Badian, E. (1970). "Police", In *Oxford Classical Dictionary*, ed. N. G. L. Hammond, and H. H. Scullard. Oxford:851.
10. Badian, E. (1993). *From Plataea to Potidaea: Studies in the History and Historiography of the Pentekontaetia*, Baltimore.
11. Beauchet, L. (1897). *Histoire du droit privé de la république*

athénienne, Paris.

12. Berent, M. (1996). "Hobbes and the Greek Tongues", *History of Political Thought*, 17:36-59.

13. Berent, M. (2000). "Anthropology and the Classics: War, Violence, and the Stateless Polis", *CQ*, 50:257-289.

14. Bertrand, J. M. (2001). "Platon et les lois sur la discipline militaire", *Quaderni del dipartimento di filologia linguistica e tradizione classica*, Augusto Rostagni, 2001:9-27.

15. Bertrand, J. M. (2002). "À propos de la Rhetorique d'Aristote (I 1373b1-1374b23), analyse du processus judiciaire", *Dike*, 5, 161-185.

16. Bertrand, J. M., ed. (2005). *La violence dans le mondes grec et romain*, Paris.

17. Bianchi, E. (2002). "Ancora su Eschine 3. 252", *Dike*, 5:83-94.

18. Bingham, Tom (2010). *The Rule of Law*, London.

19. Biscardi, A. (1999). *Scritti di diritto Greco*, Milan.

20. Blackwell, C. W. (1999). *In the Absence of Alexander*, New York.

21. Blass, F. (1887-98). *Die attische Beredsamkeit*, Leipzig.

22. Bleckmann, B. (1998). *Athens Weg in die Niederlage: Die letzten Jahre des Peloponnesischen Kriegs*, Stuttgart and Leipzig.

23. Blundell, M. W. (1989). *Helping Friends and Harming Enemies*, Cambridge.

24. Bolmarcich, S. (2007). "The Afterlife of a Treaty", *CQ*, 57:477-489.

25. Bonner, R. J., and G. Smith. (1930-1938). *The Administration of Justice from Homer to Aristotle*, Chicago.

26. Bradeen, D. W., and M. F. MacGregor, eds. (1974). *ΦΟΡΟΣ: Tribute to Benjamin Dean Merit*, Locust Valley, NY.

27. de Brauw, M. (2001-2). "'Listen to the Laws Themselves': Citation of Laws and Portrayal of Character in Attic Oratory", *CJ*, 97:161-176.

28. Brélaz, C., and P. Ducrey, eds. (2007). *Sécurité collective et ordre public dans les sociétés anciennes (= Entretiens de la Fondation Hardt Tome LIV)*, Vandoeuvres and Geneva.

29. Brenne, S. (2001). *Ostrakismos und Prominenz in Athen*, Vienna.

30. Bresson, A. (2000). *La cité marchande*, Paris and Bordeaux.

31. Broadbent, M. (1968). *Studies in Greek Genealogy*, Leiden.

32. Bruce, I. A. F. (1966). "Athenian Embassies in the Early Fourth Century", *Historia*, 15:272-281.

33. Brüggenbrock, C. (2006). *Die Ehre in den Zeiten der Demokratie: Das Verhältnis von athenischer Polis und Ehre in klassischer Zeit*, Göttingen.

34. Brunschwig, J. (1996). "Rule and Exception: On the Aristotelian Theory of Equity", In Frede and Striker (1996):115-155.

35. de Bruyn, O. (1995). *La compétence de l'Aréopage en matière de procès publics*, Stuttgart.

36. Buckland, W. W. (1908). *The Roman Law of Slavery*, Cambridge.

37. Buckland, W. W. (1963). *A Text-Book of Roman Law from Augustus to Justinian*, 3rd edition, Revised by P. Stein, Cambridge.

38. Bultrighini, U., ed. (2005). *Democrazia e antidemocrazia nel mondo greco: atti del Convegno internazionale di Studi Chieti*, 9-11 aprile 2003. Alessandria.

39. Burckhardt, L., and J. von Ungern-Sternberg, eds. (2000). *Grosse Prozesse im antiken Athen*, Munich.

40. Burnett, A. P. (1998). *Revenge in Attic and Later Tragedy*, Berkeley and Los Angeles.

41. Burtt, J. O. (1954). *Minor Attic Orators* Ⅱ: *Lycurgus, Dinarchus, Demades, Hyperides*, Cambridge, MA.

42. Bushala, E. (1968). "Torture of Non-Citizens in Homicide Investigations", *GRBS*, 9:61-68.

43. Cairns, D. L. (1996). "Hybris, Dishonour, and Thinking Big", *JHS*, 116:1-32.

44. Canevaro, M. (2010). "The Naturalisation Decree for the Plataeans", (Ps. D. 59. 104), *GRBS*, 50:337-369.

45. Canevaro, M. (forthcoming). "The Sources for Nomothesia in Athenian Law", *CQ*.

46. Canevaro, M., and E. M. Harris. (2012). "The Documents in Andocides On the Mysteries", *CQ*, 62. 1:98-129.

47. Cantarella, E., ed. (2007). *Symposion* 2005: *Vorträge zur griechischen und hellenistischen Rechtsgeschichte*, Vienna.

48. Carawan, E. (1984). "Akriton Apokteinein: Execution without Trial in Fourth Century Athens", *GRBS*, 25: 111-121.

49. Carawan, E. (1998). *Rhetoric and the Law of Draco*, Oxford.

50. Carawan, E., ed. (2007). *Oxford Readings in the Attic Orators*, Oxford.

51. Carey, C. (1989). *Lysias: Selected Speeches*, Cambridge.

52. Carey, C. (1992). *Apollodoros: Against Neaera [Demosthenes 59]*, Warminster.

53. Carey, C. 1995. "Rape and Adultery in Athenian Law", *CQ*, 45: 407-417.

54. Carey, C. (1996). "Nomos in Attic Rhetoric and Oratory", *JHS*, 116: 33-46.

55. Carey, C. (1998). "The Shape of Athenian Laws", *CQ*, 48: 93-109.

56. Carey, C. (2000). *Aeschines*, Austin, TX.

57. Carey, C. (2004). "Offence and Procedure in Athenian Law", In Harris and Rubinstein (2004): 111-156.

58. Carey, C. (2007). "Epideictic Oratory", In Worthington (2007): 236-252.

59. Carey, C. et al. (2008). "Fragments of Hypereides' Against Diondas from the Archimedes' Palimpsest", *ZPE*, 165: 1-19.

60. Carey, C., and R. A. Reid. (1985). *Selected Private Speeches*. Cambridge.

61. Cartledge, P. (1999). Review of Nielsen (1997), Hansen (1997), and Hansen (1998), *Classical Review*, 49: 465-469.

62. Cartledge, P., P. Millett, and S. von Reden. (1998). *Kosmos, Essays in Order, Conflict and Community in Classical Athens*, Cambridge.

63. Cartledge, P., P. Millett, and S. C. Todd. (1990). *Nomos: Essays in Athenian Law, Politics, and Society*, Cambridge.

64. Cavanaugh, M. B. (1996). *Eleusis and Athens. Documents in Finance. Religion and Politics in the Fifth Century B. C.* (= American Classical Studies 35), Atlanta.

65. Charles, J. F. (1938). *Statutes of Limitations at Athens*, Chicago.

66. Chiron, P. (2002). *Ps. Aristotem, Rhétorique à Alexandre*, Paris.

67. Christ, M. (1998a). *The Litigious Athenian*, Baltimore and London.

68. Christ, M. (1998b). "Legal Self-Help on Private Property in Classical Athens", *AJP*, 119: 521-545.

69. Christ, M. R. (2005). "Response to Edward Harris", In Wallace and Gagarin (2005): 143-146.

70. Clinton, K. (1980). "A Law in the City Eleusinion Concerning the Mysteries", *Hesperia*, 49: 258-288.

71. Clinton, K. (2005). *Eleusis: The Inscriptions on Stone. Vol. IA: Text*, Athens.

72. Clinton, K. (2008). *Eleusis: The Inscriptions on Stone. Documents of the Sanctuary of the Two Goddesses and Public Documents of the Deme. Vol. 2: Commentary*, Athens.

73. Cohen, D. (1984). "The Athenian Law of Adultery", *RIDA*, 31: 147-165.

74. Cohen, D. (1991). *Law, Sexuality and Community: The Enforcement of Morals in Classical Athens*, Cambridge.

75. Cohen, D. (1995). *Law, Violence, and Community in Classical Athens*, Cambridge.

76. Cohen, D. (1997). "Democracy and Individual Rights in Athens", *ZRG*, 114: 27-44.

77. Connor, W. R. (1971). *The New Politicians of Fifth-Century Athens*, Princeton.

78. Connor, W. R. (1984). *Thucydides*, Princeton.

79. Cooper, C., ed. (2007). *The Politics of Orality* (= *Orality Ancient Greece and Literacy in Ancient Greece 6. Mnemosyne Suppl.* 280), Leiden.

80. Coss, P., ed. (2000). *The Moral World of the Law*, Cambridge.

81. Couvenhes, J. C. (1999). "La réponse athénienne à la violence territoriale", *Cahiers du Centre Gustave Glotz*, 10: 189-207.

82. Couvenhes, J. C. (2005). "De disciplina graecorum: les relations de violence entre les chefs militaires grecs et leurs soldats", In Bertrand (2005): 431-454.

83. Couvenhes, J. C. (2007). "La fourniture d'armes aux citoyens athéniens du IVe au IIIe siècle avant J. C", In Sauzeau and von Compernolle

(2007):521-540.

84. Couvenhes, J. C. (2012). "L' introduction des archers scythes, esclaves publics, à Athènes; la date et l'agent d'un transfert culturel", In Legras (2012): 99-118.

85. Crook, J. A. (1967). *Law and Life of Rome. 90 B. C. -A. D. 212*. Ithaca.

86. Daverio Rocchi, G. (1988). *Frontiera e confini nella Grecia antica*. Rome.

87. Davies, J. K. (1971). *Athenian Propertied Families*, 600-300 BC. Oxford.

88. Davies, J. K. (1981). *Wealth and the Power of Wealth in Classical Athens*. New York.

89. Davis, G. (2011). "Axones and Kurbeis: A New Answer to an Old Problem", *Historia*, 60:1-35.

90. Debnar, P. (2001). *Speaking the Same Language*, Michigan.

91. Develin, R. (1989). *Athenian Officials* 684-321 B. C., Cambridge.

92. Dicey, A. (1885). *An Introduction to the Study of the Law of the Constitution*, London.

93. Dillon, M. (2006). "Was Cleisthenes or Pleisthenes Archon at Athens in 525 BC?", *ZPE*, 155:91-107.

94. Dorjahn, A. P. (1928). "Legal Precedent in Athenian Courts", *Philological Quarterly*, 7:375-389.

95. Dorjahn, A. P. (1935). "Anticipation of Arguments in Athenian Courts", *TAPA*, 65:74-95.

96. Dover, K. J. (1974). *Greek Popular Morality*, Oxford.

97. Dreher, M. (1994). "Diskussionsbeitrag zum Referat von Douglas MacDowell", In Thür (1994):165-168.

98. Drerup, E. (1898). "Über die bei den attischen Rednern eingelegten Urkunden", Jahrbuch für classische Philologie Supplementband 24: 221-366.

99. Dworkin, R. (1986). *Law's Empire*, Cambridge, MA.

100. Eder, W., ed. (1995). *Die Demokratie im 4. Jahrhundert v. Chr.: Vollendung oder Verfall einer Verfassungsform?* Stuttgart.

101. Edwards, M. (1995). *Greek Orators IV: Andocides*, Warminster.

102. Ehrenberg, V. (1962). *The People of Aristophanes: A Sociology of Old Comedy*, New York.

103. Ellis, W. M. (1989). *Alcibiades*, London.

104. Engels, J. (1993). *Studien zur politischen Biographie des Hypereides: Athen in der Epoche der lykurgische Reformen und des makedonischen Universalreiches*, Munich.

105. Engels, J. (2008). *Lykurg: Rede gegen Leokrates*, Darmstadt.

106. Faraguna, M. (1992). *Atene nell'età di Alessandro: problemi politici, econmici, finanziari*, Rome.

107. Faraguna, M. (2006). "Alcibiade, Cratero e gli archivi guidiziari ad Atene", In Faraguna and Vedaldi Iasbez (2006): 197-207.

108. Faraguna, M. (2007). "Risposta a Eva Jakab", In Cantarella (2007): 123-130.

109. Faraguna, M., and V. Vedaldi Iasbez, eds. (2006). Δύνασθαι διδάσκειν: *Studi in onore di Filippo Cassola*, Trieste.

110. Feyel, C. (2009). *Dokimasia: la place et le rôle de l'examen préliminaire dans les institutions des cités grecques*, Nancy.

111. Finley, M. I. (1962). "The Athenian Demagogues", *Past and Present*, 21: 3-24.

112. Finley, M. I. (1973). *The Ancient Economy*, Berkeley and Los Angeles.

113. Finley, M. I. (1983). *Politics in the Ancient World*, Cambridge.

114. Fisher, N. R. E. (1992). *Hybris: A Study in the Values of Honour and Shame in Ancient Greece*, Warminster.

115. Fisher, N. R. E. (1998). "Violence, Masculinity and the Law in Classical Athens", In Foxhall and Salmon (1998): 68-97.

116. Fisher, N. R. E. (2001). *Aeschines: Against Timarchos*, Oxford.

117. Fisher, N. R. E. (2003). "'Let Envy Be Absent': Envy, Liturgies, and Reciprocity in Athens", In Konstan and Rutter (2003): 181-215.

118. Fisher, N. R. E., and H. van Wees, eds. (1998). *Archaic Greece: New Approaches and New Evidence*, London.

119. Flensted-Jensen, P., T. H. Nielsen, and L. Rubinstein, eds. (2000).

Polis and Politics: *Studies in Ancient Greek History*, Copenhagen.

120. Fletcher, G. (1978). *Rethinking Criminal Law*, Boston and Toronto.

121. Forsdyke, S. (2008). "Street Justice and Popular Justice in Ancient Greece: Shaming, Stoning, and Starving Offenders Inside and Outside the Courts", *Past and Present*, 201: 3-50.

122. Foxhall, L., and A. D. E. Lewis, eds. (1996a). *Greek Law in Its Political Setting*, Oxford.

123. Foxhall, L. and Lewis, A. D. E., eds. (1996b). "Introduction", In Lewis and Foxhall (1996a): 1-8.

124. Foxhall, L., and J. Salmon, eds. (1998). *When Men Were Men: Masculinity, Power and Identity in Classical Antiquity*, London.

125. Fraenkel, M. (1878). "Der attische Heliasteneid", *Hermes*, 13: 452-466.

126. Frede, M., and G. Striker, eds. (1996). *Rationality in Greek Thought*, Oxford.

127. Fröhlich, P. (2004). *Les cités grecques et le contrôle des magistrats* (Ⅳ^e- Ⅰ^esiècle avant J. -C.). Geneva.

128. Frost, F. (1980). *Plutarch's Themistocles: A Historical Commentary*, Princeton.

129. Fuhrman, C. (2012). *Policing the Roman Empire*, New York and Oxford.

130. Fuller, L. L. (1964). *The Morality of Law*, New Haven.

131. Furley, W. D. (1996). *Andokides and the Herms: A Study of Crisis in Fifth-Century Religion*, London.

132. Gabrielsen, V. (1994). *Financing the Athenian Fleet: Public Taxation and Social Relations*, Baltimore and London.

133. Gadbery, L. (1992). "The Sanctuary of the Twelve Gods in the Athenian Agora: A Revised View", *Hesperia*, 61: 447-489.

134. Gagarin, M. (1978). "Self-Defense in Athenian Homicide Law", *GRBS*, 19: 111-120.

135. Gagarin, M. (1981). *Drakon and Early Athenian Homicide Law*, New Haven and London.

136. Gagarin, M. (1982). "The Organization of the Gortyn Lawcode", *GRBS*, 23:129-146.

137. Gagarin, M. (1986). *Early Greek Law*, Berkeley and Los Angeles.

138. Gagarin, M. (1990). "Bouleusis in Athenian Homicide Law", In Nenci and Thür (1990):81-99.

139. Gagarin, M. , ed. (1991). *Symposion* 1990:*Vorträge zur griechischen und hellenistischen Rechtsgeschichte*, Cologne, Weimar, and Vienna.

140. Gagarin, M. (1996). "The Torture of Slaves in Athenian Law", *CP*, 91:1-18.

141. Gagarin, M. (1997). *Antiphon: The Speeches*, Cambridge.

142. Gagarin, M. (2008). *Writing Greek Law*, Cambridge.

143. Gagarin, M. , and D. Cohen, eds. (2005). *The Cambridge Companion to Ancient Greek Law*, Cambridge.

144. Gagarin, M. , and D. M. MacDowell. (1998). *Antiphon and Andocides*, Austin, TX.

145. Gauthier, P. (1972). *Symbola: Les étrangers et la justice dans les cités grecques*, Paris.

146. Gauthier, P. (1981). "De Lysias à Aristote (Ath. Pol. 51. 4): le commerce du grain à Athènes et les fonctions des sitophylaques", *RHDFE*, 59:5-28.

147. Gauthier, P. , and M. B. Hatzopoulos. (1993). *La loi gymnasiarque de Beroia*, Athens.

148. Gentili, B. , and F. Perusino, eds. (2002). *Le orse di Brauron: Un rituale di iniziazione Femminile nel santuario di Artemide*, Pisa.

149. Georgiadis, C. (1987). "*Equitable and Equity in Aristotle*", In Panagiotou (1987):159-172.

150. Ghiggia, P. C. (1995). [*Andocide*] *Contro Alcibiade. Introduzione, testo critico, traduzione e commento* (=*Studi e testi di storia antica* 4), Pisa.

151. Ghiggia, P. C. (1999). *Adozione ad Atene in epoca classica*, Alessandria.

152. Gomme, A. W. (1945-1956). *A Historical Commentary on Thucydides I-III*, Oxford.

153. Gomme, A. W. , A. Andrewes, and K. J. Dover. (1970). *A*

Historical Commentary on Thucydides 4: *Books* 5 25-27, Oxford.

154. Graf, F. (2000). "Der Mysterienprozess", In Burckhardt and von Ungern-Sternberg (2000): 114-127.

155. Gwatkin, W. E. (1957). "The Legal Arguments in Aeschines' *Against Ktesiphon* and Demosthenes' *On the Crown*", *Hesperia*, 26: 129-41.

156. Habicht Chr. (1961). "Falsche Urkunden zur Geschichte Athens im Zeitalter der Perserkriege", *Hermes*, 89: 1-35.

157. Hall, E. M. (1989). "The Archer Scene in Aristophanes' Thesmophoriazusae", *Philologus*, 133: 38-54.

158. Hamel, D. (1998a). *Athenian Generals: Military Authority in the Classical Period*. (=*Mnemosyne* Suppl. 182), Leiden.

159. Hamel, D. (1998b). "Coming to Terms with lipotaxion", *GRBS*, 39: 361-405.

160. Hamilton, C. D. (1979). *Sparta's Bitter Victories*, Ithaca.

161. Hammond, N. G. L., and H. H. Scullard, eds. (1970). *The Oxford Classical Dictionary*, Oxford.

162. Hansen, M. H. (1975). *Eisangelia: The Sovereignty of the People's Court in Athens in the Fourth Century B. C. and the Impeachment of Generals and Politicians* (=*Odense University Classical Studies* 6), Odense.

163. Hansen, M. H. (1976a). *Apagoge, Endeixis, and Ephegesis against Kakourgoi, Atimoi, and Pheugontes* (=*Odense University Classical Studies* 8), Odense.

164. Hansen, M. H. (1976b). "The Theoric Fund and the graphe paranomon Against Apollodoros", *GRBS*, 17: 235-246.

165. Hansen, M. H. (1978). "Nomos and Psephisma in Fourth-Century Athens", *GRBS*, 19: 315-330.

166. Hansen, M. H. (1979). "Did the Athenian Assembly Legislate after 403/2 B. C. ?", *GRBS*, 20: 27-53.

167. Hansen, M. H. (1980a). "Seven Hundred Archai in Classical Athens", *GRBS*, 21: 151-173.

168. Hansen, M. H. (1980b). "Eisangelia: A Reply", *JHS*, 100: 89-95.

169. Hansen, M. H. (1981-82). "*IG* ii^2 412. A Fragment of a Fourth-

Century Athenian Law", *Classica et Mediaevalia*, 33:119-123.

170. Hansen, M. H. (1983). 'The Athenian Politicians, 403-322 B. C.' GRBS 24:33-55.

171. Hansen, M. H. (1991). *The Athenian Democracy in the Age of Demosthenes*, Oxford.

172. Hansen, M. H., ed. (1997). *The Polis as an Urban Centre and as a Political Community* (=Acts of the Copenhagen Polis Centre), Copenhagen.

173. Hansen, M. H. (1998). *Polis and City-State. An Ancient Concept and its Modern Equivalent* (=Acts of the Copenhagen Polis Centre vol. 5), Copenhagen.

174. Hansen, M. H. (2002). "Was the Polis a State or a Stateless Society?", In Nielsen (2002):17-48.

175. Hansen, M. H. (2000). "A Note on Agyrrhios' Grain-Tax Law of 374/3", In Mitchell and Rubinstein (2009):145-154.

176. Hanson, V. D., ed. (1991). *Hoplites: The Classical Greek Battle Experience*, London and New York.

177. Harris, E. M. (1988). "The Date of Aeschines' Birth", *Classical Philology*, 83:211-214.

178. Harris, E. M. (1989). "Demosthenes' Speech Against Meidias", *Harvard Studies in Classical Philology*, 92:117-136.

179. Harris, E. M. (1990). "Did the Athenians Regard Seduction as a Worse Crime than Rape?" *CQ*, 40:370-377.

180. Harris, E. M. (1991). "Response to Trevor Saunders", In Gagarin (1991):133-138.

181. Harris, E. M. (1992). Review of MacDowell (1990). *Classical Philology*, 87:71-80.

182. Harris, E. M. (1994a). "'In the Act' or 'Red-Handed'? *Furtum Manifestum and Apagoge to the Eleven*", In *Symposion* 1993: *Vorträge zur griechischen und hellenistischen Rechtsgeschichte*, ed G. Thür. Cologne, Weimar, and Vienna (1994):169-184.

183. Harris, E. M. (1994b). "Law and Oratory", In Worthington (1994):130-150.

184. Harris, E. M. (1995). *Aeschines and Athenian Politics*, New York.

185. Harris, E. M. (1997). Review of de Bruyn (1995), *CR*, 47. 2: 351-353.

186. Harris, E. M. (1999a). "The Penalties for Frivolous Prosecution in Athenian Law", *Dike*, 2: 123-142.

187. Harris, E. M. (1999b). "Notes on the New Grain Tax Law", *ZPE*, 128: 269-272.

188. Harris, E. M. (2000a). "Open Texture in Athenian Law", *Dike*, 3: 27-79.

189. Harris, E. M. (2000b). "The Authenticity of Andocides' De Pace: A Subversive Essay", In Flensted-Jensen, Nielsen, and Rubinstein (2000): 479-505.

190. Harris, E. M. (2004a). "*Le rôle de l'epieikeia* dans les tribunaux athéniens", *Revue historique de droit francais et étranger*, 82: 1-13.

191. Harris, E. M. (2004b). "More Thoughts on Open Texture in Athenian Law", In Leão, Rosetti, and Fialho (2004): 241-263.

192. Harris, E. M. (2005a). "Feuding or the Rule of Law? The Nature of Litigation in Classical Athens: An Essay in Legal Sociology", In *Symposion 2001: Vorträge zur griechischen und hellenistischen Rechtsgeschichte*, ed. R. W. Wallace and M. Gagarin (2005): 125-141.

193. Harris, E. M. (2005b). Review of Yunis (2001). *CJ*, 101. 2: 215-217.

194. Harris, E. M. (2005C). "Was All Criticism of Athenian Democracy Anti-Democratic?" In Bultrighini (2005): 11-23.

195. Harris, E. M. (2006a). *Democracy and the Rule of Law in Classical Athens: Essays on Law, Society and Politics*, Cambridge and New York.

196. Harris, E. M. (2006b). "The Rule of Law in Athenian Democracy: Reflections on the Judicial Oath", *Dike*, 9: 157-181.

197. Harris, E. M. (2006c). "Reply to Robert Wallace", In Rupprecht (2006): 67-71.

198. Harris, E. M. (2007a). "Did the Athenian Courts Attempt to Achieve Consistency? Oral Tradition and Written Records in the Athenian Administration of Justice", In The Politics of Orality, ed. C. Cooper. Leiden

(2007):343-370.

199. Harris, E. M. (2007b). "Who Enforced the Law in Classical Athens?" In Cantarella (2007):159-176.

200. Harris, E. M. (2008). *Demosthenes: Speeches* 20-22, Austin, TX.

201. Harris, E. M. (2009/Ioa). "What Are the Laws of Athens About? Substance and Procedure in Athenian Statutes", *Dike*, 12/13:5-67.

202. Harris, E. M. (2009/Iob). Review of Lanni (2006), *Dike*, 12/13: 323-331.

203. Harris, E. M. (2010). "Is Oedipus Guilty? Sophocles and Athenian Homicide Law", In Harris, Leão, and Rhodes (2010):122-146.

204. Harris, E. M. (2012). "Hypotheca in Roman Law and υποθηκη in Greek Law", In Legras (2012):433-441.

205. Harris, E. M (forthcoming a). "How Strictly Did the Athenian Courts Apply the Law? The Role of Epieikeia", BICS.

206. Harris, E. M. (forthcoming b). "The Plaint in Athenian Law and Legal Procedure", In Legal Documents in Ancient Societies, ed. M. Faraguna. Trieste.

207. Harris, E. M. (forthcoming c). "How to Address the Athenian Assembly", CQ.

208. Harris, E. M., D. Leão, and P. J. Rhodes, eds. (2010). *Law and Drama in Ancient Greece*, London.

209. Harris, E. M., and L. Rubinstein. (2004). *The Law and the Courts in Ancient Greece*, London.

210. Harris, E. M., and G. Thür, eds. (2008). *Symposion* 2007: *Akten der Gesellschaft für griechische und hellenistische Rechtsgeschichte*, Vienna.

211. Harris, W. V. (1997). "Lysias III and Athenian Beliefs about Revenge", *CQ*, 91:363-366.

212. Harrison, A. R. W. (1968). *The Law of Athens: Family and Property*, Oxford.

213. Harrison, A. R. W. (1971). *The Law of Athens: Procedure*, Oxford.

214. Hart, H. L. A. (1961). *The Concept of Law*, Oxford.

215. Harvey, D. (1990). "The Sycophant and Sycophancy: Vexatious Redefinition?" In Cartledge, Millett, and Todd (1990):103-121.

216. Haussoullier, B. (1884). *La vie municipale en Attique: Essai sur l'organisation des dèmes au quatrième siècle*, Paris.

217. Heath, M. (1990). "Justice in Thucydides' Athenian Speeches", *Historia*, 39:385-400.

218. Herman, G. (1994). "How Violent was Athenian Society?" In Osborne and Hornblower (1994):99-117.

219. Herman, G. (1995). "Honour, Revenge and the State in Fourth-Century Athens", In Eder (1995):43-66.

220. Herman, G. (2000). "Athenian Beliefs about Revenge: Problems and Methods", *PCPS*, 46:7-27.

221. Herman, G. (2006). *Morality and Behaviour in Democratic Athens: A Social History*, Cambridge.

222. Hesk, J. (2000). *Deception and Democracy in Classical Athens*, Cambridge.

223. Heusler, A. (1911). *Das Strafrecht der Isländersagas*, Leipzig.

224. Hewitt, J. W. (1910). "The Necessity of Ritual Purification after Justifiable Homicide", *TAPA*, 41:99-113.

225. Hillgruber, M. (1988). *Die zehnte Rede des Lysias: Einleitung, Text, und Kommentar mit einem Anhang über di Gesetzinterpretationen bei den attischen Rednern* (=*Untersuchungen zur antiken Literatur und Geschichte* 29), Berlin.

226. Hornblower, S. (1991). *A Commentary on Thucydides*, Vol. 1. Oxford.

227. Hornblower, S. (2008). *A Commentary on Thucydides*, Vol. III: Books 5. 25-28. 109. Oxford.

228. Humphreys, S. C. (2007). "Social Relations on Stage: Witnesses in Classical Athens", In Carawan (2007):140-213.

229. Hunt, P. (2010). War, *Peace and Alliance in Demosthenes' Athens*, Cambridge.

230. Hunter, V. (1994). *Policing Athens: Social Control in the Attic Lawsuits*, 420-320 B. C, Princeton.

231. Hunter, V. (1997). "The Prison of Athens: A Comparative

Perspective", *Phoenix*, 51:296-326.

232. Hunter, V. (2000). "Policing Public Debtors in Classical Athens", *Phoenix*, 54:21-38.

233. Hunter, V. , and J. Edmondson, eds. (2000). *Law and Social Status in Classical Athens*, Oxford.

234. Ismard, P. (2010). *La cité des réseaux : Athènes et ses associations, Vler à Ier siècle avant J. -C*, Paris.

235. Jacob, O. (1979). *Les esclaves publics à Athènes*, New York.

236. Jakab, E. (2007). "SEG XLVIII 96: Steuergesetz oder Frachtvertrag?" In Cantarella (2007):105-121.

237. Jameson, M. H. (1991). "Sacrifice Before Battle", In Hanson (1991):197-227.

238. Johnstone, S. (1999). *Disputes and Democracy : The Consequences of Litigation in Ancient Athens*, Austin, TX.

239. Jones, J. W. (1956). *The Law and Legal Theory of the Greeks*, Oxford.

240. Kafka, F. (2008). *The Trial*, Translated with an introduction by J. Williams. Ware.

241. Kagan, D. (1974). *The Archidamian War*, Ithaca and London.

242. Kagan, D. (1987). *The Fall of the Athenian Empire*, Ithaca and London.

243. Kallet, L. (2001). *Money and the Corrosion of Power in Thucydides : The Sicilian Expedition and its Aftermath*, Berkeley.

244. Kallet-Marx, L. (1993). *Money, Expense. and Naval Power in Thucydides' History l-*5.24, Berkeley.

245. Kapparis, K. A. (1999). *Apollodorus Against Neaera*, Berlin and New York.

246. Kästle, D. J. (2012). "Νόμος μεγίστη βοήθεια : Zue Gesetzargumentation in der attischen Gerichtsrede", ZRG 129:161-205.

247. Katz, L. (1987). *Bad Acts and Guilty Minds*, Chicago.

248. Keen, A. G. (1995). "A 'Confused' Passage of Philochorus (F 149A) and the Peace of 392/1", *Historia*, 44:1-10.

249. Kennedy, G. (1959). "Focusing of Arguments in Greek Deliberative

Oratory", *TAPA*, 90: 131-138.

250. Kerferd, G. B., ed. (1981). *The Sophists and their Legacy* (= *Hermes Einzelschriften* 44), Wiesbaden.

251. Klaffenbach, G. (1954). *Die Astynomeninschrift von Pergamon*, Berlin.

252. Knoepfler, D. (1993). "Les kryptoi du stratège Epicharès à Rhamnonte et le début de la guerre de Chrémonidès", *BCH*, 118: 327-341.

253. Konstan, D. (2000). "Pity and the Law in Greek Theory and Practice", *Dike*, 4: 125-145.

254. Konstan, D., and K. Rutter, eds. (2003). *Envy, Spite and Jealousy: The Rivalrous Emotions in Ancient Greece*, Edinburgh.

255. Kristensen, K. R. (2004). "Codification, Tradition, and Innovation in the Law Code of Gortyn", *Dike*, 7: 135-168.

256. Kron, J. G. (1996). *Landed and Commercial Wealth at Classical Athens 500-300 B. C. Diss*, Toronto.

257. Kurihara, A. (2003). "Personal Enmity as a Motivation in Forensic Speeches", *CQ*, 53: 464-477.

258. Lambert, S. (2005). "Athenian State Law and Decrees, 352/51-332/1: II Religious Regulations", *ZPE*, 154: 125-159.

259. Lanni, A. (2004). "Arguing from Precedent: Modern Perspectives on Athenian Practice", In Harris and Rubinstein (2004): 159-171.

260. Lanni, A. (2006). *Law and Justice in the Courts of Classical Athens*, New York and Cambridge.

261. Leão, D., D. Rossetti, and M. Fialho, eds. (2004). *Nomos-estudos sobre direito antigo*, Coimbra.

262. Legras, B. ed. (2012). *Transferts culturels et droits dansle monde grec et hellénistique*, Paris.

263. Lewis, D. M. (1959). "Law on the Lesser Panathenaia", *Hesperia*, 28: 239-247.

264. Lewis, D. M. (1990). "Public Property in the City", In Murray and Price (1990): 245-263.

265. Lewis, D. M. (1997). *Selected Papers in Greek and Near Eastern History*, Ed. P. J. Rhodes. Cambridge.

266. Liddel, H. G. , and R. Scott. (1996). *A Greek-English Lexicon*, Oxford.

267. Liddel, P. (2003). "The Places of Publication of Athenian State Decrees from the 5th Century BC to the 3rd Century AD", *ZPE*,143:79-93.

268. Liddel, P. (2007). *Civic Obligation and Individual Liberties in Ancient Athens*,Oxford.

269. Lintott, A. (1982). *Violence, Civil Strife and Revolution in the Classical City:750-330 B.C.* ,London and Canberra.

270. Lipsius,J. H. (1905—1915). *Das attische Recht und Rechtsverfahren*, 3 vols. Leipzig.

271. Lisi, F. L. , ed. (2001). *Plato's Laws and Its Historical Significance*,Sankt Augustin.

272. Lonis,R. , ed. (1988a). *L'Étranger dans le monde grec. Actes du colloque organisé par l'Institut d'Études anciennes*,Nancy mai 1987,Nancy.

273. Lonis, R. (1988b). "Extradition et prise de corps des refugiés politiques",In Lonis (1988a):69-88.

274. Loomis,W. T. (1972). "The Nature of Premeditation in Athenian Homicide Law", *JHS*,92:86-95.

275. Loomis, W. T. (1998). *Wages, Welfare Costs, and Inflation in Classical Athens*,Ann Arbor.

276. MacDowell,D. M. (1963). *Athenian Homicide Law in the Age of the Orators*,Manchester. Reprint 1999.

277. MacDowell,D. M. (1971). *Aristophanes:Wasps*,Oxford.

278. MacDowell,D. M. (1976). "Hybris in Athens",*G&R*,23:14-31.

279. MacDowell,D. M. (1978). *The Law in Classical Athens*,London.

280. MacDowell, D. M. (1990). *Demosthenes:Against Meidias*,Oxford.

281. MacDowell,D. M. (1991). "The Athenian Procedure of Phasis",In Gagarin (1991):187-198.

282. MacDowell,D. M. (1994). "The Case of the Rude Soldier (Lysias 9)",In Thür (1994):153-164.

283. MacDowell,D. M. (1995). *Aristophanes and Athens*,Oxford.

284. MacDowell, D. M. (1997). "Prosecution for Homicide", *CR*, 47: 384-385.

285. MacDowell, D. M. (2000). *Demosthenes: On the False Embassy* (Oration 19), Oxford.

286. MacDowell, D. M. (2005). "The Athenian Procedure of Dokimasia of Orators", In Wallace and Gagarin (2005):79-87.

287. MacDowell, D. M. (2008). "The Athenian Penalty of Epobelia", In Harris and Thür (2008):87-94.

288. MacDowell, D. M. (2009). *Demosthenes the Orator*, Oxford.

289. Macleod, C. (1977). "Thucydides' Plataean Debate", *GRBS*, 18: 227-246.

290. Macleod, C. (1978). "Reason and Necessity: Thucydides Ⅲ 9-14, 37-48", *JHS*, 98:64-78.

291. Macleod, C. (1983). *Collected Essays*, Oxford.

292. Maffi, A. (2008). "Economia e diritto nell' Atene del IV secolo", In Harris and Thür (2008):203-222.

293. Maffi, A. (2009/2010). "Recensioni", *Dike*, 12/13:332-371.

294. Mann, C. (2007). *Die Demagogen und das Volk: Zur politisichen Kounikation im Athen des 5. Jahrhunderts v. Chr*, Berlin.

295. Manville, P. B. (1994) "Toward a New Paradigm of Athenian Citizenship", In Boegehold and Scafuro (1994):21-33.

296. March, J. G., and J. P. Olsen (1989). *Rediscovering Institutions: The Organizational Basis of Politics*, New York.

297. Mattingly, H. B. (1961). "The Athenian Coinage Decree", *Historia*, 10:148-188.

298. McCabe, D. F. (1981). *The Prose-Rhythm of Demosthenes*, New York.

299. Meiggs, R. (1972). *The Athenian Empire*, Oxford.

300. Meiggs, R., and D. Lewis. (1969). *A Selection of Greek Historical Inscriptions*, Oxford.

301. Meinecke, J. (1971). "Gesetzinterpretation und Gesetzanwendung im attischen Zivilprozess", *RIDA*, 18:275-360.

302. Meyer-Laurin, H. (1965). *Gesetz und Billigkeit im attischen Prozess*, Weimar.

303. Migeotte, L. (1992). *Les souscriptions publiques dans les cités*

grecques,Geneva and Quebec.

304. Migeotte,L. (2005). "Les pouvoirs des agoranomes dans les cités grecques",In Wallace and Gagarin (2005):287-301.

305. Miles, J. C. (1950). "The Attic Law of Intestate Succession (Demosthenes,Contra Macart. 51)", *Hermathena*,75:69-77.

306. Miller, F. D. (1995). *Nature, Justice and Rights in Aristotle's Politics*,Oxford.

307. Miller,W. I. (1990). *Bloodtaking and Peacemaking: Feud, Law, and Society in Saga Iceland*,Chicago.

308. Mirhady,D. (1990). "Aristotle on the Rhetoric of Law",*GRBS*,31 (1990):393-410.

309. Mirhady, D. (2000). "The Athenian Rationale for Torture", In Hunter and Edmondson (2000):53-74.

310. Mirhady, D. (2007). "The Dikast's Oath and the Question of Fact",In Sommerstein and Fletcher (2007):48-59,228-233.

311. Mitchell, L. , and L. Rubinstein, eds. (2009). *Greek History and Epigraphy: Essays in Honour of P. J. Rhodes*,Swansea.

312. Moreno, A. (2007). *Feeding the Democracy: The Athenian Grain Supply in the Fifth and Fourth Centuries B. C.* ,Oxford.

313. Morrow, G. (1960). *Plato's Cretan City: A Historical Interpretation of the Laws*,Princeton.

314. Mossé, C. (1962). *La fin de la démocratie athénienne: aspects sociaux et politiques du déclin de la cité grecque au IV me siècle avant J. - C.* ,Paris.

315. Murray,O. ,and S. Price. (1990). *The Greek City from Homer to Alexander*,Oxford.

316. Naiden,F. S. (2004). "Supplication and the Law", In Harris and Rubinstein (2004):71-91.

317. Naiden,F. S. (2006). *Ancient Supplication*,New York and Oxford.

318. Navarre,O. (1900). *La rhétorique grecque avant Aristote*,Paris.

319. Nenci,G. , and G. Thür, eds. (1990). *Symposion 1988: Vorträge zur griechischen und hellenistischen Rechtsgeschichte*,Cologne and Vienna.

320. Nicholas,B. (1962). *An Introduction to Roman Law*,Oxford.

321. Nielsen, T. H., ed. (1997). *Yet More Studies in the Ancient Greek Polis* (Papers of the Copenhagen Polis Centre 4 = *Historia Einzelschriften* 117), Stuttgart.

322. Nielsen, T. H., ed. (2002). *Even More Studies in the Ancient Greek Polis*, Stuttgart.

323. Ober, J. (1989). *Mass and Elite in Democratic Athens*, Princeton.

324. Ober, J. (1998). *Political Dissent in Democratic Athens: Intellectual Critics of Popular Rule*, Princeton.

325. Ober, J. (2000). "Living Freely as a Slave of the Law. Notes on Why Sokrates Lives in Athens", In Flensted-Jensen, Nielsen, and Rubinstein (2000): 541-552.

326. Ober, J., and C. Hedrick, eds. (1996). *Demokratia. A Conversation on Democracies, Ancient and Modern*, Princeton.

327. Oliver, J. H. (1935). "Greek Inscriptions", *Hesperia*, 4: 1-70.

328. Oliver, J. H. (1970). *Marcus Aurelius: Aspects of Civic and Cultural Policy in the East* (= *Hesperia Suppl.* 13), Princeton.

329. Olson, S. D. (2002). *Aristophanes Acharnians*, Oxford.

330. Osborne, R. (1985a). *Demos: The Discovery of Classical Attika*, Cambridge.

331. Osborne, R. (1985b). "Law in Action in Classical Athens", *JHS*, 105: 40-58.

332. Osborne, R. (1990). "Vexatious Litigation in Classical Athens: Sykophancy and the Sykophant", In Cartledge, Millett, and Todd (1990): 83-102.

333. Osborne, R. (2000). "Religion, Imperial Politics, and the Offering of Freedom to Slaves", In Hunter and Edmondson (2000): 75-92.

334. Osborne, R., and S. Hornblower, eds. (1994). *Ritual, Finance, Politics: Athenian Democratic Accounts Presented to David Lewis*, Oxford.

335. Ostwald, M. (1986). *From Popular Sovereignty to the Rule of Law: Law, Society and Politics in Fifth Century Athens*, Berkeley and Los Angeles.

336. Panagiotou, S. ed. (1987). *Justice, Law and Method in Plato and Aristotle*, Edmonton.

337. Paoli, U. E. (1933). *Studi sul processo attico*, Padua.

338. Parker, R. (1996). *Athenian Religion: A History*, Oxford.

339. Patterson, C. (2000). "The Hospitality of Athenian Justice: The Metic in Court", In Hunter and Edmondson (2000): 93-112.

340. Paulsen, T. (1999). *Die Parapresbeia-Reden des Demosthenes und Aischines. Die Parapresbeia-Reden des Demosthenes und des Aischines: Kommentar und Interpretationen zu Demosthenes, or. XIX, und Aischines, or. II* (=Bochumer altertumwis-senschaftliches Colloquium 40), Trier.

341. Peçirka, J. (1966). *The Formula for the Grant of Enktesis in Attic Inscriptions*, Prague.

342. Pecorella Longo, C. (2004). "II condono della pena in Atene in età classica", *Dike*, 7: 85-111.

343. Pelloso, C. (2008). "Influenze greche nel regime Romano della hypotheca?" Teoria et Storia del Diritto Privato 1: 1-106.

344. Pelloso, C. (2009/10). "'Astreintes' e regime probatorio nel processo gortinio: considerazioni in margine a IC IV 72 I, 15-35", *Dike*, 12/13: 91-170.

345. Pelloso, C. (2012). "Riflessioni intorno all'elemento soggettivo dell'omicidio doloso in diritto draconiano", *Rivista di Diritto Ellenico*, 2: 183-252.

346. Pepe, L. (2009/10). "Osservazioni sulla pronoia in tema di omicidio", *Dike*, 12/13: 69-90.

347. Petrakos, B. Ch. (1999). Ο δῆμος του Ραμνοῦντος: σύνοψη των ανασκαφών και των ερευνών, 1813-1998, Athens.

348. Phillips, D. D. (2007). "Trauma. ek pronoias in Athenian Law", *JHS*, 127: 74-105.

349. Phillips, D. D. (2008). *Avengers of Blood: Homicide in Athenian Law and Custom from Draco to Demosthenes*, Stuttgart.

350. Phillips, D. D. (2009). "Hypereides 3 and the Athenian Law of Contracts", *TAPA*, 139: 89-122.

351. Piérart, M. (2008). *Platon et la cité grecque: théorie et realité dans la constitution de Lois*. 2nd ed., Paris.

352. Posner, R. (1990). *The Problems of jurisprudence*, Cambridge, MA.

353. Pringsheim, F. (1950). *The Greek Law of Sale*, Weimar.

354. Pritchett, W. K. (1991). *The Greek State at War*, Vol. 5, Berkeley and Los Angeles.

355. Rawls, J. (1971). *A Theory of justice*, Cambridge, MA.

356. Raz, J. (1977). "The Rule of Law and Its Virtue", *The Law Quarterly Review*, 93: 195-211.

357. Reinmuth, O. (1971). *The Ephebic Inscriptions of the Fourth Century B. C.* (=*Mnemosyne Suppl.* 14), Leiden.

358. Rhodes, P. J. (1972). *The Athenian Boule*, Oxford.

359. Rhodes, P. J. (1979). "Εἰσαγγελία in Athens", *JHS*, 99: 103-114.

360. Rhodes, P. J. (1981). *A Commentary on the Aristotelian Athenaion Politeia*, Oxford.

361. Rhodes, P. J. (1984). "Nomothesia in Fourth-Century Athens", *CQ*, 35: 55-60.

362. Rhodes, P. J. (1988). *Thucydides: History* II, Warminster.

363. Rhodes, P. J. (1994a). "The Ostracism of Hyperbolus", In Osborne and Hornblower (1994): 85-98.

364. Rhodes, P. J. (1994b). *Thucydides: History* III, Warminster.

365. Rhodes, P. J. (1995). "Judicial Procedures in Fourth-Century Athens: Improvement or Simply Change?" In Eder (1995): 303-319.

366. Rhodes, P. J. (1998). "Enmity in Fourth-Century Athens", In Cartledge, Millett, and von Reden (1998): 144-161.

367. Rhodes, P. J. (2004). "Keeping to the Point", In Harris and Rubinstein (2004): 137-158.

368. Rhodes, P. J. (2008a). "After the Three-Bar Sigma Controversy: the History of Athenian Imperialism Reassessed", *CQ*, 58: 500-506.

369. Rhodes, P. J. (2008b). "Response to David Whitehead", In Harris and Thür (2008): 37-40.

370. Rhodes, P. J., and R. Osborne. (2003). *Greek Historical Inscriptions* 404-323 BC., Oxford.

371. Rickert, G. (1989). *HEKON and AKON in Early Greek Thought*, Atlanta.

372. Riess, W. (2007). "Private Violence and State Control. The

Prosecution of Homicide and Its Symbolic Meanings in Fourth-Century BC Athens",In C. Brélaz and P. Ducrey (2007):49-101.

373. Rizzo,R. ,and O. Vox. (1978). "διαβολή",QS,8:307-321.

374. Roberts,J. T. (1982). *Accountability in Athenian Government*, Madison,WI.

375. Roisman, J. (2005). *The Rhetoric of Manhood: Masculinity in the Attic Orators*,Berkeley and Los Angeles.

376. de Romilly,J. (1947). *Thucydide et l'impérialisme athénien:La pensée de l'historien et la genèse de l'oeuvre*,Paris.

377. de Romilly,J. (1979). *La douceur dans la pensée grecque*,Paris.

378. Rosenbloom, D. (2004). "Ponêroi vs. Chrêstoi: The Ostracism of Hyperbolos and the Struggle for Hegemony in Athens After the Death of Pericles",*TAPA*,134:55-105,323-358.

379. Rosivach,V. (1987). "Execution by Stoning in Athens",*ClAnt*,6:232-248.

380. Rosivach, V. (2010). "The Oaths of the Athenians at the Ratification of Solon's Reforms",*Phoenix*,64:223-237.

381. Rousset, D. (1994). "Les frontières des cités grecques. Premières reflections à partir du recueil des documents épigraphiques",*Cahiers du Centre Gustave Glotz*,5:97-126.

382. Rowe,G. O. (1995). "The Charge Against Meidias",*Hermes*,122:55-63.

383. Rowe,G. (2000). "Anti-Isocratean Sentiments in Demosthenes' Against Androtion",*Historia*,49:278-392.

384. Rubel,A. (2009). "Die ökonomische und politische Bedeutung von Bosporos und Hellespont in der Antike",*Historia*,58:336-355.

385. Rubinstein, L. (1993). *Adoption in IV Century Athens*, Copenhagen.

386. Rubinstein,L. (1998)."The Athenian Perception of the idiotes",In Cartledge,Millett,and von Reden (1998):25-43.

387. Rubinstein, L. (2000). *Litigation and Cooperation: Supporting Speakers in the Courts of Classical Athens*,Stuttgart.

388. Rubinstein, L. (2003). "Volunteer Prosecutors in the Greek

World", *Dike*, 6: 87-113.

389. Rubinstein, L. (2004). "Stirring up Dicastic Anger", In Cairns and Knox (2004): 187-203.

390. Rubinstein, L. (2005). "Main Litigants and Witnesses in the Athenian Courts", In Wallace and Gagarin (2005): 99-120.

391. Rubinstein, L. (2007). "Arguments from Precedent in Attic Oratory", In Carawan (2007): 359-371.

392. Rubinstein, L. (2009). "Legal Argumentation in Hypereides' Against Timandros", *BICS*, 52: 149-159.

393. Rubinstein, L. (2010). "Praxis: the Enforcement of Penalties in the Greek Cities in the Late Classical and Early Hellenistic Periods", In Thür (2010): 193-216.

394. Rudhardt, J. (1960). "La définition du délit d'impiété", *MH*, 17: 87-105.

395. Rupprecht, H.-A. ed. (2006). *Symposion 2003: Vorträge zur griechischen und hellenistischen Rechtsgeschichte*, Cologne and Vienna.

396. Ruschenbusch, E. (1957). "ΔΙΚΑΣΤΗΡΙΟΝ ΠΑΝΤΩΝ ΚΥΡΙΟΝ", *Historia*, 6: 257-274.

397. Ruschenbusch, E. (1966). ΣΟΛΩΝΟΣ ΝΟΜΟΙ: *Die Fragmente des Solonischen Gesetzeswerkes mit einer Text-und Überlieferungsgeschichte*, Wiesbaden.

398. Rusten, J. (1989). *Thucydides: The Peloponnesian War Book II*, Cambridge.

399. Salmond, J. W. (1913). *Jurisprudence*, 4th ed., London.

400. Samons, L. J. (2000). *Empire of the Owl: Athenian Imperial Finance*, Stuttgart.

401. Saunders, T. (1991a). *Plato's Penal Code: Tradition, Controversy, and Reform in Greek Penology*, Oxford.

402. Saunders, T. (1991b). "Penal Law and Family Law in Plato's Magnesia", In Gagarin (1991): 115-132.

403. Saunders, T. J. (2001). "Epieikeia: Plato and the Controversial Virtue of the Greeks", in Lisi (2001): 65-93.

404. Sauzeau, P., and T. von Compernolle, eds. (2007). *Les armes dans*

l'Antiquité De la technique à l'imaginaire, Montpellier.

405. Scafuro, A. (1997). *The Forensic Stage: Settling Disputes in Graeco-Roman New Comedy*, Cambridge.

406. Scafuro, A. (2004). "The Role of the Prosecutor and Athenian Legal Procedure", *Dike*, 7: 113-133.

407. Schaefer, A. (1858). *Demosthenes und seine Zeit. Beilagen. Leipzig.* Schaefer, A. (1885-1887). *Demosthenes und seine Zeit*, 2nd ed. 3 vols. Leipzig.

408. Schläpfer, P. L. (1939). *Untersuchungen zu den attischen Staatsurkunden und den Am-phiktionenbeschlüssen der demosthenischen Kranzrede*, Paderborn.

409. Schmitz, W. (2004). *Nachbarschaft und Dorfgemeinschaft im archaischen und klassischen Griechenland*, Berlin.

410. Schönhammer, M. (1995). *Coinage and Empire: The Athenian Standards Decree of the Fifth Century B. C.* Diss, City University of New York.

411. Schwenk, C. (1985). *Athens in the Age of Alexander the Great: The Dated Laws and Decrees of the Lykourgan Era*, 338-322 BC, Chicago.

412. Sealey, B. R. I. (1960). "Regionalism in Archaic Athens", *Historia*, 9: 155-180.

413. Sealey, R. (1982). "On the Athenian Conception of Law", *CJ*, 77: 289-302.

414. Sealey, R. (1984). "The Tetralogies Attributed to Antiphon", *TAPA*, 114: 71-85.

415. Sealey, R. (1993). *Demosthenes and His Time. A Study in Defeat*, New York and Oxford.

416. Shear, T. L. (1978). *Kallias of Sphettos and the Revolt of Athens in 286 B. C.* (= *Hesperia Suppl.* 17), Princeton.

417. Shiner, R. A. (1987). "Aristotle's Theory of Equity", In Panagiotou (1987): 173-191.

418. Sickinger, J. P. (1999). *Public Records and Archives in Classical Athens*, Chapel Hill.

419. Sickinger, J. (2004). "The Laws of Athens: Publication, Preservation and Consultation", in Harris and Rubinstein (2004): 93-111.

420. Sickinger, J. P. (2008). "Indeterminacy in Greek Law: Statutory Gaps and Conflicts", In Harris and Thür (2008):99-112.

421. Siewert, P., ed. (2002). *Ostrakismos-Testimonien I.*, Stuttgart.

422. Sommerstein, A. H., and J. Fletcher, eds. (2007). *Horkos: The Oath in Greek Society*, Exeter.

423. Stadter, P. A. (1989). *A Commentary on Plutarch's Pericles*, Chapel Hill and London.

424. Stanley, P. V. (1976). *Ancient Greek Market Regulations and Controls*, Diss. Berkeley.

425. Steinwenter, A. (1925). *Die Streitbeendigung durch Urteil, Schiedsspruch, und Vergleich nach griechischem Recht*, Munich.

426. Sternberg, R. H. (2006). *Tragedy Offstage: Suffering and Sympathy in Ancient Athens*, Austin, TX.

427. Stevens, E. B. (1944). "Some Attic Commonplaces of Pity", *AJP*, 65:1-25.

428. Stroud, R. S. (1968). *Drakon's Law on Homicide*, Berkeley and Los Angeles.

429. Stroud, R. S. (1974). "An Athenian Law on Silver Coinage", *Hesperia*, 43:157-188.

430. Stroud, R. S. (1979). *The Axones and Kyrbeis of Drakon and Solon*, Berkeley.

431. Stroud, R. S. (1998). *The Athenian Grain-Tax Law of 374/3 B.C.* (=*Hesperia Suppl.* 29), Princeton.

432. Stumpf, G. (1988). "Prozessrechtliches in der Mysterieninschrift SEG XXX 61", *Tyche*, 3:223-228.

433. Sullivan, J. (2002). "Second Thoughts on Aeschines 3. 252", *G&R*, 49.1:1-7.

434. Talamanca, M. (2008). "Risposta a Alberto Maffi", In Harris and Thür (2008):223-228.

435. Tchernetska, N., E. W. Handley, C. Austin, and L. Horváth. (2007). "New Readings in the Fragment of Hyperides' Against Tiimandros from the Archimedes Palimpsest", *ZPE*, 162:1-4.

436. Themelis, P. (2002). "Contribution to the Topography of the

Sanctuary at Brauron", In Gentili and Perusino (2002): 103-16.

437. Thompson, H. A. (1952). "The Altar of Pity in the Athenian Agora", *Hesperia*, 21:47-82.

438. Thompson, W. E. (1976). *De Hagniae Hereditate: An Athenian Inheritance Case*, Leiden.

439. Thür, G. (1977). *Beweisführung vor die Schwurgerichtshofen Athens: Die Prosklesis zur Basanos*, Vienna.

440. Thür, G. (1991). "The Jurisdiction of the Areopagus in Homicide Cases", In Gagarin (1991): 53-72.

441. Thür, ed. (1994). *Symposion 1993: Vorträge zur griechischen und hellenistischen Rechtsgeschichte*, Vienna.

442. Thür, G. (2007). "Das Prinzip der Fairness im attischen Prozess", In Cantarella(2007): 131-150.

443. Thür, G. ed. (2010). *Symposion 2009: Akten der Gesellschaft für griechische und hellenistische Rechtsgeschichte*, Vienna.

444. Thür, G., and F. J. F. Nieto, eds. (2003). *Symposion 1999: Vorträge zur griechischen und hellenistischen Rechtsgeschichte*, Cologne and Vienna.

445. Todd, S. C. (1990). "The Purpose of Evidence in Athenian Courts", In Cartledge, Millett, and Todd (1990): 19-39.

446. Todd, S. C. (1993). *The Shape of Athenian Law*, Oxford.

447. Todd, S. C. (1996). "Lysias Against Nikomachos: The Fate of the Expert in Athenian Law", In Foxhall and Lewis (1996): 101-132.

448. Todd, S. C. (2000a). "How to Execute People in Fourth-Century Athens", In Edmondson and Hunter (2000): 31-51.

449. Todd, S. C. (2000b). "The Language of Law in Classical Athens", In Coss (2000): 17-36.

450. Todd, S. C. (2007). *A Commentary on Lysias, Speeches 1-11*, Oxford.

451. Todd, S. C. (2008). "Response to Michael J. Edwards", In Harris and Thür (2008): 55-62.

452. Todd, S. C., and P. C. Millett (1990). "Law, Society, and Athens", In Cartledge, Millett, and Todd (1990): 1-18.

453. Too, Y. L. (2008). *A Commentary on Isocrates' Antidosis*, Oxford.

454. Traill, J. S. (1975). *The Political Organization of Attica* (= *Hesperia Suppl.* 14), Princeton.

455. Trevett J. (1991). "The Date of [Demosthenes] 49: A Re-Examination", *Phoenix*, 45: 21-27.

456. Trevett, J. (1992). *Apollodorus the Son of Pasion*, Oxford.

457. van Wees, H. (1998). "Greeks Bearing Arms: The State, the Leisure Class, and the Display of Weapons in Archaic Greece", In Fisher and van Wees (1998): 333-378.

458. Verdenius, W. J. (1981). "Gorgias' Doctrine of Deception", In Kerferd (1981): 116-128.

459. Vérilhac, A.-M., and C. Vial. (1998). *Le marriage grec: du VIe siècle av. J.-C. à l'époque d'Auguste*, Athens.

460. Vinogradoff, P. (1922). *The Outlines of Historical Jurisprudence. Vol. II: The Jurisprudence of the Greek City*, Oxford.

461. Walbank, M. B. (1982). "The Confiscation and Sale by the Poletai in 402/1 B. C. of the Property of the Thirty Tyrants", *Hesperia*, 51: 74-98.

462. Wallace, R. W. (1989). *The Areopagus Council, to 307 B. C.*, Baltimore and London.

463. Wallace, R. W. (2000). "'Investigations and Reports' by the Areopagus Council and Demosthenes' Areopagus Decree", In Flensted-Jensen, Nielsen, and Rubinstein (2000): 581-596.

464. Wallace, R. W. (2003). "Phainein Athenian Laws and Legal Procedures", In Thür and Nieto (2003): 167-181.

465. Wallace, R. W. (2006). "Withdrawing Graphai in Ancient Athens: A Case Study in 'Sycophancy' and Legal Idiosyncrasies", In Rupprecht (2006): 57-66.

466. Wallace, R. W. (2008). "Response to Douglas MacDowell", In Harris and Thür (2008): 95-98.

467. Wallace, R. W., and M. Gagarin (2005). *Symposion 2001: Akten der Gesellschaft für griechische und hellenistische Rechtsgeschichte*, Vienna.

468. Wallace-Hadrill, J. M. (1962). *The Long-Haired Kings*, London.

469. Wankel, H. (1976). *Rede für Ktesiphon über den Kranz*, Heidelberg.

470. Weber, M. (1972). *Wirtschaft und Gesellschaft*, Tübingen.

471. Weiss, E. (1923). *Griechisches Privatrecht auf rechtsvergleichender Grundlage*, Leipzig.

472. Wernicke, K. (1891). "Die Polizeiwache auf der Burg von Athens", *Hermes*, 26:51-75.

473. Westlake, H. D. (1975). "Paches", *Phoenix*, 29:107-116.

474. Whitehead, D. (1977). *The Ideology of the Athenian Metic* (= Proceedings of the Cambridge Philological Society Suppl. vol. 4), Cambridge.

475. Whitehead, D. (1986). *The Demes of Attica 508/7 to ca. 250 B. C: A Political and Social Study*, Princeton.

476. Whitehead, D. (2000). *Hypereides: The Forensic Speeches. Introduction, Translation and Commentary*, Oxford.

477. Whitehead, D. (2002). "Athenian Laws and Lawsuits in the Late Fifth Century B. C.", *MH*, 59:71-96.

478. Whitehead, D. (2006). "Absentee Athenians: Lysias Against Philon and Lycurgus Against Leocrates", *MH*, 63:132-151.

479. Whitehead, D. (2008). "Athenian Juries in Military Graphai", In Harris and Thür (2008):23-36.

480. Whitehead, D. (2009). "Hypereides' Timandros: Observations and Suggestions", *BICS*, 52:135-148.

481. Wilamowitz-Moellendorf, U. von (1893). *Aristoteles und Athen*. 2 vols, Berlin.

482. Winnington-Ingram, R. P. (1965). "TA ΔEONTA EIΠEIN: Cleon and Diodotus", *BICS*, 12:70-82.

483. Wohl, V. (2010). *Law's Kosmos*, Cambridge.

484. Wolf, E. (1956). *Griechisches Rechtsdenken*, III/2, Weimar.

485. Wolff, H. -J. (1963). "Verjährung von Ansprüchen nach attischem Recht", In Eranion in Honorem G. S. Maridakis. Vol 1. Historia Iuris. Athens:87-109.

486. Wolff, H. -J. (1966). *Die attische Paragraphe*, Weimar.

487. Wolff, H. -J. (1968). *Demosthenes als Advokat*, Berlin.

488. Wood, E. M. (1996). "Demos Versus 'We the People': Freedom and Democracy Ancient and Modern", In Ober and Hedrick (1996):121-137.

489. Worthington, I. (1992). *A Historical Commentary on Dinarchus*, Ann Arbor.

490. Worthington, I. ed. (1994). *Persuasion: Greek Rhetoric in Action*, London and New York.

491. Worthington, I. ed. (2007). *A Companion to Greek Rhetoric*, Malden, MA.

492. Worthington, I., Cooper C. R. and Harris E. M. (2001). *Dinarchus, Hyperides, Lycurgus*, Austin, TX.

493. Wyse, W. (1904). *The Speeches of Isaeus*, Cambridge.

494. Yunis, H. (1996). *Taming Democracy: Models of Political Rhetoric in Classical Athens*, Ithaca and London.

495. Yunis, H. (2001). *Demosthenes: On the Crown*, Cambridge.

496. Yunis, H. (2005). "The Rhetoric of Law in Fourth-Century Athens", In Gagarin and Cohen (2005): 191-208.

附录一　亨特论"公民依靠自身实施法律"

在亨特讨论的这些段落中，没有哪一段话能说明，在没有当局干预的情况下，经常出现的争端得到了解决，暴力得以平息，罪大恶极者遭到了逮捕。[①] 第一段话摘自吕西亚斯的《诉西蒙》这一演说，描述了两起涉及暴力的事件，被告被控犯有"故意伤害罪"(*trauma ek pronoias*)。按照吕西亚斯对事件的描述，被告向法庭讲述了自己如何钦慕西奥多图斯——一个来自普罗泰的男孩，并把他带到了自己的家里(Lysias 3.5)。西蒙也爱上了这个男孩，为此，不惜闯入被告家中。为找到西奥多图斯，西蒙甚至进入了女眷的房间(6)。然后，西蒙要被告从正在进餐的屋里滚出来。当被告走出屋子时，西蒙开始殴打他(7)。在被告将他推开后，西蒙又开始朝他扔石头。没想到，西蒙未能击中被告，反而击中了一个名叫阿里斯托克里图斯(Aristocritus)的同伴(8)。被告没有再与西蒙争斗，也没有起诉西蒙，而是决定到海外生活(9-10)。在这一事件中，我们很难看到法律得到实施的迹象。尽管有人认为西蒙侵犯了被告的权利，但被告并没有抓住他，也没有向行政官

[①] Hunter (1994) 120-124.

员告发。除了把他推开之外,被告并未对西蒙使用武力。

在第二个事件中,西蒙和一些朋友在比雷埃夫斯港袭击了被告和西奥多图斯。当时,他们正准备离开位于吕西马库斯的家(12)。在一些朋友的帮助下,西蒙试图抓住西奥多图斯,但西奥多图斯成功地逃脱(12)。被告再一次未对西蒙使用武力。事实上,为了避开西蒙,被告拐进了另一条街道(13)。但接下来,西蒙及其伙伴把西奥多图斯从藏身的漂洗店里拖了出来,并开始打他(15-16)。当被告把西奥多图斯拉开时,西蒙及其同伙又开始追打被告。这演变成了一场双方互殴的斗殴场面,最后,每个人都被打得头破血流(18)。人们再一次无法将这场混战描述为"实施法律":既没有人被逮捕,也没有人呼唤任何官员到场,更谈不上"暴力被平息"或"歹徒被逮捕"。当双方停止拳打脚踢时,事件就结束了。

在第二个私力救济的例子中,亨特引用了吕西亚斯的《诉潘克里昂》这一演说中的例子,该演说提到尼科梅德斯(Nicomedes)逮捕潘克里昂这一事件(23.9-11),但这一段话与其观点无关。潘克里昂是一个奴隶,尼科梅德斯抓他只是为了保障自己的所有权(Νικομήδους, ὃς ἐμαρτύρησεν αὐτοῦ δεσπότης εἶναι),而并非一个公民对另一个违反了法律的公民或外邦人使用武力。类似地,亨特认为,福瑞尼奥(Phrynion)勾引尼奥拉是另一个普通公民实施法律的例子([D.]59.37-40),但福瑞尼奥声称,尼奥拉是他的奴隶。像所有奴隶社会一样,在古雅典,奴隶主有权追回逃跑的奴隶。在这一点上,其行为与一个农夫领回一头走失的作为其财产的牲口并无区别。

在她所举的最后一个例子中,亨特声称,试图从西奥菲莫斯那里得到海军装备的三列桨舰长诉诸的是私力救济([D.] 47.18-

38)。① 我们几乎无法把这一事件说成是一个普通公民私力救济或实施法律的例子。三列桨舰长是一名行政官员,在任期结束后必须结清账目(Aeschin. 3.13-15),并按照议事会的命令行事。他同时还是其所在海军分队的督察,那也是一种官方职位([D.]47.21])。最后,新任三列桨舰长不是按自己的主观意志行动,而是遵照卡里德姆斯在议事会所通过法令的命令行事,以及按照"佩里安德法"所规定的海军分队条款行事([D.]47.20-21)。这一例子与亨特的观点相矛盾,因为在此处,我们遇到了一位根据议事会的指示实施法律的官员。

简而言之,亨特并没有提供任何证据证明她所说的"普通市民在维护雅典的秩序方面发挥着重要作用"这一观点。

---

① Hunter (1994) 123-124.

附录二 公元前 5 世纪行政官员实施法律和法令的相关记载

IG i³ 1（公元前 510 年—前 500 年），第 7-8 行：执政官向那些出租萨拉米地区土地的人征收罚款。

IG i³ 4（公元前 485 年或前 484 年之前），第 B6-16 行：司库有权对在雅典卫城生火、抛弃秽物、修建住所、烘烤物件等行为处以罚款。

IG i³ 45（公元前 445 年），第 3-6 行：关于逃跑的奴隶和小偷（*lopodytai*）的规章；从主持议事会的部落中挑选出来的 3 名弓箭手担任守卫。

IG i³ 58B（公元前 430 年），第 16-19 行：执政官或神殿执事指示人们布置警卫，防止有人非法进入厄琉息斯神殿。

IG i³ 65（公元前 427 年或前 426 年），第 11-17 行：将军、议事会以及议事会主席应保证宙斯神庙邻近地区的安宁。

IG i³ 78（公元前 422 年左右），第 8-10、57-59 行：德莫长应将收获的第一批果实交给监祭官（*hieropoioi*）。该规定由王者执政官负责实施，他可以将有关事宜提交到议事会。

IG i³ 82（公元前 421 年或前 420 年），第 24-28 行：监祭官负责维持火神庙（Hephaestaea）的秩序，并有权处以罚款。如果罚款超过 50 德拉克马，则必须将案件交由法庭处理。

IG i³ 98（公元前 411 年），第 19-26 行：皮索菲尼斯（Pythophanes）被授予了受保护并免于受伤害的权利；将军和议事会应对他的安全负责。

IG i³ 101（公元前 410 年或前 409 年），第 51-55 行：将军们还需保护新城（Neapolis）的人民免受来自公共官员与私人的伤害。

IG i³ 102（公元前 410 年或前 409 年），第 32-34、39-47 行：来自卡利敦（Calydon）地区的斯拉斯巴鲁斯被授予了荣誉地产权（enktesis）；议事会及议事会主席团负责保护他；议事会指示人们调查那些接受贿赂、帮助别人通过某一法令的人，并向议事会报告调查结果，然后将他们交给法庭审判，以示惩戒。

IG i³ 107（公元前 409 年），第 3-5 行：具有立法功能的议事会以及将军们被命令，务必保证来自外邦的荣誉公民（honorand）不受伤害。

IG i³ 110（公元前 408 年或前 407 年），第 15-20 行：议事会、将军们以及斯基亚苏斯（Sciathus）的官员们应负责保护帕拉奥斯基亚苏斯（Palaeosciathus）的欧尼亚德斯（Oeniades）。

IG i³ 138（公元前 434 年前），第 15-18 行：两位司库与祭司负责管理阿波罗神殿。

IG i³ 153（公元前 440 年—前 425 年），第 16-19 行：对船长与三列桨舰长处以 1000 德拉克马的罚款，由码头主管负责执行。

IG i³ 156（公元前 440 年—前 425 年），第 1-9 行：议事会主席团和议事会应保护雅典位于哈里卡纳修斯的列奥尼达斯（斯巴达国王）的外交代表，以及其他城市的外国官员。

IG i³ 159（公元前 430 年），第 17-20 行：将军们与议事会（？）被命令，务必保证一个陌生的荣誉公民（很可能是外国代表）不受

伤害。

IG i³ 167（公元前 430 年—前 415 年），第 12-17 行：议事会与立法机关应负责保护陌生的外国代表。

IG i³ 170（公元前 430 年—前 405 年）：将军们与议事会被命令，务必保证人们不伤害陌生的名誉公民。

IG i³ 178（公元前 420 年—前 405 年），第 4-6 行：议事会被命令，务必保证多里斯人（Dorcis）及其妻子、子女不受伤害。

IG i³ 181（公元前 410 年），第 7-9 行：议事会被命令，务必保护一位未知的外国代表及其孩子。

在 *IG* i³ 183（公元前 445 年后），第 4-6 行中，我们可以发现类似的段落。

韦尼克（Wernicke，1891. 60-75）还讨论了 *IG* i³ 45 中弓箭手的身份。他认为，这些弓箭手都是公民，并与 *IG* i³ 60 第 17 行提到的弓箭手进行了比较。他论证说，这些弓箭手的职能类似警察，后来被[And.] 3.7. 中提到的塞西亚人所替代。现在，我们可以参考寇文赫斯（Couvenhes，2012）的论述。

也许有人会补充 *IG* i³ 61（公元前 426 年或前 425 年）第 36-38 行的资料。在这一资料中，来自达达尼尔的卫兵有权控制达达尼尔海峡的航行。

皮阿尼亚（Paeania）的一部《萨卡亚法》（*lex sacra*，古希腊关于宗教仪式的法律）授予监祭官携带棍棒（*rhabdos*）的权力[*IG* i³ 250（450—430），第 9-11 行]。这一条款赋予了监祭官在节日期间维持秩序的权力。官员们运用棍棒保证规则得以实施的做法可见于希罗多德（Herodotus 8.59）与修昔底德（Thucydides 5.50）的记录。其隐喻性的用法可参见阿里斯托芬的《和平》（*Peace*，734-735）与柏拉图的《普罗泰戈拉》（*Protagoras*，338a）。

相比较而言，公元前 5 世纪的古雅典碑刻中发现的"公诉志愿者"（*ho boulomenos*）这一短语记载在 *IG* i³ 34 第 34 行，并似乎在

IG i³ 68 第 46 行中再次出现。这一短语还可以在 *IG* i³ 14 第 8 行、*IG* i³ 34 第 34 行、*IG* i³ 41 第 61 行等处发现。但所有这些碑刻都是残片,并且,我们没有足够多的石头残片,用以判定这些法令是否容许人们自发地提起公诉。

附录三 《阿提卡演说家》中直接引用或间接提到的司法誓言

Aeschin. 1.154——就起诉中的指控进行了表决。

Aeschin. 1.170——就起诉中的指控进行表决。

Aeschin. 2.1——兼听两造之言。

Aeschin. 2.7——兼听两造之言。

Aeschin. 3.6——依法表决。

Aeschin. 3.8——依法表决。

Aeschin. 3.31——依法表决。

Aeschin. 3.198——依法表决。

Aeschin. 3.233——一般宣誓。

Aeschin. 3.257——依法表决。

And. 1.2——依法表决。

And. 1.9——兼听两造之言。

And. 1.31——一般宣誓。

And. 1.91——尊重大赦并依法表决。

Antiphon 5.8——一般宣誓。

Antiphon 5.85——依法表决。

Antiphon 5.96——一般宣誓。

D.18.2——兼听两造之言。

D.18.6-7——兼听两造之言。

D.18.121——依法表决。

D.18.217——一般宣誓。

D.18.249——一般宣誓。

D.19.1——依法表决。

D.19.132——一般宣誓。

D.19.134——一般宣誓。

D.19.179——依法表决。

D.19.219-220——依法表决。

D.19.239-240——一般宣誓。

D.19.284——一般宣誓。

D.19.297——依法表决。

D.20.93——一般宣誓。

D.20.101——依法表决。

D.20.118-9——依据法律及最公正的判断进行表决。

D.20.159——一般宣誓。

D.20.167——一般宣誓。

D.21.4——一般宣誓。

D.21.24——一般宣誓。

D.20.34——依法表决。

D.21.42——依法表决。

D.21.177——依法表决。

D.21.188——依法表决。

D.21.211-212——依法表决。

D.22.4——就起诉中的指控进行表决。

D. 22.20——依法表决。

D. 22.39——一般宣誓。

D. 22.43——就起诉中的指控进行表决。

D. 22.45——依法表决。

D. 22.45——就起诉中的指控进行表决,且依法表决。

D. 23.19——兼听两造之言。

D. 23.96——依据最公正的判断进行表决。

D. 23.101——依法表决。

D. 23.194——一般宣誓。

D. 24.2——一般宣誓。

D. 24.35-36——依法表决。

D. 24.58——一般宣誓。

D. 24.78——一般宣誓。

D. 24.90——一般宣誓。

D. 24.148,151——一般宣誓(誓言中不包括"我将不监禁任何雅典公民"这些话语)。

D. 24.175——一般宣誓。

D. 24.189——就起诉中的指控进行表决。

D. 24.191——一般宣誓。

D. 27.3——兼听两造之言。

D. 27.68——依法表决。

D. 29.53——一般宣誓。

D. 30.9——就起诉中的指控进行表决。

D. 32.13——就起诉中的指控进行表决。

D. 33.38——依法表决。

D. 34.45(cf.52)——依法表决。

D. 36.26——依法表决。

D. 36.61——一般宣誓。

D.37.17——就起诉中的指控进行表决。

D.38——没有提及司法誓言。

D.39.37——一般宣誓。

D.39.38——一般宣誓。

D.39.40——依据最公正的判断进行表决。

D.39.41——依法表决,且按照最公正的判断进行表决。

D.40.60——就起诉中的指控进行表决。

D41——没有提及司法誓言。

D.42.10——一般宣誓。

D.43.84——依法表决。

D.44.14——就起诉中的指控进行表决。

D.45.50——就起诉中的指控进行表决。

D.45.87——依法表决。

D.45.88——一般宣誓。

[D.]46.27——依法表决。

D.48.17——一般宣誓。

[D.]52——依法表决。

D.55.35——兼听两造之言。

D.57.63——依据最公正的判断进行表决。

D.57.69——一般宣誓。

D.57.70——一般宣誓。

[D.]58.17——一般宣誓。

[D.]58.25——依法表决。

[D.]58.36——依法表决。

[D.]58.41——依法表决。

[D.]58.61——依法表决。

[D.]58.62——依法表决。

[D.]59.115——依法表决。

Din. 1. 14——一般宣誓。

Din. 1. 17——依法表决。

Din. 1. 84——依法表决。

Din. 1. 86——一般宣誓。

Din. 2. 20——一般宣誓。

Din. 3. 17——一般宣誓。

Hyp. *Lycurg.* fr. 1——兼听两造之言。

Hyp. *Lycurg.* fr. 5——依法表决。

Hyp. *Lycurg.* fr. 40——依法表决。

Hyp. D. 1——依法表决。

Hyp. D. 39——依法表决。

Is. 2. 47——依法表决。

Is. 4. 31——依法表决。

Is. 6. 2——兼听两造之言。

Is. 6. 51-52——就起诉中的指控进行表决。

Is. 6. 65——依法表决。

Is. 8. 46——依法表决。

Is. 10——就起诉中的指控进行表决。

Is. 11. 6——依法表决。

Is. 12. 18——一般宣誓。

Isoc. *Antidosis* 18——一般宣誓。

Isoc. *Antidosis* 21——兼听两造之言。

Isoc. *Antidosis* 173——一般宣誓(依法表决)。

Isoc. *Against Callimachus* 34——一般宣誓。

Lycurg. *Leocr* 11-13——就起诉中的指控进行表决。

Lycurg. *Leocr* 79——一般宣誓。

Lycurg. *Leocr* 128——一般宣誓。

Lycurg. *Leocr* 143——依法表决。

Lys. 10.32——一般宣誓。

Lys. 14.22——依法表决。

Lys. 14.40——依法表决。

Lys. 14.47——公正地投票。

Lys. 15.1——兼听两造之言。

Lys. 15.9-10——兼听两造之言,依法表决。

Lys. 18.13——一般宣誓。(另外的誓言?)

Lys. 19.11——兼听两造之言。

Lys. 22.7——依法表决。

附录四 《戈提那法典》的结构
——摘自加加林(1982) 131

1. 1.2-2.2：抓捕人(57行)
2. 2.2-10：强奸(8行)
3. 2.11-16：强行与奴隶性交(5行)
4. 2.16-20：通奸(25行)
5. 2.20-45：诱奸(25行)
6. 2.45-3.16：离婚(26行)
7. 3.17-37：配偶的分居(21行)
8. 3.37-40：付给配偶的特殊款项(3行)
9. 3.40-44：奴隶的分居问题(4行)
10. 3.44-4.8：离婚妇女的孩子问题(19行)
11. 4.8-17：遗弃儿童(9行)
12. 4.18-23：未婚的奴隶母亲问题(5行)
13. 4.23-5.1：妇女间的财产分配问题(32行)
14. 5.1-9：将财产赠与妇女的法律溯及力问题(8行)
15. 5.9-54：房地产的继承与分割(45行)

16. 6.1-2：将财产赠与女儿（1 行）

17. 6.2-46：财产的销售与抵押（44 行）

18. 6.46-56：人犯的赎金问题（10 行）

19. 6.56（?）-7.10：男奴隶与女自由人的婚姻问题（10 行）

20. 7.10-15：主人为其奴隶应承担的责任（5 行）

21. 7.15-8.30：女继承人的结婚与再婚问题（70 行）

22. 8.30-9.1：有关女继承人的进一步规定（26 行）

23. 9.1-24：女继承人财产的销售或抵押（23 行）

24. 9.24-40：继承人的责任（16 行）

25. 9.40-43：儿子作为担保人（3 行）

26. 9.43-10.?：商业合同（超过 11 行）

27. 10.?-25：男人将物品赠与妇女的问题（超过 10 行）

28. 10.25-32：对买卖奴隶的一些限制（7 行）

29. 10.33-11.23：收养（43 行）

30. 11.24-25：第一节的修正案（1 行）

31. 11.26-31：法官的义务（5 行）

32. 11.31-45：第二十四节的修正案（14 行）

33. 11.46-55：第六节的修正案（9 行）

34. 12.1-5：第二十七节的修正案（4 行）

35. 12.6-19：第二十二节的修正案（13 行）

附录五 《阿提卡演说家》中的法律

安提丰

Antiphon 1：没有法律被引用。

Antiphon 5.9-10 (Cf. 85)：为非作歹（kakourgoi）法，内容包括盗窃、抢夺衣服，等等，同时规定了量刑（timesis）——既有程序性规定，又有实体性规定。

Antiphon 5.11：法律规定，杀人案件应公开审判——程序性规定。

Antiphon 5.13：有关杀人罪的法律允许被告在第一次发言后离开阿提卡地区——程序性规定。

Antiphon 5.17：法律允许那些提供了三种担保的人在判决前免于被监禁——程序性规定。

Antiphon 5.47：法律不允许同盟的城邦在未经雅典人同意之前处决人——程序性规定。

Antiphon 5.48：法律规定，杀死主人的奴隶必须扭送到公共官员面前,不能任由受害者亲属处死——实质性规定(对于如何实施这一法律,没有程序性规定)。

Antiphon 6.4:法律将谋杀者从城邦中驱逐出去——惩罚。

Antiphon 6.5:法律规定,控诉者只能陈述他们已提起控诉的事项——程序性规定。

Antiphon 6.36:法律规定,自控告被登记之日起,禁止被控犯有杀人罪者进入阿哥拉(广场)等处——程序性规定。

Antiphon 6.41-45:法律命令:自谋杀的指控被登记的三个月内,王者执政官应举行三场听证会(*prodikasias*);在第四个月时,应将案件提交给法庭——程序性规定。

吕西亚斯

Lys.1.30-33:法律授权人们,有权杀死一个与其妻妾通奸且育有私生子者,并禁止战神山法庭在此种情况下判该人有罪——程序性规定与实体性规定。

Lys.1.49:法律授权人们对其抓获的骗子做他想做的任何事——实体性规定(未见法律程序)。

Lys.2:这是一种葬礼上的祭文,而非法庭上的演说。

Lys.3.42:有关故意伤害的法律(除指控外,未做详细说明)。

Lys.3.46:法律要求诉讼当事人紧扣要点(例如,起诉书中提出的问题)——程序性规定。

Lys.6.52:法律禁止那些被判不虔敬者进入神殿——实体性规定(否定一种权利)。

Lys.9.6,9-10:法律禁止人们侮辱议事会(*synedrion*)中的官员——实体性规定(提到了罚款,但对于法律程序未置一词)。

Lys.10.6-14:有关诽谤的法律禁止人们随意使用"杀人犯"(*androphonos*)这一语词,也不能随意说某人扔掉了自己的盾牌——实体性规定[没有提到程序,尽管这一行为是一种控告(kakegoria)]。

Lys.10.16:法律允许法庭发布命令,将封闭货场作为一种额外的惩罚——程序与惩罚。

Lys.10.17:法律可以命令某人宣誓并提供担保,否则将放逐该人——程序性规定(这并不是一个法律中的条款,其性质不明)。

Lys.10.18:法律允许人们以任意的利息进行借贷——实体性规定(未提及程序)。

Lys.10.19:有关卖淫的法律(仅有简短的引用)。

Lys.10.19:法律命令双倍赔偿——刑罚。

Lys.11:这是先前演说的摘要。

Lys 12:他的演说没有引用或提到任何法律。

Lys.13:在这一演说中,没有引用或提到任何法律。

Lys.14.5-6:法律规定,士兵们可以判决那些在战时离开自己的岗位并撤退者的案件,以及擅离职守者的案件——主要是实体性规定,同时简短地提到了程序。

Lys.14.8:法律规定,如果那些在骑兵中服役的人不能通过考察,将丧失公民权——实体性规定与刑罚(未提及程序)。

Lys.15.11:法律规定,所有将军、骑兵指挥官以及其他官员都没有超越法律之上的权力——实体性规定(未提及程序)。

Lys.16:在这一演说中,未引用或提及任何法律。

Lys.17:在这一演说中,未引用或提及任何法律。

Lys.18:在这一演说中,未引用或提及任何法律。

Lys.19:在这一演说中,未引用或提及任何法律。

Lys.20:在这一演说中,未引用或提及任何法律。

Lys.21:在这一演说中,未引用或提及任何法律。

Lys.22.5-6:法律禁止人们合伙购买超过50篮(phormoi)的小麦——实体性规定(未提及程序)。

Lys. 23：在这一演说中，未引用或提及任何法律。

Lys. 24：在这一演说中，未引用或提及任何法律。

Lys. 25：在这一演说中，未引用或提及任何法律。

Lys. 26.6：法律禁止法庭在一年中的最后一天开庭——程序性规定。

Lys. 27：在这一演说中，未引用或提及任何法律。

Lys. 28：在这一演说中，未引用或提及任何法律。

Lys. 29：在这一演说中，未引用或提及任何法律。

Lys. 30.11-14：诉讼当事人控告尼科马库斯，为克里奥丰（Cleophon）的敌人提供了一项法律，即要求议事会参与审判一个事关谋反的案件，但同时又暗指该法律是不真实的。

Lys. 31：在这一演说中，未引用或提及任何法律。

Lys. 32：法律允许监护人租赁孤儿的房地产——实质性规定（未提及程序）。

Lys. 33：这是一篇为奥林匹克运动会传递圣火而作的颂词。

Lys. 34：这一演说似乎不是为法庭上的审判而作的。

Lys. fr. 97（Carey）(cf. fr. 19)：法律规定，对于那些未能在公开审理中获得 1/5 选票支持的人，可以处以 1000 德拉克马的罚款，并剥夺公民权——程序性规定与刑罚。

Lys. fr. 178（Carey）：在暴力犯罪案件中，法律允许适用死刑——刑罚。

Lys. fr. 228（Carey）：诉讼期限的规定——程序性规定。

Lys. fr. 246（Carey）：法律命令，若任何人不照顾自己的父母，他将丧失公民权——实体性规定与刑罚[尽管可能提出了一种虐待父母之公诉（*graphe kakoseos goneon*），但未提及程序]。

Lys. fr. 428（Carey）：法律命令监护人为孤儿提供土地，作为孤儿财产——实体性规定（未提及程序）。

吕西亚斯演说的几个残篇，尤其是在《哈帕克拉提翁词典》(Lexicon of Harpocration)中发现的几个残篇，提到了各种各样的程序。例如，Lys. frs. 35（Carey），37（Carey），38（Carey），40b（Carey），80（Carey），127（Carey），150（Carey），262（Carey），270（Carey），301（Carey），302（Carey），482（Carey）。然而，人们不能从这些残篇中了解到它们是否包括法律的释义或摘要，或者只是指出了某一程序。

安多基德斯

And. 1. 20：若告密者提供的信息属实，法律将免除告密者的责任，但是，若信息是虚假的，告密者将被判处死刑——实体性规定与程序性规定。

And. 1. 33：若控告者不能获得1/5票支持，法律将处以控告者剥夺公民权的刑罚，并禁止告密者进入德墨忒耳（Demeter）与科瑞（Kore）神殿——实体性规定与程序性规定。

And. 1. 43-4：斯卡曼德尤斯（Scamandrius）法禁止对公民刑讯逼供——实体性规定与程序性规定。

And. 1. 71：伊索提米德斯（Isotimides）法令禁止那些不虔敬者以及承认自己有罪者进入神殿——实体性规定（未提及程序）。

And. 1. 73：帕卓克雷德斯（Patrocleides）法令——实体性规定。

And. 1. 82：法令命令人们对法律进行仔细的审查——实体性规定。

And. 1. 86：法律禁止官员实施不成文的法律——程序性规定。

And. 1. 88：法律命令：私人诉讼中的所有判决与按照民主方

式作出的仲裁决定都有约束力——程序性规定。

And.1.88：法律命令，所有的法律都应由执政官尤克雷德斯实施——程序性规定。

And.1.89：法律命令，没有哪一个法令能推翻一项法律，既包括议事会的法令，又包括公民大会的法令——实体性规定（这是由违法颁布新法之诉保障的，但该法规的文本中未见程序性规定）。

And.1.89：法律命令，所有的法律都不能只指向某一个人（这将得到违法颁布新法之诉程序的保障，但此处并未提到这一程序）。

And.1.93：法律允许议事会将违反税法的农民投入监狱——程序性规定。

And.1.94：法律认为，预谋犯罪的人与实施犯罪的人应适用同样的程序——主要是程序性规定，规定了如何针对犯罪的人提起诉讼。

And.1.95（Cf.101）：梭伦关于暴政的法律——实体性规定与程序性规定，授权人们杀死那些推翻民主制度的人，它暗示将不在法庭起诉这些人。

And.1.107：法律命令，被驱逐的人应解除驱逐，被剥夺权利的公民应重新获得权利（这一法律没有向人们传达，可能是一种特别的发明，以便为帕卓克雷德斯法令提供一个先例）。

And.1.111：梭伦的法律规定，在厄琉息斯秘仪后的一天，议事会应当在德墨忒尔神庙开会——实体性规定，未提及程序。

And.1.116：法律禁止人们在厄琉息斯秘仪期间在德墨忒尔神庙放置请愿牌，违者将罚款1000德拉马克——实体性规定（未提及程序，但是 And.1.110 显示，它是按检举、揭发实施的）。

伊索克拉底

Isoc.16：在这一演说中，未引用或提及任何法律。

Isoc.17：在这一演说中，未引用或提及任何法律。

Isoc.18.2：阿基努斯的法律规定，当原告的指控违反了大赦的规定时，被告可以进行抗辩——程序性规定，对抗原告的诉讼）。

Isoc.19：这一演说发表于埃伊纳岛法庭。

Isoc.20.3：有关诽谤的法律可以处罚500德拉马克的罚款——惩罚（未提及程序）。

伊萨乌斯

Is.1.4.Cf.46：法律将继承权授予亲属——实体性规定。

Is.2.13.Cf.16,45：法律规定，若立遗嘱者没有合法的儿子，他可以按自己的意愿转让财产——实体性规定。

Is.3.35-38：法律否认一个男人有权要求归还未估价的嫁妆的任何部分——实体性规定。

Is.3.42：法律规定没有男性后代的男人可以将女儿嫁给其指定的继承人——实体性规定。

Is.3.46-47.Cf.53：法律不能用刑罚惩罚那些揭发女性继承人且没有获得1/5支持票的人——程序性规定。

Is.3.58：法律规定，请求继承遗产的主张应在最后的继承人死亡后的5年内提出——程序性规定。

Is.3.64：法律要求，女性继承人在父亲死后将被移转近亲属监护——实体性规定。

Is.3.68：与3.42的内容一模一样。

Is.3.76：法律要求，合法的女儿可以纳入宗族之中——实体性规定。

Is.4.14n.Cf.17:法律规定,要使一个遗嘱有效,立遗嘱人必须在自己的权利范围内行事。

Is.6.3:法律要求,死后收养的儿子应向法庭提出正式的请求——程序性规定。

Is.6.3:法律允许任何雅典人提出继承遗产的主张——实体性规定与程序性规定。

Is.6.9:与4.14内容相同。

Is.6.25:法律将同样份额的遗产分配给所有合法的儿子——实体性规定。

Is.6.44:法律不允许被人收养的儿子回归其原出生的家庭,除非他在养父家里留下了一个儿子——实体性规定。

Is.6.47:法律规定,庶出的子女都有权祭祀或继承其家庭的财产——实体性规定。

Is.6.63:法律规定,若某人在收养了一个儿子后又有了亲生儿子,这两个儿子有同样的继承权——实体性规定。

Is.7.19:法律规定,若同父异母的兄弟无嗣死亡,其遗产由在世的姐妹和不在世的姐妹所生的侄子们分享——实体性规定。

Is.7.20:法律将继承权授予给男性后裔,以及出自上述男性后裔的子女,尽管后者与死者的关系更遥远——实体性规定。

Is.7.22:法律规定,在缺乏父系的子女或堂兄弟姐妹的情况下,可以将继承权授予母系的亲属,但规定了继承顺序——实体性规定。

Is.8.31:与10.12内容相同——实体性规定。

Is.8.32.Cf.34:法律命令,子女应扶助自己的父母——实体性规定。

Is.10.2:法律授权个人按自己的意志处分财产——实体性规定。

Is.10.10:法律禁止儿童或妇女订立超过 1 麦丁诺斯（*medimnos*，约 54 升）大麦价值的合同——实体性规定。

Is.10.12:法律规定,儿子在成年后的 2 年内应获得其所继承的地产——实体性规定。

Is.10.13:与 3.42 内容相同。

Is.11.1-3.Cf.4,11:继承法授权亲属以一定的顺序继承遗产——实体性规定（未提及程序）。

Is.11.23-25:有关如何裁判遗产继承的法律——程序性规定。

Is.11.27-28:针对监护人提起诉讼的法律——内容含糊。

Is.11.46:法律要求,如果被判定做伪证,整个案件都必须再审——程序性规定。

埃斯基涅斯

Aeschines1.3:法律禁止操贱业的男人在人们面前演说——实体性规定（未提及程序）。

Aeschines1.9:法律规定,只有自由的男孩才能上学——实体性规定（未提及程序）。

Aeschines1.9:法律任命官员监督学校里的孩子们,并管理奴隶仆役——实体性规定（未提及程序）。

Aeschines1.10:法律规定,教师和运动员教练不得在日出前打开校门,必须在日落前关闭校门——实体性规定（未提及程序）。

Aeschines1.10:对于缪斯节与赫尔墨斯节,有专门的法律调整——实体性规定（未提及程序）。

Aeschines1.10:法律管理男孩之间的集会以及周期性举行的合唱——实体性规定（未提及程序）。

Aeschines1.11:法律规定了演出执事的年龄——实体性规定

（未提及程序）。

　　Aesachins1.13-14：如果有人出租男孩，法律规定应提起公诉——实体性规定。

　　Aeschines1.13-14：法律规定，被父亲出卖的儿子在父亲年老时可免除赡养的义务，但仍有葬父并举行丧礼的义务——实体性规定（未提及程序）。

　　Aeschines1.14：法律规定，严惩那些勾引、诱骗男性自由人或女性自由人者——实体性规定与刑罚（未提及程序）。

　　Aeschines1.15：如果任何人对男人或女人实施暴力行为，无论是自由人，还是奴隶，法律规定应提起公诉与判刑——实体性规定与程序性规定。

　　Aeschines1.18-20.Cf.40,72：法律禁止那些曾经卖淫的人担任执政官、祭司、助讼人以及其他公职，即使他是被推举出来或通过抽签的形式被选出来。同时，还禁止他们担任大使与信使，禁止他们在议事会和公民大会发表演说，并提起出卖肉体之公诉——主要是实体性规定，同时还非常简短地提及了程序与刑罚。

　　Aeschines1.23：法律命令议事会主席主持讨论宗教事务，及与任命信使、大使有关的事务，以及祭祀与祈祷后的一些世俗事务，然后邀请那些"希望发言的人"——实体性规定（未提及程序，尽管担任议事会主席可能会引出程序问题）。

　　Aeschines1.28-32.Cf.154：法律规定，若有人在殴打父母、不赡养父母、不服兵役、扔掉自己的盾牌、行堕落之事或挥霍祖产后在公民大会上发言，任何人都可以提出剥夺其公民权——主要是实体性规定，同时简短地提及程序。

　　Aeschines1.33-34：法律命令，各部落在公民大会后应保持秩序——实体性规定（未提及程序）。

　　Aeschines1.79：法律规定了法庭投票的类型——程序性规定。

Aeschines1.87：法律判处那些行贿或受贿的人死刑——刑罚。

Aeschines1.113：有关盗窃的法律——单独给出的惩罚。

Aeschines1.138：法律禁止奴隶在格斗场锻炼身体，但自由人可以这样做——实体性规定（未提及程序）。

Aeschines1.139：法律禁止奴隶成为男性自由人的情人，违者将被责罚50鞭——实体性规定与刑罚（未提及程序）。

Aeschines1.158：法律命令执政官保护孤儿——实体性规定（未提及程序）。

Aeschines1.160：对出卖肉体者提起公诉，见上文。

Aeschines1.183：法律禁止那些被勾引的妇女穿漂亮的衣服或参加祭祀，若该类妇女仍实施上述两种行为，任何男人都可以脱光其衣服——实体性规定（未提及程序）。

Aeschines1.184：法律命令，应对拉皮条者提起公诉；如果被定罪，将被处死刑——实体性规定与程序性规定，同时还有刑罚。

Aeschines1.188：法律禁止那些"身体不纯洁"的人通过抽签的方式被选为祭司——实体性规定（未提及程序）。

Aeschines2.87：法律要求，那些违心杀人案中的诉讼当事人必须这样宣誓：法官应当据实、公正地审判，他自己应不做虚假的陈述；如若不然，他与他的家人将受到诅咒——程序性规定。

Aeschines2.95：法律不允许那些由公民大会选举出来的人辞去议事会中的职务——实体性规定（未提及程序）。

Aeschines3.2：法律规定，在公民大会里，应由最年长者先发言——实体性规定（未提及程序）。

Aeschines3.11（cf.31,36）：法律禁止将金冠授予那些未通过审计者——实体性规定（未提及程序，尽管人们为对抗授予如此荣誉的法令，会提起违法颁布新法之诉）。

Aeschines3.13-22.Cf.29：法律命令，官员只有在提交了账目并通过了审查(dokimasia)后才能任职——实体性规定与程序性规定。

Aeschines3.32-35. Cf.205：法律只允许在议事会与公民大会而非别的地方授予金冠——实体性规定（未提及程序）。

Aeschines3.34-36. Cf.47：有关酒神节的法律允许人们在公民大会同意的情况下，在酒神剧场授予金冠——实体性规定（未提及程序）。

Aeschines3.38：法律命令司法执政官审查法律中的矛盾之处，并将彼此冲突的法律提交公民大会——实体性规定（未提及程序）。

Aeschines3.44：法律禁止在剧场宣告解放奴隶，否则赞礼官将受到剥夺公民权的处罚——实体性规定（未提及程序）。

Aeschines3.46：法律规定，在剧场授予的金冠应献给雅典娜——实体性规定（未提及程序）。

Aeschines3.50：法律禁止在判决中出现虚假陈述——实体性规定（未提及程序，尽管人们会引用违法发布新的法令之诉，以对抗包含虚假陈述的判决）。

Aeschines3.158：法律禁止那些因疏忽大意而在萨拉米海峡附近翻船的人担任船夫——实体性规定（未提及程序）。

Aeschines3.175-176：梭伦的法律对那些应报告而不报告、玩忽职守者或懦夫处以同样的刑罚，并提起公共诉讼——既有实体性规定，又有程序性规定，同时还包含有刑罚。

Aeschines3.249：法律规定，所有用以出售的头衔都应有担保——实体性规定（未提及程序）。

吕库古

Lycurg. Leocr 27：对于那些将谷物运到其他港口而非雅典港

口的人,法律将处以多种刑罚——实体性规定与刑罚。

Lycurg. Leocr 102:法律命令,在泛雅典娜节上,荷马史诗的吟诵者必须吟诵荷马史诗——实体性规定(未提及程序)。

Lycurg. Leocr 120-121:按照伯罗奔尼撒战争(公元前413年—前404年)期间通过的一项法令的规定,那些迁移到德克里亚的人应被判处死刑。它还规定,公民有权逮捕任何从该城邦返回的雅典人。如果该法令是在公元前403年后通过的,则它可能是梭伦制定的法典——实体性规定与程序性规定。

希波雷德斯

Hyp. Lyc. fr. 3:有关法庭中助讼人的法律——程序性规定。

Hyp. Phil. 3:法律禁止诽谤或侮辱哈莫迪乌斯与阿里斯托盖顿的歌曲——实体性规定(未提及程序)。

Hyp. Phil. 4:有关议事会主席的法律——没有介绍细节。

Hyp. Ath. 13:法律使不公正的协议无约束力——实体性规定。

Hyp. Ath. 14:法律禁止在阿哥拉(广场)做虚假的陈述——实体性规定。

Hyp. Ath. 15:法律要求买卖奴隶者公开该奴隶的身体缺陷——实体性规定。

Hyp. Ath. 16:法律宣称,未婚妇女生育的孩子是合法的——实体性规定。

Hyp. Ath. 17:法律允许男人立遗嘱,除非受到了年老、疾病或精神错乱者的影响,或者受到了女人的影响,或者受到了关进监狱者的影响,或者是在不自由的情况下作出的——实体性规定(未提及程序)。

Hyp. Ath. 22:法律规定,奴隶主应为奴隶造成的损害承担责任——实体性规定。

Hyp. Ath. 29,33：法律禁止外邦人在战时离开阿提卡地区——既是程序性规定（同时还提到了检举与逮捕的规定），又是实体性规定。

Hyp. Eux. 7.8：法律规定了从检举、揭发到判决的程序，专门针对那些颠覆民主制度，或为颠覆民主制度而随时集会，或组成政治小团体，或背叛城邦、舰队、陆上或海上武装力量的人，或针对那些由于已经收受礼物而不提出最佳建议者——大部分是实体性规定，仅仅提到了程序的名称。

Hyp. D. 24：法律将用刑罚处罚那些受贿者——刑罚。

Hyp. Epit.：他的演说是一种葬礼上的祭文，而非法庭演说。

Hyperides Against Diondas p. 8，第3-5行（Carey et al.）：法律禁止任何未满30周岁的人在法庭任职——程序性规定。

Hyp. Against Timandrus 138v，第3-11行（Tchernetska et al.）：法律禁止监护人为自己的目的而出租孤儿或孤儿的财产，并命令他们到执政官那里登记这些财产——实体性规定（未提及程序，尽管人们会提起侵害孤儿之诉）。

Hyp. Against Timandrus 138v，第17-21行（Tchernetska et al.）：演说者说，法律要求具有兄弟姐妹关系的孤儿必须在一起长大，并且应当在最适合他们成长的地方被抚养。但第一段话仅仅是演说者对第二段话的解释，那是法律的一般规定（参见Rubinstein, 2009）——实体性规定（未提及程序，尽管人们可能提起侵害孤儿之诉）。

《德摩斯梯尼文集》——公诉案件中的演说

D. 18.102-104：德摩斯梯尼的法律要求富人公平分配财产、停止压迫穷人，并通过捐赠的形式停止收回欠款——实体性规定

（未提及程序）。

D.18.121：法律允许人们在狄俄尼索斯剧场宣布公民大会的奖励决定——实体性规定（未提及程序）。

D.18.170：法律命令宣导官询问那些希望在公民大会发言的人——实体性规定（未提及程序）。

D.18.224：法律不允许就同一事实提起两次诉讼——程序性规定。

D.19.70：法律命令宣导官在议事会和公民大会开会期间宣读诅咒——实体性规定（未提及程序）。

D.19.126：法律规定，那些在辞退之后仍到使馆上班的人将被判处死刑——实体性规定了刑罚。

D.19.286：《提马库斯法令》将对那些为腓力二世运送武器或海军装备的人处以死刑——实体性规定与刑罚。

D.20.8：法律允许每隔一年举行一次礼拜仪式——实体性规定（未提及程序）。

D.20.9：法律禁止人们在阿哥拉（广场）做虚假的陈述——实体性规定（未提及程序）。

D.20.18,27-28：法律不允许在三列桨舰长制度和财产税上有任何例外——实体性规定（未提及程序）。

D.20.89,93：法律允许人们对不适当的法律提起公诉，并要求在提出一个针对同一问题的新法之前，必须废除旧法——实体性规定与程序性规定。

D.20.94：有关颁布新法的法律——实体性规定（未提及程序）。

D.20.96：法律规定，人民授予的所有奖励都有效——实体性规定。

D.20.100,135：对于那些在公民大会作出承诺但未切实履行该承诺的人，法律将处以严厉的刑罚——实体性规定与刑罚（未提及程序)。

D.20.102：梭伦的法律规定,只有在某人无合法的儿子时,他才有权把自己的财产给予其他任何人——实体性规定（未提及程序)。

D.20.104：梭伦的法律禁止诽谤死者——实体性规定（未提及程序)。

D.20.147：法律不允许人们就同一事情提起两次诉讼——程序性规定。

D.20.152：法律不允许一个人多次担任公职律师——程序性规定。

D.20.155：法律禁止法庭就一次违法行为进行多次处罚——程序性规定。

D.20.157-158：法律禁止那些被控犯有谋杀罪的人参加宗教典礼,以及进入阿哥拉（广场)——程序性规定或刑罚。

D.20.158：法律授权人们在某些情况下可以杀人,并且,杀人者可免除宗教上的处罚——实体性规定（未提及程序)。

D.20.159：德摩芬图斯的法令保证杀死僭主的人能获得与哈莫迪乌斯与阿里斯托盖顿一模一样的奖赏——实体性规定（未提及程序)。

D.20.167：对于那些压低货币价值的人,法律将处以死刑——实体性规定与刑罚（未提及程序)。

这篇演说发表于反对勒珀提尼斯的法律时,本书的几个章节曾提到并讨论过该法。该法律的主要条款是禁止免除任何人承担的公益服务义务(2,55,160),但对哈莫迪乌斯和阿里斯托盖顿的后代例外(128,160)。任何要求免除该义务的人都将受到剥夺权利和没收财产的惩罚(156)。对于被定罪的人,可运用检举、揭发和公诉程序(156)。该法律既有实体性规定,又有程序性规定。

D.21.9：法律命令,应在酒神节后立即召开一次公民大会,讨论执政官的行政管理问题以及与节日有关的违法行为——大多属程序性规定。

D.21.10-11.Cf.35.：法律禁止任何人在酒神节期间对违约的欠债人或他人使用武力，并授予了提起公诉的权利——实体性规定与程序性规定。

D.21.43（Cf.35）：法律对违反自己的意志而造成的损害只处以简单的惩罚，对故意造成的损害处以双倍的惩罚——实体性规定与刑罚。

D.21.43：关于杀人的法律规定，故意杀人要判处死刑或永久流放，且没收财产，但对于违反自己的意志而实施的过失杀人保留了宽恕的可能性——刑罚。

D.21.44：关于收回不动产之诉之类的私人诉讼，法律规定了额外的罚款，该罚款需上交国库——刑罚。

D.21.44：对于盗窃过程中使用暴力的行为，在常刑之外，法律还将处以另外的罚款——刑罚。

D.21.45-46，48：法律允许对暴力行为提起公诉——既有实体性规定，又有程序性规定。

D.21.56-57：法律禁止合唱团的领导人召集舞蹈人员，或命令他们在节日期间坐下来——实体性规定与刑罚。

D.21.93-94：有关仲裁的法律——程序性规定。

D.21.107，113：有关赠与的法律（这一法律既没有被人们总结出来，也没有释义）。

D.21.175：法律允许人们对那些在秘仪期间抓获违约债务人者，提起公诉——实体性规定与程序性规定。

D.22.5：法律允许公民大会投票授予议事会荣誉——实体性规定（未提及程序）。

D.22.8-12：在议事会成员未建造三列桨舰之前，法律禁止将任何荣誉授予给议事会成员——实体性规定（未提及程序，尽管可以通过提起违法发布新法令之诉而反对如此的议案)。

D.22.21,30:法律禁止男妓提出并推动某些提案(例如,议事会与公民大会中的议案)——实体性规定(尽管可以运用剥夺公民权之诉,但未提及程序)。

D.22.33:法律禁止那些拖欠国库钱物者提出和推动某项议案——实体性规定(尽管可以使用违法提起新法之诉来反对提案者,但未提及程序)。

D.22.73:法律禁止妓女进入神殿——实体性规定(未提及程序)。

D.23.24(Cf.215):法律规定,战神山法庭审判杀人、故意伤害、纵火以及投毒案件——主要涉及战神山法庭的管辖权问题,未提及程序。

D.23.31:法律授权司法执政官处决那些因犯谋杀罪而被流放并返回阿提卡的人——涉及司法执政官的管辖权与程序问题。

D.23.33(Cf.216):法律禁止虐待,禁止人们接受那些被控犯有谋杀罪者给付带有血腥味的钱——实体性规定(未提及程序)。

D.23.37-43:法律禁止杀死被流放的、犯有谋杀罪的人,违者将被处以与雅典公民同样的刑罚;陪审团审判(*ephetai*)——既有实体性规定与管辖权问题,又有程序性规定。

D.23.44-49:法律禁止任何人追捕或逮捕因违心杀人而被判处流放的人,若有违反,法律将比照在雅典领土上实施同样的行为而予以惩罚——实体性规定与刑罚(未提及程序)。

D.23.51:法律禁止对那些告发放逐者回国(如回到阿提卡)的人提起私人诉讼——实体性规定与程序性规定。

D.23.53-61:法律允许人们在某些情况下杀人(如在体育比赛中、在不知情的战斗中、在当着妻子或女性亲属的面被抓或被抢劫财物时,等等)——实体性规定(未提及程序)。

D.23.62:法律禁止任何人废除或改变杀人罪,代之以限缩权利和没收财产的形式加以处罚——实体性规定与刑罚（未提及程序性规定）。

D.23.67-68：法律要求那些到战神山法庭控告别人杀人者宣誓，（一旦诬告）将毁灭他自己及其家族，并举行献祭仪式——程序性规定。

D.23.69：法律要求官员惩罚那些被判犯有杀人罪者——程序性规定。

D.23.69：在杀人案件中，法律允许被告离开阿提卡，在第一次庭审发言后即被放逐——程序性规定。

D.23.72（Cf.37.59）：法律规定，那些被判处违心杀人罪的人仍将流放，除非被害人的一位亲属同意原谅他，且举行了一次涤罪献祭仪式——刑罚与程序性规定。

D.23.76：法律允许在谋杀案件中在城市公共会堂（Prytaneum）的前面对无生命的物体提起诉讼——主要是程序性规定。

D.23.77-78：法律允许在弗瑞阿顿法庭审判那些因被控犯有违心杀人罪而处于流放状态，同时又被指控对另一件谋杀案负责的人——程序性规定。

D.23.80：法律允许逮捕、监禁杀人犯——程序性规定。

D.23.82-83：法律允许（受害者）亲属在凶杀案中最多扣押3名人质，直到杀人者受到了审判，或杀人者亲属交出了罪犯——程序性规定。

D.23.86（Cf.218）：法律禁止人们通过一项指向某个人的法律，同样的法律可见之于 D.24.59 与 And.1.86——实体性规定。

D.23.87（Cf.219）：法律规定，没有哪一个法令比法律更有效，同样的规定可见之于 D.24.30 与 And.1.89——实体性规定。

D.23.92：法律规定，议事会的法令有效期仅1年——实体性规定。

D.24.17-19,24-25：法律规定了立法方法——主要是实体性规定,但对于那些违反了 D.24.18 规定的人,可以提起公诉。

D.24.18:法律规定,所有新的立法议案都应摆放在英雄纪念碑前,以便所有人都能看到;接着,它又命令同样的法律平等地应用于所有公民,除非有相反的规定——实体性规定(未提及程序,尽管存在一个推翻这些法律的程序)。

D.24.29:关于节日的法律(没有说明细节——可能与 D.21.10-11 的内容一样)。

D.24.30:法律命令,所有法令(在效力上)都低于法律,同样的法律可见于 D.23.87 与 And.1.89——实体性规定。

D.24.32-34:法律禁止任何人提出一项与现存法律相冲突的法律,除非相冲突的法律之前被废止了——实体性规定(尽管存在一个废止相冲突法律的程序)。

D.24.40:法律命令,所有法律自颁布之日起有效,除非有特别的条款规定,应延迟生效——实体性规定(未提及程序)。

D.24.46:除非得到了 6000 人投票支持,否则法律禁止任何人就下列事项提出议案,也禁止议事会主席主持讨论下列事项,包括讨论被剥夺的权利,或赦免拖欠国库款的债务人——实体性规定(未提及程序)。

D.24.52:法律禁止任何人将法庭的判决申诉到议事会或公民大会——程序性规定。

D.24.55:法律禁止任何人就同一事项再次指控同一个人——程序性规定。同样的规定可见于 D.20.147;38.16。

D.24.56-57:法律规定,未满 30 周岁者作出的所有判决都无效——程序性规定。

D.24.59:法律禁止专门针对某个人而立法,同样的法律可参见 And.1.89 与 D.23.86——实体性规定(未提及程序,尽管在这种情况下,可提起公诉,对抗不适宜的法律)。

D.24.64:提摩克拉底的法律规定,在那些被定罪的人缴纳了罚款之前,应将他们监禁起来——程序性规定。

D.24.65:法律规定,对于那些承认自己罪行的作奸犯科者,可不经审判就进行处罚。同样的法律可参见 Antiphon 5.9-10——程序性规定,尽管该法律的另一部分内容涉及实体性问题。

D.24.83:不同的法律要求的罚款数额各不相同,既可以是 2 倍,也可以增加到 10 倍——惩罚。

D.24.113:梭伦的法律允许逮捕那些白天被抓的、偷盗价值超过 50 德拉马克财物的窃贼,允许杀死夜晚抓住的窃贼——实体性规定。

D.24.114:对于那些从演讲厅、学院、库诺萨尔格斯体育馆、体操馆、港口盗窃价值超过 10 德拉克马物品的人,梭伦的法律将判处他们死刑——实体性规定与惩罚(未提及程序)。

D.24.212:法律规定,那些压低货币价格的人将被判死刑。同样的法律可见于 D.20.167——实体性规定与惩罚(未提及程序)。

[D.]53.2:法律允许将偷税漏税案件中被告发者 3/4 的财产授予原告——程序性规定。

[D.]53.11:法律规定,未偿还贷款者在还清贷款前必须赎回其财产——实体性规定(未提及程序)。

[D.]53.15:法律规定了有关虚假传票的诉讼——程序性规定。

[D.]53.27:法律命令,应没收那些保证归还国家钱款却未偿还该款项者的财产——实体性规定与刑罚(未提及程序,尽管可以运用申诉程序)。

D.57.4:法律禁止传闻证据——程序性规定。

D.57.30:法律禁止任何人诽谤在阿哥拉(广场)工作的人(或为广场工作的人)——实体性规定(未提及程序,尽管可能会诉诸谴责程序)。

D.57.31:法律禁止外邦人在阿哥拉(广场)做生意——实体性规定(未提及程序)。

D.57.32:阿里斯托丰的法律;该法律可能要求公民代表的父母都必须是公民——实体性规定。

D.57.32:关于懒惰的法律——内容过于含糊。

D.57.61:法律要求德莫的成员在投票审查公民名单之前应宣誓——这可以被认为是实体性规定,也可以被认定为程序性规定,这要看人们是如何看待投票表决这件事。

[D.]58.5-6.Cf.20:法律禁止人们在公诉案件中进行非法的庭外和解——程序性规定。

[D.]58.10-11:法律禁止对商人和船主进行恶意起诉,并规定了逮捕与检举程序——程序性规定。

[D.]58.14-15:法律允许揭发那些拖欠城邦、雅典娜神庙、其他神庙或英雄纪念碑债务的人——程序性规定。

[D.]58.15:法律禁止拖欠公款的债务人行使公民权利——程序性规定。

[D.]58.17:法律命令,那些继承了遗产的后代应对被继承人拖欠城邦的债务负责——实体性规定(尽管可以是申诉,但未提及程序)。

[D.]58.19-20:法律规定,若某人虚假地宣称某奴隶是自由人,因而造成损害,应将被评估的损害额之一半上交到公库——刑罚。

[D.]58.21-22(cf.49,50):法律规定,自遭到罚款之日起——无论该罚款是否已登记,某人就成了公共债务人——实体性规定(未提及程序)。

[D.]58.50:法律规定,无论公共债务的哪一部分已经偿还,都应该从公共记录中抹去——实体性规定。

[D.]58.51:法律规定,对于那些没有偿还公共债务却已经抹

除名字的人,可以提起无记名的公诉——程序性规定。

[D.]59.4:法律允许人们在战时将预算中的盈余部分投入军事领域——实体性规定。

[D.]59.17:法律禁止雅典公民与外邦人结婚,或禁止外邦人与雅典人生儿育女。法律还为这种情况规定了公诉,并对被判有罪的人处以奴役刑——实体性规定,程序性规定与刑罚。

[D.]59.26-27:法律禁止那些丧失了公民权的人作证——程序性规定。

[D.]59.27:法律免除征收那些已购买合同者2%的兵役税——实体性规定(未提及程序)。

[D.]59.40:法律允许任何人保护被当成奴隶而被抓捕的自由人——实体性规定与程序性规定。

[D.]59.52:法律规定,离婚的男人必须归还妻子的嫁妆,或按每月1.5%支付利息,并允许她的监护人在公共音乐厅提起诉讼——实体性规定与程序性规定。

[D.]59.52:对于那些让外邦妇女与雅典公民结婚的人,法律规定了一项公诉——实体性规定与程序性规定。

[D.]59.66:法律允许被当作奸夫而错误囚禁的人提起公诉。如果法庭判定他是一个奸夫,抓到他的人可以用刀子之外的东西对他实施惩罚——实体性规定,程序性规定以及惩罚。

[D.]59.67:在某人与一位妓女发生关系时,法律不允许以奸夫的名义逮捕该人——实体性规定与程序性规定。

[D.]59.75:法律规定,王者执政官的妻子在结婚时必须是处女——实体性规定(未提及程序)。

[D.]59.85-87:法律禁止曾经被诱奸的妇女参加公祭活动,且允许所有人对参加公祭的被诱奸妇女实施体罚(除了死刑)——实体性规定与惩罚(未提及程序)。

[D.]59.89:法律允许针对公民身份的授予问题提起违法发

布法令之诉——程序性规定。

［D.］59.89-90：法律不允许公民大会授予任何未曾为雅典服务的人公民身份——实体性规定（未提及程序）。

［D.］59.90：法律规定，只有通过6000人秘密投票的方式才能向某人授予公民身份。指导投票的方法规则——实体性规定（未提及程序）。

［D.］59.92：法律禁止那些依据法令而成为公民的人担任九大执政官，或担任祭司，但允许其合法的继承人担任上述职位——实体性规定（未提及程序）。

［D.］59.113：法律对于嫁妆问题有规定——非常一般且含糊。

《德摩斯梯尼文集》——私诉案件中的演说

D.27.17：法律规定，不归还嫁妆者必须按月支付9奥布尔的利息——实体性规定（未提及程序）。

D.27.58：法律允许监护人出租孤儿的财产——实体性规定（未提及程序）。

D.28：在这一演说中，未引用或提及任何法律。

D.29.36：法律规定，帮助他人侵吞资金的人即使没有盗占赃款，也要为盗窃负责——实体性规定（没有提及程序，尽管可能会用到审理盗窃案件的程序）。

D.29.57：同样的法律可见于D.27.58。

D.30：在这一演说中，未引用或提及任何法律。

D.31：在这一演说中，未引用或提及任何法律。

D.32.1（Cf.23）：法律规定，海事法庭审理从雅典出入的涉及船主与商人运输货物的案件——程序性规定。

D.33.1：同样的法律可见于D.32.1，但增加了判决履行前有关监禁的条款——程序性规定。

D.33.2：法律规定了有关抗辩的诉讼——程序性规定。

[D.]33.27：法律规定，个人担保合同的有效期仅为1年——实体性规定(未提及程序)。

[D.]34.4(Cf.42)：发生在雅典或抵达雅典的商品交易如果没有订立合同，法律允许通过诉讼的方式解决——程序性规定。

[D.]34.37：如果居住在雅典的任何人将谷物运输到雅典之外的任何地方，法律将处以多种刑罚——实体性规定与刑罚(未提及程序)。

D.35.50-51：同样的法律可见于D.34.37，但增加了将谷物借给雅典之外的任何地方，也应受到刑罚惩罚——刑罚(未提及程序)。

D.36.23-25：若某人已同意免除某种义务，法律不允许就此事再次提起诉讼——程序性规定。

D.36.26-27：在违法行为发生超过5年的情况下，法律不允许人们再就此事提起诉讼——程序性规定。

D.37.1：若某人已同意免除某种义务，法律不允许再针对此事提起诉讼，同样的法律可参见D.36.23-25——程序性规定。

D.37.18,21：在法庭已作出判决之后，法律不允许人们就同样的指控再提起诉讼——程序性规定。

D.37.33：当案件被提交到无管辖权的司法官员面前时，法律允许人们提起抗诉——程序性规定。

D.37.35-36：法律规定，若任何人驱赶在自己的工作区域内工作的人，持械攻击该人，或在其边界内挖沟壑，都可以提起诉讼——主要是实体性规定(简短地提及了程序，而没有论及细节)。

D.37.58-59：在杀人案件中，若被告已经取得了谅解，法律不允许对其再次提起诉讼——程序性规定。

D.38.1：在已经同意免除义务的案件中，若有人再次提起诉讼，法律允许被告抗诉，同样的法律可见于 D.36.23-25 与 D.37.1——程序性规定。

D.38.16：法律规定，对于同一个人实施的同一违法行为，仅能提起一次诉讼。同样的法律可参见 D.37.18,21——程序性规定。

D.38.16 (Cf.27)：法律规定，与孤儿有关的诉讼应当在 5 年内提起（可能一样的法律可参见 D.36.26-7）：程序性规定。

D.39.39：法律规定，父母有权剥夺子女的继承权——实体性规定（未提及程序）。

D.40.19：法律授予合法的儿子取得母亲嫁妆的权利——实体性规定（未提及程序）。

D.40.50：法律禁止任何人诋毁死者——实体性规定（未提及程序）。

D.41.7,10-11：法律不赞成对那些已经将财产抵押作为担保物的人及其继承人提起诉讼——实体性规定与程序性规定。

D.42.1.Cf.7,26,28：法律规定，需要交换财产的人应在宣誓后的 3 天内出示详细的清单——交换财产的法律程序。

D.42.4.Cf.5,28：法律允许每年进行交换财产——程序性规定。

D.42.18,23：法律规定，在交换财产时，矿山可以不列入清单之中——实体性规定与程序性规定。

D.42.27：法律规定，在母亲的丈夫死后，儿子可以成为母亲嫁妆的所有人——实体性规定。

D.42.30：法律规定，私人间的协议有约束力。同样的法律可见于 D.56.2——实体性规定。

D.43.7 (Cf.17)：法律规定，传票应发给占有不动产的一方——程序性规定。

D.43.10:在审理继承案件时,法律对于投票箱的数量有专门的规定——程序性规定。

D.43.19:有关婚姻的法律——内容含糊。

D.43.27(Cf.50,78):关于继承和继承人的法律规定,同样的内容可见于 D.43.41,及关于收养的法律规定——内容含糊。

D.43.59:有关亲属间义务的规定——内容含糊。

D.43.63-65:法律规定,亲属间有安葬死者的义务——实体性规定。

D.43.72:法律禁止任何人挖掘神圣的橄榄树——实体性规定。

D.44.12 (Cf.2,14):在没有子女时,法律将继承权授予父系关系最近的亲属——实体性规定(未提及程序)。

D.44.49:法律规定,凡经父亲、兄弟或祖父同意而结婚的妇女所生的孩子都是合法的——实体性规定(未提及程序)。

D.44.55:法律不允许传闻证据——程序性规定。

D.44.64 (Cf.67):法律禁止被收养者收养儿子——实体性规定。

D.44.68:法律规定,在梭伦担任执政官时,所有非收养者有权按自己的意愿将财产赠与任何人——实体性规定(未提及程序)。

D.45.44:法律规定,所有证据都应以书面形式给出——程序性规定。

[D.]46.7:法律不允许传闻证据来自一个活着的人,但可以来自死者。同样的法律规定可见于 D.44.55,只是增加了一个补充条款——程序性规定。

[D].46.7:法律允许来自病人或身处国外的人以书面形式发布的传闻证据;缺席者与提交证据者都需要对私人提交的虚假证

据负责——程序性规定。

[D.]46.9-10:法律禁止提交代表某人立场的证据——程序性规定。

[D.]46.10:对于那些未依法证实证据的人,法律将针对他们的虚假证据提起诉讼——程序性规定。

[D.]46.12:法律禁止通过一项专门针对某人的法律。同样的法律可参见 And. 1.86,D. 23.86 以及 D. 24.59——实体性规定。

[D.]46.15:如果某人有合法的子女,法律禁止他用遗嘱处分财产——实体性规定。

[D.]46.16:法律禁止心智不健全者处分自己的财产。

[D.]46.18:有关婚姻的法律——非常含糊。

[D.]46.19-20:法律规定了谁能担任监护人——实体性规定。

[D.]46.22:法律规定,站在执政官面前、具有公民身份的女继承人,与站在侨务执政官面前的客籍女继承人,由遗产继承法调整——程序性规定。

[D.]46.25-26:如果子女在成年之前死亡,法律规定其遗嘱有效——实体性规定。

[D.]46.26:对于那些试图推翻雅典法律体系的人,法律规定将提起诉讼——程序性规定。

[D.]47.1:法律允许人们针对提出虚假证据者提起诉讼——程序性规定。

[D.]47.1:法律允许人们对唆使别人作假证者提起诉讼——程序性规定。

[D.]47.8:法律规定,证据必须以书面形式提出。同样的法律参见 D.45.44——程序性规定。

[D.]47.21-22:佩里安德的法律创设了海军法令,命令三列

桨舰长接收亏欠国家的设备清单——实体性规定。

[D.]47.21:法律命令三列桨舰长从保管海军装备者手里收回属于城邦的装备——实体性规定。

[D.]47.70,72:法律只允许奴隶的亲属和主人针对杀人罪提起诉讼——程序性规定。

D.48.11:关于协议的法律——没有说明细节,内容可能与D.56.2的规定一样。

D.48.31:关于在遗产继承案中,提起反诉时该如何发出传票的规定——程序性规定。

D.48.56:法律规定,一个男人在女人的影响下作出的行为无效——同样的法律参见D.46.16。

[D.]49.56:法律允许人们对唆使作假证的行为提起诉讼。同样的法律参见D.47.1——程序性规定。

[D.]49.67:对于那些不履行向人民作出的承诺者,法律将提起公诉,并予以惩罚——实体性规定与程序性规定。

[D.]50.9(Cf.D.20):法律规定,免除三列桨舰长承担其他公益服务的义务——实体性规定(未提及程序)。

[D.]50.48-49:法律禁止任何人庇护雅典法庭判处流放的人——实体性规定(未提及程序)。

[D.]50.57:对于那些不及时履行自己职责的三列桨舰长,法律将处以刑罚——实体性规定与刑罚(未提及程序)。

D.51:在这一演说中,未引用或讨论任何法律。

[D.]52.17:法律规定,一个被人起诉到法庭,指控其起诉自己父亲的继承人必须宣誓——程序性规定。

D.54:这一演说提到了几种类型的诉讼(17-19),但并未引用或讨论相关的法律。

D.55:在这一演说中,未引用或提及任何法律。

D.56.2:法律规定,按真实意思达成的所有协议都有约束力——实体性规定。

D.56.3,10:法律规定,船主与押运员应将其船舶开往协议约定的港口——实体性规定(未提及程序)。

狄那库斯

Din.1.42:有关三列桨舰的法律——未讨论其内容。

Din.1.44:法律禁止叛徒进入阿提卡——刑罚(未提及程序)。

Din.1.60:对于那些与钱财有关的诉讼,法律将处以双倍的损害赔偿;对于与贿赂有关的诉讼,法律将处以10倍的罚款——刑罚。

Din.1.71:法律规定,公共演说者与将军们应依法生育自己的子女、在阿提卡拥有土地、进行标准的宣誓——实体性规定(未提及程序,尽管可以通过审查程序而得到实施)。

Din.1.71:有关审判誓言的法律——程序性规定。

Din.2.13:有关如何惩罚公共债务人的法律——刑罚。

Din.2.14:法律规定,宣导官应在公民大会开始时祈祷——实体性规定(未提及程序)。

Din.2.17:同样的法律可见于Din.1.60.

Din.3.4:法律规定,任何违背与另一个公民所达成协议者将受到法律的惩处——实体性规定与程序性规定。

附录六 《帕卓克雷德斯法令》列出的褫夺公民权的情形

1.拖欠城邦债务者,包括:(1)那些因未通过审计而欠债者;(2)那些因收回不动产诉讼而欠债者;(3)公共诉讼的败诉者;(4)被罚款者;(5)未支付公共契约欠债者;(6)那些曾向城邦提供担保但未在九位执政官面前缴纳者。

2.那些已丧失公民权但仍保留了财产者,具体如下:(1)被判盗窃罪者;(2)被判贿赂罪者;(3)在战时擅离职守者;(4)被判开小差者;(5)懦夫;(6)在舰队开小差者;(7)抛弃盾牌者;(8)三次被判犯有伪证罪者;(9)虚假地证明某人曾收到传票者;(10)犯有虐待父母罪者。

3.那些只丧失了一些但非全部公民权者,主要有:(1)那些仍在雅典四百人队服役的士兵(丧失了在公民大会发言的权利,不能在议会担任公职);(2)那些丧失了提起公诉或控诉权者;(3)那些被禁止将船舶开往达达尼尔海峡者;(4)那些被禁止进入爱奥尼亚者;(5)被禁止进入阿哥拉(广场)者。

附录七 《阿提卡演说家》中的议题

埃斯基涅斯

Aeschin.1:事实[提摩马库斯是否由于下列事实而违反了对公共演说者加以审查的法律？(1)他是一位男妓；(2)他挥霍了自己继承的遗产；(3)接受贿赂]

Aeschin.2:事实(由于给出了不好的建议、作出了虚假的报告以及接受了腓力二世的礼物，埃斯基涅斯是否背离了作为外交使节的职责？)

Aeschin.3:事实与法律(克特西丰是否发布了一个非法的法令？该法令违反了三个法律，第一个是禁止将金冠奖励给未通过审计的官员的法律；第二个是有关在狄奥尼索斯剧场宣布授予金冠的法律；第三个是禁止在法令中使用虚假陈述的法律。在第一、第二个指控中还涉及其他法律问题)

安多基德斯

And.1:事实(安多基德斯是否参与了毁损赫尔墨斯神像以及亵渎神灵的活动?)与法律(安多基德斯是否包括在公元前403年的大赦条例之内?)

And.2:向议事会请愿。

And.3:这一演说是一篇后古典时期的伪作。参见 Harris (2000b)。

And.4:这一演说也是一篇后古典时期的伪作。

安提丰

Antiphon 1:事实(原告的继母杀害了菲洛尼乌斯?)

Antiphon 2:事实(被告杀死了受害人?)

Antiphon 3:法律(被告的标枪引起了被告的死亡,这一事实毋庸置疑。问题是:他或受害人是否应承担责任?)

Antiphon 4:法律(被告的击打引起了受害人死亡,这一事实毋庸置疑。问题在于:受害人的挑衅是否为无罪辩解的借口?)

Antiphon 5:事实(欧克斯瑟乌斯杀死了赫罗德斯吗?)

Antiphon 6:事实(被告需要为合唱者的死亡负责吗?)

德摩斯梯尼——私诉案件中的演说

D.27:事实(阿弗巴斯从德摩斯梯尼的财产中盗用了10塔伦特吗?)

D.28:事实(吉隆亏欠国库的钱吗?)

D.29:事实(法诺做了伪证吗?)

D.30:事实(阿弗巴斯与奥内托的姐姐离婚了吗?)

D.31:事实(奥内托将嫁妆给了阿弗巴斯,是为了与他的姐姐结婚吗?)

D.32:(抗辩书)事实(德莫与泽诺瑟米斯之间存在一种义务吗?泽诺瑟米斯诉状中的指控是:德莫占有了本属于黑戈斯塔图斯的货物,而泽诺瑟米斯曾借钱给黑戈斯塔图斯)

D.33:(抗辩书)事实(该演说者是否要向阿帕图里乌斯履行义务?阿帕图里乌斯诉状中的指控是:该演说者已经为帕尔梅诺提供担保,并由此亏欠了他的钱,根据是帕尔梅诺案的判决书)

D.34:(抗辩书)事实(佛尔米奥是否将钱付给了蓝皮斯?这一情形下可否提起抗诉,这一法律问题在 3-4 中已经讨论过)

D.35:(抗辩书)事实(在安德罗克里斯与拉克里图斯之间,是否存在义务?安德罗克里斯诉状中的指控是:拉克里图斯亏欠他的钱,因为拉克里图斯继承了阿特默的房地产,而阿特默欠他的钱)

D.36:(抗辩书)事实(阿波洛多罗斯是否将自己放弃的银行股份给了佛尔米奥,并在有关时限的法规到期后提起了诉讼?阿波洛多罗斯诉状中的指控是:佛尔米奥挪用了帕西翁银行的钱款,该钱款是由阿波洛多罗斯继承的)

[D.]37:(抗辩书)事实(潘塔内图斯是否同意释放尼科巴鲁斯?潘塔内图斯诉状中的指控是:由于尼科巴鲁斯夺取了他的采矿场,因而给他造成了损害)

D.38:(抗辩书)事实(努斯马库斯是否同意释放阿里斯塔克慕斯?是否在有关时限的法规到期后提起诉讼的?努斯马库斯诉状中的指控是:阿里斯塔克慕斯的继承人欠他的钱,那些钱是从城邦领回来的钱,是不能转移给继承人的)

D.39:事实(波奥图斯是否通过使用曼提瑟乌斯的名字而给后者造成了损害?此处可能会有这样一个法律问题:有关损害的

法规是否可应用于此种情形?)

D.40:事实(曼提瑟乌斯是否应得到其父亲遗产中作为其母亲寡妇地产的那一部分不动产?)

D.41:事实(司庞蒂亚斯是否拖欠了原告的几笔钱,这些钱是否为波利尤克图斯不动产的孳息?)

D.42:事实(费尼普斯的财产在价值上超过了原告的不动产?)

D.43:事实与法律(谁有权利继承哈格尼亚斯的房地产?)

D.44:事实(阿奇亚德斯的房地产属于阿里斯托德姆斯?)

D.45:事实(斯特凡努斯是否做了假证,说阿波洛多罗斯拒绝公开帕西翁的遗嘱原始版本?)

[D.]46:与 D.45 同。

[D.]47:事实(关于三列桨舰长与西奥菲莫斯之间的争执,埃沃古斯与默内斯巴鲁斯是否做了假证?)

D.48:事实(奥林匹奥多洛斯是否拖欠了卡利斯特拉图斯的钱? 该钱是由科蒙的房地产孳生的)

[D.]49:事实(提摩修斯是否亏欠了帕西翁银行的钱?)

[D.]50:事实(波利克里斯是否由于未能承担三列桨舰长的义务而亏欠了阿波洛多罗斯的钱?)

D.51:在议事会发表的演说,讨论的是如何授予金冠的问题。

[D.]52:事实(卡里普斯是否有权获得吕康留在帕西翁银行里的钱?)

[D.]53:事实(阿波洛多罗斯报告的奴隶是否属于阿瑞苏斯乌斯?)

D.54:事实(是科农及其儿子最先出拳击打阿里斯顿的吗?)

D.55:事实(被告损坏了卡里克勒斯的财产吗?)

D.56:法律(狄奥尼索多鲁斯及其同伙违反了与达雷乌斯、帕尔梅诺达成的协议吗? 存在这样一个法律问题,如何解释"如果船舶安全返航"这一短语?)

德摩斯梯尼——公诉案件中的演说

D.18:法律与事实(克特西丰赞扬德摩斯梯尼的法令是否非法?存在两个法律问题,一是将金冠授予官员以示褒奖的法律;二是在酒神节授予金冠的法律)

D.19:事实(埃斯基涅斯收受腓力二世的礼物,是否为对其违背使节义务的一种回报?此处,存在一个有关使节义务的法律)

D.20:事实与法律[勒帕提尼斯的法律是否不明智?在这一演说中存在两类问题:(1)该法律是否违反了雅典的法律?(2)在通过该法时,勒帕提尼斯是否遵循了正确的程序?]

D.21:事实(梅迪亚斯是否对德摩斯梯尼实施了暴力行为?是否攻击了他,这一事实无可争议。问题在于梅迪亚斯意图的性质)

D.22:法律与事实(安德罗蒂安是否通过了一项非法的法令?关于如何解释这一特点的法规,存在几个问题)

D.23:法律与事实(阿里斯托克拉底是否通过了一项非法的法令?在阿里斯托克拉底为卡里德姆斯发布的法令中,"*agogimos*"这一术语的含义是什么,存在法律上的争议)

D.24:法律(提摩克拉底提议了一项不明智的法律吗?)

D.25 与 26:后古典时期的伪作。

D.57:事实(欧布里德斯是否为这一德莫的成员及雅典的公民?)

[D.]58:事实(西奥克里尼斯是否拖欠了城邦的欠款?)

[D.]59:事实(尼奥拉是否试图行使公民的权利?)

狄那库斯

狄那库斯的三篇演说都是在审判哈尔帕鲁斯事件时发表的。由于被告人犯罪这一事实已由战神山法庭的报告所确定,原告就集中注意力于论证严厉惩罚的正当性。

希波雷德斯

Against Lycophron(《诉吕科佛朗》)——事实与法律(吕科佛朗是否诱奸了狄奥西普斯的姐妹?他的诱奸行为是否可纳入有关检举、审判及判决的法律之中?)

Against Philippides(《诉菲利皮德斯》)——法律(菲利皮德斯的法令是否非法?)

Against Athenogenes(《诉阿瑟诺哥尼》)——法律(阿瑟诺哥尼与埃皮克拉底的协议是有效的吗?)

For Euxenippus(《为欧克森尼普斯辩护》)——法律(欧克森尼普斯在议事会的演说能够纳入有关检举、揭发的法律之内吗?)

Against Demosthenes(《诉德摩斯梯尼》)——这一演说发表于审判哈尔帕鲁斯的法庭上,参见狄那库斯中的相关论述。

伊萨乌斯

Isaeus 1:事实与法律(克利奥尼穆斯的遗嘱是否有效?存在这样一个潜在的法律问题:遗嘱法中"心智正常"的意义是什么?)

Isaeus 2:事实(梅涅克里斯是否可以合法地收养儿子?)

Isaeus 3:事实(菲尔是庇拉斯合法的女儿吗?)

Isaeus 4:事实(尼科斯特拉图斯收养了卡利亚德斯吗?)

Isaeus 5：事实（作为担保人，列奥查瑞斯有移交财产的义务吗？）

Isaeus 6：事实（菲洛克特蒙收养了喀里斯特图斯吗？安提多罗斯与其兄弟是合法的子女吗？）

Isaeus 7：事实与法律（斯拉斯洛库斯是阿波洛多罗斯合法的继承人吗？可能一直存在这样一个法律问题：收养有一些形式方面的要求——必须在养父母的德莫进行登记吗？）

Isaeus 8：事实与法律（该演说者是西容女儿的合法儿子吗？该演说者的母亲是西容的合法女儿吗？——可能存在一个与继承法有关的问题）

Isaeus 9：事实（阿斯特菲鲁斯是否收养了对手？阿斯特菲鲁斯是否留下了遗嘱？阿斯特菲鲁斯将自己的财产给了谁？该演说者是否有权继承财产？即他属于近亲属吗？）

Isaeus10：事实（阿利斯塔库斯二世被阿斯特菲鲁斯一世合法地收养了吗？）

Isaeus11：事实（西奥庞普斯是否有继承哈格尼亚斯财产的权利？）

Isaeus12：事实（欧菲勒图斯是艾启亚德莫的成员吗？）

注意，古代人对于这些演说的研究认为下述问题都不过是事实之一（*stochastikon*2，*stochasmos*3，4，5，6，7，9 以及 10 与 11 中的 *pragmatike*）。

伊索克拉底

Isoc.16：事实（阿尔喀比亚德抢劫了泰西阿斯马队吗？）

Isoc.17：事实（帕西翁占有了本属于原告的存款吗？）

Isoc.18：（抗辩书）事实（人们提起这一诉讼违反了大赦的规定吗？）

Isoc.19：事实（该演说者有权利占有斯拉斯洛库斯的不动产吗？）

Isoc.20：事实（这一演说开始的部分不见了，但主要问题似乎一直是，洛奇特斯打了被告吗？）

Isoc.21：事实（欧斯努斯是否未能全额归还尼西阿斯留下的存款？）

吕库古

Against Leocrates（《诉列奥克拉底》）：法律（在喀罗尼亚战役之后，列奥克拉底离开了雅典，这一事实是毋庸置疑的。问题是，他航行到罗德岛的行为是否可以看成是背叛？）

吕西亚斯

Lysias 1：事实（欧菲勒图斯是否试图陷害埃拉托色尼？）

Lysias 2：辞藻华丽的演说（不相干）。

Lysias 3：主要是事实问题（被告是否最先使用暴力？），但在 40-43 中，被告讨论了"故意伤害"这一短语的含义，并诉诸战神山法庭以前判决的案例。

Lysias 4：事实（被告是故意伤害原告吗？）

Lysias 5：只保留了演说残篇，但讨论的似乎一直是事实问题，但涉及奴隶的告发是否可靠的问题。

Lysias 6：事实（安多塞德斯实施了不虔敬的行为吗？）

Lysias 7：事实（是被告将橄榄桩挖出来了吗？）

Lysias 8：难以确定这演说是否在法庭上发表。

Lysias 9：似乎一直存在这样一个法律问题，它涉及"禁止诽谤司法官员"这一法规的含义问题。被告诉诸司库的决定，以支持自己对法律的解释（7）。

Lysias 10：这一案件涉及有关诽谤的法律的解释问题。似乎没有任何先例可支持原告一方，主要是通过对其他的法规加以解释，从而进行论证的。

Lysias 11：先前演说的摘要。

Lysias 12：事实（埃拉托色尼逮捕波利马库斯是被迫的吗？他是否反对实施这一行为？）

Lysias 13：这一案件主要考察事实问题（安哥拉图斯是在什么情况下才告发狄奥尼索多鲁斯的？）但在85-87中也讨论了法律问题。

Lysias 14：法律（开小差与擅离职守的法律可否用于阿尔喀比亚德？）此处，原告承认，他要求法庭像立法者那样，将这一法律应用于新的犯罪（4）。

Lysias 15：这一演说写于与14同一的案件。

Lysias 16：事实（曼提瑟乌斯是否在"三十僭主"领导的骑兵部队服役？）

Lysias 17：事实（原告是否扣押了埃拉西斯特图斯的财产？因为后者未偿还其死去的父亲埃拉顿的债务）

Lysias 18：只有结束语留存了下来，但在13-14中被告引用了一个以前的案例，它与原告败诉的这一案例类似。但是，这一案例被引用，似乎是为了被告对于事实的描述。

Lysias 19：事实（被告是否占有了本属于阿里斯托芬的财产？）

Lysias 20：事实（波利斯特劳斯在四百人王朝时期做过什么？）

Lysias 21：仅有结束语留存了下来，但论题似乎涉及事实问题（被告是否收受了贿赂？）

Lysias 22：事实（行政官员是否许可谷物经销商购买法定数

额的谷物?)

　　Lysias 23:事实(潘克里昂是一位普罗泰人吗?)

　　Lysias 24:事实(被告有残疾吗?)

　　Lysias 25:事实(被告是否支持寡头政治?)

　　Lysias 26:事实(伊万德在"三十僭主"领导下做了什么?)

　　Lysias 27:事实(埃皮克拉底及其同行的外交人员是否收受了贿赂?)

　　Lysias 28:事实(艾格克里斯是否实施了敲诈勒索行为?)

　　Lysias 29:事实(菲洛克拉底是否占有了艾格克里斯的钱?)

　　Lysias 30:事实(尼科马库斯在自己的职位上是如何做的?)

　　Lysias 31:本案是一个检举案件,涉及菲隆在三十僭主时期的活动,以及他是如何对待自己的母亲的。然而,可能一直存在这样一个法律问题:由于演说者说,被告会主张,在现存的法律中,没有哪一部法律谴责三十僭主时期人的行为(27)。演说者要求议事会的成员比较自己的案例(34)。换句话说,他要求议事会成员比较自己的案例,应用与自己的检验标准一样的标准。

　　Lysias 32:事实(狄奥盖顿是否不当处理了古尔德不动产?)

附录八　《阿提卡演说家》提及的公共服务情况

《阿提卡演说家》提及的所有公共服务情况可分为以下几类。

1. 相关：与诉状中的法律指控直接相关。

2. 好品行：人们引用公共服务被作为好品行的证据，意图证明被告不可能实施诉状中指控的犯罪行为。

3. 富有：人们提及公共服务，目的是证明某人很富有。

4. 说明：人们提及公共服务，是为了对陈述的某些方面详加说明。

5. 善意：人们提及公共服务，目的是获得法官的好感。

汉特（Hunt，2010.279-282）列出的《阿提卡演说家》提到的公共服务目录不够全面、可靠。更严肃地说，汉特没有指出公共服务如何与演说中的法律指控相关。

安提丰

Antiphon 1：未提及公共服务。

Antiphon 2.2.12：被告提到自己的公共服务，目的是证明自己的品行好，且服从法律（"那就是我"）——品行。

Antiphon 2.3.8：原告说，公共服务并不能证明其清白，而只能证明其富有，正是其富有才使得他可能实施谋杀行为——富有。

Antiphon 3：未提及公共服务。

Antiphon 4：未提及公共服务。

Antiphon 5.77：演说者的父亲创建了合唱队，缴纳了财产税。演说者引用父亲所从事的公共服务，目的是否定以下指控，他不忠诚于雅典，因为他参与了麦提勒尼的叛乱——品行。

Antiphon 6.11-15：被告被任命为庆祝萨格利亚节（Thargelia）的领队。因为被告被控造成了合唱队的一个男孩死亡，他所提供的公共服务与法律上的指控直接相关——相关性。

安多基德斯

And.1.132：我的对手已经提名我担任公共职位。安多基德斯提到这一点，目的是证明其对手并不真地认为他犯有不敬神之罪——相关性。

And.1.141,147-149：安多基德斯提到其先辈所提供的公共服务，目的是赢得法庭的同情——善意。

And.1.144-145：安多基德斯说，如果能无罪释放他，他愿意承担公共服务。安多基德斯提及这一点，是为法庭赦免他提供诱因——善意。

And.2：这一演说是在向议事会提出请求时发表的，而不是在法庭审判时提出的。

吕西亚斯

Lys.1:未提及公共服务。

Lys.2:《葬礼演说》。

Lys.3:未提及公共服务。

Lys.4:未提及公共服务。

Lys.5:未提及公共服务。

Lys.6.46-47:被告安多基德斯不应当由于其所提供的公共服务而无罪释放,因为他根本未做什么事——善意。

Lys.7.31:被告曾担任三列桨舰长,缴纳了很多财产税,并做过很多公益。其慷慨大方将被用来证明,他没有实施被指控的犯罪——品行。

Lys.7.41:我参加过很多战役。因此,如果我丧失公民身份,将是不公正的——这不太符合我的分类,但强调了不公正审判的不正义性。

Lys.8:未提及公共服务。

Lys.9:被告一直被控诽谤将其注册服兵役的将军。军事服务与法律指控直接相关——相关性。

Lys.10.1:吕西塞德斯控告西奥内斯图斯扔掉了自己的盾牌。关于公共服务的这一指控被用来作为事涉演说者的案件背景——说明。

Lys.10.21:若被人指控杀了他的父亲,比被指控扔掉自己的盾牌,更加严重——比较两种犯罪。

Lys.10.22-23:在西奥内斯图斯被指控扔掉了自己的盾牌后,演说者保留了自己的盾牌——品行。

Lys.10.27:演说者的父亲曾多次担任将军,在审计报告中从未被指控,但被"三十僭主"杀害了。演说者提到这一点,是为了解释自己为何被人指控诽谤——说明。

Lys.11：从前演说的摘要。

Lys.12：这一指控是起诉埃拉托色尼造成了波利马库斯的死亡。埃拉托色尼是"三十僭主"之一，这一事实与法律指控直接相关——相关性。

Lys.13.62-65：安哥拉图斯的告发剥夺了雅典人担任将军、从事公益服务的权利。安哥拉图斯的受害者提及公共服务，目的是说明自己人品好，自己是清白的，且会使安哥拉图斯的罪行更重——品行。

Lys.13.65：安哥拉图斯的兄弟因向敌人发信号而被抓，后被拉玛库斯执行死刑。人们提及其兄弟承担的公共服务，试图显示安哥拉图斯家族内部出了叛徒——品行。

Lys.13.70-76：安哥拉图斯宣称自己杀了普瑞尼库斯。普瑞尼库斯提及这一公共服务，试图表明自己忠诚于雅典的民主制度，因此不可能与"三十僭主"同流合污，杀死迪奥尼索多鲁斯——品行。

Lys.13.77-79：安哥拉图斯宣称，自己加入了推翻"三十僭主"的人们一边。引用这一公共服务的原因与 13.70-76 相同——品行。

Lys.14：被告被控开小差。军事服务与法律指控直接相关——相关性。

Lys.15：被告被控开小差。军事服务与法律指控直接相关——相关性。

Lys.16.5-8：曼提瑟乌斯说，自己根本没有在"三十僭主"时期的骑兵部队服役。他的服役情况与其被告发及任职资格等主要问题直接相关——相关性。

Lys.16.13：在哈里亚图斯，曼提瑟乌斯将自己从步兵部队转到了骑兵部队，以便能够直面危险。他的军事服务与告发他的主要问题及任职资格直接相关——相关性。

Lys.16.15：曼提瑟乌斯回忆了自己在科林斯战役中的军事服务情况，那与检举他的主要问题直接相关——相关性。

Lys.17：未提及公共服务。

Lys.18：这一案件涉及没收财产问题，但该演说并未指出被告的财产为什么会被没收。如果被告被指控背叛城邦，提及其家族的公共服务情况（3-4,21,24）就是与法律指控直接相关的——相关性（？）。

Lys.19：被告的父亲被控侵占了阿里斯托芬的财产，阿里斯托芬被处决了，财产也被城邦没收。被告之所以提及阿里斯托芬的公共服务情况，目的是显示阿里斯托芬并没有太多的钱，因为他将所有的钱都花在城邦事务上(42-44)——富有。

Lys.19.57-59,62-63：被告的父亲花了很多钱在公益事务上，目的是说明被告不是那种隐瞒城邦财产的人，因此，不可能实施被指控的那种犯罪行为——品行。

Lys.20：被告的父亲一直被人控告犯了与"400人王朝"有牵连的犯罪，因此，其公共服务与法律指控直接相关——相关性。

Lys.20.6：被告的父亲在罗普斯担任地方行政长官时，根本未犯任何罪。提及其父亲的公共服务是为了证明其父亲人品好——品行。

Lys.20.13-17：当被告的父亲被任命去登记5000人大会的成员时，他却登记了9000人。提及这一公共服务，目的是显示他试图破坏400人的工作，那与法律指控相关——相关性。

Lys.21.1-11：被告提供了一份很长的公共服务清单，但同时说道，他们不应当因为这些而赦免他。这一演说并不完整，似乎只是一个序言。被告似乎一直被人指控盗窃公共资金(16)并受贿。他提及自己的公共服务，意图显示自己品行好，因此不会犯被指控的罪行(19-21)——品行。

Lys.22：未提及公共服务。

Lys.23：未提及公共服务。

Lys.24：未提及公共服务。

Lys.25：该指控是颠覆民主制度。被告引用其承担的公共服务情况，目的是证明自己是爱国者，由此否定了法律指控——相关性。

Lys.26.3-4：原告说，尤安多鲁斯将谈到自己家庭的公共服务情况，目的是将法庭的注意力从检举的罪行上移开。演说者说，该家庭利用公共服务来赢得人们的信任，以便推翻民主制度。此处提及公共服务与法律指控直接相关——相关性。

Lys.26.10：尤安多鲁斯在"三十僭主"时期曾在骑兵部队服役。提及公共服务与法律指控直接相关——相关性。

Lys.26.20：那些恢复民主制度的人被选为骑兵司令、将军以及大使。提到这一点是为了说明法庭在审理举报时会考虑是否忠诚于民主制度——相关性。

Lys.27.10：埃皮克拉底之类的人在和平时期是穷人，但现在有足够的钱付财产税、演戏、住大房子。提及这些公共服务是为了证明其富有——富有。

Lys.28.3：当你们为财产税所困时，你们就不应当纵容那些盗用公共基金之人。这一演说是在审理盗用公共基金的案子时发表的，因此，艾格克里斯的公共服务与指控相关——相关性。

Lys.29.3：艾格克里斯选择菲洛克拉底担任自己的司库，目的是帮助他贪污公款——说明。

Lys.29.7：如果艾格克里斯是菲洛克拉底的敌人，菲洛克拉底就不会自愿地将三列桨舰记在艾格克里斯的名下。提及公共服务与法律指控直接相关——相关性。

Lys.30：被告尼科马库斯被指控在担任记录员期间滥用权力。被告的公共服务与法律指控直接相关——相关性。

Lys.30.1：一些似乎犯了罪的人曾经由于提及其先辈的成就与美德而被免罪。演说者暗指这种做法是危险的。

Lys.31.8-19：演说者说,在推翻"三十僭主"时,菲隆未能加入民主派一边,这使得他不符合被检举的资格。在 27 中,演说者又说道,菲隆肯定会说,他根本没有违法,因为他那段时间不在雅典。演说者认为,菲隆未能帮助民主派,这一事实与其案子相关——相关性。

Lys.32.5：当狄奥多图斯被登记为重装骑兵时,他立下遗嘱,并将遗嘱交给家人。提及公共服务是为了说明他为什么要立遗嘱——说明。

Lys.32.24,26：狄奥盖顿为阿历克斯(阿里斯托蒂库斯的儿子)配备了一艘三列桨舰,但指控他借机敛财。提及公共服务,是为了解释狄奥盖顿如何从自己的工作中敛财,这一事实与法律指控直接相关——相关性。

伊索克拉底

Isoc.17.4：演说者说,当他被登记为外邦人而缴纳财产税时,他捐献了大量的财物。他为登记员辩护,因为帕西翁占有了他的钱。演说者提到财产税,目的是说明他的钱是存在帕西翁的银行里。那与法律指控直接相关——相关性。

Isoc.18.59-67：演说者担任三列桨舰长,在埃哥斯波塔米河战役失败后带领自己的船回到了比雷埃夫斯港。演说者小心翼翼地说,他提及公共服务是为了证明自己品行好(66),并非为了得到不该得到的东西(67)——品行。

Isoc.19.36-37：这一演说是一个来自西思诺斯的人在埃伊纳的法庭上发表的。演说者宣称,斯拉斯鲁斯通过遗嘱收养了他,并和他的姐姐结婚了。他的对手却说,他根本不值得收养。但演说者提及先辈的公共服务,证明自己值得斯拉斯鲁斯的尊重——说明。

Isoc.20:未提及公共服务。

Isoc.21:未提及公共服务。

伊萨乌斯

Is.1:未提及公共服务。

Is.2.6:演说者与伊菲克拉底曾一起在色雷斯服役。提及该公共服务,是为了说明演说者在将嫁妆送给姐姐之后是如何挣钱的——说明。

Is.2.42:演说者曾在其养父所处的德莫担任体育执事。提及该公共服务,是为了替自己主张得到梅涅克里斯的房地产辩护——说明。

Is.3:未提及公共服务。

Is.4.27-31:哈格农与哈格诺瑟乌斯一直是好公民,遵纪守法。其对手卡利亚德斯挪用了公款。演说者引用公共服务,意图显示哈格农与哈格诺瑟乌斯人品好,因此其主张更可信。由此,他们的行为与卡利亚德斯的偷盗行为形成鲜明对比,那显示卡利亚德斯有将别人的财产据为己有的癖好——品行。

Is.5.35-38:狄卡奥波利斯没有请求别人因其提供的公共服务而同情其不幸,或赞赏他。他只是承担了很少的公共服务,并且是出于被迫。他也没有接纳财产税,他向议事会承诺付钱却未付——品行与善意。

Is.5.40-42:演说者的先辈曾承担大量的公共服务。演说者提及这一事实,是为了揭示狄卡奥波利斯继承的房地产非常庞大,并且,其对手浪费了这些财产(43)——富有。

Is.5.46：在与奥林斯人以及岛民战斗时，狄卡奥波利斯未承担任何军事服务——说明。

Is.6.1：演说者曾在西西里的喀里斯特图斯服役。演说者提及这一点，试图解释自己与喀里斯特图斯的关系，以及自己在本案中作为助讼人的作用——说明。

Is.6.5：菲洛克特蒙正在骑兵部队服役。演说者提及这一点，目的是解释菲洛克特蒙立遗嘱的原因——说明。

Is.7.32：我的对手容许一个可用来维持三列桨舰费用的不动产消亡。提到公共服务，是为了说明该不动产的价值——富有。

Is.7.35：作为一个司法执政官，我诚实地履行自己的职责。提及这一事实，目的是证明阿波洛多罗斯在收养该演说者时知道他的品行较好，那表明他在订立遗嘱时是一个心智健全的人——品行。

Is.7.37-41：阿波洛多罗斯承担了为城邦服务的工作。出于这一原因，法庭将尊重其遗嘱——善意。

Is.7.41-42：我提供过公共服务，因此，你们应当帮助我们取得我们法律上应得的财产——善意。

Is.8：未提及公共服务。

Is.9：未提及公共服务。

Is.10：未提及公共服务。

Is.11.50：我允许自己的儿子被马卡特图斯家族收养，不是为了逃避公共服务。这一事实被提及，是为了显示这一收养并没有不诚实的原因——品行。

埃斯基涅斯

Aeschin.1.56：黑戈桑德尔是提摩马库斯将军驻达达尼尔海峡时的司库。埃斯基涅斯提到这一点，是为了解释黑戈桑德尔是从什么地方获得钱的——说明。

Aeschin.1.107-113：之所以提到提摩马库斯的公共服务，是为了说明他在公共生活中如何不诚实。这与下一指控有一点点关系，即提摩马库斯不具备担任公共演说者的道德品质——品行与相关性。

Aeschin.2：在审计报告中，德摩斯梯尼指控埃斯基涅斯背叛城邦。埃斯基涅斯的公共服务情况与这一指控直接相关——相关性。

Aeschin.3：埃斯基涅斯控告克特西丰赞扬德摩斯梯尼的法令，理由是它包含了虚假的陈述，即德摩斯梯尼的言行经常令城邦受益(49-50)。由此，德摩斯梯尼的公共服务情况与该案中的主要指控直接相关——相关性。

德摩斯梯尼

D.18：德摩斯梯尼为克特西丰辩护，对抗埃斯基涅斯的这一指控，克特西丰提出了一个非法的法令。由于埃斯基涅斯指控克特西丰的法令中包含了有关德摩斯梯尼政治生涯的虚假陈述，因此，提及德摩斯梯尼的公共服务工作与法律指控直接相关——相关性。

D.19：德摩斯梯尼控告埃斯基涅斯在公元前346年出使腓力二世时背叛城邦。作为大使的埃斯基涅斯的公共服务工作与法律指控直接相关——相关性。

D.20：为支持阿波色西翁的指控，即勒珀提尼斯的法律是不明智的，才发表这一演说。由于这一法律涉及免除公益服务的问题，因此，公共服务事项与法律问题直接相关——相关性。

D.21：德摩斯梯尼控告梅迪亚斯打了他，其时，他在酒神剧场担任作曲。德摩斯梯尼担任官员这一地位与法律指控相关(1, 13-19)。德摩斯梯尼还提到尤克特蒙指控的开小差问题,作为梅迪亚斯对他带有敌意的例子(103)。在演说的开头,德摩斯梯尼预测,在量刑阶段,梅迪亚斯会谈到他的公共服务情况。德摩斯梯尼认为,梅迪亚斯的公共服务情况一点都不感人(143-174)——相关性。

D. 22:狄奥多鲁斯发表这一演说,目的是支持尤克特蒙的这一指控:安德罗蒂安通过了一个赞扬议事会的非法法令。议事会的成员未能建造三列桨舰,这一事实与此处的法律指控直接相关(8-20)。狄奥多鲁斯还预测,安德罗蒂安会说,这一控告是出于愤怒,是由于他征收了这些人拖欠的财产税,以及他检查了雅典卫城的库藏(42-78)。此处,安德罗蒂安的公共服务与他的自辩有直接关系——相关性。

D. 23.110-186:此时提到卡里德姆斯的公共服务情况,是因为它与授权他保卫雅典的法令直接相关。演说者认为,卡里德姆斯多次采取行动,对抗来自希腊北部的、威胁雅典利益的行为——相关性。

D. 24:狄奥多鲁斯控告提摩克拉底通过了一个不明智的法律,明确那些被判监禁的公共债务人有权指定担保人(参见46, 64, 77, 79, 83, 87, 93, 103)。狄奥多鲁斯批判安德罗蒂安与提摩克拉底提供的公共服务,目的是削弱其可信度(170-86)——品行。

[D.] 25:该演说是后古典时期的伪作。

[D.] 26:该演说是后古典时期的伪作。

D. 27.7-9 (cf. 64):德摩斯梯尼的监护人将其财产捐给了海军分队,比例大致是每25米那的财产即捐出500德拉克马。德摩斯梯尼提及这一财政方面的贡献,一方面是为了证明自己的父亲留下的不动产价值巨大,另一方面是为了说明自己的监护人挪用财产数额巨大。上述论述与法律指控直接相关——品行、相关性及富有。

D.27.14：阿弗巴斯担任三列桨舰长，航行到了科西拉岛，就自己收到的钱物，给西里庇德斯开了一张收条。提到阿弗巴斯的公共服务，是为了说明他给了西里庇德斯收条——说明。

D.27.64：孤儿的房地产被出租，在价值上有很大增值，符合承担公益服务的条件。此处，德摩斯梯尼提到公益服务，目的是显示由于其监护人的不当管理，其父亲的不动产在价值上损失很大——富有。

D.27.66：城邦要求他缴纳财产税。德摩斯梯尼提及这一点，目的是显示由于监护人的挪用，他自己处于一种非常困难的地位上——富有。

D.28.3：德摩卡里斯是一位合唱团的创建者，且是三列桨舰长，并承担过公益服务。德摩斯梯尼提及公共服务，目的是证明吉隆并非公共债务人，那直接与法律指控相关——相关性。

D.28.7-8：为缴纳财产税，德摩斯梯尼的监护人对其财产进行了估价——富有，参见 D.27.7-9。

D.28.17：色拉斯洛库斯挑战我，以便进行财产交换。我拒绝交换，但法庭命令我承担公益服务。德摩斯梯尼提到这一挑战，目的是说明他的监护人是如何设法偷盗他的财产的，那与法律指控相关——相关性。

D.28.24：如果我重新获得了自己的财产，我将很乐意承担公益服务。但是如果阿弗巴斯仍保留了这些财产，他就会设法隐匿财产，并逃避公益服务。这是在演说行将结束之时，试图赢得法庭好感的简单尝试——善意。

D.29.24：阿弗巴斯宣称，德摩斯梯尼的证人证言是撒谎，但人们不能说那是由于贫困，因为他们承担了公益服务。此处提及公共服务是为了证明目击证人很富有——富有。

D.29.60：阿弗巴斯评估德摩斯梯尼的不动产价值非常高，符合缴纳财产税的条件,但只给了我20米那。德摩斯梯尼提及缴纳财产税,目的是显示不动产的价值非常高,他的监护人盗窃数额很大——富有。

D.30:未提及公共服务。

D.31:未提及公共服务。

D.32:未提及公共服务。

D.33:未提及公共服务。

D.34.38-39:在谷物短缺时,演说者降低价格销售谷物。提及这一公共服务,是为了显示演说者名声很好,那将使得他不会受困于针对佛尔米奥的恶意诉讼——品行。

D.35:未提及公共服务。

D.36.39-42:阿波洛多罗斯宣称自己没有太多的钱,因为自己将很多钱花在了公益服务上。演说者否认其曾经承担过很多公共服务,接着论证说,即使他曾经做过很多公益服务,那也不能成为支持其反对佛尔米奥的不正当主张的理由——公共服务与判决无关。

D.36.56-57:演说者提及佛尔米奥的公共服务,作为其品行好的证据,目的是说明他并非那种伤害阿波洛多罗斯的人,由此不可能实施被指控的犯罪——品行。

D.37:未提及公共服务。

D.38.25-26:努斯马库斯与色诺佩瑟斯将提到他们的公益服务,并辩护说,你们不应当出于感激而将那些他们不该得的东西给予他们。演说者回答说,不能感激那些从事公益服务的人,也不能进行虚假的指控。换句话说,公共服务不是投票支持原告的理由——公共服务与判决结论无关。

D.39.7-9:原告曼提瑟乌斯说,如果他和他的同父异母弟弟用同一个名字,将很难分清谁提供了公共服务。这一点与法律指控直接相关——相关性。

D.39.16-17:曼提瑟乌斯要求法庭设想,如果波奥图斯与其弟弟用同一个名字,波奥图斯又被人指控开小差,会发生什么样的结果。这一点直接与法律指控相关——相关性。

D.40.25:曼提瑟乌斯的母亲与克里奥梅顿结婚,克里奥梅顿的父亲克里昂在皮洛斯战役时曾抓获很多斯巴达人。曼提瑟乌斯回忆起克里昂的胜利,意图支持他的这一论证:克里奥梅顿一定收到了寡妇地产,在克里奥梅顿死后,那些寡妇地产本该还给其母亲的兄弟梅涅色努斯与巴斯鲁斯,而她的兄弟本该把寡妇地产交给曼提瑟乌斯的父亲。这一论证与曼提瑟乌斯请求获得母亲的寡妇地产这一主张有直接关系——相关性。

D.40.36-37:波奥图斯指控说,但曼提瑟乌斯在麦提勒尼当兵时,他领取了一笔城邦拖欠他父亲的欠款。曼提瑟乌斯提到,他曾花钱雇人为雅典而战。此处,提及军事服务只是为了表明当时领取欠款的情况,是为了证明他可以从其他途径获得钱物,而不用从父亲的应收款项中受益——相关性与说明。

D.41:未提及公共服务。

D.42:演说者提出交换财产的案件。该演说者是"300人"中的一员。公共服务与主要法律问题直接相关——相关性。

D.43:未提及公共服务。

D.44.9:阿基普斯在担任三列桨舰长时死于米斯莫纳。此处提及公共服务,仅仅是为了说明阿基普斯死亡时的情形——说明。

D.45.66:斯特凡努斯从未承担过公共义务,隐匿自己的财产以获益。提及其从未承担公共服务,是为了说明其很贪婪,正是那促使其做假证——品行。

D.45.85:阿波洛多罗斯的父亲曾捐赠1000个盾牌,并先后5次担任三列桨舰长。阿波洛多罗斯说,这并没有在债务上设置任何判断。他们只是希望,法庭了解这些信息,以便不受到不公正的对待——善意。

[D.]46.20:阿波洛多罗斯担任三列桨舰长,在国外服役,其时,佛尔米奥与他的母亲结婚了。此处提到公共服务,目的是解释阿波洛多罗斯为什么不在雅典,以及他为何没有设法阻止这一婚姻——说明。

[D.]47:演说者是一个三列桨舰长,议事会命令他收回由西奥菲莫斯保管的海军装备。因此,演说者的公共服务与该案中的主要法律问题直接相关——相关性。

D.48:未提及公共服务。

[D.]49.8:提摩修斯是一名将军,其时,他从帕西翁那里借了第一笔钱。此处提到提摩修斯的公共服务,是作为他贷款的背景——说明。

[D.]49.9:提摩修斯被免职,并在议事会受审。阿波洛多罗斯提到他的审判,是为了说明他的父亲为何不要求立即归还贷款——说明。

[D.]49.11-14:担任将军的提摩修斯承诺以自己的财产作为担保,担保波奥图斯的三列桨舰队为水手们发工资(cf. 48-54)。此处提及提摩修斯的公共服务,目的是说明其第二笔贷款的背景——说明。

[D.]50:原告阿波洛多罗斯提起了一项针对波利克里斯的诉讼,因为后者未担负起三列桨舰长的职责。此处提到公共服务与本案中的指控直接相关——说明。

D.51:本案涉及将金冠奖给那些承担了三列桨舰长责任者。公共服务与本案的法律问题直接相关——相关性。

[D.]52.26:阿波洛多罗斯的父亲缴纳了财产税,承担过公益服务,对城邦贡献很大。提及其父亲的公共服务,是为了证明其人品好,说明其不会欺骗卡里普斯——品行。

[D.]53.4-5:当阿波洛多罗斯在国外担任三列桨舰长时,尼科斯特图斯曾管理阿波洛多罗斯的国内事务。此处提及公共服

务,是想说明阿波洛多罗斯为什么会让尼科斯特图斯管理其事务——说明。

D.54.3-6:阿里斯顿曾在帕纳克顿服役。在本案中,克特西亚及其朋友最先动手攻击他。提及公共服务是为了描述克特西亚攻击他时的背景情况——说明。

D.54.44:阿里斯顿说,对于公共服务,他有太多的话要说,但它们都相关性不大。即使他承担过公共服务,他仍然不能不被虐待——公共服务与判决无关。

D.55:未提及公共服务。

D.56:未提及公共服务。

D.57.8:欧布里德斯是议事会的成员。欧克斯瑟乌斯提到他的公共服务情况,是为了解释他如何控制审查德莫成员公民身份的程序的——说明。

D.57.25:欧克斯瑟乌斯的父亲被抽签选为官员,并通过了审计。欧克斯瑟乌斯提到其公共服务,是为了证明其父亲是一位公民,那与法律问题直接相关——相关性。

D.57.37-38:欧克斯瑟乌斯的舅舅阿米希安在西西里战役期间被杀。他的堂兄弟克特西比乌斯在斯拉斯巴鲁斯将军的率领下战死于阿比多斯。这两个事实都与欧克斯瑟乌斯试图证明自己的公民身份这一问题有关——相关性。

D.57.42:欧克斯瑟乌斯的父亲曾在斯拉斯巴鲁斯将军的军队里服役。欧克斯瑟乌斯提及这一点,是为了说明他的母亲为什么不得不当奶妈——说明。

D.57.46-47 (cf.62):我被任命为赫拉克里斯的祭司,并通过了担任这一职位的审计。这与欧克斯瑟乌斯试图证明自己的公民身份直接相关——相关性。

D.57.63-64:我曾经向人讨过债,当时,我担任哈利茅斯的德莫长。欧克斯瑟乌斯提到这一点,是想解释存在一个针对他的阴谋——说明。

[D.]58.29：西奥克里尼斯的哥哥曾担任监祭官这一职位。在他死后，西奥克里尼斯非法地获取了这一职位。原告用这一点作为证据，证明西奥克里尼斯的品行差——品行。

[D.]59.2：帕西翁由于对雅典城邦的贡献而获得了雅典的市民资格。此处提及帕西翁的公共服务，是为了说明他是如何获得公民身份的——说明。

[D.]59.3-4：阿波洛多罗斯是议事会的成员，他提议将预算的盈余部分转变成军事基金。这为本案的陈述提供了背景——说明。

[D.]59.72：西奥戈尼斯与尼奥拉的女儿结婚时正担任王者执政官。这解释了他离婚的背景与原因——说明。

吕库古

Against Leocrates（《诉列奥克拉底》）：这一演说是在列奥克拉底因背弃雅典，不能保护雅典的领土而被指控背叛城邦这一案子中发表的。因此，军事服务与本案的法律问题有关。人们用雅典士兵在萨拉米战役(68-74)和马拉松战役(104)中的成就来与列奥克拉底的失败进行对比，一种勇敢与怯懦的对比——相关性。

Lycurg. Leocr. 139-140：在那些承担过公共服务的人中，没有哪一个人会要求法庭赦免一个叛徒作为对其行为的赞赏——公共服务并不能影响判决结果。

尽管吕库古是当时雅典最有权势的政治家之一，他仍然未提及自己的政治生涯。

希波雷德斯

For Lycophron（《为吕科佛朗辩护》）16-18：吕科佛朗说，当他在菲拉克服役时，曾经连续3年被骑兵部队、执政的同僚以及莱蒙诺斯的司令官授予金冠。他还受到赫菲斯特亚的公民称赞。吕科佛朗引用自己的公共服务情况，作为自己品行好的证据——品行。

Against Philippides（《诉菲利皮德斯》）：该演说发表于指控菲利皮德斯时，因为菲利皮德斯提出一个非法的动议，准备表扬议事会主席团。议事会主席团的公共服务与该指控相关——相关性。

Against Athenogenes（《诉阿瑟诺哥尼》）：未提及公共服务。

For Euxenippus（《为欧克森尼普斯辩护》）：未提及公共服务。

Against Demosthenes（《诉德摩斯梯尼》）：德摩斯梯尼从事的政治活动被人们讨论了，但未提及他的公益服务、缴纳财产税或建造三列桨舰等贡献——特殊类型的演说，参见135-136。

狄那库斯

关于这些演说中提及的公共服务的相关性，可参见000-00.

Din. 1. 12-13：德摩斯梯尼将说道，他很早推断出了与底比斯的结盟，将希腊人引向喀罗尼亚。Din. 1. 16：德摩斯梯尼夸口自己出使喀罗尼亚的情况。

Din. 1. 20-21：德摩斯梯尼不会将自己从伟大的国王那里获得的10塔伦特拿给阿卡迪亚人，以便使他们加入希腊。

Din.1.28：德摩斯梯尼将马其顿使团从底比斯召回来，推动了菲洛克拉底和约的达成。

Din.1.42：德摩斯梯尼接受了那些试图改变与三列桨舰有关法律之人的贿赂。

Din.1.69：尽管有10塔伦特，但德摩斯梯尼只拿出50德拉克马，用来缴纳财产税。

Din.1.82-83：德摩斯梯尼逃到了喀罗尼亚，但继续留在出使奥林匹亚的神圣使团中。

Din.1.96：德摩斯梯尼在公共服务方面乏善可陈。

Din.2.8：阿里斯托盖顿的支持者们会说，由于阿里斯托盖顿曾承担了很多公共服务，因此就能独善其身。

Din.2.10：阿里斯托盖顿被抽签选为港口的督察，但他拒绝接受审计。

Din.2.13：尽管阿里斯托盖顿是一名公共债务人，但他仍是议事会成员之一。

Din.3.12：菲罗克勒斯曾担任骑兵司令与将军10余次，但在现在，由于背叛了城邦，应受到惩罚。

Din.3.15：人们拒绝让菲罗克勒斯担任艾菲比宣誓时的督察官。

Din.3.17：尽管提摩修斯承担了许多公共服务，但你们仍判他犯有贿赂罪。

附录九 《德摩斯梯尼文集》中的演说真实性问题

《德摩斯梯尼文集》中的几篇演说是否真实,仍是一个难以判断的问题。在本附录中,我将给出自己的推测性观点。我希望将来再回过头来研究这个问题,尤其需要研究《诉阿里斯托盖顿(一)》的真实性。关于这一问题,较早的研究可参见 Schaefer (1858)与 Blass (1887—1898)。更近一点的观点可参见 McCabe (1981),Trevett (1992)与 MacDowell (2009),以及上述著作引用的一些作品。我将这些演说分为四类:(1)真实的演说;(2)帕西翁的儿子阿波洛多罗斯的演说;(3)德摩斯梯尼未记载的,但在公元前4世纪写作的演说;(4)古典时期之后写作的演说。本书在提及这些演说时,用括号(如 [D.])表示那些可归入上述四类演说之中,具有一定确定性的演说。

D. 1-5:真实的德摩斯梯尼演说。

[D.] 6:与德摩斯梯尼同时代者发表的演说,可能是由黑戈思普斯发表的。

D. 8-10:真实的德摩斯梯尼演说。

D.11：可能由德摩斯梯尼发表的真实演说，也可能是写作于古典时期的演说。

[D.]12：可能是真实的腓力的信件，也可能是阿那克西曼尼写作的。

D.13：既可能是德摩斯梯尼发表的真实演说，也可能古典时期后的演说。

D.14-16：真实的德摩斯梯尼的演说。

[D.]17：可能不是德摩斯梯尼的演说，但写作于公元前4世纪，也可能写作于古典时期后。

D.18-24：真实的德摩斯梯尼演说。

[D.]25-26：古典时期后写作的演说。

D.27-31：真实的德摩斯梯尼演说。

D.32-35：既可能是真实的德摩斯梯尼演说，也可能不是德摩斯梯尼写作的，但肯定创作于公元前4世纪的演说。

D.36-39：真实的德摩斯梯尼演说。

D.40：既可能是真实的德摩斯梯尼演说，也可能不是德摩斯梯尼写作的，但肯定创作于公元前4世纪的演说。

D.41-44：真实的德摩斯梯尼演说。

D.45：既可能是真实的德摩斯梯尼演说，也可能是阿波洛多罗斯的演说。

[D.]46-47：既可能是阿波洛多罗斯的演说，也可能不是德摩斯梯尼写作的，但肯定创作于公元前4世纪的演说。

D.48：既可能是真实的德摩斯梯尼演说，也可能不是德摩斯梯尼写作的，但肯定创作于公元前4世纪的演说。

[D.]49-50：阿波洛多罗斯的演说。

D.51：既可能是真实的德摩斯梯尼演说，也可能不是德摩斯梯尼写作的，但肯定创作于公元前4世纪的演说。

[D.]52-53：阿波洛多罗斯的演说。

D.54-55：真实的德摩斯梯尼演说。

D.56：既可能是真实的德摩斯梯尼演说，也可能不是德摩斯梯尼写作的，但肯定创作于公元前4世纪的演说。

D.57：真实的德摩斯梯尼演说。

［D.］58：可能不是由德摩斯梯尼写作的，但肯定创作于公元前4世纪的演说。

［D.］59：阿波洛多罗斯的演说。

D.60：既可能是真实的德摩斯梯尼演说，也可能不是德摩斯梯尼写作的，但肯定创作于公元前4世纪的演说。

索 引

（索引中的页码为原书页码，即本书边码）

阿卡曼提斯（Acamantis），雅典部落，190

雅典官员的可问责性（accountability of officials at Athens），6

雅典的法律易于为人获得并理解（accessibility of the law at Athens），7-8

阿克罗波利斯或雅典卫城（Acropolis），163,171-172

雅典卫城条例（regulations for Acropolis），33,296

阿德曼图斯（Adeimantus），伯罗奔尼撒战争中的雅典将军，340

埃伊纳岛（Aegina），152

埃哥斯波塔米河或羊河（Aegospotamoi），公元前405年雅典人在此被斯巴达人击败，18,169,340,343-344,391

埃斯基涅斯（Aeschines），雅典政治家（公元前390年—前322年？）

论私人生活与公共生活（on private life and public life），25

担任巡逻队长（serves as *peripolos*），35

反对逮捕安提丰（objects to arrest of Antiphon），48

提起公共诉讼的动机（motive for accusations），68,70-71

因输掉官司而受到处罚（on penalty for lost cases），74

与德摩斯梯尼的争吵（quarrel with Demosthenes），85-87, 259-261, 267-268,331,393

提及司法誓言（mentions Judicial Oath），101,353

论法律中不存在矛盾（on absence of contradictions in laws），107

起诉克特西丰（accuses Ctesiphon），108,126,149,225-233,290-291,393

控告提马库斯（prosecutes Timarchus），126,134-135,173,330

论审判斯拉斯巴鲁斯（on trial of Thrasybulus），127

公元前343年被德摩斯梯尼控告（accused by Demosthenes in 343 B.C.），129，383

论公共演说者有关的法律（on law about public speakers），139-140，169

论法律体制（on organization of laws），145

论审判中（论证）的相关性（on relevance at trials），131-132

演说中引用的法律（laws cited in speeches），153，157，364-366

论法律的统治（on law as a ruler），179

论故意杀人这一短语（on phrase *ek pronoias*），185

论军事犯罪的刑罚（on penalty for military offenses），221

论列奥克拉底无罪开释（on acquittal of Leocrates），240-241

诉诸立法者的意图（appeals to intent of lawgiver），225-233，271

列奥克拉底无罪开释报告（reports acquittal of Leocrates），272

论诽谤[on slander (*diabole*)]，306

论证明标准（on standards of proof），318

论不变的法律（on not changing laws），325

称德摩斯梯尼为诡辩家（calls Demosthenes a sophist），330

利用法庭打击敌人（uses courts against enemies），345

演说中的法律问题（legal issues in speeches），381

埃斯库罗斯（Aeschylus），公元前5世纪的悲剧诗人

《欧墨尼得斯》中描绘的初审（portrays *anakrisis* in *Eumenides*），211-212

收入《波斯人》中的三部曲（trilogy includes *Persians*），311

阿伽门农（Agamemnon），索福克勒斯的《阿贾克斯》中的人物，67

不由法庭量刑，但有确定的刑期案件（*Agon atimetos*），221

古雅典人拥有的好斗品格（agonistic ethic, claimed for Classical Athens），60

阿哥拉广场（Agora），29-33，372，379

市场法监（*agoranomoi*），一种雅典官职，30-31，39

安哥拉图斯（Agoratus），雅典公民，124，130，253-254，265，328，389

谷物税法（Agyrrhius of Kollytus），128

与谷物税有关的法律（Law about taxes on grain），158，171

阿贾克斯（Ajax），索福克勒斯戏剧中的人物，67

阿尔塞塔斯（Alcetas），詹森的生意伙伴，88

阿尔喀比亚德（Alcibiades），雅典将军（公元前451年或前450年—前404年或前403年），18，52-53，128，274，305-306，310-312，313，319，334-339，343，385

阿尔喀比亚德（Alcibiades），著名将军阿尔喀比亚德的儿子，129，218-222，272，386

阿尔奇诺斯（Alcinous），科西嘉岛上

的一个圣殿, 307

阿尔克迈翁家族(Alcmeonids), 雅典著名的家族, 与佩西斯特拉提德家族有世仇, 96-98

公元前5世纪的联姻, 312

亚历山大三世(Alexander III), 马其顿国王, 46-47

亚历克西斯(Alexis), 阿里斯托狄库斯的儿子, 391

法律中的含糊性(ambiguity in laws), 108

伏击(杀死他人)(ambush, enlocho), 雅典法律规则, 51-52

安佩里努斯(Ampelinus), 雅典公民, 44

安菲亚拉奥斯(Amphiaraos), 希腊英雄, 191

安菲波利斯(Amphipolis), 希腊北部的城市, 91, 310, 314, 334

阿米希安(Amytheon), 在西西里被杀的雅典人, 397

司书、记录员(anagrapheis), 一种雅典官职, 246

初审、预审(anakrisis), 126, 156, 182, 210-212

阿那克西劳斯(Anaxilaus), 拜占庭公民, 274, 275

阿那克西曼尼(Anaximenes), 修辞术专家, 265

安多基德斯(Andocides), 雅典政治家(公元前440年—前385年), 45, 101, 152, 319, 353, 361-362, 381, 385, 388

安德罗蒂安(Androtion), 公元前4世纪的雅典政治家与作家, 39, 43, 173, 268, 286-287, 314, 345, 383, 394

法庭演说中发怒(anger in judicial speeches), 326

安提多罗斯(Antidorus), 雅典公民, 384

交换财产(antidosis), 一种法律程序, 375, 396

反诉(antigraphe, counter-plaint), 115-116, 124

安提戈娜(Antigona), 雅典高级妓女, 199, 203-204

安提戈涅(Antigone), 索福克勒斯戏剧中的人物, 280

安提奥库斯(Antiochus), 雅典指挥官, 339

安提丰(Antiphon), 丧失了公民权的雅典人, 43, 48-49

安提丰(Antiphon), 雅典演说家与政治家(公元前480年—前411年), 101, 109, 150, 151, 157, 322, 325, 353, 359, 387-388

安提斯瑟尼斯(Antisthenes), 雅典银行家, 87

安提斯瑟尼斯(Antisthenes), 雅典商人, 311

安尼图斯(Anytus), 公元前5世纪晚期或公元前4世纪早期的雅典将军, 298-299

逮捕、拘捕(apagoge), 一种法律程序, 158, 235, 253, 372

阿帕图里亚节(Apaturia), 一种雅典节日, 341

阿帕图里乌斯(Apaturius), 拜占庭商人, 382

阿弗巴斯(Aphobus), 德摩斯梯尼的监护人, 79-81, 123-124, 330, 382, 394

递交(控告书、公共财产清单、申诉或偷税漏税清单,等等)(apographe),一种法律程序,222,371,372

收税员(apodektai),雅典职位,161

司法宣誓中的阿波罗(Apollo, in Judicial Oath),101

阿波洛多罗斯(Apollodorus),雅典政治家(公元前394年—前343年)

　支付罚金(pay se pobolia),74

　诉讼、起诉(litigation),87-93,345,383

　诉斯特凡努斯(plaint against Stephanus),116

　指控斯特凡努斯提供虚假证据(accuses Stephanus for false testimony),122,124

　演说中引用的法律(laws cited in speeches),154

　控告尼奥拉(accuses Neaera),174,250,331

　论王者执政官西奥戈尼斯(on the basileus Theogenes),295-296

　被斯特凡图斯控告(accused by Stephanus),306

　论法律的实施(on enforcing the laws),325

　控告佛尔米昂(accuses Phormio),382

　诉提摩修斯案(case against Timotheus),396-397

阿波洛多罗斯争夺财产(Apollodorus, dispute about estate),384,392,393

向议事会做(犯罪)报告(apophasis),一种法律程序,265

阿波色西翁(Apsephion),雅典政治家,62,393

阿卡狄亚人(Arcadians),399

阿克德姆斯(Archedemus),雅典公民,公元前406年控告6位将军,340

阿切斯特拉提德斯(Archestratides),雅典公民,218

阿切斯特拉图斯(Archestratus),雅典银行家,87

阿奇亚德斯(Archiades),雅典公民,383

阿奇达摩斯(Archidamus),斯巴达国王,21

阿基努斯(Archinus),雅典政治家,72,74,345,362

阿基普斯(Archippus),雅典公民,396

执政官(archons),需要宣誓就职的雅典职位,27-28

　断案(decide cases),29

战神山法庭,战神山议事会(Areopagus),古雅典政治机构与法庭,13,34,43,45-49,96,121,135-136,159,182,185,211,238,250,253,262,263-265,292-296,313,369,385

阿瑞苏斯乌斯(Aresthusius),雅典公民,89-90,383

阿金努萨(Arginousai),18,242-243,247,299-300,339-343

西西里远征中的阿尔戈斯人(Argives in Sicilian expedition),336

阿哥斯(Argos),位于伯罗奔尼撒半岛的城邦,97,310

阿里斯塔克慕斯(Aristaechmus),雅典公民,382

阿里斯塔库斯(Aristarchus),雅典公民,被控谋杀他人,45,83,85

阿里斯塔库斯一世争夺财产

(Aristarchus I, dispute about estate), 385

阿里斯塔库斯二世（Aristarchus II），被阿里斯塔库斯一世收养,385

阿里斯提德斯（Aristides），公元前5世纪时的雅典政治家,312

阿里斯提安（Ariston），雅典政治家,44

阿里斯托克拉底（Aristocrates）雅典政治家,61,121,184,241,383

阿里斯托德姆斯（Aristodemus），普拉提亚战役中的希腊士兵,218

阿里斯托德姆斯（Aristodemus），雅典公民,383

阿里斯托狄库斯（Aristodicus），曾在布兰奇代就是否该交出佩克提斯而向神明求助,184-185

亚里士多盖顿（Aristogeiton），雅典政治家,47,399

阿里斯托格尼斯（Aristogenes）伯罗奔尼撒战役中的雅典将军,340

阿里斯顿（Ariston），雅典公民，被攻击的受害者,37,66,70,130,145-146,331,383,397

阿里斯托尼库斯（Aristonicus），雅典公民,提议通过法令,161

阿里斯托芬（Aristophanes），喜剧作家,180,315,316-317,319,334

阿里斯托芬（Aristophanes），雅典公民,386,389-390

阿里斯托丰（Aristophon），雅典政治家,44,61,128,345

亚里士多德（Aristotle），哲学家（公元前384年—前322年）

　论公平（*epieikeia*）,17,275-285,294-295,298,300-301

阿塔菲尼斯（Artaphernes），波斯总督,97

阿特米西亚（Artemisia），哈利卡尔那索斯的女王,184

泽利亚的阿斯缪斯（Arthmius of Zelea）,261

阿斯克勒皮亚德斯（Asclepiades），雅典哲学家,48

雅典的议事会（Assembly of Athens）,9,122,135,164,165,175,225,236,238,247,256,259,268,292-293,322-334,340-343,365,373,377,384

　就选举官员问题而进行表决（Votes about officials）,28,158

斯巴达议事会（Assembly at Sparta）,305-306

城市法监（*astynomoi*），雅典官职,30-31,39

阿斯特菲鲁斯（Astyphilus），雅典公民,124,384

阿瑟诺哥尼（Athenogenes），雅典的埃及人,199-205,239,270,384

雅典娜（Athena），希腊神祇,165,211-212

官员的随员［Attendants（*hyperetai*）of officials］39

奥托克里斯（Autocles），雅典将军,90

王者执政官（*basileus*），雅典职位,33,144,162,164,211-212,373,398

巴斯鲁斯（Bathyllus），雅典公民,396

波德里克里昂（Bdelycleon），阿里斯托芬戏剧中的人物,315,334

贝伦特（Berent, M.）,13

贝罗亚的体育执事法（Beroia Gymnasiarchal law）,104

索　引 | 529

汤姆·宾汉(Bingham,T.)
　论法治,3,125
波奥蒂亚人(Boeotians),在拜占庭时受赫里克修斯指挥,274
波奥图斯(Boeotus),在一次集会上被杀的雅典人,51-52,186,297-298
波奥图斯(Boeotus),曼提瑟乌斯的同父异母兄弟,93-96,110-111,223-225,272-273,382,396
希腊城邦的边缘地区(borders of Greek states),21-22
谋杀(bouleusis phonou),183
波色鲁斯(Bouselos),雅典公民,一个较大家族的始祖,196
布拉西达斯(Brasidas),公元前5世纪后期的斯巴达将军,314
布伦瑞克(Brunschwig, J.),17,277-278,
臀部(buttocks),宾夕法尼亚州的《伊利市条例汇编》对之进行了界定,172
拜占庭(Byzantium),被雅典人包围,274,309,310

卡利普斯(Calippus),雅典公民,397
卡里亚斯(Callias),公元前5世纪的雅典使团成员,128,261,312
卡里亚斯(Callias),5世纪后期的雅典政治家,319
司费图斯的卡里亚斯(Callias of Sphettus),公元前3世纪的雅典政治家,228
卡里克勒斯(Callicles),雅典公民,383
卡里克拉提达斯(Callicratidas),伯罗奔尼撒战役时的斯巴达指挥官,340
卡里莫顿(Callimedon),雅典公民,294
卡里普斯(Callippus),雅典赫拉克利亚的礼宾司官员,87,383
卡里普斯(Callippus),雅典将军,90,91
卡里斯特图斯(Callistratus),雅典政治家,91
卡里斯特图斯(Callistratus),欧布里德斯一世之子,雅典公民,196
卡里斯特图斯(Callistratus),涉诉的雅典公民,383
卡里克瑟努斯(Callixeinus),公元前5世纪的雅典政治家,242-243,247,341-343
坎诺努斯法令(Cannonus),一种与叛国罪有关的法令,342
卡瑞(Carey,C.),152,219
卡利亚(Caria),小亚细亚的一个地区,224
卡特里奇(Cartledge,P.),13
决疑式的法律(casuistic form of law),140
塞斐西亚德斯(Cephisiades),莱孔的随员,87-88
塞斐西乌斯(Cephisius),雅典公民,45
卡波里亚斯(Chabrias),雅典将军,62
喀里瑞德姆斯(Chaeredemus),议事会成员,350
喀里摩尼德斯法(Chaeremonides),有关第一批果实的法律,148,159
喀里斯特图斯(Chaerestratus),雅典公民,384,392
喀罗尼亚战役(Chaeronea),公元前338年雅典人战败,86,87,136,175,236,241,262,290-291,398,399
卡尔基斯(Chalcis),位于优卑亚的城

邦,122,241-242

色雷斯的卡尔基斯人(Chalcidians of Thrace),310

卡瑞斯(Chares),公元前4世纪的雅典政治家,345

卡利亚德斯(Chariades),雅典公民,384,392

卡利克雷德斯(Charicleides),雅典公民,257

卡里德姆斯(Charidemus),公元前4世纪的雅典将军,184,229,267,269-270,383,394

卡里德姆斯(Charidemus),斯特拉提乌斯一世之子,雅典公民,196

卡努斯(Charinus),被控叛国的雅典公民,46

卡里普斯(Charippus),雅典公民,120

切松尼斯(Chersonnese),希腊北部的一个地区,309

神谕诠释者(chresmologoi),成功预测雅典在西西里获胜,337

克里斯特(Christ, M.),13,16

西蒙(Cimon),公元前5世纪的雅典将军,309,311,313,338

西容(Ciron),雅典公民,384

雅典的公民(citizens at Athens),21-22

卡拉佐门奈(Clazomenai),曾与特蒙诺斯签订条约,105

克利尔库斯(Clearchus),斯巴达指挥官,274

克莱尼阿斯(Cleinias),提议颁布法令的雅典人,164

克里斯提尼(Cleisthenes),雅典政治家(全盛时期在公元前508年左右),98

林多斯的克里鲍罗斯(Cleobulus of Lindos),古希腊七圣之一,66

克里奥梅顿(Cleomedon),雅典公民,396

克里奥梅内斯(Cleomenes),斯巴达国王,96,97

克里昂(Cleon),雅典政治家(卒于公元前422年),18,70,308,314,316-317,319-334,337,396

克里昂(Cleon),公元前4世纪的雅典公民,124

克利奥尼穆斯(Cleonymus),提议颁布法令的雅典人,165,172

克利奥尼穆斯(Cleonymus),争夺财产的雅典公民,193-196,384

克里奥丰(Cleophon),伯罗奔尼撒战争时期的雅典政治家,361

威廉·克林顿(Clinton, William),美国总统,181

科拉塔达斯(Coeratadas),攻打拜占庭的麦加拉指挥官,274

科恩(Cohen, D.),12,13,14,16

科农(Conon),公元前5世纪后期前4世纪早期的雅典将军,340,345

科农(Conon),陷入斗殴中的雅典公民,37,49,66,130,174,331

一致性(consistency),雅典法律的目标之一,246-273

《美国宪法》(Constitution of the United States)

    取缔残酷的、不人道的刑罚,10

    没有界定"重罪及行为不端"(does not define "high crimes and misdemeanors"),181

    没有界定"行政特权"(does not define "executive privilege"),181

科拉克斯(Corax),公元前5世纪的修

辞学家(5th century BcE),321
科西拉(Corcyra),雅典人在此曾发生内战,307
科林斯(Corinth),伯罗奔尼撒半岛上的一个城市,237,262,310
科林斯人(Corinthians),307
五百人议事会(Council of Five Hundred)
 接受人们对官员的告发(receives denunciations of officials),28,316
 处以罚金(imposes fines),29
 监督度量衡的使用(supervises weights and measures),31
 管理圣殿(supervises sanctuaries),33,34,39
 管理海军(supervises navy),41-43,350,396
 维持治安方面的作用(role in policing),44-45,58
 实施标准法令(enforces Standards Decree),45,351-352
 就授予荣誉进行表决(vote of honors for),122,268-269,286-287
 通过法令(decree passed),149
 考察官员(scrutinizes officials),151,160,254
 在议事会发表演说(speech delivered before),152
 规范议事会的法律(laws about Council),156,159,362,369
 管理公共建筑物(supervises building),160-61
 负责贡物的征收(supervises collection of tribute),164
 未经审判不能处死公民(cannot execute citizens without trial),241
 在阿金努萨战役后审判将军活动中的作用(role in trial of generals after Arginousai),242-243
 撤销过期的法令(destroys outdated decrees),247
 听取使团与将军们的报告(receives reports of ambassadors and generals),260,340-341
 议事会成员提议与波斯人结盟(member of Council proposes Persian alliance),262
 在议事会公布授予金冠等荣誉(honors announced in),268
 根据毫无根据的指控证明某人有罪(convicts on baseless charges),319
 在公元前406年起草审判提议(draws up proposal for trial in 406 B.C.),341
 接受民众请愿(receives petitions),381
 通过表彰法令(decree of praise for),394
 议事会成员阿波洛多罗斯(Apollodorus member of),398
三十僭主时期的议事会(Council, under the Thirty),288
科西拉议事会(Council at Corcyra),307
克里萨斯(Croesus),吕底亚国王,337
因公共服务而被授予金冠(Crowns awarded for public service),225-230
克特西亚(Ctesias),牵扯进争斗中的雅典青年,49,66,397

克特西比乌斯(Ctesibius),在阿比多斯被杀的雅典人,397

克特西科里斯(Ctesicles),雅典将军,68

克特西科里斯(Ctesicles),被控粗暴殴打、重伤他人的雅典人,258

克特西丰(Ctesiphon),雅典政治家,84,86-87,108,126,129,132,149,225-233,267-268,271,290,381,383,393

塞米(Cyme),一个位于小亚细亚的城镇,339

塞浦路斯(Cyprus),309

塞浦路斯(Cyrus),波斯国王,337

塞西拉岛(Cythera),靠近伯罗奔半岛的一个岛屿,310

塞兹库斯(Cyzicus),位于小亚细亚的一个城邦,310

达雷乌斯(Dareius),居住在雅典的客民,70,287-288,291,383

大流士(Darius),波斯国王,97

德克里亚(Decelea),雅典的一个德莫,117,250,262-263,366

《人权宣言》(Déclaration des droitsdel'homme,1789),5,9

雅典法中的定义(definitions in Athenian laws),143,166-173,180-181

丹尼亚斯(Deinias),雅典公民,193

十日礼(dekate),一种宗教仪式,223

审慎的演说(deliberative speeches),321-322,323

提洛岛(Delos),位于爱琴海中的岛屿,311

德尔菲(Delphi),阿波罗神庙,84,311,337

德尔菲神谕(Delphic oracle),134

德尔菲尼翁法庭(Delphinion),雅典人的一个法庭,183

狄玛德斯(Demades),雅典政治家,61

德莫长(demarchs),雅典职位,34,36-37

德莫(demes),负责公民的登记注册,76

德墨忒耳(Demeter),司法宣誓的地方,101

德摩(Demo),希腊商人,123

德摩卡里斯(Demochares),公元前3世纪的雅典公民,228

德摩梅勒斯(Demomeles),公元前4世纪的雅典政治家,271-272

德摩芬图斯法(Demophantus),与僭主有关的法令,368

德摩丰(Demophon),德摩斯梯尼的监护人,80

德摩斯梯尼(Demosthenes,公元前384年—前322年)

　论法治(on the rule of law),4

　论法律面前的平等(on equality before the law),5

　论法律的易于获得与理解(on accessibility of the law),7

　论公与私(on private vs. public),24-25,26,27

　批判安德罗蒂安(criticizes Androtion),43

　牵扯到哈帕鲁斯事件之中(involved in Harpalus affair),46-47,61,135-136,263

　逮捕安提丰(arrests Antiphon),48

　论尤爱昂杀害波奥图斯(on

Euaeon's killing Boeotus），52，186，297-298

赢得与阿佛巴斯的官司（wins suit against Aphobus），57

论法律为公民提供安全保障（on law providing safety for citizens），58

论作为一种动机的复仇（on *echthra* as a motive），68-69

起诉监护人（sues guardians），74，79-81，118，123，394-395

论雅典人的绅士特点（on gentle character of Athenians），69-70

与梅迪亚斯争吵（quarrel with Meidias），81-85，130-131，173，183，250，289-290，329，331，383，393-394

与埃斯基涅斯争吵（quarrel with Aeschines），85-87，129，132-133，259-261，267-268，393

论希腊北部的战役（on campaigns in Northern Greece），90

提及司法誓言（mentions Judicial Oath），101-102，104，110-111，330，353-355

论不成文法（on unwritten laws），107，279，283

使用先例（uses precedents），108，252，255-261，267-269

论法律与正义（on law and justice），113

论诉状（on the plaint），116-117

为克特西丰辩护（defends Ctesiphon），122，126，149，225-233，383

论阿尔喀比亚德的功劳（on Alcibiades' exploits），128

论埃皮克拉底大使（on Epicrates the ambassador），128

论庇拉斯被执行死刑（on execution of Pyrrhus），129

论诉讼中的公益服务（on liturgies in litigation），131

演说中引用的法律（laws cited in speeches），154-155，367-377

论法律的正确形式（on correct form of law），179

论遗嘱法（on law of wills），194

论雅典人的特点（on Athenian character），251

诉诸立法者的意图（appeals to intent of lawgiver），271

论公平（on *epieikeia*），285

运用建立在公平基础上的论证（uses arguments based on *epieikeia*），286-287

为狄奥多鲁斯撰写演说稿（writes speech for Diodorus），286-287

论诽谤（on slander，*diabole*），306

论法律的改变（on changes of laws），325

论法律实施的必要性（on need to enforce laws），325

称埃斯基涅斯为诡辩家（calls Aeschines a sophist），330

利用法庭打击敌人（uses courts against enemies），345

论雅典法庭存在的问题（on problems of Athenian courts），347

演说中的法律问题（legal issues in speeches），382-384

提及公共服务（mentions public service），393-398

论与底比斯结盟(on alliance with Thebes),398

演说的真实性问题(authenticity of speeches),401-402

德摩斯梯尼(Demosthenes),公元前5世纪时的雅典将军,314-315,339

抗辩(demurrer),一种现代法律程序,在雅典是否存在无法验证,212

诽谤(diabole,slander),306-307

判决(diadikasia),一种法律程序,82,156

阻却性申辩(diamartyria),意图阻止一项诉讼的法律程序,72

狄卡奥波利斯(Dicaeogenes),雅典公民,392

狄那库斯(Dinarchus),提及司法誓言的雅典演说家,101,355

控告普罗克努斯(accuses Proxenus),122

演说中引用了法律(laws cited in speeches),155

论色丹提达的波利尤克图斯(on Polyeuctus of Cydantidai),238

论菲罗克勒斯的叛国罪(on treason of Philocles),239

论哈帕鲁斯事件(on Harpalus affair),263

论裁判理由(on reasons for verdicts),292-295

演说中的法律问题(legal issues in speeches),384

狄奥克雷德斯(Diocleides),进行虚假告发的雅典市民,338

狄奥多鲁斯(Diodorus),西奥菲勒斯之子,32

狄奥多鲁斯(Diodorus),雅典公诉人,62,121,122,126,268-269,286-287,330,394

狄奥多鲁斯·西库鲁斯(Diodorus Siculus),公元前1世纪的历史学家,314,340,342,344

狄奥多图斯(Diodotus),前5世纪晚期的雅典政治家,320,327,332-334

狄奥多图斯(Diodotus),立遗嘱的雅典重装步兵,391

狄奥盖顿(Diogeiton),被指控盗用婴儿基金,386,391

迪奥尼西亚节(Dionysia),雅典节日,83,147,230-231,255,256,258,289,365,383,393

狄奥尼修斯(Dionysius),控告阿哥拉图斯的雅典公民,124

哈利卡尔那索斯的狄奥尼修斯(Dionysius of Halicarnassus),公元前1世纪的作家,122,151

狄奥尼索多鲁斯(Dionysodorus),生活在雅典的客民,70,287-288,291,383

狄奥尼索多鲁斯(Dionysodorus),雅典公民,253-254,389

狄奥培瑟斯(Diopeithes),雅典政治家,61

狄奥提姆斯(Diotimus),公元前4世纪的雅典将军,229,267

狄奥西普斯(Dioxippus),雅典公民,384

狄费鲁斯(Diphilus),迪奥培瑟斯之子,299

亚里士多德论"分配正义"(Distributive justice in Aristotle),276

嵌在演说家演说中的文档(Documents inserted into orators' speeches),150

对官员品行的考察(dokimasia)，84，130，151，156，254，365，377，386，389，390，391，399

对公共演说者的审查(dokimasia of public speakers)，140，153，190，364-365

检验员或验币员(dokimastes，tester of coinage)，159-160

三列桨舰检验员(dokimastes，tester of triremes)，299

德拉古法(Dracolaws of)，6，7-8，148

德拉康提德斯(Dracontides)，公元前5世纪的雅典将军，315

仇恨、敌意(echthra)，原告很少将其作为犯罪动机而引用，65-71

亚提翁尼亚(Eetionia)，位于雅典港的一个地区，160-161

埃及(Egypt)，287

艾奥(Eion)，希腊北部的一个城市，309

向议事会弹劾、检举(eisangelia to the Council)，44，140，160，164，166

向法庭告发某人叛国(eisangelia to court for treason)，119，153，167-168，175，189，217，233-241，272，294-295，367，376，384

财产税(eisphora)，390，391，392，394

驱逐之诉(ejectment suit，dikeexoules)，57

"十一人"(Eleven)，雅典职位，50，144，242，253

艾尔皮尼克(Elpinike)，西蒙的姐姐或妹妹，312

检举(endeixis)，法律程序，158，316，372

奴役者(enslavers，andrapodistai)，53-54，167

埃佩内图斯(Epaenetus)，在勾引年轻女孩时被抓，55-57，120

当场被抓、抓现行(ep'autophoro，red-handed)，53，124-125，167

雅典的艾菲比(ephebes at Athens)，35-36

艾菲比誓言(Ephebic Oath)，4，26，240

指控或检举(ephegesis)，一种法律程序，158

埃皮查雷斯(Epichares)，拉姆努斯的骑兵指挥官，35

埃皮克拉底(Epicrates)，吕西亚斯演说中提及的雅典人，390

埃皮克拉底(Epicrates)，雅典大使，128，260-261，386

帕勒尼的埃皮克拉底(Epicrates of Pallene)，雅典商人，127

埃皮克拉底(Epicrates)，牵扯到法律争端中的雅典人，199-205，239，270-271，384

辞藻华丽的演说(Epideictic speeches)，321，322-323，332

遗产继承，或将遗产判归某人(epidikasia)，一种法律程序，376

自愿捐献(epidosis，voluntary contribution)，229，280，311

公平(epieikeia，fairness)，106，275-301

伊庇鲁斯(Epirus)，希腊北部的一个地区，236

主持人、主席、负责人(epistatai)，厄琉息斯秘典上的官职，162

诉讼费(epobolia)，74-75，118

名年执政官(eponymous archon)，雅

典专门负责照顾鳏寡孤独的官员，33-34，144

管理节日庆典活动（supervises festivals），40

阿哥拉的英雄纪念碑（Eponymous Heroes monument in Agora），8，11，83，116，247

法律面前的平等（equality before the law），5-6，136-137

埃拉斯尼德斯（Erasinides），伯罗奔尼撒战中的雅典将军，340

埃拉西斯特图斯（Erasistratus），涉诉的雅典人，250

埃拉顿（Eraton），涉诉的雅典人，250，386

埃拉托色尼（Eratosthenes），因勾引人而被杀的雅典公民，51，385

埃拉托色尼（Eratosthenes），三十僭主之一，129，288-289，386，389

艾格克里斯（Ergocles），雅典将军，386，391

埃雷索斯中的法令（Eresos, decree from），105

艾瑞特里亚（Eretria），为佩西斯特拉图斯提供支持，97

伊利（Erie），位于宾夕法尼亚州，172

埃斯库罗斯的《欧墨尼得斯》中的复仇女神（Erinyes in Aeschylus' Eumenides），211-212

额特奥波塔德（Eteobutadae），雅典的重要宗族之一，129

尤艾昂（Euaeon），雅典公民，51-52，186，297

尤安多鲁斯（Euandrus），雅典公民，62，386，390

尤安多鲁斯（Euandrus），忒斯皮埃公民，224，256，266

优卑亚岛（Euboea），爱琴海中的岛屿，309

欧布里德斯一世（Eubulides I），波色鲁斯之子，196-197

欧布里德斯二世（Eubulides II），菲洛马可之子，197

欧布里德斯三世（Eubulides III），哈格尼亚斯的后裔，197

哈利矛斯的欧布里德斯（Eubulides of Halimous），雅典公民，384，397

欧布鲁斯（Eubulus），公元前4世纪的雅典政治家，132-133，345

尤查瑞斯（Euchares），雅典公民，228

卢西亚的尤克特蒙（Euctemon of Lousia），雅典公民，83，85，116，286，393，394

尤克特蒙（Euctemon），雅典公诉人，394

欧摩尔波斯宗族（Eumolpidai），担任祭司的家族，296-297

欧菲勒图斯（Euphiletus），雅典公民，妻子被人勾引，51，106，385

欧菲勒图斯（Euphiletus），公民身份受到质疑，385

欧里门顿（Eurymedon），小亚细亚的一个城邦，309

欧里门顿（Eurymedon），公元前5世纪晚期的雅典将军，314，339

欧里托里慕斯（Euryptolemus），公元前5世纪晚期的雅典政治家，243，247，341-342

尤塞克里斯（Euthycles），雅典公诉人，61

尤塞蒂库斯（Euthydicus），安提凡尼斯之子，299

尤塞马库斯(Euthymachus),雅典公民,54

审计(*euthynai*),一种法律程序,87,117,151,153,156,163,169,225-230,259,316,365,379,393

审计官,职司监察员(*euthynoi*),雅典官职,27

欧斯努斯(Euthynus),雅典公民,385

《游叙弗伦》(Euthyphro),柏拉图对话之一,235

欧克森尼普斯(Euxenippus),被波利尤克图斯控告的雅典公民,119,190,384

哈利矛斯的欧克斯瑟乌斯(Euxitheus of Halimous),雅典公民,306,397

欧克斯瑟乌斯(Euxitheus),被控犯有谋杀罪的外邦人,382

埃沃古斯(Evergus),雅典商人,127,214-216,307

埃沃古斯(Evergus),雅典公民,383

祭司,宗教诠释者(*exegetai*),宗教职位,162

法律文书保管员(*exetastai*),雅典官职,161

雅典审判中的法律与事实(fact vs. law in trials at Athens),210

公平(fairness,*epieikeia*),106,275-301,328-329

伪证(false summons,*pseudokleteias*),一种法律上的指控,118

世仇、长期争斗(feuding)

  雅典人因世仇而长期诉讼(Athenian litigation as feuding),14-15,79-98

  术语的定义(definition of term),76-78,82

五千人(Five Thousand),雅典的一种制度,289,390

与进献厄琉息斯第一批果实有关的法律(first-fruits at Eleusis, laws about),158-159,163-164,166,170-171

形式主义(formalism),一种法律学说,177,178-179,210

"四百人"(Four Hundred),雅典的一种制度,289,386,390

自由(freedom),公元前378年的亚里士多德法令予以了界定,170

处罚无聊的指控(frivolous prosecutions, penalty for),73

将军们(generals)

维护乡村秩序(police countryside),36-37

维护治安的权力(policing powers),37,351-352

高尔吉亚(Gorgias),公元前5世纪晚期的演说家与思想家,285,300,323

戈提那(Gortyn),一种法律机构,146-147,357-58

谷物监管员、监粮官(grain-wardens, *sitophylakes*),29,32

违法颁布新法之诉、违法发布嘉奖令之诉(*graphe paranomon*),一种专门针对非法法令的公诉程序,152,153,155-156,249-250,266,268-269,271,366

格沃特金(Gwatkin, W. E.),226

吉隆(Gylon),德摩斯梯尼的亲戚,382,394

哈伯荣（Habron），波色鲁斯之子，196

哈格尼亚斯一世（Hagnias I），雅典公民，波色鲁斯之子，196，383，385

哈格尼亚斯二世（Hagnias II），雅典公民，哈格尼亚斯一世之孙，196-198

哈格农（Hagnon），雅典将军，310

哈格农（Hagnon），公元前 4 世纪，主张拥有地产权的雅典人，392

哈格诺瑟乌斯（Hagnotheus），公元前 4 世纪的、主张拥有地产权的雅典人，392

哈利矛斯（Halimous），阿提卡德莫，397

哈莫迪乌斯与阿里斯托盖顿（Harmodius and Aristogeiton），雅典僭主，6，97，368

哈帕鲁斯（Harpalus），亚历山大大帝的司库，46-47，61，86，135-136，263，384

哈珀克雷什（Harpocration），论司法誓言，101

哈里森（Harrison, A. R. W.），13

赫尔伯特·哈特（Hart, H. L. A.），哲学家，175-177，181，284-285

黑戈桑德尔（Hegesander），提摩马库斯的司库，91，393

黑戈斯劳斯（Hegesilaos），雅典公民，132-133

黑戈斯塔图斯（Hegestratus），希腊商人，123

赫里克修斯（Helixus），皮奥夏地区的军事指挥官，274

（古希腊）财务官（Hellanotamiai），164，165

达达尼尔海峡（Hellespont），343

希洛人（Helots），斯巴达的奴隶，309

赫尔米亚节（*Hermaia*），雅典人节日，34，364

赫尔曼（Herman, G.），14，66

赫尔墨斯（Herms），公元前 415 年其塑像被毁损，43，45，335-338，381

赫罗德斯（Herodes），谋杀案中的受害人，235，382

希罗多德（Herodotus），历史学家
  论萨拉米海战中的阿特米西亚（on Artemisia at Salamis），184
  论阿里斯托狄库斯与佩克提斯（on Aristodicus and Pactyes），184
  论普拉提亚之战（on battle of Plataea），218
  论审判米尔提阿德与普瑞尼库斯（on trials of Miltiades and Phrynichus），313

赫西俄德（Hesiod），古代诗人，66

赫斯提奥多鲁斯（Hestiodorus），公元前 5 世纪的雅典将军，315

监祭官（*hieropoioi*），宗教职位，161，163，352，397

希帕尔库斯（Hipparchus），雅典僭主，97，265

希帕尔库斯（Hipparchus），查尔姆斯之子，97，262，312

希庇阿斯（Hippias），雅典僭主，97-98

米利都的希波达马斯（Hippodamas of Miletus）
  论法律的结构（on organization of laws），147

希珀思昂提斯（Hippothontis），雅典部落，191

杀人罪的法律与程序（homicide, laws and procedures），145-146，151，168-169，182-189，208，235，283，

296,376

重装步兵策略(hoplite tactics),217-218

为获赃物而搜查房子(house-search for stolen goods),54

亨特(Hunter,V.J.),13

有关致人重伤的法律(hybris,law about),172,181,255

希波博鲁斯(Hyperbolus),公元前3世纪的雅典政治家,313,319,334-335

希波雷德斯(Hyperides,公元前389年或前388年—前322年)

 论法治(on the rule of law),3

 起诉(prosecutions),61

 提及司法誓言(mentions Judicial Oath),101,127,355-356

 起诉菲洛克拉底(accuses Philocrates),119

 论被告的角色(on role of defendant),126

 论法的结构(on organization of laws),144

 演说中引用的法律(laws cited in speeches),153-154,366-367

 论弹劾、检举(on eisangelia),167-168,234,261

 论继承法(on law of inheritance),170-171

 提议释放奴隶(proposes to free slaves),175

 为欧克森尼普斯辩护(defends Euxenippus),190-191

 提议授予德摩斯梯尼荣誉(proposes honors for Demosthenes),271-272

 利用法庭打击敌人(uses courts against enemies),345

 演说中的法律问题(legal issues in speeches),384

 提及公共服务(mentions public service),398

伊姆罗兹岛(Imbros),爱琴海中的岛屿,158

裁判中的不偏不倚(Impartiality in adjudication),101-102

不敬神(impiety,asebeia),一种法律上的指控,144-145,207

起诉、控告(indict mentor plaint, engklema),103,114-136,182,209,346

有关继承的法律(inheritance, laws about),192-196,196-198

伊奥尼亚(Ionia),雅典人参加竞选的地方,310

伊菲克拉底(Iphicrates),雅典将军,392

伊萨乌斯(Isaeus,公元前420年—前340年),雅典的法庭演说作家,102,153,194,356,362-363,392-393

伊索克拉底(Isocrates,公元前436年—前338年),雅典修辞家

 论法治(on the rule of law),4

 论雅典人温和的性格(on mildness of Athenian character),70

 法庭演说(forensic speeches),152

 论拍马者(on sycophants),307

 训练拉克里图斯(trains Lacritus),330

 提及司法誓言(mentions Judicial Oath),356

 提及多部法律(mentions laws),362

 演说中的法律问题(legal issues in speeches),385

 提及公共服务(mentions public

service),391-392

伊索迪克(Isodike),欧里托里慕斯之女,312

伊索提米德斯法(Isotimides),与不虔敬行为有关的法律,361

詹森(Jason),色萨利的僭主,88

司法誓言(Judicial Oath),15-16,17,101-137,301,317,330,345,346

法庭辩论术(Judicial oratory),321-334

英国的陪审团成员(Jurors in the United Kingdom),292

陪审团否决法律(Jury nullification),一种法律学说,275

法庭演说中法律与正义的关系(justice, relationship to law in judicial speeches),111-113

刑事违法者、作恶者(kakourgoi),一系列普通犯罪,32,167,176,235

卡夫卡(Kafka, F.),《审判》的作者,125

需要传唤的目击证人(kleteres),117

财务官(kolakretai),雅典官职,163-164

科尔克斯家族(Kerykes),负责祭祀的家族,296-297,312

科农(Kron, J. G.),319-320

拉切斯(Laches),公元前5世纪的雅典将军,315

拉切斯(Laches),公元前3世纪的雅典公民,228

拉克里图斯(Lacritus),法庭上的诉讼当事人,330,382

拉玛库斯(Lamachus),雅典将军,389

蓝皮斯(Lampis),居住在雅典的商人,382

兰波恩(Lampon),雅典的预言家,163

拉尼(Lanni, A.),15,17

法庭辩论中法律与正义的关系(law, relationship to justice in judicial oratory),111-113

法律的基本特点(law, basic features of),138-139

作为历史证据的法庭演说中的法律(law-court speeches as historical evidence),79

婚生子(legitimate children, gnesioi),203

雅典的法官不能像立法者那样行为(legislators, Athenian judges do not act as),244-245,272-273

勒蒙诺斯(Lemnos),爱琴海中的岛屿,被米尔提阿德占领,135

谷物税(taxes on grain),158

指挥重装步兵的吕科佛朗(Lycophron commands cavalry on),398

列奥查瑞斯(Leochares),雅典公民,384

列奥克拉底(Leocrates),被控犯有叛国罪的公民,119-120,168,175-176,233-241,261-263,272,398

列奥达马斯(Leodamas),雅典公民,62

列奥达马斯(Leodamas),公元前4世纪的雅典政治家,345

勒珀提尼斯(Leptines),雅典政治家,62,110,383,393

有关泛雅典娜节的法律(Lesser Panathenaea, law about),161

莱夫卡斯岛(Leucas),伊奥尼亚海中

的岛屿,236,262

莫妮卡·莱温斯基(Lewinsky, Monica),181

当逃兵、擅离军队(*lipotaxion*,leaving one's place in line of battle),217-220

谎报军情(*lipostratia*),217-220

利普修斯(Lipsius,J. H.),13

好讼行为在雅典受到敌视(litigiousness,hostility to at Athens),70-71

法律的边界(limitations,statute of),73,148

洛奇特斯(Lochites),雅典公民,385

公共会计师、账目审计员(*logistai*,Athenian officials),27,171,229

吕西达斯(Lycidas),雅典的磨坊主,89

吕康(Lycon),赫拉克勒亚的公民,87,383

吕科佛朗(Lycophron),雅典公民,被控勾引他人,120,384,398

吕库古(Lycurgus),公元前6世纪雅典一个宗派的领导人,96

吕库古(Lycurgus,公元前390年—前325年),雅典政治家

 论雅典政府的作用(on parts of Athenian government),26,61

 论公诉志愿者的作用(on role of volunteer prosecutor),61

 提及司法誓言(mentions Judicial Oath),101,356

 诉列奥克拉底(accuses Leocrates),119,168,175-176,233-241,261-263,272

 诉吕科佛朗(accuses Lycophron),120

 论公益服务的作用(on role of liturgies),130

 演说中引用的法律(laws cited in speeches),154,366

 论法律的统治(on law as a ruler),179

 接受表彰(receives honors),230

 利用法庭攻击敌人(uses courts against enemies),345

 演说中的法律问题(legal issues in speeches),385

 提及公共服务(mentions public service),398

利格达米斯(Lygdamis),纳克索斯的僭主,97

吕桑德尔(Lysander),雅典公民,127

吕桑德尔(Lysander),伯罗奔尼撒战争中的斯巴达将军,339,343

吕西亚斯(Lysias),卒于公元前380年

 论法治(on the rule of law),3

 论法律与正义(on law and justice),112-113

 论不切题的问题(on irrelevant issues),127

 控告埃拉托色尼(charges Eratosthenes),129,288-289

 演说的主题(subjects of speeches),151-152

 《吕西亚斯文集》中的先例(precedents in *corpus Lysiacum*),252-255

 法庭演讲术的运用(use of judicial oratory),322

 提及司法誓言(mentions Judicial Oath),356

 引用诸多法律(cites laws),359-361

演说中的法律问题（legal issues in speeches），385-386

演说中提及公共服务（public service mentioned in speeches），388-391

列科诺的吕西克勒斯（Lysicles of Leuconoe），雅典公民，200

吕西克勒斯（Lysicles），雅典将军，241

吕西马库斯（Lysimachus），雅典公民，349

吕西塞德斯（Lysitheides），诉西奥内斯图斯，388

吕西塞德斯（Lysitheides），雅典的仲裁人，88

马卡特图斯（Macartetus），雅典公民，393

麦道维尔（MacDowell, D. M.），13，150

麦格尼西亚（Magnesia），柏拉图《法律篇》中描述的理想城邦，206

曼提亚斯（Mantias），雅典公民，93-94，223

西西里远征中的曼提瑟乌斯（Mantineans in Sicilian expedition），336

曼提瑟乌斯（Mantitheus），被控是为三十僭主服务的雅典人，386，389

曼提瑟乌斯（Mantitheus），雅典公民，68，93-96，110-111，223-225，272-273，382，396

马拉松战役（the battle of Marathon，公元前490年），97，135，398

詹姆斯·马什（March, James G.），12-13

马多尼乌斯（Mardonius），波斯将军，97

马罗尼亚（Maroneia），阿提卡的一个地区，214

梅加克里斯（Megacles），公元前6世纪的阿尔克迈翁家族领导人，96-97

梅加克里斯（Megacles），公元前5世纪早期的阿尔克迈翁家族领导人，312

麦加拉（Megara），靠近阿提卡的城邦，175，236-238，241，261-262，293-294，310

麦加里德（Megarid），伯利克里曾入侵的地方，310

梅迪亚斯（Meidias），雅典政治家，45，79，81-85，130-131，173，183，250，255-259，266，289-90，326-27，329，331，383，393

梅内克（Meinecke, J.），178-179，209

梅勒西普斯（Melesippus），斯巴达使者，21

梅勒图斯（Meletus），雅典公民，控告苏格拉底，121，133，207，290

门德（Mende），希腊北部的城市，310

梅涅克里斯（Menecles），公元前5世纪晚期的雅典政治家，343

梅涅克里斯（Menecles），公元前4世纪时卷入一桩诉讼中的雅典人，384，392

梅内德姆斯（Menedemus），生活在雅典的哲学家，48

梅涅拉奥斯（Menelaus），索福克勒斯的《阿贾克斯》中的人物，67

梅内斯特图斯（Menestratus），雅典公民，253，265

梅涅色努斯（Menexenus），雅典公民，396

梅尼普斯(Menippus),从卡利亚来的男人,224,256-257

美诺(Meno),柏拉图对话中的人物,235

梅农(Menon),雅典磨坊主,54

梅农(Menon),雅典将军,90

莫塞尼亚人(Messenians),保卫皮洛斯的人,298-299

梅思姆纳(Methymna),莱斯博斯岛上的城市,340,396

雅典的外邦人(metics at Athens),22

 与法律的关系(relationship to the law),6

度量衡法监(*metronomoi*),雅典职位,31-32

自然女神庙(Metroon),雅典档案馆,116,248,268

迈耶-洛兰(Meyer-Laurin, H.),17,180,209

弥达斯(Midas),雅典的奴隶,199,202

军事基金(Military Fund, *tastratiotika*),158

雅典的军事犯罪(Military offenses at Athens),169-170,208-209,217-221

米勒(Miller, M. I.),77

米尔提阿德(Miltiades),雅典将军,马拉松战役的胜利者,7,135,313

米诺亚(Minoa),靠近麦加拉的岛屿,310

默内斯巴鲁斯(Mnesibulus),雅典公民,383

穆尼西克勒斯克里(Mnesicles),生活在雅典的商人,215

奸夫(*moichos*, seducer),120

缪尼基昂(Mounichia),位于雅典港的一个地区,160,239

缪斯节(*Mouseia*),雅典的节日,34,364

米卡尔(Mycale),小亚细亚的一个城镇,309

迈瑞诺乌斯(Myrrhinous),阿提卡的一个德莫,75

厄琉息斯秘仪(Mysteries at Eleusis),43,45,335-338,381

有关厄琉息斯秘仪的法律(Mysteries at Eleusis, law sabout),147,157,161-162,296-297,351

麦提勒尼(Mytilene),莱斯博斯岛上的城市,314,320-334,340,396

努斯克勒斯(Nausicles),公元前4世纪的雅典将军,229,230,267

努斯马库斯(Nausimachus),雅典公民,382,395

那不勒斯(Neapolis),希腊北部的城市,351

尼奥拉(Neaera),雅典的妓女,55-56,92,120,174,250,295-296,325,331,350,384,398

尼米亚(Nemea),曾举办运动会,311

尼奥普托列姆斯(Neoptolemus),公元前4世纪的雅典公民,229,267

新制度主义(New Institutionalism),12-14,346

新泽西(New Jersey),《解决民事纠纷规则》,81

尼西阿斯(Nicias),公元前5世纪的雅典将军,310,311,313,334,338-339

尼西阿斯(Nicias),雅典人,曾用抵押的方式向欧斯努斯借钱,385

尼科巴鲁斯(Nicobulus),雅典商人,123,126,214-216,306,382

尼科迪默斯（Nicodemus），被谋杀的雅典公民，45，83，85

尼科马奇德斯（Nicomachides），雅典士兵，311

尼科马库斯（Nicomachus），雅典政治家，174，246，361，386，391

尼科门德斯（Nicomedes），雅典公民，350

尼科凡尼斯（Nicophanes），被人们从雅典驱逐，238，264，294-295

尼高芬（Nicophon），雅典人，关于铸币的法律，8，29-30，140，159-160，166，172，247

尼科斯特图斯（Nicostratus），公元前5世纪的雅典将军，310

尼科斯特图斯（Nicostratus），雅典公民，89-90，397

尼科斯特图斯（Nicostratus），收养卡利亚德斯的雅典公民，384

理查德·尼克松（Nixon, Richard M.），美国总统，181

《尼亚尔萨迦史诗》（Njals Saga），中世纪冰岛的诗歌，78

立法专员（nomothetai），雅典官职，9，247

奥波尔（Ober, J.），13，16

奥德修斯（Odysseus），索福克勒斯的《阿贾克斯》中的人物，67

帕拉奥斯基亚苏斯的欧尼亚德斯（Oeniades of Palaeosciathus），雅典授权官员们保护的地方，352

约翰·奥尔森（Olsen, Johan P.），12-13

奥林匹奥多洛斯（Olympiodorus），雅典公民，383

奥内托（Onetor），雅典公民，57，80，382

法律中的开放性结构（open texture in law），16-17，137，175-245等各处

俄瑞斯忒斯（Orestes），《埃斯库罗斯》中的人物，211-212

雅典法律的结构（organization of Athenian laws），143-149

奥林匹克运动会（Olympic games），311

奥罗普斯（Oropus），阿提卡与皮奥夏之间的地区，190，254

奥斯本（Osborne, R. G.），13

雅典的陶片驱逐法（ostracism at Athens），18，312-313，334-335，338，346

港口监管员（Overseers of port, *epimeletai tou emporiou*），29

贡物监管员［overseers (*episkopoi*) of tribute］，45

帕切斯（Paches），公元前5世纪晚期的雅典将军，314，315，320

佩克提斯（Pactyes），希俄斯岛上的哀求者，184-185

皮阿尼亚（Paeania），阿提卡德莫，352

帕拉迪翁法庭（Palladion），雅典法庭，182，211

帕勒尼（Pallene），阿提卡的城镇，97

潘菲琉斯（Pamphilus），雅典的客民，287

泛雅典娜节（Panathenaia），雅典节日，171，366

潘卡洛斯（Pancalos），雅典的债权人，200

潘克里昂（Pancleon），卷入诉讼之中，117，250，350，386

潘塔内图斯(Pantaenetus),雅典商人,123,126-127,214-216,306,382

帕菲拉贡尼安的奴隶(Paphlagonian slave),阿里斯托芬戏剧中的人物,316

抗辩(*paragraphe*),一种法律程序,72-73,152,182,205,212,374,382,385

诉讼费、保证金(*parastasis*),73

帕尔梅尼斯库斯(Parmeniscus),雅典的客民,287-288

帕尔梅诺(Parmeno),雅典的借款人,214,383

帕斯克勒斯(Pasicles),雅典公民,阿波洛多罗斯的兄弟,87,92

帕西翁(Pasion),雅典的银行家,87,88-89,383,385,391,396,398

路径依赖(path dependence),346

帕卓克雷德斯(Patrocleides),通过了恢复权利的法律,169,176,361,379

帕特洛克勒斯(Patroclus),《伊利亚特》中的人物,209

鲍萨尼亚(Pausanias),公元前5世纪的斯巴达将军,309

鲍萨尼亚(Pausanias),公元前2世纪的行吟作家,70

菲洛克拉底和约(Peace of Philocrates),雅典人与腓力签订的条约,129,136,399

佩西斯特拉提德家族(Peisistratids),与阿尔克迈翁家族有世仇,96-98

帕斯特拉图斯(Peisistratus),雅典的僭主,96-97

佩思亚斯(Peithias),科西拉的政治家,307

皮拉斯基康(Pelargikon),雅典的圣地,164

伯罗奔尼撒战争(Peloponnesian War),17-18,305-344

五百人议事会(*pentakostologoi*),39

佩里安德(Periander),有关海军分队的法律,41,350,376

伯利克里(Pericles)
 论法治(on the rule of law),3,26
 论公与私(on private vs. public),24
 论雅典人的特点(on Athenian character),70
 论公民的知识(on knowledge of citizens),266
 政治策略(political tactics),305,307
 军事战役(military campaigns),309-310
 制造悲剧(produces tragedies),311
 运用驱逐法打击敌人(uses ostracism against enemies),313
 在公元前430年或前429年遭到审判(trial in 430/429),314-315

巡逻队队长(peripolarchs),雅典官职,34,35

波斯人(Persians),供应斯巴达人金钱,344,399

波斯战争(Persian Wars),239

费尼普斯(Phaenippus),雅典公民,383

法诺马库斯(Phanomachus),公元前5世纪的雅典将军,315

法诺(Phano),被当成尼奥拉的女儿,47-48

菲诺斯特拉图斯(Phanostratus),雅典公民,斯特拉提乌斯一世之子,196

法纳巴佐斯(Pharnabazus),波斯总

督,274

菲塞力斯(Phaselis),小亚细亚的城市,165,309

举报、检举(phasis),一种法律程序,158,162

菲拉格鲁斯(Philagrus),欧布里德斯一世之子,雅典公民,196

菲勒(Phile),惹上官司的雅典妇女,384

兰普泰的菲利普修斯(Philepsius of Lamptrai),128

腓力二世(Philip II),马其顿国王,48,85-86,132,175,190,259,291,381,383,393

菲利皮德斯(Philippides),雅典公民,384,398

菲利乌斯(Philius),雅典的银行业主,222

菲利普斯(Phillips. D.),13

菲洛克勒翁(Philocleon),阿里斯托芬戏剧中的人物,315

菲罗克勒斯(Philocles),伯罗奔尼撒战争中的将军,340

菲罗克勒斯(Philocles),被控叛国的雅典公民,239,399

菲洛克拉底(Philocrates),被控占有艾格克里斯金钱的雅典人,386,391

菲洛克拉底(Philocrates),雅典政治家,61,85-87,119,399

菲洛克特蒙(Philoctemon),雅典公民,384,392

菲洛劳斯(Philolaus),底比斯的立法者,147

菲洛马可(Philomache),哈格尼亚斯之女,菲拉格鲁斯之妻,196

菲隆(Philon),官员任职资格审查时的被告,62,254,386,391

菲隆达斯(Philondas),雅典商人,88

菲洛克斯努斯(Philoxenus),马其顿官员,46

佛尔米奥(Phormio),公元前5世纪晚期的雅典将军,314,315

佛尔米奥(Phormio),雅典银行家,91-92,382,396

佛尔米奥(Phormio),雅典商人,382,395

普瑞尼库斯(Phrynichus),公元前5世纪早期的雅典悲剧诗人,313

普瑞尼昂(Phrynion),雅典公民,350

普瑞尼库斯(Phrynichus),雅典独裁者,130,262,389

菲斯努斯(Phyrcinus),雅典公民,236

比雷埃夫斯港(Piraeus),29,30,32,36,158,349

司法演说中诉诸怜悯(pity in judicial speeches),326

雅典的乞悯坛(Pity),70

诉讼、诉状(plaint),参见诉雅典妇女帕兰贡,93-94,223

普罗泰战役(battleat Plataea),公元前479年,218

普罗泰(Plataea),阿提卡北部城市,349

普罗泰人(Plataeans),公元前427年受到斯巴达人审判,327

柏拉图(Plato),雅典哲学家(公元前429年—前347年)

论搜查别人的房子(on house search),55

论作为一般性规定的法律(on law as general provision),177

在《法律篇》中论及故意杀人(on

homicide in the *Laws*), 189

雅典法律改革(reforms of Athenian law), 205-209

论不成文法(on unwritten laws), 279

论苏格拉底的审判(on Socrates' trial), 318

普罗塔克(Plutarch), 罗马帝国时期的希腊作家, 89, 311, 314

侨务执政官(Polemarch), 雅典官职, 117, 250

波利马库斯(Polemarchus), 吕西亚斯的兄弟, 288-289

波利蒙(Polemon), 哈格尼亚斯一世之子, 196

公产交易官(*poletai*), 雅典官职, 161, 163

雅典官员维护治安(policing by officials in Athens), 28-44, 351-352

波鲁克斯(Pollux), 公元前2世纪的司法誓言编纂者, 101, 104

论弹劾(on *eisangelia*), 234

波利伊努斯(Polyaenus), 雅典士兵, 222-223

波利克里斯(Polycles), 雅典三列桨舰长, 90, 383, 397

波利克里斯(Polycles), 雅典债权人, 200

塞丹提达的波利尤克图斯(Polyeuctus of Cydantidae), 受到战神山议事会的调查, 46, 238, 264, 293-295

波利尤克图斯(Polyeuctus), 雅典政治家, 起诉欧克森尼普斯, 119, 191

欧克森尼普斯(Polyeuctus), 涉诉的雅典公民, 382

波利斯特图斯(Polystratus), 公元前5世纪的雅典公民, 289, 386

波利泽鲁斯(Polyzelus), 雅典公民, 289

论人民主权与法治的关系, 4

波斯迪普斯(Poseidippus), 雅典公民, 193

波忒蒂亚(Potidaea), 希腊北部城市, 310, 315

收款员、收税员(*praktores*), 117

先例在雅典法中的作用(precedents, role in Athenian law), 17, 108, 248-273

先例在普通法国家中的作用(precedents, role in Common law countries), 248

先例在民法国家中的作用(precedents, role in Civil law countries), 270

法律的规定性形式(prescriptive form of law), 140

普通公民在法律实施中的作用(private citizens, role in law enforcement), 13-14, 50-58

与官员比较(contrasted with officials), 26-28

议事会发布的未形成决议的命令(*probouleuma*), 269

初诉、向议事会告发(*probole*), 在议事会里进行不信任投票, 83, 256-258, 265-266, 369

(议事会)会议主持人(*proedroi*), 雅典官职, 160, 364

有关杀人案件中的"预见"[*pronoia* (foresight) in homicide law], 183-189

庇护人(*prostates*, patron of foreigners), 117

普罗托马库斯(Protomachus), 伯罗奔尼撒战役中的雅典将军, 340

外邦客人的保护者、保护人(*proxenoi*),
38
普罗克努斯(Proxenus),被狄那库斯
控告,122
诉讼费(*prytaneia*),courtfees,73
神殿执事(*prytanis*),雅典卫城的官
员,33
议事会主席(*prytaneis*, members of
the Council),40,44,45,160,164,
165,247,316,341,351-352,
398,399
雅典的公断人(public arbitrator at
Athens),182
雅典人的公共财政(public finances,
Athenian),318-319
雅典的公共荣誉(public honors at
Athens),225-233
在判定是否有罪时雅典人不考察公共
服务因素(public service at Athens not
considered when determining guilt),
127-131
　　在量刑阶段会考察公共服务(taken
　　　into consideration during *timesis*),
　　　131-136
雅典的公共奴隶(public slaves at
Athens),29,32,38-39,44
公共演说家的起诉[indictment of
public speaker(*rhetor*)],119,172
公共演说的类型(types of public
speeches),321-322
作为威慑的惩罚(punishment as
deterrent),331-332
庙祝(pylagoras),德尔菲神庙的职
位,84
皮洛斯(Pylos),伯罗奔尼撒西南的城
镇,298-299,396

庇拉斯(Pyrrhus),雅典公民,卷入房
地产争端,384
庇拉斯(Pyrrhus),额特奥波塔德家族
成员,38
皮索多鲁斯(Pythodorus),公元前5
世纪晚期的雅典将军,314,315,339
皮索菲尼斯(Pythophanes),受保护的
外邦人,351

昆体良(Quintilian),演讲术的作家,
225-226

约瑟夫·拉兹(Raz,J.),法律理论
家,174
雅典法中的不动产抵押(real security
in Athenian law),213-216
亚里士多德论矫正正义(rectificatory
justice in Aristotle),276
登记员(registrar,*katalogeus*),雅典官
职,289
法庭演说中的相关性(relevance,in court
speeches),114
雅典法庭中的既判力原则(*res
iudicata* in Athenian courts),72,95
复仇——阿提卡悲剧中的主题
(revenge,theme in Attic tragedy),67
公共演说家(*rhetor*,public speaker),
190-192
作为雅典法中的一种方法,修辞方法
是没有说服力的(rhetorical approach
to law unconvincing as an approach to
Athenian law),11-12
罗德岛(Rhodes),地中海中的岛屿,
175,236,261-263,287-288
罗马法(Roman Law),与雅典法的比
较,118,124-125,173,179-180,198,

索 引 | 549

199,202,203

法治的限定界定（rule of law modern definitions）,5-11

神圣奥尔加斯法（Sacred *Orgas*, regulations）,34-35

萨拉米三列桨快船（*Salaminia*）,官方的三列桨舰船,336

萨拉米斯（Salamis）,有关土地的法令,37

萨拉米斯战役（Salamis, battleat）,184,239,309,398

萨莱苏斯（Salaethus）,麦提勒尼城邦的公民,320

雅典有关买卖的法律（sale, laws about at Athens）,198

柏拉图有关买卖的法律改革问题（sale, Plato's reform of laws about）,206-207

萨摩斯岛（Samos）,爱琴海中的岛屿,165,309,339

雅典与学校有关的一些规章制度（schools at Athens, regulations）,34

斯卡曼德尤斯（Scamandrius）,与刑讯逼供有关的法律,361

塞洛斯（Scyros）,爱琴海中的岛屿,158,309

塞西亚弓箭手（Scythian archers）,39,352

第二雅典同盟（Second Athenian League）与包租有关的规定（provisions of charter）,26,170

勾引妇女者（seducers, *moichoi*）,如当场被抓,可以杀死,50-51,55,106

雅典法中的自助（self-help in Athenian law）,22-23,50-58

塞斯托斯（Sestos）,达达尼尔海峡边的一个城镇,343

莎士比亚的《罗密欧与朱丽叶》（Shakespeare, *Romeo and Juliet*）,96

R.夏纳（Shiner,R.）,278

西西里（Sicily）,287,305,310,336,337

西蒙（Simon）,雅典人,诉讼中的原告,65-66,349

诽谤（slander）,一种法律上的指控,145-146,152,171

雅典的奴隶（slaves at Athens）,199-205,206-207

苏格拉底（Socrates）,雅典哲学家（卒于公元前399年）,121,133-134,180,207,235-236,290,311,318,329,341,343

梭伦的法律（Solon laws）,7-8,109,178,179,201,204-205,211,324-325,346,362,366,368

梭伦（Solon）,公元前4世纪的雅典独裁者,94

智者、诡辩家（sophists）,322-323,330-331,338

索福克勒斯（Sophocles）,悲剧诗人,280,281

索福克勒斯（Sophocles）,公元前5世纪晚期的雅典将军,314,315,339

索斯瑟乌斯（Sositheus）,菲洛马可的丈夫,雅典公民,197

索斯特拉图斯（Sostratus）,雅典政治家,66

斯巴达（Sparta）,伯罗奔尼撒战役时与雅典敌对的一方,183,262,274,305-306,320,333,334,338,343-

344,396

斯巴达国王（Spartan kings），perform sacrifices，337

斯巴达法律（Spartans, laws of），110

信使（spondophoroi），厄琉息斯秘仪上的官员，162

司庞蒂亚斯（Spoudias），雅典公民，382

雅典及现代法庭上的证明标准（standards of proof, in Athenian and modern courts），318

国家（state），现代定义，21

斯特凡努斯（Stephanus），安提多利德斯之子，阿波洛多罗斯的对手，55-57，92，93，120-121，295-296

斯特凡努斯（Stephanus），被判作伪证，92，122，124，383，396

斯特拉提乌斯一世（Stratius I），波色鲁斯之子，196

斯特拉托（Strato），雅典公断人，84

斯特拉托克勒斯（Stratocles），卡里德姆斯之子，雅典公民，196

斯特雷思亚德斯（Strepsiades），阿里斯托芬戏剧中的人物，180

斯特雷蒙（Strymon），希腊北部的河流，309

雅典法律中的实体与程序（substance and procedure in Athenian law），13，16，138-174，346

雅典的官员不能得出一个概要性的判决（summary judgement, Athenian officials do not give），212

厄琉息斯秘仪上的监管员（epimeletai），32-33

舰队主管［supervisors（epimeletai）of fleet］，299

美国最高法院（Supreme Court of the United States），181

职业起诉人、讼棍（sycophants），被视为危险人物，62-63，306，307-308，344

助讼人（synegoros），174，218-219，392

叙拉古（Syracuse），位于西西里的城市，338-339

城墙建造监管（teichopoios），雅典官职，228

泰西阿斯（Teisias），阿尔喀比亚德抢劫的马队，385

特蒙诺斯（Temnos），曾与卡拉佐门奈签订条约，105

《四部曲》（Tetralogies），人们认为是安提丰所作，187-188

萨索斯（Thasos），爱琴海中的岛屿，309

关于狄奥尼索斯剧场的法律（Theater of Dionysus, laws about），140，268

泰阿泰德（Theaetetus），柏拉图对话中的人物，235

底比斯（Thebes），帕斯斯特拉图斯的支持者，97

有关法律的（laws of），110

雅典人与法律的关系（Athenian relations with），136，291，398，399

雅典法中的盗窃（theft, in Athenian law），52，53，54，167

西米斯托克尔斯（Themistocles），公元前5世纪的雅典将军，309，312，313

西奥克里尼斯（Theocrines），雅典公民，384，397

西奥多图斯（Theodotus），雅典的奴隶，65-66，349-350

西奥戈尼斯(Theogenes),担任执政官时曾被调查,47,398

西奥内斯图斯(Theomnestus),雅典公民,被控临阵退缩,388

西奥内斯图斯(Theomnestus),阿波洛多罗斯内弟,92,306

西奥菲莫斯(Theophemus),雅典的三列桨舰长,39,41-44,49,57,74,350,383,396

西奥弗拉特图斯(Theophrastus),生活在雅典的哲学家,234

西奥庞普斯(Theopompus),卡里德姆斯之子,雅典公民,196-197,385

节庆基金、观礼基金(Theoric Fund at Athens),228,229,292-293

色拉门内斯(Theramenes),公元前5世纪的雅典政治家,242,340-342

西里庇德斯(Therippides),德摩斯梯尼的监护人,80,394

锡拉岛(Thera),爱琴海中的岛屿,165

索福克勒斯《俄狄浦斯王》中的提修斯(Theseus in Sophocles' *Oedipus at Colonus*),4

欧里庇德斯的《乞援的妇女》(in Euripides' *Suppliant Women*),6

司法执政官(*thesmothetes*),雅典官职,27,39,44,121,144,160,163,247,365,392

瑟斯皮埃(Thespiai),皮奥夏的城市,224

"三十僭主"(Thirty),公元前404年—前403年的雅典独裁政府,130,288,344,371,389,390

色雷斯(Thrace),316

色雷斯人(Thracians),309

卡利敦的斯拉斯巴鲁斯(Thrasybulus of Calydon),被授予荣誉地产权,351

斯拉斯巴鲁斯(Thrasybulus),雅典将军,127,128,340,397

斯拉斯巴鲁斯(Thrasybulus),雅典公民,审判中的辩护人,132-133

斯拉斯鲁斯(Thrasyllus),雅典公民,384

斯拉斯鲁斯(Thrasyllus),埃伊纳的公民,391

斯拉斯洛库斯(Thrasylochus, Athenian citizen),雅典公民 81-82

斯拉斯洛库斯(Thrasylochus, wealthy man at Aegina),埃伊纳岛的富人,385

修昔底德(Thucydides),公元前5世纪晚期的历史学家

论法治(on the rule of law),3

论雅典人的失败(on defeat of Athens),18

论预见的用处(on use of *pronoia*),183

论口头传统的可靠性(on reliability of oral tradition),265,266

论雅典人的失败(on defeat of Athens),305-308,343

没有提及对西米斯托克尔斯的审判(does not mention trial of Themistocles),313

论雅典政治中的变化(on change in Athenian politics),314

将某人驱逐出雅典(exile from Athens),314-315

就麦提勒尼而展开的争论 on debate about Mytilene,320-334

论离开西西里远征军（on departure of Sicilian expedition），337

怀疑针对阿尔喀比亚德的指控（casts doubt on charges against Alcibiades），338

阿洛皮克的修昔底德（Thucydides of Alopeke），312

修昔底德（Thucydides），梅里西亚斯之子，雅典政治家，313，315

图利（Thurii），南意大利的城市，336

提马库斯（Timarchus），雅典政治家，85-86，126，134-135，173，325，367，381，393

量刑（*timesis*），131，133-136，155，163，221，394

提摩克拉底（Timocrates），公元前5世纪的雅典政治家，341

提摩克拉底（Timocrates），公元前4世纪的雅典政治家，62，173，383，394

提摩马库斯（Timomachus），雅典将军，90，393

提摩修斯（Timotheus），雅典将军，88-89，90-91，128，383，396-397，399

提西亚斯（Tisias），公元前5世纪的修辞家，321

提萨菲尼斯（Tissaphernes），波斯总督，310

托德（Todd, S. C.），13，17

司法中酷刑的残暴使用（torture use of judicial torture），10-11，48

叛国（treason），一种控告手段，233-241

叛国（treason），雅典法中的犯罪，167，261-263

雅典娜神庙的司库（Treasurers of Athena），171

其他神庙的司库（Treasurers of the Other Gods），156，161，171-172

雅典的国库（Treasury of Athens），151，255

欧盟条约 Treaty on European Union，9

三列桨舰长（trierarchs），41-44，299-300，311，376，392，394，399

有关暴政的法律（tyranny, law about, 公元前336年），159

暴政（tyranny），雅典的法律中有所论述，346

僭主（tyrants），雅典的法律允许人们杀死僭主，52

古雅典的法律中不存在普遍的人权（universal human rights do not exist in Classical Athens），10

不成文法与成文法的关系（unwritten laws, relationship to written laws），107，279

支持判决的证据（verdicts, evidence for），271-272

华莱士-哈德利尔（Wallace-Hadrill, J. M.），77

针对潜在缺陷的担保（warranty against latent defects），198

权利担保（warranty of title），198

水门丑闻（Watergate scandal），181

在日常生活中雅典人不携带武器（weapons, Athenians do not carry in daily life），49

马克斯·韦伯（Weber, M.），德国社

会学家,21
阿哥拉广场上的度量衡(weights and measures in Agora),31-32
沃尔夫(Wolff, H. -J.),179-180,209

色诺佩瑟斯(Xenopeithes),雅典公民,395
色诺芬(Xenophon),公元前5世纪后期的雅典将军,315
色诺芬(Xenophon),雅典作家(公元前430年—前360年),279,281, 311,337,338,339,340,342,344
山思普斯(Xanthippus),公元前5世纪早期的雅典政治家,135,309

泽诺瑟米斯(Zenothemis),生活在雅典的债权人,123,382
司法誓言中的宙斯(Zeus, in Judicial Oath),101
宙斯(Zeus),其神殿在科西拉岛,307
救世主宙斯(Zeus the Savior),119

本书引用的古希腊原典索引[1]

Ancient Greek Authors

Aeschines

1:485
1.1:79-80
1.2:134
1.3:462
1.6:376
1.7-8:167
1.9:462
1.9-10:37
1.9-27:313
1.9-30:167
1.10:462
1.11:462
1.13-14:462
1.14:;135 注①;170;463
1.15:10;170;198;463

1.18-20:463
1.19:30 注①
1.20:70
1.22:170
1.23:463
1.28:220
1.28-32:161;198;463
1.30:27
1.33-34:463
1.34:170
1.40:463
1.56:104;503
1.72:463
1.79:177;463
1.86-88:291 注②
1.87:463
1.90-91:367
1.107-113:503
1.113;134;169;463
1.126:353 注①

1.138:463
1.139:464
1.152:353 注①
1.154:119;146 注①;446;464
1.158:464
1.159:132
1.160:171;464
1.163:85
1.166-170:145
1.170:119;146 注①;446
1.170-173:95
1.173:140 注①
1.173-176:381
1.177:376
1.179:3
1.183:170;464
1.184:464
1.188:464

---

[1] 本索引由瓦西亚·斯拉卡库(Vassia Psilakakou)整理。

本书引用的古希腊原典索引

1.192:230
2;149;485;503
2 hypoth. ;313 注①
2.1;118;446
2.5;70
2.7;446
2.9-31;140 注④
2.10-11;353 注①
2.14;99 注①
2.32-48;140 注④
2.39;70
2.49-170;140 注④
2.77;280 注②
2.87;177;464
2.91;173 注①
2.95;464
2.98;173 注①
2.103;173 注①
2.145;70;352
2.148;95
2.167;38
2.167-171;149
2.183;70
3;149;261;485;503
3.2;464
3.6;3;118;375;446
3.8;446
3.9-10;262
3.9-31;261
3.11;126;263;309;464
3.11-12;263
3.12-27;6
3.13-14;29
3.13-15;263 注①;441
3.13-22;464
3.14;194

3.15;30 注②
3.16;381
3.17-22;172;244 注①
3.18;36 注④
3.18-22;30 注③
3.19;267 注①
3.21;30 注⑤
3.23;3;375
3.24;265
3.26;263;309
3.28-29;194
3.29;464
3.30;40 注⑤
3.30-31;263
3.31;172;308;446;464
3.32-34;267
3.32-35;161;180;464
3.32-47;310
3.32-48;261
3.34-36;464-465
3.35-36;172
3.36;170;180;267;464-465
3.37-39;125
3.37-40;268
3.38;465
3.39;286
3.41-42;269
3.41-43;268
3.44;268;465
3.45;268
3.46;268;465
3.47;268;464-465
3.49;261
3.49-50;265;335;503
3.50;465

3.52;95;96 注②
3.57;446
3.62;99 注①
3.106-158;335
3.115;96
3.137-144;335
3.145-147;335
3.148-151;336
3.158;465
3-159;253 注①
3.175;195;251 注②
3.175-176;465
3.176;256
3.178;214
3.194;80
3.195;147;290
3.197-198;282
3.197-200;151
3.198;446
3.199;207
3. 199-200; 130 注 ①; 130
3.200;140
3.202;381
3.203;382
3.205;171;464
3.223;353 注①
3.223-225;99 注②
3.232;300 注①
3.233;446
3.235;280 注②
3.236-237;265
3.237;265
3.249;465
3. 252; 271 注 ①; 279; 291 注②;314

3.257:446
3.258:291 注②

Aeschylus

Eumenides 408:245
Eumenides 416-417:245
Eumenides 419:211
Eumenides 421:211
Eumenides 425:245
Eumenides 426:245
Eumenides 427:245
Eumenides 428-432:245
Eumenides 436-437:245
Eumenides 445-453:245
Eumenides 455-456:245
Eumenides 456-467:245
Eumenides 468:245
Eumenides 470-472:246
Eumenides 480-490:246

Anaximenes

Rhetorica ad Alexandrum
　1.1.421b1:371
Rhetorica ad Alexandrum
　2.2.1423a20-26:371
Rhetorica ad Alexandrum
　4.31427a3-5:380 注②
Rhetorica ad Alexandrum
　4.5-6.1427a10-18:383
　注①
Rhetorica ad Alexandrum
　4.6.1427a18-20:379
　注③
Rhetorica ad Alexandrum

1443a20ff:127 注①

Andocides

1:485
1.2:446
1.9:375;446
1.20:458
1.31:446
1.33:458
1.43:11
1.43-44:458
1.47-66:390
1.71:458
1.73:458
1.73-76:194;203;482
1.74:196;253 注③;256
　注②
1.76-98:173
1.77-79:195 注①
1.80:195
1.82:458
1.84:8 注④
1.86:136;458;483
1.87:5 注①;9
1.88:458;473
1.89:459;472;473
1.91:119 注①;446
1.93:459
1.94:459
1.95:459
1.101:70 注③;459
1.105:70 注③
1.107:175 注③;459
1.110:459
1.111:459

1.116:459
1.117-123:78 注①
1.132:497
1.137:369 注②
1.141:150;496
1.144-145:150;496
1.147-149:150;496
2:485;496
2.20-21:369 注②
3:485
3-7:445
4:485
4.3:396 注①
4.20-21:359

Androtion

FGrH 324 F 8:362

Anecdota Bekker

242.16ff:40 注⑥
255.29ff:85 注②

Antiphon

1:118 注①;150 注①;
　453;486;496
1.26:377
1.27:379 注④
2:486
2.2.12:496
2.3.8:496
2.3.11:199
3:486;496
4:486;496

4.1.4:78 注①
4.1.6:217
4.2:217
4.2.1:78 注①
4.2.4:216
4.3.2:217
4.3.4:217
4.4.1:217
4.4.4:217
4.4.5:217
4.4.6:217
5:272;486
5.6:213
5.7:130
5.8:118;446
5.9:169;192
5.9-10:454
5.10:272
5.11:133 注②;148 注①;149;454
5.13:252;454
5.14:126
5.17:454
5.47:454
5.48:454
5.77:496
5.79-80:70 注③
5.85:446;455
5.87:82 注③
5.96:446
6:118 注①;327;486
6.2:126;375
6.3:82 注③
6.4:455
6.5:455
6.9:148

6.11-14:241
6.11-15:496
6.35:31 注①;180 注②;184 注④
6.36:455
6.37:377 注②
6.41-45:455
6.47:382
6.49:135 注③

Aristophanes

Ach. 377-384:366
Ach. 380:355 注②
Ach. 502:355 注②
Ach. 703-712:364 注④
Ach. 846-847:386
Ach. 1129:251 注②
Av. 1353-1357:8 注①
Av. 1422-1435:70
Eq. 63-64:355 注②
Eq. 235-239:365
Eq. 255-257:365
Eq. 258-263:365
Eq. 278-279:365
Eq. 288:355 注②
Eq. 300-302:365
Eq. 304-310:365
Eq. 368:251 注②
Eq. 442:366 注①
Eq. 442-443:366
Eq. 475-479:366
Eq. 486-487:355 注②
Eq. 626-629:366
Eq. 825-826:366
Eq. 848-857:214 注①

Eq. 1358-1363:368;386
Nub 37 with scholion ad loc;40 注⑥
Nub. 874-876:386
Nub. 1178-1200:208
Nub. 1185-1200:219 注①
Pax 679-681:386
Pax 734-735:445
V. 88:365 注②
V. 157:364
V. 242:366 注②
V. 242-244:366
V. 277-280:366
V. 288-289:366
V. 344-345:366
V. 403:366
V. 406:366
V. 409:366 注②
V. 417:366;390
V. 424-425:366
V. 454-455:366
V. 470:366
V. 474-476:366
V. 475:366
V. 487:366
V. 488-502:366;390
V. 596-597:366 注②
V. 894-897:135 注①;142 注①;364
V. 894-1008:364
V. 946-949:364 注④
V. 1007:386

Aristotle

Ath. Pol. 7. 2；375 注②
Ath. Pol. 8. 5；294 注①
Ath. Pol. 9. 1；25
Ath. Pol. 9. 2；177；207；233
Ath. Pol. 13. 4；111 注②
Ath. Pol. 14. 1-2；112
Ath. Pol. 14. 3；112
Ath. Pol. 14. 4；112
Ath. Pol. 15. 1；112
Ath. Pol. 15. 2；112
Ath. Pol. 15. 3；112
Ath. Pol. 17. 1；112
Ath. Pol. 18. 1-6；112
Ath. Pol. 19. 3；112
Ath. Pol. 20. 3；112
Ath. Pol. 21. 1-6；114 注①
Ath. Pol. 22. 4；69；79
Ath. Pol. 22. 5-6；113
Ath. Pol. 22. 6；112
Ath. Pol. 25. 3；361
Ath. Pol. 27. 1；361
Ath. Pol. 27. 5；359
Ath. Pol. 27. 5；345 注③
Ath. Pol. 28. 1；354 注①
Ath. Pol. 28. 3；354 注①
Ath. Pol. 35. 2；205 注③
Ath. Pol. 35. 3；397
Ath. Pol. 41. 3；366
Ath. Pol. 42；30 注②
Ath. Pol. 42. 1；86 注④和注⑥；257 注①
Ath. Pol. 42. 1-2；24 注③
Ath. Pol. 42. 4；38 注⑤
Ath. Pol. 43. 4；31 注②
Ath. Pol. 44. 4；358
Ath. Pol. 45；31 注①；180 注②；184 注④；189 注①
Ath. Pol. 46. 1；345 注⑤
Ath. Pol. 48. 3-5；30 注③
Ath. Pol. 48. 4；135 注①；136
Ath. Pol. 48. 4-5；6；300 注①
Ath. Pol. 50. 2；33
Ath. Pol. 51. 1；33；234 注①
Ath. Pol. 51. 2；34
Ath. Pol. 51. 3；35
Ath. Pol. 52. 1；10；18；273
Ath. Pol. 54. 2；180 注②；300 注①
Ath. Pol. 55. 2-5；30 注②
Ath. Pol. 55. 3；149；294
Ath. Pol. 55 4；294
Ath. Pol. 55. 5；30；118 注①；132
Ath. Pol. 56. 2；264 注①；309
Ath. Pol. 56. 7；36；258 注①
Ath. Pol. 57. 1；35
Ath. Pol. 57. 2-3；245
Ath. Pol. 57-63；194；211；245；273 注②
Ath. Pol. 59. 3；83 注⑤
Ath. Pol. 61. 2；31 注②
Ath. Pol. 63-69；9 注②

Ath. Pol. 67. 1；132 注②
EN 3. 8. 117a7；70
EN 4. 5 1126a8-9；70
EN 5. 3. 113ob-31a；319
EN 5. 4. 1131b27-30；319
EN 5. 4. 1132a；319
EN 5. 10. 1137-1138a；319
EN 5. 10. 1137b26-27；324
EN 5. 10. 1138a1-3；73
Magna Moralia 1188b30-37；214
Pol. 1. 6. 1255a6-7；10
Pol. 2. 8. 4. 1267b；52
Pol. 2. 12. 10. 1274b；169
Pol. 1282b2；205
Pol. 1292a33；205
Pol. 1305a23-24；111 注②
Pol. 6. 2. 11. 1319b19-27；114
Prob. 952b28-32；29 注③；258 注①
Rh. 1. 3. 1-7. 1358a-1359b；370
Rh. 1. 3. 2. 1358b；371；372
Rh. 1. 4. 7. 1359b；371；372
Rh. 1. 9. 24. 1367a24-25；71
Rh. 1. 11. 13. 1370b13；71
Rh. 1. 13. 3. 8. 1373b；323
Rh. 1373b-1374a；340 注②
Rh. 1. 13. 9-10. 1373b；323
Rh. 1373b-74a；206
Rh. 1. 13. 13. 1374a；321
Rh. 1. 13. 13-19. 1374a-b；322
Rh. 1. 13. 16. 1374b；330
Rh. 1. 13. 17. 1374b；340

Rh. 1. 13. 18. 1374b;73;
　344
Rh. 1. 13-15;123
Rh. 1. 13. 15-16. 1374a-b;
　380
Rh. 1. 13. 16. 1374b;335
Rh. 1. 15. 1375a5-b12;123
Rh. 1375b9-11;233 注①
Rh. 1. 15. 3. 1416a; 379
　注③
Rh. 2. 4. 12. 1381b;73
Rh. 2. 4. 17-18. 1381b;73

Athenacus

1. 3e;359
12. 534d;359
12. 551b-552d;382
15. 695a-b;5 注⑤

Craterus

FGrH 342 F 11;362

Demosthenes

1-5;514
4. 47;400
6;512
8-10;514
10. 36-42;106 注②
10. 70;30 注⑥
11;514
12;514
13;514
14-16;515

15. 32;252;255;256
17;515
18;172;262 注①;489;
　503
18-24;178;514
18. 2;118;447
18. 6-7;447
18. 7;353
18. 9;145
18. 11;353
18. 12;77
18. 15;77
18. 18;134
18. 56;140
18. 95;70
18. 102-104;467
18. 111-118;172
18. 113;265
18. 113-114;265
18. 114;266;309
18. 115;266
18. 117;264 注①;266
18. 118;266 注①
18. 119;126
18. 120-121;270;310
18. 120-122;172
18. 121;161;447;467
18. 123;77
18. 132;11 注②
18. 132-133;99 注②
18. 133;281 注①
18. 137;99 注②
18. 143;77
18. 169-180;336
18. 170;467
18. 188-191;336

18. 192;371 注①
18. 192-193;336
18. 194-195;336
18. 199-209;336
18. 210;28
18. 211-218;336
18. 217;447
18. 223-224;309;314
18. 224;468
18. 225;353
18. 226-227;382
18. 247;336
18. 248-250;336
18. 249;447
18. 269;327 注②
18. 273;336
18. 274;336
18. 274-275; 124; 322;
　327
18. 278;77
18. 278-279;77
18. 293;77
19;149;489;503
19. 1;447
19. 2;313 注①
19. 4;300
19. 7;300 注①
19. 8;139 注④;300
19. 70;468
19. 103;379 注②
19. 126;468
19. 132;447
19. 134;132 注②;447
19. 161;173 注①
19. 179;447
19. 180;103

19.219-220:447
19.228:267 注②
19.232:315 注②
19.239:132 注②
19.246:381
19.257:313 注①
19.271-272:301
19.273:147
19.273ff.:291 注②
19.273-275:301
19.276:302
19.276-279:287 注②
19.277:147
19.277-279:301
19.278-279:139 注④
19.284:447
19.284-285:313 注①
19.286:468
19.287:313 注①
19.290:152
19.297:132 注②;447
19.333:134
19.343:382
20:126;376;489;503
20.2:468
20.8:126;468
20.9:234 注②;468
20.11-14:269
20.18:468
20.27:170
20.27-28:468
20.55:468
20.57:27
20.88:212 注①
20.89:468
20.89-94:169 注①

20.90:126
20.90-92:375
20.92:128
20.93:7;124;126;127;
　　　198;286;447;468
20.94:8;468
20.95-96:313
20.95-97:128
20.96:286;468
20.98:124;382 注②
20.100:468
20.101:447
20.102:468
20.104:469
20.118:118;120
20.118-119:128;447
20.128:469
20.132:382 注②
20.135:469
20.147:82;469;473
20.152:469
20.153:124;375
20.155:469
20.156:469
20.157-158:469
20.158:126;469
20.159:447;469
20.160:469
20.167:447;469;470
21:383;503
21.1:504
21.1-2:95
21.3:78
21.4:447
21.7-8:78
21.8:173 注②和⑥

21.8:173 注⑥
21.9:124;469
21.10:173 注⑥;296 注①
21.10-11:469;473
21.13-14:94
21.13-18:295;334
21.13-19:504
21.15-18:95
21.17:30
21.22:173 注⑤
21.24:447
21.25-28:161 注②
21.28:70
21.32:29 注④与⑤
21.32-33:258 注①
21.33:29 注⑥
21.34:447
21.35:169;469
21.36-38:93 注②
21.36-41:306;307;334
21.38:334;380 注①
21.38-41:380
21.41:334
21.41-46:124
21.42:334;447
21.42-45:338;340
21.43:141;170;327;470
21.44:470
21.45-46:470
21.46:170;198;209 注①;377
21.47:173 注②和⑥
21.48:170;470
21.48-50:124
21.56-57:470

21.67:4
21.69-73:293
21.70:295
21.71-76:215;343
21.72:343
21.72-76:291 注②
21.73:343
21.75:215
21.76:212
21.78-80:92;93
21.82:173 注⑤
21.83-92:95
21.83-101:290
21.87:135
21.90:329;346;379
21.93:96;173 注⑤
21.93-94:470
21.94:83 注②;173 注⑤
21.99:377
21.101:200
21.103:70;84 注①;93 注②;95;99 注①;134 注⑤;142 注①;256;377 注②;504
21.107:173 注⑤;470
21.107-108:170
21.111:96
21.113:470
21.114:95
21.116-122:95
21.118:295
21.121:173 注⑤
21.132:93 注②
21.139:93 注②
21.143-147:147
21.143-174:504

21.147:359
21.151:151
21.152:295
21.152-168:151
21.168:173 注⑤
21.169-170:130
21.175:170;470
21.175-177:296
21.175-178:293
21.175-182:296;307
21.175-184:291 注②
21.176:260
21.177:132 注②;296;447
21.178:291
21.178-179:298
21.180:298
21.181:297;299
21.182:148;291
21.184:79
21.186:377
21.188:5;447
21.196:377
21.206-207:93 注②
21.208:93 注②;145 注④
21.211:132 注②;;145 注④
21.211-212:295;447
21.215:93 注②
21.224:376
21.225:150
21.226:95
21.227:199;382
22:310;489;505
22.4:145;146 注①;382

注②;447
22.5:470
22.5-7:141;180
22.6:311
22.8:141;180;330
22.8-12:470
22.8-20:505
22.17:330
22.18-20:330
22.20:448
22.21:170;470
22.21-24:141;180
22.25:126
22.25-29:161 注②;168 注①
22.30:470
22.30-31:126
22.31:258 注③
22.33:470
22.33-34:141
22.34:141
22.39:448
22.42-78:505
22.43:146 注①;448
22.45:132 注②;146 注①;448
22.51:79;291
22.57:79;291
22.68:200;382
22.73:470
23:76;489
23.1:70;77
23.5:70
23.16:311
23.18-85:311
23.19:448

23.22:193
23.24:5;470
23.27:280
23.31:470
23.33:470
23.36:280
23.37-43:470
23.38:5
23.44-49:471
23.45:5
23.51:141;471
23.53:193
23.53-61:273 注②;471
23.55:327;343
23.60:5;194;327
23.61:323;344
23.62:212;471
23.67-68:471
23.69:217;472
23.70:124;472
23.71:193
23.72:472
23.74:193
23.76:472
23.77-78:472
23.80:472
23.82-83:472
23.86:10;473;376
23.86:159 注③;472
23.87:472;473
23.92:472
23.95;145 注④;311
23.96:118;448
23.96-97:120
23.96-99:311
23.97:77

23.99:311
23.101:132 注②;448
23.104:105
23.110-186:505
23.190:70;77
23.191:382 注②
23.194:448
23.204-205:361 注①
23.215:382 注②;470
23.215-218:134;141
23.216:470
23.218:159 注③;471
23.219:;145 注④;471
24:126;489;505
24.1-3:70
24.2:448
24.3:70
24.6:70 注①;80
24.17-19:473
24.18:7;159 注③;472;473
24.19:169 注①
24.20-23:162 注④;169 注①;173 注②
24.24:124;375
24.24-25:471
24.24-26:169 注①
24.29:472
24.30:472
24-32:136 注①
24.32-34:472
24.32-36:286
24.33:173 注②
24.34:124;286
24.34-38:136 注①
24.35:286

24.35-36:448
24.36:120;164;199;473
24.40:473
24.43:9;124
24.46:473;505
24.49:379 注④
24.51:79
24.52:473
24.52-53:83
24.55:473
24.56-57:473
24.58:448
24.59:124;159 注③;472;473
24.64:473;505
24.65:473
24.68:207
24.75-76:3
24.77:505
24.78:505
24.79:505
24.83:474;505
24.87:505
24.90:505
24.93:505
24.103:505
24.113:192;474
24.114:474
24.116:159 注③
24.133-134:147
24.138:291
24.139-143:10 注①;375
24.148:448
24.149-151:117 注①和②
24.151:448
24.170:79

24.170-186:505
24.171:79
24.175:448
24.188:159 注③
24.189:146 注①;448
24.190:79
24.191:448
24.192-193:159
24.212:473;474
24.215-216:4
25:177 注⑦;489
25:515
25-26:515
26:177 注⑦;489;505
27:76;486
27-31:515
27.3:448
27.4-46:137
27.7-9:505
27.13-15:91
27.13-17:143
27.14:505
27.17:124;477
27.18-22:143
27.24-29:143
27.30-33:143
27.33-39:143
27.58:477
27.64:505
27.66:506
27.67:84 注⑤
27.68:132 注②;506
28:76;477;486
28.3:506
28.7-8:506
28.17:91;93;506

28.24:506
29:91;92;486
29.13:382
29.22-24:77
29.24:506
29.30:143
29.31:143
29.36:179;477
29.45:91
29.53:448
29.57:477
29.60:506
30:76;91;150 注①;477;487;506
30.9:146 注①;448
30.15-17:93
31:76;150 注①;477;487;506
32:76;150 注①;246;487;506
32-35:246 注①;515
32-38:179
32.1:136 注①;477
32.2:134;142
32.4:134;142
32.13:146 注①;448
32.23:477
32.27:134
33;150 注①;246;487;507
33.1:477
33.2:477
33.2-3:136 注①
33.6:248
33.8:248
33.27:477

33.38:448
3.47:83 注③
34.3-4:487
34.4:478
34.6:248 注④
34.16:134 注③;142 注②
34.37:478
34.38-39:507
34.45:448
34.50:291
34.50-52:200
34.52:448
34.76;246;487
35:76;150 注①;246;487;507
35.3:136 注①;170
35.18:248 注④
35.39-40:382
35.41:382 注②
35.47-48:166
35.50-51:478
36:246;487
36-39:515
36.11:100
36.22:100 注①
36.23-25:106;478
36.25:83 注④和⑤
36.25-27:83
36.26:106;170;448
36.26-27:478
36.39-42:150;507
36.43:100
36.48:100
36.53:100;104
36.53-54:70
36.56-57:507

36.61:448
37;150 注①;246;507
37.1:83 注②;478
37.4:231 注③;248 注④
37.4-6:249
37.5:250 注③
37.6:142 注①;249
37.7:250
37.8:251
37.13-15:250;251
37.17:146 注①;449
37.18:478
37.21:478
37.22:133 注③;142 注①
37.25:133 注③;142 注①
37.26:133 注③;142 注①
37.28:133 注③;142 注①
37.29:133 注③;142 注①
37.31:248 注④
37.32-33:142
37.33:478
37.35:170
37.35-36:478
37.45:142
37.45-8:146
37.47:353
37.50:250 注②
37.52-55:251 注①
37.58-59:478
37.59:472
38;76;246;449;487

38.1;82 注④;478
38.3:70
38.16:82;473;478
38.17:83
38.20:70 注③
38.25-26:150;507
38.27:479
39;93;259;314;487
39.2:259
39.3:107
39.3-4:259
39.4:108
39.5:108;259;259
39.6:108
39.7-9:507
39.7-12:259
39.9:264 注②;309
39.10:259
39.11:76
39.12:260
39.13:260
39.14:260
39.15-18:261
39.16:195;253 注②
39.16-17:507
39.18:260
39.19:261
39.22:259;261
39.27:259
39.37:109;449
39.38:109;449
39.39:479
39.39-40:120;128
39.40:315;449
39.41:132 注②;449
40:108;487;515

40.2:110
40.3:109
40.6-7:109
40.11:108;109
40.16:109
40.17:109
40.18:109;110
40.19:109;171;479
40.25:507
40.31:109
40.32:110
40.32-33:110 注①
40.35:260;261 注①
40.36:110
40.36-37:110 注①;508
40.39-43:82
40.50:479
40.60:479
41;76;150 注①;479;487;508
41-44:515
41.1:479
41.7:479
41.7-10:248
41.10-11:479
42;76;488;508
42.1:479
42.2:232 注③;382
42.4:479
42.5:479
42.7:479
42.10:479
42.18:11;479
42.23:479
42.26:479
42.27:479

42.28:479
42.30:479
43:76;150 注①;488;508
43.7:479
43.10:479
43.14-15:228
43.17:479
43.19:479
43.26:228
43.27:229;479
43.27-28:229
43.34:131
43.41:480
43.50:229;480
43.51:227
43.52:131;229
43.59:480
43.60:131
43.60-61:229
43.63-65:480
43.65:229
43.71:84 注②
43.72:480
43.78:480
43.81:228
43.84:131;449
44:76;488
44.2:480
44.9:508
44.12:480
44.14:449;480
44.46:143 注②
44.49:480
44.55:480
44.64:480
44.67:480

44.68:480
44.99:77
45:106;488;515
45.6:85
45.9-11:142
45.44:480
45.46:133 注③;135;142;143
45.50:119;132;146;164;449
45.65:77
45.66:508
45.79:77
45.85:87;508
45.87:382 注②;382
45.88:449
46:76;106;488
46-47:515
46.1:382 注②
46.2:159 注③
46.7:480
46.9-10:480
46.10:480
46.12:480
46.13:480;100 注①
46.15:481
46.16:225;481
46.18:481
46.19-20:481
46.20:481
46.22:481
46.25-26:481
46.26:481
46.27:449
46.28:131
46:76

47.1:481
47.40 注⑥;76;488;508
47.1:481
47.8:481
47.18-38:441
47.20-21:441
47.21:442;481
47.21-22:481
47.21-44:40 注⑥
47.45-47:344
47.45-66:40 注⑥
47.64:85
47.68-70:208 注①
47.70:481
47.71:8 注⑦
47.72:481
47.77:232 注③
48:76;150 注①;488;508;515
48.11:481
48.17:449
48.31:481
48.56:225 注①;482
49:488
49-50:515
49.6-10:101
49.8:509
49.9:509
49.11-14:509
49.15-17:101
49.22-4:101
49.25-30:101
49.27:101
49.48-54:509
49.56:482
49.67:482

50:76;488;509
50.1:376
50.9:482
50.12:105
50.43-52:105
50.46-52:105
50.48-49:482
50.57:482
51:76;266;482;488;
　509;515
51.1:266
51.4:266
51.11:5
51.16:70
52:76;178;449;488
52-53:515
52.2:382
52.3-4:87
52.5-6:100
52.6:99
52.7:101
52.8-14:101
52.14-16:101
52.17:482
52.26:509
52.30:101
52.31:101
53:488
53.1:84 注⑤
53.1-2:78 注②
53.2:70;473
53.4-5:89;509
53.6:102
53.7:102
53.8-9:102
53.10-13:102

53.11:473
53.14:135
53.14-16:102
53.14-18:137 注②
53.15:474
53.17:103
53.17-18:103
53.18-19:103
53.20:231 注②
53.19-28:103
53.27:474
54:482;488
54-55:515
54.3-6:509
54.4-6:74
54.6:74
54.7-9:74
54.17:238 注①
54.17-19:167;482
54.24:79;192
54.25:148 注③
54.43:200;383
54.44:150 注①;509
55:76;150 注①;482;
　488;509
55.12:259
55.20:259
55.28:259
55.35:449
56.6:231 注③
56:76;150 注①;314;
　488;510;515
56.2:161;232 注③;482
56.3:248;331;482
56.4:85
56.6:231 注③;331

56.8-9:331
56.10:331;482
56.11-12:331
56.13-18:331
56.14:79
56.20:331
56.21:332
56.22:332
56.27:331
56.36:331
56.38:248
56.38-40:331
56.40:248
56.42:332
56.45:248
56.48:200;379 注③
57:489;515
57hypoth.:86 注⑥
57.1:449
57.4:474
57.8:510
57.25:510
57.30:474
57.31:474
57.32:171;474
57.36:353
57.37-38:510
57.42:510
57.46-47:510
57.61:474
57.62:510
57.63:40 注②;118;
　120;449
57.63-64:510
57.69:449
57.70:449

58.78 注②;489;515
58.5-6;8 注⑦;475
58.7;134 注③
58.7-8;134 注⑤
58.8-10;377 注②
58.10-11;475
58.14-15;475
58.15;475
58.17;449;475
58.19-20;83;475
58.20;475
58.21-22;475
58.24;343;380 注①
58.25;449
58.29;510
58.36;449
58.41;449
58.43;135 注①
58.46;140 注③
58.49;475
58.50;475
58.51;475
58.61;449
58.62;449
59;489;515
59.1-8;78 注②
59.2;100;510
59.3-4;511
59.3-6;106
59.4;475
59.5;353
59.6;180
59.9-10;106
59.16-17;107
59.17;476
59.26-27;476

59.27;195;253 注②;256;476
59.29-37;104
59.37-40;441
59.40;476
59.43;70
59.48;106 注②
59.52;476
59.66;136 注①;383;476
59.67;476
59.68-69;139 注③
59.70;139 注③
59.72;139 注③;511
59.75;340;476
59.77;200;383
59.78-84;340
59.79-84;290
59.80;341
59.80-81;341
59.82;341
59.83;341
59.85-87;476
59.89;476
59.89-90;476
59.90;477
59.92;477
59.112;376
59.113;477
59.115;449
60;515

Dinarchus

1-3;99
1.3;155
1.12-13;156;511

1.14;147;291;450
1.16;156;511
1.17;450
1.18;155
1.18-21;156
1.20-21;512
1.23;10
1.28;512
1.28-29;156
1.32-36;156
1.41-45;156
1.42;170;179;482;512
1.44;383
1.45;304
1.53;156
1.54;304
1.55-57;337
1.55-60;307
1.56;305
1.57;305
1.58;276
1.58-59;305;338
1.59;339
1.59-60;306
1.60;179;306;383
1.61;155;304
1.69;512
1.71;179;383
1.82-83;512
1.84;156;450
1.86;450
1.94;339
1.96;512
1.100-101;69
1.105;156;179
2.6;156;304

2.8；513
2.10；513
2.12；70
2.13；383；513
2.14；383
2.17；179；383
2.20；156；179；450
2.24；179
2.24-25；291 注②
2.25；291 注②
3.4；180；383
3.8-10；277
3.12；513
3.15；513
3.16；164；199
3.17；450；513

Diodorus Siculus

11.34.2；356
11.55.1-3；361 注①
11.85；356
11.88.1-2；356
12.3-4；356
12.7；356
12.22；356
12.27-28；356
12.45.4；363
12.53.1-2；373 注①
13.22.7；79
13.64.5-7；344
13.73.3-74.4；392
13.74.2；392
13.100.1-2；393
13.101.1-5；393
13.101.6；394；395

13.103.1-2；397
13.105.1-2；397
13.105.3-4；397 注②
14.4.2；398

Diogenes Laertius

1.91；75
2.40；133 注③

Dionysius of Halicarnassus

Din.3；133 注③；141
Isaeus16（＝Isaeus 12 hypoth.）；86 注⑥
Isaeus（17）；176

Etymologicum Magnum

368.48ff.；85 注②

Euripides

HF190-194；252
Suppl.429-437；156
Suppl.433-434；6
Suppl.437；6

Gorgias

Helen8；373 注①
Helen10；373 注①
fr.6（Diels-Kranz）；329；346

Harpocration

s.v. ἀντωμοσία；134
s.v. Ardettos；117
s.v. demarchos；40 注⑥
s.v. enhodo；194
s.v. kata tên agoran apseudein；234 注②
s.v. theorika；338 注②

Heraclitus

fr.114（Diels-Kranz）；322
fr.253（Kirk-Raven）；322

Herodotus

1.29；375 注②
1.46-56；389
1.59.3；111
1.59.4-6；111
1.60.1；111
1.60.2-61.1；112
1.61.2；112
1.61.3-4；112
1.62.1-63.2；112
1.64.3；112
1.159；213
3.121；212
5.62.2；113
5.63；113
5.64-65；113
5.72.1；111
5.92.1-2；352 注①
5.96.1-2；113
6.21；361

6.21.2;6 注⑤	*Ath.* 4-5;231	*Dem.* 26;337 注②
6.102;113	*Ath.* 6;231 注③	*Dem.* 39;450
6.104;361	*Ath.* 6-7;231	*Epit.*;467
6.104.4;342 注②	*Ath.* 8;231	*Epit.* 25;3
6.107-117;113	*Ath.* 8-9;231	*Eux.*;489;511
6.121;352 注①	*Ath.* 9;232	*Eux.* 2;104
6.123.1;97;352 注①	*Ath.* 10-11;232	*Eux.* 3;170;223
6.136.1;342 注②	*Ath.* 12;232	*Eux.* 5-6;165
6.136.1-3;156	*Ath.* 13;178;232;233;234;238;312;466	*Eux.* 7-8;137;178;219;467
6.136.3;361	*Ath.* 14;178;230;233;312;466	*Eux.* 8;195;219;221;271;302;340
7.33;356		
7.104.4;2 注⑨	*Ath.* 14-16;234	*Eux.* 9-10;223
7.107;356	*Ath.* 15;178;230;239;312;466	*Eux.* 14;221
8.57-63;356		*Eux.* 15;221
8.59;445	*Ath.* 16;178;196;233;235;312;466	*Eux.* 16;220;221
8.75-82;356		*Eux.* 17;221
8.79.1;361 注①	*Ath.* 17;170;178;225 注①;312;466	*Eux.* 18;221
8.87.2-3;213		*Eux.* 27;221
8.131;356	*Ath.* 18;236	*Eux.* 28;222
9.71.2-3;252	*Ath.* 19-20;234	*Eux.* 28-30;69
9.96-101;356	*Ath.* 19-22;236	*Eux.* 29-30;138
	Ath. 20-21;236	*Eux.* 29-32;134 注③
Hesiod	*Ath.* 21;233	*Eux.* 30;221;222
	Ath. 21-22;312	*Eux.* 31;134
WD 27-36;74	*Ath.* 22;236;466	*Eux.* 32;145
	Ath. 29;178;466	*Eux.* 34;99 注①
Homer	*Ath.* 33;178;466	*Eux.* 35-36;146
	Dem.;489;511	*Eux.* 39;138;221
Iliad 16.791-817;242	*Dem.* 1;450	*Eux.* 40;134;450
Iliad 17.125;242	*Dem.* 2;156	*Lyc.*;492
Iliad 18.78-85;242	*Dem.* col. 2;304	*Lyc.* fr. 1;451
	Dem. 5-6;156	*Lyc.* 2;70
Hyperides	*Dem.* cols. 5-6;304	*Lyc.* 3;134 注③;138
	Dem. 24;154;467	*Lyc.* fr. 3;177;466
Ath. 4;490;511	*Dem.* 25;79	*Lyc.* 12;134 注③;138
Ath. 4;230		

Lyc. 16-18：511
Phil. ：489；511
Phil. 3：178；466
Phil. 4：178；466
Phil. 5：451
Phil. 13：134
frs. 55-65（Jensen）：105
Against Diondas p. 8，
　第 3-5 行（Carey et
　al.）：178；467
Against Timandrus 138r，
　第 3-11 行（Tchernetska
　et al.）：178；467
Against Timandrus 138v，
　第 17-21 行（Tchernetska
　et al.）：178；467

Isaeus

1：150 注①；223；490；
　502
1.1：80
1.4：458
1.9：223
1.12：223
1.18-21：225
1.19：225
1.20：225
1.21：225
1.30-33：225
1.34：225
1.41-43：225
1.46：458
1.50：225
2：490；492
2.1：80

2.6：502
2.13：459；483
2.16：459
2.24：123
2.42：502
2.45：459
2.47：130；132 注②；450
3：150 注①；490；492；
　502
3.6：134
3.35-38：460
3.42：460
3.46-47：460
3.53：460
3.58：460
3.64：460
3.68：460
3.76：460
4：490；492
4.14：460
4.16：170
4.17：460
4.27-31：515
4.28：244 注①
4.31：130；450
5：491；492
5.2：134
5.35-38：502
5.40-42：502
5.43：502
5.46：502
6：491；492
6.1：503
6.2：450
6.3：461
6.5：503

6.9：225 注①；461
6.25：161；461
6.28：223
6.31：248
6.44：461
6.47：461
6.49：124
6.51-52：146 注①；450
6.63：461
6.65：130；450
7：491；492
7.19：461
7.20：227；461
7.22：461
7.32：503
7.35：503
7.37-41：503
7.41-42：503
8：150 注①；491；503
8.31：461
8.32：171；461
8.34：223；461
8.46：130；132 注②；450
9：150 注①；491；492；
　503
9.1：143
9.35：130
10：150 注①；450；492；
　503
10.2：161；210；461
10.10：461
10.12：461
10.13：461
10.24：248
11：493
11.1-2：227

11.1-3;228;462
11.2;223;228
11.4;462
11.6;450
11.8;228
11.11;462
11.18;130
11.23-25;462
11.27-28;462
11.32-35;167 注①
11.35;130
11.46;462
11.50;503
12;493
12 *hypoth.* (= D. H. *Isaeus* 16);86 注⑥
12.18;450

Isocrates

7.20;79
7.33;329 注①
7.67;280 注②
8.124-128;354
10.37;79
15.18;451
15.20;79
15.21;118;451
15.38;80
15.79;3
15.82;126
15.90;192
15.173;451
15.230-236;354
15.237;134 注⑤

15.314;71
16;459;493
16.2;382
16.25-26;352 注①
17;459;493
17.4;499
17.36;100
18;493
18.1;382
18.2;175;460
18.2-3;84
18.11;83 注②
18.11-12;82 注④;84
18.22;291 注②
18.34;379 注②;451
18.59-67;501
18.66;501
18.67;501
19;460;493
19.36-37;501
19.50;123
20;493;503
20.2;28;160
20.3;170;175;460
20.11;280 注②
20.18;200
20.22;382
21;493;502
21.5;381 注②

Lexicon Cantabrigiense

s. v. *eisangelia*;271
s. v. *prostimon*;84 注①

Lucian

Cal,8;118

Lycurgus

Leocr.;492;511
Leocr. 1;271 注③
Leocr. 3-4;375
Leocr. 4;61;371
Leocr. 5;202;271 注③
Leocr. 6;68
Leocr. 8-9;194
Leocr. 9;207;247;275;283;303;314
Leocr. 10;383 注②
Leocr. 11-13;146 注①;450
Leocr. 16;274
Leocr. 17;274;302
Leocr. 18;274;302
Leocr. 18-19;130 注①
Leocr,19;274
Leocr. 21;274;303
Leocr. 21-23;274
Leocr,21-27;201
Leocr. 22;276 注①
Leocr. 23-24;275;303
Leocr. 25-27;275 注②
Leocr. 27;178;465
Leocr. 28-36;274 注②
Leocr. 29-30;271 注③
Leocr. 34;271 注③
Leocr. 44;265 注①
Leocr. 45;271 注①

Leocr. 52：291 注②；292

Leocr. 52-54：303

Leocr. 55：203；271 注③；276 注①

Leocr. 55-58：275；303

Leocr,56-57：276

Leocr. 58：203；271 注①；276

Leocr. 59-62：276

Leocr. 63-67：277

Leocr. 66：203

Leocr. 68：8 注②；194

Leocr. 68-74：278；511

Leocr. 77：252 注②；253 注①

Leocr. 77-78：279

Leocr. 79：28；450

Leocr. 102：178；465

Leocr,104：511

Leocr. 112-115：303

Leocr. 112-122：307

Leocr. 117：303

Leocr. 120：178

Leocr. 120-121：304；465

Leocr. 122：303

Leocr. 128：450

Leocr. 137：134 注③；271 注③

Leocr. 139-140：150；511

Leocr. 143：450

Leocr. 167：271 注①

Leocr. 150：382

fr. 63（Conomis）：138 注②

Lysias

1：118 注①；492；497

1.1-2：123

1.30：194

1.30-33：175；455

1.34：376

1.49：455

2：252；455；493；497

2.19：2

3：118 注①；150 注①；493；497

3.5：440

3.5-7：73

3.6：440

3.7：440

3.8：73；440

3.9-10：73；440

3.11-12：73

3.12：441

3.13：441

3.13-18：73

3.15-16：441

3.17：441

3.18：441

3.28：216 注①；325 注①

3.40-43：292；293；492

3.41：216 注①

3.42：455

3.42-43：216 注①

3.43：292；307；492

3.46：455

4：150 注①；492；497

5：150 注①；492；497

6：492

6.4：36

6.17：291 注②

6.19：369 注②

6.34：79

6.46-47：497

6.52：455

6.54：281 注①

7：492

731：497

7.41：497

8：150 注①；292；492；497

9：257；292；294；492；497

9.1：146；353

9.1-3：145

9.3：134 注③；353

9.4：257

9.5：257

9.6：29 注④；258 注①；263 注②与 264 注①；295；309；455

9.7：79；258；492

9.8：134 注③

9.9-10：455

9.10：258

9.12：258

9.13-14：75

9.15：79

9.16：258

9.18-19：353 注②

9.19：131

9.21：258

10：293；295；493

10.1：497

10.2：80 注①

10.6：197

10.6-14：455

10.7-10：192

| 本书引用的古希腊原典索引 | 573

10.8：197
10.9：197
10.10：210
10.16：456
10.17：456
10.18：456
10.19：456
10.21：497
10.22-23：497
10.27：497
10.32：451
11：293；456；493；498
12：149；456；493；498
12.13：333
12.14：333
12.24-25：332
12.27：332
12.29：332
12.30-32：333
12.36：291
12.38：146
12.38-40：150
12.65：358
13：78 注②；456；493
13.17：353 注②
13.23-30：293
13.23-35：293
13.36-42：293
13.52：379
13.55-57：292；293；307
13.56：291 注②
13.62-65：498
13.65：498
13.65-66：290 注①
13.70-76：498
13.70-79：150

13.77-79：498
13.83：83 注③
13.85-87：144；293；493
13.86：210
13.88-90：294 注①
14：149；291；314；493；498
14 and 15：291
14.2：379 注③
14.3：262 注④
14.4：247；255；283；295；493
14.4-5：251 注②
14.5：175；195；252；253 注④；254；255；456
14.5-6：456
14.6：251 注②
14.6-7：195；253；254
14.7-8：254
14.8：456
14.8-9：256
14.9：256 注②；382
14.11：253 注④；254
14.12：383 注②
14.14：200
14.14-15：253 注④
14.22：131；451
14.31：353 注②
14.38：392 注②
14.40：253 注④；451
14.42：131
14.47：131；451
15：149；292；493；498
15.1：451
15.1-4：255
15.3-4：255
15.6：254；255

15.6：255
15.9：377
15.9-10：383 注②；451
15.11：24；456
15.12：255
16：175；456；493
16.1：353 注②
16.5-8：498
16.12-18：150
16.13：498
16.15：498
17：175；456；493；499
17.3：290
18：175；456；493；499
18.3-4：499
18.13：451
18.13-14：493
18.21：499
18.24：499
19：175；456；493；499
19·3：353
19.5：353
19.11：451
19·34：353 注②
19.42-44：499
19-53：353 注②
19.55：80
19.57-59：499
19.62-63：499
20：456；493；499
20.6：499
20.13-17：499
20.14：333
21：456；493
21.1-11：499
21.7：392 注②

21.16;499	28;457;494	fr. 150 (Carey);458
21.19;365	28.3;500	fr. 178 (Carey);458
21.19-21;499	28.1;383 注②	fr. 195 （Carey）（＝ Athenaeus 12.551b-552d）;382
21.21;499	29;457;494	
22;134;493;499	29.3;500	
22.2;280;396 注①	29.7;500	fr. 228 (Carey);457
22.2-4;69 注②	30;175;494;500	fr. 246 (Carey);457
22.3-9;377	30.1;150;500	fr. 262 (Carey);458
22.5-6;456	30.3;285	fr. 270 (Carey);458
22.7;451	30.11-14;457	fr. 301 (Carey);458
22.16;291	30.22;368	fr. 302 (Carey);458
22.19;383 注②	30.23-24;382	fr. 428 (Carey);457
23;246;456;494;500	30.24;200	fr. 482 (Carey);458
23.2;136	31;175;294;457;494	
23.3;136	31.1-2;70	**Marcellinus**
23.4;290	31.8-16;294	
23.9-11;441	31.8-19;501	Life of Thucydides 26;363
23.13;134	31.27;291;294;494;501	Life of Thucydides 46;363
23.13-14;82 注④	31.28-29;294	Life of Thucydides 55;363
24;151;457;494;500	31.31;294	
25;151;457;494;500	31.34;294;303;494	**Pausanias**
25.3;70	32;494	
25.5-6;353 注②	32.5;501	1.17.1;79
25.19;397	32.23;170;457	1.22.7;359
25.24;353 注②	32.24;501	
26;151;494	32.26;501	**Plato**
26.3-4;500	33;457	
26.6;457	34;457	*Ap.* 17a-18a;380
26.10;500	fr. 19 (Carey);457	*Ap.* 19a-b;153
26.15;69	fr. 35 (Carey);458	*Ap.* 19b;134
26.20;500	fr. 37 (Carey);458	*Ap.* 19c-24b;153
27;15;457;494	fr. 38 (Carey);458	*Ap.* 24b-c;134 注③;240
27.1;368	fr. 40b (Carey);458	*Ap.* 24b-34b;153
27.7;383 注②	fr. 80 (Carey);458	*Ap.* 24b6-c3;139
27.8;281②;353 注②	fr. 97 (Carey);458	*Ap.* 24c;240
27.10;500	fr. 127 (Carey);458	*Ap.* 25c-26a;334

本书引用的古希腊原典索引 | 575

Ap. 27a；240
Ap. 28e；252；255
Ap. 28e-29a；154
Ap. 32b；395 注①；395；396
Ap. 32c-34b；154
Ap. 35c；121 注①
Ap. 35c-38c；153
Ap. 36a；367
Ap. 37a-b；367
Euthyphr. 3b；140
Euthyphr. 4c8；208 注①
Euthyphr. 5d-6b；273
Grg. 516d；361 注①与②
Laws 793a-b；322
Laws 820；238
Laws 865a-874e；218
Laws 865b；241
Laws 866d-867e；218
Laws 869e-870d；218 注②
Laws 885b；240
Laws 916d-e；239
Laws 920d；232
Laws 934c；239
Laws 936c-d；237 注②
Laws 943d-944c；242
Laws 944c；242
Meno 71d-75b；273
Pol. 295a；205；320 注①；347
Prot. 338a；445
R. 5. 468a-b；10
Symp. 221a；357
Tht. 146c-147b；273
Tht. 147e-148d；273

Plutarch

Alc. 7. 3；358
Alc. 7. 4；358
Alc. 10. 1；359
Alc. 13. 1；386
Alc. 13. 3；386
Alc. 13. 4；386
Alc. 13. 5；386
Alc. 16. 5；359
Alc. 16. 7；359
Alc. 19. 2-3；140 注①
Alc. 20. 5；390
Alc. 22；133 注③
Alc. 22. 4；140 注①
Alc. 26. 3；358
Alc. 26. 6-7；358
Alc. 28. 3-6；358
Alc. 34；389
Alc. 35. 4-6；392
Arist. 26. 3；362
Cim. 4. 8；360
Cim. 6. 5-6；356
Cim. 7. 1-2；356
Cim. 8. 3-4；356
Cim. 10. 1-2；359
Cim, 12. 3-4；356
Cim. 12. 4-6；356
Cim. 14. 2；356
Cim. 14. 3-4；361 注⑥
Cim. 16. 1；360 注①
Cim. 16. 8-17. 1；356
Cim. 18. 1-9. 1；356
Dem. 12；96 注②
Dem. 15. 1；103
Dem. 24. 1；261 注③

Dion 24. 1-5；389 注②
Nic. 3. 2；359
Nic. 3. 4-6；359
Nic. 6. 1；362
Nic. 6. 4；357
Nic. 11. 4；386；387
Nic. 11. 6；387
Per. 3. 2；356
Per. 10. 4；361 注⑥
Per. 16. 3；364 注④
Per. 19. 1；356
Per. 19. 2-3；356
Per. 20. 1；357
Per. 22. 1；356
Per. 31. 2-32. 6；361 注⑤
Per. 32. 3-4；362
Per. 32. 4；357
Per. 34. 2；357
Per. 35. 4；362
Sol. 13. 1-2；111 注②
Sol. 25；375 注②
Sol. 29. 1；111 注②
Them. 21. 5；361 注①
Them. 23. 1；361
Them. 24. 4；362 注②

Pseudo-Plutarch

Mor. 833e-834b；133 注④
Mor. 840d；261 注③
Mor. 851d-f；265 注②
Mor. 852b；267 注④；280 注②
Vit. X Or. 834e；369 注②

Pollux

8.38：83 注④
8.47-8：84 注②
8.52：271
8.55：134
8.58：134
8.122：117；121

Scholia

Schol. ad Aeschin. 1.163.：84 注④
Schol. ad Aeschin. 2.31：104 注①；356；357

Sophocles

Ajax 104-110：75
Ajax 111-113：75
Ajax 121-123：76
Ajax 121-126：76 注①
Ajax 1332-1345：76 注①
Antigone 456-457：323
Antigone 661-662：27 注④
Antigone 671-672.：252 注②
OC 913-914：2

Suda

s. v. anaumachiou：253 注③
s. v. epobolia：85 注②

Theophrastus

Theophrastus in Digest 1.3.3：205 注②
Theophrastus fr. 4b (Szegedy-Maszak)：85 注②

Theopompus

FGrH 115 F 88：361 注②
FGrH 115 F 135：359

Thucydides

1.20：306
1.38.5：380 注③
1.51.4：364 注③
1.73.1：384 注①
1.84.3：381 注①
1.86.1：374 注①
1.95.1-96.1：356
1.96.1：217 注①
1.98：374 注④
1.98.1：356
1.98.2：356
1.100.2-101.3：356
1.101：374 注④
1.101.1：356
1.102.1-3：356
1.111.2：356
1.112.2-4：356
1.114：374 注④
1.114.3：356
1.115-117：374 注④
1.115.2-117.3：356
1.117.2：357
1.135.1-138.2：362
1.135.2-3：362 注②
1.140-144：372 注①
2.12.1-2：24 注①
2.12.3：24 注①
2.13：372 注①
2.13.3-5：368
2.24：374 注①
2.31.1：357
2.37：2；27 注③；324
2.37.1：6；27 注①；156；284 注②
2.37.2：79；125 注①
2.37.2-3：27 注①
2.37.3：29
2.40.2：308
2.44.3：27 注②
2.58：301
2.60.2-4：27 注②
2.65.7：397
2.65.3：362；374 注①
2.65.5：351
2.65.6：212
2.65.7：351
2.65.8：351
2.65.9：351；380 注③
2.65.10：351
2.65.11：351；352
2.70：364
2.87.9：374 注①
2.95.3：357
3.2：369
3.3：369
3.4：369
3.8-15：369

3.18:363	3.43.1:365;381	4.102.2-3:357
3.19:368	3.44.1:384	4.129-132:357
3.25-36:363	3.44.1-2:384	5.16.1:355;366;386
3.26.4:369	3.44.3:384	5.19.2:357
3.27-28:370	3.44.4:378;384	5.24.1:357
3.36.2-3:370	3.45.1-2:385	5.26.5:363
3.36.4:370	3.45.3-4:385	5.50:352
3.36.5:370	3.45.6-7:385	5.63.2:374 注①
3.37-40:370	3.46.1-2:385	5.63.4:374 注①
3.37.2:79;377	3.46.3:385	5.71:252
3.37.3:374;375	3.46.4:384	5.83.4:357
3.37.4:380	3.48.1:384;385	6.8.2-7:358
3.37.5:372	3.49-50:363	6.8.2-7:99
3.38.1:371;372;377	3.51:357	6.16.2:359
3.38.2:365;381	3.59.1:378	6.27.1-2:387
3.38.4:372	3.63.1:374 注①	6.27.2:389
3.38.5:371;372	3.67.2:374 注①;378	6.27.3:389
3.38.7:371;372;381	3.67.4:378	6.28:379 注①
3.39.1:372	3.70.1:353	6.28.1.-2:387
3.39.2:379;380	3.70.2-5:354	6.28.2:388;391
3.39.3:374 注④;380	3.70.4:374 注①	6.29.1-2:388
3.39.3-5:380	3.70.5:374 注①	6.29.3:388;391
3.39.6:373	3.70.6:354	6.31.1:388
3.39.7:373	3.82.6:354	6.31.2:358
3.39.8:373	3.82.8:354	6.32:389
3.40.1:379	3.83.1:354	6.53.2:388
3.40.2:379	3.84:380 注③	6.53.3:390
3.40.2-3:378	3.98.5:363	6.60:389
3.40.3:379	3.115.2:364	6.60.1:390
3.40.5:373	4.42-45:357	6.61:357
3.40.7:373;383	4.53-54:357	6.61.1:389
3.42.1:383;384	4.65.3:363;374 注①	6.61.1-3:390
3.42.1-3:383	4.65.4:363	6.61.2:389
3.42.2:385 注①	4.67.2:38 注④	6.61.4-7:389
3.42.3:365;382	4.87.4:196	6.61.6:359 注③
3.42.4:384	4.98.5:379 注①	6.89.4:352

6.89.5：353
6.89.6：353
7.48.3-4：392
7.77.4：378 注②
8.1.1：389
8.15.1：374 注①
8.21：374 注①
8.67.2：374 注①
8.73.6：374 注①
8.74.3：374 注①
8.82：358
8.88：358
8.92.2：38 注④
8.108.1：358

Xenophon

An. 6.4.22-25：389
Cyr. 7.5.73：10
HG 1.1.10-20：358
HG 1.2.18：345 注②
HG 1.1.3.14-19：317 注①
HG 1.3.21-23：358
HG 1.4.9-12：391
HG 1.4.20：389
HG 1.5.11：392
HG 1.5.12-14：392
HG 1.5.16：392
HG 1.5.17：392
HG 1.6.12-23：393
HG 1.6.35：348 注①；393
HG 1.7.1-3：281
HG 1.7.1-34：348 注①；394
HG 1.7.2：394

HG 1.7.3：394
HG 1.7.4：281；394 注①；394
HG 1.7.5：281；395 注③
HG 1.7.5-6：394
HG 1.7.6-7：281
HG 1.7.7：394 注②
HG 1.7.8：395
HG 1.7.9-10：282；395
HG 1.7.9-12：286
HG 1.7.12-13：395
HG 1.7.12-16：282
HG 1.7.14-15：395
HG 1.7.20-23：282；396
HG 1.7.24-5：282
HG 1.7.25：396 注②
HG 1.7.34：396
HG 1.7.35：282；346 注②；348 注①；396
HG 2.1.17：397
HG 2.1.20-21：397
HG 2.1.25：397
HG 2.1.27-28：397
HG 2.3.12：398
HG 3.5.25：253 注④
HG 5.1.33：389
HG 7.5.8：212
Lac. Pol. 13.2-3：389
Mem. 1.1.18；30：395 注①；396
Mem. 3.4.1-3：358
Mem. 4.4.19：322
Poroi 4.47：38 注④
Poroi 4.52：38 注④

LATIN AUTHORS

Cicero

De Legibus 1.18：159

Gaius

Institutes 1.7：208 注①
Institutes 4.1-5：199
Institutes 4.32-68：199
Institutes 4.143-155：199

Justinian

Digest 1.2.2.48-49：208 注①
Digest 47.22.4（= Ruschenbusch[1966] F 76A）：233 注①

Quintilian

Quintilian 3.4.16：371 注①
Quintilian 7.1.2：261-262

INSCRIPTIONS

Agora 15.56A：135 注③
Agora 16：87；30 注④

Clinton（2005）no. 138：36 注①与②；185-187；342 注②
Clinton（2005）no. 142：

本书引用的古希腊原典索引 | 579

183 注②

IC IV 72;168;237 注①

IG i² 60;443
IG i² 1180;358

IG i³ 1;443
IG i³ 4;342
IG i³ 4,36;443
IG i³ 10,5 注③;190;356
IG i³ 14;444
IG i³ 19,5 注③
IG i³ 34,5 注③;218-219;445
IG i³ 40;281;396 注①
IG i³ 41,5 注③;443
IG i³ 45;443;444
IG i³ 52;180;197-198
IG i³ 58,5 注③
IG i³ 58B;443
IG i³ 59,fr. e;135 注③
IG i³ 61;443
IG i³ 63,5 注③;
IG i³ 65;443
IG i³ 68;190;198;368;443
IG i³ 78;187-188;197;443
IG i³ 78a,5 注③;
IG i³ 82;443
IG i³ 98;444
IG i³ 101,28 注③;444
IG i³ 102;444
IG i³ 104,5;8 注⑤;171
IG i³ 107;444
IG i³ 110;444
IG i³ 114,5 注③;

IG i³ 118,28 注①
IG i³ 138;444
IG i³ 153;444
IG i³ 156;444
IG i³ 159;444
IG i³ 167;444
IG i³ 170;445
IG i³ 178;445
IG i³ 181;445
IG i³ 183;445
IG i³ 250;445
IG i³ 364,364 注③
IG i³ 1162;356
IG ii² 43,29 注①;32 注①;196
IG ii² 45;135 注③
IG ii² 98,32 注①
IG ii² 116,32 注①
IG ii² 140;171;182-183
IG ii² 204,38 注①
IG ii² 223;267 注②
IG ii² 330;267 注②
IG ii² 330;445(=Schwenk[1985]18);30 注④
IG ii² 333;182 注①
IG ii² 334;337 注②;185-186
IG ii² 338;267 注②
IG ii² 346;264 注②
IG ii² 354;267 注②
IG ii² 380;33
IG ii² 410;267 注②
IG ii² 412;182 注①
IG ii² 415;267 注②
IG ii² 422;264 注②
IG ii² 514;30 注④

IG ii² 672;267 注②
IG ii² 780;267 注②
IG ii² 1013,31;230
IG ii² 1126;122 注②
IG ii² 1159;30 注④
IG ii² 1177;40 注③
IG ii² 1183;86 注②
IG ii² 1187;337 注②
IG ii² 1193;270 注①
IG ii² 1194;30 注④
IG ii² 1214;337 注②
IG ii² 1237;86 注③
IG ii² 1257, col. Ⅱ.3;30 注④
IG ii² 1362;36;40 注③
IG ii² 1622;261 注①
IG ii² 1629;346 注①
IG ii² 1631;346 注①
IG ii² 2318;359;369 注⑤
IG ii² 2496;249 注②
IG ii² 2499;249 注②
IG ii² 2501;249 注②
IG ii² 6719;257 注②
IG ii² 6746;257 注②
IG ii² 7400;257 注②

OGIS 483;33 注①

Petrakos(1999) no. 3(=SEG 24;178);39 注④
Petrakos(1999) no. 8;39 注⑤
Petrakos(199) no. 10;39 注⑤

Reinmuth(1971) no. 2;

39 注②

Reinmuth(1971)no. 9. 1：
39 注②

Reinmuth(1971)no. 9. 2：
38 注④

Reinmuth(1971)no. 17. 1：
39 注②

Rhodes and Osborne(2003)
no. 83iii：122 注①

Rhodes and Osborne(2003)
no. 88：2 注⑤；29 注②

Rhodes and Osborne(2003)
440；279 注①

Schwenk（1985）33-46：
183 注③和 184 注①

SEG 10：352：112 注②

SEG 12：87；195

SEG 24：178（= Petrakos
[1999]no. 3）：39 注④

SEG 26，27；161；198；286

SEG 27：72；180 注②；
184 注④

SEG 29：113obis（=
Herrmann MDAI[I]
29[1979]249-271）：
122 注③

SEG 33，679；135 注①

SEG 35：64（= Schwenk
[1985]49）：30 注④

SEG 43：28；267 注②

SEG 47：96；161；197

SEG 52：121（= Themelis
[2002]）：186 注②

Stroud(1974)：31 注⑤；
183；184 注④

Stroud(1998)：171；182
注③

译后记

《古雅典的民主与法治》是英国著名学者爱德华·哈里斯（Edward Harris）的一部力作。爱德华·哈里斯是英国杜伦大学古代史与古典学系荣誉教授，主治古希腊史，先后发表了大量有关雅典政治、历史、法律和经济方面的著述，代表作有：《埃斯基涅斯与雅典政治》(Aeschines and Athenian Politics, 1995)、《古雅典的民主与法治》(Democracy and the Rule of Law in Classical Athens, 2006)。此外，他与 R. W. 华莱士（R. W. Wallace）合编了《向帝国的过渡：公元前 360 年—前 146 年的希腊—罗马历史随笔》(Transitions to Empire, Essays in Greco-Roman History 360-146 B. C., 1996)，与勒尼·鲁宾斯坦（Lene Rubinstein）合编了《古希腊的法律与法庭》(The Law and the Courts in Ancient Greece, 2004)。

本书共分九章，集结了 2000 年以来爱德华·哈里斯发表的与雅典法治相关的论文。今人一谈到"法治"，马上就会想到古希腊亚里士多德的"法治"思想，但古希腊的法治实践究竟如何，人们大多知之不详，本书正好可以填补这方面的空白。

爱德华·哈里斯主要依据留存于世的阿提卡演说家的演说

词,辅之以柏拉图、亚里士多德的相关作品,探析雅典的法治状况。若仅从资料上评鉴,本书并无多少新意。然而,爱德华·哈里斯另辟蹊径,运用现代的法律理念统合上述资料,从零散的资料中抽绎出了一些与法治主题有关的内容,然后加以整理、发挥,最终给人以耳目一新之感。但正如亚里士多德所言:"法治应包含两重含义:已成立的法律获得普遍的服从,而大家所服从的法律又应当本身是制定的良好的法律。"在本书中,爱德华·哈里斯主要研究的是诉讼中的法治问题。他试图证明,在古雅典的诉讼活动中,无论是双方当事人,还是法官及其他司法人员,都严格地遵守法律,试图保持法律的一致性。易言之,作者实际上只论证了"法治"的一个维度,对于另一个维度——"良法之治"问题,作者始终未触及,这使作者的论证稍嫌单薄,读者甚至质疑:古雅典的法律实践能否拔高到"法治"的高度?再则,作者采用了"以今释古"的方法展开研究,未免有过度诠释之嫌。

以上是我的一点读后感,未必正确。近年来,我的精力大不如前,短期内翻译这么厚的一本书,备感吃力,故与两位年轻的帮手合译。其中一位是尹亚军博士,另一位是钟文财博士。由于我们都是"西政人",学缘上的联系使我们心意相通,一拍即合。两位新锐此前已有一定的翻译经验,大家合作起来非常轻松愉快。年轻人的学术热忱与干劲给我很大的鼓舞,从他们身上,我仿佛看到了自己年轻时的影子。翻译工作大致分工如下:尹亚军翻译第五、第六章,钟文财翻译第四、第七章,其余部分由我完成,全书的统稿、校对工作亦由我承担。由于我们三人不是专门从事古希腊研究的,在翻译过程中遇到了很多难以克服的困难,很多希腊语词(尤其是法律术语)难以在词典中找到精确的解释,成了翻译中的拦路虎。好在我们有强大的后盾。海南大学的程志敏教授精研古希腊哲学,对古希腊法律亦有精深的造诣,著有《古典法律论》。凡遇到与希腊语有关的问题,我都会第一时间向他请教,他总能给我满意的答案。志敏兄诲人不倦的态度不仅使我受益良多,而且使我们的译稿避免了许多低级错误。在译稿基本成型后,我又将译稿发给了西南政法大学的孟庆涛教授,请他全面斧正。庆涛教授也是研究古希腊法律的行家里手,译有多本相关著作。在通读译稿后,他不仅纠正了其中的一些错误,而且给我提出了很多有益的建议。可惜囿于时间不足,未能落实他的全部建议,否则译稿的质量肯定更高。正是由于上述师友的帮助,本书的翻译工作才顺利完成,简单的"谢谢"无论如何也不能表达我的感激之情。

虽然有以上诸友的鼎力相助,但由于我(们)学养有限,错漏之处在所难免,敬请各位读者朋友批评指正!其实,我每译完一本书,都有一种罪恶感,深恐因自己的能力不足而糟蹋了作者的优秀作品。故每临交稿之际,不仅无丝毫喜悦之情,反而战战兢兢、如履薄冰。

陈 锐 作于重庆大学法学院
2020 年 4 月 15 日